Deutsch-französisches Geschichtsbuch
Gymnasiale Oberstufe

Histoire/Geschichte

Europa und die Welt seit 1945

Herausgegeben von
Guillaume Le Quintrec und Peter Geiss

Ludwig Bernlochner, München
Lars Boesenberg, Ibbenbüren
Michaela Braun, Bendorf
Peter Geiss, Bonn
Claus Gigl, Landshut
Daniel Henri, Paris
Enrique León, Paris
Mathieu Lepetit, Buc
Guillaume Le Quintrec, Paris
Bénédicte Toucheboeuf, Nanterre

Ernst Klett Schulbuchverlage
Stuttgart · Leipzig

1. Auflage 1 5 4 3 2 1 | 2010 2009 2008 2007 2006

Internetadresse: www.klett.de
Homepage: www.histoiregeschichte.com

Alle Drucke dieser Auflage sind unverändert und können im Unterricht nebeneinander verwendet werden. Die letzte Zahl bezeichnet das Jahr des Druckes.

Herausgeber: Guillaume Le Quintrec, Paris, und Peter Geiss, Bonn
Autoren: Ludwig Bernlochner, München, Lars Boesenberg, Ibbenbüren, Michaela Braun, Bendorf, Peter Geiss, Bonn, Claus Gigl, Landshut, Daniel Henri, Paris, Enrique León, Paris, Mathieu Lepetit, Buc, Guillaume Le Quintrec, Paris, Bénédicte Toucheboeuf, Nanterre
Übersetzer: Christine und Radouane Belakhdar, Berlin
Redaktion: Peter Geiss, Silke Minning

Layoutkonzeption/Umschlaggestaltung: Katy Müller, Leipzig
Kartografie: AFDEC, Paris
Grafiken: Renaud Scapin, Mesves-sur-Loire
Titelbilder: Presse- und Informationsamt der Bundesregierung, Berlin; Picture-Alliance, Frankfurt; Rex Features; AFP/La Poste; AFP/Fabrizio Bensch; Picture-Alliance, Frankfurt; bas Rue des Archives.
Herstellung: Krystyna Müller

DTP/Satz: Druckmedienzentrum Gotha
Reproduktion: Dupont Photogravure, Paris
Druck: Druckhaus Götz GmbH, Ludwigsburg

Printed in Germany
ISBN-13: 978-3-12-416510-7
ISBN-10: 3-12-416510-1

9 783124 165107

Inhaltsverzeichnis

Inhaltsverzeichnis

Die Autoren der Kapitel

Ludwig Bernlochner	Kapitel 6 und 8
Lars Boesenberg	Kapitel 11 und 12
Michaela Braun	Kapitel 1
Peter Geiss	Kapitel 3 und 17
Claus Gigl	Kapitel 15
Daniel Henri	Kapitel 2 und 16
Enrique León	Kapitel 4 und 5
Mathieu Lepetit	Kapitel 7
Guillaume Le Quintrec	Kapitel 9, 10 und 13
Bénédicte Toucheboeuf	Kapitel 14

Vorwort

Mit dem vorliegenden Geschichtsbuch wird Neuland betreten. Den Schülern und Lehrern der gymnasialen Oberstufe in Deutschland und der Sekundarstufe II in Frankreich wird erstmals ein gemeinsames deutsch-französisches Geschichtsbuch vorgelegt. Es handelt sich um ein Lehrbuch, das nicht nur den Lehrplänen beider Länder gerecht wird, sondern auch die Sicht des jeweils anderen zum Ausdruck bringt.

Was sind die Gründe für dieses Vorhaben? Zuallererst entwickelte sich zwischen Deutschland und Frankreich seit Jahrzehnten und auf allen Gebieten, einschließlich des Schulwesens, eine in Europa bislang beispiellose Zusammenarbeit. Diese wäre ohne die Bemühungen um Verständigung, Annäherung und Aussöhnung beider Länder und Gesellschaften undenkbar gewesen. Seitdem sind unser beider Geschichten von Gemeinsamkeiten geprägt wie nie zuvor.

Miteinander verflochtene Geschichtsverläufe, eine geteilte oder umstrittene Erinnerungskultur, die Wahrnehmung ein und derselben Realität aus unterschiedlichen Perspektiven, die Analyse der Gemeinsamkeiten, der Unterschiede und Wechselwirkungen zugunsten einer erweiterten Lesart der Geschichte jedes einzelnen Landes, der Geschichte beider Länder in ihren wechselseitigen Beziehungen, aber auch einer Geschichte dieser Länder in ihrem gemeinsamen europäischen und internationalen Umfeld: Das sind die Leitlinien, die die Entstehung dieses Lehrbuchs geprägt haben. Das sind zugleich die Fundamente eines pädagogischen und wissenschaftlichen Mehrwerts, der sowohl durch die Methoden als auch durch seinen Inhalt Schule machen, das heißt eines Tages Grundstein eines europäischen Geschichtsbuches sein kann.

Das Buch ist keine Darstellung der deutsch-französischen Geschichte, sondern ein deutsch-französisches Geschichtsbuch, das bei aller Übereinstimmung mit den in beiden Ländern geltenden Lehrplänen bestrebt ist, über diese durch eine völlig neue Art der Darstellung, der Dokumentation und der Interpretation hinauszugehen; sie macht eine Geschichtsbetrachtung aus der Sicht des anderen erst möglich.

Neben der Frage nach dem Sinn eines solchen Buches stellt sich indessen eine zweite: Warum gerade jetzt? Es handelt sich um eine Initiative im Dienste der Schüler und Lehrer, die in einer komplexen und multilateralen Welt leben werden, deren Verständnis unter anderem ein fachübergreifendes historisches Wissen erfordert. Das Projekt Europa, die Entwicklung der Bildungssysteme beiderseits der Grenze, die Intensität der Zusammenarbeit zwischen den Regierungen ermöglichen heute eine gewisse Annäherung der diesem Lehrbuch zugrunde liegenden Lehrpläne, die verschiedene Initiativen seinerzeit vorbereitet hatten; dazu zählen etwa die von der Association des Professeurs d'Histoire et de Géographie in Frankreich und vom Georg-Eckert-Institut für internationale Schulbuchforschung in Deutschland erarbeiteten Ansätze. In diesem Sinne ist die Realisierung eines gemeinsamen, an den Lehrplänen beider Länder orientierten Lehrbuchs der politische Ausdruck eines Dialogs und einer Zusammenarbeit, die den Historikern und Wissenschaftlern seit langem vertraut sind.

Wie jedes Geschichtsbuch hat auch das vorliegende seine Geschichte. Dieses völlig neue Schulbuch entspricht zunächst einem Wunsch, der anlässlich der Feierlichkeiten zum 40. Jahrestag des Elysée-Vertrages im Januar 2003 in Berlin vom Deutsch-Französischen Jugendparlament formuliert wurde. Im Mai 2004 bekräftigten die Verantwortlichen beider Länder ihren politischen Willen zur Unterstützung dieses Vorhabens und billigten Konzept und Inhalt des Lehrwerkes. Die deutsch-französische Projektgruppe, die die Richtlinien in einer formellen und konzeptionellen Projektbeschreibung vorlegte, gewann dann ein deutsch-französisches Herausgeberteam für die Umsetzung des Projekts. Vorgesehen ist die Veröffentlichung von insgesamt drei Bänden, die sich an Schüler der Seconde in Frankreich und der 10. bzw. 11. Klasse in Deutschland (Von der griechischen Demokratie bis zur Revolution von 1789), der Première/11. bzw. 12. Klasse (Von den Veränderungen des 19. Jahrhunderts bis zum Zweiten Weltkrieg) und der Terminale/12. bzw. 13. Klasse (Von 1945 bis zur Gegenwart) richten.

Das gesamte Projekt ist, hinsichtlich des Inhalts und der Form, das Ergebnis einer dreifachen Kooperation: zwischen den deutschen und den französischen wissenschaftlichen Experten innerhalb der Projektgruppe, zwischen diesen und den Vertretern der jeweiligen Ministerien beider Länder und schließlich zwischen der gesamten Projektgruppe und den Verlagen und Herausgebern. Beide Fassungen des Lehrwerks, die deutsche und die französische, decken sich also, da sie dem anfangs ausgearbeiteten Konzept folgen, die gleichen Dokumente enthalten, den gleichen Umbruch, die gleichen Karten, Fotos und Illustrationen aufweisen (durch den Zugriff auf beide Bestände ständig optimiert) und schließlich auch das gleiche Fachwortverzeichnis haben.

Dennoch treten semantische Unterschiede auf und sind fester Bestandteil der Analyse. Jeder weiß und spürt es: Die in der Übersetzung scheinbar sinnverwandten Wörter haben von einem Land zum anderen eine andere Bedeutung. Dies gilt beispielsweise für so geläufige Begriffe wie etwa Staat, Nation, Kultur, Religion, die beiderseits der Grenze weder den gleichen Gebrauch noch die gleiche Tradition noch den gleichen Stellenwert besitzen.

Die Gegenüberstellung und Klärung von Fakten, Begriffen und Deutungsmustern, die im Rahmen einer engen Zusammenarbeit zwischen Historikern und Herausgeberteams erfolgte, bedeutet, dass es sich bei diesem Lehrbuch nicht um eine amtliche Darstellung der Geschichte handelt. Es ist das wohl durchdachte und diskutierte Ergebnis eines neuartigen Dialogs, welches das in Deutschland und Frankreich bereits bestehende Angebot an Schulbüchern bereichert, ohne es in den Hintergrund zu drängen. Es will indessen durch eine bilaterale Perspektive nicht nur hinsichtlich der Inhalte, sondern auch der pädagogischen Aufbereitung und der prüfungsvorbereitenden Methoden neue Horizonte eröffnen. Nie kamen junge Leute in Deutschland und Frankreich so eng in Berührung mit der Geschichte des anderen und dazu noch in einer europäischen und weltoffenen Perspektive: Wie könnte es in der Welt nach 1945 auch anders sein?

Angesichts dieser aktuellen Fragestellungen, aber auch der pädagogischen Bedeutung, die die Vorbereitung auf die allgemeine Hochschulreife sowohl für die Schüler als auch für die Lehrer darstellt, und angesichts der Erwartung der Historikergemeinschaft wie auch des Interesses des breiten Publikums war es angeraten, zunächst mit jenem Teil des Lehrplans zu beginnen, der dem Zeitraum nach 1945 gewidmet ist, bevor die chronologisch weiter zurückliegenden Perioden in den beiden folgenden Bänden behandelt werden. Diese Entscheidung beruht auf der Überzeugung, dass die Methode, von der Gegenwart auf eine frühere Zeit zurückzublicken, die im Laufe der Zeit hinterlassenen Spuren, das jeweilige Erbe und schließlich jene Gemeinsamkeiten, die unsere Gegenwart prägen, besser herausarbeitet. Über seinen pädagogischen und historischen Anspruch hinaus hegt das Lehrbuch auch einen staatsbürgerlichen: das europäische Bewusstsein aufzuklären, das historisch auf den während des letzten Weltkrieges mit Füßen getretenen universellen Werten der Menschenrechte und Demokratie beruht.

Die hier den Schülern, Lehrern und interessierten Lesern unterbreitete Geschichte ist also eine Geschichtsbetrachtung, die Fakten, Ähnlichkeiten und Unterschiede, Deutungsmuster und ihre Darstellungen erklärt. Es ist aber auch eine Geschichte, die nicht minder bemüht ist, diese zu interpretieren, und dabei die mitunter recht unterschiedlichen Weisen aufzeigt, mit der sich die beiden Völker ihre jeweils eigene Vergangenheit und oft die des anderen anzueignen und zu deuten versuchten. Insofern kann dieses einzigartige Experiment zur gemeinsamen Darstellung einer komplexen und vielschichtigen Geschichte auch auf andere Länder, andere Kulturen oder andere Regionen der Welt übertragen werden.

Lautet die Devise der Europäischen Union nicht: „Vereint in der Vielfalt"? Dieses Geschichtslehrbuch soll dies veranschaulichen. Zugleich soll es den Schülern auch die Ansprüche und Grenzen des Historikerberufes vermitteln: die Gegenwart im Lichte der Vergangenheit zu erhellen, um – nach bestem Wissen und Gewissen – in die Zukunft zu schauen.

Die Projektgruppe für das deutsch-französische Geschichtsbuch

Für die deutsche Seite, unter der Koordination von Stefan Krawielicki und – ab Sommer 2005 – Michael Ott (Auswärtiges Amt/Leiter des Büro I des Bevollmächtigten der Bundesrepublik Deutschland für kulturelle Angelegenheiten im Rahmen des Vertrages über die deutsch-französische Zusammenarbeit) und Christine Klos (Leiterin des Büro II des Bevollmächtigten der Bundesrepublik Deutschland für kulturelle Angelegenheiten im Rahmen des Vertrages über die deutsch-französische Zusammenarbeit, Staatskanzlei des Saarlandes): Wilfried Burger (Sächsisches Staatsministerium für Kultus, Dresden), Dr. Stefan Krimm (Bayerisches Staatsministerium für Unterricht und Kultus, München), Dr. Ursula Lange (Friedrich-Ebert-Gymnasium, Bonn), Prof. Dr. Dr. h. c. Horst Möller (Direktor des Instituts für Zeitgeschichte, Professor an der Universität München), Dr. Rainer Riemenschneider (Georg-Eckert-Institut für internationale Schulbuchforschung, Braunschweig), Andrea Schwermer (Vertreterin der Ständigen Konferenz der Kultusminister der Länder, Bonn), Prof. Dr. Dr. h. c. mult. Rudolf von Thadden (ehemaliger Koordinator für die deutsch-französische Zusammenarbeit bei der Bundesregierung, Direktor des Berlin-Brandenburgischen Instituts für deutsch-französische Zusammenarbeit in Europa, Genshagen/Göttingen), Dr. Rolf Wittenbrock (Direktor des Deutsch-Französischen Gymnasiums in Saarbrücken).

Für die französische Seite, unter der Koordination von Jean-Louis Nembrini (Generalinspekteur im Ministerium für Bildung, Hochschulwesen und Forschung): Yves Beauvois (Abteilung internationale Beziehungen und Zusammenarbeit im Ministerium für Bildung, Hochschulwesen und Forschung), Dominique Borne (Doyen der Generalinspekteure im Ministerium für Bildung, Hochschulwesen und Forschung), Gérald Chaix (Professor für Geschichte an der Universität Tours, Rektor der Akademie von Straßburg), Jean-Pierre Dubois (Referat für die deutsch-französischen Beziehungen, Außenministerium), Etienne François (Professor für Geschichte und Leiter des Frankreich-Zentrums der Technischen Universität Berlin), Pierre Monnet (Professor an der Ecole des Hautes Etudes en Sciences Sociales, Paris), Yves Poncelet (Generalinspekteur im Ministerium für Bildung, Hochschulwesen und Forschung), Marcel Spisser (Regionalinspekteur für Erziehungsfragen in der Akademie von Straßburg), Michel Tarpinian (Abteilung internationale Beziehungen und Zusammenarbeit im Ministerium für Bildung, Hochschulwesen und Forschung).

Teil 1

Die unmittelbare Nachkriegszeit (1945–1949) und der Zweite Weltkrieg im Gedächtnis

1

2

3

4

5

6

7

8

9

10

11

12

13

14

15

16

17

18

Kapitel 1

Bilanz und Folgen des Zweiten Weltkrieges

Das Ende des Zweiten Weltkrieges ist nicht auf ein bestimmtes Datum festzulegen, sondern vollzog sich in einem längeren Prozess. 1945 stand die Welt vor einem materiellen wie moralischen Trümmerfeld: Die massiven Zerstörungen und unvorstellbaren Verbrechen übertrafen alles bisher Bekannte. Der Schock stärkte den Wunsch der Menschheit, als eine Welt mit gemeinsamer Friedensordnung solche Kriege in Zukunft zu verhindern. Darüber hinaus bewirkte der Krieg tief greifende Veränderungen nicht nur bei den Menschen, sondern auch in der traditionellen Weltordnung.

► In welchen Bereichen markierte das Jahr 1945 eine Zeitenwende? In welcher Hinsicht setzten sich frühere Entwicklungen fort?

► Führte die einschneidende Erfahrung des totalen Krieges zu einer neuen, einer besseren Welt?

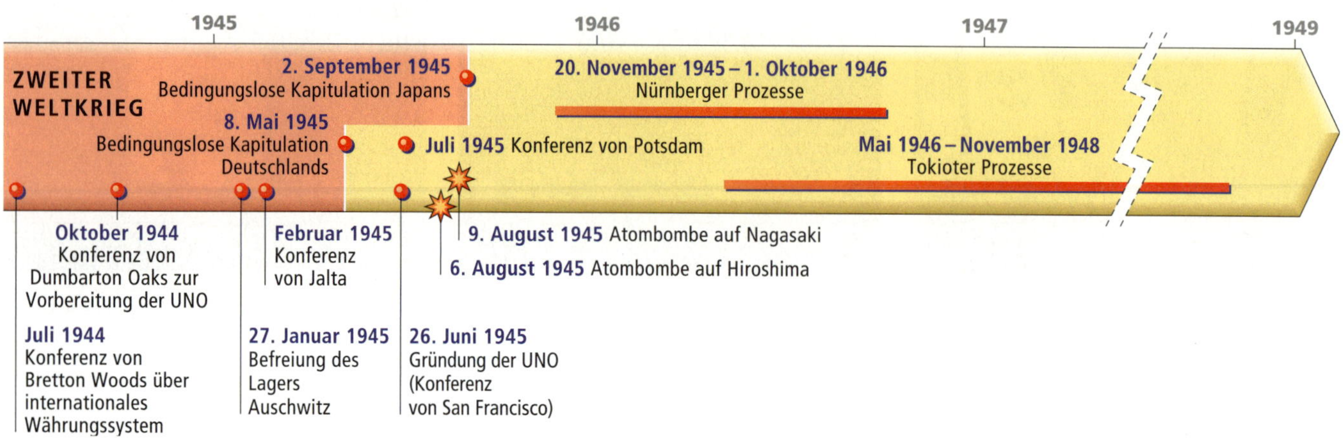

1

Der Mensch als Zerstörer seiner selbst ...

Die Atombombe auf Hiroshima und ihre apokalyptische Wirkung läuteten das atomare Zeitalter ein.
Die Ruine der Industrie- und Handelskammer von Hiroshima steht noch heute als Mahnmal für die Zerstörung.

2

... und im festen Willen zum Frieden

Nur wenige Wochen zuvor wurde die Charta der UNO auf der Konferenz von San Francisco unterzeichnet.
Ist eine andere Welt möglich?

Europa und die Welt 1945

Die Kriegsparteien am 8. Mai 1945

- die Alliierten und ihre Verbündeten
- die Achsenmächte und ihre Verbündeten
- nach dem 1. Januar 1944 zu den Alliierten übergetretene Verbündete der Achsenmächte
- während des gesamten Krieges neutrale Staaten

Eine neue Weltordnung

- ■ die Gründungsmitglieder der UNO
- CHINA Ständige Mitglieder des UNO-Sicherheitsrates
- Konferenzorte der Alliierten

[1] Die Republik China gehörte 1945 zu den Gründungsmitgliedern der UNO. Nach Gründung der kommunistischen Volksrepublik im Jahre 1949 war China in der UNO durch Taiwan (Nationalchina, nichtkommunistischer chinesischer Staat) vertreten; 1971 wurde Taiwan innerhalb der UNO durch die Volksrepublik ersetzt.

1 Die Welt 1945

Grenzen
- 1945
- 1937
- Curzon-Linie
- Oder-Neiße-Linie
- am 4. Februar 1945 neutrale Staaten

Annektierte Gebiete
- von Polen
- von der UdSSR
- von Jugoslawien
- von Bulgarien
- von Griechenland

Militärische Besatzung
- in Deutschland
- in Österreich
- GB durch Großbritannien
- USA durch die USA
- F durch Frankreich
- UdSSR durch die UdSSR
- Sektorenstädte
- Konferenzorte der Alliierten

Flucht, Vertreibung und Umsiedlung infolge des Krieges (1945–1950)
(quantitativ wichtigste Flüchtlingsströme bzw. Siedlungsbewegungen in Mio. Menschen)
- Deutsche
- Polen
- Russen
- weitere Völker

[1)] Aus Polen und dem Freistaat Danzig.

Quellen: R. Morsey, Die Bundesrepublik Deutschland. München 1990[2], S. 254 und I. C. B. Dear (Hg.), The Oxford Companion to the Second World War. Oxford 1995, S. 934.

2 Mittel- und Osteuropa 1945

1. Bilanz des Zweiten Weltkrieges

Welche moralischen und materiellen Schäden hinterließen die Kriegsereignisse?

Eine humanitäre Katastrophe

Angesichts der ungeheuren Mobilisierung materieller und menschlicher Ressourcen traf auf den Zweiten Weltkrieg die Bezeichnung „totaler Krieg" noch in weit höherem Maße zu als auf den Konflikt der Jahre 1914 bis 1918.

Die Zahl der Todesopfer lag im Vergleich zu 1918 etwa drei bis sechs Mal höher. Bis zu 55 Millionen Menschen insgesamt ließen Schätzungen zufolge ihr Leben als Soldat, als vom Bombenkrieg betroffene Zivilisten oder als Opfer der nationalsozialistischen Vernichtungspolitik. Durch Vertreibung und Umsiedlung verloren infolge der Westverschiebung der sowjetischen und polnischen Grenze ca. 22 Millionen Menschen ihre Heimat (siehe S. 16 f.).

Die Befreiung der Konzentrationslager offenbarte das unbegreifliche Verbrechen, mit dem etwa 6 Millionen Juden, bis zu 500 000 Sinti und Roma und mehrere hunderttausend weitere Menschen systematisch ermordet worden waren. Aus diesem tiefen moralischen Schock entstand das Bewusstsein für die Verbrechen gegen die Menschlichkeit, die zum Tatbestand in den Kriegsverbrecherprozessen von Nürnberg und Tokio wurden.

Anbruch des Atomzeitalters

Ein einschneidendes Ereignis war der Abwurf der ersten Atombomben auf die japanischen Städte Hiroshima und Nagasaki durch die USA. Offiziell zur Abkürzung des Krieges eingesetzt, verbrannten die Bomben ca. 130 000 Menschen innerhalb weniger Augenblicke. Etwa 200 000 starben an den direkten Einwirkungen der atomaren Strahlung, Spätfolgen sind bis heute festzustellen. War der Abwurf eine politische Notwendigkeit, ohne die die Kapitulation Japans nicht herbeigeführt worden wäre? Oder suchten die USA nach einer Gelegenheit, um die Zerstörungskraft einer neuen, kostspielig entwickelten Waffe zu testen und gleichzeitig ihre Überlegenheit gegenüber der UdSSR zu demonstrieren?

Die Auswirkungen führten zu der Erkenntnis, dass die Menschheit künftig in der Lage sein würde, sich selbst zu vernichten; sie lösten den Ruf nach wirksamen Kontrollmechanismen aus. Der Besitz der Atombombe steigerte die neue Macht der USA.

Als Waffenlieferant für die Alliierten sowie aufgrund der im Vergleich zu Europa geringen Kriegsopferzahlen konnte das Land seine Produktivität erheblich steigern und auch im Bereich der Wirtschaft seine Vormachtstellung sichern.

Zerstörung und Wiederaufbau

Durch den Bombenkrieg waren viele Städte sowie die Infrastruktur in Europa großflächig zerstört worden. Die Trümmerbeseitigung war in großen Teilen der immensen Leistung der Zivilbevölkerung, vor allem der Frauen, zu verdanken. Selten wurden die Städte im alten Zustand wiederaufgebaut oder restauriert.

Gerade in den während der Industrialisierung wild gewachsenen Großstädten begriff man die Zerstörungen als Chance, verbesserte, den neuen Verkehrsanforderungen gewachsene Konzepte umzusetzen, die oft sogar noch aus der Vorkriegszeit stammten. Die Stadtplaner steckten in dem Dilemma zwischen schneller Schaffung von Wohnraum, möglichst niedrigen Kosten und Ästhetik. Einen Kompromiss verhieß der Beton, den man als Baustoff zunehmend nutzte. Die Bewohner erkannten „ihre" Stadt häufig nicht wieder, und noch heute erzeugt die Nachkriegsarchitektur kontroverse Urteile.

1 **Anbruch des atomaren Zeitalters**

Der Atompilz nach dem Bombenabwurf auf Nagasaki.

Begriff

▶ **Verbrechen gegen die Menschlichkeit:** Im Zusammenhang mit den Nürnberger Prozessen entstandener völkerrechtlicher Begriff, der den Tatbestand der „unmenschlichen Handlungen" an der Zivilbevölkerung aus politischen, rassischen oder religiösen Gründen schafft **(siehe S. 20, M1)**.

Fragen und Anregungen

1. Vergleichen Sie die Anzahl der Kriegsopfer in den verschiedenen Ländern. Stellen Sie heraus, wer besonders stark, besonders wenig betroffen war und versuchen Sie, dies zu erklären. Überlegen Sie auch, welche Konsequenzen sich daraus für die Nachkriegszeit ergaben. (M3)
2. Erläutern Sie, worin die Neuartigkeit des Zweiten Weltkrieges lag. (M4)
3. Ziehen Sie eine moralische Bilanz des Zweiten Weltkrieges. Überlegen Sie, inwiefern ein Zusammenhang zwischen der materiellen Zerstörung und der moralischen Entwicklung bestand. (M1–5)
4. Schildern Sie kurz, wie sich das Bild der Städte nach dem Wiederaufbau präsentierte. (M5)
5. Informieren Sie sich über eventuelle Zerstörungen und Wiederaufbaumaßnahmen in Ihrer Stadt/Ihrer Region und vergleichen Sie die beiden Stadtbilder. Wie stehen Sie zu den baulichen Veränderungen (Gebäude, Straßenführung)?

2 Nie wieder!

Plakat der französischen Regierung, 1945 zur mahnenden Erinnerung an das Leiden der aus politischen Gründen Deportierten.

3 Opfer des Zweiten Weltkrieges in ausgewählten Ländern

Land	Soldaten	Zivilisten	In % der Bevölkerung von 1939	davon jüd. Opfer[1]
Polen	300 000	5 700 000	18 %	3 000 000
UdSSR	8 600 000	16 000 000	14 %	1 000 000
Jugoslawien	300 000	1 200 000	10,6 %	65 000
Deutschland	4 000 000	2 000 000[2]	8 %	165 000
Griechenland	74 000	390 000	7 %	59 000
Japan	1 950 000	680 000	4,5 %	
Frankreich	290 000	290 000	1,5 %	75 000
Italien	280 000	160 000	1,2 %	7 000
Großbritannien	270 000	115 000	1 %	
USA	300 000		0,2 %	
China	1 500 000	?	?	

[1] Insgesamt ca. sechs Millionen.
[2] Zivile Opfer ohne Vertreibungsverluste.

Quellen: S. Courtois/A. Wieviorka (Hg.), L'État du monde en 1945. Paris 1994.
W. Benz, Dimension des Völkermordes. Die Zahl der jüdischen Opfer des Nationalsozialismus. München 1996.
D. Pohl, Verfolgung und Massenmord in der NS-Zeit 1933–1945. Darmstadt 2003.
Teilweise erheblich abweichende Zahlen bietet: I. C. B. Dear (Hg.), The Oxford Companion to the Second World War. Oxford 1995, S. 290.

4 Die Wirkung des Krieges

Die Philosophin Hannah Arendt, die als Jüdin 1933 aus Deutschland emigrierte, 1950 in der amerikanischen Zeitschrift „Commentary":

In weniger als sechs Jahren zerstörte Deutschland das moralische Gefüge der westlichen Welt, und zwar durch Verbrechen, die niemand für möglich gehalten hätte, während die Sieger die sichtbaren Zeugnisse einer über tausendjährigen deutschen Geschichte in Schutt und Asche legten. Danach strömten in dieses verwüstete Land […] Millionen von Menschen aus den Ostgebieten, dem Balkan und Osteuropa. Dieser Menschenstrom fügte dem üblichen Katastrophenbild noch spezifisch moderne Züge, nämlich Heimatverlust, soziale Entwurzelung und politische Rechtlosigkeit hinzu. […]

Der Anblick, den die zerstörten Städte in Deutschland bieten, und die Tatsache, dass man über die deutschen Konzentrations- und Vernichtungslager Bescheid weiß, haben bewirkt, dass über Europa ein Schatten tiefer Trauer liegt. Beides zusammen hat dazu geführt, dass man sich an den vergangenen Krieg schmerzlicher und lang anhaltender erinnert und die Angst vor künftigen Kriegen an Gestalt gewinnt.

Hannah Arendt, Besuch in Deutschland. Berlin 1993, S. 23 f.

5 Das zerstörte Le Havre 1945 und Le Havre 2005

Seit Juli 2005 gehört die Stadt als bemerkenswertes Beispiel für Architektur und Stadtplanung nach dem Zweiten Weltkrieg sowie für den neuartigen Einsatz des Baustoffs Beton zum Welterbe der UNESCO.

2. Die Entstehung einer besseren Welt?

Welche Auswirkungen hatte der Krieg auf die weltpolitische Konstellation?

Die Bekämpfung des Nationalsozialismus als gemeinsames Ziel

Der britische Premierminister Churchill und der amerikanische Präsident Roosevelt hatten sich bereits 1941 zum Kampf gegen das Deutsche Reich zusammengetan. In der Atlantik-Charta vom 14. August 1941 legten sie ihre Grundsätze für eine internationale Staatenordnung fest, die auf dem Selbstbestimmungsrecht der Völker, der freien Wahl der Regierungsform, dem Verzicht auf Annexion und Gewalt sowie auf weltweiter wirtschaftlicher Zusammenarbeit basieren sollte.

Obwohl die beiden Politiker dem kommunistischen System skeptisch gegenüberstanden, gaben sie anlässlich des deutschen Überfalls auf die Sowjetunion ihre Zurückhaltung auf, um in der „Anti-Hitler-Koalition" den gemeinsamen Feind bis zur bedingungslosen Kapitulation zu bekämpfen. Stalin schloss sich dem Bündnis zwischen Roosevelt und Churchill vor allem deshalb an, weil er die finanzielle Hilfe der USA für seine Kriegsführung benötigte.

Alliierte Kriegskonferenzen

Nachdem bereits auf der Konferenz von Teheran (28. November bis 1. Dezember 1943) über die Behandlung Deutschlands und eine damit verbundene Neuordnung Europas beraten worden war, legten die „Großen Drei" auf der Konferenz von Jalta (4. bis 11. Februar 1945) ihre Grundsätze für das befreite Europa fest. Man einigte sich darauf, die wirtschaftlichen und politischen Probleme nach „demokratischen Prinzipien" zu lösen.

Stalin strebte Gebietserweiterungen für die Sowjetunion durch die Westverschiebung Polens an. Als neue Ostgrenze legte er die Curzon-Linie fest, im Westen sollte Polen deutsches Gebiet bis zur Oder-Neiße-Linie **(siehe Karte S. 13)** erhalten. Churchill und Roosevelt stimmten dem Vorhaben zwar nur unter Vorbehalt zu, bis zur Konferenz von Potsdam (17. Juli bis 2. August 1945) hatte Stalin aber die territoriale Neuordnung bereits vollzogen und so vollendete Tatsachen geschaffen. Durch ihre wachsende Einflussnahme in Osteuropa avancierte die Sowjetunion zur neuen Supermacht neben den USA.

Die hohen Verluste im Krieg hatten die europäischen Mächte geschwächt. Die Aufstände in einigen Kolonien leiteten den Prozess der Entkolonisierung ein, durch den Frankreich und Großbritannien weltpolitisch an Bedeutung verloren. Das Machtgefüge verschob sich von den traditionell im Mittelpunkt stehenden europäischen Staaten zu den beiden neuen Großmächten.

Eine bessere Welt?

Die weltpolitische Bedeutung der USA zeigte sich zum einen in der kriegstechnischen Überlegenheit durch den Besitz der Atombombe, zum anderen aber auch in ihrem wirtschaftlichen Einfluss. Bei einem Treffen in Bretton Woods im Sommer 1944 wurden die Weltbank (IBRD) sowie der Internationale Währungsfonds (IWF) gegründet, deren Kapital vor allem aus den USA stammte. Diese Institutionen sollten den wirtschaftlichen Wiederaufbau beschleunigen, den Wohlstand fördern und das Währungsgleichgewicht sicherstellen, um eine Wiederholung der wirtschaftlichen Krisen der Zwischenkriegszeit zu verhindern.

Neben die wirtschaftlichen Ansätze zur Friedenssicherung trat auch eine neue Institution der kollektiven Sicherheit. Der besonders von Roosevelt vorangetriebene Gedanke der „one world" – der gemeinsamen Weltordnung – fand seinen Ausdruck in der Gründung der UNO. Nachdem eine Expertenkommission in Dumbarton Oaks im Oktober 1944 die Grundlagen erarbeitet hatte, unterzeichneten die 51 Gründerstaaten am 26. Juni 1945 die Charta der Vereinten Nationen **(siehe S. 18f.)**.

1

Die „Großen Drei"

Churchill, Roosevelt, Stalin auf der Konferenz von Jalta (11. Februar 1945).

Begriffe

- **Curzon-Linie:** 1920 vom britischen Außenminister Curzon vorgeschlagene Grenze zwischen Polen und der UdSSR.
- **Oder-Neiße-Linie:** Die deutsch-polnische Grenze verläuft seit 1945 infolge der Westverschiebung Polens entlang der Flüsse Oder und Neiße. Die polnische Westgrenze verläuft seit 1945 infolge der Westverschiebung Polens entlang der Flüsse Oder und Neiße (durch das Potsdamer Abkommen vorbehaltlich einer friedensvertraglichen Regelung bestätigt, **siehe Karte S. 28**). Die DDR erkannte diesen Grenzverlauf 1950 an; 1970 erfolgte die Anerkennung durch die Bundesrepublik Deutschland. Im 2+4-Vertrag von 1990 bestätigten die beiden deutschen Staaten die Oder-Neiße-Linie für das vereinigte Deutschland als endgültige Grenze **(siehe S. 137, M6)**.
- **Weltbank/Internationale Bank für Wiederaufbau und Entwicklung** (engl. International Bank for Reconstruction and Development, IBRD): 1944 im Rahmen der Konferenz von Bretton Woods gegründete Bank, deren Funktion die Finanzierung des wirtschaftlichen Wiederaufbaus kriegsgeschädigter Länder und die Förderung von Entwicklungsländern ist.
- **IWF** (Internationaler Währungsfonds, engl. International Monetary Fund, IMF): 1944 im Rahmen der Konferenz von Bretton Woods gegründete Organisation, die stabile Währungsbeziehungen sicherstellen und den Welthandel erleichtern soll. Der IWF kann seinen Mitgliedern bei wirtschaftlichen Schwierigkeiten Kredite gewähren. Das Stimmgewicht der Mitgliedstaaten im Entscheidungsgremium des IWF hängt von ihrem Anteil an den Gesamteinlagen ab.

2 Die Entwicklung der internationalen Politik

Überlegungen des Sozialdemokraten und späteren Bundeskanzlers Willy Brandt zur Rolle der Demokratie in der internationalen Politik im Februar 1945:

Wiederum stehen die grundlegenden Forderungen der Demokratie identisch mit den Forderungen der Vernunft zur Debatte. Es geht um die Verhinderung des Dritten Weltkriegs, um die Beilegung zwischenstaatlicher Konflikte auf dem Wege des Schlichtungsverfahrens, um Sicherheit, Vertrauen, rationelle Organisation der internationalen Politik.

Welche Möglichkeiten sind aber gegeben, um diese Forderungen durchsetzen zu können? Bei der Beantwortung dieser Frage sollte man zunächst so stark wie möglich betonen, dass die Welt und die Menschen, die in dieser Welt Politik machen wollen, völlig veränderten Bedingungen gegenüberstehen werden. 1919 konnte man doch in starkem Maße an die Verhältnisse anknüpfen, die 1914 gegeben waren. 1945 gibt es kein Zurück zu der Welt von 1939. Politik und Ökonomie, der seelische Zustand der Völker, die internationalen und interkontinentalen Kräfteverhältnisse – alles ist gewaltigen Veränderungen unterlegen. In einer Welt, die in diesem Maße aus den Fugen geraten ist, kann nicht die eine oder andere Grenzfrage, ja nicht einmal das vorübergehende Schicksal des einen oder anderen Volkes als Maßstab dafür gelten, ob die Entwicklung in vernünftiger, demokratischer Richtung verläuft oder nicht. Es geht um große Dinge. Gegenüber diesen großen Dingen behalten jedoch die grundsätzlichen Forderungen der Demokratie ihre uneingeschränkte Berechtigung.

Willy Brandt, Forderungen und Möglichkeiten der Demokratie in der internationalen Politik, Vortrag 4. Februar 1945; in: ders.: Berliner Ausgabe. Bd. 2. Zwei Vaterländer, Deutsch-Norweger im schwedischen Exil – Rückkehr nach Deutschland 1940–1947. Bonn 2000, S. 224f.

3 **Die Herausforderungen des Friedens**

Amerikanische Karikatur vom Juli 1945.

4 Zur Verantwortung der Siegermächte

a) Der sowjetische Außenminister Molotow auf der Konferenz in San Francisco, 25. April 1945:

Das Sowjetland, das die europäische Zivilisation in blutigen Schlachten gegen den Faschismus rettete, erinnert jetzt mit vollem Recht an die Verantwortung der Regierungen für die Zukunft der friedliebenden Völker nach Beendigung dieses Krieges. [...] Man kann zwar nicht behaupten, es habe nicht der Wunsch bestanden, die Entstehung dieses Krieges zu verhindern, doch ist restlos nachgewiesen, dass die Regierungen, die seinerzeit auf eine führende Rolle in Europa Anspruch erhoben, wenn auch nicht ihr Nichtwollen, so doch ihre Unfähigkeit gezeigt haben, den Krieg zu verhindern.

Archiv der Gegenwart, 26. April 1945, S. 194.

b) Der amerikanische Präsident Truman nach der Unterzeichnung der Charta der Vereinten Nationen am 26. Juni 1945:

Es ist richtig, dass manche Staaten aus diesem Konflikt mächtig und gut ausgerüstet hervorgegangen sind; aber sie haben kein Recht zur Beherrschung der Welt. Es ist vielmehr die Pflicht dieser mächtigen Staaten, die verantwortliche Führung auf dem Wege zum Weltfrieden zu übernehmen. Darum haben wir hier beschlossen, dass Macht und Kraft nicht zur Kriegführung benutzt werden, sondern dazu dienen sollen, die Welt friedlich und frei von jeder Kriegsfurcht zu erhalten. Durch ihr eigenes Beispiel sollten die starken Nationen auf dem Wege zur internationalen Gerechtigkeit als Führer wirken.

Archiv der Gegenwart, 27. Juni 1945, S. 298.

Fragen und Anregungen

1. Nennen Sie die historischen Faktoren, die zur Gründung der UNO geführt haben. (M2–4)
2. Fassen Sie die Überlegungen Willy Brandts zur weltpolitischen Lage zusammen und erläutern Sie diese vor dem historischen Hintergrund. Erläutern Sie die Rolle, die die Demokratie seiner Meinung nach in der Weltpolitik einnehmen sollte. (M2)
3. Analysieren Sie die Karikatur (M3). Setzen Sie sie in Verbindung zu Brandts Äußerungen über Grenzfragen und das Schicksal einzelner Völker.
4. Vergleichen Sie die Aussagen Molotows und Trumans über die Verantwortung der Staaten und erläutern Sie diese im historischen Zusammenhang. (M4)
5. Ziehen Sie eine Bilanz, inwieweit durch den Zweiten Weltkrieg eine „neue Welt“ entsteht.

Dossier: Die UNO – Realisierung des Traums der „einen Welt"?

Auf der Konferenz von San Francisco (24. April bis 26. Juni 1945) wurde die UNO gegründet. 51 Staaten bekannten ihren gemeinsamen Willen zur Verhinderung von Kriegen sowie zur Wahrung des Menschen- und Völkerrechts. Die Idee eines Systems der kollektiven Sicherheit war nicht neu. Jedoch hatte sich die Vorgängerinstitution Völkerbund in der Zwischenkriegszeit als unfähig erwiesen, das Desaster des Zweiten Weltkrieges zu verhindern. Sie verfügte über kein wirksames Instrument, um Sanktionen durchzusetzen und erreichte keine Universalität, da die USA nie und die UdSSR nur zeitweilig Mitglieder des Völkerbundes waren.

Die Alliierten waren nicht nur Initiatoren und Mitbegründer der Vereinten Nationen, sondern gewannen in ihren Institutionen ein besonderes Gewicht.

1 „Vereint sind wir stark, vereint werden wir siegen."
Amerikanisches Plakat von 1943.

2 Ziele und Maßnahmen der Vereinten Nationen

Auszug aus der Charta der Vereinten Nationen:

ARTIKEL 2 ABS. 1 – Die Organisation beruht auf dem Grundsatz der souveränen Gleichheit aller ihrer Mitglieder. [...]

ARTIKEL 2 ABS. 7 – Aus dieser Charta kann eine Befugnis der Vereinten Nationen zum Eingreifen in Angelegenheiten, die ihrem Wesen nach zur inneren Zuständigkeit eines Staates gehören, oder eine Verpflichtung der Mitglieder, solche Angelegenheiten einer Regelung aufgrund dieser Charta zu unterwerfen, nicht abgeleitet werden. [...]

ARTIKEL 41 – Der Sicherheitsrat kann beschließen, welche Maßnahmen – unter Ausschluss von Waffengewalt – zu ergreifen sind, um seinen Beschlüssen Wirksamkeit zu verleihen; er kann die Mitglieder der Vereinten Nationen auffordern, diese Maßnahmen durchzuführen. Sie können die vollständige oder teilweise Unterbrechung der Wirtschaftsbeziehungen, des Eisenbahn-, See-, Luftverkehrs, der Post-, Telegraphen- und Funkverbindungen sowie sonstiger Verkehrsmöglichkeiten und den Abbruch der diplomatischen Beziehungen einschließen.

ARTIKEL 42 – Ist der Sicherheitsrat der Auffassung, dass die in Artikel 41 vorgesehenen Maßnahmen unzulänglich sein würden oder sich als unzulänglich erwiesen haben, so kann er mit Luft-, See- oder Landstreitkräften die zur Wahrung oder Wiederherstellung des Weltfriedens und der internationalen Sicherheit erforderlichen Maßnahmen durchführen.

Geschichte in Quellen. Die Welt seit 1945. München 1980, S. 666f und 669.

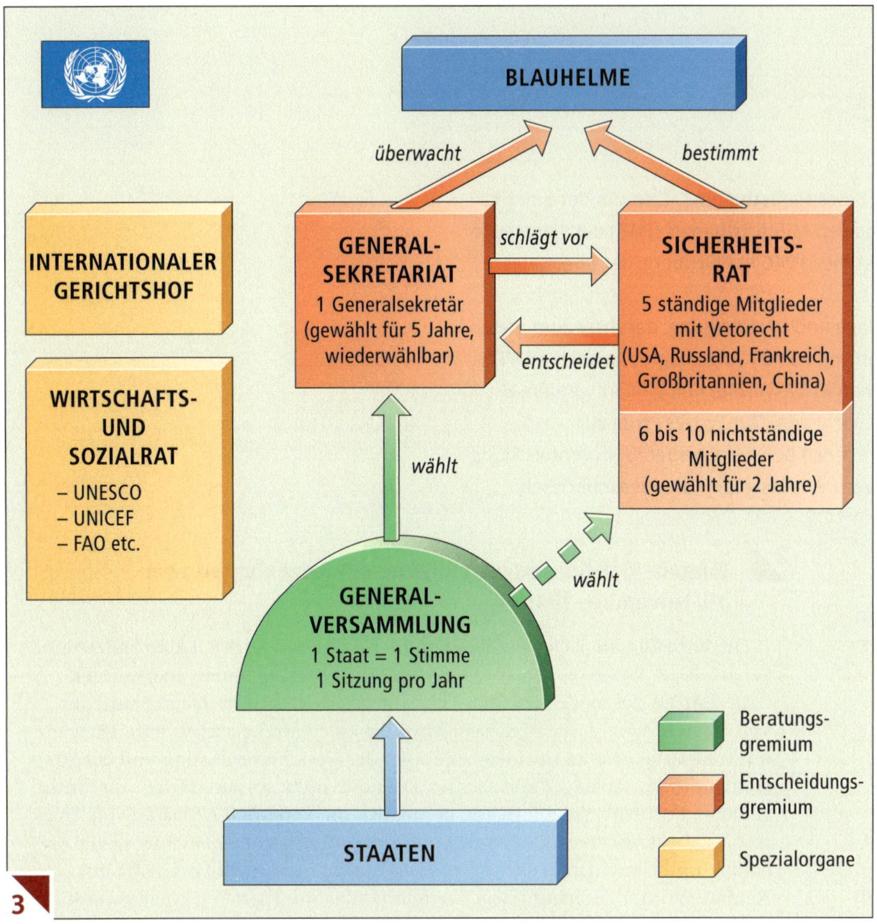

3 **Die Organisationsstruktur der UNO**

4 Zur Rolle der Staaten in der UNO

Auf der Konferenz von San Francisco stellte der kanadische Ministerpräsident Mackenzie King fest, dass die Wirkung der UNO in einer „imponierenden Macht" bestehe und gab in diesem Zusammenhang Folgendes zu bedenken:

Die Macht befindet sich aber nicht ausschließlich in den Händen von vier oder fünf Staaten, und die Konferenz sollte nicht aufgrund der Annahme handeln, dass es sich so verhalte. Diese Haltung würde nicht nur mit den Tatsachen, wie sie sich in den fünf vergangenen Jahren erwiesen haben, im Widerspruch stehen, sondern sich auch gefährlich auf die Sache der Sicherheit selbst auswirken. Sie würden in manchen kleineren Ländern die Entwicklung auf einen neuen Typ des Isolationismus hin begünstigen und das Gefühl bestärken, dass die Aufgabe der Bewahrung des Friedens ausschließlich den Großmächten und ihrem Beitrag überlassen werden könnte. Die Erfahrung hat gezeigt, dass der Beitrag der kleineren Mächte nicht gering angeschlagen werden darf, handle es sich nun um die Bewahrung des Friedens oder um seine Wiederherstellung, nachdem er gestört worden ist.

Archiv der Gegenwart, 28. April 1945, S. 198.

5 **Der Baum der Vereinten Nationen, 1947**

Dieser von Eveleigh erstellte Baum symbolisiert die Geburt der Vereinten Nationen, 1947.

Fragen und Anregungen

1. Analysieren und vergleichen Sie die Aussage der beiden Plakate (M1 und 5). Erläutern Sie diese vor dem historischen Hintergrund.
2. Erläutern Sie die Grundsätze und Mechanismen, durch die die kollektive Sicherheit garantiert werden sollte (M2 und 3). Welche Institution nimmt dabei eine zentrale Stelle ein?
3. Erarbeiten Sie, welche Kritik der kanadische Ministerpräsident anbringt (M4). Halten Sie diese für berechtigt? Sehen Sie andere Probleme, die in diesem Zusammenhang auftreten konnten?
4. In welchem Maß sind die demokratischen Ideale Präsident Roosevelts in der UNO konkretisiert worden?
5. 27 Mitgliedstaaten unterbreiteten am 6. Juli 2005 einen Entwurf zur Reform des Sicherheitsrates, um den „Realitäten der heutigen Welt besser Rechnung zu tragen". Erläutern Sie, in welcher Hinsicht die UNO den Realitäten ihrer Entstehungszeit Rechnung trug und wo für die heutige Zeit Reformbedarf bestehen könnte. Informieren Sie sich im Internet (www.un.org) über die Reformvorschläge. **(siehe S. 174f.)**

Dossier: Die Nürnberger Prozesse

„Unglaubliche Ereignisse durch glaubwürdige Beweise festhalten" – so sah der amerikanische Hauptankläger Jackson das Ziel des internationalen Militärtribunals (IMT) der vier Hauptalliierten, das vom 20. November 1945 bis zum 1. Oktober 1946 in Nürnberg, der ehemaligen Stadt der Reichsparteitage, abgehalten wurde.

Durch über 5.000 Beweisdokumente von Anklage und Verteidigung, darunter zum ersten Mal auch Filme und Fotografien, sollte die Verantwortung von 21 Angeklagten aus der NS-Führung sowie von sechs Organisationen an den deutschen Kriegsverbrechen geklärt werden. Hitler, Goebbels und Himmler hatten zuvor Selbstmord begangen. Der Prozess trug zur Offenlegung der nationalsozialistischen Verbrechen ebenso bei wie zu einer Weiterentwicklung des Völkerrechts durch den neuen Tatbestand des „Verbrechens gegen die Menschlichkeit".

1 Die Hauptanklagepunkte

Art. 6 Abs. 1 – Verbrechen gegen den Frieden:
Nämlich: Planen, Vorbereitung, Einleitung oder Durchführung eines Angriffskrieges oder eines Krieges unter Verletzung internationaler Verträge [...];

2. Kriegsverbrechen:
Nämlich: Verletzungen der Kriegsgesetze oder -gebräuche. Solche Verletzungen umfassen [...] Mord, Misshandlungen oder Deportation zur Sklavenarbeit oder für irgendeinen anderen Zweck, von Angehörigen der Zivilbevölkerung von oder in besetzten Gebieten, [...] von Kriegsgefangenen oder Personen auf hoher See, Töten von Geiseln, Plünderung öffentlichen oder privaten Eigentums, die mutwillige Zerstörung von Städten, Märkten oder Dörfern oder jede durch militärische Notwendigkeit nicht gerechtfertigte Verwüstung;

3. Verbrechen gegen die Menschlichkeit:
Nämlich: Mord, Ausrottung, Versklavung, Deportation oder andere unmenschliche Handlungen, begangen an irgendeiner Zivilbevölkerung vor oder während des Krieges, Verfolgung aus politischen, rassischen oder religiösen Gründen, [...] Anführer, Organisatoren, Anstifter und Teilnehmer, die am Entwurf oder der Ausführung eines gemeinsamen Planes oder einer Verschwörung zur Begehung eines der vorgenannten Verbrechen teilgenommen haben, sind für alle Handlungen verantwortlich, die von irgendeiner Person in Ausführung eines solchen Planes begangen worden sind.

Statut für den internationalen Militärgerichtshof, 8. August 1945. Geschichte in Quellen. Die Welt seit 1945. München 1980, S. 112f.

2 Eingabe der Gesamtverteidigung der Angeklagten vom 19. November 1945

Die Verteidigung ist schließlich verpflichtet, schon jetzt auf eine andere Eigenart dieses Prozesses hinzuweisen, mit der er von allgemein anerkannten Grundsätzen der modernen Strafrechtspflege abweicht: Die Richter sind nur von Staaten bestellt, die in diesem Krieg die eine Partei gewesen sind. Diese eine Streitpartei ist alles in einem: Schöpfer der Gerichtsverfassung und der Strafrechtsnormen, Ankläger und Richter. Dass dies nicht so sein dürfte, war bisher gemeine Rechtsüberzeugung, wie denn auch die Vereinigten Staaten von Amerika als Vorkämpfer für die Einrichtung einer internationalen Schiedsgerichtsbarkeit und Gerichtsbarkeit stets verlangt haben, dass die Richterbank mit Neutralen unter Zuziehung von Vertretern aller Streitparteien besetzt werde.

Geschichte in Quellen. Die Welt seit 1945. München 1980, S. 115.

3 Aus der Eröffnungsrede des amerikanischen Hauptanklägers am ersten Verhandlungstag, dem 20. November 1945

Donnerstag, den 18. Oktober 1945, wurde die Anklage dem Gericht in Berlin eingereicht. Eine Abschrift dieser Anklage in deutscher Sprache ist jedem der Angeklagten überreicht worden, die sie seit mehr als 30 Tagen im Besitz haben. Alle Angeklagten sind durch Verteidiger vertreten. In fast allen Fällen sind die Rechtsanwälte von den Angeklagten selbst gewählt worden. In den Fällen, in denen ein Anwalt nicht gefunden werden konnte, hat das Gericht selbst eine angemessene und dem Angeklagten genehme Verteidigung bestellt. Das Gericht hat mit großer Befriedigung von den Maßnahmen erfahren, die die Hauptanklagevertreter getroffen haben, um den Verteidigern die zahlreichen Dokumente, auf die sich die Anklage beruft, zur Verfügung zu stellen und den Angeklagten jede Möglichkeit einer gerechten Verteidigung zu geben. Der Prozess, der nunmehr eröffnet wird, steht einzig in der Geschichte der Rechtspflege der Welt da und ist von größter Bedeutung für Millionen von Menschen auf der ganzen Welt. Aus diesem Grund ruht auf jedermann, der daran teilnimmt, die feierliche Verantwortung, seiner Pflicht furchtlos und unparteiisch nachzukommen, gemäß den geheiligten Grundsätzen von Recht und Gerechtigkeit.

M. Bertram (Hg.), Der Nürnberger Prozess. Berlin 1999, S. 1212f.

4 Eine Verhandlung im Gerichtssaal des Nürnberger Justizpalastes

Fragen und Anregungen

1. Fassen Sie die Anklagepunkte und Ziele der Alliierten in den Prozessen zusammen. (M1)

2. Charakterisieren Sie die Rahmenbedingungen der Nürnberger Prozesse. (M4)

3. Erarbeiten Sie, in welcher Hinsicht die Prozesse als problematisch angesehen werden konnten und erörtern Sie die Berechtigung der Vorwürfe. (M2 und 3)

4. Die Stadt Nürnberg möchte eine Informationstafel am Justizgebäude anbringen und beauftragt Sie mit der Redaktion. Verfassen Sie einen Text, der dem Besucher Auskunft über die verschiedenen Dimensionen der Bedeutung des Ortes und der Nürnberger Prozesse gibt. (M1–4)

3. Das befreite Frankreich (1944–1946)

Mit welchen Problemen sah sich Frankreich am Ende des Krieges konfrontiert?

Das Ende der Besatzung und des Krieges

Mit der Landung alliierter Truppen in der Normandie begann am 6. Juni 1944 die schrittweise Befreiung Frankreichs von den deutschen Besatzern. Die personellen Verluste Frankreichs waren zwar deutlich geringer als im Ersten Weltkrieg, die materiellen Schäden überstiegen dessen Bilanz jedoch deutlich.

Hatte die Zerstörung damals nur 13 Departements betroffen, traf es nun 74, mehr als 50 Prozent der Bahnstrecken waren unbenutzbar, ein Siebtel der Bevölkerung wurde Opfer von Kriegsschäden. Zudem hatten die Besatzer durch Plünderungen und finanzielle Forderungen schweren volkswirtschaftlichen Schaden angerichtet. Die Versorgungsengpässe für die Bevölkerung ließen den Schwarzmarkt blühen und förderten die Inflation.

Die Besatzungszeit hatte Frankreich auch außenpolitisch geschwächt sowie innenpolitisch zwischen Widerstandskämpfern und Kollaborateuren zerrissen. Charles de Gaulle versuchte beidem aktiv entgegenzuwirken.

Sicherung der außenpolitischen Bedeutung

Im Kontext der Besatzung Deutschlands und der Gründung der UNO zeigte Frankreich seine internationale Bedeutung. Gleichzeitig wurde aber der weltpolitische Rang des Landes durch nationale Unabhängigkeitsbewegungen in den Kolonien infrage gestellt, so etwa in Tunesien und Marokko. In Indochina erklärte Ho Chi Minh die Gründung der Demokratischen Republik Vietnam (siehe S. 94 f.). Blutige Aufstände im algerischen Sétif am 8. Mai 1945 forderten mehrere hundert europäische Opfer, die Niederschlagung viele tausend Tote unter den Algeriern.

Die französische Politik unterschätzte jedoch die Autonomiebestrebungen und hielt weiter am Kolonialreich als wichtigem Bestandteil der französischen Macht fest.

Eine gespaltene Gesellschaft

Nach dem Sturz des Vichy-Regimes übernahm am 25. August 1944 eine provisorische Regierung (GPRF) unter Vorsitz Charles de Gaulles die Macht. Eine der ersten Aufgaben war es, die lokalen Milizen zu entwaffnen und so die Zentralgewalt wiederherzustellen. Dabei galt es auch, spontane Racheakte an Kollaborateuren zu beenden und die Säuberungen auf eine legale Basis zu stellen. Diese wurden vor allem im politischen und intellektuellen Milieu durchgeführt und fielen recht mild aus: Von 160 000 Beschuldigten wurden 45 Prozent begnadigt, 16 Prozent zu Haftstrafen und nur 4 Prozent zum Tode verurteilt.

Der Nationale Widerstandsrat (CNR) hatte schon während der Besatzungszeit ein Programm mit Reformen für Frankreichs Nachkriegsordnung erarbeitet. Bei Kommunalwahlen ab April 1945 wählten zum ersten Mal auch die Frauen. Bei einer Volksabstimmung am 21. Oktober 1945 stimmten 96 Prozent der Wähler für die Ausarbeitung einer neuen Verfassung (siehe S. 238 f.).

Hatte die Résistance zuvor noch unterschiedliche politische Kräfte vereint, entstand nun wieder eine differenzierte Parteienlandschaft, die stark von der Linken geprägt war. Durch die Erinnerung an das Vichy-Regime geriet die Rechte vorübergehend in Verruf. Die wichtigsten politischen Gruppierungen waren daher die kommunistische Partei Frankreichs (PCF), deren große Beachtung sich aus ihrer aktiven Rolle in der Résistance erklären lässt, die sozialistische Partei (SFIO) und die 1944 gegründete christdemokratische Partei (MRP) (siehe S. 238).

1 **Die französische Kolonialmacht am Boden**
Plakat der vietnamesischen Unabhängigkeitsbewegung Vietminh, 1945.

Begriffe

- **GPRF** (Gouvernement provisoire de la République française): Die Provisorische Regierung der Französischen Republik wurde am 3. Juni 1944 in Algier gegründet. Sie trat an die Stelle des Französischen Komitees zur Nationalen Befreiung (Comité français de libération nationale) und sollte die Zeit bis zur Wiederherstellung der republikanischen Verfassungsorgane und zur Wahl einer neuen Nationalversammlung überbrücken. Sie wurde erst am 23. Oktober 1944 von den Alliierten anerkannt.
- **Säuberungen** (franz. Epuration): Entfernung derjenigen, die mit der deutschen Besatzungsmacht und dem Vichy-Regime kollaboriert hatten, aus öffentlichen Ämtern. Der legalen Phase ging eine Phase der Selbstjustiz der Bevölkerung voraus.
- **CNR** (Conseil national de la Résistance): Nationaler Widerstandsrat, gegründet am 27. Mai 1943. Er vereinte acht verschiedene Widerstandsgruppen, sechs politische Parteien sowie zwei Gewerkschaften.

2 „Lasst uns die Ärmel hochkrempeln. Es wird noch besser gehen!"

Französisches Plakat, 1945.

3 Charles de Gaulle ruft zur „nationalen Anstrengung" auf

Die hehrsten Grundsätze der Welt erhalten Gültigkeit nur durch die Tat. Unser ganzes Volk erkennt, dass sein Glück und seine Größe zuvorderst von seiner eigenen Anstrengung abhängen. Gewiss obliegt es der Regierung, nach und nach die Voraussetzungen zu schaffen, ohne die der Fortschritt Schaden nähme oder die Ungerechtigkeit sich verewigte. Gewiss hat sie beispielsweise dafür zu sorgen, dass der Lebensstandard der französischen Arbeiter in dem Maße steigt, in dem die französische Produktion zunimmt. Sicher ist es ihres Amtes, und das Gesetz gibt ihr dazu schon jetzt das Recht, die Aktivität gewisser großer öffentlicher Dienstleistungsbetriebe oder Unternehmen durch Requirierung oder Beschlagnahmung der unmittelbaren Verfügungsgewalt des Staates zu unterstellen, bis dann die nationale Souveränität die Modalitäten bestimmt. Sicher hat sie die Pflicht, die von denen, die für den Feind arbeiteten, schuldhaft angehäuften Bereicherungen der nationalen Gesamtheit zuzuführen. [...] Doch für unseren allmählichen Wiederaufbau, zunächst im Krieg, dann im Frieden, für den Aufbau eines neuen Frankreich, brauchen wir weit mehr und anderes noch. Wir brauchen eine umfassende und mutige nationale Anstrengung.

Wohlan! Zu dieser Anstrengung rufen wir die Nation auf.

Charles de Gaulle, Rede im Palais de Chaillot, 12. September 1944; Stiftung und Institut Charles de Gaulle; http://www.charles-de-gaulle.org/article_print.php?id_article=403

4 Auszug aus dem Programm des Conseil national de la Résistance (15. März 1944)

a) im Bereich der Wirtschaft:
- die Errichtung einer echten wirtschaftlichen und sozialen Demokratie, die die Ausschaltung der großen wirtschaftlichen und finanziellen Feudalherrschaften der Wirtschaftsführung voraussetzt, [...]
- die Intensivierung der nationalen Produktion nach der Linie eines Plans, der durch den Staat nach Beratung mit Repräsentanten aller an dieser Produktion beteiligten Elemente festgelegt wird,
- die Renationalisierung der großen, monopolisierten Produktionsmittel, welche die Frucht der gemeinsamen Arbeit sind, der Energiereserven, der Reichtümer unter Tage, der Versicherungsgesellschaften und der großen Banken, [...]
- im Rahmen der Betriebe das Recht auf Zugang zu Funktionen in Direktion und Verwaltung für Arbeiter mit den nötigen Qualifikationen und die Beteiligung der Arbeiter an der Leitung des Unternehmens.

b) im sozialen Bereich: [...]
- eine deutliche Anpassung der Gehälter und die Garantie eines Gehaltsniveaus und einer Behandlung, die jedem Arbeiter und seiner Familie Sicherheit, Würde und die Möglichkeit zu einem vollständig menschlichen Leben zusichert,
- die Wiederherstellung unabhängiger Gewerkschaftsarbeit in ihren traditionellen Freiheiten, ausgestattet mit umfangreichen Befugnissen in der Organisation des politischen und sozialen Lebens,
- ein vollständiger Plan für eine Sozialversicherung mit dem Ziel, allen Bürgern die Mittel ihrer Existenz abzusichern für alle Fälle, in denen sie nicht in der Lage sind, sich diese durch Arbeit zu verschaffen [...].

Übers. nach: P. Milza (Hg.), Sources de la France du XXe siècle. De 1918 à nos jours. Paris 1997, S. 228f.

5 **Der Prozess gegen Marschall Pétain (Juli bis August 1945)**

Ein eigens dafür eingerichtetes Hohes Gericht verhandelte die Verbrechen der Führer des Vichy-Regimes. Pierre Laval und Philippe Pétain wurden zum Tode verurteilt, letzterer aber aufgrund seines hohen Alters zu lebenslanger Haft auf der Insel Yeu begnadigt. Er starb dort 1951.

Fragen und Anregungen

1. Wie hat sich der Krieg auf die politische und wirtschaftliche Situation Frankreichs ausgewirkt? – Ziehen Sie eine Bilanz. (M1 und 5)

2. Erarbeiten Sie die Maßnahmen, die im Programm des Conseil national de la Résistance vorgesehen sind und charakterisieren Sie dessen politische Orientierung. (M4)

3. Stellen Sie anhand der Materialien dar, mit welchen Argumenten man an die nationale Gemeinschaft appellierte. Überlegen Sie, warum dieser Appell so wichtig war. (M2 und 3)

4. Leiten Sie aus Ihren Ergebnissen ab, welche Herausforderungen sich für die französische Politik künftig ergaben.

Dossier: Die großen Reformen nach der Befreiung

Auf der Grundlage des Programms des Nationalen Widerstandsrates vom 15. März 1944 setzte die provisorische Regierung soziale und wirtschaftliche Reformen durch, um den Wiederaufbau und die Modernisierung des Landes voranzutreiben und die Arbeiterschaft als Verbündete im „Kampf um die Produktion" zu gewinnen. Die Gründung der erstmals für alle Arbeitnehmer verpflichtenden Sozialversicherung legte das Fundament für den Sozialstaat. Die Verstaatlichungen wirtschaftlicher Schlüsselsektoren im Bereich von Industrie und Finanzen sollten die Produktion beschleunigen und Investitionen koordinieren. 1946 erarbeitete Jean Monnet das Konzept der „Planification", einer Planwirtschaft für die staatlichen Betriebe. Insgesamt führten die Reformen zu einem wirtschaftlichen Mischmodell, in dem ein privater Sektor und ein sehr breiter staatlicher Sektor nebeneinander existierten.

Begriffe

- **Sozialstaat** (franz. État-providence, engl. Welfare State): Staat, der seine Bevölkerung durch soziale Sicherungssysteme wie Arbeitslosen-, Kranken- und Rentenversicherung vor sozialer Verelendung schützt.
- **Verstaatlichung** (franz. nationalisation): Vorgang, durch den der Staat die Kontrolle über ein privates Unternehmen übernimmt.
- **Planification** (franz.): Ein wirtschaftliches Mischmodell, in dem einerseits der Staat in wichtigen Bereichen die wirtschaftlichen Ziele als Orientierung vorgibt und andererseits private Unternehmen nach marktwirtschaftlichen Prinzipien arbeiten. Insofern unterscheidet sich die Planification von der rein lenkenden Planwirtschaft der UdSSR.

1 Die Motive und Ziele der Sozialversicherung

a) Aus der Verordnung vom 4. Oktober 1945:

Die Sozialversicherung ist die Garantie für jeden, dass er unter allen Umständen über die nötigen Mittel verfügt, um seine Existenz und die seiner Familie unter würdigen Bedingungen zu sichern. Sie findet ihre Rechtfertigung in der grundlegenden Sorge um die soziale Gerechtigkeit, sie entspricht der Bemühung, die Arbeiter von der Unsicherheit der Zukunft zu befreien, dieser steten Unsicherheit, durch die bei ihnen ein Minderwertigkeitsgefühl entsteht, und die die wahre und tiefere Grundlage darstellt für die Klassenunterschiede zwischen den Besitzenden, die ihrer selbst und ihrer Zukunft sicher sind, und den Arbeitern, auf denen zu jeder Zeit die Bedrohung durch das Elend lastet [...].

Journal Officiel, 6. Oktober 1945.

b) Pierre Laroque, Gründervater der französischen Sozialversicherung, in einem Zeitungsartikel:

Die Sozialversicherung[1] [...] ist vor allem, zuerst, die Sicherheit der Arbeitsstelle. Sie soll allen Männern und Frauen, die in der Lage sind zu arbeiten, eine bezahlte Tätigkeit zur Verfügung stellen. Sie verlangt die Beseitigung der Arbeitslosigkeit.

Zweitens ist die Sozialversicherung die Sicherheit des Verdienstes. Es ist nötig, dass die jedem Arbeitnehmer zur Verfügung gestellte Arbeit ihm ausreichende Ressourcen verschafft.

Drittens ist die Sozialversicherung die Sicherheit der Fähigkeit zu arbeiten. Damit der Arbeiter sicher sein kann, dass er die berufliche Tätigkeit, aus der er die Gesamtheit der für seine Existenz nötigen Ressourcen zieht, beibehalten kann, muss man ihn gegen all die Faktoren absichern, die zum Verlust seiner körperlichen Befähigung zur Arbeit führen könnten. Auf diese Weise schließt die Sozialversicherung jegliches Problem der medizinischen Organisation ein.

Übers. nach: P. Milza (Hg.), Sources de la France du XXe siècle. De 1918 à nos jours. Paris 1997, S. 361 f.

[1] Der französische Begriff „sécurité sociale" hat zwei Bedeutungen: „Sozialversicherung" und „soziale Sicherheit".

Dezember 1944	Steinkohlebergwerke in den Departements Nord und Pas-de Calais
Januar 1945	Renault
März 1945	Luftfahrtgesellschaften
Dezember 1945	Banken: Banque de France, Crédit Lyonnais, Société Générale, Banque nationale du commerce et de l'industrie, Comptoir national d'escompte de Paris
April 1946	Gründung der nationalen Energiebetriebe Électricité de France, Gaz de France und Charbonnages de France. Verstaatlichung von 34 Versicherungsgesellschaften
März 1948	Pariser Verkehrsbetriebe RATP

2 Die wichtigsten Verstaatlichungen

3 Die „Planification" (der Monnet-Plan)

Dekret zur Gründung des Plans zur Modernisierung und Entwicklung, am 3. Januar 1946

ARTIKEL 1 – In einer Frist von sechs Monaten wird ein erster Gesamtplan für die Modernisierung und die industrielle Entwicklung des französischen Mutterlandes und seiner Überseegebiete ausgearbeitet. Der Plan hat vor allem zum Ziel:

1. die Produktion des Mutterlandes und seiner Überseeterritorien und ihren Warenaustausch mit der Welt zu steigern, vor allem in den Sparten, in denen ihre Position die günstigste ist.

2. den Ertrag der Arbeit auf das Niveau der Länder anzuheben, in denen dieser am höchsten ist;

3. die Vollbeschäftigung der Arbeitskräfte sicherzustellen;

4. den Lebensstandard der Bevölkerung anzuheben und die Zustände der Wohnverhältnisse und des Gemeinschaftslebens zu verbessern.

Der Plan versteht sich für öffentliche und private Maschinenausstattungen und Ausrüstungen, die durch die Kriegsereignisse beschädigt oder zerstört wurden.

Übers. nach: P. Milza (Hg.), Sources de la France du XXe siècle. De 1918 à nos jours. Paris 1997, S. 358.

4 Schnelle Hilfe in der Not

Plakat der „Charbonnages de France“, 1946. Durch die Verstaatlichung des Betriebes sollten die Engpässe in der Versorgung der Bevölkerung mit Kohle schneller behoben werden.

5 Renault als staatliches Unternehmen (1945)

6 Die Verstaatlichung von Renault

Es geht nicht nur darum, eine aus der Vergangenheit geerbte Situation zu bestätigen, sondern auch darum, sich einer konstruktiven Zukunft zuzuwenden. [...] Der Staat soll also nicht nur auf die schnelle Wiederbelebung der Renault-Werke achten, sondern auch Produktionsprogramme festlegen, die den Bedürfnissen des Landes entsprechen, sowie für die schrittweise Verbesserung ihrer Produktionsmittel und der Arbeitsbedingungen ihrer Arbeiter sorgen. Im Rahmen eines Generalplans über den Wiederaufbau unserer Automobilindustrie, der die Rationalisierung und die Entwicklung ihrer Herstellung beinhaltet, kommt dem Staat die Aufgabe zu, ein Programm zur schnellen Modernisierung der Ausstattung der Renaultwerke und die Perfektionierung ihrer Herstellungs- und Verkaufsverfahren zum Abschluss zu bringen. Betrachtet man die Situation unserer Automobilindustrie vor den Kampfhandlungen, die grundsätzliche Verständigungsunfähigkeit der französischen Konstrukteure untereinander und die tiefen Rückwirkungen, die die schnelle Alterung von Maschinen und Ausstattung auf die Vitalität dieser Industrie hatte, wird deutlich zu Tage treten, dass es für den Staat eine Notwendigkeit bedeutet, ein Beispiel zu geben und Dreh- und Angelpunkt eines solchen Bemühens zu sein.

Aus der Verordnung vom 16. Januar 1946; übers. nach: G. Le Quintrec (Hg.), Histoire Term L/ES. Paris 2003, S. 266.

Fragen und Anregungen

1. Wie soll in Frankreich nach der Befreiung soziale Sicherheit gewährleistet werden? Wie ist der Begriff „Sozialversicherung“ in M1a/M1b jeweils zu verstehen?
2. Erläutern Sie den Begriff der Planwirtschaft. Erarbeiten Sie den Beitrag, den die Planwirtschaft zum französischen Wirtschaftsaufschwung leisten sollte. (M3)
3. Erarbeiten Sie, in welchen Wirtschaftssektoren vornehmlich Verstaatlichungen durchgeführt wurden und überlegen Sie Gründe dafür. (M2, 4–6)
4. Untersuchen Sie, in welcher Weise die Interessen der Arbeiter in die Reformen einbezogen wurden.
5. Entwickeln Sie einen Überblick über die französische Reformpolitik und erläutern Sie deren Programmatik vor dem historischen Hintergrund ihrer Entstehung.

4. Kriegsende in Deutschland – eine Stunde null?

Was kennzeichnete die Situation nach der Kapitulation?

Der 8. Mai 1945 – ein symbolisches Datum

Dem Tag der bedingungslosen Kapitulation Deutschlands wurde schon von den Zeitgenossen eine ambivalente Bedeutung von Befreiung und Niederlage, Zusammenbruch und Neuanfang zugeschrieben.

In den 50er-Jahren entwickelte sich dafür das Schlagwort der „Stunde null". Bilder großflächig zerbombter Städte dominierten die öffentliche Wahrnehmung. Gleichzeitig schien das Ende des nationalsozialistischen Regimes und seiner höchsten Führer zunächst einen völligen politischen Neuanfang zu bedeuten. Die Vorstellung des großen Bruchs mit der Vergangenheit und damit einhergehend die Idee der gleichen Ausgangsbedingungen für alle muss aus der zeitlichen Distanz relativiert werden.

Welche Erfahrungen bei Kriegsende führten aber zur Vorstellung von der „Stunde null"? In welchen Bereichen lassen sich Entwicklungen aufzeigen, die dieser Vorstellung widersprechen?

Existenzielle Not

Die Folgen des Krieges bestimmten den Alltag der Menschen für einige Jahre. Ein Drittel des Wohnraums war zerstört, 50 Prozent der Verkehrswege waren unbrauchbar, und zwei Fünftel der öffentlichen Verkehrsmittel hatten ihren Betrieb eingestellt. Daneben existierten aber auch Städte, die von den Bombardements kaum oder gar nicht betroffen waren. Die Rationierung von Lebensmitteln ließ den Schwarzmarkt blühen. Die recht gute Lebensmittelversorgung auf dem Lande trieb die hungernde Stadtbevölkerung zu verbotenen „Hamsterfahrten" aufs Land, wo Bauern Lebensmittel gegen Wertgegenstände eintauschten.

Unzählige Menschen waren vermisst. Etwa 11 Millionen deutsche Soldaten befanden sich noch in Kriegsgefangenschaft. Gleichzeitig waren etwa 9,5 Millionen Displaced Persons auf dem Weg zurück in ihre Heimat. Im Zuge der heranrückenden Roten Armee und der teilweise brutalen Vertreibungen strömten bis 1950 etwa 12 Millionen Flüchtlinge und Vertriebene nach Deutschland, insbesondere aus der Tschechoslowakei und den nun unter polnischer Verwaltung stehenden Ostgebieten. Die Unterbringung und Integration dieser als Fremde empfundenen Menschen war eine große Herausforderung.

Die Besatzungspolitik der Alliierten

Als besiegtes Land wurde Deutschland besetzt und durch einen Alliierten Kontrollrat verwaltet. Durch Gebietsverluste und die Aufteilung in vier Besatzungszonen verschwand es als Staat zunächst von der Landkarte. Dennoch war es erklärter Wille der Alliierten, ein demokratisches und friedliches Deutschland aufzubauen, wobei die Sowjetunion den Begriff der Demokratie in einem kollektivistisch-autoritären Sinne auslegte (siehe S. 50 f.). Die in diesem Zusammenhang angestrebte vollständige Entnazifizierung scheiterte jedoch. In der sowjetischen Besatzungszone wurde sie zum Teil zur Ausschaltung politischer Gegner der Kommunisten benutzt, während die Fragebögen in den Westzonen es vielen Tätern ermöglichten, sich anzupassen und so als Mitläufer eingestuft zu werden. Auch ließen sich in den Besatzungszonen entgegen allen Ankündigungen deutliche Unterschiede in der Behandlung ausmachen. Großbritannien und die USA waren an einem schnellen wirtschaftlichen Wiederaufbau interessiert, um die Kräfte Westeuropas gegen den Einfluss der Sowjetunion zu bündeln. Frankreich wollte zeitweilig ein politisch und ökonomisch zerstückeltes oder zumindest stark dezentralisiertes Deutschland, um das Wiedererstarken des mehrfachen Aggressors zu verhindern (siehe S. 118 f.). Die stark zerstörte Sowjetunion war an Reparationszahlungen interessiert und strebte in ihrer Besatzungszone die Errichtung eines kommunistischen Systems an.

1 ... und deine Suchmeldung?

Angesichts der vielen Vermissten boten karitative Einrichtungen einen Suchdienst an. Der Suchdienst des Roten Kreuzes arbeitete noch 2005.

Begriffe

- **„Stunde null":** Der Begriff kam in den 50er-Jahren auf und betonte den tiefen materiellen und moralischen Bruch, den das Kriegsende aus Sicht vieler Zeitgenossen darstellte. Kritiker des Begriffs verweisen demgegenüber auf Kontinuitäten zwischen Drittem Reich und Nachkriegsgesellschaft, so etwa die Fortsetzung von Karrieren in Wirtschaft oder Wissenschaft.
- **Displaced Persons** (DP): Menschen, die während des Zweiten Weltkrieges von den Deutschen oder ihren Verbündeten verschleppt wurden, insbesondere Kriegsgefangene, Zwangsarbeiter und KZ-Häftlinge.
- **Alliierter Kontrollrat:** Bezeichnet die oberste Gewalt im besetzten Deutschland, bestehend aus den obersten Befehlshabern der vier Besatzungsmächte, die einstimmig Gesetze für ganz Deutschland verabschieden konnten.
- **Entnazifizierung:** Maßnahmen der Alliierten in Deutschland zur möglichst raschen Entfernung von Nationalsozialisten aus Schlüsselstellungen in Politik, Wirtschaft und Gesellschaft.

2 Die Aufnahme von Vertriebenen

Plakat mit der Aufforderung, Umsiedler, wie die Vertriebenen in der Sowjetischen Besatzungszone bezeichnet wurden, aufzunehmen.

4 „Gebt mir fünf Jahre und ihr werdet Deutschland nicht wiedererkennen."

Verhöhnung eines Hitler-Zitates durch ein Plakat der U.S. Army, Köln am 18. April 1945.

3 Die Wahrnehmung der Besatzer

Ein Einwohner eines zunächst von den Amerikanern besetzten Teils der Sowjetischen Besatzungszone schildert seine Eindrücke:

Die Russen waren diszipliniert eingezogen, Besatzungstruppen und nicht Eroberer. Nach Erfahrungen mit unseren amerikanischen Befreiern schlug ihnen, trotz der Berichte aus den örtlichen Kampfgebieten, nicht Hass entgegen; eher war es dumpfe Furcht, mit der man die oft fremdartigen Geschöpfe betrachtete, denen die Spuren des jahrelangen Krieges anzusehen waren. Sie waren nicht so abgerissen wie unsere Landser, aber welcher Gegensatz zu den friedensmäßig ausgerüsteten Amerikanern mit ihren blütensauberen Uniformen, ihrer Verpflegung mit drei bis vier Gängen, zu denen noch Tagesrationen mit Nescafé, Hershey-Schokolade und Lucky Strike kamen. Es stellte sich fast so etwas wie eine Gemeinsamkeit der Opfer her, wobei mitspielte, dass nun Fotos befreiter russischer Städte auftauchten, die so verwüstet wie unsere eigenen waren. [...]

Bald aber häuften sich Beschwerden über nächtliche Zudringlichkeit. Nach Einbruch der Dunkelheit zogen sie in Gruppen, häufig schwer nach Schnaps riechend, von Haustür zu Haustür und verlangten Einlass. Wenn sie das Gesuchte nicht fanden, schlugen sie die Scheiben ein und zertrümmerten das Geschirr. Oft waren es dieselben Russen, die am Tag zuvor den Kindern Geschenke mitgebracht hatten.

D. Güstrow, In jenen Jahren. Berlin 1983, S. 110f.

5 Empfehlungsschreiben für Konrad Adenauer

Military Gouvernement
Detachment EIH 2 Cologne
Colonel Geary, XXII Corps
APO 250, U.S. Army

8. Mai 1945

Sehr geehrter Colonel Geary:

Hiermit stelle ich Ihnen Konrad Adenauer, Oberbürgermeister der Stadt Köln vor, der Ihnen alle Informationen oder Ratschläge, die Sie für den Feiertag am 10. Mai benötigen könnten, geben wird.

Dr. Adenauer war Oberbürgermeister der Stadt Köln von 1919 bis 1933, als er aus seinem Amt entfernt wurde und streng von den Nationalsozialisten verfolgt wurde. Dr. Adenauers guter Ruf reicht weit über die Region Köln hinaus; sein Name ist die Nummer eins auf der weißen Liste[1] für Deutschland.

Bevor Dr. Adenauer kürzlich in sein altes Amt zurückberufen wurde, war er als besonderer Berater für den Schreiber für zivile Angelegenheiten für die Stadt und den Regierungsbezirk Köln tätig. Der Schreiber hat eine sehr hohe Meinung von Dr. Adenauers Integrität und den selbstlosen und demokratischen Idealen, die er in seiner Person und seiner Arbeit verkörpert.

Mit freundlichen Grüßen
(Sgd.) Patterson, Lt. Col. CAC

Übers. nach: Konrad Adenauer, Erinnerungen 1945–1953 (Bd. 1). Frankfurt/Main 1967, S. 19.

[1] Liste der Persönlichkeiten, die nicht durch eine Zusammenarbeit mit dem nationalsozialistischen Regime kompromittiert waren.

Fragen und Anregungen

1. Erarbeiten Sie aus den Materialien und dem Verfassertext, mit welchen Problemen und Herausforderungen sich die Menschen in Deutschland nach dem Krieg konfrontiert sahen.

2. Nennen Sie Unterschiede, die sich in den Besatzungszonen ausmachen lassen (M3 und 5). Wie erklären Sie sich diese?

3. Ordnen Sie die vorgestellten Materialien in Kategorien und prüfen Sie, inwieweit sich der Begriff der „Stunde null" auf die jeweiligen Bereiche anwenden lässt.

4. M4 stammt von einem unbekannten Fotografen, vermutlich einem amerikanischen Soldaten in Deutschland. Was hat ihn gereizt, diese Aufnahme zu machen?

5. Verfassen Sie einen Brief des Soldaten an seine Familie, in dem er ihr das Foto schickt und über die Situation in Deutschland berichtet.

Dossier: Die alliierte Besatzung

Das Abschlusskommuniqué der Konferenz der „Großen Drei" in Potsdam (17. Juli bis 2. August 1945) war ein hart erkämpfter Kompromiss, der den Konflikt zwischen den Westmächten und der UdSSR bereits andeutete.

Wesentliche Beschlüsse waren die „fünf Ds": Demilitarisierung des Landes, Dezentralisierung der Verwaltung, Demontage der Industrie, die Entnazifizierung (engl. „denazification") der Gesellschaft und im Gegenzug ihre Demokratisierung.

Jeder Besatzungsmacht (USA, Großbritannien, Frankreich und UdSSR) wurde die Befriedigung ihrer Reparationsansprüche aus ihrer eigenen Zone zugesprochen, die Sowjetunion sollte zusätzlich aus den Westzonen entschädigt werden. Die eigentlich vorgesehene wirtschaftliche Einheit war damit bereits infrage gestellt. Welche Weichen stellten die Besatzer für die weitere Entwicklung des Landes?

1 Territoriale Bestimmungen nach dem Potsdamer Abkommen

Im Rahmen der Konferenz von Potsdam wurde die von den Alliierten bereits in Jalta (4.–11. Februar 1945) vereinbarte Aufteilung Deutschlands in vier Besatzungszonen abschließend geregelt. (Potsdamer Abkommen, Abs. IX.B). Gleichzeitig legalisierten die Westmächte nachträglich die bereits begonnene Vertreibung und legten lediglich fest, dass sie in „geordneter und humaner Weise" zu geschehen habe. (Potsdamer Abkommen, Abs. XIII)

2 Politische Bestimmungen des „Potsdamer Abkommens" (2. August 1945)

[...] Es ist nicht die Absicht der Alliierten, das deutsche Volk zu vernichten oder zu einem Volk von Sklaven zu machen. Es ist vielmehr ihre Absicht, dem deutschen Volk Gelegenheit zu bieten, sich auf eine spätere Erneuerung seines Lebens auf einer friedlichen, demokratischen Grundlage vorzubereiten. Falls seine eigenen Bemühungen ständig auf dieses Ziel gerichtet bleiben, wird es dem deutschen Volk nach angemessener Zeit möglich sein, einen Platz unter den freien, friedliebenden Nationen der Erde einzunehmen. [...]

A. Politische Grundlinien

[...]

3. Die folgenden für die Besetzung Deutschlands geltenden Ziele sollen für den Kontrollausschuss maßgebend sein:

I) Vollständige Entwaffnung und Entmilitarisierung Deutschlands und Ausschaltung oder Beaufsichtigung der gesamten deutschen Industrie, die für Rüstungszwecke eingesetzt werden kann. [...]

II) Das deutsche Volk von der Vollständigkeit seiner militärischen Niederlage zu überzeugen, ferner davon, dass es der Verantwortung für das Schicksal, das es auf sich herabbeschworen hat, nicht entgehen kann, da seine eigene rücksichtslose Kriegsführung und der fanatische Widerstand der Nazis die deutsche Wirtschaft vernichtet und Not und Chaos unvermeidlich gemacht haben.

III) Die nationalsozialistische Partei und die ihr angeschlossenen und von ihr beaufsichtigten Organisationen zu zerstören, alle von den Nazis geschaffenen Verbände und Anstalten aufzulösen, Maßnahmen zu treffen, die ihr Wiederaufleben in jeder Form unmöglich machen, und jede nationalsozialistische und militaristische Tätigkeit oder Propaganda zu verhindern.

IV) Einen Wiederaufbau des politischen Lebens auf demokratischer Grundlage und eine friedliche Teilnahme Deutschlands am internationalen Leben vorzubereiten.

[...]

6. Alle Mitglieder der Nazipartei, die nicht nur der Form nach in ihr tätig gewesen sind, und alle anderen Personen, die den Zielen der Alliierten feindlich gegenüberstehen, sollen ihrer öffentlichen und halböffentlichen Ämter sowie ihrer verantwortlichen Stellungen in wichtigen Privatunternehmen enthoben werden.

Geschichte in Quellen. Die Welt seit 1945. München 1980, S. 72ff.

3 „Eine Charta für die Übergangszeit"

Leitartikel der New York Herald Tribune vom 3. August 1945

Obgleich die Potsdamer Erklärung nicht viel mehr tut, als die Vorstellungen, Kriegsziele, Pläne und Absichten, die jahrelang Grundlage der alliierten Überlegungen in Bezug auf Deutschland gewesen sind, in eine allgemeine Verlautbarung zu fassen, hat sie immer noch eine eindrucksvolle Wirkung. Hier sind Abschnitt für Abschnitt die Grundsätze und der Apparat zur Liquidierung eines großen, modernen Nationalstaates, seiner Auflösung in seine Bestandteile und seinem schrittweisen Wiederaufbau nach ganz anderen und wohlüberlegten Vorstellungen festgelegt. Niemals zuvor ist in neuerer Zeit etwas Derartiges versucht worden. In der Vergangenheit endeten die Kriege immer mit einem förmlichen Frieden, der, wenn er noch so streng war, die Existenz und das Weiterbestehen des besiegten Nationalstaates akzeptierte. Hier wird dieser aufgelöst; das frühere Deutschland wird für [...] bankrott erklärt, und das neue Deutschland, auf dessen Entstehung man schließlich hofft, wird kaum ein Nationalstaat sein. Es wird eine ganz neue soziale Ordnung sein.

Dokumente zur Deutschlandpolitik II. Reihe, Band I.3. Die Konferenz von Potsdam. München 1992, S. 2222.

4 Erfolgreiche Entfernung von Nationalsozialisten aus öffentlichen Ämtern?

Der Leiter des Kölner Personalamtes zum Ausmaß der Entlassungen in der Städtischen Verwaltung (9. Februar1946):

[Durch die Entlassung aller ehemaligen Parteigenossen] sank die Zahl der beschäftigten Beamten von über 4000 auf 550. [...] Es ist selbstverständlich, dass dadurch die Arbeit der Verwaltung auf das Allerschwerste beeinträchtigt wurde. [...] Das machte sich an verschiedensten Stellen stark bemerkbar. Es veranlasste die Besatzungsbehörde, dem Oberbürgermeister gelegentlich den strikten Auftrag zu geben, er möge sofort eine Anzahl Parteigenossen, die nach seiner Überzeugung unbelastet seien, melden, damit sie in den Dienst wieder eingestellt werden können. Es wurden auf ein solches Verlangen vier ehemalige Parteigenossen in Vorschlag gebracht, von denen allerdings nur drei in die Verwaltung eintraten. [...] Immer wieder griff die Militärregierung ein. Der Schul-Offizier ließ im Laufe der vergangenen Monate zahlreiche Parteigenossen in der Schule und in den Büros der Schulverwaltung wieder zu.

R. Billstein, Neubeginn ohne Neuordnung. Köln 1984, S. 71.

Fragen und Anregungen

1. Fassen Sie wichtige Bestimmungen des Potsdamer Abkommens zusammen (M1 und 2). Formulieren Sie das zentrale Anliegen der Alliierten in Bezug auf Deutschland.

2. Analysieren Sie den Kommentar der New York Herald Tribune. Erläutern Sie mit Blick auf das Ende des Ersten Weltkrieges, worin der Autor das „Neue" des Potsdamer Abkommens sieht. Überlegen Sie in diesem Zusammenhang, welchen Rechtsstatus das Abkommen besaß. (M3)

3. Erarbeiten Sie die Probleme, die bei der Umsetzung der Entnazifizierung aufgetreten sind (M4). Welche Probleme konnten sich daraus für die Zukunft ergeben?

4. Erörtern Sie, inwieweit durch das Potsdamer Abkommen Weichenstellungen für die deutsche Geschichte vorgenommen wurden. (M1–4)

Kapitel 2

Die Erinnerungen an den Zweiten Weltkrieg

Die tief im Gedächtnis der Völker haftende Erinnerung an den Zweiten Weltkrieg hatte für die Nachgeborenen eine völlig andere Bedeutung. An die Stelle patriotischer Gedenkfeiern, die an den Sieg oder die Niederlage gemahnten, traten weltweit Ehrungen der unzähligen Opfer des Krieges. Die tragische Erinnerung an den Genozid verdrängte nach und nach die Erinnerung an das Heldentum der Kämpfer. In einer zunehmend verunsicherten Welt appellieren Gedenkfeiern und -orte an die Erinnerungspflicht künftiger Generationen, damit sich die während des Krieges verübten Gräueltaten nicht wiederholen können.

- Welche Spuren hinterließ der Zweite Weltkrieg im kollektiven Gedächtnis der Nationen?
- Wie gingen Frankreich und Deutschland mit ihrer Vergangenheit um und wie haben sie versucht, die Konflikte im Zusammenhang mit der Erinnerung an das Vichy-Regime bzw. an die nationalsozialistischen Verbrechen zu überwinden?

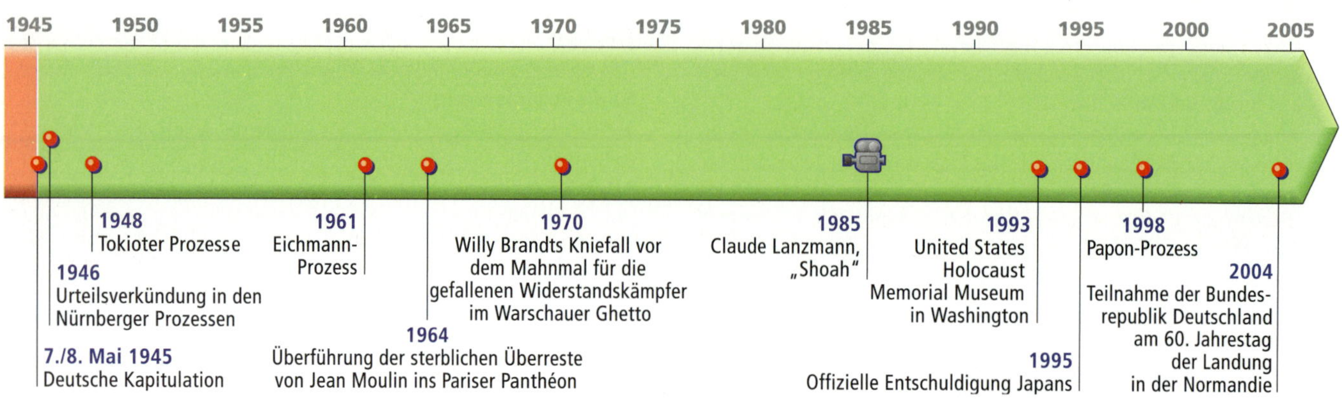

1

Die Erinnerung an das Heldentum der „Soldaten für die Freiheit“

Ein amerikanischer Friedhof in der Normandie. Die Gräberreihen erinnern in der Landschaft noch immer an den großen Opfermut der im Juni 1944 in Frankreich gelandeten alliierten Soldaten.

2

Die tragische Erinnerung an die Shoah-Opfer: Das Tagebuch der Anne Frank

Das Tagebuch der Anne Frank gilt nach wie vor als der weltweit bekannteste Ausdruck der Erinnerung an die Ermordung der Juden. Sie floh 1933 als Kind mit ihrer Familie aus Frankfurt am Main nach Amsterdam, wo sich die Franks seit 1942 vor der Gestapo versteckt hielten, dann jedoch 1944 deportiert wurden. Anne Frank kam im Alter von 16 Jahren im Konzentrationslager Bergen-Belsen um. Das Tagebuch ist 1947 erschienen und wurde mittlerweile in 67 Sprachen übersetzt. Es ist damit nach der Bibel das meistgelesene Buch der Welt.

1. Vom Siegerkult zur „Erinnerungspflicht“

Können einst feindlich gesinnte Nationen durch die Erinnerung an den Zweiten Weltkrieg heute zu gemeinsamen Werten finden?

Sieger und Besiegte

Die offiziellen Feierlichkeiten zum Gedenken an das Ende des Zweiten Weltkriegs prägten sich nach 1945 von Land zu Land unterschiedlich aus. Für die westlichen Alliierten symbolisiert der 8. Mai den Sieg der Demokratie über den nationalsozialistischen Totalitarismus. Die UdSSR feierte an jedem 9. Mai das Ende des „Großen Vaterländischen Krieges“, das Stalin in einen Sieg des russischen Nationalismus verwandelte. In den einst vom nationalsozialistischen Deutschland besetzten Ländern wird der Tag als Befreiung von der Hitler-Diktatur begangen, an dem vor allem der Widerstandskampf gewürdigt wird.

Die Prozesse von Nürnberg und Tokio (1946 bzw. 1948) mahnten die besiegten Nationen, die Verantwortung für ihre während des Krieges begangenen Verbrechen zu übernehmen. Mit dem Ausbruch des Kalten Krieges stellten die Amerikaner die Verfolgung der Kriegsverbrecher jedoch ein. In Japan wurde erst nach dem Tod von Kaiser Hirohito im Jahre 1989 die zuvor als tabu geltende Frage nach der Verantwortung des Monarchen und damit auch der gesamten japanischen Gesellschaft gestellt. Die Bombenangriffe auf Dresden und Hiroshima mussten für revisionistische Zwecke herhalten, um die von der deutschen und japanischen Armee verübten Verbrechen zu relativieren.

Eine Neubewertung der Vergangenheit

Der Generationenwechsel zu Beginn der 1960er-Jahre und der damit vollzogene Wertewandel führten zu einer weitaus kritischeren Auseinandersetzung mit der Vergangenheit. Daher wurde nun in Westeuropa und den Vereinigten Staaten die Frage nach der Verantwortung für den an den Juden begangenen Genozid in den Mittelpunkt gestellt (siehe S. 34f.). Die Erinnerung an die deutsche Besatzung löste aber auch neue Kontroversen aus, in Frankreich beispielsweise über das Vichy-Regime und in Österreich im Zusammenhang mit der Waldheim-Affäre.

Stärker als in der Vergangenheit bemühten sich einige Volksgruppen darum, die Erinnerung an das ihnen zugefügte Leid wach zu halten, so etwa die Juden oder die Roma und Sinti, die der nationalsozialistischen Barbarei zum Opfer fielen, aber auch die von Roosevelt internierten Amerikaner japanischer Herkunft oder die von Stalin deportierten Völker der Sowjetunion. Die wachsende Zahl der den Opfern verschiedenster Völker und Religionen gewidmeten Gedenkstätten und Gedenkveranstaltungen veranschaulicht die Differenzierung der Erinnerung an den Zweiten Weltkrieg.

Mit dem Zusammenbruch der Sowjetunion zerbarst auch der im Ostblock weit verbreitete stalinistische Mythos vom Sieg des Internationalismus über den Faschismus. 1990 erkannte Michail Gorbatschow offiziell das Massaker an den mehr als 20 000 polnischen Gefangenen an, unter ihnen 4500 Offiziere, die 1940 von sowjetischen Truppen im Wald von Katyn hingerichtet wurden.

Die Internationalisierung der Erinnerung an den Krieg

Seit dem Ende des Kalten Krieges vereinen offizielle Gedenkfeiern Sieger und Besiegte im Geiste des Friedens und der Demokratie. Im Jahre 2004, 60 Jahre nach der Landung der Alliierten in der Normandie, wurde zum ersten Mal auch ein deutscher Kanzler zu den Feierlichkeiten eingeladen. So wich der patriotische Siegeskult der weltweiten Forderung nach einer „Erinnerungspflicht“ gegenüber den Opfern des Krieges.

Aber die Erinnerung an den Krieg wirkt mitunter auch stärker trennend als verbindend. Obgleich sich Japan bei seinen asiatischen Nachbarn für die von seiner Besatzungsarmee begangenen Gräueltaten offiziell entschuldigte, nährt die Erinnerung noch immer tiefe antijapanische Ressentiments in China. Da der Hitler-Stalin-Pakt von 1939 im Gedächtnis nach wie vor sehr präsent ist, blieben Litauen und Estland 2005 den von Russland ausgerichteten Feierlichkeiten zum 9. Mai fern.

1

Die Bundesrepublik Deutschland als Gast bei den Feierlichkeiten zum 60. Jahrestag der Landung der Alliierten in der Normandie

Der deutsche Bundeskanzler Gerhard Schröder und der französische Staatspräsident Jacques Chirac nahmen am 6. Juni 2004 an der Zeremonie in Caen teil.

Begriffe

- **Revisionismus:** In Frankreich bezeichnet dieser Begriff den Versuch, die Existenz der Gaskammern und den an den Juden begangenen Genozid zu leugnen (Synonym für Negationismus). In Deutschland zählen seit den 1960er-Jahren diejenigen Historiker zu den „Revisionisten“, die eine „Revision“, d. h. eine Überprüfung der traditionellen Geschichtsschreibung über das Dritte Reich vorschlagen; es besteht keinerlei Verbindung zum Negationismus.
- **Vichy-Regime:** Bezeichnung für die von Marschall Pétain zwischen 1940 und 1944 in Frankreich ohne jegliche legale Grundlage ausgeübte Macht.
- **Waldheim-Affäre:** Kontroverse um die Vergangenheit von Kurt Waldheim, ehemaliger Wehrmachtsoffizier, von 1972 bis 1981 UNO-Generalsekretär und von 1987 bis 1992 Bundespräsident der Republik Österreich.
- **Hitler-Stalin-Pakt:** Am 23. August 1939 zwischen Hitler-Deutschland und der UdSSR unter Stalin unterzeichneter Nichtangriffspakt, der ein Geheimprotokoll über die Aufteilung Polens und der baltischen Staaten enthielt.

2 **Das World War II Memorial in den Vereinigten Staaten**

Das 2004 eingeweihte World War II Memorial ist das erste nationale Denkmal für die 16 Millionen amerikanischen Armeeangehörigen, von denen 400 000 im Kampf fielen.

4 **Die Feierlichkeiten zum 9. Mai in Russland**

Russisches Plakat 2000 bis 2003, „9. Mai. Auf zur Siegesfeier!".

3 Die erste offizielle Entschuldigung Japans

Während eines Zeitabschnitts in nicht allzu ferner Vergangenheit hat Japan sich in seiner Politik geirrt; es hat den Weg in den Krieg beschritten und damit die Existenz seiner Menschen aufs Spiel gesetzt sowie durch seine Kolonialherrschaft und Aggression den Menschen in zahlreichen Ländern, vor allem in den asiatischen Nachbarländern, schweren Schaden und ungeheures Leid zugefügt. In der Hoffnung, dass ein solcher Fehler in der Zukunft nicht wieder auftreten wird, achte ich aufrichtig diese unzweifelhafte Tatsache der Geschichte und bringe bei dieser Gelegenheit erneut mein tiefes Bedauern hierüber zum Ausdruck und entschuldige mich hierfür von ganzem Herzen. [...]

Japan [...] muss allem rechthaberischen Nationalismus entsagen, als ein verantwortungsbewusstes Mitglied der Staatengemeinschaft die internationale Harmonie fördern und auf diese Weise die Prinzipien von Frieden und Demokratie verbreiten. Zugleich ist es wichtig, dass Japan als einziges Land, auf das Atombomben abgeworfen wurden – ausgehend von dieser Erfahrung und mit dem Ziel der endgültigen Abschaffung aller Atomwaffen – sowohl die internationale Abrüstung als auch die Stärkung des Nichtverbreitungsregimes aktiv vorantreibt.

Erklärung des japanischen Ministerpräsidenten Tomiichi Murayama, 15. August 1995.
http://www.de.emb-japan.go.jp/presse/pm_950815.html

5 Ein Sieg des Friedens und der Demokratie

Seit mehreren Jahrzehnten bauen nun schon die unversöhnlichen Feinde von gestern ihre Gegenwart auf. Sie schauen gemeinsam in die Zukunft. In der Ehrfurcht vor der Geschichte, den Kämpfern, den Leiden und dem vergossenen Blut begehen wir gemeinsam den Sieg des Friedens und der Demokratie. Wir bezeugen den Beispielcharakter der französisch-deutschen Aussöhnung. Damit alle verstehen, dass im Hass keine Zukunft liegt, dass es immer einen möglichen Weg für den Frieden gibt. Mit aller Kraft geben wir unserem gemeinsamen Willen Ausdruck, miteinander den Weg des um seine Werte vereinten Europas, eines mit sich selbst, mit seiner Geographie, mit seiner Geschichte versöhnten Europas, zu beschreiten. Meine Damen und Herren, an diesem Jahrestag schaut die ganze Welt auf uns.

[...] Mögen wir gemeinsam angesichts der Gefahren einer sich verändernden Welt dem Erbe, dem Opfer und der Botschaft unserer Väter treu bleiben. Mögen wir den humanistischen Werten der Achtung, der Gerechtigkeit, des Dialogs und der Toleranz, für die sie ihr Leben gaben, Gestalt verleihen. Mögen wir gemeinsam für unsere Kinder eine Welt der Freiheit und des Fortschritts errichten, die der Verschiedenartigkeit der Menschen und Ideen, der Kulturen und Völker Respekt zollt.

Ansprache des französischen Staatspräsidenten Jacques Chirac am 6. Juni 2004 anlässlich der internationalen Gedenkfeier zum 60. Jahrestag der Landung der Alliierten in Arromanches; übers. nach: www.elysee.fr (Rubrik: Discours et déclarations, juin 2004)

Fragen und Anregungen

1. Wie gedachten die siegreichen Nationen nach 1945 des Kriegsendes? (M2 und 4)
2. Wie setzte sich Japan seit dem Ende des Krieges mit seiner Vergangenheit auseinander? (M3)
3. Welche wichtige symbolische Neuerung sollte mit den Feierlichkeiten zum 60. Jahrestag der alliierten Landung in der Normandie eingeführt werden? (M1 und 5)
4. Welche Werte und welche Lehren stehen heute im Mittelpunkt der Feierlichkeiten zum Gedenken an den Zweiten Weltkrieg? (M4 und 5)
5. Sollten Ihrer Meinung nach die besiegten Nationen an den Gedenkfeiern zum Sieg der Alliierten teilnehmen dürfen?

2. Das Gedenken an die Shoah

Zwischen Verdrängung und Erinnerungspflicht. Wie veränderte sich das Gedenken an die Shoah?

Kaum beachtete Zeugen

Nach dem Krieg trugen zahlreiche Überlebende Beweise und Zeugenaussagen über den Genozid an den Juden zusammen, um den Anstrengungen der Nationalsozialisten entgegenzuwirken, sämtliche Spuren ihrer Verbrechen zu verwischen. Die ersten Augenzeugenberichte fanden jedoch wenig Beachtung. Das bereits 1947 erschienene Meisterwerk von Primo Levi „Ist das ein Mensch?" wurde erst bei seiner Neuauflage im Jahre 1958 von der Öffentlichkeit wahrgenommen. Stalin, der an den Antisemitismus des zaristischen Russlands anknüpfte, verbot die Herausgabe des „Schwarzbuches". Dies war eine breit angelegte Untersuchung über den Völkermord von Ilja Ehrenburg und Wassilij Grossman, zwei jüdisch-sowjetischen Schriftstellern und Kriegsberichterstattern.

Die jüdischen Holocaust-Überlebenden selbst, deren soziale Wiedereingliederung nur schleppend verlief, wollten nicht anders behandelt werden als die anderen Opfer. In der Nachkriegswelt identifizierten sich die Juden eher mit den heldenhaften Kämpfern des Warschauer Ghettos als mit den passiven Opfern des Genozids, und so heißt der 1951 in Israel eingeführte Gedenktag „Yom Hashoah" offiziell „Tag des Holocausts und des Heldentums".

Das Erwachen des jüdischen Erinnerns

Der Eichmann-Prozess 1961 in Jerusalem stellte eine Wende bei der Herausbildung einer jüdischen Erinnerung an den Zweiten Weltkrieg dar. Zum ersten Mal erhielten die – insgesamt 111 – geladenen Zeugen das Wort und wurden dadurch zu Hauptakteuren bei der Weitergabe der Erinnerung. Fortan galten Kriegsverbrechen und Verbrechen gegen die Menschlichkeit als unverjährbar und so kam es bei den in den 60er-Jahren in Frankfurt und nach 1980 in Frankreich angestrengten Verfahren gegen Einzelpersonen zu Verurteilungen wegen Täterschaft oder Mittäterschaft. Diese Prozesse sollten bei den jüngeren Generationen einen pädagogischen Zweck erfüllen.

Die Erinnerung an den Genozid lebte während des Sechstagekrieges von 1967, der die Vernichtung Israels befürchten ließ, erneut auf; sie entwickelte sich zum Grundbestandteil der jüdischen Identität innerhalb der Diaspora. Seit 1973 genoss die Weitergabe der Erinnerung an den Holocaust bei den großen jüdischen Organisationen in Amerika höchste Priorität. Sie wurde auch zum Hauptbestandteil der dem Staat Israel, dem Zufluchtsort aller Juden der Welt, gewährten Unterstützung. Die jüdischen Organisationen machten von nun an die Einmaligkeit der Shoah geltend, insbesondere in Bezug auf Auschwitz, wo die polnischen Behörden lange Zeit die Tatsache verschleierten, dass die Mehrheit der Opfer Juden waren.

Eine weltweite Kultur der Erinnerung

Die Shoah rückte indes weit über die jüdische Welt hinaus in den Mittelpunkt der Darstellungen über den Zweiten Weltkrieg. Tief bewegt reagierten die Zuschauer auf die 1978 in den Vereinigten Staaten und in der Bundesrepublik Deutschland ausgestrahlte amerikanische Fernsehserie „Holocaust" sowie 1993 auf den weltweit erfolgsgekrönten Film „Schindlers Liste" von Steven Spielberg. Der Holocaust nahm von nun an als Synonym für das absolut Böse einen zentralen Platz in der Wahrnehmung der amerikanischen Bevölkerung ein.

Die katholische Kirche zeigte ob ihres Schweigens über das Schicksal der Juden während des Krieges öffentlich Reue. Dem schlossen sich auch Staaten wie Frankreich oder die Schweiz an. Zahlreiche Gedenkorte halten die Erinnerung an die Shoah für immer wach (siehe S. 36 f.). Der Holocaust war, wie der KZ-Überlebende und Friedensnobelpreisträger (1986) Elie Wiesel formulierte, eine „einzigartige jüdische Tragödie mit weltweiten Verwicklungen". Die den Opfern erwiesene Ehre war und ist weit mehr als bloße Erinnerung an die Shoah, sie ist ein Appell an künftige Generationen, damit derartige Gräuel nie wieder begangen werden können.

1

Auf dem Weg zu einer „Amerikanisierung" des Gedenkens: die Fernsehserie „Holocaust" (1978)

Die Holocaust-Serie, von der NBC im April 1978 ausgestrahlt, übertraf mit 100 Millionen amerikanischen Fernsehzuschauern sämtliche Einschaltrekorde.

Begriffe

- **Genozid:** Bezeichnet der UNO zufolge den „Vorsatz, eine nationale, ethnische, rassische oder religiöse Gruppe vollständig oder teilweise zu vernichten".
- **Holocaust, Shoah:** Während des Eichmann-Prozesses übersetzten die Israelis selbst den Begriff Shoah mit Holocaust. Von da an setzte sich das Wort Holocaust in den Vereinigten Staaten ebenso wie in Deutschland als Synonym für den Genozid an den Juden durch. Dieser Begriff war zunächst umstritten, da er in der Bibel zur Bezeichnung des Objekts einer religiösen Opferung verwendet wird. Das Wort Shoah, aus dem Hebräischen „Katastrophe", schien angemessener, um die Besonderheit des Genozids an den Juden zu verdeutlichen.
- **Unverjährbarkeit:** 1968 auf der Grundlage einer internationalen Konvention eingeführtes Prinzip, das die zeitlich unbegrenzte Strafverfolgung von Personen ermöglicht, die Kriegsverbrechen und Verbrechen gegen die Menschlichkeit begangen haben.
- **Sechstagekrieg:** 1967 von Israel begonnener Präventivkrieg gegen seine arabischen Nachbarn, die sich weigerten, den jüdischen Staat anzuerkennen.

2

Die Shoah in der amerikanischen Volkskultur

Der Comic „Maus" von Art Spiegelman setzt den Augenzeugenbericht des eigenen Vaters, der Auschwitz überlebt hatte, in Bilder um. Die Juden werden als Mäuse und die Nazis als Katzen dargestellt. Das Werk erhielt 1992 den Pulitzer-Preis.

4 Die Shoah, ein allen gemeinsames Erbe

Simone Veil, Holocaust-Überlebende und frühere Ministerin der Französischen Republik, ist Vorsitzende der im Jahre 2000 in Frankreich gegründeten Stiftung für das Gedenken an die Shoah.

Es vergingen mindestens vierzig Jahre, das heißt zwei Generationen, bevor die Lager Erwähnung fanden. Als wir 1945 von der Deportation heimkehrten, wurden wir anders aufgenommen, als wir es uns vorgestellt hatten. Man begegnete uns mit Gleichgültigkeit, manchmal sogar mit Misstrauen. Niemand verstand, was wir erlebt hatten. Vielleicht störten wir? Wir hatten Erfahrungen zu übermitteln, die mit denen normaler Menschen nicht zu vergleichen waren. Die Menschen wollten darüber nichts wissen, und die Juden interessierten niemanden.

Das ist heute anders geworden. Dennoch muss die historische Forschung über die Shoah unermüdlich weitergeführt, dieses Kapitel der Geschichte den jungen Generationen vermittelt, aber seiner auch gebührend gedacht, dessen Erinnerung wach gehalten und dessen Leiden nachempfunden werden. [...] Die Shoah ist unser aller Erbe.

Ich wünsche mir sehnlichst, dass die Erinnerung an die Shoah nicht zu einer bloßen Zutat des guten Gewissens wird, sondern auf immer und ewig den Respekt vor der menschlichen Würde und den Grundwerten wachrufen möge.

Simone Veil, Rede zur Eröffnung des Studienzentrums zum Holocaust und zum Völkermord der Universität Amsterdam, 8. September 2003; übers. nach: www.fondationshoah.info/FMS/DocPdf/Discours/8sept%20Discours%20Amsterdam%20.pdf

3 Von der Gleichgültigkeit zur Reue – die katholische Kirche und die Shoah

Am Ende dieses Jahrtausends möchte die katholische Kirche ihr tiefes Bedauern über das Versagen ihrer Söhne und Töchter aller Generationen zum Ausdruck bringen. Dies ist ein Akt der Umkehr und Reue (teshuva), da wir als Glieder der Kirche sowohl an den Sünden als auch an den Verdiensten all ihrer Kinder teilhaben. Mit tiefem Respekt und großem Mitgefühl begegnet die Kirche der Erfahrung der Vernichtung, der Shoah, die das jüdische Volk im Zweiten Weltkrieg durchlitten hat. [...] Wir beten, dass unsere Trauer um die Tragödie, die das jüdische Volk in unserem Jahrhundert erlitten hat, zu einer neuen Beziehung zum jüdischen Volk führen wird. [...] Schließlich laden wir alle Männer und Frauen guten Willens dazu ein, intensiv über die Bedeutung der Shoah nachzudenken. Der Schrei der Opfer aus ihren Gräbern und der Überlebenden durch ihr lebendiges Zeugnis dessen, was sie erlitten haben, weckt die Aufmerksamkeit der ganzen Menschheit.

Wir erinnern uns: Eine Reflexion über die Shoah, Dokument der von Kardinal Edward Idris Cassidy geleiteten Kommission für die religiösen Beziehungen mit dem Judentum, 16. März 1998. www.stjosef.at/dokumente/shoa-reflexion.htm

5 Sich erinnern, um zu handeln – Kofi Annan vor der UNO

Es ist kein Zufall, dass diese Sitzung gerade heute stattfindet. Es ist genau auf den Tag 60 Jahre her, dass das Lager von Auschwitz befreit wurde. [...] Erst nach und nach erfuhr die Welt vom ganzen Ausmaß der Barbarei, die in den Lagern herrschte. Die seinerseits in San Francisco versammelten Delegierten hatten diese makabre Entdeckung im Gedächtnis, als unsere Organisation gegründet wurde. Die Organisation der Vereinten Nationen darf nie vergessen, dass sie als Reaktion auf das absolut Böse, das der Nationalsozialismus darstellte, gegründet wurde, und dass die Abscheulichkeit, die der Holocaust war, dazu beitrug, ihren Auftrag zu prägen. [...] Wir dürfen nicht zulassen, dass derartige Gräueltaten noch einmal geschehen. Wir müssen die größte Wachsamkeit walten lassen, um zu verhindern, dass der Antisemitismus erneut entsteht und müssen auf den Kampf gegen jegliche seiner neuen Ausdrucksformen vorbereitet sein. Aber die Worte in Taten umzusetzen ist viel schwieriger. Seit dem Holocaust hat sich die Welt mehr als ein Mal mit Schande befleckt, als sie sich als unfähig erwies, Völkermorden vorzubeugen oder aufzuhalten, wie in Kambodscha, in Ruanda oder in Ex-Jugoslawien. [...] Wir haben uns versammelt, nicht nur um der Opfer der vergangenen Schrecken zu gedenken, die die Welt ihrem Schicksal überlassen hatte, sondern auch, um an all jene zu denken, die heute oder morgen Opfer ähnlicher Gräueltaten werden könnten, um ihnen in die Augen zu schauen und ihnen zu sagen: „Euch wenigstens werden wir nicht eurem Schicksal überlassen."

Ansprache von Kofi Annan, Generalsekretär der Vereinten Nationen, anlässlich der außerordentlichen Sitzung der Generalvollversammlung zum 60. Jahrestag der Befreiung der NS-Konzentrationslager; New York, 24. Januar 2005; übers. nach: http://www.un.org/apps/sg/sgstats.asp?nid=1273

Fragen und Anregungen

1. Weshalb spielt die Erinnerung an den Holocaust in der amerikanischen Öffentlichkeit eine große Rolle? (M1 und 2)
2. Wie veränderte sich die öffentliche Meinung angesichts der Thematisierung des Genozids an den Juden seit dem Ende des Zweiten Weltkriegs? (M3–5)
3. Warum hielt es die katholische Kirche für ihre Pflicht, gegenüber dem jüdischen Volk Reue zu zeigen? (M3)
4. Welche Bedeutung sollte den zu Ehren der Opfer des Genozids ausgerichteten Gedenkfeiern beigemessen werden? (M3–5)
5. Lassen sich Ihrer Meinung nach „Lehren" aus der Shoah ziehen? (M5)

Dossier: Erinnerungsorte der Shoah in der Welt

Noch in jüngster Zeit gab es nur vereinzelt Orte der Erinnerung, die sich ausschließlich der Shoah widmeten. Erst seit den 1980er-Jahren wuchs die Zahl der Shoah-Gedenkstätten. Dies hatte seine Ursache in einer stärker artikulierten jüdischen Erinnerung an den Zweiten Weltkrieg und in der innerhalb der amerikanischen und europäischen Öffentlichkeit erhobenen Forderung, den künftigen Generationen eine „Kultur der Erinnerung" zu vermitteln. Die in Berlin und Washington entbrannten Polemiken über den Platz, den es den jüdischen und nichtjüdischen Opfern des Nationalsozialismus einzuräumen gelte, waren Gradmesser der Bedeutung, die die Überlebenden und ihre Nachkommen heute der Anerkennung ihrer Identität beimessen.

1

Mémorial de la Shoah in Paris (1956/2005)

2005 wurde in Paris auf dem Gelände des bereits 1956 errichteten Denkmals für den Unbekannten Jüdischen Märtyrer, dessen Zweckmäßigkeit seinerzeit von einem Teil der jüdischen Gemeinde angezweifelt wurde, das neue Shoah-Denkmal eingeweiht. Der Entwurf geht auf Isaac Schneersohn zurück, der 1943 das Centre de documentation juive contemporaine, eine Sammelstelle für Beweismaterial über die Judenverfolgung, gegründet hatte. Vom alten Denkmal übernommen wurde eine Mauer mit den eingravierten Namen von 76 000 deportierten und ermordeten französischen Juden.

Yad Vashem in Jerusalem (1953)

Die Knesset, das israelische Parlament, beschloss 1953 die Errichtung der Gedenkstätte Yad Vashem, deren Name auf das Alte Testament (Jesaja 56,5) zurückgeht: „Ihnen werde ich in meinem Haus und in meinen Mauern ein Denkmal und einen Namen (yad vashem) … widmen, der nicht mehr vergehen wird." Auf dem Berg der Erinnerung in Jerusalem errichtet, umfasst sie mehrere Denkmäler und Skulpturen zum Gedenken an die Opfer der Shoah sowie mehrere Museen, darunter das 2005 neu eingeweihte Holocaust-Museum. Die hier abgebildete „Halle der Namen" soll den Millionen Opfern des Genozids ihre Identität wiedergeben.

2

3

Die Mahn- und Gedenkstätte Auschwitz (1967)

Auschwitz war lange Zeit Ort und Gegenstand von Auseinandersetzungen zwischen einer polnischen, kommunistischen und katholischen Kriegserinnerung einerseits und der jüdischen Erinnerung andererseits. Die Einweihung der internationalen Gedenkstätte im Jahre 1967 löste wegen der systematischen Verschleierung der jüdischen Identität der Lageropfer seitens der kommunistischen Machthaber Polens heftige Proteste bei den jüdischen Organisationen aus. Die Ansiedlung von acht Karmeliterinnen im ehemaligen Theater im Jahre 1984 und später die Errichtung eines riesigen Kreuzes führten zu heftigen Spannungen zwischen der jüdischen Gemeinde und der katholischen Kirche. Seit 1989 entspannte sich die Lage und das seit 1947 bestehende Museum wurde neu gestaltet. Seit 2001 existiert auch eine ständige Ausstellung über den nationalsozialistischen Genozid an den Sinti und Roma.

Das Holocaust-Denkmal in Washington (1993)

Das amerikanische Holocaust-Gedenkmuseum in Washington (United States Holocaust Memorial Museum), dessen Bau in der Amtszeit von Jimmy Carter durch den Kongress beschlossen wurde, öffnete 1993 seine Tore. Die Gestaltung oblag dem Rat für die Holocaust-Gedenkstätte unter der Leitung von Elie Wiesel. Das Museum liegt, wie auf dem Foto rechts zu erkennen ist, im Herzen der Bundeshauptstadt, unweit der Mall, einer langen Prachtstraße mit zahlreichen offiziellen Gebäuden und bedeutenden Gedenkstätten der Vereinigten Staaten. Die Wahl dieses Standortes zeugt von der zentralen Bedeutung, die die Erinnerung an die Shoah von nun an im öffentlichen Leben Amerikas einnahm.

1. National Gallery of Art
2. Kapitol (Sitz des amerikanischen Kongresses)
3. „Mall"
4. Münzprägungsamt und Bundesdruckerei (Bureau of Engraving and Printing)
5. Holocaust-Gedenkmuseum

4

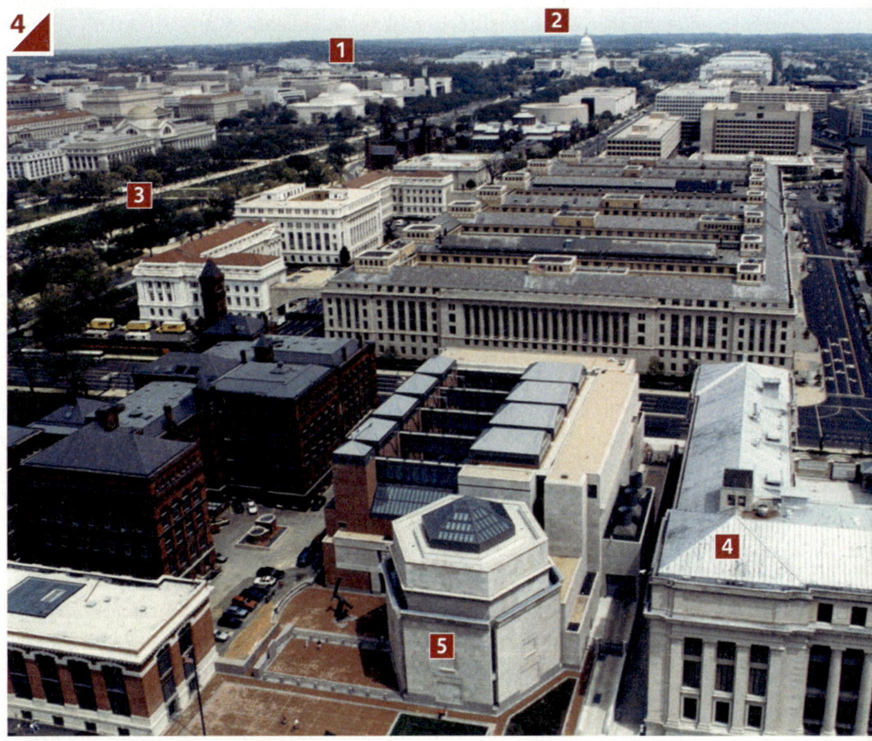

5

Das Mahnmal für die ermordeten Juden Europas in Berlin (2005)

Das Mahnmal für die ermordeten Juden Europas, das auf Anregung einer von der Journalistin Lea Rosh geleiteten Bürgerinitiative entstand, wurde zum 60. Jahrestag des Kriegsendes offiziell eröffnet. Die Finanzierung erfolgte zum Großteil aus Mitteln des Bundes. Das Mahnmal befindet sich in der Nähe des Berliner Tiergartens und geht auf einen Entwurf des amerikanischen Architekten Peter Eisenman zurück. In gleichmäßigen Reihen sind insgesamt 2711 dunkelgraue, unterschiedlich hohe Beton-Stelen mit identischem Grundriss (2,38 x 0,95 m) angeordnet. Der Architekt wollte ein „Gedenkfeld" errichten, das zur inneren Sammlung anregt.

3. Die Franzosen und der Zweite Weltkrieg – ein „Vichy-Syndrom“

Warum wurde lange Zeit das Bestehen des Vichy-Regimes verschwiegen und durch den Mythos eines im Widerstand geeinten Frankreichs verdrängt?

Der Mythos: ein im Widerstand geeintes Frankreich

Alle aus der Résistance hervorgegangenen Kräfte erachteten nach Kriegsende die Wiederherstellung der nationalen Einheit und Stärke Frankreichs als vorrangig. Deshalb galt es, die Niederlage von 1940 und die Existenz des Vichy-Regimes nach der Verurteilung seiner führenden Vertreter in Vergessenheit geraten zu lassen. Die Heroisierung Frankreichs im Widerstand überlagerte die anderen Erinnerungen an die Okkupation: die Erinnerung der Kriegsgefangenen und die der aufgrund ihrer „Rasse“ Deportierten.

Verschiedene Untersuchungen und Veröffentlichungen ließen alte Wunden erneut aufbrechen und so entstand das, was der Historiker Henry Rousso als „Vichy-Syndrom“ bezeichnete. Unter den 1953 in Frankreich für das Massaker an 642 Einwohnern von Oradour-sur-Glane angeklagten 21 Mitgliedern der SS-Einheit „Das Reich“ befanden sich beispielsweise 13 elsässische „Malgré-nous“, die zwar auch verurteilt, aber rasch begnadigt wurden.

General de Gaulle, der 1958 erneut an die Macht kam, gelang es, einen selektiven Umgang mit der Erinnerung an den Krieg durchzusetzen: Der Gedanke an Vichy und die angeblich nur auf eine Hand voll Verräter beschränkte Kollaboration wurde verdrängt. Ihren Höhepunkt fand die Glorifizierung des französischen Widerstands 1964 mit der Überführung der sterblichen Überreste von Jean Moulin, des Gründers des Nationalen Widerstandsrates (CNR), ins Panthéon.

Ein anderer Blick auf Vichy

Seit den 1970er-Jahren wurden jedoch zahlreiche Tabus im Umgang mit Vichy gebrochen. In der Presse, im Kino oder in den Geschichtsbüchern verblasste das heroische Bild des einhelligen Widerstandes in Frankreich und machte einer differenzierteren und weniger ruhmreichen Darstellung der Besatzungszeit Platz. 1973 beschrieb der amerikanische Historiker Robert Paxton in seinem Buch „La France de Vichy“ (Frankreich unter Vichy), dass sowohl die Nationale Revolution als auch die Kollaboration auf französische Initiativen zurückgingen. Dies löste eine breite öffentliche Debatte aus, die dazu führte, dass Geschichtslehrbücher über die deutsche Besatzung neu geschrieben wurden.

Diese Neubewertung der Vergangenheit nahm häufig die Form skandalöser Enthüllungen an, die von dem veränderten Umgang der französischen Gesellschaft mit ihrer Vergangenheit zeugten. So veröffentlichte die Presse 1972 die von Präsident Pompidou dem damaligen Milizionär Paul Touvier gewährte Teilbegnadigung: „Ist es nicht an der Zeit“, hatte das Staatsoberhaupt seinerzeit in diesem Zusammenhang erklärt, „den Schleier des Vergessens über diese Zeiten zu werfen, in denen sich die Franzosen nicht mochten?“

Die offizielle Anerkennung der Verbrechen des französischen Staates

Da die französischen Regierungsvertreter lange Zeit die Überzeugung hegten, dass die Republik nicht für die vom Vichy-Regime begangenen Verbrechen zur Rechenschaft gezogen werden könne, lehnten sie jegliche Verantwortung des französischen Staates für die Judendeportationen ab. Das Erwachen der jüdischen Erinnerung an den Krieg brach indessen Stück für Stück das über den Antisemitismus von Vichy gehütete Schweigen. Mehrere an der Judendeportation maßgeblich beteiligte Franzosen und Deutsche mussten sich nun auch in Frankreich vor Gericht verantworten.

François Mitterrand nahm am 16. Juli 1992 als erster französischer Staatspräsident an der Gedenkfeier für die Opfer der großen Razzia von Vel'd'Hiv teil. Sein Nachfolger, Jacques Chirac, brach seinerseits mit der Mehrdeutigkeit des offiziellen Diskurses (siehe S. 40 f.). Obgleich auch er die Verquickung zwischen Frankreich und Vichy verwarf, erklärte er: „Ja, der verbrecherische Irrsinn der Besatzer wurde von Franzosen, vom französischen Staat unterstützt.“ Im Jahre 2000 wurde ein Gesetz verabschiedet, das den 16. Juli zum Tag des Gedenkens an die „rassistischen und antisemitischen Verbrechen des französischen Staates“ erklärte.

1

Ein anderes Bild von Frankreich unter der Besatzung

Filmplakat von „Le chagrin et la pitié“ (Leid und Mitleid) von Marcel Ophüls (1971).
Dieser bis 1981 im französischen Fernsehen zensierte Film ist eine Chronik des Alltags während des Krieges. Der Widerstand wird hier als die Angelegenheit einer sehr kleinen Minderheit dargestellt.

Begriffe

- **„Vichy-Syndrom“** (franz. „Syndrome de Vichy“): Dem Historiker Henry Rousso zufolge ein Begriff, der die Gesamtheit der Symptome und Äußerungen bezeichnet, die im politischen, sozialen und kulturellen Leben die durch die Erinnerung an das Vichy-Regime ausgelösten inneren Konflikte ans Tageslicht bringen.
- **„Malgré-nous“:** Bezeichnung für die 130 000 Elsässer und Lothringer, die ab 1942 in die Wehrmacht und die Eliteeinheiten der Waffen-SS zwangsrekrutiert wurden. Deserteure wurden erschossen, andere, die der Einberufung nicht Folge leisteten, in Konzentrationslagern interniert; ihre Familien wurden enteignet.
- **CNR: siehe S. 22.**
- **Nationale Revolution:** Propagandathema des Vichy-Regimes, bezeichnete das französische Wiederaufbauprogramm, das Marschall Pétain unter der deutschen Besatzung umzusetzen gedachte.
- **Razzia von Vel'd'Hiv:** Am 16. und 17. Juli 1942 wurden im Großraum Paris 13152 Juden ausländischer Herkunft von der französischen Polizei verhaftet und im Vélodrome d'Hiver und in Drancy versammelt, von wo aus sie nach Auschwitz deportiert wurden.

Die kommunistische Erinnerungskultur

2

Plakat aus den 1950er-Jahren zum Andenken an die 27 Geiseln, die im Oktober 1941 in Châteaubriant (Loire-Atlantique) als Vergeltungsmaßnahme für einen Anschlag auf deutsche Offiziere hingerichtet wurden.

3

Die gaullistische Erinnerung an das freie Frankreich: Jean Moulin im Panthéon

Jean Moulin, 1940 Präfekt von Chartres, später Präsident des Nationalen Widerstandsrates (CNR), wurde 1943 von den Deutschen verhaftet und von Klaus Barbie zu Tode gefoltert.

Als Jean Moulin am 1. Januar 1942 mit dem Fallschirm über Frankreich abgesetzt wurde, war die Résistance kaum mehr als ein Sammelsurium von Tapferkeit […]. Gewiss hielten die Widerstandskämpfer den Alliierten die Treue. Aber sie wollten mehr als nur Franzosen im Widerstand sein, sie wollten die französische Résistance schlechthin verkörpern. Deshalb ging Jean Moulin nach London. […]

Einzig und allein General de Gaulle konnte die Widerstandsbewegungen zur Einheit untereinander und zum gemeinsamen Kampf aufrufen, da Frankreich nur durch ihn einen geschlossenen Kampf führen konnte. […]

Wie Leclerc mit seinem leidenschaftlichen Gefolge unter der Sonne Afrikas und den Kämpfen im Elsass auf den Invaliden-Friedhof überführt wurde, so kommst du hier, Jean Moulin, mit deinem großartigen Gefolge herein. Mit denen, die wortlos in den Kellern starben, wie du; und die selbst, was vielleicht viel schrecklicher ist, dabei gesprochen haben; mit allen Gestreiften und Geschorenen der Konzentrationslager, mit dem letzten Körper, der aus den schrecklichen Nacht- und Nebelkolonnen stolpernd, unter den Gewehrkolben schließlich zusammenbrach; mit den achttausend Französinnen, die nicht aus den Straflagern zurückkehrten, mit der letzten toten Frau in Ravensbrück, weil sie einem der Unseren Zuflucht gewährt hatte. Komm herein, mit dem aus dem Schatten geborenen und mit ihm untergegangenen Volk – unseren Brüdern, in den Orden der Nacht. […]

Heute mögest du, Jugend, an diesen Mann denken, als ob du deine Hände auf sein armes, ungestaltes Antlitz des letzten Tages gelegt hättest, auf seine Lippen, die nicht gesprochen hatten; an diesem Tag war es das Gesicht Frankreichs …

Übers. nach: André Malraux (franz. Kulturminister), Transfert des cendres de Jean Moulin au Panthéon, le 19 décembre 1964, Oraisons funèbres, Paris 1971.

Die französischen Prozesse wegen „Verbrechens gegen die Menschlichkeit"

4

Der SS-Offizier: Klaus Barbie

1983 von Bolivien nach Frankreich ausgeliefert, wurde der „Schlächter von Lyon" 1987 in Frankreich zu lebenslanger Freiheitsstrafe verurteilt. Er starb 1991 im Gefängnis.

Der Milizionär: Paul Touvier

Der ehemalige Chef der Lyoner Miliz Paul Touvier wurde 1989 in Nizza verhaftet. 1994 verurteilte ihn ein Gericht wegen der Hinrichtung von sieben jüdischen Geiseln zu lebenslanger Freiheitsstrafe. Er starb 1996 im Gefängnis von Fresnes.

Der hohe Beamte: Maurice Papon

Maurice Papon, während des Krieges Generalsekretär der Präfektur der Gironde, später Polizeipräfekt und Finanzminister in der Fünften Republik, ist bis heute der einzige hohe französische Beamte, der 1998 wegen seiner Überwachungstätigkeit bei der Deportation von 1 690 Juden nach Drancy vor Gericht gestellt und zu zehn Jahren Zuchthaus verurteilt wurde.

Fragen und Anregungen

1. Wie wurde die Erinnerung an den Zweiten Weltkrieg in den 1950er-Jahren in Frankreich wach gehalten? Inwiefern handelte es sich um eine selektive Erinnerung an die Besatzungszeit? (M2)

2. Welches Bild der Résistance bemühte sich André Malraux mittels der Symbolfigur Jean Moulin zu zeichnen? (M3)

3. In welchem Zusammenhang stehen die wegen Verbrechens gegen die Menschlichkeit in Frankreich angestrengten Prozesse? Inwiefern unterschieden sie sich von den unmittelbar nach dem Krieg durchgeführten Prozessen? Kann die Justiz, Ihrer Ansicht nach, die Arbeit der Historiker wirksam unterstützen? (M4)

Dossier: Die Erinnerung an die Shoah in Frankreich

Größer als allgemein angenommen war die Zahl der Überlebenden des Genozids, die bereits unmittelbar nach der Befreiung das Bedürfnis empfanden, sich über ihr erfahrenes Leid zu äußern. Doch die Gesellschaft brachte ihren Zeugnissen zunächst kaum mehr als Gleichgültigkeit entgegen. Erst ab den 1960er-Jahren veränderte sich das Gedenken an die Deportation von Juden in Frankreich. Die Überlebenden machten die Einzigartigkeit der Shoah geltend und kämpften gegen die Banalisierung der Erinnerung. Sie stießen damit auf ein breites Echo in der Gesellschaft, die inzwischen bemüht war, die Verantwortung des Vichy-Regimes klarer zu erfassen: So sahen sich auch die – lange Zeit zurückhaltenden – französischen Behörden veranlasst, die Mittäterschaft des französischen Staates an den NS-Verbrechen offiziell anzuerkennen.

1 Für Frankreich gestorben

Im folgenden Text drücken die beiden einst der Kommunistischen Partei nahe stehenden Autoren einen Standpunkt aus, der 1945 von einem Großteil der französischen Juden geteilt wurde.

Durch Hitlers Wille zum Sündenbock und Staatsfeind Nr. 1 erklärt, haben die Juden mehr als andere der Barbarei ihren Blutzoll gezahlt. Sie wollen sich nun nicht dieses düsteren Privilegs bedienen, um sich mit dem Nimbus des Märtyrers zu kleiden. Allerorts lehnen sie sich gegen den Unterdrücker auf und erfüllen ihre Aufgabe wie die Staatsbürger der Länder, als deren Kinder sie sich zu Recht betrachten. Fakten gibt es zuhauf. Es schmerzt, es sagen und wiederholen zu müssen. Dem Gegner, der sie von der Nation zu trennen sucht, antworten sie mit einem Kampf auf Leben und Tod in den Reihen der Résistance. Dem Feind mehr als andere ausgeliefert, wissen sie, dass sie nicht nur für Frankreich kämpfen, sondern für ein viel größeres Ideal: die Freiheit [...]. All jene, die Franzosen waren und französisch dachten, forderten nicht mehr als nur die auch anderen Menschen eingeräumte Gewissensfreiheit.

Übers. nach: Jacques Darville und Simon Wichené, Drancy la Juive ou la deuxième inquisition. Paris 1945.

2

Die Verschleierung der Verantwortung von Vichy

1956 entstand unter der Regie von Alain Resnais der erste große Dokumentarfilm über das System der NS-Internierungslager: „Nacht und Nebel" („Nuit et brouillard"). Dieses dem Film entnommene Foto, das einen französischen Polizisten vor dem Internierungslager von Pithiviers zeigt, wurde von den französischen Zensurbehörden verboten (ein dicker schwarzer Strich macht die Schirmmütze unkenntlich).

3 Kann die Republik die Verantwortung für die Verbrechen des französischen Staates übernehmen?

FRAGE – Zu welchem persönlichen Urteil über das Vichy-Regime sind Sie gekommen? Gibt es für Sie etwas, das heute zu verurteilen und nicht wieder gutzumachen ist?

DER PRÄSIDENT – Ich habe es doch schon so oft wiederholt! Das Erste, wofür man Vichy verurteilen sollte, ist, dass ein Schlussstrich unter die Republik gezogen wurde. Das war in der Tat unzulässig und nur deshalb konnte es zu jener Situation kommen. [...]

FRAGE – [...] Warum bittet denn Frankreich nicht um Vergebung für die Verbrechen und Gräueltaten, die damals bisweilen in seinem Namen begangen wurden?

DER PRÄSIDENT – Nein, nein, die Republik hat damit absolut nichts zu tun. Und ich bin in meinem tiefsten Innern davon überzeugt, dass auch Frankreich in keinerlei Hinsicht dafür verantwortlich zeichnet, dass es extremistische Minderheiten gab, die die Niederlage zum Anlass nahmen, die Macht an sich zu reißen und die allein für diese Verbrechen zur Rechenschaft gezogen werden sollten. Nicht die Republik, nicht Frankreich. Und aus diesem Grunde kann ich keine Entschuldigung im Namen Frankreichs aussprechen. Und dies habe ich bereits gesagt.

Interview von Staatspräsident François Mitterrand mit Jean-Pierre Elkabbach auf dem Fernsehsender France 2 im Elysée-Palast, 12. September 1994. DP 011 – François Mitterrand et Vichy; übers. nach: http://www.ihtp.cnrs.fr/bibliotheque/Archives/dp_2gm.html

4 Die Verantwortung Frankreichs

Staatspräsident Jacques Chirac erkennt offiziell die Verantwortung des französischen Staates an.

Es gibt im Leben einer Nation Augenblicke, die das Gedächtnis und die Vorstellung, die man sich von seinem Land macht, verletzen. Es ist schwer, diese Augenblicke in Erinnerung zu rufen, weil man nicht immer die richtigen Worte zu finden vermag, um an das Grauen zu erinnern, um das Leid der Frauen und Männer, die die Tragödie erlebten, zum Ausdruck zu bringen. [...] Es ist schwer, sich daran zu erinnern, auch weil diese schwarzen Stunden unsere Geschichte für immer schänden und eine Verletzung unserer Vergangenheit und unserer Traditionen darstellen. Jawohl, der verbrecherische Irrsinn des Besatzers wurde von Franzosen, vom französischen Staat unterstützt. Vor dreiundfünfzig Jahren, am 16. Juli 1942, erfüllten 450 französische Polizisten und Gendarmen unter der Befehlsgewalt ihrer Vorgesetzten die Forderungen der Nazis. [...] Frankreich, Heimat der Aufklärung und der Menschenrechte, Aufnahme- und Asylland, beging an jenem Tag etwas, was nicht wieder gutzumachen ist. Es brach sein Wort und lieferte die unter seinem Schutz stehenden Menschen an ihre Henker aus. [...] Die Erinnerung an das jüdische Volk, an das Leid und an die Lager wach zu halten und weiterzugeben, nicht aufzuhören, davon Zeugnis abzulegen, die Fehler der Vergangenheit und die vom Staat begangenen Fehler anzuerkennen, nichts von den dunklen Stunden unserer Geschichte zu verschleiern – dies heißt ganz einfach, eine Vorstellung vom Menschen, von seiner Freiheit und seiner Würde zu verteidigen. Aber auch gegen die finsteren Kräfte zu kämpfen, die stets am Werk sind. [...]

Gewiss, es gibt die begangenen Fehler, es gibt die individuelle Schuld, es gibt eine Kollektivschuld. Aber es gibt auch Frankreich, eine gewisse Vorstellung von einem aufrechten, edelmütigen Frankreich, das seinen Traditionen und seinem Geist treu ist. Dieses Frankreich gab es nie in Vichy. Es war – schon längst – nicht mehr in Paris. Es war im libyschen Sand und überall dort, wo freie Franzosen kämpften. Es war in London, verkörpert durch General de Gaulle. Es lebte, eins und unteilbar, im Herzen dieser Franzosen, dieser „Gerechten unter den Nationen", die in den dunkelsten Stunden der Wirren, wie es Serge Klarsfeld formulierte, unter Einsatz ihres Lebens drei Viertel der in Frankreich lebenden jüdischen Gemeinde retteten und dadurch dem Leben verliehen, was sein wertvollster Besitz ist: die humanistischen Werte, Freiheit, Gerechtigkeit, Toleranz, auf denen die französische Identität beruht und die uns in der Zukunft Verpflichtung sein werden.

Rede Jacques Chiracs am 16. Juli 1995 anlässlich des Jahrestages der Massenverhaftung am Vel'd'Hiv; übers. nach: www.elysee.fr (Rubrik: Discours et déclarations, juillet 1995)

5 Das Erwachen der jüdischen Erinnerung an den Genozid

Plakat des Films von Claude Lanzmann: „Shoah" (1985).
Das Werk von Claude Lanzmann symbolisiert allein schon durch seinen Titel den Willen, die ungeheure Besonderheit des Genozids an den Juden herauszustellen. Um das Nicht-Darstellbare darzustellen, verzichtete der Filmemacher bewusst auf den Einsatz von Archivdokumenten. Er filmte und befragte rückblickend Zeitzeugen, bevor auch sie eines Tages nicht mehr da sein würden.

Fragen und Anregungen

1. Wie haben sich die Überlebenden des Genozids nach dem Krieg geäußert? Warum wurde die Besonderheit des Genozids nicht sofort erkannt und ihre Anerkennung eingefordert? (M1)
2. Warum wurde dieses Bild aus dem Film „Nacht und Nebel" von Alain Resnais verboten? (M2)
3. Wann erwachte die jüdische Erinnerung an die Shoah und warum? (M5)
4. Auf welche Schwierigkeiten stieß die offizielle Anerkennung der Verantwortung des französischen Staates bei der Deportation von Juden? (M3 und 4)
5. Inwiefern stellt die Erklärung von Präsident Chirac eine Zäsur im Vergleich zur Haltung seiner Amtsvorgänger dar? (M4)
6. Warum muss die Erinnerung an den Genozid wach gehalten werden? (M4)
7. Wie wurde die Erinnerung an die Shoah seit 1945 in Frankreich weitergegeben?

4. Deutschland und seine Erinnerungskultur seit 1945

Wie konnte die deutsche Gesellschaft ihre Kriegsopfer betrauern, ohne sich dabei ihrer Verantwortung für die nationalsozialistischen Verbrechen zu entziehen?

Zwei deutsche Staaten, zwei getrennte Erinnerungskulturen

Infolge der Entstehung zweier deutscher Staaten entwickelte sich seit 1945 auch eine geteilte Erinnerung an den Krieg. Um den Aufschwung Westdeutschlands voranzutreiben, zogen die Amerikaner im März 1948 einen Schlussstrich unter die Entnazifizierung und noch vor Ende der 1950er-Jahre wurden die meisten Verurteilten aus der Haft entlassen. In dieser Zeit sahen sich die Deutschen vor allem als Kriegsopfer und versuchten, die Erinnerung an das Dritte Reich zu verdrängen, indem sie die Verantwortung für die vom nationalsozialistischen Regime begangenen Kriegsverbrechen Hitler und der SS zuschoben.

Die DDR, die sich als Siegerin über den „deutschen Faschismus" betrachtete, wälzte das gesamte nationalsozialistische Erbe auf die Bundesrepublik Deutschland ab. Das erste vom DDR-Regime 1958 im Konzentrationslager Buchenwald errichtete Denkmal war dem antifaschistischen Widerstand gewidmet. Obgleich die Entnazifizierung viel radikaler als im Westen verlief, war die tatsächliche Aufarbeitung der Vergangenheit in Ostdeutschland bis zur Wiedervereinigung nahezu bedeutungslos.

Eine Vergangenheit, die nicht vergehen will

Seit Ende der 1950er-Jahre zeigte sich die westdeutsche Öffentlichkeit zunehmend bereit, sich mit den nationalsozialistischen Verbrechen auseinander zu setzen. Die Gründung der „Zentralen Stelle der Landesjustizverwaltungen zur Aufklärung nationalsozialistischer Verbrechen" im Jahre 1958 in Ludwigsburg ermöglichte die Wiederaufnahme von Strafverfolgungen und Prozessen gegen ehemalige NS-Funktionäre. Aber auch durch die Annäherungspolitik zu den osteuropäischen Nachbarn (Neue Ostpolitik) wurden neue Wege beschritten, die in offiziellen Gesten der Reue, wie etwa dem Kniefall des sozialdemokratischen Bundeskanzlers Willy Brandt im Jahre 1970 vor dem Denkmal für die Kämpfer des Warschauer Ghettos, ihren symbolischen Ausdruck fanden.

Die Protestbewegung der deutschen Jugend in den 1960er-Jahren stützte sich in ihrer Ablehnung konservativer Werte auf eine radikale Auseinandersetzung mit der Vergangenheit. Eine junge Historikergeneration begann, die Zeitgeschichte neu zu bewerten, nicht ohne dabei auf die Verwicklung breiter Kreise der deutschen Gesellschaft in die Maschinerie des nationalsozialistischen Regimes hinzuweisen. Die Ausstrahlung der Fernsehserie „Holocaust", die 1979 eine hohe Einschaltquote erreichte, trug nicht minder dazu bei, das lang gehegte Schweigen über dieses Thema zu brechen.

Ein noch immer schmerzendes Nationalbewusstsein

Nach wie vor löst die Erinnerung an die NS-Zeit Polemiken aus, die zeigen, dass die Deutschen ihre Vergangenheit noch nicht vollständig aufgearbeitet haben. 1986 prangerte der Philosoph Jürgen Habermas in der Wochenzeitung „Die Zeit" die Versuche zur patriotischen Rehabilitierung der deutschen Geschichte an und löste damit den Historikerstreit aus. Das 1996 von dem Amerikaner Daniel Goldhagen veröffentlichte Buch „Hitlers willige Vollstrecker" wurde ein Bestseller – trotz seiner umstrittenen These, der zufolge alle Deutschen, und nicht nur die Nationalsozialisten, „fanatisierte Antisemiten" gewesen seien.

1998 hielt der Schriftsteller Martin Walser eine Aufsehen erregende Rede über die Allgegenwart des Auschwitz-Themas in den Medien, die seiner Meinung nach am Ende Überdruss und Ablehnung in der deutschen Öffentlichkeit auslösen würde. Eine ähnliche Debatte entspann sich um die Zweckmäßigkeit eines neuen Holocaust-Denkmals mitten im wiedervereinigten Berlin; sie wurde vom rechtsextremen Lager aufgegriffen (siehe S. 44 f.). Trotz allem stößt heute die Forderung nach einer Kultur des Erinnerns auf breitere Akzeptanz als in der Vergangenheit: Die Erinnerung an den Krieg ist zu einem tragenden Bestandteil der nationalen Identität Deutschlands geworden, das dadurch sein Engagement für die Demokratie und seine Verantwortung innerhalb der Europäischen Union zum Ausdruck bringen kann.

1

Die deutsche Reue

Willy Brandt vor dem Denkmal für die Kämpfer des Warschauer Ghettos (1970).

Begriffe

- **Entnazifizierung:** Maßnahmen der Alliierten in Deutschland zur möglichst raschen Entfernung von Nationalsozialisten aus Schlüsselstellungen in Politik, Wirtschaft und Gesellschaft (siehe S. 26).
- **Drittes Reich:** Hitlerregime, das der nationalsozialistischen Propaganda zufolge den Weg hin zu einem „Tausendjährigen Reich" ebnen sollte.
- **Neue Ostpolitik:** Begriff für den neuen, auf Verständigung hin ausgerichteten Umgang der Bundesrepublik Deutschland mit den sozialistischen Staaten seit 1969.
- **Historikerstreit:** 1986 unter deutschen Historikern und Intellektuellen entbrannter Streit über die Bewertung und Einordnung des Nationalsozialismus innerhalb der deutschen Zeitgeschichte und über den Vergleich zwischen den Verbrechen des Nationalsozialismus und denen des Stalinismus.

2 „Auschwitz eignet sich nicht dafür, Drohroutine oder Moralkeule zu werden"

Jeder kennt unsere geschichtliche Last, die unvergängliche Schande, kein Tag, an dem sie uns nicht vorgehalten wird. […] Ich habe es nie für möglich gehalten, die Seite der Beschuldigten zu verlassen. […] Kein ernst zu nehmender Mensch leugnet Auschwitz; kein noch zurechnungsfähiger Mensch deutelt an der Grauenhaftigkeit von Auschwitz herum; wenn mir aber jeden Tag in den Medien diese Vergangenheit vorgehalten wird, merke ich, dass sich in mir etwas gegen diese Dauerpräsentation unserer Schande wehrt. Anstatt dankbar zu sein für die unaufhörliche Präsentation unserer Schande, fange ich an wegzuschauen. Wenn ich merke, dass sich in mir etwas dagegen wehrt, versuche ich, die Vorhaltung unserer Schande auf Motive hin abzuhören und bin fast froh, wenn ich glaube, entdecken zu können, dass öfter nicht mehr das Gedenken, das Nichtvergessendürfen das Motiv ist, sondern die Instrumentalisierung unserer Schande zu gegenwärtigen Zwecken. Immer guten Zwecken, ehrenwerten. Aber doch Instrumentalisierung. […] Auschwitz eignet sich nicht dafür, Drohroutine zu werden, jederzeit einsetzbares Einschüchterungsmittel oder Moralkeule oder auch nur Pflichtübung. […]

Aber in welchen Verdacht gerät man, wenn man sagt, die Deutschen seien jetzt ein ganz normales Volk, eine ganz gewöhnliche Gesellschaft?

Martin Walser, Die Banalität des Guten. Frankfurter Allgemeine Zeitung, 12. Oktober 1998, S. 15.

3 Die Verherrlichung des antifaschistischen Widerstandskampfes in der DDR

„Wofür die Antifaschisten kämpften, ist in der DDR Wirklichkeit geworden", Propagandaplakat aus dem Jahre 1960, das das 1958 im Lager Buchenwald errichtete Denkmal „Turm der Häftlinge" von Fritz Cremer zeigt.

4 „Die Deutschen haben aus der Vergangenheit gelernt"

Die Erinnerung Frankreichs an den 6. Juni 1944 ist eine andere als die Deutschlands. Und doch münden sie in einer gemeinsamen Überzeugung: Wir wollen den Frieden. Wir Deutsche wissen, wer den Krieg verbrochen hat. Wir kennen unsere Verantwortung vor der Geschichte […]. Die Soldatenfriedhöfe und die Narben der beiden Weltkriege haben den Völkern Europas, besonders dem deutschen Volk, eine andauernde Pflicht auferlegt: Rassismus, Antisemitismus und totalitären Ideologien zu widerstehen. Unsere Ziele heißen Freiheit, Gerechtigkeit und ein würdiges Leben für alle – in Frieden, ohne religiösen Hass, ohne nationalen Hochmut und politische Verblendung. Diese Ziele zu retten war und bleibt der Auftrag des 6. Juni 1944. Europa hat seine Lektion gelernt, und gerade wir Deutschen werden sie nicht verdrängen.

Ansprache von Bundeskanzler Gerhard Schröder anlässlich des 60. Jahrestages der alliierten Landung in der Normandie vor dem Denkmal in Caen, 6. Juni 2004. http://archiv.bundesregierung.de/rede,-663560/Rede-von-Bundeskanzler-Gerhard.htm

5 Die extreme Rechte

Demonstration von Neonazis in Berlin gegen den geplanten Bau des Denkmals für die ermordeten Juden (Holocaust-Mahnmal), Januar 2000.

Fragen und Anregungen

1. Erläutern Sie den Zweck des Besuches von Bundeskanzler Brandt in Polen. Wie schätzen Sie die symbolische Bedeutung seiner Geste ein? (M1)
2. Warum hält Martin Walser das Wachhalten der Erinnerung an Auschwitz durch die Medien und die Intellektuellen für übertrieben? Warum löste er Ihrer Meinung nach eine Kontroverse damit aus? (M2)
3. Welche selektive Erinnerung an den Zweiten Weltkrieg bemühte sich dieses Propagandaplakat aus der DDR zu vermitteln? (M3)
4. Welche Lehren muss Deutschland Bundeskanzler Schröder zufolge aus seiner Vergangenheit ziehen? (M4)
5. Auf welches Echo stößt Ihrer Meinung nach diese Demonstration rechtsextremer Kräfte im heutigen Deutschland? (M5)

Dossier: Schuldige oder Opfer? – Die Deutschen und ihre Vergangenheit

In Deutschland herrscht inzwischen ein breiter Konsens über die Notwendigkeit einer Erinnerungspflicht gegenüber den Opfern der Shoah. Unklar blieb jedoch lange Zeit die Frage, wie eine solche Verpflichtung an die jüngeren Generationen weitergegeben werden sollte, da sich diese im Unterschied zur Kriegsgeneration nicht mehr für die im Dritten Reich verübten Verbrechen schuldig fühlen.

Die öffentliche Auseinandersetzung mit den Verbrechen der NS-Diktatur, die seit Ende der 1950er-Jahre die kollektive Verantwortung der Deutschen hervorhebt, hat das Familiengedächtnis, die Erinnerung an das während des Zweiten Weltkrieges persönlich erfahrene Leid, nie verdrängen können. So steht seit den 1990er-Jahren das Schicksal der deutschen Kriegsopfer – Zivilisten und Soldaten – und nicht mehr die Aufarbeitung des Genozids im Mittelpunkt heftiger Kontroversen. Doch kann Deutschland heute seiner Opfer gedenken, ohne, wie in der Vergangenheit, dem Vorwurf ausgesetzt zu sein, den Holocaust zu verharmlosen und seine Verantwortung gegenüber der Geschichte zu relativieren?

2 Die Deutschen müssen wieder „aufrecht gehen" können (Franz Josef Strauß)

Franz Josef Strauß (1915–1988), von 1978 bis 1988 bayrischer Ministerpräsident, war lange Zeit Parteichef der CSU (Christlich-Soziale Union), der bayrischen Schwesterpartei der Christlich-Demokratischen Union (CDU).

Es geht mir nicht darum, auch nur ein Jota deutsche Schuld zu leugnen. Aber ich kann eine Haltung nicht akzeptieren, nach der wir die Untaten und Verbrechen der anderen aus dem Gedächtnis streichen sollen, was Deutsche verübt haben aber nie vergessen dürfen. Hier wird mit zweierlei Maß gemessen, und damit perpetuieren wir deutsche Schuld bis in die Unendlichkeit. Ich fühlte mich durch das Dritte Reich im Sinne einer persönlichen Schuld nicht betroffen. Auch die Parole von der Kollektivschuld des deutschen Volkes wies ich stets zurück. [...] Ich hatte einen gewaltigen Hass auf die Nazis, aber ich war auch verbittert über die Westmächte, weil sie Hitler nicht rechtzeitig das Handwerk gelegt hatten. [...] Später war ich empört über den sinnlosen Bombenkrieg gegen Deutschland. Ich war entsetzt über Ausmaß und Unmenschlichkeit der Verbrechen, die von Deutschen und in deutschem Namen begangen wurden. Da ich aber mir selber keine Handlungsweise vorwerfen konnte, die auch nur annähernd zu irgendeinem Vorwurf hätte Anlass geben können, war ich unbefangen in meinem politischen Handeln. Es hat nicht das Geringste mit Verdrängung deutscher Schuld zu tun, wenn ich immer wieder die Meinung vertrete, dass die Deutschen wieder den aufrechten, normalen Gang lernen müssen. Und dort, wo unsere internationale Verantwortung gefordert ist, dürfen wir uns nicht unter der Berufung auf unsere Vergangenheit unseren Pflichten entziehen.

Franz Josef Strauß, Die Erinnerungen. Berlin 1989, S. 240f.

1 Warum ist es lebenswichtig, die Erinnerung wach zu halten?

Der 8. Mai ist für uns vor allem ein Tag der Erinnerung an das, was Menschen erleiden mussten. [...] Der 8. Mai ist für uns Deutsche kein Tag zum Feiern. Die Menschen, die ihn bewusst erlebt haben, denken an ganz persönliche und damit ganz unterschiedliche Erfahrungen zurück. Der eine kehrte heim, der andere wurde heimatlos. Dieser wurde befreit, für jenen begann die Gefangenschaft. [...] Der 8. Mai war ein Tag der Befreiung. Er hat uns alle befreit von dem menschenverachtenden System der nationalsozialistischen Gewaltherrschaft. [...] Der 8. Mai ist ein Tag der Erinnerung. Erinnern heißt, eines Geschehens so ehrlich und rein zu gedenken, dass es zu einem Teil des eigenen Innern wird. [...] Wer seine Ohren und Augen aufmachte, wer sich informieren wollte, dem konnte nicht entgehen, dass Deportationszüge rollten. [...] Als dann am Ende des Krieges die ganze unsagbare Wahrheit des Holocaust herauskam, beriefen sich allzu viele von uns darauf, nichts gewusst oder auch nur geahnt zu haben. Schuld oder Unschuld eines ganzen Volkes gibt es nicht. Schuld ist, wie Unschuld, nicht kollektiv, sondern persönlich. [...] Wir alle, ob schuldig oder nicht, ob alt oder jung, müssen die Vergangenheit annehmen. [...] Bei uns ist eine neue Generation in die politische Verantwortung hereingewachsen. Die Jungen sind nicht verantwortlich für das, was damals geschah. Aber sie sind verantwortlich für das, was in der Geschichte daraus wird. [...] Wir müssen den Jüngeren helfen zu verstehen, warum es lebenswichtig ist, die Erinnerung wach zu halten. [...] Schauen wir am heutigen 8. Mai, so gut wir es können, der Wahrheit ins Auge.

Ansprache des damaligen deutschen Bundespräsidenten Richard von Weizsäcker am 8. Mai 1985 anlässlich der Gedenkfeier zum 40. Jahrestag des Kriegsendes. http://www.bundestag.de/parlament/geschichte/parlhist/dokumente/dok08.html

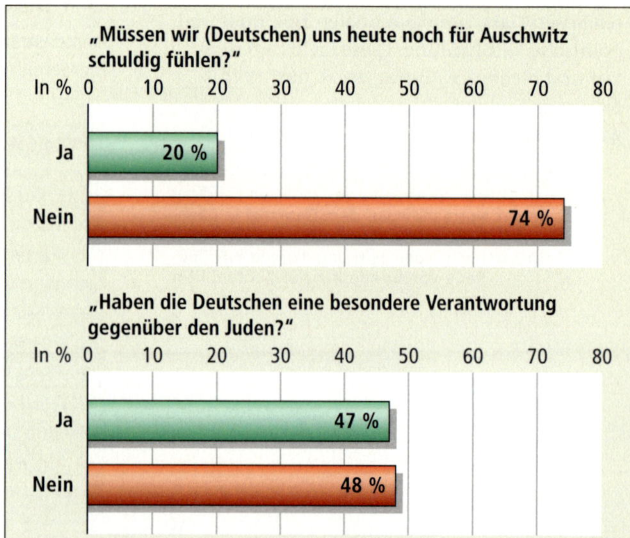

Verbleibender Prozentsatz: keine Meinung
Quelle: Stern, Januar 2005 (Forsa-Umfrage)

3a Die Deutschen und ihre Vergangenheit

3b Titelseite der Zeitschrift „Stern", Januar 2005

In dieser Ausgabe wurden die Umfrageergebnisse veröffentlicht (siehe M3a).

4 Die Verbrechen der Wehrmacht auf der Titelseite (1997)

Das deutsche Wochenmagazin „Der Spiegel" widmete 1997 eine Titelgeschichte der Ausstellung über „Die Verbrechen der Wehrmacht", die die Debatte über die Mitschuld der Deutschen an den an der Ostfront begangenen Gewalttaten wieder belebte.

5 Auschwitz-Dresden – die Gefahr einer Verwechslung von Tätern und Opfern

Dabei [bei der Weitergabe der Erinnerung] verändert sich das Gedächtnis an den Holocaust von Jahrzehnt zu Jahrzehnt – besonders stark zwischen 1995 und 2005.

Vor zehn Jahren war die Bannkraft der Nachkriegszeit noch kaum gebrochen [...]. Das Thema Auschwitz ist seither in Deutschland weitgehend außer Streit gestellt, die Sache scheint befriedet und geklärt.

Das unerklärbare Grauen ist geklärt? Dieser Eindruck muss beunruhigen, umso mehr, als in den zehn Jahren seit 1995 noch etwas anderes geschehen ist. Die Deutschen sind dabei, ihre Opfergeschichte nachzuholen und gewissermaßen zu Ende zu trauern. Über Bombenkrieg und Vertreibung wurde direkt nach dem Krieg viel geredet[1]. In den sechziger Jahren jedoch geriet dieses Gedenken unter den Verdacht, es wollten sich die Täter zu Opfern machen [...]. Dieser Revisionismus-Verdacht wurde zwar oft selbstgerecht vorgetragen, war zu der Zeit allerdings berechtigt. [...]

Doch ist damit die Gefahr noch nicht gebannt, dass sich in der Öffentlichkeit Proportionen verschieben. Auschwitz, das außer Streit in der Vitrine steht, rückt in den Hintergrund, Dresden[2] durch häufige Erwähnung in den Vordergrund [...]. Doch auch ohne NPD[3] droht Auschwitz in eine deutsche Geschichte eingemeindet zu werden, in der zwar nichts geleugnet wird, die aber auch nicht mehr bis in die Grundfesten erschüttert, wo Opfersein und Tätersein sich ungefähr die Waage halten.

B. Ulrich, Nie wieder. Immer wieder. Die Zeit, Nr. 5, 27. Januar 2005.

[1] 12 Millionen Deutsche, die Vertriebenen, wurden 1945 aus den ehemaligen deutschen Ostgebieten und den von Hitler annektierten Ländern vertrieben.
[2] Dresden wurde während eines anglo-amerikanischen Luftangriffs in der Nacht vom 13. zum 14. Februar 1945 zerstört. Dabei kamen mindestens 35000 Menschen ums Leben.
[3] Rechtsextremistische Partei, die entsprechend ihrem Hang zur Geschichtsklitterung die Bombenangriffe auf Dresden als „Bombenholocaust" bezeichnet und mit dem Genozid an den Juden vergleicht.

Fragen und Anregungen

1. Worin soll, den Worten von Bundespräsident Richard von Weizsäcker zufolge, die Bedeutung des Gedenkens an den 8. Mai 1945 bestehen? Glauben Sie, dass diese Rede von der heutigen Generation, 20 Jahre später, verstanden werden kann? (M1)

2. Wie erklären Sie sich das große Interesse der Medien an der Wehrmachtsausstellung? (M4)

3. Warum wies Franz Josef Strauß jegliche Kollektivschuld des deutschen Volkes zurück? (M2)

4. Arbeiten Sie die Übereinstimmungen und die Unterschiede zwischen der Rede des Bundespräsidenten und den Erinnerungen des bayrischen Politikers heraus. (M1 und 2)

5. Wie veränderte sich in jüngster Zeit die Erinnerung an die Shoah in Deutschland? Warum ist die Erinnerung an die Bombenangriffe auf Dresden noch heute Gegenstand von Polemiken? (M3b und 5)

6. Inwiefern hat sich die Haltung der Deutschen zu ihrer Vergangenheit im Laufe der letzten zwanzig Jahre gewandelt?

Kapitel 3

Der Beginn des Kalten Krieges – ein neuer Konflikt spaltet Europa (1945–1949)

Nach dem Ende des Zweiten Weltkrieges war das Leben der Menschen in Europa jahrzehntelang von der politischen Teilung des Kontinents geprägt: Die Länder des Westens fühlten sich der freien Welt zugehörig, einer durch Demokratie, Grundrechte und Marktwirtschaft bestimmten Staatengemeinschaft unter Führung der USA. Die sozialistischen „Volksdemokratien" des Ostens standen hingegen in einem durch die sowjetische Übermacht aufgezwungenen Gefolgschaftsverhältnis zur Sowjetunion. Sie übernahmen die Planwirtschaft und sahen sich dem Ziel verpflichtet, eine „klassenlose Gesellschaft" zu verwirklichen.

- Wie ist es zu erklären, dass sich kurz nach Kriegsende eine tiefe Gegnerschaft zwischen den Westmächten und ihrem einstigen Bündnispartner Sowjetunion entwickelte?
- Wie wirkte sich der Ost-West-Konflikt auf die politische Neuordnung Europas und der Welt nach 1945 aus?

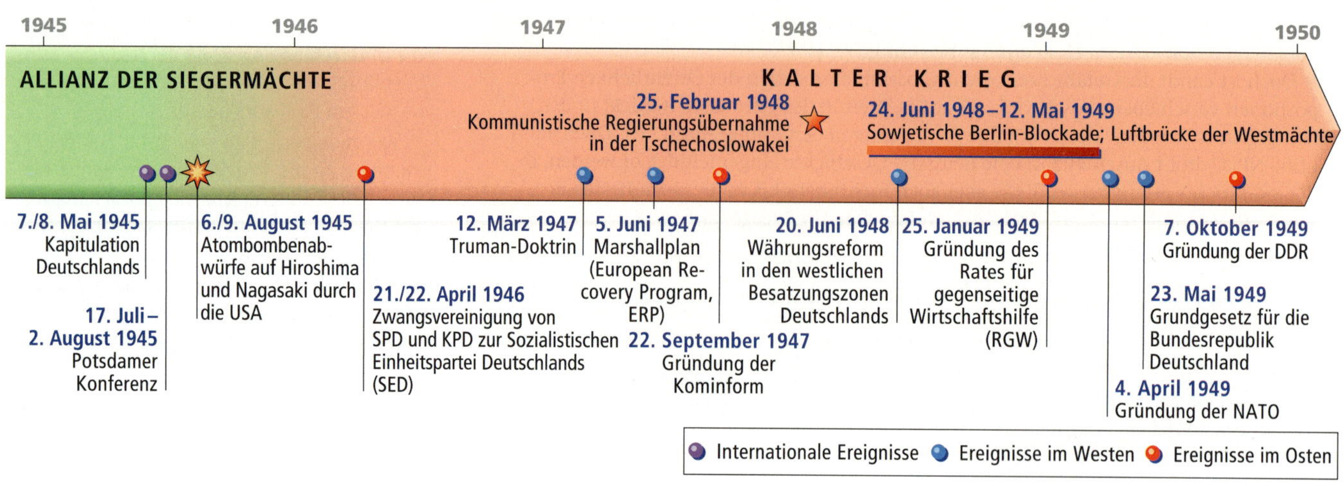

1

Vom gemeinsamen Kampf gegen Hitler-Deutschland ...

Sowjetische Postkarte aus der Zeit des Zweiten Weltkrieges (Legende: „Durch vereinten Schlag“).

2

... zum Konflikt zwischen den Systemen

Titelseite eines amerikanischen Comic Book, das 1947 in einer Auflage von mehr als vier Millionen Exemplaren gedruckt wurde.

1. Das Auseinanderbrechen der Anti-Hitler-Koalition

Wie entwickelte sich das Verhältnis zwischen der Sowjetunion und den Westmächten nach dem gemeinsamen Sieg über Hitler-Deutschland?

1 **„Der Osten trifft den Westen"**

Sowjetischer und amerikanischer Soldat in Torgau an der Elbe im April 1945. Die Rote Armee und die US-Armee haben ihren Vormarsch so weit abgeschlossen, dass sich Soldaten beider Heere mitten in Deutschland treffen konnten.

Ein brüchiges Zweckbündnis

Die Anti-Hitler-Koalition zwischen den Westmächten und der Sowjetunion war ein Zweckbündnis zur Niederwerfung des nationalsozialistischen Deutschlands. In den westlichen Demokratien bestanden bereits vor Kriegsende Vorbehalte gegenüber einer dauerhaften Partnerschaft mit der von Stalin geführten Großmacht.

Neben Differenzen zwischen den Staats- und Gesellschaftssystemen trug vor allem die Erinnerung an die 1939 nach dem geheimen Zusatzprotokoll des Hitler-Stalin-Paktes vollzogene Aufteilung Polens und die sowjetische Annexion der baltischen Staaten zu diesem Misstrauen bei. Stalin verdächtigte seinerseits die USA, die Sowjetunion im Kampf gegen Deutschland durch das lange Hinauszögern der Bodenoffensive im Westen (Landung in der Normandie) absichtlich geschwächt zu haben.

Die sowjetische Expansion in Ost- und Mitteleuropa

Schon in der Endphase des Krieges wurde zunehmend deutlich, dass die Sowjetunion nicht gewillt war, das von den Westmächten betonte Selbstbestimmungsrecht der Völker zu achten. Bereits im Sommer 1944 erkannte Stalin das unter sowjetischem Einfluss gegründete „Polnische Komitee der Nationalen Befreiung" („Lublin-Komitee") als einzige politische Vertretung Polens an, während er die demokratisch legitimierte Londoner Exilregierung nicht in das Land zurückkehren ließ.

Nach Kriegsende setzte er die Installierung kommunistisch dominierter Regierungen in den sowjetisch besetzten Ländern unvermindert fort. Um die sowjetische Kontrolle über diese Staaten sicherzustellen, schloss Moskau bilaterale Bündnisverträge mit den Regierungen und bewirkte 1947 die Gründung des Kommunistischen Informationsbüros (Kominform), das die kommunistischen Parteien unter Führung der KPdSU grenzüberschreitend vernetzte.

Allerdings fügten sich nicht alle sozialistischen Staaten in das sowjetische Bündnissystem ein. Eine wichtige Ausnahme war etwa das nie von der Roten Armee besetzte Jugoslawien, das unter Führung des Marschalls Tito einen eigenständigen Weg in den Sozialismus suchte (Titoismus).

Die amerikanische Antwort: Containment

In den USA setzte sich in den Jahren 1946/47 zunehmend die Überzeugung durch, dass man der Machtpolitik der Sowjetunion durch eine Eindämmungsstrategie – das so genannte „Containment" – begegnen müsse. Für das Verhältnis zwischen Ost und West bürgerte sich seit 1947 der Begriff des „Kalten Krieges" im westlichen Sprachgebrauch ein.

Im Juni 1947 kündigte der amerikanische Außenminister Marshall ein umfangreiches Programm zur Förderung der europäischen Wirtschaft an, das die Staaten Europas wirtschaftlich und politisch stabilisieren und damit die Einflussmöglichkeiten Moskaus mindern sollte (Marshallplan, offizielle Bezeichnung: European Recovery Program, ERP, siehe S. 52f.). Das Programm stand allen europäischen Staaten offen, wurde aber auf Stalins Weisung hin von den osteuropäischen Regierungen boykottiert. Als die Westmächte 1948 in ihren Zonen eine neue Währung einführten, antwortete die Sowjetunion mit der Blockade der Verkehrswege nach Westberlin, das monatelang über eine alliierte Luftbrücke versorgt werden musste (siehe S. 102f.).

Westliche und sowjetische Maßnahmen bzw. Gegenmaßnahmen bedingten sich also wechselseitig und trugen gleichermaßen zu einer immer tieferen Spaltung Europas bei.

Begriffe

- **Hitler-Stalin-Pakt:** Am 23. August 1939 zwischen Hitler-Deutschland und der UdSSR unter Stalin unterzeichneter Nichtangriffspakt, der ein Geheimprotokoll über die Aufteilung Polens und der Baltischen Staaten enthielt.
- **Bilateral:** Zweiseitig, zwei Seiten betreffend bzw. von zwei Seiten ausgehend.
- **KPdSU** (Kommunistische Partei der Sowjetunion): Einzige Partei in der Sowjetunion und Modell anderer kommunistischer Parteien in den „Volksdemokratien".
- **Titoismus:** Jugoslawische Sonderform des Sozialismus, die neben einer Arbeiterselbstverwaltung auch marktwirtschaftliche Elemente zuließ und den unterschiedlichen Volksgruppen weitreichende Autonomierechte einräumte.
- **Containment** („Umfassung", „Eindämmung"): Von US-Präsident Truman seit März 1947 verfolgte Politik zur Verhinderung kommunistischer Machtübernahmen in verschiedenen Ländern; wichtige Instrumente dieser Politik waren die Wirtschaftshilfe und die militärische Unterstützung antikommunistischer Kräfte (z. B. in Griechenland).
- **Kalter Krieg** (Cold War): Von dem amerikanischen Journalisten Walter Lippmann 1947 geprägte Bezeichnung für die Spannungen zwischen Ost und West, die aufgrund der nuklearen Abschreckung nicht in einen bewaffneten Konflikt übergingen.

2 „Erklärung über Europa"

Der Premierminister der UdSSR, der Premierminister des Vereinigten Königreiches und der Präsident der Vereinigten Staaten von Amerika haben im gemeinsamen Interesse der Völker ihrer Länder und des befreiten Europas Beratungen miteinander abgehalten. Sie erklären gemeinsam ihr gegenseitiges Einverständnis, die entsprechende Politik ihrer drei Regierungen während des zeitweiligen Vorherrschens ungeordneter Zustände im befreiten Europa gleichzuschalten. [...]

Die Herstellung der Ordnung in Europa und der Wiederaufbau eines nationalen Wirtschaftslebens müssen in einer Weise zu Wege gebracht werden, die es den befreiten Völkern gestattet, die letzten Spuren des Nationalsozialismus und Faschismus zu beseitigen und demokratische Einrichtungen nach eigener Wahl zu schaffen.

Der Grundsatz der Atlantik-Charta – das Recht aller Völker, sich die Regierungsform, unter der sie leben werden, selbst zu wählen – ist die Rückgabe der souveränen Rechte und der Selbstverwaltung an diejenigen Völker, die dieser durch die Angriffsvölker mit Gewalt beraubt worden sind.

„Erklärung über Europa" im Rahmen der Konferenz von Jalta (3. bis 11. Februar 1945). http://www.documentArchiv.de/in/1945/krimkonferenz_bericht.html

3

Kommunistische Miliz auf der Karlsbrücke in Prag (1948)

Im Februar 1948 übernahmen die Kommunisten mit sowjetischer Unterstützung die Macht in der Tschechoslowakei.

4 Der Zweite Weltkrieg aus der Sicht Stalins (April 1945)

„Dieser Krieg ist nicht wie in der Vergangenheit; wer immer ein Gebiet besetzt, erlegt ihm auch sein eigenes gesellschaftliches System auf. Jeder führt sein eigenes System ein, so weit seine Armee vordringen kann. Es kann gar nicht anders sein."

Milovan Djilas, Gespräche mit Stalin. Frankfurt/M. 1962, S. 146.

5 Der „Eiserne Vorhang"

In einem Telegramm teilt der britische Premier Churchill dem amerikanischen Präsidenten Truman am 12. Mai 1945 seine Einschätzung der Lage in Europa mit:

[...] Ich habe mich stets um die Freundschaft der Russen bemüht; aber ihre falsche Auslegung der Jalta-Beschlüsse, ihre Haltung gegen Polen, ihr überwältigender Einfluss auf dem Balkan bis hinunter nach Griechenland, die uns von ihnen in Wien bereiteten Schwierigkeiten, die Verkoppelung ihrer Macht mit der Besetzung und Kontrolle so ungeheurer und weiter Gebiete, die von ihnen inspirierte kommunistische Taktik in so vielen anderen Ländern und vor allem ihre Fähigkeit, lange Zeit große Armeen im Felde stehen zu lassen, beunruhigen mich ebensosehr wie Sie. [...]

Ein Eiserner Vorhang ist vor ihrer Front niedergegangen. Was dahinter vorgeht, wissen wir nicht. Es ist kaum zu bezweifeln, dass der gesamte Raum östlich der Linie Lübeck–Triest–Korfu schon binnen kurzem völlig in ihrer Hand sein wird. Zu all dem kommen noch die weiten Gebiete, die die amerikanischen Armeen zwischen Eisenach und der Elbe erobert haben, die aber, wie ich annehmen muss, nach der Räumung durch Ihre Truppen in ein paar Wochen gleichfalls der russischen Machtsphäre einverleibt sein werden. General Eisenhower wird alle nur möglichen Maßnahmen treffen müssen, um eine zweite Massenflucht der Deutschen nach Westen zu verhindern, wenn dieser enorme moskowitische Vormarsch ins Herz Europas erfolgt. [...] Damit werden uns russisch besetzte Territorien von vielen hundert Kilometern Tiefe wie ein breites Band von Polen abschneiden.

Geschichte in Quellen. Weltkriege und Revolutionen 1914–1945. München 1979, S. 574f.

Fragen und Anregungen

1. Arbeiten Sie die politischen Leitvorstellungen der von Stalin, Roosevelt und Churchill unterzeichneten „Erklärung über Europa" heraus (M2) und vergleichen Sie diese Vorstellungen mit Stalins Aussage über den Zweiten Weltkrieg. (M4)

2. Ordnen Sie Churchills Telegramm an Roosevelt in den historischen Kontext des Jahres 1945 ein. (M5)

3. Welche Assoziationen weckt das von Churchill verwendete Bild vom „Eisernen Vorhang"? Versuchen Sie zu erklären, weshalb er sich für diese Metapher entschieden hat.

4. Verfassen Sie eine sowjetische Antwort auf Churchills Analyse.

2. Das Entstehen einer bipolaren Weltordnung

Wie wirkte sich die machtpolitische Realität der Spaltung Europas und der Welt auf die politischen Weltbilder in Ost und West aus?

Ein neues Kräfteverhältnis

Der Zweite Weltkrieg hatte die globalen Machtverhältnisse tiefgreifend verändert. Bereits in den ersten Nachkriegsjahren zeichnete sich das Entstehen einer neuen Weltordnung ab. Nicht mehr das multipolare System der europäischen Mächte, sondern die bipolaren Spannungen zwischen zwei Blöcken, dem amerikanisch geführten „Westen" und dem sowjetisch dominierten „Osten", prägten fortan die internationale Politik.

Auf militärischer Ebene verfestigte sich der Ost-West-Konflikt schließlich mit der Entstehung von zwei Bündnissystemen: 1949 wurde unter amerikanischer Führung die NATO gegründet; 1955 folgten die Sowjetunion und ihre Satellitenstaaten mit der Gründung des Warschauer Paktes. Der Besitz von Atomwaffen auf beiden Seiten (USA seit 1945, UdSSR seit 1949) trug erheblich dazu bei, dass der Konflikt nie in direkte Kampfhandlungen zwischen den Supermächten mündete (siehe S. 76 f.).

Die Blockbildung erfasste allerdings nicht alle Staaten. So ging etwa die Sozialistische Föderative Republik Jugoslawien einen eigenen Weg und förderte maßgeblich die Bewegung der „Blockfreien", der sich zahlreiche Staaten der „Dritten Welt" anschlossen.

Ost-West-Konflikt statt „One World"

Der amerikanische Präsident Roosevelt hoffte, nach dem Krieg gemeinsam mit den anderen Siegermächten eine friedliche Weltordnung auf der Grundlage des Selbstbestimmungsrechts der Völker errichten zu können. Roosevelts Ideal der „einen Welt" fand seinen dauerhaften Ausdruck in der Gründung der UNO im April 1945 (siehe S. 18 f.).

Unter Roosevelts Nachfolger Truman setzte sich dann jedoch angesichts der sowjetischen Expansion in Europa die Auffassung durch, dass Friede und Demokratie nicht gemeinsam mit der Sowjetunion, sondern nur im Widerstand gegen sie zu sichern waren. Diese Auffassung bildete den Kern der so genannten Truman-Doktrin, die der Präsident im März 1947 im amerikanischen Kongress vorstellte und deren Zielsetzung auf ökonomischer Ebene der im Juni 1947 verkündete Marshallplan entsprach (siehe S. 52 f.).

Die Sowjetunion antwortete mit der Zwei-Lager-Theorie Shdanows, der die mit Moskau verbündeten Staaten zur Einigkeit gegenüber den „angelsächsischen Imperialisten" aufrief.

Bipolarität als Weltbild

Die weltanschaulichen Spannungen zwischen der Sowjetunion und den westlichen Demokratien reichten weit in die Zeit vor dem Zweiten Weltkrieg zurück. Die Truman-Doktrin und die Zwei-Lager-Theorie trugen nun aber zu einer Verfestigung des Gegensatzes zwischen den Systemen bei. Beide Seiten begriffen die Teilung der Welt nun zunehmend als einen Dauerzustand, der sich aus dem Kampf zwischen zwei konkurrierenden Gesellschaftsmodellen ergab.

Dabei beriefen sich sowohl die USA als auch die Sowjetunion paradoxerweise auf das Ideal der Demokratie, das sie allerdings höchst unterschiedlich definierten. Im kommunistischen Denken war die Demokratie eine politische Organisationsform, die den kollektiven Interessen „des Volkes" diente, indem sie soziale Ungleichheit abbaute und auf die Entstehung einer klassenlosen Gesellschaft hinwirkte. Aus westlich-liberaler Sicht war die Demokratie hingegen eine Staats- und Gesellschaftsordnung, die vor allem dem Einzelnen politische Mitwirkung ermöglichte und seine individuellen Freiheitsrechte schützte.

1

Harry S. Truman (1884–1972)

Präsident der Vereinigten Staaten 1945–1953.

2

Andrei Alexandrowitsch Shdanow (1896–1948)

Er gehörte als Mitglied des Zentralkomitees der KPdSU und des Politbüros zur sowjetischen Führung und leitete das Kommunistische Informationsbüro (Kominform).

Begriffe

- **Multipolar/bipolar:** Eine bipolare Weltordnung wird von zwei, eine multipolare Weltordnung von mehr als zwei Machtzentren bestimmt. Als unipolar bezeichnet man eine Weltordnung mit einem einzigen dominierenden Machtzentrum.
- **NATO** (North Atlantic Treaty Organization): Nordatlantisches Verteidigungsbündnis, dessen Mitglieder sich zu politischer und militärischer Zusammenarbeit und zum gegenseitigen Beistand im Falle eines Angriffs auf einen der Vertragspartner verpflichtet haben (Nordatlantikvertrag vom 4. April 1949, Art. 5).
- **Warschauer Pakt:** 1955 gegründetes militärisch-politisches Bündnis der Staaten des sowjetischen Machtbereichs; 1991 aufgelöst. Es umfasste die sowjetischen Vasallenstaaten in Ost- und Ostmitteleuropa.
- **Blockfreie:** Staaten, die sich keinem der beiden Blöcke anschließen wollten. Auf eine solche Politik einigten sich 1956 Tito, Nehru und Nasser. 1961 wurde auf der Belgrader Konferenz die Bewegung der Blockfreien gegründet.
- **Klassenlose Gesellschaft:** Die klassenlose Gesellschaft wird aus marxistischer Sicht durch eine vorübergehende Diktatur des Proletariats verwirklicht, das die Macht im Zuge einer proletarischen Revolution übernimmt.

3 Die Truman-Doktrin (12. März 1947)

In jüngster Zeit wurden den Völkern einer Anzahl von Staaten gegen ihren Willen totalitäre Regierungsformen aufgezwungen. Die Regierung der Vereinigten Staaten hat immer wieder gegen den Zwang und die Einschüchterungen in Polen, Rumänien und Bulgarien protestiert, die eine Verletzung der Vereinbarungen von Jalta darstellen. [...]

Zum gegenwärtigen Zeitpunkt der Weltgeschichte muss fast jede Nation zwischen alternativen Lebensformen wählen. Nur zu oft ist diese Wahl nicht frei.

Die eine Lebensform gründet sich auf den Willen der Mehrheit und ist gekennzeichnet durch freie Institutionen, repräsentative Regierungsform, freie Wahlen, Garantien für die persönliche Freiheit, Rede- und Religionsfreiheit und Freiheit von politischer Unterdrückung.

Die andere Lebensform gründet sich auf den Willen einer Minderheit, den diese der Mehrheit gewaltsam aufzwingt. Sie stützt sich auf Terror und Unterdrückung, auf die Zensur von Presse und Rundfunk, auf manipulierte Wahlen und auf den Entzug der persönlichen Freiheiten.

Ich glaube, es muss die Politik der Vereinigten Staaten sein, freien Völkern beizustehen, die sich der angestrebten Unterwerfung durch bewaffnete Minderheiten oder durch äußeren Druck widersetzen. Ich glaube, wir müssen allen freien Völkern helfen, damit sie ihre Geschicke auf ihre eigene Weise selbst bestimmen können. Unter einem solchen Beistand verstehe ich vor allem wirtschaftliche und finanzielle Hilfe, die die Grundlage für wirtschaftliche Stabilität und geordnete politische Verhältnisse bildet.

Rede Trumans vor beiden Häusern des Kongresses am 12. März 1947. Geschichte in Quellen. Die Welt seit 1945. München 1980, S. 576f.

4 Die Zwei-Lager-Theorie (22. September 1947)

Die Aufgabe der Sicherung eines gerechten demokratischen Friedens fasste alle Kräfte des antiimperialistischen und antifaschistischen Lagers zusammen. Auf dieser Grundlage wuchs und erstarkte die freundschaftliche Zusammenarbeit der UdSSR und der demokratischen Länder in allen Fragen der Außenpolitik. Diese Länder und vor allem die Länder der neuen Demokratie, Jugoslawien, Polen, die Tschechoslowakei und Albanien, die eine große Rolle in dem Befreiungskrieg gegen den Faschismus gespielt haben, sowie Bulgarien, Rumänien, Ungarn und zum Teil auch Finnland, die sich der antifaschistischen Front in der Nachkriegsperiode angeschlossen haben, erwiesen sich als standhafte Kämpfer für den Frieden, für die Demokratie und für ihre Freiheit und Unabhängigkeit gegen alle Versuche der USA und Englands, ihre Entwicklung zurückzudrehen und sie erneut unter das imperialistische Joch zu zwingen. [...]

Bereits während des Zweiten Weltkrieges wuchsen in England und in den USA ständig die Aktivitäten der reaktionären Kräfte, die danach strebten, das gemeinsame Vorgehen der alliierten Mächte zu hintertreiben, den Krieg in die Länge zu ziehen, die UdSSR ausbluten zu lassen und die faschistischen Aggressoren vor einer vollständigen Zerschmetterung zu retten.

Die Sabotierung der zweiten Front durch die angelsächsischen Imperialisten mit Churchill an der Spitze spiegelte klar diese Tendenz wider [...]. Aber solange der Krieg andauerte, wagten die reaktionären Kreise Englands und der USA nicht, der Sowjetunion und den demokratischen Ländern mit offenem Visier entgegenzutreten, weil sie sich wohl bewusst waren, dass die Sympathien der Volksmassen in der ganzen Welt ungeteilt auf der Seite der Sowjetunion und der demokratischen Länder waren.

Rede Shdanows auf der Gründungskonferenz des Kominform, 22. September 1947. Internationale Beziehungen I, Informationen zur politischen Bildung, Heft 245, Nachdruck 2003, S. 16.

5

Schlagworte

Westdeutsche Karikatur von Mirko Szewczuk, 1947.

Fragen und Anregungen

1. Setzen Sie Trumans Rede in Bezug zur sowjetischen Politik in Osteuropa. (M3)
2. Charakterisieren Sie die Rolle, die Truman den USA zuweist. (M3)
3. Fassen Sie die Vorwürfe zusammen, die Shdanow gegenüber den westlichen Staaten erhebt. (M4)
4. Was versteht Shdanow unter „demokratischen Ländern"? Halten Sie diese Bezeichnung im historischen Kontext des Jahres 1947 für berechtigt? (M4)
5. Identifizieren Sie die beiden Lager und erklären Sie, weshalb der Begriff „Demokratie" zwei Mal vorkommt. (M5)
6. Verfassen Sie einen Dialog zwischen einem sowjetischen und einem amerikanischen Diplomaten, die über die Ursachen der Spaltung Europas diskutieren.

Dossier: Der Marshallplan

Am 5. Juni 1947 kündigte der amerikanische Außenminister George Marshall an der Universität Harvard ein umfangreiches Programm zur Förderung der Europäischen Wirtschaft an. Dieses „European Recovery Programm" (ERP) – bekannt geworden unter der Bezeichnung „Marshallplan" – war das wirtschaftspolitische Pendant zur Truman-Doktrin. Das Programm stand allen europäischen Ländern offen, also auch den Staaten des sowjetischen Machtbereichs.

Man hoffte in Washington, dass wirtschaftlich stabile und durch Fördermittel an die USA gebundene Länder sich dem sowjetischen Zugriff entziehen würden. Da Stalin genau dies fürchtete, verbot er den sowjetisch kontrollierten Staaten die Teilnahme.

Der Marshallplan wurde deswegen nur in 17 westeuropäischen Ländern umgesetzt. Bis 1952 wurden im Rahmen des ERP Güter im Wert von etwa 13 Milliarden Dollar nach Europa exportiert. Als sozialistische Antwort auf den Marshallplan rief die Sowjetunion 1949 einen Rat für gegenseitige Wirtschaftshilfe (RGW) ins Leben.

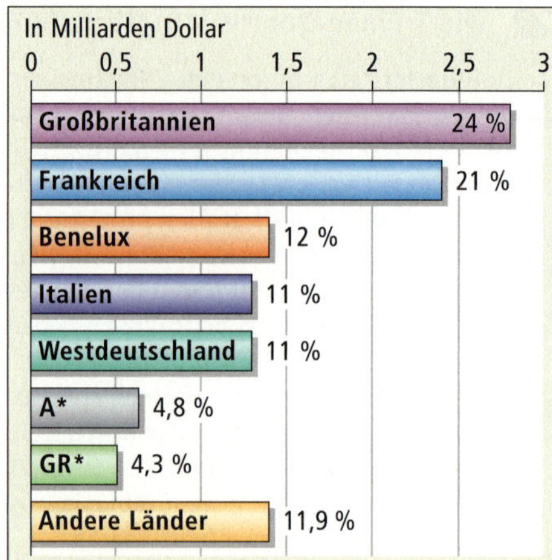

*A = Österreich; GR = Griechenland
Quelle: G. Bossuat, L'Europe occidentale à l'heure américaine. Paris 1992

1 Empfänger amerikanischer Wirtschaftshilfe (ohne Kredite)

2 Wiederaufbau mit amerikanischen Fördermitteln

Der Marshallplan erleichterte die rasche Einbindung Westdeutschlands in die Weltwirtschaft auf der Basis eines marktwirtschaftlichen Systems (in der spezifischen Ausprägung der sozialen Marktwirtschaft, siehe S. 194f.). Das Programm setzte eine wirtschaftspolitische Zusammenarbeit der europäischen Empfängerstaaten und den Abbau von Handelshemmnissen voraus. Die deutsche Mitwirkung in der hierzu gegründeten Organisation for European Economic Cooperation (OEEC) trug wesentlich dazu bei, Westdeutschland auf internationaler Ebene erneut als Partner zu etablieren und bereitete die spätere Integration des Landes sowohl in die europäischen als auch in die transatlantischen Strukturen vor.

3 Die Ziele des Marshallplans (1947)

Am 5. Juni 1947 stellte George C. Marshall in einer Rede an der Universität Harvard die Grundgedanken eines Programms zur Förderung der europäischen Wirtschaft vor.

Unsere Politik richtet sich nicht gegen irgendein Land oder irgendeine Doktrin, sondern gegen Hunger, Elend, Verzweiflung und Chaos [Hervorhebung des Herausgebers]. Ihr Ziel ist die Wiederbelebung einer funktionierenden Weltwirtschaft, damit die Entstehung politischer und sozialer Bedingungen ermöglicht wird, unter denen freie Institutionen existieren können. [...] Wenn die Regierung der Vereinigten Staaten in Zukunft Hilfsleistungen gewährt, so sollten diese eine Heilung und nicht nur eine Linderung der Symptome darstellen. Ich bin sicher, dass jeder Regierung, die bereit ist, beim Wiederaufbau zu helfen, die volle Unterstützung der Regierung der Vereinigten Staaten gewährt wird. Aber eine Regierung, die versucht, die Gesundung anderer Länder zu hemmen, kann von uns keine Hilfe erwarten. Darüber hinaus werden alle Regierungen, politischen Parteien oder Gruppen, die es darauf abgesehen haben, das menschliche Elend aufrecht zu erhalten, um in politischer oder anderer Hinsicht daraus zu profitieren, auf den Widerstand der Vereinigten Staaten stoßen.

Europa-Archiv 1947, S. 821.

4 „All unsere Farben auf den Mast"

Werbeplakat für den Marshallplan, Hohe Alliierte Kommission (höchstes Organ der drei Westmächte in der bis 1955 noch nicht voll souveränen Bundesrepublik), 1950.

5 Kommunistischer Antiamerikanismus

„Nein! Frankreich wird kein kolonisiertes Land! Die Amerikaner nach Amerika!" Plakat der Kommunistischen Partei Frankreichs gegen den Marshallplan (1947).

6 Die sowjetische Antwort (1947)

Gegenüber den Westmächten gab der sowjetische Außenminister Molotow am 2. Juli 1947 zu erkennen, dass die Sowjetunion einer europäischen Organisation zur Verteilung amerikanischer Fördermittel ablehnend gegenüberstand.

Aus den Aufgaben, die dieser Organisation oder dem „leitenden Ausschuss" gestellt werden, geht aber ganz klar hervor, dass die europäischen Länder unter Kontrolle gestellte Staaten sein und ihre frühere wirtschaftliche Selbstständigkeit und nationale Unabhängigkeit einigen starken Mächten zuliebe einbüßen werden. [...] Wohin kann das führen?

Heute wird man auf Polen drücken können: Erzeuge mehr Kohle, wenn auch auf Kosten der Einschränkung anderer polnischer Industriezweige, weil gewisse europäische Länder daran interessiert sind; morgen wird man sagen, es sei notwendig, von der Tschechoslowakei eine Erhöhung ihrer landwirtschaftlichen Produktion und eine Einschränkung ihres Maschinenbaus zu verlangen und wird vorschlagen, die Tschechoslowakei solle Maschinen aus anderen europäischen Ländern beziehen, die ihre Waren zu möglichst hohen Preisen losschlagen möchten.

Wjatscheslaw M. Molotow, Fragen der Außenpolitik. Reden und Erklärungen April 1945 – Juni 1948. Moskau 1949, S. 505 ff.

7 Mögliche europäischen Antworten auf den Marshallplan

Der Leitartikel der französischen Zeitung „Le Monde" vom 12. Juni 1947 erörtert die Frage, welche europäische Organisation für die Verteilung der amerikanischen Wirtschaftshilfe geeignet wäre.

Die Vorteile einer europäischen Gruppenbildung gegenüber den Vereinigten Staaten muss man wohl nicht mehr darlegen. Es wäre zweifellos übertrieben [...] zu behaupten, dass die vereinigten Völker Europas der amerikanischen Regierung ihre Bedingungen diktieren könnten. Aber sie würden sicherlich über mehr Stärke verfügen, um ihren Standpunkt zur Geltung zu bringen. Würde diese aus der Einigkeit hervorgehende Kraft eine endgültige Tatsache werden, die sich nicht nur gegenüber der Großmacht des Westens, sondern auch gegenüber dem Osten zeigen könnte? Muss man annehmen, dass dies der Grund wäre, der diese Einheit aus der Sicht mancher als unerwünscht erscheinen lässt?

Übers. nach: O. Wieviorka/Ch. Prochasson (Hg.), La France du XXe siècle. Documents d'histoire, Nouvelle histoire de la France contemporaine – 20, Paris 1994, S. 426 f.

Fragen und Anregungen

1. Inwieweit ist die besondere Bedeutung des Marshallplans in der deutschen Erinnerung an die Nachkriegszeit nachvollziehbar? (M1 und 3)

2. Prüfen Sie den unterstrichenen Satz in M3.

3. Vergleichen Sie die beiden Plakate zum Marshallplan (M4 und 5) miteinander: Arbeiten Sie dabei die unterschiedlichen Darstellungsmittel und Aussageabsichten kontrastiv heraus.

4. Fassen Sie die Argumente zusammen, mit denen Molotow 1947 die Ablehnung einer europäischen Organisation zur Verteilung von ERP-Mitteln begründet (M6). In welchem Verhältnis stehen diese Argumente zur damaligen sowjetischen Außenpolitik?

5. Erläutern Sie die Position der französischen Tageszeitung „Le Monde" zum Marshallplan. (M7)

3. Das besetzte Deutschland zwischen Ost und West

Wie wirkte sich der Kalte Krieg auf die deutschlandpolitischen Entscheidungen der Alliierten aus?

Die Wege trennen sich

Auf der Potsdamer Konferenz **(siehe S. 28f.)** hatten die Siegermächte im Sommer 1945 beschlossen, Deutschland gemeinsam zu verwalten und wirtschaftlich als Einheit zu betrachten. Bald wurde jedoch deutlich, dass die Alliierten in ihren Zonen sehr unterschiedliche Wege gingen. Die machtpolitischen und ideologischen Spannungen des beginnenden Kalten Krieges spiegelten sich in der Deutschlandpolitik.

In der Sowjetischen Besatzungszone (SBZ) trieb die Sowjetische Militäradministration (SMAD) mithilfe deutscher Kommunisten den Aufbau einer sozialistischen „Volksdemokratie" voran.

Die USA wirkten hingegen gemeinsam mit Großbritannien – und später auch mit Frankreich – auf die wirtschaftliche und politische Integration der drei westlichen Besatzungszonen in das amerikanisch geführte Sicherheits- und Wirtschaftssystem des Westens hin.

Die sowjetische Zone – auf dem Weg in den Sozialismus?

Die SMAD erlaubte in ihrer Zone bereits im Juni 1945 die Neugründung von Parteien, begünstigte dabei aber die moskautreuen Kommunisten, so etwa die Gruppe Ulbricht. Im April 1946 fusionierten SPD und KPD unter dem Druck der Militäradministration zur „Sozialistischen Einheitspartei Deutschlands" (SED). Wilhelm Pieck (bisher KPD) und Otto Grotewohl (bisher SPD) übernahmen gemeinsam den Vorsitz. Die starke SPD sollte durch den Zusammenschluss als unabhängiger Machtfaktor ausgeschaltet werden. Nach den für die SED enttäuschenden Gemeinde- und Landtagswahlen von 1946 entschied sich die SMAD dafür, künftig keine freien Abstimmungen mehr zuzulassen. Die bereits 1945 zu einem „Antifaschistischen Block" vereinigten Parteien mussten von nun an mit den kommunistisch dominierten Massenorganisationen eine gemeinsame Kandidatenliste bilden.

Unter dem Vorzeichen des Antifaschismus wurde zudem eine tiefgreifende Umgestaltung von Wirtschaft und Gesellschaft eingeleitet. Seit 1945 wurde im Rahmen der Bodenreform Großgrundbesitz und später auch Industrieanlagen enteignet. Ziel dieser Maßnahmen waren Kollektivierung und Planwirtschaft nach sowjetischem Vorbild.

Parlamentarische Demokratie und Marktwirtschaft in den Westzonen

Die Neugestaltung des politischen und wirtschaftlichen Lebens orientierte sich von Anfang an am Modell der liberalen Demokratie. Bei den zunächst ab 1946 auf Gemeinde- bzw. Länderebene beschränkten Wahlen hatten die Deutschen hier tatsächlich die Möglichkeit, sich frei für Kandidaten unterschiedlicher Parteien zu entscheiden.

Auch in wirtschaftspolitischer Hinsicht trafen die USA in enger Abstimmung mit Großbritannien und später auch mit Frankreich weitreichende Entscheidungen: Im Juni 1948 erfolgten mit der Währungsreform und dem Marshallplan in den Westzonen klare Weichenstellungen für ein marktwirtschaftliches System.

Am 1. Juli 1948 erteilten die westlichen Besatzungsmächte den Ministerpräsidenten der deutschen Länder schließlich den Auftrag zur Gründung eines westdeutschen Staates mit föderaler Struktur. Ein knappes Jahr später, am 8. Mai 1949, verabschiedete der Parlamentarische Rat in Bonn das Grundgesetz für die Bundesrepublik Deutschland, das am 23. Mai verkündet wurde. Konrad Adenauer (CDU) wurde am 15. September zum Bundeskanzler gewählt. Er bildete eine Koalitionsregierung, der neben der CDU/CSU auch die FDP und die DP (kleine konservative Partei) angehörten.

Sowjetführung und SED beantworteten diesen Schritt am 7. Oktober 1949 mit der Gründung der Deutschen Demokratischen Republik. Damit war die Teilung Deutschlands nun auch auf staatlicher Ebene vollzogen.

Begriffe

- **„Volksdemokratie":** Politisches System der meisten Staaten Mittel- und Osteuropas. Die Verfassung dieser Staaten sah zwar formal Wahlen und einen Parteienpluralismus vor, durch das Blocksystem wurde jedoch das Führungsmonopol der kommunistischen Partei garantiert.
- **SPD** (Sozialdemokratische Partei Deutschlands): älteste bis heute bestehende Partei Deutschlands (unter diesem Namen seit 1890). Die SPD hat sich in der Nachkriegszeit endgültig von der sozialistischen Arbeiterpartei zur Volkspartei gewandelt.
- **KPD** (Kommunistische Partei Deutschlands): Revolutionäre Partei, die mit diktatorischen Mitteln eine klassenlose Gesellschaft zu verwirklichen suchte.
- **SED** (Sozialistische Einheitspartei Deutschlands): Die 1946 aus der Vereinigung von KPD und SPD entstandene SED war bis 1989 die Regierungspartei der DDR.
- **Bodenreform:** Enteignung von privatem Grundbesitz in der sowjetischen Zone (seit 1945) unter dem propagandistischen Vorzeichen des „Antifaschismus".
- **Kollektivierung:** Die Vergesellschaftung von Privateigentum an Produktionsmitteln in kommunistischen Staaten, z. B. die Enteignung von privatem landwirtschaftlichem Besitz und Eingliederung in einen kollektiven landwirtschaftlichen Betrieb mit gemeinsamer Bewirtschaftung sowie der Zusammenschluss von Handwerksbetrieben in Produktionsgenossenschaften **(siehe S. 106)**.
- **Planwirtschaft:** Im Gegensatz zur Marktwirtschaft die Wirtschaftsordnung, in der das wirtschaftliche Geschehen vom Staat geplant und gelenkt wird **(siehe S. 106)**.
- **Währungsreform:** Ablösung der durch Inflation stark abgewerteten Reichsmark durch die stabile D-Mark.
- **Parlamentarischer Rat:** Versammlung von Vertretern der westdeutschen Landtage, 1948 von den Westalliierten mit der Ausarbeitung einer deutschen Verfassung beauftragt (Grundgesetz, 8. Mai 1949).
- **CDU/CSU** (Christlich-Demokratische Union/ Christlich-Soziale Union): 1945 bzw. 1946 gegründete christliche Volksparteien, die im Bundestag eine Fraktion bilden. Die CSU tritt nur in Bayern an.
- **FDP** (Freie Demokratische Partei): 1948 gegründete liberale Partei, die mit Theodor Heuss den ersten deutschen Bundespräsidenten (1949 bis 1959) stellte.

1 Politisch begründete Enteignung in der sowjetischen Zone

In Sachsen wurde am 30. Juni 1946 ein Volksentscheid über die Enteignung der Großbetriebe von „Kriegverbrechern und Nationalsozialisten" durchgeführt.

2 Politische Umerziehung in der amerikanischen Zone

Plakat der US-Armee um 1947: „Deutschland am Scheideweg – Führt dein Beispiel sie auf den rechten Weg?"
Linker Pfeil: Ressentiments gegenüber Amerikanern; Verfolgung von Minderheiten; Respektlosigkeit gegenüber der US-Armee; Verachtung für die Demokratie; Schwarzmarktaktivitäten – eine ausgegrenzte Nation.
Rechter Pfeil: Fairness; Achtung der Rechte anderer; Ehrenhaftigkeit; Demokratie; Friedfertigkeit – eine geachtete Nation.

3 „Demokratischer Aufbau" im Osten

1945 kehrte der deutsche Kommunist Walter Ulbricht aus seinem Moskauer Exil nach Deutschland zurück. Im Auftrag der sowjetischen Militärregierung prägte die von ihm geleitete „Gruppe Ulbricht" maßgeblich den Aufbau einer sozialistischen Ordnung in der SBZ. Sein ehemaliger Mitarbeiter Wolfgang Leonhard berichtet ein Jahrzehnt später vom Wiederaufbau der Berliner Verwaltung:

Ulbricht gab uns neue Direktiven. […] „Ihr kennt jetzt schon genug Leute. Gleich morgen kann man mit der Zusammensetzung der Verwaltung beginnen. Sucht euch zunächst einmal den Bürgermeister. Wenn ihr erst einen Bürgerlichen oder Sozialdemokraten habt, dann werdet ihr auch schon an andere herankommen. Und nun zu unseren Genossen. Der erste stellvertretende Bürgermeister, der Dezernent für Personalfragen und der Dezernent für Volksbildung – das müssen unsere Leute sein. Dann müsst ihr noch einen ganz zuverlässigen Genossen in jedem Bezirk ausfindig machen, den wir für den Aufbau der Polizei brauchen." […] Etwa nach einer halben Stunde brach Ulbricht die Diskussion ab. Im klassischen Sächsisch gab er uns die letzte abschließende Direktive: „Es ist doch ganz klar: Es muss demokratisch aussehen, aber wir müssen alles in der Hand haben."

Wolfgang Leonhard, Die Revolution entlässt ihre Kinder. © 1955, 1990, 2005 by Verlag Kiepenheuer & Witsch, Köln, S. 356 ff.

4 Die Teilung Deutschlands als Lösung?

Der amerikanische Botschafter in Moskau, George F. Kennan, teilt 1945 der US-Regierung folgende Einschätzung mit (abgedruckt 1967 in Kennans Memoiren):

Die Idee, Deutschland gemeinsam mit den Russen regieren zu wollen, ist ein Wahn […]. Wir haben keine andere Wahl, als unseren Teil von Deutschland, den Teil, für den wir und die Briten die Verantwortung übernommen haben, zu einer Form von Unabhängigkeit zu führen, die so befriedigend, so gesichert, so überlegen ist, dass der Osten sie nicht gefährden kann […]. Besser ein zerstückeltes Deutschland, von dem so wenigstens der westliche Teil als Prellbock für die Kräfte des Totalitarismus wirkt, als ein geeintes Deutschland, das diese Kräfte wieder bis an die Nordsee vorlässt. […] Im Grunde sind wir in Deutschland Konkurrenten der Russen. Wo es in unserer Zone um wirklich wichtige Dinge geht, sollten wir in der Kontrollkommission keinerlei Zugeständnisse machen.

G. F. Kennan, Memoiren eines Diplomaten. Stuttgart 1968, S. 262 ff.

Fragen und Anregungen

1. Analysieren Sie das Plakat zum „Volksentscheid gegen Kriegsverbrecher" (M1). Welche Themenfelder werden miteinander verknüpft? Wie beurteilen Sie diese Verknüpfung?
2. Vergleichen Sie die beiden Plakate (M1 und 2). Auf welche Unterschiede im Umgang mit der nationalsozialistischen Vergangenheit der Deutschen in Ost und West weisen sie hin?
3. Erläutern Sie die Form der politischen Entscheidungsfindung in der sowjetisch besetzten Zone. (M1 und 3)
4. Setzen Sie Kennans Erwägungen (M4) in Bezug zur amerikanischen Deutschlandpolitik der Jahre 1945 bis 1949.

Dossier: Frankreich und die Sowjetunion zu Beginn des Kalten Krieges

Der Kalte Krieg hatte erhebliche Auswirkungen auf die innenpolitischen und geistigen Entwicklungen im befreiten Frankreich. Die französischen Kommunisten hatten sich durch ihr Engagement in der Résistance hohes Ansehen erworben.

Über die bis 1947 an der Regierung beteiligte Kommunistische Partei Frankreichs (Parti Communiste Français, PCF, 1945 mit 26,2 Prozent der Stimmen stärkste Kraft in der verfassunggebenden Nationalversammlung) nahm die Sowjetunion Einfluss auf das politische Leben in Frankreich. Zudem versuchte Stalin bereits vor Kriegsende, Spannungen zwischen der Regierung de Gaulle und den übrigen Westalliierten zu nutzen, um die Entstehung eines geschlossenen westlichen Machtblocks mit antisowjetischer Tendenz zu verhindern (siehe M1).

Der Kalte Krieg prägte aufgrund seiner ideologischen Dimension auch das geistige und kulturelle Leben in Frankreich. Intellektuelle und Künstler wie Jean-Paul Sartre und Albert Camus sahen sich mit der Frage konfrontiert, ob sie durch ihr Schaffen die Ziele des Kommunismus unterstützen wollten.

1 **Französisch-sowjetische Beziehungen im Vorfeld des Kalten Krieges**

Im Dezember 1944 unterzeichneten die Außenminister der UdSSR und Frankreichs im Beisein de Gaulles und Stalins einen französisch-sowjetischen Freundschaftsvertrag. Staatspräsident de Gaulle war bestrebt, das von den Westmächten nicht mehr als Großmacht anerkannte Frankreich durch eine Anlehnung an Moskau außenpolitisch zu stärken. Das sowjetische Interesse an dem Abkommen bestand vor allem darin, Frankreichs Integration in einen antisowjetischen Block unter amerikanischer Führung zu verhindern.

2 Stalins Direktiven (1944)

Stalin erläutert Maurice Thorez, dem Generalsekretär der Kommunistischen Partei Frankreichs, seine Vorstellungen vom künftigen Kurs der französischen Kommunisten. Mit der „veränderten Situation" ist die Befreiung Frankreichs von der deutschen Besatzung und die Regierungsübernahme durch General de Gaulle gemeint.

Es scheint ihm [Stalin], dass die französischen Kommunisten noch nicht verstanden hätten, dass sich die Situation in Frankreich verändert hat. Die Kommunisten berücksichtigen dies überhaupt nicht und halten an ihrem alten Kurs fest, obwohl die Situation schon eine andere ist. [...] Die Situation hat sich verändert und eine Wende ist notwendig. Die PC ist nicht so stark, dass sie die Regierung frontal angreifen könnte. Sie muss Kräfte sammeln und Verbündete suchen. Es ist nötig, Maßnahmen zu ergreifen, die den Kommunisten im Falle eines Angriffs der Reaktion eine solide Verteidigung erlauben. [...] Es ist notwendig, entschlossene Kräfte um die PC zu scharen – für die Verteidigung und, wenn sich die Situation verändern wird, für den Angriff.

Übers. nach: S. Courtois, Thorez, Staline et la France. De la Libération à la guerre froide, in: Matériaux pour l'histoire de notre temps, Nr. 39 (1995), S. 24f.

3 Ein französischer Weg zum Sozialismus?

In einem Interview mit der britischen Zeitung The Times erklärt der kommunistische Parteichef Maurice Thorez am 18. November 1946:

Die weltweiten Fortschritte der Demokratie [...] erlauben es, sich für den Marsch in den Sozialismus andere Wege als den von den russischen Kommunisten beschrittenen vorzustellen. In jedem Fall wird sich der Weg für jedes Land unterscheiden. Wir haben immer geglaubt und erklärt, dass das Volk Frankreichs, bereichert durch eine große Tradition, selbst seinen Weg zu mehr Demokratie, mehr Fortschritt und mehr sozialer Gerechtigkeit finden würde. Allerdings zeigt die Geschichte, dass es keinen Fortschritt ohne Kampf gibt. [...]

Die Einheit der Kräfte der Arbeiterbewegung und der republikanischen Strömung ist das sichere Fundament der Demokratie. Die französische Arbeiterpartei, die wir durch einen Zusammenschluss der kommunistischen und der sozialistischen Partei gründen wollen, wäre der Führer unsere neuen und volksorientierten Demokratie. Sie würde ihre Türen weit für die katholischen Arbeiter öffnen [...].

Übers. nach: http://biosoc.univ-paris1.fr/frameset/hist_txtima.htm

4 Die Produktionsschlacht

„Eine einzige Pflicht: Produzieren – [dies] hat Maurice Thorez den Bergleuten gesagt […].“ Kampagne der Kommunistischen Partei Frankreichs für eine Steigerung der Produktion (1945).

5 Antikommunismus in Frankreich

„Thorez, Sie sind zu Hause! Bleiben Sie da!“ Gegen den kommunistischen Parteichef Thorez gerichtetes Plakat der antikommunistischen Organisation „Paix et Liberté“, Frankreich, Anfang der 50er-Jahre. Thorez hatte sich vor der Befreiung seines Landes von der deutschen Besatzung in Moskau aufgehalten.

6 Jean-Paul Sartre über das Verhältnis von Kunst und Kommunistischer Partei (1947)

Die existenzialistische Philosophie Jean-Paul Sartres gehörte in der Nachkriegszeit zu den einflussreichsten geistigen Strömungen Europas. Sartre stand manchen Zielvorstellungen des Kommunismus nah, äußerte sich aber kritisch über das Kunstverständnis innerhalb der Kommunistischen Partei Frankreichs.

Ich habe oben gezeigt, dass das Kunstwerk als absoluter Zweck sich seinem Wesen nach dem bürgerlichen Utilitarismus [Nutzdenken] entgegenstellt. Glaubt man, dass es sich dem kommunistischen Utilitarismus anpassen kann? In einer echt revolutionären Partei würde es das für sein Aufblühen günstige Klima finden, weil die Befreiung des Menschen und das Aufkommen der klassenlosen Gesellschaft wie es selbst absolute Zwecke, unbedingte Forderungen sind, die es in seiner Forderung widerspiegeln kann; aber die Kommunistische Partei ist heute in den infernalischen Reigen der Mittel eingetreten, man muss Schlüsselpositionen einnehmen und behalten, das heißt Mittel zur Erwerbung von Mitteln.

Wenn die Zwecke in immer weitere Ferne rücken, wenn die Mittel wie Kakerlaken bis zum Horizont wimmeln, wird das Kunstwerk seinerseits Mittel, es tritt in die Kette ein, seine Zwecke und seine Grundsätze werden ihm äußerlich, es wird von außen gelenkt, es verlangt nichts mehr, es nimmt den Menschen beim Bauch oder beim Unterleib; der Schriftsteller behält den Schein des Talents, das heißt die Kunst, Wörter zu finden, die glänzen, aber drinnen ist etwas gestorben, die Literatur hat sich in Propaganda verwandelt […].

Weil wir noch frei sind, werden wir uns nicht den Wachhunden der Kommunistischen Partei anschließen; es hängt nicht von uns ab, ob wir Talent haben, aber da wir das Schreibhandwerk gelernt haben, ist jeder von uns für die Literatur verantwortlich, und es hängt von uns ab, ob sie wieder der Verfremdung verfällt oder nicht.

Jean-Paul Sartre, Was ist Literatur? Reinbek 1981, S. 201 f.

Fragen und Anregungen

1. Welche Überlegungen könnten Stalin veranlasst haben, die französischen Kommunisten von einem revolutionären Umsturz abzuhalten? (M2)
2. Was kennzeichnet Thorez zufolge den französischen Weg in den Sozialismus? (M3)
3. Erörtern Sie einen möglichen Zusammenhang zwischen den Direktiven Stalins und Thorez' Interview von 1946. (M2 und 3)
4. Charakterisieren Sie den politischen Kurs der Kommunistischen Partei Frankreichs nach der Befreiung des Landes. (M3 und 4)
5. Deuten Sie das Plakat von „Paix et Liberté“. Halten Sie die Darstellung für gerechtfertigt? (M5)
6. Darf Kunst politisch sein? Setzen Sie sich mit Sartres Überlegungen auseinander. (M6)

Bilanz
Die unmittelbare Nachkriegszeit (1945–1949) und der Zweite Weltkrieg im Gedächtnis

Wichtige Daten

8. Mai 1945: Kapitulation Deutschlands

26. Juni 1945: Unterzeichnung der Charta der Vereinten Nationen

6. August 1945: Atombombe auf Hiroshima

November 1945: Eröffnung der Nürnberger Prozesse

12. März 1947: Truman-Doktrin

5. Juni 1947: Marshallplan

Juni 1948–Mai 1949: Berlin-Blockade (siehe S. 102 f.)

4. April 1949: Nordatlantikpakt

23. Mai 1949: Verkündung des Grundgesetzes

1. Oktober 1949: Gründung der Volksrepublik China

7. Oktober 1949: Gründung der DDR

Die großen Konferenzen, die die Grundlagen für die neue Weltordnung schufen

Name	Datum	Ort	Gegenstand
Bretton Woods	1.–22. Juli 1944	New Hampshire, USA	Internationales Währungssystem
Dumbarton Oaks	21. August–28. September und 29. September –7. Oktober 1944	Vorort von Washington, USA	Gründung der UNO
Jalta	4.–11. Februar 1945	Krim, UdSSR	Nachkriegsordnung Europas (Deutschland, Polen usw.), Gründung der UNO
San Francisco	25. April–25. Juni 1945	USA	Gründung der UNO (Verabschiedung der Charta der Vereinten Nationen)
Potsdam	17. Juli–2. August 1945	Deutschland	Nachkriegsordnung Europas und insbesondere Deutschlands
London	23. Februar–6. März und 20. April–2. Juni 1948	Großbritannien	Gründung eines westdeutschen Staates, Verkündung des Grundgesetzes am 23. Mai 1949

Schlüsselbegriffe

Französisch	Deutsch	Englisch
bipolaire	bipolar	bipolar
crime contre l'humanité	Verbrechen gegen die Menschlichkeit	crime against humanity
guerre froide	Kalter Krieg	cold war
démocratie populaire	Volksdemokratie	people's democracy

Konrad ADENAUER (1876–1967), von 1949 bis 1963 Bundeskanzler der Bundesrepublik Deutschland

Bedeutende Persönlichkeiten

Franklin D. ROOSEVELT (1882–1945), von 1933 bis zu seinem Tode am 12. April 1945 Präsident der Vereinigten Staaten

Harry S. TRUMAN (1884–1972), von April 1945 bis 1952 Präsident der Vereinigten Staaten

Winston CHURCHILL (1874–1965), von Mai 1940 bis Juli 1945 sowie von Oktober 1951 bis 1955 britischer Premierminister

Joseph STALIN (1879–1953), führte von 1929 bis zu seinem Tode 1953 die UdSSR

Charles DE GAULLE (1890–1970), von 1944 bis Januar 1946 Chef der provisorischen Regierung, von 1958 bis 1969 französischer Staatspräsident

DEUTSCH-FRANZÖSISCHER PERSPEKTIVENWECHSEL

Von der Feindschaft zur Annäherung

• Dieser Zeitraum war für die Entwicklung der deutsch-französischen Beziehungen entscheidend (siehe Kapitel 17). 1945 war Frankreich eine Besatzungsmacht, die Deutschland als Feind behandelte. 1949 begannen Deutschland und Frankreich, ihre Kräfte im Rahmen der transatlantischen Solidarität und der europäischen Einigung zu bündeln.

Der Wiederaufbau

• Aus der Sicht der Zeitgenossen standen die Probleme des Wiederaufbaus im Vordergrund. Frankreich war bestrebt, seinen durch die Niederlage (1940) und das Vichy-Regime geschmälerten Großmachtstatus wiederherzustellen, der nun durch die Entkolonialisierung infrage gestellt zu sein schien. Viele Deutsche hatten angesichts der massiven Zerstörungen und des politischen und moralischen Zusammenbruchs ihres Landes das Gefühl, eine „Stunde null" zu erleben.

• Beide Länder führten ein durch staatliche Eingriffe ausgeglichenes marktwirtschaftliches Modell ein: in der Bundesrepublik Deutschland die Soziale Marktwirtschaft, in Frankreich den Wohlfahrtsstaat („État-providence") und die Wirtschaftsplanung („planification"). Der Begriff „Planwirtschaft" bezeichnet die imperative Wirtschaftsplanung sowjetischen Typs und wird im Deutschen nicht zur Bezeichnung der indikativen Wirtschaftsplanung französischer Prägung verwendet.

Erinnerungsarbeit als bleibende Aufgabe

• In einer breiteren Öffentlichkeit begann die Erinnerungsarbeit (die Auseinandersetzung mit dem Nationalsozialismus in Deutschland und dem Vichy-Regime in Frankreich) erst später.

WEITERFÜHRENDE HINWEISE

Bücher

- S. Courtois/A. Wieviorka (Hg.), L'état du monde en 1945. La Découverte, Paris 1994.
- J.-P. Azéma/F. Bédarida, 1938–1948, Les années de tourmente. De Munich à Prague. Flammarion, Paris 1995.
- G. R. Überschär/R.-D. Müller, 1945. Das Ende des Krieges. Wissenschaftliche Buchgesellschaft, Darmstadt 2005.
- C. Kleßmann, Die doppelte Staatsgründung. Deutsche Geschichte 1945–1955. Bundeszentrale für politische Bildung, Bonn 1991[5].
- Y. Léonard (Hg.), La mémoire, entre histoire et politique. La Documentation française, Paris 2001.

Filme

- Roberto Rosselini, „Deutschland im Jahre Null", (ital.: „Germania, anno zero"; franz. „Allemagne année zéro"), 1948: Ein „Ermittlungsfilm" des großen italienischen Regisseurs in Berlin 1946.
- Carol Reed, „Der Dritte Mann" (engl. „The Third Man", franz. „Le Troisième Homme"), 1949: Ein Krimi von Graham Greene; Schauplatz ist Wien im Jahre 1947.
- Oliver Hirschbiegel, „Der Untergang", 2004: Hitlers letzte Tage; ein umstrittener Film, dem eine allzu starke Konzentration auf die Person Hitlers vorgeworfen wird.
- Alain Resnais, „Nacht und Nebel" (franz. „Nuit et brouillard"), 1956.
- Marcel Ophüls, „Das Haus von nebenan" – Chronik einer französischen Stadt im Kriege (franz. „Le Chagrin et la Pitié"), 1971.
- Claude Lanzmann, „Shoah", 1985.

Internetadressen

- www.shoah.de: deutschsprachiges Internetportal zur Shoah und zum Holocaust
- www.fondationshoah.org: Internetseite der Stiftung für das Gedenken an die Shoah (französisch und englisch)
- www.memorial-caen.fr: offizielle Internetseite der Gedenkstätte von Caen. Sie ist dem Zweiten Weltkrieg und den Problemen von Krieg und Frieden seit 1945 gewidmet.
- http://crdp.ac-reims.fr/memoire/default.htm: Eine Internetseite mit zahlreichen Dokumenten zur Geschichte der beiden Weltkriege und zu ihrem Nachwirken im Gedächtnis (auch auf CD-ROM erhältlich).
- http://nuremberg.law.harvard.edu: Internetseite der Harvard Law School Library mit Informationen über die Nürnberger Prozesse (englisch).
- www.topographie.de/imt: Internetseite der Ausstellung „Topographie des Terrors" (Berlin) mit einer Auswahl von Dokumenten über die Nürnberger Prozesse.
- www.un.org: Offizielle Internetseite der Vereinten Nationen
- www.gedenkstaetten-uebersicht.de: Informationen zu Gedenkstätten weltweit

Zum Kalten Krieg: siehe Bilanzseiten des zweiten Teils

Teil 2

Europa in einer bipolaren Welt (1949–1989)

1

2

3

4

5

6

7

8

9

10

11

12

13

14

15

16

17

18

Kapitel 4

Der Ost-West-Konflikt (1949–1991)

Die Weltlage war bereits seit 1947 durch die Konfrontation zwischen den Vereinigten Staaten und der UdSSR gekennzeichnet. Diese als Kalter Krieg bezeichnete Machtprobe zwischen zwei auf ihre Bündnissysteme gestützte Staaten konnte wegen des Risikos eines Nuklearkrieges nicht durch eine direkte Auseinandersetzung gelöst werden.

Von der Kuba-Krise 1962 bis zum sowjetischen Einmarsch in Afghanistan 1979 bestand die Hoffnung auf eine Entspannung zwischen Washington und Moskau. Aber erst mit dem Fall der Berliner Mauer 1989 und dem Zusammenbruch der UdSSR im Jahre 1991 fand die Konfrontation ihr tatsächliches Ende.

- Worin bestand das Wesen des Konfliktes zwischen den Vereinigten Staaten und der UdSSR? Über welche Mittel verfügten sie, um diesen Konflikt für sich zu entscheiden?
- Worum ging es im Wesentlichen bei ihrer Auseinandersetzung? Wie wurde sie beendet?

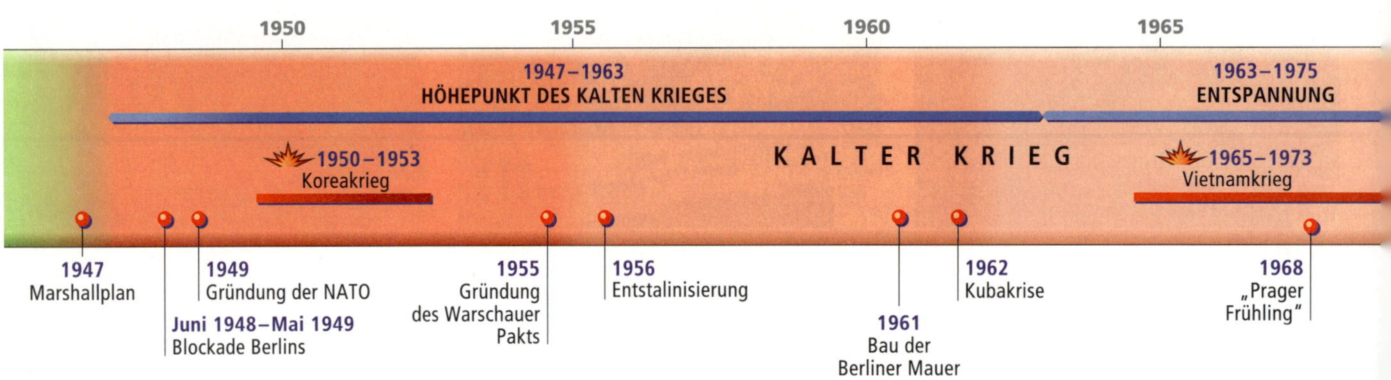

1

Von der Angst vor der nuklearen Apokalypse ...

Die amerikanische Gesellschaft für Zivilverteidigung (Civil Defense, CD) verbreitete Anfang der 1960-Jahre Hinweise zum Schutz vor atomaren Angriffen.
Auf den Tafeln ist zu lesen: „Zivilverteidigung zu Hause", „Zivilverteidigung bei der Arbeit"; in kleinerer Schrift von links nach rechts: „Lesen Sie die Broschüren über die amerikanische Zivilverteidigung sorgfältig durch", „Organisieren Sie Ihre Familie als Feuerbekämpfungseinheit", „Zivilverteidigung bei der Arbeit rettet Leben und hält die Produktion in Gang".

2

... zur Versöhnung zwischen den beiden Großmächten

Sowjetische Karikatur anlässlich des Gipfeltreffens zwischen Gorbatschow und Bush (senior) im September 1990 in Helsinki.

1975 1980 1985 1990

1975–1989
RÜCKKEHR DES KALTEN KRIEGES

1991
1. Golfkrieg

KALTER KRIEG

März 1985–Dezember 1991
Gorbatschow an der Spitze der UdSSR

1971
UNO-Mitgliedschaft der Volksrepublik China

1972
SALT I-Abkommen

1975
Helsinki-schlussakte

Januar 1979
Islamische Revolution im Iran

Dezember 1979
Sowjetischer Einmarsch in Afghanistan

März 1983
Beginn des Programms SDI

November 1983
Nachrüstung

1987
Washingtoner Abkommen über Mittelstreckenwaffen in Europa

1989
Tien-An-Men-Massaker in Peking
Fall der Berliner Mauer

1990
Deutsche Wiedervereinigung

Dezember 1991
Ende der UdSSR

Die Welt auf dem Höhepunkt des Kalten Krieges (1985)

Im Zuge des Ost-West-Konflikts entstanden **zwei Blöcke**, die in Europa der „Eiserne Vorhang" als politische, ideologische und militärische Grenze voneinander trennte.

Lateinamerika gehörte zur Einflusssphäre der Vereinigten Staaten, die sich seit 1962 nur schwer mit der Existenz eines marxistischen, am Gesellschaftsmodell des Sozialismus orientierten Regimes in Kuba abfinden können.

In der übrigen Dritten Welt wurde der Machtkampf zwischen beiden Supermächten indirekt ausgetragen, wie etwa in Vietnam. Dennoch entzogen sich seit den 1960er-Jahren einige Mächte, beispielsweise Frankreich unter General de Gaulle oder China unter Mao, der bipolaren Logik. Damals bestand Hoffnung auf eine **tatsächliche Entspannung** zwischen den beiden Großmächten, die allerdings durch den Einmarsch der Roten Armee in Afghanistan **1979** zunichte gemacht wurde: **Der Ost-West-Konflikt spitzte sich erneut zu.**

Das sowjetische Lager erlebte zu jener Zeit seine größte Ausdehnung. Zum harten Kern, den europäischen Satelliten des Warschauer Paktes, kamen zahlreiche Staaten der Dritten Welt hinzu, die ein sozialistisches Staats- und Gesellschaftssystem eingeführt hatten. Zu den Verbündeten gehörten auch nichtsozialistische Länder wie Indien, die Kooperationsverträge mit Moskau abgeschlossen hatten.

Die Vereinigten Staaten unter Ronald Reagan versuchten, den **sowjetischen Expansionsbestrebungen** Einhalt zu gebieten; die indirekte Konfrontation zwischen den beiden Großmächten verschärfte sich durch zahlreiche Stellvertreterkriege. So wurde Afrika zu einem zentralen Schauplatz des Kalten Krieges. Die Vereinigten Staaten mussten sich allerdings auch mit dem Vormarsch des Sozialismus in ihrem „Hinterhof", in Zentralamerika, auseinander setzen.

Die Ost-West-Konfrontation verschärfte die Spannungen zwischen zwei Staaten dann, wenn jeder von einem anderen Block unterstützt wurde. Dies galt für Indien und Pakistan ebenso wie für Algerien und Marokko (Auseinandersetzung um die Westsahara). Dennoch **entzogen sich einige Konflikte ganz und gar der Logik des Kalten Krieges**. Im Falklandkrieg standen sich 1982 zwei Staaten des westlichen Lagers als Gegner gegenüber: Großbritannien und Argentinien. 1979 kam es zum Ausbruch eines Krieges zwischen Vietnam, das von der UdSSR unterstützt wurde, und China, das ein mit den Vorstellungen Moskaus konkurrierendes Modell des Sozialismus vertrat. Der Krieg zwischen Irak und Iran (1980–1988) war ein Konflikt zwischen zwei rivalisierenden Regionalmächten, der außerhalb jeglicher Blockinteressen stand.

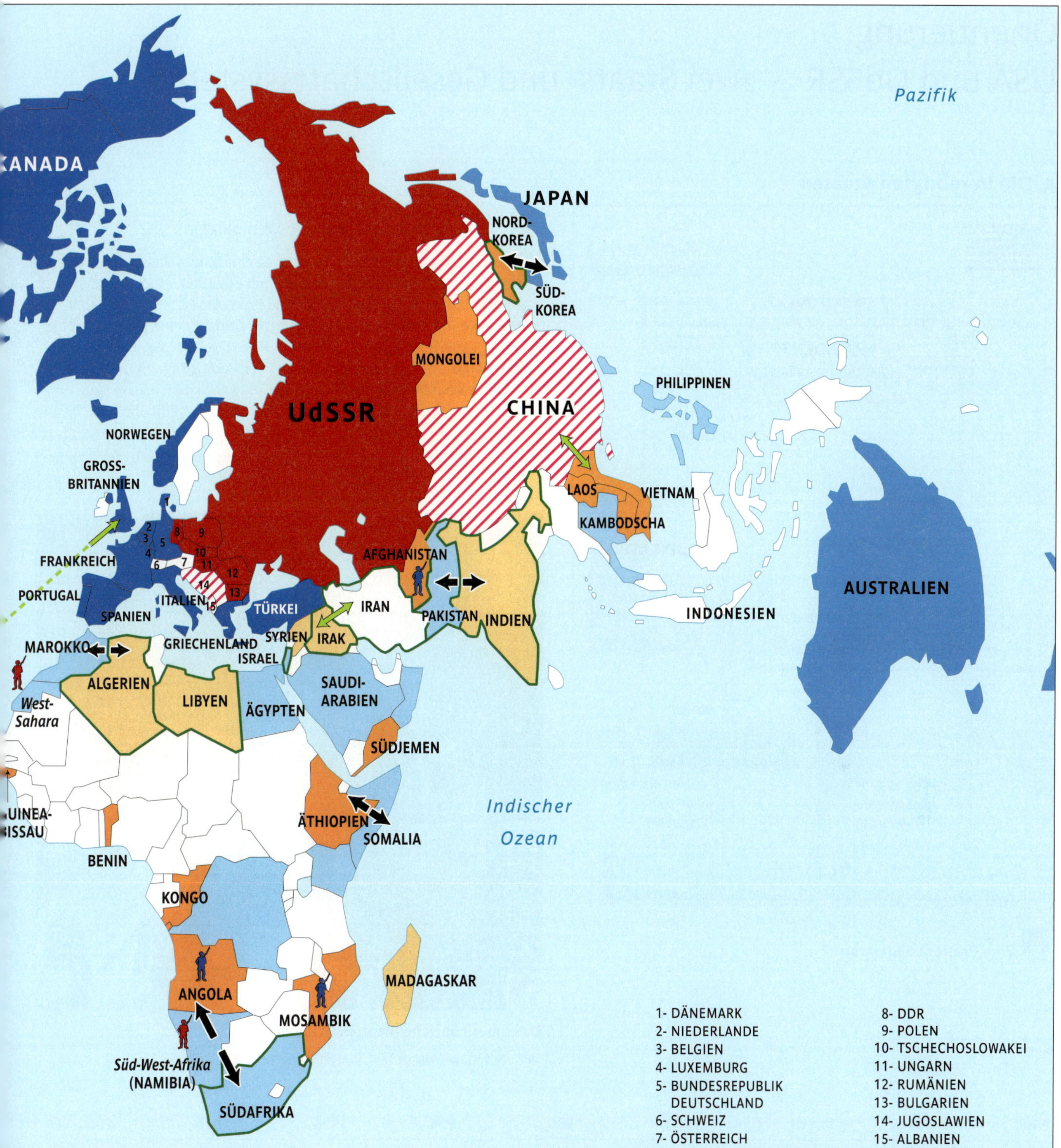

…owjetisches Bündnissystem 1987

- Mitgliedstaaten des Warschauer Pakts
- andere sozialistische Staaten mit Bindung an die UdSSR
- Staaten, die Kooperationsabkommen mit der UdSSR abgeschlossen haben

Die Konfrontation zwischen den Blöcken

- wichtigste Guerillabewegungen mit Unterstützung der UdSSR
- wichtigste Guerillabewegungen mit Unterstützung der USA
- Spannungen zwischen zwei Staaten, die nicht demselben Block angehören

Verwerfungen im bipolaren System

- sozialistische Staaten, die das sowjetische Modell ablehnen
- Staaten, die nach Massenvernichtungswaffen streben
- Konflikte, die sich der Logik des Ost-West-Gegensatzes entziehen

Orientierung: USA und UdSSR – zwei Staats- und Gesellschaftssysteme

A. Die Vereinigten Staaten

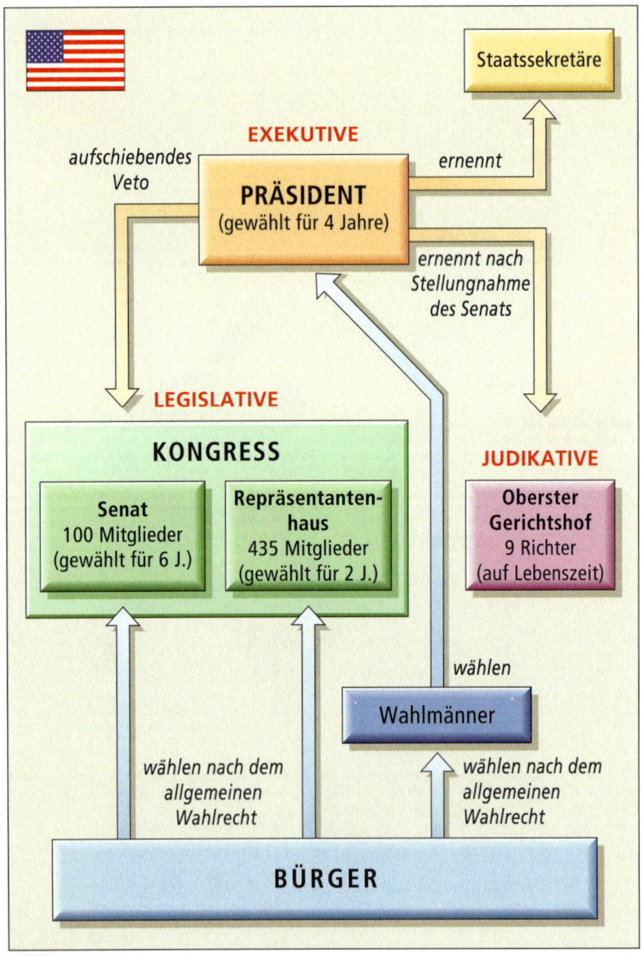

1 Eine Präsidialdemokratie

2 Eine liberale und föderale Demokratie

Art. 1 – Der Kongress soll kein Gesetz erlassen, das eine Einrichtung einer Religion zum Gegenstand hat oder deren freie Ausübung beschränkt, oder eines, das Rede- und Pressefreiheit oder das Recht des Volkes, sich friedlich zu versammeln und an die Regierung eine Petition zur Abstellung von Missständen zu richten, einschränkt.

Art. 10 – Die Befugnisse, die von der Verfassung weder den Vereinigten Staaten übertragen noch den Einzelstaaten versagt sind, bleiben jeweils den Einzelstaaten oder dem Volke vorbehalten.

Zusatzartikel der Bill of Rights, 15. Dezember 1791.
http://www.verfassungen.de/us/verf87.htm

3 Das amerikanische Ideal: individuelles Glück

Der „American way of life" in den 1950er-Jahren.

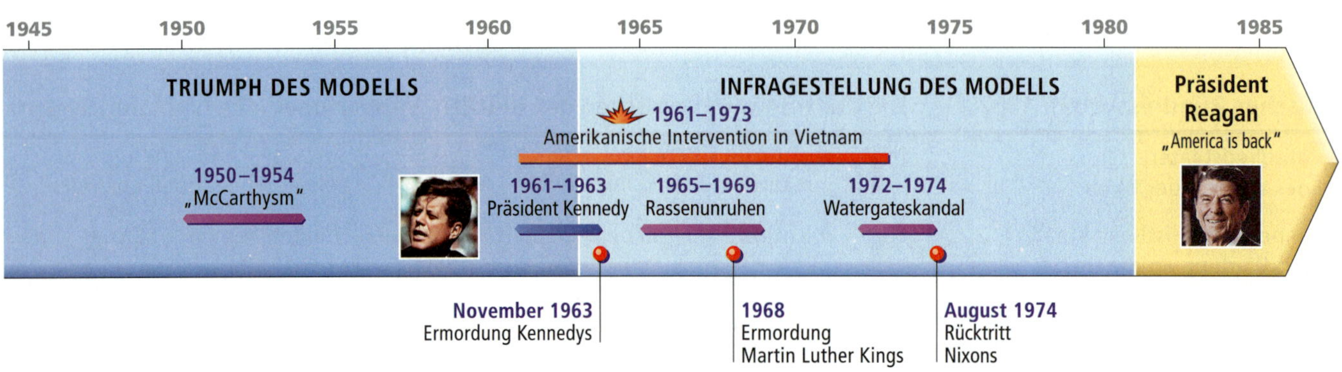

B. Die Sowjetunion (UdSSR)

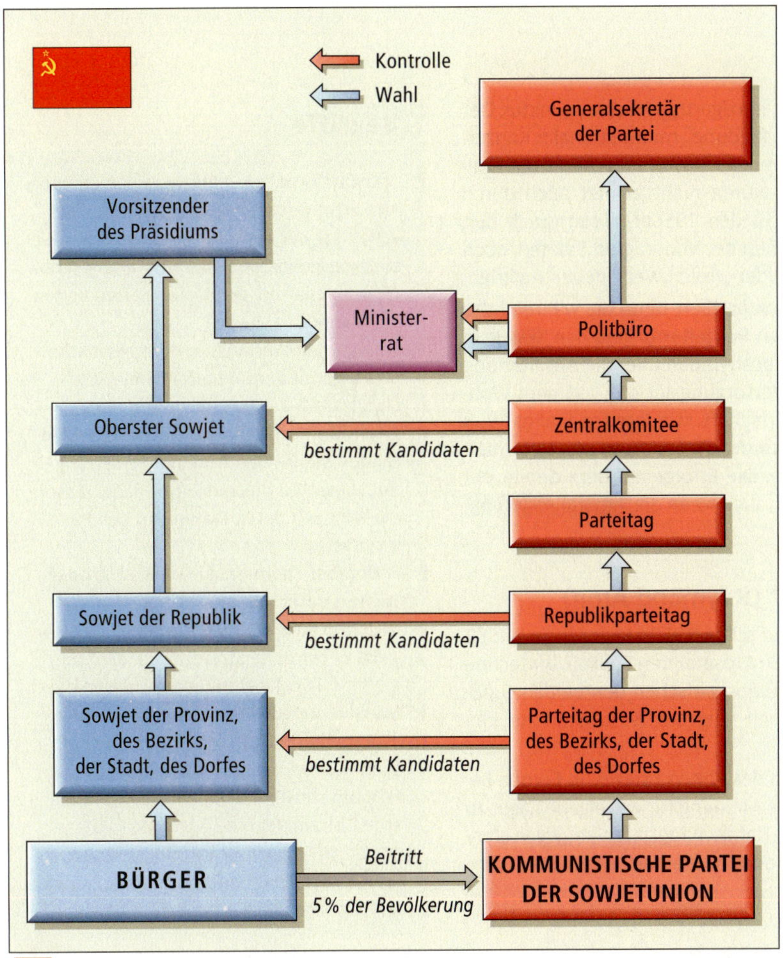

1 Eine allmächtige kommunistische Partei

2 Ein sozialistischer Staat

Das höchste Ziel des Sowjetstaates ist der Aufbau der klassenlosen kommunistischen Gesellschaft. [...] Hauptaufgaben des sozialistischen Staates und des ganzen Volkes sind es, die materiell-technische Grundlage des Kommunismus zu schaffen, [...] den Menschen der kommunistischen Gesellschaft zu erziehen, das materielle und kulturelle Lebensniveau der Werktätigen zu erhöhen, die Sicherheit des Landes zu gewährleisten und zur Festigung des Friedens sowie zur Entwicklung der internationalen Zusammenarbeit beizutragen.

Präambel der Verfassung der UdSSR, 1977.
http://www.verfassungen.de/su/udssr77.htm#0

3 Das sowjetische Ideal: kollektiver Erfolg

Die Olympischen Spiele 1980 in Moskau.

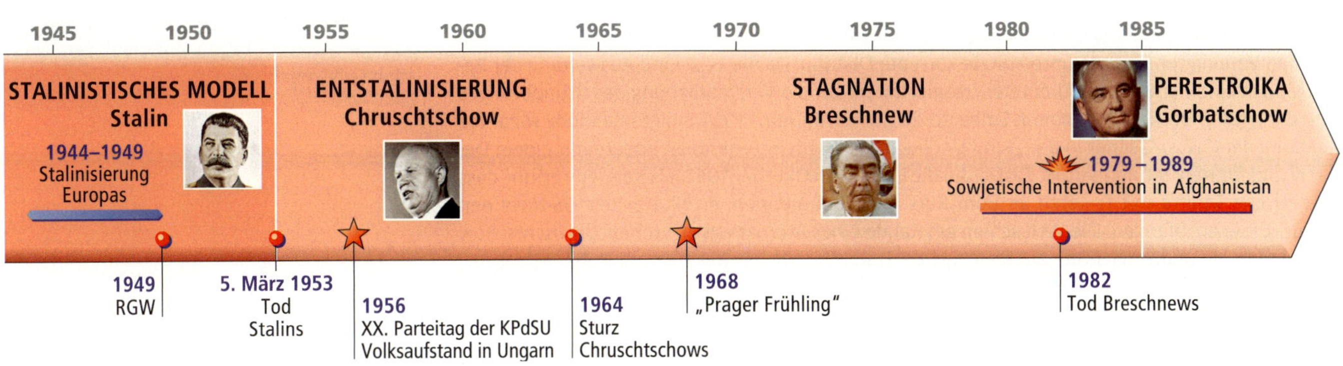

1. Der Höhepunkt des Kalten Krieges (1949–1963)

In den 1950er-Jahren drohte die Konfrontation zwischen den beiden Großmächten zu eskalieren und einen Dritten Weltkrieg auszulösen. Welchen Kräften entsprang diese „Diplomatie am Rande des Abgrunds"?

Eine beispiellose ideologische Konfrontation

Ende der 1940er-Jahre erlebten die Vereinigten Staaten eine einzigartige Hochkonjunktur. Der Dollar, seit 1944 internationale Währung, ermöglichte die Herausbildung „multinationaler Konzerne" und der Marshallplan begünstigte den Triumphzug des American way of life. Dieses auf Freiheit und Erfolg des Individuums ausgerichtete Lebensideal wurde nicht zuletzt auch durch Werbung, Fernsehen und Kino verherrlicht. Die in den USA in den 1950er-Jahren durch den „McCarthysm" geschürte Welle der Intoleranz trübte das Ansehen der Vereinigten Staaten, doch die Wahl Kennedys im Jahre 1960 verlieh der führenden Nation der „freien Welt" neuen Auftrieb.

International erfreute sich die UdSSR noch immer großer Sympathien, denn die während des Krieges gebrachten Opfer drängten oft die Allmacht Stalins, den Polizeiterror und den Gulag in den Hintergrund. Die sowjetische Propaganda erging sich in Lobeshymnen über die Abschaffung der kapitalistischen Ausbeutung und pries trotz zahlreicher Versorgungslücken (auf dem Wohnungsmarkt, in der Landwirtschaft usw.) die Vorzüge der Planwirtschaft. Mit dem Tod Stalins 1953 zeichnete sich eine Wende ab: Mehrere Millionen Gefangene wurden freigelassen und Reformen eingeleitet, die den Alltag der Sowjetbürger verbessern sollten. Die Erfolge auf dem Gebiet der Raumfahrt verliehen dem Regime eine gewisse Glaubwürdigkeit, auch wenn die Entstalinisierung die Diktatur der kommunistischen Partei nicht infrage stellte.

„Unwahrscheinlicher Krieg, unmöglicher Friede" (Raymond Aron)

1951 entwickelten die Vereinigten Staaten die H-Bombe, aber schon 1953 reagierte die UdSSR und stellte schließlich 1957 mit dem Start des ersten künstlichen Erdsatelliten Sputnik ihr technisches Können unter Beweis: Damit war keine direkte Konfrontation zwischen den beiden Großmächten ohne „nuklearen Holocaust" mehr möglich. Und doch ging das Wettrüsten zur Einschüchterung des Gegners weiter (Abschreckungsdoktrin).

Das „Gleichgewicht des Schreckens" erklärt daher das Wesen des Kalten Krieges. In Europa bestand die ideologische Auseinandersetzung darin, die öffentliche Meinung für das eigene Lager zu gewinnen, ein Krieg an sich war jedoch ausgeschlossen. Auf den Randschauplätzen hingegen standen sich die beiden Großmächte indirekt in realen Kriegen, wie etwa in Vietnam, gegenüber (siehe S. 94 f.).

Zwei typische Krisen: Der Koreakrieg und die Kuba-Krise

Seit 1945 ist Korea zweigeteilt. Im Juni 1950 griff Nordkorea, von Stalin und Mao unterstützt, Südkorea an. Mit Zustimmung der UNO intervenierten die Vereinigten Staaten und wehrten den nordkoreanischen Angriff ab; dabei stießen sie jedoch auf den Widerstand von 500 000 chinesischen „Freiwilligen". Der Krieg dauerte drei Jahre und erwies sich als außerordentlich verlustreich. Der im Juli 1953 unterzeichnete Waffenstillstand legte die Rückkehr zum Status quo fest und verhinderte die Ausweitung des Konflikts. Allerdings bestätigte der Koreakrieg die Vereinigten Staaten in ihrer Entschlossenheit, das nordatlantische Verteidigungsbündnis (NATO, siehe S. 50) zu stärken, um der UdSSR im Falle einer neuen Aggression mit massiven Vergeltungsmaßnahmen drohen zu können.

1959 übernahmen Fidel Castro und seine Guerilleros die Macht in Havanna und stürzten eine von den Vereinigten Staaten unterstützte korrupte Diktatur. Da die USA eine Ausweitung der Revolution in Lateinamerika befürchteten, reagierten sie auf die Verstaatlichung des Grundbesitzes und der großen Betriebe mit einem Embargo für Zucker. Im April 1961 billigte Kennedy sogar die Landung der Castro-Gegner in der „Schweinebucht". Dieses Unternehmen endete mit einem Debakel und führte zur Annäherung Castros an die UdSSR. Im Oktober 1962, als Kennedy erfuhr, dass sowjetische Schiffe mit Raketen an Bord Kurs auf Kuba nahmen, erteilte er der US-Navy den Befehl, diese abzufangen. Die Welt schien am Rande eines Atomkriegs zu stehen, Chruschtschow aber lenkte ein und verzichtete auf die geplante Stationierung der Raketen auf Kuba.

Begriffe

- **„McCarthysm":** Auf Initiative von Senator McCarthy betriebene Kampagne zur Ausschaltung der Kommunisten und deren Gesinnungsgenossen in der Verwaltung, den Gewerkschaften, den Universitäten und in Hollywood.
- **Gulag:** Hauptverwaltung der sowjetischen Straflager und im weiteren Sinne Straflagersystem der UdSSR.
- **Entstalinisierung:** Infragestellung der Methoden Stalins und Auseinandersetzung mit seinen Verbrechen, ohne dabei jedoch die Allmacht der kommunistischen Partei anzutasten.
- **H-Bombe:** Thermonukleare Bombe oder Wasserstoffbombe.
- **Abschreckung:** Zur Verhinderung eines Angriffs entwickelte Strategie, die dem Angreifer mit nuklearen Gegenschlägen droht.
- **Massive Vergeltungsmaßnahmen** (Massive Retaliation): 1953 von US-Präsident Eisenhower und seinem Außenminister John F. Dulles entwickelte amerikanische strategische Doktrin. Jegliche Aggression seitens der UdSSR oder ihrer Verbündeten sollte eine sofortige Reaktion der USA mit allen Mitteln, einschließlich Atomwaffen, auslösen.

Fragen und Anregungen

1. Inwieweit nahm die UdSSR nach 1953 vom stalinistischen Modell Abstand? (M1)
2. Welche Werte behaupteten die Vereinigten Staaten zu verkörpern und wie verteidigten sie diese? (M2–4)
3. Erläutern Sie die verschiedenen Fassetten der Konfrontation zwischen den beiden Großmächten. (M1–4)

1 Chruschtschow prangert die Verbrechen Stalins an

Stalin handelte nicht mit dem Mittel der Überzeugung, der Erklärung, der geduldigen Arbeit mit den Menschen, sondern durch das Aufzwingen seiner Konzeptionen, indem er die absolute Unterordnung unter seine Meinung forderte. Wer sich dem entgegenstellte oder versuchte, seinen eigenen Gesichtspunkt und die Richtigkeit seines Standpunktes zu begründen, war zum Ausschluss aus dem Leitungskollektiv und in der Folge zur moralischen und physischen Vernichtung verurteilt. [...]

Stalin führte den Begriff „Volksfeind" ein. Dieser Terminus befreite umgehend von der Notwendigkeit, die ideologischen Fehler eines oder mehrerer Menschen, gegen die man polemisiert hatte, nachzuweisen; er erlaubte die Anwendung schrecklichster Repressionen, wider alle Normen der revolutionären Gesetzlichkeit, gegen jeden, der in irgendetwas mit Stalin nicht übereinstimmte, der nur gegnerischer Absichten verdächtigt, der einfach verleumdet wurde. Dieser Begriff „Volksfeind" schloss im Grunde genommen schon von sich aus die Möglichkeit irgendeines ideologischen Kampfes oder der Darlegung der eigenen Ansichten zu dieser oder jener Frage auch praktischen Inhalts aus. Als hauptsächlicher und im Grunde genommen einziger Schuldbeweis wurde entgegen allen Normen der heutigen Rechtslehre das „Geständnis" der Verurteilten betrachtet, wobei dieses „Bekenntnis" – wie eine spätere Überprüfung ergab – durch physische Mittel der Beeinflussung des Angeklagten erreicht wurde. [...] Massenverhaftungen und Deportationen vieler tausend Menschen, Vollstreckungen ohne Gerichtsurteil und ohne normale Untersuchung riefen einen Zustand der Unsicherheit und der Furcht, sogar der Verzweiflung hervor. [...]

Der Personenkult nahm hauptsächlich deshalb so ungeheuerliche Ausmaße an, weil Stalin selbst mit allen Mitteln die Glorifizierung seiner Person betrieb und unterstützte. [...] Und wurde Stalins Name vielen Großbetrieben und Städten ohne sein Wissen gegeben oder wurden ohne sein Wissen im ganzen Land Stalin-Denkmäler errichtet [...]?

Auszug aus dem auf dem XX. Parteitag der Kommunistischen Partei der UdSSR verlesenen Geheimbericht, 1956. Nikita Chruschtschow, Die Geheimrede Chruschtschows. Berlin 1990, S. 14ff. und 80ff.

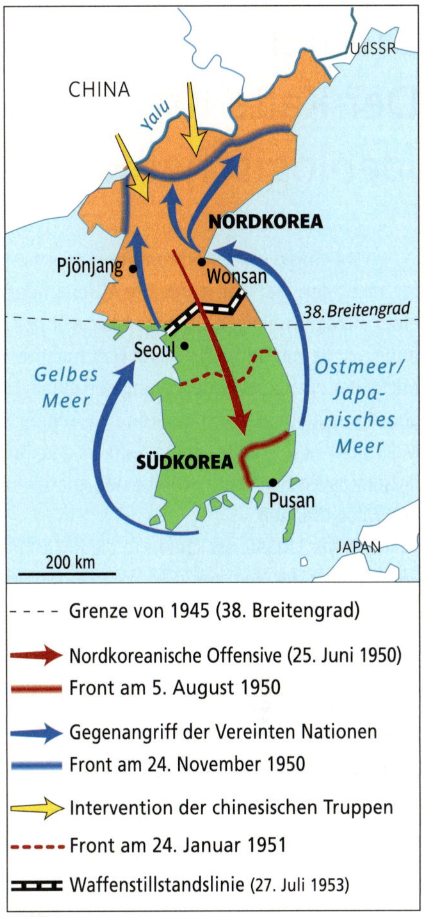

2 **Der Koreakrieg (1950–1953)**

3 Kennedy und die Raketenkrise

Am 22. Oktober 1962 wandte sich der Präsident der Vereinigten Staaten in einer Fernsehansprache an die amerikanische Nation:

Eindeutige Beweise haben den Verdacht bestätigt, dass gegenwärtig eine Reihe offensiver Raketenabschussrampen auf dieser in ein Gefängnis verwandelten Insel aufgebaut wird. Jede dieser Raketen ist, kurz gesagt, in der Lage, Washington D.C., den Panama-Kanal oder Mexiko zu treffen. [...] Diese rasche Umwandlung Kubas in einen wichtigen strategischen Stützpunkt – durch das Vorhandensein dieser großen, weit reichenden und eindeutig offensiven Massenvernichtungswaffen – stellt eine ernste Bedrohung des Friedens und der Sicherheit aller amerikanischen Staaten dar. [...] Um dieser offensiven Aufrüstung Einhalt zu gebieten, wird eine strikte Sperre für alle offensiven militärischen Ausrüstungen, die auf dem Seewege nach Kuba gebracht werden, eingeführt. [...] Es wird die Politik unseres Landes sein, jeden Abschuss einer Atomrakete von Kuba aus gegen irgendeine Nation der westlichen Hemisphäre[1] als einen Angriff der Sowjetunion auf die Vereinigten Staaten anzusehen, der einen umfassenden Vergeltungsschlag gegen die Sowjetunion erfordert. [...] Der Preis der Freiheit ist stets hoch – aber wir Amerikaner haben ihn immer entrichtet, und ein Weg, den wir niemals wählen werden, ist der Weg der Kapitulation oder der Unterwerfung.

[1] Die westliche Hemisphäre bezeichnet den gesamten amerikanischen Kontinent, für dessen natürlichen Beschützer sich die Vereinigten Staaten halten.

Rundfunk- und Fernsehansprache des amerikanischen Präsidenten John F. Kennedy zur Kuba-Frage vom 22. Oktober 1962. Europa-Archiv, Folge 23/1962, D 568.

4 **Das Gleichgewicht des Schreckens**

„Einverstanden, Herr Präsident, lassen Sie uns jetzt verhandeln."
Karikatur aus der Londoner „Daily Mail", 1962.

Dossier: Der Kalte Krieg – ein ideologischer Krieg

Da eine direkte Konfrontation zwischen den beiden Supermächten nicht denkbar war, wurde die Auseinandersetzung auf der Ebene einer allgegenwärtigen Propaganda geführt, die vor keiner Übertreibung, vor keiner Simplifizierung Halt machte. Sie arbeitete mit dem Mittel der stetigen Wiederholung derselben Themen, um Anhänger zu gewinnen, zu begeistern und um den Gegner zu verunglimpfen. Die Macht der Bilder sollte, mehr noch als das Gewicht der Worte, aus diesem psychologischen Krieg einen gnadenlosen Kampf zwischen Gut und Böse machen.

In der UdSSR verschleierte die idyllische Darstellung der Errungenschaften des Regimes die vorhandenen Schwierigkeiten und erstickte damit jegliche Kritik im Keim. In den Vereinigten Staaten, einem Land mit liberaler Tradition, war die Mobilisierung weniger intensiv, aber mit dem „McCarthysm" (1950–1954) mündete der Kampf gegen den Kommunismus in der Denunziation des „inneren Feindes" und rechtfertigte damit eine „Hexenjagd", der zahlreiche Beamte, Filmemacher und Intellektuelle zum Opfer fielen.

1 „This is America ..."

„Eine Nation mit mehr Häusern, Autos, Telefonen, Komfort als irgendeine Nation der Welt. Wo freie Arbeiter und eine freie Wirtschaft eine bessere Welt für alle Menschen errichten. Dies ist dein Amerika ... Halte es frei!" Amerikanisches Plakat, 1950.

2 „Großbauten des Kommunismus"

Propagandaplakat der DDR, 1952.

3 Die Hexenjagd

Der Schauspieler Larry Parks, der Sympathie für den Kommunismus bezichtigt, wurde von der Kommission für unamerikanische Umtriebe des Repräsentantenhauses (HUAC) aufgefordert, seine Unschuld durch die Denunziation all jener zu beweisen, die an der „kommunistischen Infiltration" mitwirkten.

Ich bin kein Kommunist, und für mich gibt es einen großen Unterschied zwischen dem Umstand, 1940, vor gut zehn Jahren also, Kommunist gewesen zu sein, und 1951 einer zu sein. [...] Mitglied der Partei zu sein entsprach den Bedürfnissen eines jungen idealistischen Mannes mit linken Ideen, der die Benachteiligten und gesellschaftlichen Außenseiter verteidigte. Dieses Bedürfnis habe ich ausgelebt. Ich glaube, heutzutage Kommunist zu sein ist etwas anderes, in einer Zeit, in der diese Großmacht [die UdSSR] die Welt zu beherrschen sucht. [...]

Namen sollen genannt werden? Ich glaube, dass die wenigen Personen, die ich nennen könnte, für die Kommission von keinerlei Interesse wären. [...] Wäre ich kein Star, wäre ich nicht hier, denn Sie wissen so gut wie ich, wenn nicht gar besser als ich, dass das, was ich weiß, keinerlei Wert für mein Land hat. Meine Karriere wurde dadurch zunichte gemacht, und ich wünschte, Sie stellten mich nicht vor die Wahl, wegen Missachtung der Kommission angeklagt und ins Gefängnis gesteckt zu werden oder als ein in den Schmutz gezogener Denunziant zu gelten [...]. Dieses Gebaren ist unamerikanisch. Ich glaube sogar, dass dies näher an dem ist, was sich unter Hitler ereignete und an dem, was heute in Russland passiert.

Anhörung des HUAC; übers. nach: J. Portes, Histoire et cinéma aux Etats-Unis. Paris 2002, S. 41.

4

Hollywood gegen den Kommunismus

„Rot ... oder tot! Der kommunistische Terror hat die Hälfte der Welt in die Knie gezwungen!" Unten: „Wir werden euch begraben! Schockierende unzensierte Szenen aus geheimen Filmarchiven." Plakat für einen amerikanischen Film der Columbia Studios, 1963.

5 Über den Inhalt der Schulprogramme in der UdSSR

Die Hauptaufgabe [...] besteht darin, den Triumph der marxistisch-leninistischen Ideen in der Geschichte der Menschheit und die weltweite historische Bedeutung der Großen Sozialistischen Oktoberrevolution zu beweisen [...]. Es müssen die gewaltigen Erfolge des sozialistischen Systems und der kommunistischen Ideologie, ihre deutliche Überlegenheit im Vergleich zum verfaulenden kapitalistischen System und zur bürgerlichen Ideologie klar dokumentiert werden; die gestaltende Rolle der KPdSU[1)], die kommunistische Gesellschaft, die beste und gerechteste Gesellschaft der ganzen Welt, der Kampf des sowjetischen Volkes und der sozialistischen Brudervölker unter der Leitung der marxistisch-leninistischen Parteien für die Verwirklichung der kommunistischen Ideale müssen auf überzeugende Weise dargelegt werden.

Beschluss des Zentralkomitees der KPdSU, 25. April 1960; übers. nach: M. Chaulanges/A.-G. Maury/R. Sève, Textes historiques. Le monde contemporain depuis 1945. Paris 1972, S. 95.

[1)] Kommunistische Partei der Sowjetunion.

Fragen und Anregungen

1. Welches Bild von der amerikanischen Gesellschaft soll M1 vermitteln?
2. Welche Ziele verfolgte die kommunistische Propaganda (M5)? Wie äußerte sich dies in M2?
3. Welches Klima herrschte in den Vereinigten Staaten in den 50er-Jahren? Wer war hier betroffen? (M3 und 4)
4. Vergleichen Sie M1 und 2. In welchem Maße beleuchten sie die gegensätzlichen Wertesysteme der beiden rivalisierenden Mächte?

2. Entspannung und Absage an die Blöcke (1963–1975)

Stellte die in den 1960er-Jahren beginnende Entspannung tatsächlich einen Wendepunkt in den Ost-West-Beziehungen dar?

USA und UdSSR: Zwei Modelle verlieren ihre Kraft

Nach der Ermordung von Kennedy im November 1963 verschlechterte sich das Ansehen der Vereinigten Staaten. Sein Nachfolger Lyndon B. Johnson vermochte es nicht, die Armut erfolgreich zu bekämpfen, und auch die Maßnahmen zur Überwindung der Rassentrennung konnten die Ausbreitung der Unruhen in den Ghettos nicht verhindern. Obendrein löste die langwierige Verstrickung in den Vietnamkrieg heftige Proteste unter den amerikanischen Studenten aus. Mit der Wahl des Republikaners Richard Nixon 1968 bekundeten die Wähler ihren entschlossenen Wunsch nach der Wiederherstellung von „Gesetz und Ordnung". Doch die Watergate-Affäre zwang Nixon im August 1974 zum Rücktritt und die amerikanische Wirtschaft musste sich ihre Verwundbarkeit eingestehen (Abwertung des Dollars 1971, Erdölschocks 1973 und 1979).

Die UdSSR dagegen schien sich auf keinerlei Reform einlassen zu wollen, und so inszenierte die Nomenklatura 1964 die Entmachtung Chruschtschows. Die Überalterung der sowjetischen Machthaber in den 1970er-Jahren spiegelte die Verknöcherung des Regimes wider. Die Bevölkerung litt noch immer unter den Unzulänglichkeiten der landwirtschaftlichen Produktion, es mangelte an Konsumgütern und die bürgerlichen Freiheiten waren stark eingeschränkt. Die verschärfte Unterdrückung andersdenkender Intellektueller, der Dissidenten, beeinträchtigte das Bild des Kommunismus im Westen.

Die Erschütterung der Blöcke

Da China seit Ende der 1950er-Jahre unverhohlen die sowjetische Politik kritisierte, stellte Moskau 1960 jegliche Hilfe an seinen früheren Verbündeten ein, 1969 kam es sogar zu Zusammenstößen an der Grenze beider Länder. Breschnew bemühte sich, seine Autorität in Ost- und Ostmitteleuropa durchzusetzen. Dem Prinzip der begrenzten Souveränität gehorchend, marschierten Truppen des Warschauer Pakts 1968 in die Tschechoslowakei ein (siehe S. 106). Dennoch kam die UdSSR nicht umhin, auf die Forderung Ceauçescus nach stärkerer Autonomie für Rumänien einzugehen.

Aber auch die amerikanische Führungsrolle wurde infrage gestellt. Ab 1958 kritisierte General de Gaulle die Bedeutung des Dollars im internationalen Handelsverkehr und verurteilte im Einklang mit zahlreichen Stimmen aus der westlichen Öffentlichkeit die amerikanische Militärintervention in Vietnam im Jahre 1966. Ebenso plädierte er für ein von den Vereinigten Staaten unabhängiges „Europa der Staaten" (siehe S. 124f.). Im Zuge dieser Absage an den Atlantizismus lehnte Frankreich die britische Mitgliedschaft in der EWG ab und trat 1966 aus dem Militärverband der NATO aus.

Höhepunkt und Grenzen der Entspannung

Die Kuba-Krise zwang die beiden Großmächte zu einer Vertiefung ihres Dialogs. 1963 wurde eine direkte Telefonleitung zwischen den Führern beider Staaten eingerichtet („heißer Draht"). Kennedy verzichtete auf das Prinzip der massiven Vergeltung zugunsten der von McNamara konzipierten Doktrin der „flexiblen Reaktion". Verträge verboten oberirdische Atomversuche (1963), die Militarisierung des Weltraums (1967) und den Zugang neuer Länder zu Kernwaffen (1968). Während sich Großbritannien diesen Vereinbarungen anschloss, zeigten sich Frankreich und China wesentlich zurückhaltender, weil sie der weltweiten Hegemonie der beiden Supermächte argwöhnisch gegenüberstanden.

Die Deeskalation des Kalten Krieges weckte mit der Normalisierung der innerdeutschen Beziehungen (1972) und der Unterzeichnung der Schlussakte von Helsinki 1975 (siehe S. 100) große Hoffnungen. Zugleich wurden sowjetisch-amerikanische Verträge zur Förderung des Ost-West-Handels, der Zusammenarbeit auf dem Gebiet der Raumfahrt und zur Begrenzung der nuklearen Aufrüstung unterzeichnet (SALT-1-Vertrag 1972).

Dennoch war das Gleichgewicht instabil. China wurde 1971 in die UNO aufgenommen und löste Taiwan im UN-Sicherheitsrat ab (1971). Zwar näherte sich Peking den Vereinigten Staaten an, trat aber vor allem als Wortführer der Dritten Welt auf. Keines der beiden Lager zeigte Bereitschaft, auf die militärische Verteidigung oder gar auf die Ausdehnung seiner Einflusssphäre zu verzichten. So unterstützte die CIA 1973 den Sturz des sozialistischen Präsidenten Allende in Chile, während die UdSSR von den kommunistischen Erfolgen in Indochina (siehe S. 94f.), Angola und Mosambik (1975) profitierte.

1

Alexander Solschenitzyn

Russischer Schriftsteller, 1918 geboren, 1974 ins Exil gezwungen. Galt neben dem Physiker Andrej Sacharow als prominentester Vertreter der sowjetischen Dissidenten.

Begriffe

- **Rassentrennung:** Rassistisch motivierte Absonderung von Personen- und Gesellschaftsgruppen durch Ausgrenzung oder Unterwerfung unter Sondergesetze.
- **Watergate:** Name des Hauptquartiers der Demokratischen Partei in Washington. Nachdem die hier mit Zustimmung von Präsident Nixon installierten Abhörgeräte entdeckt wurden, musste dieser im August 1974 seinen Rücktritt erklären.
- **Nomenklatura:** Gesamtheit der privilegierten Personen, die in der Partei oder der Verwaltung der UdSSR Karriere machten.
- **Dissidenten:** Personen, die sich im Namen der Achtung der Menschenrechte mehr oder weniger radikal dem herrschenden System widersetzten.
- **Begrenzte Souveränität:** Doktrin, der zufolge die Belange des Sozialismus höher zu bewerten seien als nationale Interessen.
- **Atlantizismus:** Auf der Grundlage des Nordatlantikpaktes beruhende Politik, die die Verteidigung Europas unter die Führung der USA stellt.
- **„Flexible Reaktion"** („Flexible Response"): Anfang der 1960er-Jahre von Verteidigungsminister Robert McNamara entwickelte amerikanische Militärdoktrin, die je nach feindlicher Angriffsart eine angemessene Reaktion gebot; die strategischen Nuklearangriffe stellten dabei lediglich das letzte Mittel dar.
- **SALT** (Strategic Arms Limitation Talks): Verhandlungen über die Begrenzung strategischer Waffen. Zwei SALT-Verträge wurden 1972 und 1979 unterzeichnet.

2

Das Pulverfass der Ghettos

Titelblatt des Magazins „Life" nach den Unruhen von Watts im August 1965. In den folgenden Jahren breitete sich die Bewegung aus und erreichte nach der Ermordung des Pastors Martin Luther King am 4. April 1968 ihren Höhepunkt.

3 **Anstecker zum Flug von Apollo und Sojus im Jahr 1975**

Die Zusammenarbeit im Bereich der Raumfahrt ermöglichte 1975 ein erfolgreiches Andockmanöver zwischen den Raumschiffen Apollo (USA) und Sojus (UdSSR) und ein Treffen der beiden Besatzungen. Diese Begegnung wurde als einer der Höhepunkte der Entspannung begrüßt.

4 **Die Entspannung: ein bewaffneter Frieden?**

Niemand kann davon ausgehen, dass wir es akzeptieren würden, auch nur vorläufig auf das zu verzichten, was der Kampf unseres ganzen Lebens ist. Ja zur Koexistenz der Staaten, dennoch werden wir alles in unserer Macht Stehende tun, damit sich der Sozialismus auf dem ganzen Erdball verbreitet. Andernfalls wären wir Renegaten und Verräter. Die gesamte proletarische Bewegung würde uns verurteilen und Millionen Frauen und Männer, die so viel Bewunderung für die Oktoberrevolution empfinden und die, mit unserer Solidarität rechnend, sich anschicken, ihre Befreiung zu erzwingen, würden sich aus gutem Grunde von uns abwenden.

Leonid Breschnew nach seiner Rückkehr aus den Vereinigten Staaten im Juni 1973; übers. nach: C. Durand-Berger, Le Défi soviétique. Paris 1979.

5

Die internationale Jugend gegen den Vietnamkrieg

Demonstration der kommunistischen Jugend in Paris, Anfang der 1970er-Jahre.

Fragen und Anregungen

1. Welchen neuen Problemen standen die beiden Großmächte gegenüber? (M1, 2 und 5)
2. Bedeutete die Entspannung das Ende der Rivalität zwischen den beiden Großmächten? (M4)
3. Wodurch offenbarte sich die Entspannung? (M3)

3. Neue Spannungen (1975–1985)

Warum kam es in den 1980er-Jahren zu einer Verschlechterung der Ost-West-Beziehungen?

Auf dem Weg zu einer multipolaren Welt

Da die Dritte Welt in den 1970er-Jahren nach einem stärkeren internationalen Einfluss strebte, schien der Ost-West-Konflikt einer Nord-Süd-Spannung zu weichen (siehe S. 92). Unmittelbar nach dem Jom-Kippur-Krieg im Jahre 1973 stieg der Erdölpreis auf Betreiben der OPEC um das Vierfache. Die Wirtschaftskrise traf die Vereinigten Staaten mit voller Wucht, und zwischen Japan und Europa entbrannte ein noch heftigerer wirtschaftlicher Konkurrenzkampf. So gingen für die kapitalistischen Länder die – wie man in Frankreich sagt – „dreißig glorreichen Jahre" („trente glorieuses") zu Ende. Aber auch die durch die Unzulänglichkeiten der Planwirtschaft geschwächte UdSSR blieb von der Krise nicht verschont.

Während die Öffentlichkeit zunehmend ideologiemüde wurde und mehr und mehr Anteil an humanitären Katastrophen nahm, erfreuten sich die Religionen einer wachsenden Beliebtheit. Der aus Polen stammende Papst Johannes Paul II. (1978–2005) machte es sich zur Aufgabe, den Einfluss der katholischen Kirche in der Welt wiederherzustellen. Symbolwirkung für den Islamismus hatte die iranische Revolution 1979, die Ayatollah Khomeini an die Macht gebracht hatte.

Neu entbrannte Konflikte entzogen sich allerdings jeglicher blockpolitischen Logik. Saddam Hussein sah im Irak die Führungsmacht der arabischen Welt und löste einen endlos scheinenden Krieg gegen den Iran aus, bei dem er sowohl von den Vereinigten Staaten als auch von der Sowjetunion unterstützt wurde (1980–1988). Das kommunistische Vietnam überfiel Kambodscha, stürzte das Regime der Roten Khmer und musste seinerseits einen chinesischen Angriff abwehren (1978–1979). Im Krieg um die Falklandinseln 1982 unterstützten die Vereinigten Staaten Großbritannien gegen Argentinien; damit verspielten zwei Staaten des westlichen Lagers einen beträchtlichen Teil ihrer Glaubwürdigkeit in Lateinamerika.

„America is back" (R. Reagan)

Unter der Präsidentschaft von Jimmy Carter (1976–1980) sah es so aus, als ließen die Vereinigten Staaten der UdSSR Handlungsfreiheit; dabei machte sich Moskau dieses Klima der Entspannung zu Nutze, um die revolutionären Bewegungen in der Dritten Welt, insbesondere in Afrika, stärker zu unterstützen. Das Jahr 1979 traf Amerika besonders hart. Die iranische Revolution löste einen zweiten Ölschock aus und führte zu einer demütigenden Geiselnahme in der amerikanischen Botschaft in Teheran. In Nicaragua provozierte ein durch Kuba unterstütztes marxistisches Regime die Vereinigten Staaten. Schließlich besetzte die Rote Armee Afghanistan und griff somit zum ersten Mal außerhalb der Grenzen des sowjetischen Blocks militärisch ein.

Darauf reagierte Carter 1980 mit der Verhängung eines Embargos gegen die UdSSR sowie einem Aufruf zum Boykott der Olympischen Spiele von Moskau. Aber erst der Republikaner Ronald Reagan (1980–1988) verkörperte die Rückkehr eines selbstbewussten Amerikas. Er verkündete, dass die Vereinigten Staaten weltweit die „Freiheitskämpfer" gegen die zum „Reich des Bösen" erklärte UdSSR unterstützen würden und lehnte im gleichen Zuge jegliches Gipfeltreffen mit Moskau ab, solange die Vereinigten Staaten nicht in der Position des Stärkeren seien.

Das Ende der Entspannung

Diese Strategie setzte der Entspannung ein Ende: Die Krise um die Stationierung neuer Mittelstreckenraketen in Europa veranschaulichte in aller Deutlichkeit die Wiederaufnahme des Wettrüstens (siehe S. 110 f.). Die 1983 von Reagan angekündigte Verteidigungsstrategie SDI war eine Herausforderung für die UdSSR, weil sie die sowjetische Wirtschaft zwang, einen aussichtslosen und zermürbenden Rüstungswettlauf auf Kosten der Bedürfnisse der eigenen Bevölkerung aufzunehmen.

Die Supermächte gaben die Logik der Blockpolitik auf. Moskau und Havanna wagten sich in den „Hinterhof" der Vereinigten Staaten, die daraufhin mit Waffenlieferungen an die antimarxistische Guerilla in Nicaragua und mit dem Sturz des sozialistischen Regimes in Grenada (1983) reagierten. Die Amerikaner wirkten einer möglichen Militärintervention der UdSSR in Polen (1981) entgegen und finanzierten die oppositionelle Gewerkschaft Solidarność (siehe S. 134 f.). Offenkundig war die Verschlechterung des internationalen Klimas, als sowjetische Jagdflugzeuge ein verirrtes südkoreanisches Passagierflugzeug abschossen oder als die Vereinigten Staaten Libyen bombardierten, weil sie Oberst Gaddafi der Unterstützung des Terrorismus bezichtigten (1986).

1

Johannes Paul II. Ein Papst hinter dem „Eisernen Vorhang"

Titelblatt der Time, 18. Juni 1979. Als erster polnischer Papst überhaupt besuchte Johannes Paul II. bereits im Juni 1979 sein Heimatland und prangerte mit aller Entschlossenheit den „atheistischen Kommunismus" an.

Begriffe

- **OPEC** (Organization of Petroleum Exporting Countries): Organisation der Erdöl exportierenden Länder, 1960 gegründet, um die Interessen der Erdöl produzierenden Länder gegen die großen westlichen Ölkonzerne zu verteidigen.
- **Islamismus:** Eine sich auf den Islam berufende politische Bewegung. Der Islamismus kann verschiedene Formen annehmen, widersetzt sich jedoch stets den auf westlichen Werten beruhenden Weltanschauungen und fordert die Anwendung der Scharia, des islamischen Rechts, in Gesellschaft und Politik der einzelnen Staaten.
- **Rote Khmer:** Bezeichnung für die kambodschanischen Kommunisten. Während ihrer Schreckensherrschaft von 1975 bis 1978 begingen sie einen entsetzlichen Völkermord am Khmer-Volk (mindestens 1 700 000 Tote).
- **Falklandinseln** (Malvinen): Kleine Inselgruppe im südlichen Atlantik. Seit ihrer Entdeckung im Jahre 1690 britisch; wegen ihrer relativen Nähe zu Argentinien (480 km) von diesem Land beansprucht.
- **SDI** (Strategic Defense Initiative): Programm zum Schutz der Vereinigten Staaten vor Nuklearangriffen durch Entwicklung eines weltraumgestützten Raketenabwehrsystems.
- **„Hinterhof"** („backyard"): Bezeichnung für das Gebiet Zentralamerikas und der Karibik, das für die Vereinigten Staaten aus strategischen und wirtschaftlichen Gründen von vitaler Bedeutung ist (Panamakanal, Seehandel).

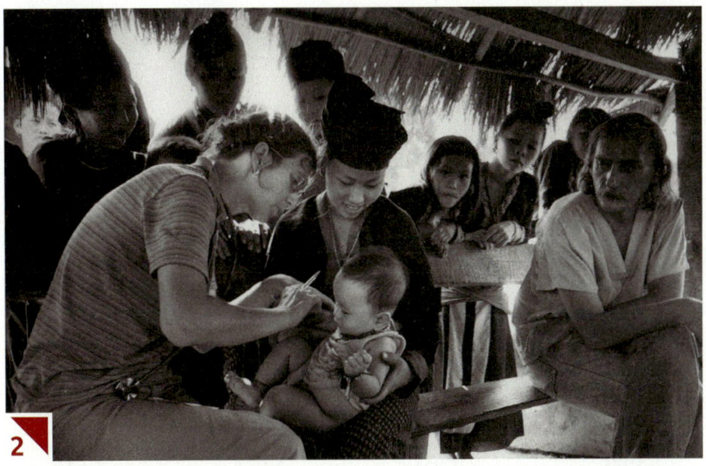

2

Grenzenlose humanitäre Hilfe

Die Aktion der „French doctors" der 1971 gegründeten Nichtregierungsorganisation „Ärzte ohne Grenzen" in einem laotischen Flüchtlingslager in Thailand, 1982.

3

Afghanistan – die Sowjetunion in der Sackgasse (1979–1988)

Wie die amerikanische Armee in Vietnam, so stieß die sowjetische Streitmacht auf einen unerwartet starken Widerstand. Afghanische Mudschaheddin bemächtigen sich eines sowjetischen Panzers.

4

Nicaragua – ein zweites Kuba?

Kubanisches Plakat (Alberto Blanco, 1985). 1979 setzte die sandinistische Revolution der Diktatur der Somoza-Familie ein Ende. Das neue Regime gab sich sozialistisch und wurde von Kuba und der UdSSR unterstützt, während die Vereinigten Staaten die konterrevolutionäre Guerilla, die Contras, finanzierten. 1990 verlor die sandinistische Front die Wahlen und gab ihren Machtanspruch auf.

Fragen und Anregungen

1. Wodurch wurde das internationale Gleichgewicht ab Mitte der 1970er-Jahre in Frage gestellt? (M1–4)
2. Inwiefern änderte die SDI die Prinzipien der nuklearen Abschreckung? (M5)
3. Warum handelte es sich dabei um das letzte Aufflackern des Kalten Krieges?

5

Ronald Reagan erläutert die Bedeutung der SDI

Bei meinem Amtsantritt hegte ich einen entschiedenen Vorbehalt gegen unsere stillschweigende Übereinkunft mit der Sowjetunion in Fragen der Atomrüstung. Ich spreche über die „MAD-Politik" (Mutual Assured Destruction, gegenseitige Vernichtungsgarantie), das Konzept der Abschreckung, das so lange für Sicherheit sorgt, wie beide Seiten die Fähigkeit besitzen, einen atomaren Erstschlag mit einem nicht minder vernichtenden Raketenangriff zu beantworten. Dieser Zustand schien mir nicht dazu angetan, einen auf Dauer ruhig schlafen zu lassen. Er kam mir vor wie zwei Westernhelden im Saloon, die ununterbrochen ihre Pistolen auf den Kopf des Gegners gerichtet haben. Es musste eine bessere Lösung geben.

Schon bald nach Beginn meiner ersten Amtszeit berief ich eine Sitzung des Vereinigten Generalstabs – der militärischen Führungsspitze des Landes – ein und sagte Folgendes: Bisher hat noch jede Angriffswaffe, die der Mensch erfunden hat, zur Erfindung entsprechender Defensivwaffen geführt. Sind wir in unserem technologischen Zeitalter nicht imstande, eine Abwehrwaffe zu entwickeln, die Atomwaffen gleich nach dem Start aus ihren Silos abfangen und zerstören kann? [...]

Das war die Geburtsstunde von SDI, jenem Programm, das wenig später von einigen Mitgliedern des Kongresses und in der Presse als „Krieg der Sterne" (Star Wars) bezeichnet werden sollte. [...] Daraufhin musste ich den Sowjets mindestens hundert Mal versichern, dass es mir bei SDI nicht um einen Kuhhandel ging. Ich sagte ihnen, jedes andere Land, das gewillt sei, seine Atomraketen aufzugeben, könne meinetwegen an dem Programm teilhaben. Raketen bauen könnten wir schließlich alle. Aber eines Tages könnte ein Verrückter auftauchen, der uns mit Atomraketen erpresst – was allerdings erfolglos wäre, wenn wir uns dagegen verteidigen könnten.

Ronald Reagan, Erinnerungen. Ein amerikanisches Leben. Berlin 1990, S. 571 f.

Dossier: Der Atomkrieg – ein verbotener Krieg?

Die Bombenabwürfe auf Hiroshima und Nagasaki am 6. bzw. 9. August 1945 leiteten ein neues Zeitalter ein: Von nun an schwebte die Bedrohung einer nuklearen Apokalypse über der Menschheit. Seit auch die UdSSR im Besitz der Atombombe (1949), der Wasserstoffbombe (1953) und von Langstreckenraketen (1957) war, hätte ein Krieg zwischen den beiden Großmächten zur „sicheren gegenseitigen Zerstörung" – englisch „Mutual Assured Destruction" (MAD) – geführt. Deshalb galt es, neue Strategien zu finden und zu versuchen, den Rüstungswettlauf zu begrenzen.

Nichtsdestotrotz erwies sich die Nuklearwaffe, auch wenn sie Angst und Schrecken hervorrief, gewissermaßen als Garant für Stabilität; das „Gleichgewicht des Schreckens" trug zweifellos dazu bei, einen Dritten Weltkrieg zu verhindern.

		USA	UdSSR
1960	ICBM	18	35
	SLBM	32	0
1965	ICBM	854	270
	SLBM	496	120
1975	ICBM	1 054	1 618
	SLBM	656	711
1985	ICBM	1 010	1 398
	SLBM	640	983

1 Die strategischen Nukleararsenale der beiden Großmächte

Die **Atomsprengköpfe** werden auf verschiedene Trägersysteme montiert. Die **strategischen Trägerraketen**, die in der Lage sind, mitten im feindlichen Territorium einzuschlagen, haben eine Reichweite von mehr als 5500 km. Außer den Langstreckenbombern gibt es:

- Raketen, die von unterirdischen Bunkern aus abgeschossen werden, die ICBM (Intercontinental Ballistic Missiles) und
- Raketen, die auf U-Booten stationiert sind, die SLBM (Sea Launched Ballistic Missiles).

Doktor Strangelove

Originalplakat des Films von Stanley Kubrick (1964).
Die Angst vor einem Atomkrieg inspirierte zahlreiche Science-Fiction-Filme. Der Film von Kubrick ist einer der ersten, der das Thema humoristisch verarbeitete.

2

3 Die Militärstrategie der UdSSR

Welche Wesenszüge trägt nun der Krieg der Zukunft, von seinen strategischen Zielen und den Methoden der Kriegsführung aus gesehen?

Geht man von den oben untersuchten politischen und militärischen Zielen der beiden Lager aus, so ist damit zu rechnen, dass die beiden Krieg führenden Parteien den Krieg in Bezug auf die Methoden der Kriegführung mit größter Entschlossenheit führen werden, und zwar vor allem mithilfe des Masseneinsatzes von nuklearen Raketenwaffen, um die Vernichtung oder Kapitulation des Gegners kurzfristig herbeizuführen. Es erhebt sich die Frage, worin unter diesen Bedingungen das militärisch-strategische Hauptziel eines Krieges bestehen kann: in der Zerschlagung der feindlichen Streitkräfte – wie es in der Vergangenheit die Regel war – oder in der Vernichtung und Zerstörung von Objekten im feindlichen Hinterland und in dessen Desorganisation? Die Antwort, die die Theorie der sowjetischen Militärstrategie hierauf gibt, lautet: Diese beiden Ziele müssen gleichzeitig erreicht werden. […]

Die im Frieden angehäuften Vorräte an Kernwaffen und ihren Trägern können von den Krieg führenden Parteien schon in den ersten Minuten des Krieges zur Zerstörung und Vernichtung der wichtigsten Objekte des Gegners in der ganzen Tiefe seines Territoriums in vollem Umfang zum Einsatz gebracht werden, um schon bei Kriegsbeginn innerhalb kurzer Zeit die politischen und militärstrategischen Hauptziele durchzusetzen. Daher wird die Anfangsphase des modernen Raketen- und Kernwaffenkrieges wahrscheinlich die wichtigste und entscheidende Phase sein, die für Verlauf und Ausgang des ganzen Krieges ausschlaggebend ist.

Vasilij D. Sokolovski, Militärstrategie. Köln 1969, S. 285f. und 289.

5 Die Grenzen des „nuklearen Duopols"

Auf dem Gebiet der internationalen Beziehungen ist die Nachkriegszeit zu Ende gegangen […]. In diesem Zeitraum standen wir einer monolithischen kommunistischen Welt gegenüber. Heute hat sich das Wesen dieser Welt geändert: Die Macht jedes einzelnen kommunistischen Landes ist gewachsen, aber die internationale Geschlossenheit des Kommunismus wurde gebrochen. Was einst ein homogener Block war, musste zusehen, wie seine Solidarität durch die mächtigen Kräfte des Nationalismus zerrüttet wurde. […]

In dieser Zeit besaßen die Vereinigten Staaten das Nuklearwaffenmonopol. Heute […] ist das kommunistische China im Besitz thermonuklearer Waffen. Die Sowjetunion und die Vereinigten Staaten haben jetzt die Fähigkeit, sich gegenseitig unzumutbare Verluste zuzufügen. […] Die Macht, die einen thermonuklearen Krieg vom Zaun brechen würde, könnte sich keinerlei Vorteil erhoffen und mit Sicherheit auch keinen Sieg. Deshalb haben beide Lager erkannt, dass es in ihrem gegenseitigen Interesse lag, die gefährliche Intensivierung des nuklearen Wettrüstens zu stoppen.

Ansprache von Präsident Nixon vor den Kadetten der Akademie der US-Airforce in Colorado Springs am 4. Juni 1969. Audioversion: http://vvl.lib.msu.edu/record.cfm?recordid=5238

4

Atom-U-Boot mit seinen Polaris-Raketen

Nicht zu orten, nahezu unverwundbar bieten diese U-Boote die „Möglichkeit eines Zweitschlages" und stellen die „absolute Waffe" dar, die sogar nach massiven Vergeltungsmaßnahmen einsetzbar ist.

6

Wiener Gipfel am 18. Juni 1979

Unterzeichnung des SALT II-Vertrages über die Begrenzung der nuklearen Waffen durch Präsident Carter und seinen sowjetischen Amtskollegen Breschnew. Dieser Vertrag wurde wegen des sowjetischen Einmarschs in Afghanistan vom amerikanischen Senat nicht ratifiziert.

Fragen und Anregungen

1. Wie reagierte die Öffentlichkeit auf die Gefahr eines „nuklearen Holocaust"? (M2)
2. Wie lautete die sowjetische Nukleardoktrin zu Beginn der 1960er-Jahre? Unterschied sie sich zu diesem Zeitpunkt von der der Vereinigten Staaten? (M3)
3. Welche neuen Spielregeln brachte Nixon 1969 zur Sprache? (M5)
4. Inwiefern erklärt die Analyse der Waffenarsenale die Äußerungen Nixons? (M1 und 5)
5. Äußern Sie sich zu Realität und Grenzen der Entspannung. (M6)

4. Das Ende des Ost-West-Konfliktes

Wie ging der Kalte Krieg zu Ende?
Wurde die Welt dadurch stabiler?

Die Politik von Gorbatschow

Im März 1985, als die UdSSR mitten in einer Krise steckte, wurde Michail Gorbatschow zum Generalsekretär der Kommunistischen Partei gewählt. Die nahezu am Boden liegende sowjetische Wirtschaft war außerstande, den ihr von Reagan aufgezwungenen technologischen Wettkampf zu bestehen und gleichzeitig den Erwartungen der Bevölkerung gerecht zu werden, deren Unzufriedenheit sich in zunehmender Korruption, Kriminalität und erhöhtem Alkoholismus ausdrückte. Der Unfall im Atomkraftwerk von Tschernobyl (April 1986) veranschaulichte der gesamten Welt den katastrophalen Zustand des Landes.

Gorbatschow musste, um mit seinem Kurs Erfolg zu haben, die ruinöse Konfrontation mit den Vereinigten Staaten beenden. Der wieder aufgenommene Dialog mit Washington führte zu beachtlichen Ergebnissen. So leitete der 1987 unterzeichnete Washingtoner Vertrag über die nuklearen Mittelstreckenwaffen den Prozess der atomaren Abrüstung ein. Der Warschauer Pakt erkannte 1989 „das Recht jeder Nation“ an, „über ihren politischen Weg frei zu entscheiden“: Auf diese Weise trug die UdSSR die Doktrin der begrenzten Souveränität zu Grabe und entband ihre ehemaligen europäischen Satelliten von jeglicher Bevormundung. Das von Gorbatschow angestrebte „gemeinsame europäische Haus“ wurde mit dem Fall des Eisernen Vorhangs und der deutschen Wiedervereinigung Realität; vor allem aber brach das Sowjetimperium unerwartet schnell zusammen: Der Warschauer Pakt und der Rat für gegenseitige Wirtschaftshilfe (RGW) erklärten 1991 ihre Auflösung, kurz bevor das Ende der UdSSR verkündet wurde.

Das Ende des Kalten Krieges

Die so entstandene Dynamik des Dialogs führte zu einer Erneuerung der UNO, da ihre Tätigkeit von den beiden Großmächten nun nicht mehr blockiert wurde. Die Friedensverträge in Nicaragua, der Rückzug der sowjetischen Truppen aus Afghanistan und das Ende des Krieges zwischen Irak und Iran zogen 1988 einen Schlussstrich unter zahlreiche Regionalkonflikte. Die Rückkehr zur Demokratie in Lateinamerika vollzog sich mit hohem Tempo; das Apartheidsystem in Südafrika wurde 1993 auf dem Verhandlungsweg endgültig aufgehoben.

Der neue Präsident der Vereinigten Staaten, der Republikaner George Bush senior (1988-1992), kündigte nunmehr den Beginn einer „neuen Weltordnung“ an, um den „Golfkrieg“ gegen den Irak zu legitimieren, der Kuwait im Sommer 1990 annektiert hatte. Die Macht der Vereinigten Staaten war fortan konkurrenzlos, dennoch schien die Welt zersplitterter denn je.

Der Nahe Osten: Nach wie vor ein höchst gefährlicher Krisenherd

Die Gründung Israels 1948 **(siehe S. 80)** löste zahlreiche Konflikte mit den arabischen Nachbarn aus, die den neuen Staat nicht anzuerkennen gedachten. Sie beschleunigte aber auch die Herausbildung des palästinensischen Nationalismus innerhalb der von der israelischen Armee 1948 vertriebenen Bevölkerung, deren Gebiete 1967 besetzt wurden. Der Kalte Krieg verschärfte diese Rivalitäten, da die UdSSR die unerbittlichsten Gegner Israels, wie etwa Libyen, Syrien oder den Irak, unterstützte, während die Vereinigten Staaten als Verbündete Israels mit dem Wohlwollen der Ölmonarchien und der unter Sadat vollzogenen Abkehr Ägyptens vom Ostblock rechnen konnten.

Das Scheitern des arabischen Nationalismus, die iranische Revolution und der Widerstand gegen die sowjetischen Besatzer in Afghanistan begünstigten den Aufschwung des Islamismus im gesamten Nahen Osten, insbesondere in den Reihen der Palästinenser. Die steigende Zahl von Terroranschlägen bewirkte lediglich die Verhärtung der israelischen Haltung und rückte die Aussicht auf Frieden in weite Ferne.

Der Zusammenbruch der UdSSR und die Uneinigkeit innerhalb der arabischen Welt konnten schließlich die PLO davon überzeugen, dass ein Dialog mit Israel und den Vereinigten Staaten nicht mehr zu umgehen war. Während die palästinensische Bevölkerung in den besetzten Gebieten die Intifada ausrief, erkannte die PLO den Staat Israel an (1988). Die in Oslo aufgenommenen Verhandlungen führten im Oktober 1993 zum Abschluss von Verträgen, die die palästinensische Autorität in Gaza und einem Teil des Westjordanlandes festschrieben **(siehe S. 80)**. Der Friedensprozess war allerdings anfällig für Störungen und Rückschläge **(siehe S. 168 f.)**.

1
Das triumphierende Amerika

Militärparade in den Straßen von New York nach dem Ende der Militärintervention im Irak im Juni 1991.

Begriffe

- **begrenzte Souveränität: siehe S. 72.**
- **Ölmonarchien:** Monarchien des Nahen Ostens, deren Haupteinnahmequelle die Erdölförderung ist. Diese reichen und dünn besiedelten Länder, wie Kuwait, wecken die Begehrlichkeiten ihrer Nachbarn. Die wichtigste Ölmonarchie ist Saudi-Arabien, das den Status einer Regionalmacht genießt.
- **Islamismus: siehe S. 74.**
- **PLO** (engl. Palestine Liberation Organization): Palästinensische Befreiungsorganisation, die 1964 gegründet und von 1969 bis 2004 von Jassir Arafat geführt wurde. Sie ist der Dachverband der meisten nationalistischen Bewegungen; ihre Autorität wird allerdings zunehmend durch die islamistischen Bewegungen (Hamas, Islamischer Dschihad) infrage gestellt.
- **Intifada:** Arabisches Wort für „Aufstand“. Es bezeichnet den „Krieg der Steine“, den palästinensische Jugendliche seit 1987 in den besetzten Gebieten führten.

2

Die Katastrophe von Tschernobyl

Am 26. April 1986 explodierte der Reaktor Nr. 4 dieses sowjetischen Kernkraftwerks und brannte länger als eine Woche. Dabei entstand eine radioaktive Wolke, die sich von der Ukraine aus über einen Teil Europas ausbreitete.

3 Ein „neues Denken" in Moskau

Aber das ändert nichts daran, dass heute die Völker der Welt, wie ich schon gesagt habe, einer Seilschaft am Felshang gleichen. Entweder steigen sie gemeinsam weiter zum Gipfel, oder sie stürzen gemeinsam in den Abgrund. Damit das nicht geschieht, müssen sich die Politiker über eng verstandene Interessen erheben und sich die ganze Dramatik der gegenwärtigen Situation bewusst machen. Darum ist es so dringend geboten, die ganze internationale Lage und alle Faktoren, aus denen sie sich zusammensetzt, neu zu durchdenken. [...] Das Grundprinzip, das Ausgangsprinzip des neuen politischen Denkens ist ganz einfach: Ein Kernwaffenkrieg kann nicht das Mittel sein, um politische, wirtschaftliche, ideologische und wie auch immer geartete Ziele zu erreichen. [...] Vom Standpunkt der Sicherheit aus ist das Wettrüsten zur Absurdität geworden, denn es führt logisch zur Destabilisierung der internationalen Beziehungen und letzten Endes zu einem Kernwaffenkonflikt. [...] Prinzipielle Grundlage für die allgemeine Sicherheit ist heutzutage, dass jedem Volk das Recht zugestanden wird, sich den Weg für seine soziale Entwicklung selbst zu wählen, ist der Verzicht auf Einmischung in die inneren Angelegenheiten anderer Staaten [...]. Ein Volk kann entweder den Kapitalismus wählen oder den Sozialismus. Das ist sein souveränes Recht. Die Völker können und sollen sich weder den USA noch der UdSSR fügen.

Michail Gorbatschow, Umgestaltung und neues Denken für unser Land und für die ganze Welt. Berlin 1987, S. 178–182.

4 Hoffnung auf Frieden im Nahen Osten

Der ägyptische Präsident Anwar as-Sadat, der 1970 Nachfolger von Nasser wurde, distanzierte sich von der UdSSR und orientierte sich an den USA. 1977 reiste er nach Jerusalem und hielt vor dem israelischen Parlament (Knesset) ein bewegendes Plädoyer für den Frieden. Daraufhin wurde er von der arabischen Welt geächtet.

Niemand hätte sich je vorstellen können, dass der Präsident des größten arabischen Landes, welches die größte Last und die höchste Hauptverantwortung für die Sache von Krieg und Frieden im Nahen Osten trägt, sich bereit erklären würde, in das Land des Gegners zu kommen, während der Kriegszustand noch andauert. Vielmehr leiden wir noch immer unter den Folgen von vier erbitterten Kriegen, die innerhalb von dreißig Jahren stattgefunden haben. [...]

Lassen Sie mich ohne Zögern sagen, dass ich nicht zu Ihnen unter diese Kuppel gekommen bin, um Sie um einen Rückzug Ihrer Truppen aus den besetzten Gebieten zu bitten. Der vollständige Rückzug aus den 1967 besetzten Gebieten ist eine logische und unbestreitbare Tatsache. Niemand braucht darum zu bitten. [...]

Niemand in der Welt kann heute die in Israel propagierten Losungen hinnehmen, die die Existenz des palästinensischen Volkes verleugnen und sogar die Frage stellen, wo sich ein solches Volk befinde. [...]

Ich überbringe Ihnen die Friedensbotschaft des ägyptischen Volkes, das diese heilige Friedensmission gesegnet hat, die Botschaft des ägyptischen Volkes, das den Fanatismus nicht kennt, und dessen Söhne, Muslime, Christen und Juden, im Geiste der Herzlichkeit, der Liebe und der Toleranz zusammenleben.

Anwar as-Sadat, Rede vor der Knesset, 20. November 1977; übers. nach: Israel's Foreign Relations. Historical Documents. Selected Documents. Nr. 73. Vol. 4–5: 1977–1979. http://www.mfa.gov.il/mfa/

5

Die Intifada oder der Krieg der Steine (1987)

Fragen und Anregungen

1. Wo liegen die Ursachen für das Ende des Kalten Krieges? Vergleichen Sie das „Neue Denken" von Gorbatschow mit der „Breschnew-Doktrin". (M3 und **siehe S. 107**)
2. Worum geht es beim palästinensischen Problem? (M4 und 5)
3. Wie sah die Welt nach dem Zusammenbruch der UdSSR aus? Kann von internationaler Ordnung oder besser Unordnung gesprochen werden?

Orientierung: Pulverfass Naher Osten

A. Israel und die Palästinenser: ein unmöglicher Frieden?

1 Die Osloer Verträge (1993)

Diese in Washington im Beisein von Bill Clinton am 13. September 1993 unterzeichneten Verträge beruhen auf einer gegenseitigen Anerkennung der Autonomie in Gaza und Jericho sowie dem Rückzug der israelischen Truppen.

Die PLO erkennt das Recht des Staates Israel auf Existenz in Frieden und Sicherheit an. [...] Die PLO verzichtet dementsprechend auf Terror und jede andere Art von Gewalt. Sie übernimmt die Verantwortung dafür, dass alle PLO-Gruppen und alle Angehörigen der PLO diese Vereinbarungen einhalten.

Brief des PLO-Präsidenten Jassir Arafat, 9. September 1993. Europa-Archiv, Folge 24/1993, D 525.

In Beantwortung Ihres Schreibens vom 9. September 1993 möchte ich bekräftigen, dass angesichts der hier abgegebenen hehren Verpflichtungen die Regierung Israels beschlossen hat, die PLO als Vertreter des palästinensischen Volkes anzuerkennen und Verhandlungen mit der PLO im Rahmen des Friedensprozesses im Nahen Osten zu beginnen.

Yitzhak Rabin, Premierminister Israels, 9. September 1993. Europa-Archiv, Folge 24/1993, D 526.

Zeittafel

1947	Von der UNO verabschiedeter Teilungsplan für Palästina.
1948	Gründung des Staates Israel und Erster Israelisch-Arabischer Krieg.
1956	Suez-Krise, Zweiter Israelisch-Arabischer Krieg.
1964	Gründung der PLO (Palästinensische Befreiungsorganisation).
1967	Sechstagekrieg. Israel besetzt den Sinai, das Westjordanland, Gaza und Ost-Jerusalem.
1970	Die aus Jordanien vertriebenen palästinensischen Organisationen ziehen sich in den Libanon zurück, der Schauplatz eines langen Bürgerkrieges wird (1975–1989).
1973	Jom-Kippur-Krieg.
1978	Camp-David-Verträge: Ägypten erkennt Israel an, das aus dem Sinai abzieht.
1982	Israel besetzt den Südlibanon.
1987	Beginn der Intifada („Krieg der Steine").
1993	Osloer Verträge.

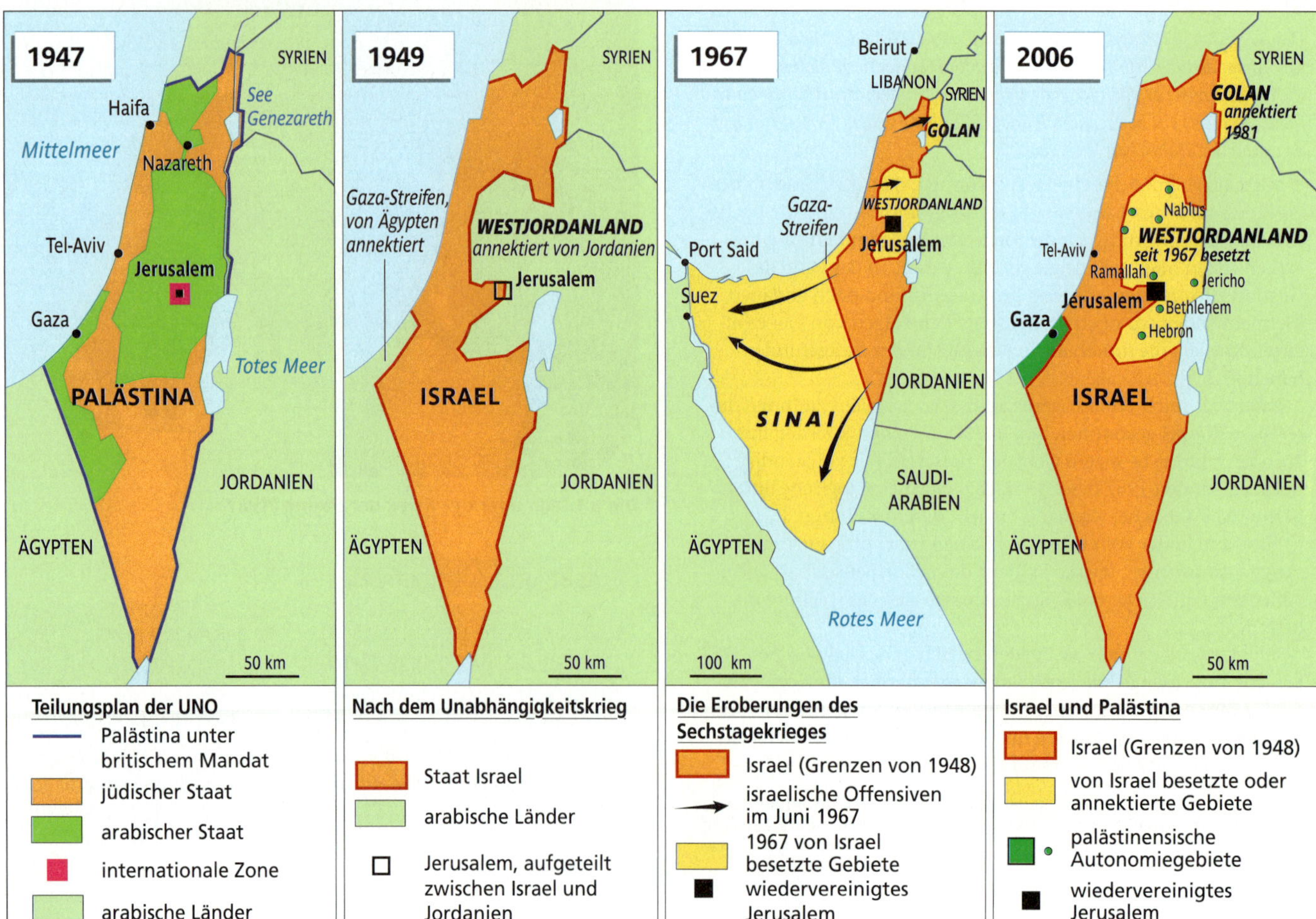

2 Ein Land, zwei Völker, 50 Jahre Konfrontation

B. Erdöl, Nationalismus und Religion im Mittelpunkt der Spannungen

Zeittafel

1951	Verstaatlichung des iranischen Erdöls.
1953	Von der CIA herbeigeführter Staatsstreich im Iran.
1955	Unterzeichnung des gegen die UdSSR gerichteten Bagdad-Paktes (Großbritannien, Türkei, Irak, Iran und Pakistan).
1956	Der ägyptische Präsident Nasser verstaatlicht den Suez-Kanal.
1979	Saddam Hussein übernimmt die Macht im Irak.
1979	Islamische Revolution im Iran.
1980–1988	Iran-Irak-Krieg.
1991	Erster Irak-Krieg nach dem Einmarsch Saddam Husseins in Kuwait.

Begriffe

- **Islamismus: siehe S. 74.**
- **Dschihad:** Das Bemühen auf dem Wege Gottes. Die Bedeutung des Dschihad wird heute von den radikalsten islamistischen Bewegungen militärisch interpretiert und zur Legitimation von Terroranschlägen verwendet.
- **Panarabismus:** Nationalistische Ideologie zur Befreiung der Araber von der westlichen Vorherrschaft und zu ihrer Einigung über die Staatsgrenzen hinweg. Der Kampf gegen Israel dient der Verschleierung ihrer eigenen Spaltung.
- **Sunniten:** Mehrheit der Muslime, die sich im Sinne der Wahrung der Sunna, der Tradition des Propheten, als orthodox bezeichnen. Sie unterscheiden sich von den Schiiten (Anhänger des Propheten Ali), die hauptsächlich im Irak und Iran leben.

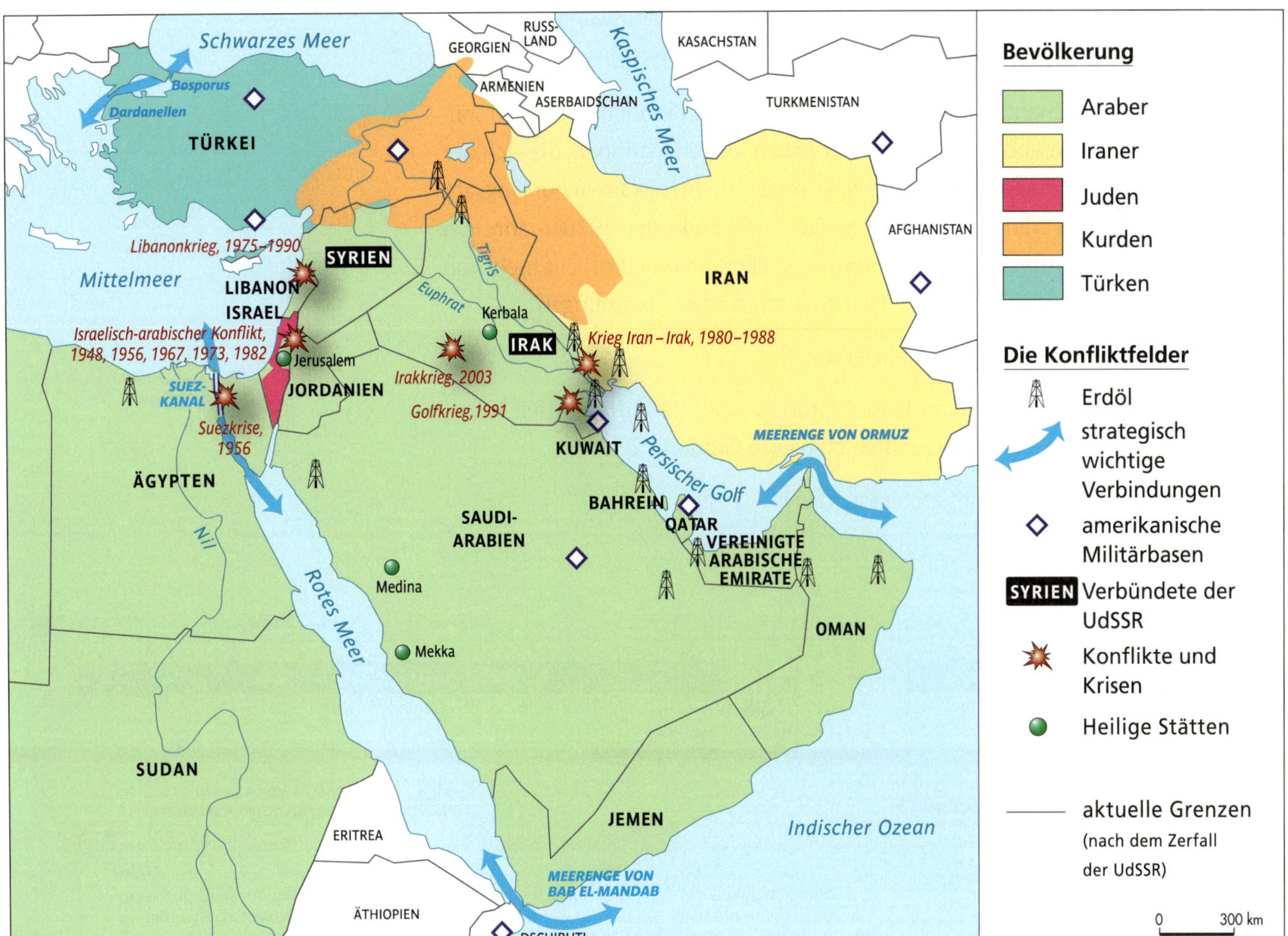

3 Der Mittlere Osten – ein Konfliktherd

Kapitel 5

Das Ende der Kolonialreiche

Unmittelbar nach dem Zweiten Weltkrieg war die Emanzipation der Kolonien nicht mehr aufzuhalten. Sie beschränkte sich zunächst auf Asien, wo sie zügig verlief, erstreckte sich dann in der zweiten Hälfte der 1950er-Jahre aber auch auf Afrika und Ozeanien. Dieser unumkehrbare und oft schmerzliche Prozess änderte mit dem Erstarken der Dritten Welt das internationale Kräfteverhältnis.

Noch lange nach der Unabhängigkeit waren die Folgen der Kolonialisierung zu spüren. Die oft schwachen und – politisch – instabilen jungen Nationen, die sich der Bevormundung durch die Großmächte zu widersetzen suchten, kamen nur langsam in ihrer Entwicklung voran. Zudem verschärften sich Ende der 1970er-Jahre die sozioökonomischen Unterschiede zwischen diesen Ländern und die nicht mehr von der Hand zu weisende Spaltung der Dritten Welt schuf neue Spannungen.

- Wie verlief die Entkolonialisierung?
- Wirkte sich dieser Emanzipationsprozess störend auf die von den Supermächten in den 1950er-Jahren etablierte Ordnung aus?
- Trat die Dritte Welt geschlossen auf?

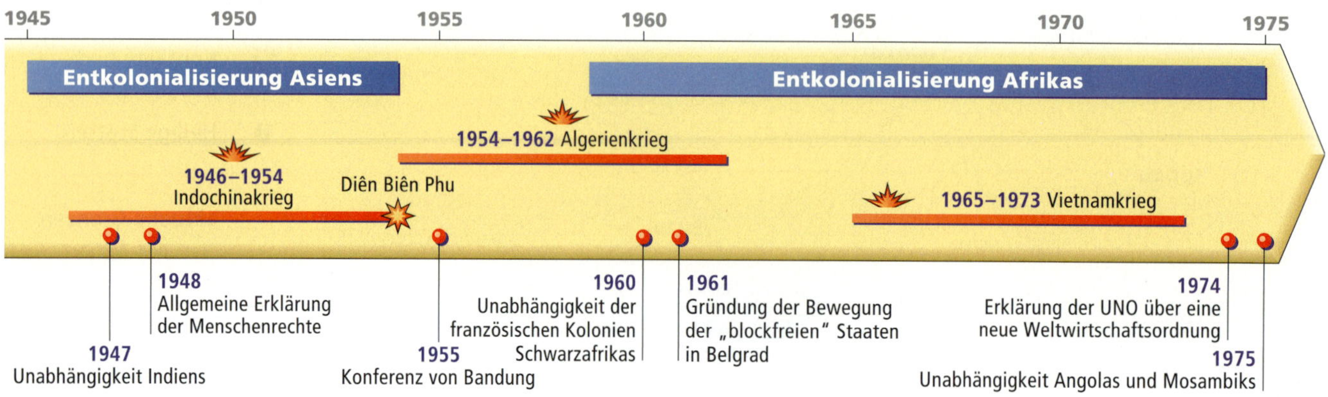

1

Unabhängigkeit ...

Demonstranten in Algier feiern am 3. Juli 1962 die Unabhängigkeit.

2

... oder Abhängigkeit?

Flüchtlingslager in Äthiopien, 1984.

Die Entkolonialisierung seit 1945

In der zweiten Hälfte des 20. Jahrhunderts trat Europa in einen Prozess weltweiter Expansion ein, der unterschiedliche Formen annahm. Dies war mit der Ansiedlung von Europäern und mit dem Export von Waren und Kapital verbunden. Europäische Mächte eroberten große Teile Asiens und Ozeaniens. Neben dem informellen Imperialismus, der vorwiegend wirtschaftlicher und finanzieller Natur war, stand die direkte Kolonisation und politische Beherrschung.

Nach dem Zweiten Weltkrieg bestanden vor allem in Afrika und Asien zahlreiche Kolonien. **Lateinamerika** erlangte bereits im 19. Jahrhundert die politische Unabhängigkeit (blieb allerdings unter dem Einfluss der Vereinigten Staaten). Der **Nahe Osten** kam nach dem Zusammenbruch des Osmanischen Reiches im Jahre 1918 vorläufig unter die Herrschaft europäischer Mächte.

Die erste Entkolonialisierungswelle erfasste **Asien**, einige arabische Länder und Ghana. In einer zweiten Welle befreiten sich große Teile **Schwarzafrikas**. Bis 1970 hatten lediglich die portugiesischen Kolonien Afrikas ihre Unabhängigkeit noch immer nicht erlangt. Namibia stand unter der Kontrolle Südafrikas und Eritrea kämpfte für seine Unabhängigkeit von Äthiopien. Marokko und eine von Algerien unterstützte Unabhängigkeitsbewegung stritten um die von Spanien aufgegebene Westsahara.

Der Entkolonialisierungsprozess verlief manchmal friedlich, manchmal aber auch gewaltsam. Oft entbrannten nach dem Rückzug der Kolonialmächte **Grenzstreitigkeiten** sowie verheerende **Machtkämpfe** zwischen rivalisierenden Gruppen.

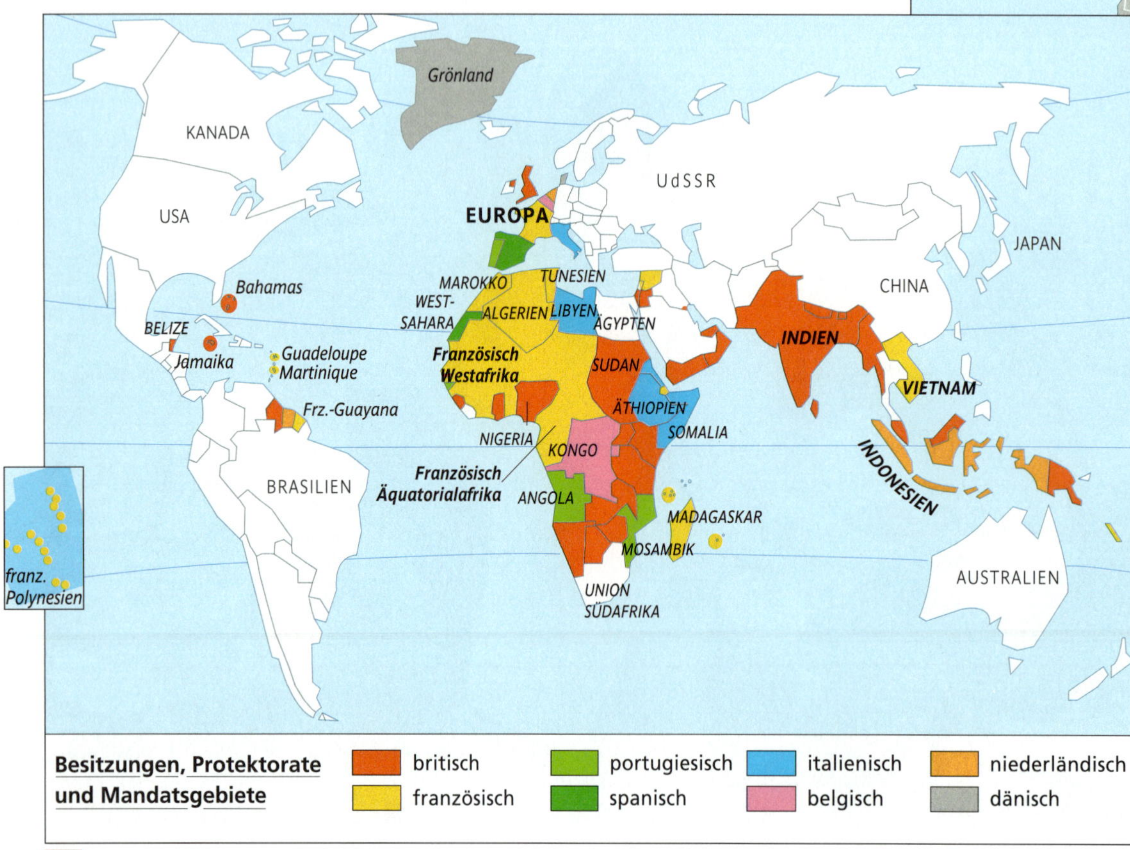

1 Die Kolonialreiche im Jahr 1945

2 **Etappen und Wege der Entkolonialisierung**

1. Die erste Emanzipationswelle (1945–1954)

Die Entkolonialisierung gehörte zu den wichtigsten Ergebnissen der Nachkriegszeit. Wie kam es dazu und wie verlief sie?

1945: Das Kolonialsystem gerät ins Wanken

Die ersten nationalen Bewegungen und Unabhängigkeitsbestrebungen waren bereits in der Zeit zwischen den Weltkriegen entstanden; sie wurden von den Kolonialmächten, zum Beispiel in Indien und Nordafrika, gewaltsam niedergeschlagen. Während des Zweiten Weltkrieges verstärkten sich die Emanzipationsbemühungen besonders in Asien. Die Japaner bildeten in den von ihnen besetzten Ländern Marionettenregierungen, denen zum Teil auch Vertreter der lokalen Eliten angehörten. Die von Gandhi eingeleitete Kampagne des zivilen Ungehorsams zwang die Briten, der „Indischen Union" den Dominion-Status zu gewähren. Auch de Gaulle kam 1944 auf der Konferenz von Brazzaville nicht umhin, den Status des französischen Kolonialreiches zu ändern. Unmittelbar nach Kriegsende gingen die Unabhängigkeitsbewegungen in die Offensive.

Die 1945 verabschiedete Charta der Vereinten Nationen bestätigte – wie bereits 1941 die Atlantik-Charta – das „Selbstbestimmungsrecht der Völker". Ab 1945 entließ Italien seine Kolonien in die Unabhängigkeit. Briten und Franzosen verzichteten ihrerseits auf ihre Mandatsgebiete im Mittleren Osten (siehe Karte S. 84f.). Entschieden antikolonialistisch verhielt sich die Sowjetunion. Die Vereinigten Staaten, die sich den Kolonialmächten verbunden fühlten, bezogen nicht eindeutig Stellung, weil sie den Anschluss der neuen Nationen an das kommunistische Lager fürchteten.

Zögernde Kolonialmächte

Aus pragmatischen Gründen entschied sich Großbritannien für eine Assoziierungspolitik und gewährte Ägypten bereits 1936 die Unabhängigkeit. Die Briten erkannten sehr schnell, dass der Verlust der politischen Macht ihren wirtschaftlichen Interessen nicht im Wege stand. Im Allgemeinen gewährten sie ihren Kolonien die Unabhängigkeit und nahmen die neuen Staaten in das Commonwealth auf.

Frankreich war keineswegs bereit, auf die Forderungen nach nationaler Unabhängigkeit einzugehen, und bevorzugte eine Assimilierungspolitik. Zwar wurde aus dem Kolonialreich (Empire) die Französische Union (Union française), aber die den Überseevölkern gewährten Machtbefugnisse hatten eher symbolischen Charakter. Im Mai 1945 schlug die französische Armee in Setif (Algerien), im November 1946 in Haiphong und 1947 in Madagaskar einheimische Aufstände brutal nieder. Unter dem Druck der Siedler und all jener, die die Größe Frankreichs an der Größe seines Kolonialreiches maßen, verwickelte eine Regierung nach der anderen das Land in Kolonialkriege, die den Niedergang der IV. Republik beschleunigten (siehe S. 240).

Das Erwachen Asiens

In Indien versuchten die Briten durch Unterstützung der muslimischen Minderheit, die Unabhängigkeit hinauszuzögern. Angesichts der Gefahr eines Bürgerkrieges entschloss sich Vizekönig Lord Mountbatten allerdings zur Teilung des Landes. Am 15. August 1947 erlangten zwei Staaten die Unabhängigkeit: die mehrheitlich hinduistische Indische Union und das muslimische Pakistan, das in zwei 1700 km voneinander entfernte Gebiete aufgeteilt wurde. Der überstürzte Abzug der Briten ging mit riesigen Flüchtlingsströmen, blutigen Auseinandersetzungen und Grenzkonflikten (Kaschmir) einher. 1971 erklärte Bangladesch seine Unabhängigkeit von Pakistan. Doch zuvor hatten auch schon andere Gebiete des Indischen Empire ihre Eigenständigkeit erlangt: Birma 1947, Ceylon (Sri Lanka) 1948, gefolgt von Malaysia 1957 und Singapur 1958 (siehe Karte S. 84f.).

Nach der Kapitulation Japans rief Ho Chi Minh die Unabhängigkeit Vietnams aus (siehe S. 94f.). Nach gescheiterten Verhandlungen zwischen Frankreich und der Vietminh brach 1946 der Erste Indochinakrieg aus. China gewährte Vietnam ab 1949 seine tatkräftige Unterstützung. Mit dem Fall der französischen Festung Diên Biên Phu am 7. Mai 1954 endete der Erste Indochinakrieg. Durch die Genfer Verträge, die im Juli 1954 unterzeichnet wurden, erhielten Kambodscha und Vietnam ihre Unabhängigkeit.

1

Mohandas Gandhi (1869–1948)

Gandhi, der auch Mahatma („Große Seele") genannt wurde, war zugleich politischer Führer und moralisches Vorbild des Widerstandes gegen den Kolonialismus in Indien und weltweit. Es gelang ihm aber nicht, die mit der Unabhängigkeit eintretende Teilung Indiens zu verhindern. 1948 wurde er ermordet.

Begriffe

- **Dominion:** Britische Kolonie, der das Recht eingeräumt wurde, sich selbst zu regieren. Kanada erhielt 1867 als erste Kolonie diesen Status.
- **Mandat:** Vom Völkerbund einigen Siegermächten des Ersten Weltkrieges erteilter provisorischer Auftrag, frühere Gebiete des Osmanischen Reiches zu verwalten: Frankreich erhielt das Mandat für Syrien und den Libanon, Großbritannien für Transjordanien, Palästina und den Irak **(siehe Karte S. 84)**.
- **Assoziierung:** Kolonialpolitik, bei der die einheimischen Behörden an der Verwaltung der Kolonie beteiligt wurden. Das Mutterland begnügte sich dabei mit einer indirekten Verwaltung (*indirect rule*).
- **Commonwealth:** 1931 gegründete „Gemeinschaft" zur Aufrechterhaltung der (eher „moralischen" denn juristischen) Bindungen zwischen Großbritannien und seinen unabhängig gewordenen ehemaligen Kolonien. Gegenwärtig umfasst es 54 Staaten.
- **Assimilierung:** Kolonialpolitik, die theoretisch die Einheimischen assimilieren wollte, indem ihnen der Status von Staatsbürgern gewährt wurde.
- **Vietminh:** 1941 von den Kommunisten unter Führung von Ho Chi Minh gegründete Liga für die Unabhängigkeit Vietnams.

2 Die Kolonialdoktrin des freien Frankreichs

Die Konferenz sah es als ihre Pflicht an, folgendes Prinzip klarzustellen: Die Ziele des von Frankreich in den Kolonien vollzogenen Zivilisationswerkes schließen jegliche Vorstellung von Autonomie, jegliche Möglichkeit einer Entwicklung außerhalb des französischen Blocks des Empire aus; die mögliche, auch in weiter Ferne liegende Bildung eines self-government in den Kolonien ist auszuschließen [...].

Es besteht der Wunsch, dass die politische Macht Frankreichs mit Genauigkeit und Strenge auf allen Gebieten seines Empire ausgeübt wird. Weiterhin besteht der Wunsch, dass die Kolonien eine große administrative und wirtschaftliche Freiheit genießen. Es wird ebenfalls gewünscht, dass die Kolonialvölker selbst diese Freiheit empfinden und dass ihre Verantwortung nach und nach geformt und vergrößert wird, damit sie an der Verwaltung der öffentlichen Sache in ihrem Land beteiligt werden.

Auszug aus der Schlussakte der Konferenz von Brazzaville, 30. Januar – 8. Februar 1944; übers. nach: La conférence africaine de Brazzaville. Éd. du Baobab, Brazzaville 1944.

3 Die Großmächte und die Entkolonialisierung

Rede des US-Politikers John Foster Dulles vor Gewerkschaftern am 16. November 1953:

An der Front der freien Welt sind die kolonisierten oder abhängigen Gebiete das Feld der dramatischsten Auseinandersetzungen. Dort stehen sich direkt die westliche Politik und der sowjetische Imperialismus gegenüber.

Insbesondere im 19. Jahrhundert praktizierten die Westmächte den Kolonialismus; aber aufgrund des Charakters der auf dem Glauben an das spirituelle Wesen des Menschen gegründeten westlichen Zivilisation war es unvermeidbar, dass dieser Kolonialismus nur eine vorübergehende Erscheinung sein konnte, die sich von selbst auflöst ... [Dies] führt, unter der Garantie der Charta der Vereinten Nationen, ganz selbstverständlich zur Entstehung unabhängiger Regierungen und freier Institutionen bei den Völkern, die sich nicht selbst regieren.

Wir können indessen die vom internationalen Kommunismus ausgehenden Gefahren nicht ignorieren; dieser möchte sich den Nationalismus seinen ureigensten imperialistischen Zielen gefügig machen möchte. [...]

Vielleicht sind einige von Ihnen der Ansicht, dass unsere Regierung die Freiheitspolitik nicht so kraftvoll durchsetzt, wie es nötig wäre. Ich kann Ihnen sagen [...], dass wir wohl die Fälle genau erkennen, wo die Möglichkeit einer etwaigen kommunistischen Bedrohung einen Aufschub unseres Handelns rechtfertigen kann, und die Fälle, wo es keinen triftigen Grund dafür gibt.

Wir haben gute Gründe, die Einheit mit unseren westlichen Verbündeten aufrechtzuerhalten, aber wir haben nicht vergessen, dass wir die erste Kolonie waren, die sich die Unabhängigkeit erkämpft hat. Und wir haben keiner einzigen Kolonialmacht einen Blankoscheck ausgestellt. Es gibt nicht den geringsten Zweifel in unserer Überzeugung, dass der normale Übergang vom Kolonialstatus zur Autonomie bis zu Ende geführt werden muss.

Übers. nach: R. Frank, La décolonisation. Paris 1983, S. 21f.

4 **Französische Gefangene in Indochina (1954)**

Nach dem Fall von Diên Biên Phu am 7. Mai 1954 musste die Regierung von Pierre Mendès France, die mit der Vietminh in Genf verhandelte, das Schicksal der 10000 Gefangenen in den Händen der Kommunisten berücksichtigen.

5 **Die „Teilung" Indiens (1947)**

Fragen und Anregungen

1. Wie kam es zur Entkolonialisierung?
2. Schildern Sie deren Verlauf.
3. Vergleichen Sie die Haltung Frankreichs mit der der Vereinigten Staaten. (M2 und 3)

Dossier:
Die Konferenz von Bandung – ein „Donnerschlag“?

Nach der Genfer Konferenz, die 1954 einen Schlussstrich unter den Indochinakrieg zog, strebten die neuen asiatischen Mächte nach einer Beschleunigung des Unabhängigkeitsprozesses. Vom 17. bis 24. April 1955 tagte im indonesischen Bandung eine afrikanisch-asiatische Konferenz mit 29 Delegationen, die insgesamt mehr als etwa 57 Prozent der Weltbevölkerung vertraten.

Das Schlusskommuniqué, das im Wesentlichen auf die Worte des indischen Premierministers Nehru zurückging, war ein Bekenntnis zur Blockfreiheit und zu den Prinzipien der friedlichen Koexistenz. Es vermochte allerdings nicht, eine gemeinsame Linie gegenüber den Großmächten festzulegen: So standen den blockfreien Staaten, Indien bzw. Ägypten, einerseits pro-westliche Länder wie Pakistan oder die Türkei und andererseits das kommunistische China gegenüber.

Dennoch erlangte die Dritte Welt internationale Aufmerksamkeit und profilierte sich als „Internationale der Armen“ (Nasser), die fest entschlossen war, sich Gehör zu verschaffen.

1 Auszug aus der Schlusserklärung der Bandung-Konferenz (24. April 1955)

1. Achtung vor den fundamentalen Menschenrechten in Übereinstimmung mit den Zielen und Prinzipien der Charta der Vereinten Nationen;
2. Achtung vor der Souveränität und territorialen Integrität aller Nationen;
3. Anerkennung der Gleichheit aller Rassen und der Gleichheit aller Nationen, ob klein oder groß;
4. Verzicht auf Intervention und Einmischung in die Inneren Angelegenheiten eines anderen Landes;
5. Achtung vor dem Recht jeder Nation, sich allein oder kollektiv in Übereinstimmung mit der Charta der Vereinten Nationen zu verteidigen;
6. a) Verzicht auf Vereinbarungen über kollektive Verteidigung, die den besonderen Interessen einer der Großmächte dienen;
b) Verzicht jedes Landes, auf andere Länder Druck auszuüben;
7. Verzicht auf Aggressionsakte oder -drohungen oder den Gebrauch von Gewalt gegen die territoriale Integrität oder politische Unabhängigkeit eines Landes;
8. Regelung aller internationalen Streitfragen durch friedliche Mittel […];
9. Förderung der gegenseitigen Interessen und Zusammenarbeit;
10. Achtung vor dem Recht und den internationalen Verpflichtungen.

Schlusserklärung der Bandung-Konferenz. Archiv der Gegenwart, 1955, S. 5134ff.

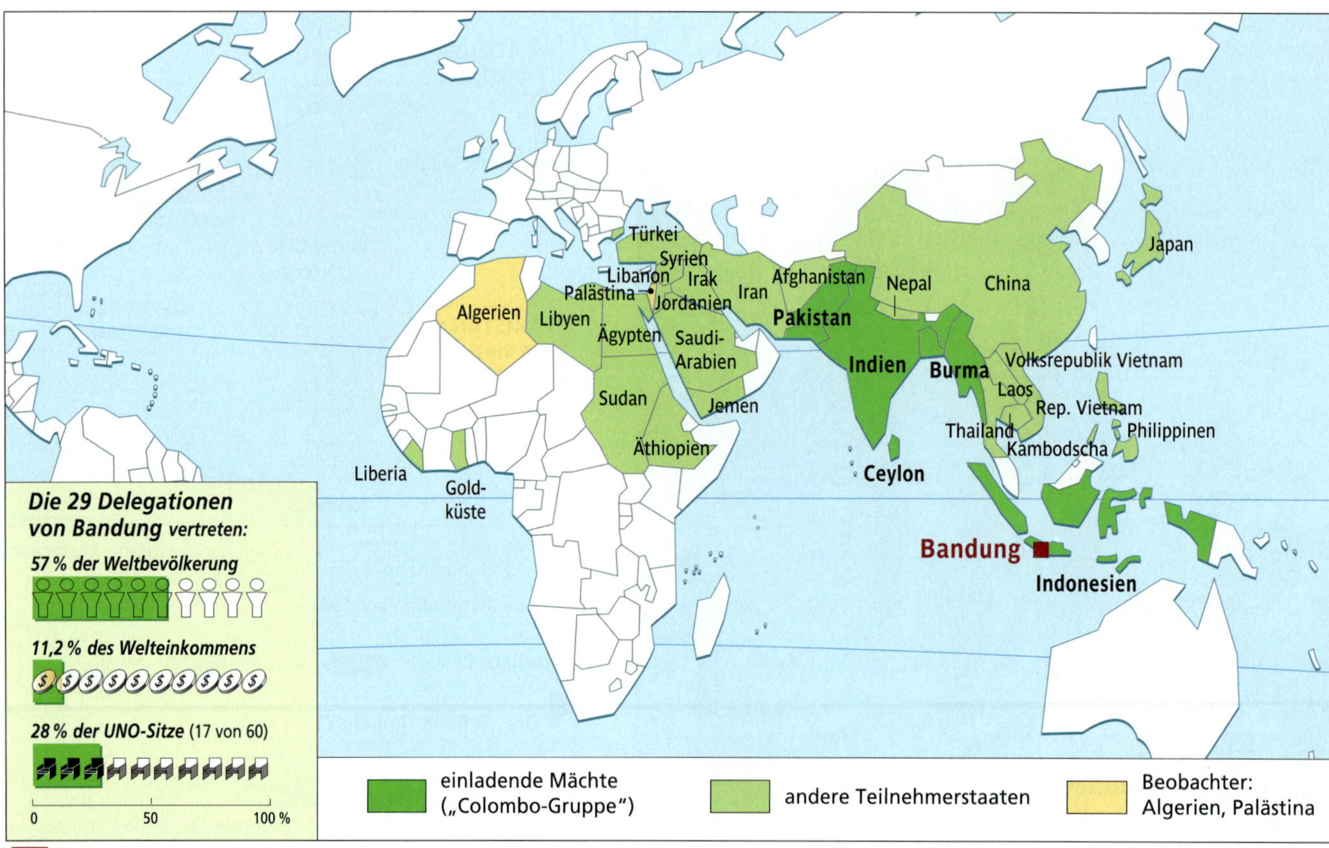

2 Die Teilnehmer der Bandung-Konferenz

3

Nehru und Nasser auf dem Weg nach Djakarta (1955)

Nehru (1889 – 1964) stand seit der Ermordung von Gandhi 1948 an der Spitze Indiens. Für Nasser (1918 – 1970), der gerade in Ägypten an die Macht gekommen war, bedeutete Bandung ein großer Erfolg, der knapp ein Jahr später in der Verstaatlichung des Suezkanals seine Fortsetzung fand.

4 China, Wortführer des Anti-Imperialismus

Uns ist es gelungen, dem Kolonialismus zu trotzen, den Weltfrieden zu erhalten und die politische, wirtschaftliche und kulturelle Zusammenarbeit zu fördern, weil wir, die Völker Asiens und Afrikas, dasselbe Schicksal und dieselben Wünsche teilen.

Aus dem gleichen Grunde möchte ich ein weiteres Mal[1] erklären, dass das chinesische Volk dem Kampf der Völker Algeriens, Marokkos und Tunesiens für ihre Selbstbestimmung und ihre Unabhängigkeit, dem Kampf des arabischen Volkes von Palästina für die Menschenrechte, dem Kampf des indonesischen Volkes für die Wiederherstellung der indonesischen Souveränität über Westirian[2], und dem gerechten Kampf für die nationale Unabhängigkeit und der Freiheit der Völker, den alle Völker Asiens und Afrikas führen, um das Joch des Kolonialismus abzuschütteln, seine Sympathie und Unterstützung entgegenbringt.

Erklärung des chinesischen Premierministers Chou En-lai zum Abschluss der Bandung-Konferenz, 24. April 1955. Archiv Dritte Welt, Bewegung der Blockfreien. Köln 1978, S. 234.

[1] Der chinesischen Delegation war es bereits gelungen, diese Punkte in ein Schlusskommuniqué einzubringen.
[2] Irian Jaya ist das ehemalige Neu-Westguinea, eine 1969 an Indonesien angegliederte holländische Kolonie.

5 Die Bedeutung von Bandung

Was war denn so denkwürdig an Bandung? Dass sich nämlich eine Milliarde fünfhundert Millionen Menschen in einer Stadt Asiens versammelt haben, um feierlich zu verkünden, dass Europa nicht mehr befähigt ist, die Welt unilateral zu führen, um zu verkünden, dass die europäische Herrschaft über die nichteuropäischen Teile des Erdballs in eine Sackgasse geführt hat, aus der es nun herauszukommen gilt. Und Bandung war nicht, wie man es glauben könnte, eine banale Veranstaltung des asiatischen oder afrikanischen Fremdenhasses. Es war keine hasserfüllte und blinde Anprangerung Europas. Im Gegenteil, es gab niemanden in Bandung, der sich nicht der immensen Bedeutung Europas in der Geschichte der Menschheit und des vielfältigen Beitrags zu den Errungenschaften der Zivilisation bewusst war. Was in Bandung verurteilt wurde, war nicht die europäische Kultur, sondern die nicht zu duldende Form, die einige Männer im Namen Europas den Beziehungen geben zu müssen glaubten, die zwischen Europa und den nichteuropäischen Völkern ganz normale Gegebenheit werden sollten.

Und wenn ein Ereignis das Attribut historisch verdient, dann ist es eben dieses ... Um dessen Tragweite genau zu verstehen, sollten Sie sich zwei Daten in Erinnerung rufen: 1885 versammelte sich Europa in Berlin, um die Welt aufzuteilen; 1955, siebzig Jahre später, versammelte sich die Welt in Bandung, um Europa kundzutun, dass die Ära des europäischen Imperiums vorbei ist [...]

Übers. nach: Aimé Césaire (Dichter aus Martinique), Les Temps modernes, März – April 1956.

Fragen und Anregungen

1. Welche Prinzipien wurden auf der Konferenz verteidigt? In welchem Zusammenhang standen sie mit der Charta der Vereinten Nationen? (M1)

2. Welches waren die Gastgeberstaaten bzw. die Teilnehmerländer? Erklären Sie die Anwesenheit der Beobachter und gehen Sie dabei auf die Bedeutung von Bandung für den Entkolonialisierungsprozess ein. (M2 und 5)

3. Wie lässt sich die herausragende Bedeutung einiger Länder erklären? (M3 und 4)

4. Welche Ergebnisse brachte die Konferenz? Warum galt Bandung als Geburtsstunde der Dritten Welt? (M4 und 5)

2. Der Abschluss des Entkolonialisierungsprozesses

Wie lässt sich erklären, dass die Entkolonialisierung in Schwarzafrika weniger dramatisch verlief als in Nordafrika?

Die Unabhängigkeit Schwarzafrikas

Während die Bandung-Konferenz in Indonesien (1955) dem Streben der afrikanischen Völker nach Unabhängigkeit neuen Auftrieb verlieh, gerieten die Kolonialmächte durch die Suez-Krise (1956) in Misskredit. Die im Geiste der großen Prinzipien von Freiheit und Brüderlichkeit gewachsenen Erwartungen einheimischer Eliten konnten nun nicht länger ignoriert werden.

Der Wille, die Unabhängigkeit zu erkämpfen, blieb ungebrochen **(siehe Karte S. 85)**. In den britischen Kolonien kam der Emanzipationsprozess, der 1957 in der ehemaligen Goldküste (Ghana) begonnen hatte, 1964 mit der Unabhängigkeit Nord-Rhodesiens (Sambia) zu seinem Abschluss. Das Defferre-Rahmengesetz von 1956 und das Projekt einer Französischen Gemeinschaft von 1958 gestanden den ehemaligen französischen Kolonien zunächst eine größere Autonomie zu, bevor diese 1960 endlich in die Unabhängigkeit entlassen wurden.

Belgisch-Kongo, wo das Kolonialregime bis zum Schluss äußerst repressiv vorging, war völlig unzureichend auf die Unabhängigkeit vorbereitet worden: Nachdem die Kongolesen 1960 nach gewalttätigen Unruhen ihre Unabhängigkeit erzwungen hatten, entfesselte Belgien Stammeskämpfe, die die Einheit des Landes bedrohten und bis 1963 andauerten. In Südrhodesien gaben sich die weißen Kolonialherren erst 1980 mit der Gründung Simbabwes geschlagen. Da auch Portugiesen und Spanier in dieser Zeit auf ihre Kolonien verzichteten, wurde fast der gesamte afrikanische Kontinent unabhängig.

Die Unabhängigkeit der nordafrikanischen Protektorate

In Tunesien strebte die Neo-Destour-Partei von Habib Bourguiba seit langem das Ende des Protektorats an. Trotz Verhaftungen und Drohungen weitete sich die Volksbewegung aus. 1954 gewährte Pierre Mendès France Tunesien zunächst umfassende politische Reformen, die den Auftakt zum Weg in die geforderte Unabhängigkeit bildeten (1956).

Ähnlich verlief die Entwicklung in Marokko. 1953 setzte Frankreich den Sultan ab, der, von Washington ermutigt, die Reform des Protektorats gefordert hatte. Angesichts der durch schwere Unruhen zugespitzten Lage sah sich Frankreich zum Einlenken gezwungen: Der Sultan kehrte triumphierend nach Rabat zurück und wurde im März 1956 als Mohammed V. zum König von Marokko gekrönt.

Der Algerienkrieg

Die Lösung des Algerienproblems erwies sich als sehr viel schwieriger. Nahezu eine Million europäische Siedler weigerten sich, die Macht mit 8,5 Millionen Muslimen zu teilen. Jegliche Reformversuche seit den 1930er-Jahren des vorigen Jahrhunderts scheiterten an ihrer unnachgiebigen Haltung, die wiederum zu einer Radikalisierung der nationalistischen Bewegung führte. Am 1. November 1954 markierte eine Anschlagserie, zu der sich junge FLN-Anhänger bekannten, den Beginn des bewaffneten Aufstandes.

Guy Mollet, der aufgrund eines Friedensprogramms zum Regierungschef gewählt wurde, begab sich 1956 nach Algier. Angesichts der Kompromisslosigkeit der Algerien-Franzosen verzichtete er auf Friedensverhandlungen und beschloss die Entsendung von Truppen nach Algerien. Bald entbrannte ein erbarmungsloser Krieg: Die algerische FLN, die sich in die Gebirgsregionen zurückgezogen hatte, antwortete immer häufiger mit Anschlägen und Gewalttaten. Die Armee reagierte mit brutalen Operationen zur „Aufrechterhaltung der Ordnung". In Frankreich verschärften sich die Meinungsverschiedenheiten zwischen den Anhängern eines Französisch-Algeriens, die für eine militärische Lösung plädierten, und denjenigen, vor allem im linken Lager und unter Intellektuellen, die die Anwendung der Folter anprangerten und für einen sofortigen Frieden eintraten.

Der wachsenden internationalen Kritik und den innenpolitischen Auseinandersetzungen stand die französische Regierung ohnmächtig gegenüber. Als am 13. Mai 1958 ein Aufstand in Algier ausbrach, kehrte General de Gaulle an die Macht zurück. Der neue Staatschef schloss sich – zunächst zögerlich – dem Prinzip der Selbstbestimmung an, das im Januar 1961 durch ein Referendum in Frankreich gebilligt wurde. Teile der Armee, die sich verraten fühlten, zettelten einen Putsch an, der jedoch aufgrund der Loyalität der Truppen scheiterte. Während in Evian Verhandlungen liefen, kam es in Algerien und Frankreich vermehrt zu Anschlägen durch die OAS. Als im Juli 1962 die Unabhängigkeit Algeriens ausgerufen wurde, verließen eine Million Pieds-noirs (Algerien-Franzosen) und mehrere tausend Harkis panikartig das Land.

1 **„Guten Morgen, Afrika!"**
Sowjetisches Plakat, das die Unabhängigkeit des Kontinents begrüßt (1960).

Begriffe

- **Neo-Destour:** Die 1934 von Bourguiba gegründete Partei trat für die Unabhängigkeit Tunesiens und die Schaffung einer weltlichen und modernen Regierung ein.
- **FLN** (Front de Libération Nationale) Nationale Befreiungsfront: Im November 1954 gegründete Befreiungsbewegung, die für die Unabhängigkeit Algeriens kämpfte. Von 1962 bis 1989 einzige zugelassene Partei.
- **Selbstbestimmung:** Das einem Volk zugestandene Recht, über seinen politischen Status selbst zu entscheiden.
- **OAS** (Organization Armée secrète): Untergrundbewegung und Terrororganisation, die versuchte, die Verhandlungen über die Unabhängigkeit Algeriens mit Waffengewalt zu verhindern.
- **Pieds-noirs** („Schwarzfüße"): Abschätziger, zunächst zur Bezeichnung der Araber verwendeter Begriff, später von den Europäern übernommen, um ihre eigene Verwurzelung in Nordafrika zu unterstreichen.
- **Harkis:** Muslimische Algerier, die in der französischen Armee als Hilfstruppen dienten.

2 Bourguiba und die Bekräftigung des tunesischen Nationalismus

Am Vorabend dieser Erklärung hatte die Regierung Schuman die Forderungen der Neo-Destour-Partei zurückgewiesen.

Die Antwort der französischen Regierung setzte dem tunesischen Experiment praktisch ein Ende: dem Versuch, in Frieden und Freundschaft das Streben des tunesischen Volkes nach Unabhängigkeit und die allgemeinen Interessen Frankreichs in Tunesien in Einklang zu bringen [...].

Der eingeleitete Dialog galt vor den Augen der Welt als Test. Die Antwort von Herrn Schuman auf das Schreiben der tunesischen Minister zeugt vom schlechten Willen Frankreichs bzw. seiner Unfähigkeit, die inneren Widersprüche des Protektorats zu lösen. Sie zeigt auch seine Geringschätzung für die Freundschaft des tunesischen Volkes, die die sicherste Garantie für die französische Präsenz hätte darstellen können [...]. Die Neo-Destour muss einer derartigen Machtprobe, die die Existenz und die Zukunft der Nation in Gefahr bringt, die Stirn bieten. Der eigensinnige Mangel an Einfühlungsvermögen der französischen Kolonialmacht hat dazu geführt, dass diese Kraftprobe unvermeidlich geworden ist.

Presseerklärung Habib Bourguibas am 16. Dezember 1951; übers. nach: Habib Bourguiba, La Tunisie et la France. 25 ans de lutte pour une coopération libre. Paris 1954.

3

Von Belgisch-Kongo zu Zaire

Die Unabhängigkeitsfeiern in Leopoldville am 30. Juni 1960 im Beisein des belgischen Königs Baudouin. Zwei Wochen später versinkt das Land, das auf die Unabhängigkeit nicht vorbereitet war, in Anarchie.

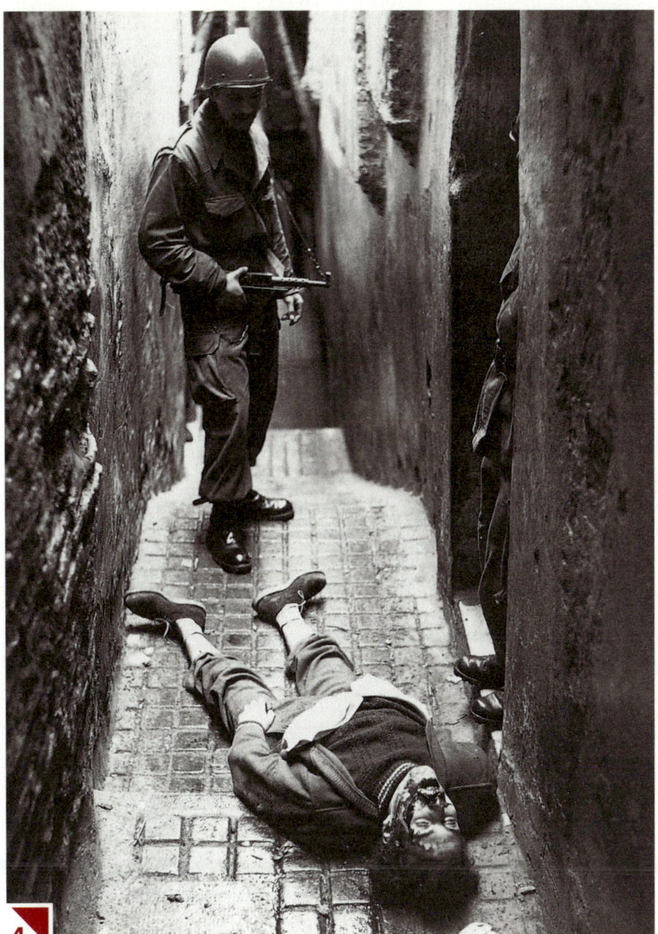

4

Die Schlacht von Algier

1957 unternahm General Massu, der mit umfassenden zivilen und militärischen Vollmachten ausgestattet war, eine „Säuberung" der Kasbah. Damit wollte er die FLN-Netzwerke zerschlagen, die der zahlreichen Anschläge im europäischen Teil der Stadt beschuldigt wurden.

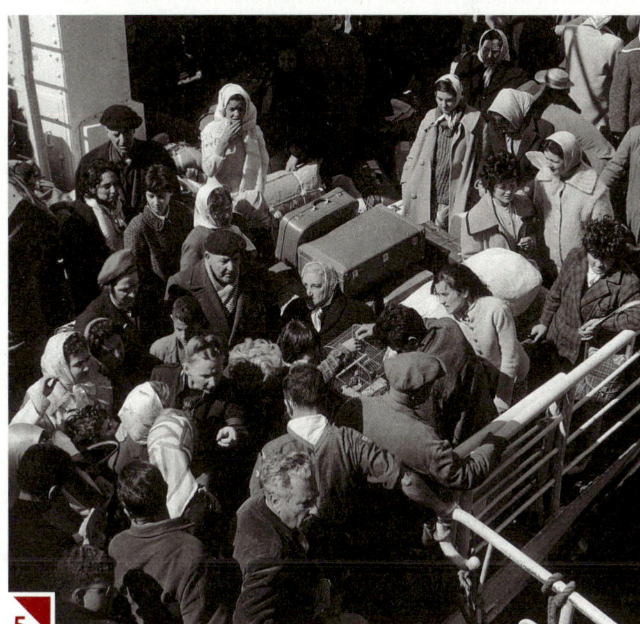

5

Der tragische Exodus im Sommer 1962

Nach der Unterzeichnung des Waffenstillstandsabkommens am 18. März 1962 musste mehr als eine Million Algerien-Franzosen zum Teil unter äußerst schwierigen materiellen Bedingungen nach Frankreich zurückkehren.

3. Das Erstarken der jungen Nationen

Die Dritte Welt strebte gegenüber den Industrienationen nach internationaler Anerkennung. Welche Schwierigkeiten bremsten ihre Entwicklung?

Eine unterentwickelte Welt

Unmittelbar nach Erlangung der Unabhängigkeit war der Unterschied zwischen den wirtschaftlich hoch entwickelten Ländern und der Dritten Welt beachtlich: Über lange Zeiträume bestehende Agrardefizite hatten Unter- und Fehlernährung zur Folge, Analphabetismus ging mit Unterbeschäftigung einher. Oft hatte die Kolonisierung die traditionellen sozialen und kulturellen Rahmenbedingungen zerstört; die von den Europäern künstlich gezogenen Grenzen lösten zahlreiche Konflikte aus, wie etwa den blutigen Bürgerkrieg in Nigeria zwischen 1967 und 1970. Da die Nahrungsmittel erzeugende Landwirtschaft während der Kolonialzeit weit gehend der Konzentration auf den Rohstoffexport geopfert und die nationalen Industrien bewusst nicht entwickelt worden waren, gerieten diese ohnehin schwachen Volkswirtschaften in die Abhängigkeit der Weltmärkte.

Die jungen Staaten, denen jegliche demokratische Tradition fremd war, optierten fast immer für autoritäre Militär- oder Zivilregime (Indien gehört zu den ganz wenigen Ausnahmen), die den Interessen einer kleinen, durch Korruption und Vetternwirtschaft gekennzeichneten Minderheit dienten. Als politisch besonders instabil galt Lateinamerika, wo die Zahl der Staatsstreiche besonders hoch war.

Der fast automatische Rückgriff auf – sozialistische oder liberale – Importlösungen hinderte die jungen Nationen daran, effiziente Wachstumsstrategien zu entwickeln. Sie standen nicht nur vor dem akuten Problem der Bevölkerungsexplosion, der Landflucht und einer erstarkenden Schattenwirtschaft, sondern mussten sich gleichermaßen den harten Regeln der Weltwirtschaft unterwerfen. Da die Kurse der exportierten Rohstoffe im Vergleich zu den importierten Industriegütern weitaus niedriger lagen, kam es zu einer Verschlechterung der Handelsbilanz. Für die Verschärfung der internationalen Arbeitsteilung und die Zuspitzung der sozialen und regionalen Ungleichgewichte wurden die Strategien der Global Players verantwortlich gemacht (Niedriglöhne, Zulieferung).

Die Herausbildung der Dritten Welt

Die Bandung-Konferenz war Ausdruck der antikolonialen Solidarität und des Willens, sich von jeglicher Blockbindung fern zu halten. Dies führte 1961 in Belgrad zur Gründung der Bewegung der blockfreien Staaten, deren Augenmerk besonders dem „Neokolonialismus" des Westens galt. Im Nord-Süd-Konflikt wurde der Neutralismus jedoch häufig zu einer stillschweigenden Zustimmung zur Politik der Sowjetunion. In Lateinamerika gab es zahlreiche Revolutionsversuche, doch lediglich in Kuba gelang es der Guerilla, in diesen Jahren die Macht zu ergreifen.

Die in der Generalversammlung der UNO in der Überzahl vertretenen Länder Asiens, Afrikas und Lateinamerikas prangerten die „Ausplünderung der Dritten Welt" an und plädierten für eine neue Weltwirtschaftsordnung. 1974 verabschiedete die UNO zwar eine „Charta der Wirtschaftsrechte und -pflichten der Staaten", diese bewirkte allerdings nur begrenzte Fortschritte: Schaffung eines Stabilisierungsfonds für Rohstoffe (1976) und Schuldenerlass für die ärmsten Länder (1978).

Unterschiedliche Entwicklungen innerhalb der Dritten Welt

Die Ölschocks in den Jahren 1973 und 1979 brachten den Erdöl produzierenden Ländern (OPEC) einen enormen Aufschwung. Mit den erzielten Einnahmen finanzierten sie entweder den Ausbau ihrer Infrastruktur, ihre Industrie (Iran, Algerien) oder auch spektakuläre Prestigeprojekte zugunsten der Verbreitung eines konservativen oder revolutionären Islams (Saudi-Arabien bzw. Libyen).

Die Schwellenländer in Lateinamerika (Mexiko, Brasilien) und mehr noch in Ostasien (wie etwa Südkorea und Taiwan) stiegen zu neuen Industrieländern auf. Durch eine rasche Ausweitung ihrer Exporte im Bereich der verarbeitenden Industrie konnten sie um den Preis starker innerer Spannungen (Niedriglöhne, unsichere Arbeitsplätze ...) und einer steigenden Verschuldung hohe Wachstumsraten erzielen.

Als „weniger entwickelte Länder" werden ungefähr dreißig meist schwarzafrikanische Staaten bezeichnet. Aufgrund einer Häufung ungünstiger Bedingungen leiden sie noch immer an den Folgen der Unterentwicklung und sind auf die Hilfe der internationalen Gemeinschaft angewiesen, die für einen echten wirtschaftlichen Aufschwung allerdings zu gering ist.

1 „Die Kursentwicklung des Kautschuks ist zu elastisch."

Karikatur von Plantu, Le Monde 1980. Die Spekulation auf den Märkten für Erzeugnisse des Primärsektors stellt einen großen Nachteil für das Wachstum der Länder dar, die Rohstoffe und Agrarprodukte exportieren.

Begriffe

- **Schattenwirtschaft:** Wirtschaftliche Aktivitäten am Rande der Legalität; entzieht sich den Zwängen der offiziellen Wirtschaft (Steuergesetzgebung, Arbeitsrecht).
- **Internationale Arbeitsteilung:** **siehe S. 192.**
- **Global Players** (multinationaler Konzern): Konzern mit weltweiter Präsenz auf den Absatzmärkten und in der Regel auch mit internationalen Produktionsstandorten.
- **Neutralismus:** Von Tito, Nehru und Nasser 1956 in Brioni (Jugoslawien) begründete Politik, die jegliche Einbindung in einen der beiden Blöcke ablehnt. Daraus entstand 1961 die Bewegung der blockfreien Staaten.
- **Dritte Welt:** Ein vom französischen Demographen Alfred Sauvy 1952 eingeführter Begriff zur Bezeichnung der armen Länder, die keinem der beiden Blöcke angehörten. Der Bezug auf den Dritten Stand und das Jahr 1789 unterstreicht, dass ihr Elend und ihre Abhängigkeit zu einer revolutionären Situation führen können.
- **OPEC:** (Organization of Petroleum Exporting Countries): Organisation der Erdöl exportierenden Länder, 1960 gegründet, um die Interessen der Erdöl produzierenden Länder gegen die großen westlichen Ölkonzerne zu verteidigen

2 **Militärputsch in Argentinien**

Am 24. März 1976 setzte General Videla an der Spitze einer Militärjunta die Regierung von Isabel Perón ab und stürzte Argentinien in eine siebenjährige grausame Diktatur.

4 Anprangerung des Neokolonialismus

Die Frage der Entwicklung ist heute zu einer absoluten Priorität geworden, der wir uns alle, und zwar sofort, stellen müssen, wenn wir die tragische Möglichkeit vermeiden wollen, dass dieses Problem eines Tages zu einer Quelle unkontrollierbarer Umwälzungen wird […]. In der Welt, in der wir leben, befinden sich alle Hebel zur Steuerung der Weltwirtschaft in den Händen einer aus hoch entwickelten Ländern bestehenden Minderheit. Aufgrund ihrer Vormachtstellung entscheidet allein diese Minderheit über die Verteilung der Weltressourcen nach einer von ihr selbst festgelegten Hierarchie der Bedürfnisse. Diese Situation hat dazu geführt, dass die Dynamik, nach der die einen unaufhörlich reicher werden, während die anderen in Verarmung versinken, zu einer Art Prinzip erhoben wurde. […] Dadurch, dass die entwickelten Länder die meisten Rohstoffmärkte kontrollieren, eine Quasi-Monopolstellung bei der Herstellung der Industrieerzeugnisse und der Ausrüstungsgüter innehaben sowie das Monopol auf dem Kapital- und Dienstleistungsmarkt besitzen, konnten sie, wie und wann es ihnen passte, sowohl die Preise für die Rohstoffe, die sie sich aus den Entwicklungsländern holen, als auch die Preise für die Güter und Dienstleistungen festlegen, die sie diesen verkaufen. Auf diese Weise sind sie in einer Position, die es ihnen erlaubt, die Ressourcen der Länder der Dritten Welt zu ihren Gunsten und über verschiedene Kanäle an sich zu ziehen.

Rede des algerischen Präsidenten Houari Boumediene vor der 6. außerordentlichen Tagung der Generalversammlung der Vereinten Nationen, New York, April 1974.

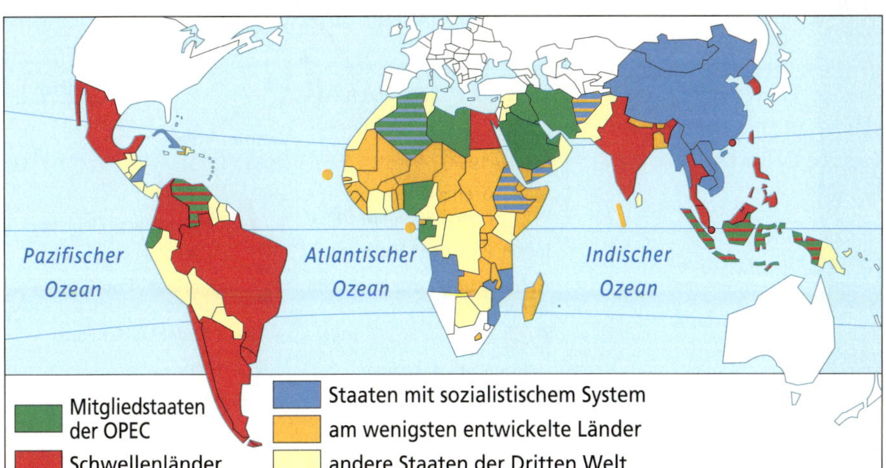

5 **Die Dritte Welt am Ende der 1970er-Jahre**

3 „Schaffen wir zwei, drei, viele Vietnam"

Ernesto „Che" Guevara, Anführer der bolivianischen Guerilla, veröffentlichte diese von der kommunistischen Partei Kubas übermittelte Botschaft im April 1967. Er wurde wenige Monate später während eines Anti-Guerilla-Einsatzes erschossen.

Und wir Ausgebeuteten der Welt, welches ist die Rolle, die auf uns zukommt? […] In Lateinamerika kämpft man mit der Waffe in der Hand in Guatemala, Kolumbien, Venezuela und Bolivien. Es tauchen schon die ersten Keime des Kampfes in Brasilien auf. […] Amerika ist in der Zeit der letzten politischen Befreiungskämpfe der Welt ein vergessener Kontinent gewesen; es beginnt, sich durch die Stimme der Avantgarde seiner Völker, die kubanische Revolution, Gehör zu verschaffen. Es wird eine viel größere Aufgabe zu erfüllen haben: die Schaffung des zweiten oder dritten Vietnams der Welt. […] Das strategische Ziel [dieses Kampfes] muss die Zerstörung des Imperialismus sein. Die Aufgabe, die uns betrifft, die Ausgebeuteten und Zurückgebliebenen der Welt, ist die Eliminierung der Lebensgrundlagen des Imperialismus. Diese Lebensgrundlagen sind unsere unterjochten Völker, aus denen Kapitalien, Rohstoffe, Techniken und billige Arbeitskräfte herausgezogen werden und wohin neue Kapitalien, Beherrschungsinstrumente, Waffen und allerlei Artikel exportiert werden. Das alles lässt uns in eine absolute Abhängigkeit gleiten.

Der grundlegende Faktor dieses strategischen Zieles wird dann die reale Freiheit der Völker, Freiheit, die sich durch bewaffneten Kampf in den meisten Fällen herstellen wird. Dieser Kampf wird in Amerika fast unabwendbar die Eigenschaft haben, sich in eine soziale Revolution zu verwandeln.

Ernesto „Che" Guevara, Schaffen wir zwei, drei, viele Vietnam, Brief an das Exekutivsekretariat von OSPAAL. Berlin 1967, S. 9ff.

Fragen und Anregungen

1. Worin liegen die Ursachen für die Probleme, mit denen die Länder der Dritten Welt konfrontiert sind? (M1–4)
2. Welche Ziele verfolgten die lateinamerikanischen Revolutionäre? Wem galt ihre Solidarität? (M3)
3. Analysieren Sie die Vielfalt der Länder der Dritten Welt. Wie lässt sich die Lage der ärmsten unter ihnen erklären? (M5)

Dossier: Vietnam im Brennpunkt der internationalen Beziehungen

1945 war Vietnam seit bereits mehr als 50 Jahren eine französische Kolonie und gehörte der Indochina-Union an. Nach der japanischen Besetzung lockerten sich die Beziehungen zu Frankreich, und in den letzten Wochen des Zweiten Weltkriegs übernahm eine von dem kommunistischen Politiker Ho Chi Minh geführte nationalistische Bewegung die Kontrolle über den nördlichen Teil des Landes. Die Franzosen versuchten, ihre ehemalige Kolonie zurückzuerobern, aber die äußerst schwierigen Bedingungen dieses Krieges führten zu einer schweren Niederlage ihrer Truppen.

Die im Juli 1954 unterzeichneten Genfer Verträge legten eine Zweiteilung des Landes fest. Der von der UdSSR und China unterstützte kommunistische Norden wollte jedoch die Wiedervereinigung zu seinen Gunsten durchsetzen. Aber die USA intensivierten ihre Hilfe für den Süden: Mitte der 1960er-Jahre kämpften mehr als 500 000 GIs im Dschungel gegen die kommunistischen Widerstandsgruppen des Vietcong. Trotz ihrer technologischen Überlegenheit gerieten auch sie in eine militärisch äußerst prekäre Lage; die öffentliche Meinung stand dem Krieg zunehmend ablehnend gegenüber. Nixon, der 1968 an die Macht kam, trieb den Krieg zunächst voran, beschloss am Ende jedoch, seine Truppen zurückzuziehen. Der durch und durch korrupte Süden brach rasch in sich zusammen und so wechselte 1975 ganz Indochina ins kommunistische Lager über.

Chronologie

1945	Ausrufung der Demokratischen Republik Vietnam in Hanoi.
1946	Bombardierung von Haiphong, Beginn des Ersten Indochinakrieges.
1954	Französische Niederlage bei Diên Biên Phu. Genfer Verträge.
1960	Gründung der prokommunistischen Nationalen Befreiungsfront Südvietnams (FNL).
1965	Beginn der amerikanischen „Eskalation".
1968	Der Vietcong startet die Tet-Offensive.
1973	Pariser Verträge. Beginn des Rückzugs der Vereinigten Staaten aus Vietnam.
1975	Fall von Saigon (Ho-Chi-Minh-Stadt). Wiedervereinigung Vietnams. Die Kommunisten übernehmen auch in Kambodscha und Laos die Macht.

1 **„Gestern Straßburg, morgen Saigon"**
Frankreich entsandte im Sommer 1945 ein Expeditionskorps zur Wiedereroberung Indochinas. An seiner Spitze stand einer der ranghöchsten französischen Offiziere, General Leclerc, der Befreier von Straßburg. Plakat des Kriegsministeriums, 1945.

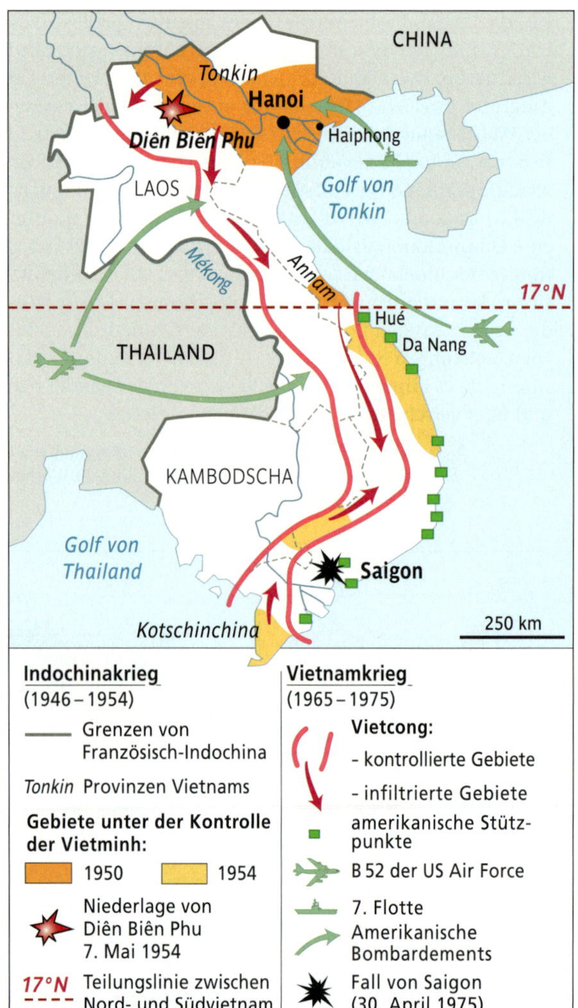

2 **Vietnam im Krieg**

3 Verkündung der Unabhängigkeit der Republik Vietnam

Wir sind der Ansicht, dass alle Menschen gleich geschaffen sind; dass sie von Geburt einige unverbrüchliche Rechte mitbringen, darunter das Recht auf Leben, Freiheit und Glück. Diese unsterblichen Worte stehen in der Unabhängigkeitserklärung der Vereinigten Staaten von Amerika, die im Jahre 1776 ausgerufen wurde. In weiterem Sinne bedeuten sie: Alle Völker der Erde sind gleich; jedes Volk hat das Recht auf Leben, Glück und Freiheit. Die Erklärung der Menschen- und Bürgerrechte, die von der Französischen Revolution im Jahre 1789 verkündet wurde, besagt ebenfalls: Die Menschen werden frei und gleichberechtigt geboren und bleiben es. Das sind unumstößliche Tatsachen. Aber schon achtzig Jahre rauben die französischen Kolonialherren unter dem Deckmantel des Wahlspruchs von „Freiheit, Gleichheit und Brüderlichkeit" unser Land aus und knechten unsere Landsleute. Ihre Taten stehen in einem schreienden Gegensatz zu allen Prinzipien der Menschlichkeit und Gerechtigkeit.

In politischer Hinsicht haben sie uns aller demokratischen Freiheiten beraubt und uns barbarische Gesetze aufgezwungen. Sie haben drei verschiedene politische Ordnungen in Zentral-, Süd- und Nordvietnam errichtet, um die Einheit unseres Vaterlandes, die Einheit unseres Volkes zu zerstören. Sie haben mehr Gefängnisse als Schulen erbaut. [...]

Sie haben sich des Opiums und des Alkohols bedient, um unser Volk zu schwächen.

In ökonomischer Hinsicht haben sie unser Volk rücksichtslos ausgebeutet, es in äußerstes Elend gestürzt, unser Land geplündert und verwüstet. Sie haben sich unsere Reisfelder, unsere Bergwerke und unsere natürlichen Reichtümer angeeignet. [...] Im Herbst 1940, als die japanischen Faschisten in Indochina eindrangen, um es als Stützpunkt im Krieg gegen die Alliierten zu benutzen, verrieten die französischen Kolonialherren unser Land, gaben es in die Hände der Eroberer und kapitulierten vor Japan.

Erklärung des Vietminh-Führers Ho Chi Minh am 2. September 1945; zit. nach: J. Horlemann/P. Gäng, Vietnam. Genesis eines Konflikts. Frankfurt/M. 1968[5], S. 189ff.

5 **Der amerikanische Riese schachmatt**

„Vietnam – die Reisschlacht"

4 Die amerikanischen Ziele in Südvietnam (1963)

Es ist unabdingbar, dass Südvietnam unabhängig wird, aber nicht kommunistisch [...]. Erreichen wir dieses Ziel in Südvietnam nicht, wird der gesamte Südosten Asiens unter die Kontrolle der Kommunisten geraten (Vietnam, Laos, Kambodscha), die Nähe zu den Kommunisten suchen und somit jeglichen amerikanischen bzw. antikommunistischen (Birma) Einfluss zurückweisen, oder er wird von vorerst noch nicht eindeutig kommunistischen Kräften beherrscht werden, die es jedoch schnell werden könnten (Indonesien, Malaysia). [...]

All diese Folgen hätten sich wahrscheinlich bewahrheitet, wenn die Vereinigten Staaten seit 1954 und vor allem seit 1961 nicht massiv in Vietnam eingegriffen hätten. Dieser Faktor würde im Übrigen nur noch die Wirkung vergrößern, die die Errichtung eines kommunistischen Regimes in Südvietnam hätte, eine Wirkung, die sich nicht nur in Asien bemerkbar machen würde, sondern auch in der übrigen Welt, wo man gerne der Meinung ist, dass der Vietnamkonflikt eine Bewährungsprobe für die Fähigkeit Amerikas darstellt, einer freien Nation zu Hilfe zu eilen, die einem kommunistischen „Befreiungskrieg" gegenübersteht. Es geht also um eine ganz wichtige Angelegenheit hinsichtlich unserer Außenpolitik.

Auszug aus dem vom amerikanischen Verteidigungsminister McNamara für Präsident Johnson verfassten Memorandum über „Südvietnam", 16. März 1964.

Fragen und Anregungen

1. Wie stellte Frankreich sein Handeln in Indochina dar? (M1)
2. Welche Ursachen hatte der Erste Indochinakrieg? (M3)
3. Wie rechtfertigte Ho Chi Minh die Verkündung der Unabhängigkeit seines Landes? (M3)
4. Warum waren die Amerikaner von der Notwendigkeit ihrer Intervention in Vietnam überzeugt? (M4)
5. Erläutern Sie die Gründe für den Erfolg der vietnamesischen Nationalisten und Kommunisten. (M1 – 5)

Kapitel 6

Das geteilte Europa

Die Folge des beginnenden Kalten Krieges war für die Staaten Europas die Spaltung in einen von den USA geführten Westen und einen von der Sowjetunion beherrschten Osten. Angesichts der durch gegensätzliche Staats- und Gesellschaftsmodelle und machtpolitische Interessenkonflikte bedingten Spannungen zwischen den beiden Einflusssphären stellte der britische Premier Churchill bereits 1945 fest, dass ein „Eiserner Vorhang“ zwischen Triest und der Ostsee niedergegangen sei (siehe S. 49, M4). Zum Symbol des Ost-West-Konflikts wurde bald das geteilte Berlin. Erst in den 70er-Jahren setzten im Rahmen der Konferenz für Sicherheit und Zusammenarbeit in Europa (KSZE) ernsthafte Bemühungen um eine Verständigung zwischen den Blöcken ein.

► Wie wirkte sich der Ost-West-Konflikt in Europa aus?

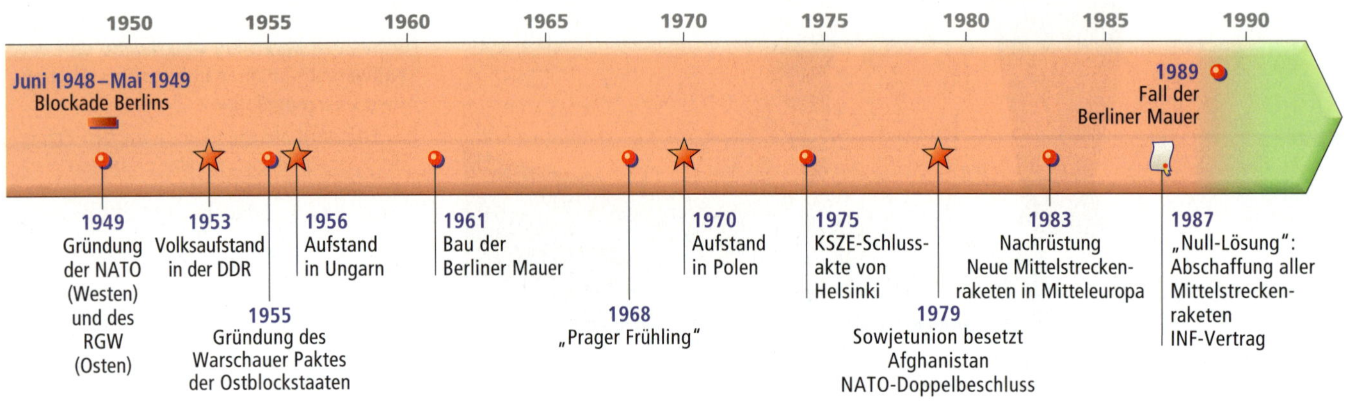

1

Eine Welt des Friedens unter sowjetischer Führung?

„Die Jugend der Welt tritt für den Frieden ein.“ Sowjetisches Gemälde, 1951.

2

Die sowjetische Armee ist mit der tschechoslowakischen Opposition konfrontiert

Tschechische Demonstranten klettern in Prag auf sowjetische Panzer, 1968.

Europa im Herzen des Ost-West-Konfliktes

1 Das sowjetische Imperium (1949–1989)

2 Die Nachrüstung

Um der Bedrohung europäischer NATO-Länder durch sowjetische Mittelstreckenraketen des Typs SS 20 zu begegnen, erhöhte das westliche Bündnis 1983 seinerseits seinen Bestand an nuklear bestückten Mittelstreckenwaffen.

1. Der „Eiserne Vorhang" teilt Europa

Wie haben die Europäer den Ost-West-Konflikt erlebt?

Feindbilder entstehen

Mit dem Jahr 1949 war die Herausbildung der zwei großen Machtblöcke des Westens und des Ostens weit gehend abgeschlossen. In den folgenden Jahrzehnten entwickelte sich der Ost-West-Konflikt weltweit nicht nur zu einer Auseinandersetzung um Macht, Prestige und Einflussgebiete, sondern darüber hinaus zu einem Systemkonflikt: Sozialismus stand gegen Kapitalismus, Parteidiktatur gegen pluralistische Demokratie, Planwirtschaft gegen Marktwirtschaft (siehe S. 194f.).

In den Staaten Europas wurden davon so gut wie alle Lebensbereiche erfasst, die Inhalte der schulischen Bildung ebenso wie die Forschung an den Hochschulen oder die Informationen und Unterhaltung durch die Medien.

Im Westen und im Osten Europas entstanden ausgeprägte Feindbilder, die nicht nur von den Regierungen entwickelt und propagiert, sondern auch von Teilen der Gesellschaft angenommen und getragen wurden. In den Medien des Ostens wurde den Westeuropäern vorgehalten, vom „US-Imperialismus" und seinen Erscheinungsformen in Konsum und Kultur „amerikanisiert" worden zu sein. Die Vorwürfe konnten jedoch auch noch aggressivere Formen annehmen: So bezeichnete die moskautreue Regierung der DDR die streng überwachte Grenze zur Bundesrepublik als „antifaschistischen Schutzwall" und rückte damit das freiheitlich-demokratische Westdeutschland bewusst in die Nähe des Faschismus. Im Westen wurde hingegen der Kommunismus des Ostens vielfach als das „Böse schlechthin" präsentiert, so etwa vom amerikanischen Präsidenten Ronald Reagan, der die Sowjetunion 1983 ein „evil empire" („Reich des Bösen") nannte.

Feindliche Militärblöcke stehen sich gegenüber

1949 zündete die Sowjetunion ihre erste Atombombe. Dies war der Beginn eines offenen Wettrüstens zwischen den Supermächten, das schließlich in den 60er-Jahren zu einem „atomaren Patt" führte. Die Ursachen für das Wettrüsten lagen im gegenseitigen Misstrauen und einem übersteigerten Sicherheitsdenken (siehe S. 68f.).

Vor diesem Hintergrund ist auch die Gründung von militärischen und wirtschaftlichen Bündnissystemen zu sehen, die die Blockbildung in Europa weiter vertieften. Die Gründung der NATO im Jahre 1949 entsprach sowohl amerikanischen als auch westeuropäischen Sicherheitsinteressen. Die Sowjetunion zog erst 1955 mit der Gründung des Warschauer Paktes nach; bilaterale Verteidigungsabkommen bestanden jedoch schon vorher und sowjetische Einheiten waren in allen wichtigen Staaten des sowjetischen Machtbereichs stationiert (siehe S. 98).

Ansätze zu einer Verständigung

In den 60er-Jahren bestand für Europa die reale Gefahr, zum zentralen Schauplatz eines nuklear geführten Krieges zu werden. Erst in den 70er-Jahren ging die Konfrontation zwischen den Blöcken in einen Prozess der Verständigung über. Seit 1973 tagte die Konferenz für Sicherheit und Zusammenarbeit in Europa (KSZE), an der sich Staaten des Warschauer Paktes und der NATO beteiligten.

In der KSZE-Schlussakte von Helsinki 1975 einigten sich die Teilnehmernationen unter anderem darauf, die territoriale Integrität wechselseitig zu achten, auf friedliche Mittel der Konfliktlösung zurückzugreifen und die Menschenrechte sowie das Selbstbestimmungsrecht der Völker zu respektieren.

Die Fortschritte im Rahmen der KSZE wurden jedoch bald wieder durch das staatliche Vorgehen gegen Oppositionelle in den sozialistischen Ländern und den Einmarsch der Sowjetunion in Afghanistan 1979 infrage gestellt.

Begriffe

- **NATO** (North Atlantic Treaty Organization): Nordatlantisches Verteidigungsbündnis, dessen Mitglieder sich zu politischer und militärischer Zusammenarbeit und zum gegenseitigen Beistand im Falle eines Angriffs auf einen der Vertragspartner verpflichtet haben (Nordatlantikvertrag vom 4. April 1949, Art. 5).
- **Warschauer Pakt:** 1955 gegründetes militärisch-politisches Bündnis der Staaten des sowjetischen Machtbereichs; 1991 aufgelöst. Es umfasste die sowjetischen Vasallenstaaten in Ost- und Ostmitteleuropa.
- **Bilateral:** Zweiseitig, zwei Seiten betreffend bzw. von zwei Seiten ausgehend.
- **KSZE** (Konferenz für Sicherheit und Zusammenarbeit in Europa): Seit 1973 nahmen an dieser Konferenz Mitgliedstaaten des Warschauer Paktes und der NATO teil, um durch Systemunterschiede bedingte Spannungen zwischen den beiden Blöcken abzubauen. Sie fand ihren Abschluss mit der KSZE-Schlussakte von Helsinki (1975). 1994 wurde die KSZE in die OSZE (Organisation für Sicherheit und Zusammenarbeit in Europa) umgewandelt.
- **Territoriale Integrität:** Unverletzlichkeit (der Grenzen) eines Staatsgebietes.

Fragen und Anregungen

1. Zeigen Sie auf, wie sich die Spaltung Europas in zwei unterschiedliche Lager und Positionen in zeitgenössischen Karikaturen niederschlägt. (M1 und 2)
2. Erläutern Sie anhand von M3, in welcher Weise die Kultur des ideologischen Gegners bei der Konstruktion von Feindbildern herangezogen wird.
3. Fassen Sie die zentralen Aussagen der KSZE-Schlussakte zur Menschenrechtsthematik zusammen. (M4)
4. Übernehmen Sie die Rolle eines westlichen Journalisten, der die Lebenssituation in den sozialistischen Staaten auf der Grundlage der KSZE-Schlussakte bewertet.

1 Feindbild Sowjetunion

Karikatur aus der „New York Herald Tribune", 1949.

2 Feindbild USA

Karikatur aus der sowjetischen Zeitschrift „Krokodil". Die obere Schrift auf dem Bild lautet „Westeuropa", 1950.

3 Feindbild Kultur

Aus einem Artikel der „Täglichen Rundschau" vom 6. Juni 1951, die in der DDR erschien:

Der amerikanische Raubimperialismus, dessen Ideal die Weltherrschaft, die Vorbereitung und Entfesselung eines neuen Weltkrieges, die Ausrottung anderer Völker ist, hat eine dementsprechende „Kultur" geschaffen. Die Höchstwerte dieser Kultur sind der Dollar und die nackte Gewalt, der Bakterienkrieg und die Verbreitung des Kartoffelkäfers, die Erschießung friedlicher Menschen, die bestialische Bombardierung von Krankenhäusern und Schulen, Kindern und Greisen, also der Meuchelmord. [...] Das amerikanische Theater befindet sich im Zustand des Verfalls. Künstlerische Armut im Verein mit moralischem und geistigem Bankrott sind seine Kennzeichen. Klassische Musik wird in den USA fast gar nicht aufgeführt. In den zahllosen „Music Halls" quaken vom frühen Morgen bis tief in die Nacht die Jazzkapellen. Manchmal vergreifen sie sich sogar an großen Werken der klassischen Musik.

Amerikanische „Kunst" ist Kriegshetzer-Kultur, Tägliche Rundschau, 6. Juni 1951; zit. nach: H. Mögenburg, Kalter Krieg und Wirtschaftswunder. Frankfurt/M. 1993, S. 220.

4 Entspannung in Europa

Die Teilnehmerstaaten werden die Menschenrechte und Grundfreiheiten einschließlich der Gedanken-, Gewissens-, Religions- oder Überzeugungsfreiheit für alle ohne Unterschied der Rasse, des Geschlechts, der Sprache oder der Religion achten.

Sie werden die wirksame Ausübung der zivilen, politischen, wirtschaftlichen, sozialen, kulturellen sowie der anderen Rechte und Freiheiten, die sich alle aus der dem Menschen innewohnenden Würde ergeben und für seine freie und volle Entfaltung wesentlich sind, fördern und ermutigen.

In diesem Rahmen werden die Teilnehmerstaaten die Freiheit des Individuums anerkennen und achten, sich allein oder in Gemeinschaft mit anderen zu einer Religion oder einer Überzeugung in Übereinstimmung mit dem, was sein Gewissen ihm gebietet, zu bekennen und sie auszuüben. [...]

Auf dem Gebiet der Menschenrechte und Grundfreiheiten werden die Teilnehmerstaaten in Übereinstimmung mit den Zielen und Grundsätzen der Charta der Vereinten Nationen und mit der Allgemeinen Erklärung der Menschenrechte handeln.

Aus der Schlussakte der Konferenz für Sicherheit und Zusammenarbeit in Europa vom 1. August 1975. Europa-Archiv, 1983, S. 537 ff.

Dossier: Berlin im Zentrum des Kalten Krieges – die Blockade Berlins (1948–1949)

Zur ersten massiven Konfrontation zwischen Ost und West entwickelten sich 1948 die Spannungen in Berlin. Am 20. Juni 1948 wurde in den Westzonen – noch nicht aber in den Westsektoren Berlins – die Deutsche Mark als neue Währung eingeführt. Die Sowjetunion beantwortete dies mit der Einführung der Ost-Mark in der sowjetischen Besatzungszone und im sowjetischen Sektor Berlins. Daraufhin stellten die Westalliierten in den von ihnen kontrollierten Sektoren Berlins ebenso die Währung um. In Reaktion hierauf sperrte die Sowjetunion alle Land- und Wasserwege nach Berlin. Die USA und Großbritannien versorgten die Stadt nun über eine Luftbrücke. Erst nach einem knappen Jahr gab die Sowjetunion die Blockade auf. Briten und Amerikaner hatten sich durch die spektakuläre Hilfeleistung in der Westberliner und westdeutschen Bevölkerung enormes Ansehen erworben – aus Besatzern waren Verbündete geworden.

1 Das „Bollwerk des Westens"

In seinen Erinnerungen blickt Konrad Adenauer (deutscher Bundeskanzler 1949–1963) auf die Blockade Berlins zurück:

Das von den vier Siegermächten vereinbarte Besatzungssystem für Berlin und das übrige Deutschland setzte vertrauensvolle Zusammenarbeit der Besatzungsmächte voraus. […] Am 20. März 1948 verließ der sowjetische Oberkommandierende Marschall Sokolowski die Sitzung des Kontrollrates […]. Nunmehr, Ende März 1948, wurde von den Sowjets […] eine Landverbindungslinie nach der anderen abgeschnitten. Am 30. März 1948 verlangten die Sowjets, die Militärzüge der Westalliierten zu kontrollieren. Dieses Verlangen wurde von den Westmächten zurückgewiesen. […] Als am 20. Juni 1948 die Währungsreform in den Westzonen in Kraft trat, wurden am gleichen Tag der Interzonenverkehr, am 24. Juni 1948 der Eisenbahnverkehr […] und am 30. Juni 1948 der Wasserstraßenverkehr nach Berlin von den Russen unterbunden. […] Die Sowjets versuchten durch eine Sperrung der Verkehrswege zu Lande und zu Wasser die Westmächte und die Westberliner auf die Knie zu zwingen. Sie wollten offenbar durch das Aushungern West-Berlins versuchen, die Westalliierten zu verdrängen und ganz Berlin in ihren Machtbereich einzubeziehen. Die Westmächte antworteten auf diese Herausforderung mit der Einrichtung der Luftbrücke nach Berlin, über die die Stadt versorgt wurde. Am 25. Juni 1948 begann dieser großartigste Einsatz der Luftwaffe in der modernen Geschichte, durch den die Freiheit der Westberliner Bevölkerung gewahrt werden konnte. […] In der Nacht zum 12. Mai 1949 brachen die Sowjets die Berliner Blockade ab. Das Ziel, den Widerstand der Berliner Bevölkerung zu brechen und den Verzicht der Westmächte auf ihre Position in Berlin zu erzwingen, war nicht erreicht. Berlin blieb das Bollwerk des Westens.

Konrad Adenauer, Erinnerungen 1945–1953 (Bd. 1). Stuttgart 1973[2], S. 178–180.

2 Die Luftbrücke nach Berlin

3 Die USA protestieren

Aus der amerikanischen Protestnote gegen die Blockade Berlins vom 6. Juli 1948:

Um auf keinen Fall ein Missverständnis über diesen Punkt aufkommen zu lassen, erklärt die Regierung der USA kategorisch, dass sie ihren Sektor in Berlin besetzt hält und auf freien Zugang zu ihm Anspruch hat, in Ausübung eines festgelegten Rechtes, das sich von der Niederlage und Übergabe Deutschlands herleitet und in formellen Abmachungen der hauptsächlichen Alliierten bestätigt ist. Die Regierung der Vereinigten Staaten erklärt weiterhin, dass keine Drohungen, kein Druck und keine Handlung sie zur Aufgabe dieser Rechte veranlassen können. Es steht zu hoffen, dass die Sowjetregierung sich über diesen Punkt keinerlei Zweifel hingibt.

W. Cornides/H. Volle, Um den Frieden mit Deutschland. Oberursel 1948, S. 120.

4 Die Sowjetunion antwortet

Aus der sowjetischen Antwortnote vom 14. Juli 1948:

Die Sowjetregierung ist der Meinung, dass die gegenwärtige Lage in Berlin infolge der durch die Regierungen der USA, Großbritanniens und Frankreichs erfolgten Verletzung der von den vier Mächten vereinbarten Beschlüsse über Deutschland und Berlin entstanden ist, die in der Durchführung einer separaten Währungsreform, in der Einführung einer besonderen Währung für die westlichen Sektoren von Berlin und in der Politik der Spaltung Deutschlands zum Ausdruck kam. [...]

Das Abkommen über die Viermächteverwaltung von Berlin stellt einen integrierenden Bestandteil des Abkommens über die Viermächteverwaltung Deutschlands als Ganzem dar. Nachdem die USA, Großbritannien und Frankreich durch ihre Separathandlungen in den westlichen Zonen Deutschlands das System der Viermächteverwaltung Deutschlands zerstört und in Frankfurt am Main die Hauptstadt für die Regierung Westdeutschlands zu schaffen begonnen haben, haben sie damit auch die rechtliche Grundlage untergraben, die ihr Recht auf Teilnahme an der Verwaltung von Berlin sicherte.

W. Cornides/H. Volle, Um den Frieden mit Deutschland. Oberursel 1948, S. 121.

5 **Landung eines „Rosinenbombers" in Berlin**

Berlin wurde von den Westzonen aus mit Brennstoff, Industriegütern und Lebensmitteln versorgt. Im Abstand von etwa drei bis vier Minuten flogen täglich mehr als 420 Maschinen nach Berlin – insgesamt über 270 000-Mal.

6 **Die amerikanische Antwort**

Dargestellt ist General Lucius D. Clay, der Organisator der Luftbrücke. Karikatur von Mirko Szewczuk, westliche Besatzungszonen, 1949.

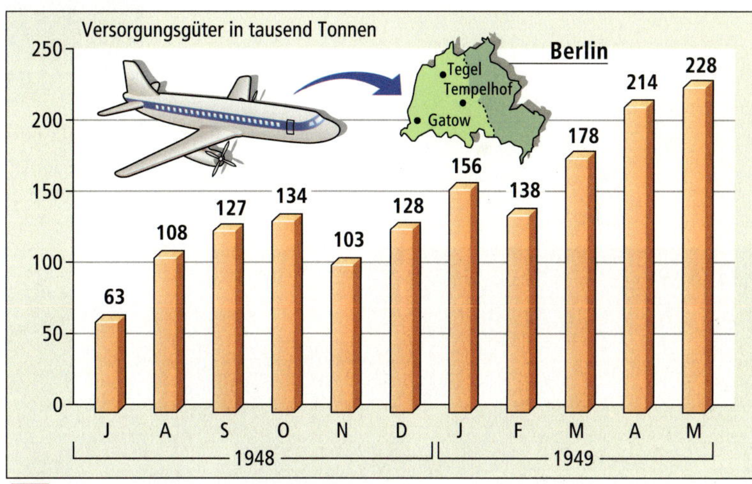

7 **Versorgungsgüter für Berlin**

Von den 2,11 Millionen Tonnen Versorgungsgütern fielen 67 Prozent auf Kohle, 24 Prozent auf Lebensmittel und 9 Prozent auf Rohstoffe.

Fragen und Anregungen

1. Weshalb stellt Adenauer Berlin als „Bollwerk des Westens" dar? (M1)
2. Vergleichen Sie die rechtlichen Argumente der USA und der Sowjetunion anhand der Textdokumente M3 und M4 vor dem Hintergrund des Potsdamer Abkommens (siehe S. 28).
3. In welcher Weise wertet die Karikatur (M6) die Rolle der Sowjetunion und der USA während der Blockade Berlins. Auf welche kulturellen Klischees greift der Karikaturist zurück?
4. Erläutern Sie, wie sich die Berlin-Blockade langfristig auf das Verhältnis zwischen den angelsächsischen Besatzungsmächten und der deutschen Bevölkerung auswirkte.

Dossier: Berlin – vom Volksaufstand zum Mauerbau (1953–1961)

Am 17. Juni 1953 streikten die Arbeiter auf den Großbaustellen der Berliner Stalinallee, um gegen die Erhöhung der Arbeitsnormen zu protestieren. Der Streik breitete sich rasch auf die anderen großen Städte der DDR aus und entwickelte sich zum offenen Aufstand. Gefordert wurden nun der Abzug der Roten Armee und freie Wahlen.

Die sowjetische Armee schlug den Aufstand nieder, dies löste aber die Probleme des Regimes keineswegs. Bis Mitte 1961 flohen 2,5 Millionen DDR-Bürger in die Bundesrepublik, häufig über Berlin. Vor allem angesichts der massiven Abwanderung von dringend benötigten Fachkräften sah sich die DDR in ihrer wirtschaftlichen Zukunft bedroht. Die Regierung ließ daher vom 13. August an eine Mauer quer durch Berlin bauen. Da auf Flüchtende geschossen wurde, war nun jeder Fluchtversuch ein tödliches Risiko.

1

Volksaufstand des 17. Juni 1953

Arbeiter der DDR ziehen mit schwarz-rot-goldenen Fahnen durch das Brandenburger Tor in den westlichen Teil Berlins.

2

Panzer gegen DDR-Bürger in Berlin

3

„Die SED muss verschwinden"

Aus einem geheimen SED-Bericht über die Stimmung unter den Arbeitern (1953):

Die Brigade Schäfer im Walzwerk Willi Becker (produktionsmäßig die beste Brigade) verschließt sich völlig jeder Diskussion. In dieser Brigade bestehen folgende Auffassungen:

1. Die SED muss verschwinden.

2. Freie Wahlen müssen durchgeführt werden.

3. Wenn wir die SPD hätten, sähe es heute anders aus.

4. Der Marxismus, wie er bei uns verwirklicht wird, ist falsch.

5. Wir wollen nicht den russischen Sozialismus, wir wollen den deutschen.

6. Wir leben unter Druck und dürfen nichts sagen.

7. Die letzte Wahl war nicht einwandfrei.

Zentrales Partei-Archiv, IV/2/5/560.

4 „Die Lösung“

Bertolt Brecht 1953 in einem nicht veröffentlichten Gedicht zum Volksaufstand:

Nach dem Aufstand des 17. Juni
Ließ der Sekretär des Schriftstellerverbands
In der Stalinallee Flugblätter verteilen,
Auf denen zu lesen war, dass das Volk
Das Vertrauen der Regierung verscherzt
habe
Und es nur durch verdoppelte Arbeit
Zurückerobern könne. Wäre es da
Nicht doch einfacher, die Regierung
Löste das Volk auf und
Wählte ein anderes?

B. Brecht, Gesammelte Werke, Bd.10. Frankfurt/M. 1967, S.1009f.

6 Rettung des Friedens?

Die Zeitung „Neues Deutschland“ kommentiert in ihrer Ausgabe vom 13./14. August 1977 als Parteiorgan der SED die Ereignisse des 13. Augusts 1961:

Das Datum des 13. Augusts wird uns immer an jenen Sonntag des Jahres 1961 erinnern, als die Nationale Volksarmee und die Grenztruppen der DDR, die Bereitschaftspolizei und die Kampftruppen der Arbeiterklasse unsere Grenze zu West-Berlin und zur BRD fest unter ihre Kontrolle nahmen. [...] Planmäßig verfolgten unsere Gegner das Ziel, die DDR zu ruinieren. [...] Sie missachteten die Souveränität und die Grenzen unseres Staates, [...], versuchten durch Abwerbung von Fachkräften, Diebstahl von Sachwerten und Währungsspekulationen unsere Wirtschaft zu schwächen. Der Kalte Krieg war auf einen Höhepunkt hingetrieben, die Spannung in Europa nahm gefährlich zu. In der BRD gingen schon Phantasien vom Einzug der Bundeswehr durch das Brandenburger Tor um. Der 13. August machte Schluss damit. [...] Mit Recht wurde festgestellt, dass wir an jenem Tag den Frieden in Europa gerettet haben. Wir schufen eine neue Lage, die der Entfaltung des Sozialismus und seiner Vorzüge bessere Bedingungen bot.

Neues Deutschland vom 13./14. August 1977; zit. nach: R. Steininger, Deutsche Geschichte 1945–1961, Frankfurt/M. 1983, S. 511f.

5

Beginn des Baus der Berliner Mauer am 13. August 1961

7

Letzter Sprung in die Freiheit

Am 15. August 1961 floh dieser ostdeutsche Soldat in den französischen Sektor, bevor durch den Abschluss des Mauerbaus eine Flucht unmöglich wurde.

Fragen und Anregungen

1. Fassen Sie zusammen, welche Veränderungen in M3 gefordert werden.

2. Interpretieren Sie das Gedicht von Bertolt Brecht vor dem Hintergrund des Volksaufstandes von 1953. (M4)

3. Stellen Sie die in M6 aufgeführten Gründe für den Bau der Berliner Mauer zusammen.

4. Versetzen Sie sich in die Lage eines westdeutschen Journalisten und verfassen Sie eine Antwort auf den im „Neuen Deutschland“ erschienenen Artikel. (M6)

5. Erklären Sie, weshalb sich M7 im Westen zu einem der symbolhaftesten Bilddokumente der deutschen Teilung entwickelt hat.

6. Aus welchen Gründen führte der Mauerbau von 1961 – anders als die Blockade Berlins im Jahre 1948 – nicht zu bedeutenden Gegenmaßnahmen der Westmächte?

2. Die „Volksdemokratien“ des Ostblocks – Völker und Staaten hinter dem „Eisernen Vorhang“

Welche Folgen hatte die Teilung Europas für die Völker und Staaten Ost- und Ostmitteleuropas?

1 **Der Marshallplan im Westen und der Marschall-Stalin-Plan im Osten**

Karikatur aus dem „Daily Mirror“, 1949.

Die Sowjetisierung Osteuropas

Nach Kriegsende unterstützte die Sowjetunion in den von ihr besetzten Staaten massiv den Aufbau von „Volksdemokratien“, die sich in ihrem politischen und ökonomischen Aufbau eng am sowjetischen Modell orientierten **(siehe S. 54 und Karte S. 98)**.

Der Aufbau einer Planwirtschaft forderte der Bevölkerung zum Teil große Opfer ab: Privates Bauernland wurde enteignet und im Rahmen der Kollektivierung in staatlich gelenkte Großbetriebe überführt; zudem übernahmen die sozialistischen Staaten die Kontrolle über die Industrieproduktion. Die sozialistische Wirtschaftspolitik stellte insgesamt die rasche Entwicklung der Schwerindustrie in den Vordergrund und vernachlässigte die Konsumgüterindustrie **(siehe S. 194)**.

Die Wirtschaftsbeziehungen zwischen den sozialistischen Ländern waren weit gehend auf die Bedürfnisse der Sowjetunion ausgerichtet. Dies sollte der 1949 gegründete „Rat für gegenseitige Wirtschaftshilfe (RGW)“ sicherstellen. Auf militärischer Ebene folgte 1955 die Gründung des Warschauer Paktes, einer Bündnisorganisation, die sich gegen die NATO richtete.

Übernahme stalinistischer Herrschaftsformen

Die Herrschaft Stalins war von einem überschwänglichen Personenkult und einem äußerst harten Vorgehen gegen jedes Abweichen von der Parteilinie gekennzeichnet. Auch die Regierungen der „Volksdemokratien“ übernahmen in unterschiedlichem Umfang die totalitären Herrschaftsformen des sowjetischen Verbündeten.

Bis in die privaten Bereiche hinein steuerte die kommunistische Ideologie das Leben der Menschen. Politisch Andersdenkende und Gläubige verschiedener Religionen wurden diskriminiert, ihre Priester und Kirchenführer verfolgt und mitunter sogar hingerichtet.

Selbst überzeugte Kommunisten konnten sich nicht sicher fühlen, da die kommunistischen Parteien immer wieder Säuberungswellen unterzogen wurden. In Schauprozessen mussten sich die Opfer mitunter öffentlich der Zusammenarbeit mit den westlichen „Imperialisten“, des Verrats an der Freundschaft zur Sowjetunion und anderer politischer Vergehen bezichtigen. Doch auch Sympathien für weniger autoritäre Formen des Sozialismus, wie etwa den jugoslawischen Titoismus **(siehe S. 48)**, reichten für eine Verurteilung aus.

Widerstand gegen das sowjetische Modell

Nach Stalins Tod (1953) konnten die sozialistischen Regierungen trotz des massiven Einsatzes geheimpolizeilicher Überwachungs- und Repressionsinstrumente nicht verhindern, dass die wirtschaftlich und politisch bedingte Unzufriedenheit in offenen Widerstand mündete. Als es schließlich zu Aufständen und damit zu einer Gefährdung der sowjetischen Hegemonie kam, griff die Sowjetunion zum Mittel der direkten Militärintervention: 1953 in der DDR **(siehe S. 104)**, 1956 in Ungarn **(siehe S. 108)** und 1968 in der Tschechoslowakei.

Die Breschnew-Doktrin von 1968 legitimierte diese Militärinterventionen durch das Prinzip einer „eingeschränkten Souveränität“. Demzufolge hatte kein Staat des Warschauer Paktes das Recht, die sozialistische Staats- und Gesellschaftsform aufzugeben **(siehe S. 72)**.

Erst als in den 80er-Jahren der politische und militärische Druck der Sowjetunion schwand, konnten die Oppositionsbewegungen erfolgreich in die Offensive gehen und im Wendejahr 1989 in mehreren Staaten die Regierung übernehmen.

Begriffe

- **Sowjetisierung:** Einbeziehung von Staaten in den sowjetischen Machtbereich und deren innere Umgestaltung im Sinne einer sozialistischen Staats-, Wirtschafts- und Gesellschaftsordnung.
- **Planwirtschaft:** Im Gegensatz zur Marktwirtschaft die Wirtschaftsordnung, in der das gesamte wirtschaftliche Geschehen von einer zentralen Stelle geplant und gelenkt wird.
- **Kollektivierung:** Die Vergesellschaftung von Privateigentum an Produktionsmitteln in kommunistischen Staaten, z. B. die Enteignung von privatem landwirtschaftlichem Besitz und Eingliederung in einen kollektiven landwirtschaftlichen Betrieb mit gemeinsamer Bewirtschaftung sowie der Zusammenschluss von Handwerksbetrieben in Produktionsgenossenschaften.
- **RGW** (Rat für gegenseitige Wirtschaftshilfe, engl. Abkürzung COMECON): 1949 gegründete Organisation zur Förderung der wirtschaftlichen Zusammenarbeit der Staaten des sowjetischen Einflussbereichs. Die beteiligten Staaten sollten sich auf Branchen spezialisieren, die die Sowjetwirtschaft ergänzten.
- **Totalitär:** Adjektiv zu „Totalitarismus“, Bezeichnung für eine Staats- und Gesellschaftsform, in welcher der Einzelne vollständig der Verfügungsgewalt des Staates ausgeliefert und auf dessen ideologische Leitvorstellungen uneingeschränkt verpflichtet ist.

2 Die Presse der „Volksdemokratien“

Der jugoslawische Historiker Vladimir Dedijer schreibt 1970:

Das ganze Geschäft des Zeitungsbetriebs lag in den Händen von Sowjetbürgern. Die Vertreter anderer Parteien waren einfach Befehlsempfänger. [...] In den Redaktionssitzungen in Anwesenheit der Sowjetjournalisten wurde entschieden, was in den verschiedenen Ausgaben geschrieben werden sollte, und die Artikel unterlagen zum Großteil, ohne Wissen und Billigung der Verfasser und des Redaktionskollegiums, erheblichen Veränderungen. Fortgesetzt gab es Beschwerden von Autoren, dass in ihre Artikel Dinge eingefügt worden wären, die sie niemals geschrieben oder gesagt hätten. [...] Wenn die ersten hundert Exemplare des Blattes gedruckt waren, hielt man die Maschinen an, nahm die Klischees heraus, die Herausgabe wurde zurückgehalten, die Büros wurden geschlossen. Das Erscheinen wurde einige Tage aufgeschoben. Man musste Exemplare nach Moskau senden, wo sie von Stalin und Molotow zu genehmigen waren. Erst nach deren Zustimmung konnte weitergedruckt werden.

V. Dedijer, Stalins verlorene Schlacht. Wien 1970. S. 107.

3

Sowjetische Panzer in Prag (1968)

Die Niederschlagung des tschechoslowakischen Aufstandes bedeutete das Ende des „Prager Frühlings“, einer Phase der Reformpolitik unter Parteisekretär Alexander Dubcek, der einen „Sozialismus mit menschlichem Antlitz“ zu verwirklichen suchte.

4 Die Breschnew-Doktrin

Der sowjetische Parteichef Leonid Breschnew in einer Rede in Warschau 1968:

Die KPdSU setzte sich immer dafür ein, dass jedes sozialistische Land die konkreten Formen seiner Entwicklung auf dem Wege zum Sozialismus unter Berücksichtigung der Eigenart seiner nationalen Bedingungen selbst bestimmte. Aber bekanntlich, Genossen, gibt es auch allgemeine Gesetzmäßigkeiten des sozialistischen Aufbaus, und ein Abweichen von diesen Gesetzmäßigkeiten könnte zu einem Abweichen vom Sozialismus im Allgemeinen führen. Und wenn innere und äußere dem Sozialismus feindliche Kräfte die Entwicklung eines sozialistischen Landes zu wenden und auf eine Wiederherstellung der kapitalistischen Zustände zu drängen versuchen, wenn also eine ernste Gefahr für die Sache des Sozialismus in diesem Lande, eine Gefahr für die Sicherheit der ganzen sozialistischen Gemeinschaft entsteht – dann wird dies nicht nur zu einem Problem für das Volk dieses Landes, sondern auch zu einem gemeinsamen Problem, zu einem Gegenstand der Sorge aller sozialistischen Länder.

Begreiflicherweise stellt militärische Hilfe für ein Bruderland zur Unterbindung einer für die sozialistische Ordnung entstandenen Gefahr eine erzwungene, außerordentliche Maßnahme dar. Sie kann nur durch direkte Aktionen der Feinde des Sozialismus im Landesinnern und außerhalb seiner Grenzen ausgelöst werden, durch Handlungen, die eine Gefahr für die gemeinsamen Interessen des sozialistischen Lagers darstellen.

Europa-Archiv, Jg. 24 (1969), D 257ff.

5

„Sag, dass du mich gerufen hast.“

Die Maus trägt eine Mütze mit der Aufschrift ČSSR (Tschechoslowakische Sozialistische Republik). Westliche Karikatur, 1968.

Fragen und Anregungen

1. Vergleichen Sie die Aussagen der Textdokumente M2 und M4. Zu welcher Erkenntnis kommen Sie?

2. Vergleichen Sie die Aussagen von Textdokument M4 mit der Ihnen bisher bekannten Politik der Sowjetunion gegenüber den „Volksdemokratien“. (M1 und 5)

3. Überlegen Sie, wie sich in anderen Bereichen des öffentlichen Lebens wie Schule, Kunst usw. die sowjetischen Kontrollen ausgewirkt haben könnten.

Dossier: Der ungarische Aufstand (1956)

Nach der DDR und Polen („Mehr Brot", „Russen raus") 1953 und 1956 wurde der Aufstand in Ungarn zum Fanal: Intellektuelle, Schriftsteller und Teile der kommunistischen Partei forderten im Oktober 1956 unter anderem Pressefreiheit und geheime Wahlen. Nach einer Volkserhebung wurde Imre Nagy Ministerpräsident. Dieser Aufstand schien schon Erfolg zu haben, da besetzte Anfang November die bereits seit 1945 in Ungarn stehende sowjetische Armee mit Panzerdivisionen Budapest und installierte eine moskautreue Regierung. Tausende Ungarn wurden verhaftet, nach Sibirien verschleppt oder, wie Imre Nagy, später hingerichtet. Etwa 200 000 flohen in den Westen. Der Westen unternahm nichts, er akzeptierte den Herrschaftsbereich der Sowjetunion.

1

Budapest: Das Stalindenkmal wird gesprengt

Ziel aller Aufstände und Reformversuche war zunächst die Überwindung des Stalinismus.

Chronologie

23. Oktober 1956	Große Solidaritätskundgebung für aufständische Arbeiter in Polen, die in einen Aufstand umschlägt. Ernennung des Reformers Imre Nagy zum Ministerpräsidenten.
24. Oktober 1956	Streiks in Budapest, Bildung von Arbeiterräten.
30. Oktober 1956	Nagy stellt sein Programm vor, das die Neugründung der 1945 bestehenden Parteien zulässt und freie Wahlen sowie den Austritt Ungarns aus dem Warschauer Pakt vorsieht.
4. November 1956	Sowjetische Panzer dringen in die Hauptstadt Budapest ein; Niederschlagung des Aufstands (2 000 Tote); der in die jugoslawische Botschaft geflohene Nagy wird durch den moskautreuen Janos Kadar ersetzt.

2

Budapest 1956

Aufständische entfernen das Schild der „Leninstraße".

3 Rundfunknachrichten über den ungarischen Aufstand

a) Imre Nagy im „Freien Sender Kossuth" am Dienstag, 30. Oktober 1956, 14.28 Uhr.

Hier spricht Imre Nagy: Ungarische Arbeiter, Soldaten, Bauern und Intellektuelle! Die Revolution [...] und die gewaltige Bewegung der demokratischen Kräfte haben es mit sich gebracht, dass unsere Nation jetzt am Scheidewege angelangt ist. Im Interesse einer weiteren Demokratisierung des politischen Lebens [...] hat das Kabinett das Einparteiensystem abgeschafft und beschlossen zu einer Regierungsform zurückzukehren, die auf demokratischer Zusammenarbeit der Koalitionsparteien beruht [...]. Die vorläufige Regierung hat das sowjetische Oberkommando aufgefordert, mit dem Abzug der sowjetischen Truppen aus Budapest unverzüglich zu beginnen. Gleichzeitig unterrichteten wir das ungarische Volk davon, dass wir die Sowjetunion ersuchen werden, sämtliche Truppen aus Ungarn abzuziehen.

b) Radio Moskau am 1. November 1956, wenige Tage vor dem Einmarsch in Budapest.

Wie oft haben wir nicht die heuchlerischen Worte der lügenhaften bürgerlichen Propaganda gehört, dass die Westmächte die souveränen Rechte und die Unabhängigkeit anderer Nationen und Staaten respektieren. Wie viele schmutzige Angriffe sind nicht in Verbindung mit den Ereignissen in Ungarn gegen die Sowjetunion gerichtet worden! Die Sowjetunion ist getreulich Lenins Prinzip der Achtung vor der Souveränität anderer Nationen gefolgt und der Gedanke liegt ihr fern, Ungarn seinen Willen aufzuzwingen oder sich in seine nationalen Angelegenheiten einzumischen.

c) Radio „Freier Sender Kossuth" am Sonntag, 4. November 1956, um 5.19 Uhr.

Hier spricht Ministerpräsident Imre Nagy. Sowjetische Truppen haben im Morgengrauen zu einem Angriff auf unsere Hauptstadt angesetzt, mit der eindeutigen Absicht, die gesetzmäßige Regierung der Ungarischen Volksrepublik zu stürzen. Unsere Truppen stehen im Kampf. Die Regierung ist auf ihrem Platz. Ich bringe diese Tatsache unserem Land und der ganzen Welt zur Kenntnis.

d) Radio Moskau am selben Tag um 21.05 Uhr.

Heute Morgen sind die Kräfte der reaktionären Verschwörung gegen das ungarische Volk zerschlagen worden. Eine neue ungarische Revolutionsregierung der Arbeiter und Bauern wurde von Ministerpräsident Janos Kadar gebildet. Die Regierung hat das ungarische Volk aufgefordert, alle Kräfte zur Verteidigung der Errungenschaften des volksdemokratischen Systems einzusetzen und die reaktionären Verschwörer [...] endgültig zu vernichten. Die Revolutionsregierung der Arbeiter und Bauern hat das Kommando der Sowjetstreitkräfte gebeten, ihr bei der Unterdrückung der Aufständischen zu helfen.

e) Der ehemals „Freie Sender Kossuth" am Dienstag, 6. November 1956.

Wir grüßen die Sowjetunion, die zum zweiten Mal das ungarische Volk befreit hat.

M. J. Lasky (Hg.), Die ungarische Revolution. Berlin 1959, S. 154, 203, 249, 262, 275.

4 Sowjetische Panzer besetzen Budapest

Fragen und Anregungen

1. Erläutern Sie den politischen Zweck des Volksaufstandes. (M1, 2 und 3)
2. Stellen Sie die Gründe der Sowjetunion für die Besetzung der ungarischen Hauptstadt Budapest zusammen. (M3a)
3. Erläutern Sie die Taktik des Vorgehens der Sowjetunion. (M3b und 3d)
4. Vergleichen Sie die Aufstände in der DDR (1953), in Ungarn (1956) und in der Tschechoslowakei (1968) miteinander. Welche Parallelen und Unterschiede stellen Sie fest?
5. Inwieweit lässt sich die Breschnew-Doktrin von 1968 **(siehe S. 107)** als eine ideologische Antwort auf die Aufstände in den „Volksdemokratien" verstehen?
6. Warum nannte sich das Radio der Reformer „Freier Sender Kossuth"?
7. Diskutieren Sie: Hätten die Staaten des Westens intervenieren müssen, um die Völker des sowjetischen Machtbereichs in ihrem Kampf für Freiheit und Demokratie zu unterstützen?

Dossier: Ost und West im Rüstungswettlauf

Seit etwa 1960 reichte das Rüstungspotenzial in West und Ost aus, den Gegner mehrfach zu vernichten. Nach der Kuba-Krise kam es Anfang der 70er-Jahre zwar zu einer gewissen Entspannung, die jedoch durch den Einmarsch sowjetischer Truppen 1979 in Afghanistan erneut gefährdet wurde.

Zudem sahen sich die europäischen NATO-Staaten durch neu entwickelte sowjetische SS-20-Raketen bedroht, die Ziele in Westeuropa treffen konnten. Vor diesem Hintergrund entschloss sich die NATO 1979, ihrerseits den Bestand an nuklear bestückten Mittelstreckenraketen zu erhöhen.

Gegen diese „Nachrüstung" protestierte in vielen Ländern eine breite Friedensbewegung mit Massendemonstrationen. Dennoch wurden neue Nuklearwaffen in Europa stationiert.

Erst 1987 einigten sich die beiden Großmächte darauf, atomare Mittelstreckenraketen ersatzlos abzubauen.

1

„Der Rüstungswettlauf"

Karikatur von Horst Haitzinger, 1981.

Chronologie

1977	Die UdSSR stationiert Mittelstreckenraketen des Typs SS 20, die Westeuropa bedrohen (aber nicht Gegenstand der Gespräche über die Begrenzung der strategischen Waffen sind).
Dezember 1979	„NATO-Doppelbeschluss": Entweder verhandelt die UdSSR über den Abbau der SS 20 oder die NATO stationiert in Westeuropa ihrerseits Mittelstreckenraketen.
1980	Die UdSSR verweigert den Abbau der SS 20.
1981 – 1983	Höhepunkt der pazifistischen Demonstrationen in Deutschland und Großbritannien gegen die Stationierung von Mittelstreckenraketen durch die NATO.
November 1983	Stationierung der Mittelstreckenraketen durch die NATO (in Deutschland, Italien und Großbritannien); die UdSSR bricht die „Gespräche über die Ver minderung strategischer Waffen" ab.

2

Friedensdemonstration in Bonn 1983

300 000 Menschen demonstrieren am 22. Oktober gegen die Stationierung neuer Mittelstreckenraketen in Westeuropa.

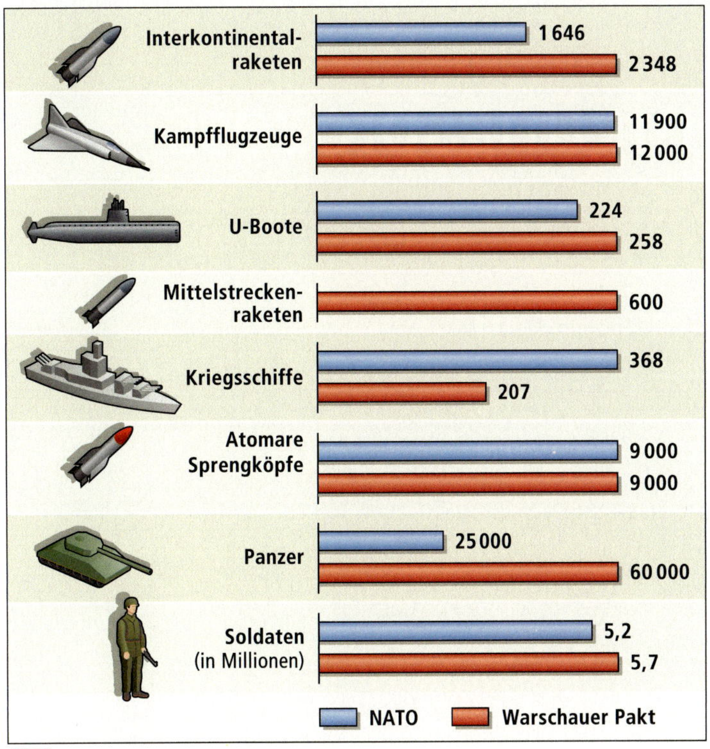

3 Rüstung in Ost und West, Stand 1982

5 Die neuen sowjetischen Raketen – keine Gefahr für den Westen?

Generalmajor a. D. Gert Bastian, im Januar 1980 wegen Kritik am Nachrüstungsbeschluss seines Truppenkommandos enthoben, in einem Memorandum an den Bundesverteidigungsminister Hans Apel (SPD), Januar 1980:

Tatsächlich gibt es Gründe, das sowjetische Modernisierungsprogramm nicht als grundsätzlich neue Bedrohung mit einem daraus resultierenden Zwang zu eigenen Aktivitäten anzusehen. [...]

Schließlich wird Europa ja nicht erst heute von sowjetischen Mittelstreckenraketen bedroht. Seit fast zwanzig Jahren schon liegt es bis zu den Pyrenäen im Wirkungsbereich sowjetischer SS-5-Raketen [...]. Trotzdem wurde die Stationierung eines gleichartigen amerikanischen Mittelstreckenpotenzials in Europa nicht für erforderlich gehalten, weil niemand die Entschlossenheit der USA bezweifelte, auch der SS-5-Bedrohung ihr strategisches nukleares Potenzial entgegenzusetzen und jede Zerstörung in Europa mit einer gleichwertigen Schädigung der UdSSR zu vergelten. [...]

Es ist deshalb nicht einzusehen, weshalb die Modernisierung des sowjetischen Mittelstreckenpotenzials hinsichtlich Reichweite, Zielgenauigkeit, Mehrfachwirkung und Mobilität der Systeme hieran etwas ändern sollte.

Frankfurter Rundschau, 25. Januar 1980, S. 4.

4 Die Nachrüstung – eine militärische Notwendigkeit?

Der damalige CDU-Oppositionsführer und spätere Bundeskanzler Helmut Kohl schrieb in seinen 2004 erschienenen Erinnerungen:

Ich war mir im Herbst 1979 mit anderen Beobachtern völlig im Klaren darüber, dass es der Sowjetunion nicht gelingen durfte, ihr fast totales Übergewicht [...] bei den Mittelstreckenwaffen festzuschreiben. Ansonsten hätte sie dreierlei erreicht: Rein militärisch gesehen verfügte Moskau damit zum ersten Mal in der Geschichte über die so genannte präventive Erstschlagkapazität mit modernen Nuklearwaffen. Das bedeutete, dass die Sowjetunion sämtliche Nuklearwaffen, die in Westeuropa stationiert waren, durch einen „präventiven Nuklearschlag" ausschalten konnte [...]. Dies hätte den amerikanischen Präsidenten in die Situation gebracht, entweder sofort zu den nuklearen US-Interkontinentalwaffen greifen zu müssen und damit auch die Gefahr in Kauf zu nehmen, dass im Gegenschlag weite Teile Amerikas vernichtet würden, oder aber zu kapitulieren. Dies war eine neue, militärisch völlig inakzeptable Situation.

Helmut Kohl, Erinnerungen 1930–1982. München 2004, S. 554f.

6 Französische Ängste vor deutschem Pazifismus

Der französische Historiker und Soziologe Raymond Aron äußert sich 1983 zur deutschen Friedensbewegung:

Wir haben in Frankreich heute keine große Friedensbewegung. Nach den Gründen wäre zu suchen. Manchmal gibt man als Grund unsere Atomstreitmacht („force de frappe") an, das glaube ich nicht. Der wirkliche Grund: Zum ersten Mal seit sehr langer Zeit stehen wir nicht im ersten, sondern im zweiten Glied. Das bedeutet, die Franzosen haben zum ersten Mal seit sehr langer Zeit in der Geschichte möglicherweise nicht Angst vor der Stärke der Deutschen, sondern davor, dass sie schwach werden könnten.

Raymond Aron in einem Referat am 22. September 1983.
Die deutsch-französischen Beziehungen.
Chronologie und Dokumente 1948–1999. Bonn 2000, S. 81.

Fragen und Anregungen

1. Erklären Sie die Problematik des Rüstungswettlaufs anhand der Karikatur Haitzingers. (M1)
2. Stellen Sie die Argumente für und gegen den NATO-Doppelbeschluss gegenüber. Diskutieren Sie anhand dieser Argumente die Notwendigkeit des NATO-Doppelbeschlusses. (M4 und 5)
3. Erläutern Sie, wie sich die französischen Ängste gegenüber Deutschland Aron zufolge in den 80er-Jahren verändert hatten. Wie schätzte Aron die Wirkung der Friedensbewegung ein? (M6)

Kapitel 7

Der europäische Einigungsprozess (1945–1989)

Der Zweite Weltkrieg hatte Europa verwüstet und traumatisiert. Schon 1945 erkannte man in Westeuropa, dass sich Wiederaufbau und Frieden nur durch Annäherung zwischen den Völkern und Staaten erreichen ließ.

So wurden vor dem Hintergrund des Kalten Krieges sogleich mehrere konkrete Projekte in Angriff genommen. Der zunächst unter dem Schutz der Vereinigten Staaten eingeleitete europäische Einigungsprozess entwickelte sich dank der deutsch-französischen Partnerschaft und der Erfolgsgeschichte der EWG bzw. der EG nach und nach unabhängig von den beiden Supermächten.

- Wie gestaltete sich der europäische Einigungsprozess unter den Bedingungen des Kalten Krieges?
- Welche Herausforderungen und Schwierigkeiten prägten den europäischen Einigungsprozess?

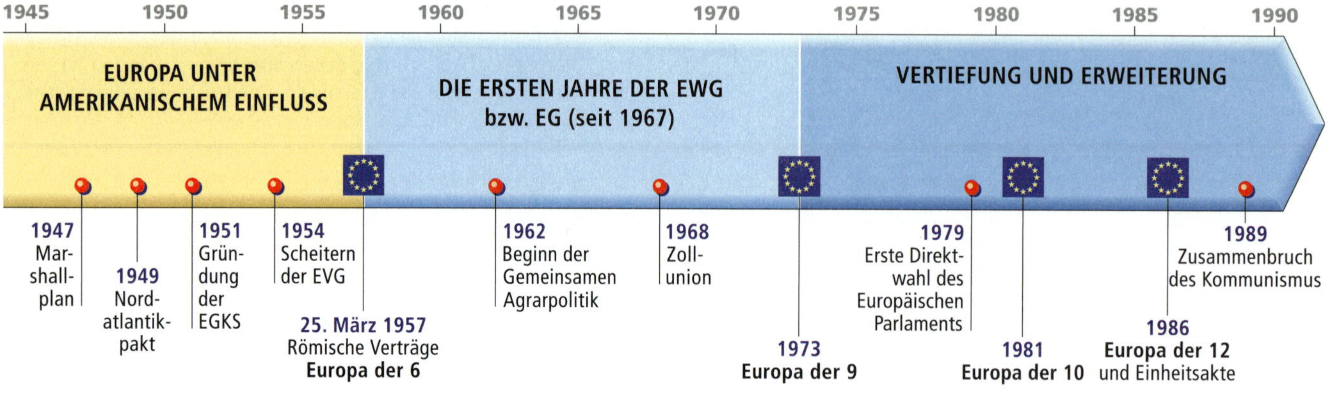

1 Deutsches Werbeplakat für den Marshallplan, 1947

2 Die Demokratie eint die europäischen Völker

In der „Frankfurter Allgemeinen Zeitung" am 9. Juni 1979 veröffentlichte Zeichnung von Fritz Behrendt. Vom 7. bis 10. Juni 1979 wählten die europäischen Bürger zum ersten Mal in einer Direktwahl das Europäische Parlament von Straßburg. So wurden Victor Hugos visionäre Worte einhundertdreißig Jahre später Wirklichkeit: „Ein Tag wird kommen, an dem es keine anderen Schlachtfelder mehr geben wird als die Märkte, die sich dem Handel öffnen, und die Geister, die sich den Ideen öffnen. Ein Tag wird kommen, an dem das allgemeine Wahlrecht der Völker Kugeln und Bomben durch Wahlzettel ersetzen wird." (Eröffnungsansprache auf dem Friedenskongress, 21. August 1849)

Der Einigungsprozess Westeuropas

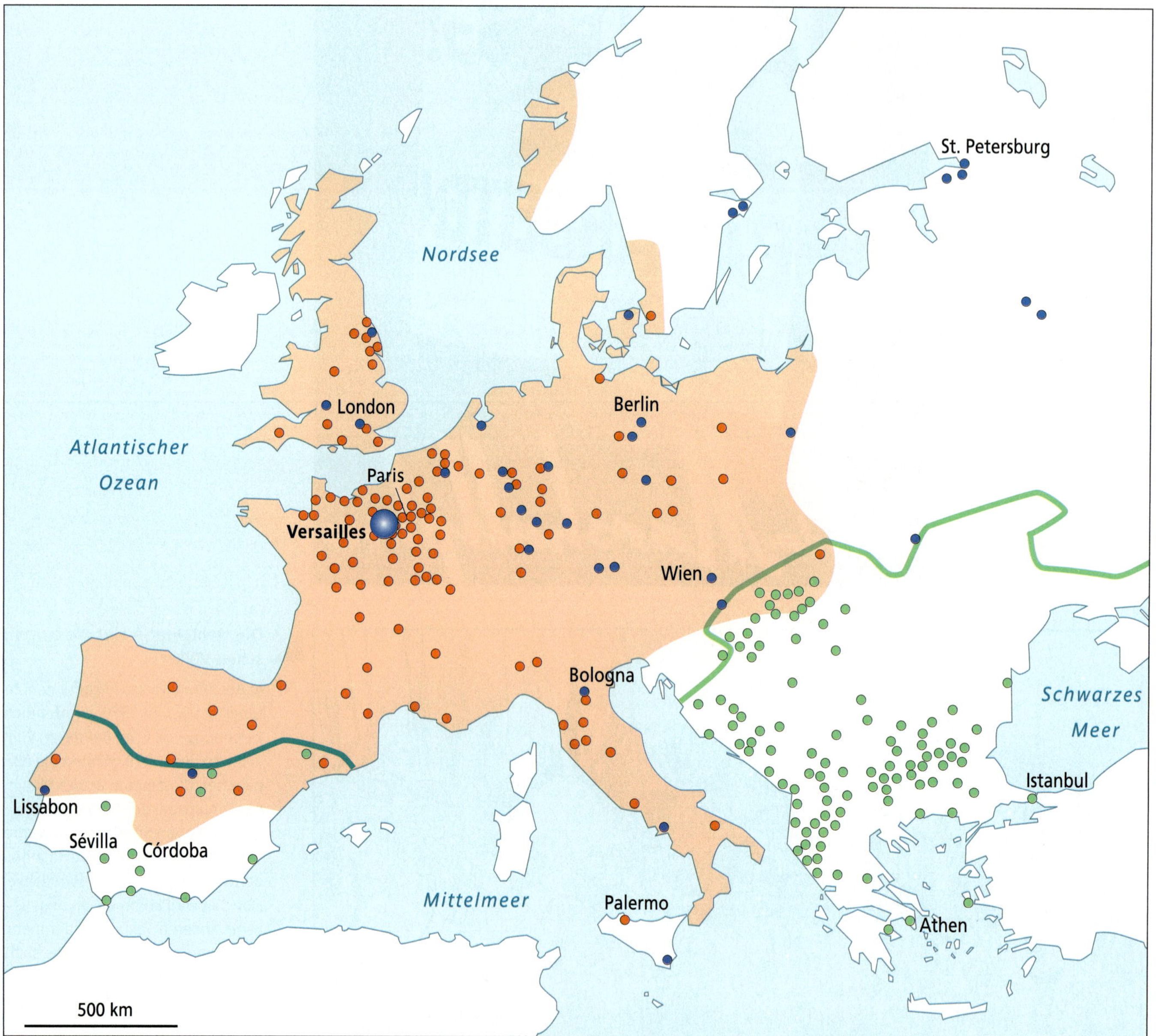

Das gotische Europa
- die wichtigsten gotischen Bauwerke
- Verbreitungsgebiete der gotischen Kunst (12.–15. Jahrhundert)

Das islamische Europa
- die wichtigsten islamischen Bauwerke
- nördliche Grenze des Kalifats von Córdoba (10./11. Jahrhundert)
- maximale Ausdehnung des Osmanischen Reiches in Europa (17. Jahrhundert)

Europa im Zeitalter des Absolutismus
- Versailles
- von Versailles inspirierte Schlösser (17./18. Jahrhundert)

1 Europa – ein kulturelles Erbe

Begriffe

▶ **OEEC** (engl. Organization for European Economic Cooperation): 1948 gegründete Organisation für europäische wirtschaftliche Zusammenarbeit zur Koordinierung der Hilfe aus dem Marshallplan mit Sitz in Paris. 1960 Umbenennung in OECD (engl. Organization for Economic Cooperation and Development), Organisation für wirtschaftliche Zusammenarbeit und Entwicklung.

▶ **NATO** (North Atlantic Treaty Organization): Nordatlantisches Verteidigungsbündnis, dessen Mitglieder sich zu politischer und militärischer Zusammenarbeit und zum gegenseitigen Beistand im Falle eines Angriffs auf einen der Vertragspartner verpflichtet haben (Nordatlantikvertrag vom 4. April 1949, Art. 5).

Die Westeuropäische Union während des Kalten Krieges

- ◉ Gründungsmitglieder der OECD
- ★ Gründungsmitglieder der NATO (1949)
- ☆ Staaten, die der NATO später beigetreten sind (mit Beitrittsdatum)
- Gründungsmitglieder der Westeuropäischen Union (WEU 1954–1955)
- Staaten, die der WEU später beigetreten sind (Spanien, Portugal, 1988)
- der Eiserne Vorhang
- Mitgliedstaaten des Warschauer Paktes (1955)
- andere Volksdemokratien

Der Erfolg der EWG bzw. EG[1]

- Gründungsmitglieder der EWG im Jahre 1957
- Staaten, die 1973 der EG beigetreten sind
- Staaten, die 1981 (Griechenland) bzw. 1986 (Spanien und Portugal) der EG beigetreten sind

[1] Die EG entstand 1967 durch Verschmelzung der Organe von EGKS, EWG und EURATOM.

2 Europa – ein politisches Aufbauwerk (1945–1989)

1. Die europäische Idee unmittelbar nach dem Ende des Zweiten Weltkrieges (1945–1949)

Welche Werte sollten den europäischen Einigungsprozess nach 1945 bestimmen?

Europa – ein alter Begriff

Seit der Antike versteht sich Europa als ein geographisches Gebiet mit fließenden Konturen und als gemeinsamer Kulturraum, der von Beginn an stark von einem griechisch-römischen Kultursubstrat und dem Christentum geprägt war **(siehe Karte S. 114)**. Die großen Strömungen der Geistes- und Wissenschaftsgeschichte wie auch der Kunst prägten grenzüberschreitend den Kontinent. Mit den kolonialen Eroberungen verbreitete sich die europäische Zivilisation seit dem 16. Jahrhundert in der ganzen Welt.

Versuche in der Vergangenheit, die politische Einheit des Kontinents gewaltsam herbeizuführen, waren nie von Dauer, auch wenn sich viele Herrscher, wie Karl V. oder Napoleon I., diesem Ziel schon nahe glaubten. Wiederholt gab es Einigungsansätze, etwa die von Abbé de Saint-Pierre und Immanuel Kant im 18. Jahrhundert oder von Victor Hugo im 19. Jahrhundert entwickelten Konzepte, die jedoch nicht über das Stadium von Entwürfen hinausgingen. Der Misserfolg der von den Fürsten unternommenen Versuche, wie beispielsweise die Heilige Allianz, bewies ebenfalls die Schwierigkeit eines solchen Unterfangens, das durch die Überbetonung des Nationalismus noch problematischer schien.

Ein geeintes Europa als Garant für den Frieden

Die aus den Verträgen von 1919 hervorgegangenen internationalen Spannungen in der Zeit zwischen den beiden Weltkriegen lähmten auch solch ehrgeizige Initiativen wie die von Aristide Briand oder von Richard Nicolas Graf Coudenhove-Kalergi. Beide sahen in der Schaffung eines „föderalen" bzw. „paneuropäischen" Staates eine Möglichkeit, Deutschland und Frankreich einander näher zu bringen, um weitere kriegerische Auseinandersetzungen zu verhindern und Europa dem amerikanischen und sowjetischen Einfluss und Druck besser entziehen zu können.

1945 entstand eine völlig neue Situation: Die noch 1918 gehegte Illusion, Europa könne die restliche Welt beherrschen, zerbarst nun endgültig. Um einen neuen Krieg zu vermeiden, den Wiederaufbau in Angriff zu nehmen und sich gegenüber den beiden Supermächten zu behaupten, mussten sich die europäischen Staaten einander annähern.

Die in den Reihen der Widerstandsbewegungen gegen den Nationalsozialismus angeregte Debatte betraf in erster Linie die Werte, auf die ein geeintes Europa zu gründen war. Angesichts der verübten Gräueltaten galt es zunächst, die Völker einander näher zu bringen und die Würde des Menschen sowie die Grundfreiheiten innerhalb eines rechtsstaatlichen Rahmens zu garantieren.

Zahlreiche, für die europäische Einigung wirkende Vereine unterstützten nach 1945 dieses Vorhaben. Einen ersten Höhepunkt fand diese Entwicklung im Haager Kongress der europäischen Einigungsbewegung im Mai 1948 und 1949 sowie in der daraus folgenden Gründung des Europarats in Straßburg. Als Diskussionsforum ohne bindende Beschlüsse regte er die Erarbei-tung einer Konvention zum Schutz der Menschenrechte an.

Ein umstrittenes Vorhaben

Unterstützt wurde die europäische Idee, wenngleich nicht immer einhellig, von den beiden politischen Hauptströmungen, der Christlichen Demokratie und der Sozialdemokratie, die im Westeuropa jener Übergangsjahre häufig im Wechsel an der Macht waren. Trotz ihrer politischen Divergenzen traten beide gleichermaßen für die Achtung der individuellen Freiheiten, für Rechtsstaatlichkeit und für die Einführung eines marktwirtschaftlichen Systems mit sozialstaatlicher Komponente ein. Dieses europäische Vorhaben fand jedoch keine einheitliche Unterstützung.

Zwar war Großbritannien einem geeinten Europa durchaus wohlgesinnt, beharrte aber auf seiner Randposition, da es aufgrund seiner besonderen geographischen Lage und seiner Geschichte die Gestaltung seiner Zukunft eher in seinen Beziehungen zum Commonwealth und zu den Vereinigten Staaten sah.

Skeptisch gegenüber dem europäischen Einigungsprozess verhielten sich auch verschiedene politische Parteien. In Frankreich lehnten ihn die Gaullisten aus Angst vor einem zu starken Deutschland und im Namen der nationalen Unabhängigkeit ab. Die Kommunisten verwarfen ihn als ein zu amerikanisch ausgerichtetes Modell, das zudem der Sowjetunion feindlich gegenüberstand.

1 Ein geeintes Europa – Garant für den Frieden
Französisches Plakat für die EVG, 1951.

Begriffe

- **Europarat:** 1949 gegründete Organisation zur Förderung der Zusammenarbeit, der Verständigung und der Annäherung zwischen den europäischen Völkern. Ihm gehören heute nahezu alle Staaten des Kontinents einschließlich Russland an.
- **Christliche Demokratie:** Politische Mitte-Rechts-Strömung, deren politisches bzw. soziales Selbstverständnis und Handeln von den Evangelien geleitet wird. Sie spielte im Nachkriegseuropa eine aktive Rolle, nachdem die traditionellen rechten Parteien in Misskredit geraten waren.
- **Sozialdemokratie:** Nichtkommunistische, reformistische Linke. Sie akzeptiert das liberale kapitalistische Modell, das der Staat durch seine Wirtschafts- und Sozialpolitik zum Wohle der gesamten Bevölkerung verbessern soll.

Fragen und Anregungen

1. Welche institutionelle Form gedachte Carl Goerdeler Europa zu verleihen? (M3)
2. Wie lässt sich diese von einem deutschen Politiker geäußerte Ansicht erklären? (M3)
3. Warum verfasste der Autor die Artikel **e** und **f**? (M3)
4. Welche Rechte erkannte der Europarat den Menschen zu? Auf welches „gemeinsame Erbe" konnte sich dieser Text stützen? (M5)
5. Inwieweit begünstigte der internationale Kontext des Jahres 1945 das europäische Aufbauwerk?

2

Drei der Gründungsväter Europas

Von links nach rechts: Der Italiener Alcide de Gasperi, der Deutsche Konrad Adenauer und der Franzose Robert Schuman im Europarat in Straßburg am 11. Januar 1951.

4

Annäherung der Völker durch Abschaffung der Grenzen

Am 7. August 1950 rissen 300 Studenten aus acht europäischen Ländern symbolisch die Grenzbarriere zwischen Weißenburg (Wissembourg) in Frankreich und Sankt Germansdorf in Deutschland nieder. Ihre Fahnen zeigen, dass sie sich das in den 1920er-Jahren vom Grafen Coudenhove-Kalergi initiierte paneuropäische Projekt zu eigen gemacht hatten.

3 Wie soll die Einigung Europas aussehen?

Nach der fehlgeschlagenen Verschwörung vom 20. Juli 1944 gegen Hitler und kurz vor seiner Verhaftung verfasste der deutsche Widerstandskämpfer Carl Goerdeler sein politisches Vermächtnis für ein vereintes und versöhntes Nachkriegseuropa.

Dieser Krieg muss zu einem engen Zusammenschluss der europäischen Völker führen, wenn die Opfer einen Sinn erhalten sollen. [...] Aber nicht durch Unterwerfung und Aussaugung anderer Völker, sondern durch freiwilligen Zusammenschluss selbstständiger Nationalstaaten, die in ihm ihre eigenen Lebensinteressen verkörpert sehen. Sie sollen sich nur der Souveränitätsrechte entäußern, die auf den europäischen Staatenbund übergehen müssen, um seine Zwecke wirksam zu machen:

a) einheitliches Wirtschafts- und Verkehrsrecht,
b) Zollunion,
c) einheitliche Verkehrstechnik,
d) stabile Währungen auf der Grundlage gegenseitig kontrollierter Haushalte,
e) obligatorisches Schiedswesen,
f) Vollstreckung von Schiedssachen. Hierzu insbesondere Aufstellung einer europäischen Luftpolizei, Abbau der eigenen Wehrmachten [zugunsten] einer europäischen Verteidigungswehr.

Der europäische Staatenbund würde einen Wirtschaftsrat, eine Bundesversammlung und ein ständiges Bundeskomitee haben, dessen Sitz und Vorsitz wechseln könnten.

11 Seiten maschinenschriftlich, Original im Bundesarchiv Koblenz, Nachlass Carl Goerdelers, N 1113/73.

5 Mehr Rechte für den europäischen Bürger

Am 4. November 1950 verabschiedeten die zehn Gründerstaaten des Europarates (Dänemark, Schweden, Norwegen, Niederlande, Luxemburg, Belgien, Frankreich, Italien, Großbritannien, Irland) den folgenden Text:

Die Unterzeichnerregierungen, Mitglieder des Europarats, [...] in der Erwägung, dass es das Ziel des Europarats ist, eine engere Verbindung zwischen seinen Mitgliedern herzustellen [...]; in Bekräftigung ihres tiefen Glaubens an diese Grundfreiheiten, welche die Grundlage von Gerechtigkeit und Frieden in der Welt bilden und die am besten durch eine wahrhaft demokratische politische Ordnung sowie durch ein gemeinsames Verständnis und eine gemeinsame Achtung der diesen Grundfreiheiten zugrunde liegenden Menschenrechte gesichert werden; entschlossen, als Regierungen europäischer Staaten, die vom gleichen Geist beseelt sind und ein gemeinsames Erbe an politischen Überlieferungen, Idealen, Achtung der Freiheit und Rechtsstaatlichkeit besitzen, die ersten Schritte auf dem Weg zu einer kollektiven Garantie bestimmter in der Allgemeinen Erklärung aufgeführter Rechte zu unternehmen haben Folgendes vereinbart: [...]

Art. 2 – Das Recht jedes Menschen auf Leben wird gesetzlich geschützt. Niemand darf absichtlich getötet werden, außer durch Vollstreckung eines Todesurteils, das ein Gericht wegen eines Verbrechens verhängt hat, für das die Todesstrafe gesetzlich vorgesehen ist. [...]

Art. 3 – Niemand darf der Folter oder unmenschlicher oder erniedrigender Strafe oder Behandlung unterworfen werden.

Art. 4 – 1. Niemand darf in Sklaverei oder Leibeigenschaft gehalten werden.
2. Niemand darf gezwungen werden, Zwangs- oder Pflichtarbeit zu verrichten. [...]

Art. 5 – Jede Person hat das Recht auf Freiheit und Sicherheit.

Konvention zum Schutze der Menschenrechte und Grundfreiheiten, 4. November 1950. http://www.uni-potsdam.de/u/mrz/coe/emrk/emrk-de.htm

2. Kalter Krieg und europäischer Einigungsprozess (1949–1954)

Wie beeinflusste der Kalte Krieg die Anfänge des europäischen Einigungsprozesses?

Europa im Brennpunkt des Kalten Krieges

Rasch wurde der Wiederaufbau Westeuropas zu einer Kernfrage des Kalten Krieges. Die Vereinigten Staaten von Amerika bedienten sich der Containment-Politik (Umfassung, Eindämmung), um die Sowjetunion daran zu hindern, ihren Einfluss über ihre mitteleuropäische Verteidigungslinie hinaus auszudehnen.

Die USA hofften, durch die Verbreitung liberal-demokratischer Werte und den Aufbau einer lebensfähigen europäischen Wirtschaft dem sowjetischen Vormarsch Einhalt gebieten zu können. Wenn sich die soziale Lage der Menschen verbesserte, verlor eine Wahlentscheidung für den Kommunismus an Attraktivität. Schließlich sollte Westeuropa in die Lage versetzt werden, sich gegen eine eventuelle militärische Aggression verteidigen zu können.

Insofern waren die Vereinigten Staaten gewissermaßen die Initiatoren und Förderer der ersten europäischen Einigungsprojekte.

Die Suche nach der geeigneten institutionellen Form für Europa

Uneinigkeit herrschte bei den Europäern zunächst bei der Suche nach der geeigneten institutionellen Form für all diese Einigungsprojekte.

Die Anhänger einer föderalen Lösung, in Westdeutschland und in den Beneluxstaaten von Sozialdemokraten und Christdemokraten gleichermaßen vertreten, plädierten für die Übertragung bestimmter nationaler Zuständigkeitsbereiche an supranationale Institutionen.

Die Fürsprecher eines europäischen Staatenbundes, darunter vor allem die Gaullisten in Frankreich, weigerten sich, die nationale Souveränität infrage zu stellen. Sie verteidigten ein Europa der Nationen, ein konföderales Europa, in dem die von den Regierungen getroffenen Entscheidungen lediglich von einfachen Organen intergouvernementaler Zusammenarbeit umgesetzt werden sollten.

Europa zwischen wirtschaftlichem Erfolg und Fehlschlägen bei der Gestaltung einer gemeinsamen Verteidigungspolitik

Zur Verteilung der dreizehn Milliarden Dollar Hilfsgelder, die der Marshallplan den europäischen Ländern bereitstellte, war es erforderlich, gemeinsame Strukturen zu schaffen (siehe S. 52 f.). Die im April 1948 zu diesem Zweck gegründete Organisation für europäische wirtschaftliche Zusammenarbeit (OEEC) stellte auch die erste Etappe auf dem Weg der diplomatischen Wiedereingliederung Westdeutschlands dar (siehe Karte S. 115).

Mit der vom französischen Außenminister Robert Schuman initiierten und von Deutschland, Italien und den Benelux-Ländern unterstützten Europäischen Gemeinschaft für Kohle und Stahl, (EGKS), auch Montanunion genannt, sollte der Wiederaufbau eines strategisch wichtigen Sektors fortgesetzt und die Lage der Arbeitnehmer verbessert werden. Sie beschleunigte die Rückkehr Deutschlands auf die internationale Bühne und beseitigte diesbezügliche Einwände Frankreichs. Ihr oblag nun die Kontrolle über die Ruhr, die seit 1945 unter alliierter Verwaltung stand, wodurch eine Wiederaufrüstung Deutschlands verhindert werden sollte. Vor allem stellten aber die Europäer damit unter Beweis, dass sie im Rahmen einer selbst geschaffenen supranationalen Organisation zu einer Zusammenarbeit fähig waren.

Als schwieriger erwies sich dagegen die Gestaltung einer gemeinsamen Verteidigungspolitik. Europa stützte sich zunächst auf die NATO (siehe Karte S. 115), in der die USA eine maßgebliche Rolle spielten (siehe S. 50 und 100).

Das bereits 1951 initiierte und an den Institutionen der EGKS ausgerichtete französische Vorhaben zur Errichtung einer Europäischen Verteidigungsgemeinschaft (EVG) scheiterte im August 1954. Kommunistische und gaullistische Abgeordnete der französischen Nationalversammlung lehnten diese Initiative ab, weil sie eine Wiederaufrüstung Deutschlands und den Verlust der eigenen nationalen Souveränität fürchteten. Da die EVG eine autonome europäische Verteidigung anstrebte, setzte sich nach ihrem Scheitern die atlantische Lösung (Atlantizismus) durch. Die Pariser Verträge stellten die Souveränität der Bundesrepublik Deutschland weitgehend wieder her und sie wurde als gleichberechtigtes Mitglied in die NATO integriert. Die Erweiterung des Brüsseler Pakts führte zur Gründung der Westeuropäischen Union (WEU).

1 Der Schuman-Plan
Am 9. Mai 1950 legte der französische Außenminister Robert Schuman den Plan zur Gründung der EGKS im Uhrensaal des Ministeriums in Paris vor.

Begriffe

- **Containment** („Umfassung", „Eindämmung"): Von US-Präsident Truman seit März 1947 verfolgte Politik zur Verhinderung kommunistischer Machtübernahmen in verschiedenen Ländern; wichtige Instrumente dieser Politik waren die Wirtschaftshilfe und die militärische Unterstützung antikommunistischer Kräfte (z. B. in Griechenland).
- **Supranational:** Höher als die nationale Souveränität. Auf die europäischen Institutionen bezogen bedeutet der Begriff gemeinschaftlich oder bundesstaatlich.
- **Marshallplan:** Auf Vorschlag des US-Außenministers George Marshall 1947 ins Leben gerufenes Programm amerikanischer Wirtschaftshilfe für Europa. Der englische Name lautet European Recovery Program (ERP).
- **OEEC: siehe S. 115.**
- **EGKS** (Europäische Gemeinschaft für Kohle und Stahl): Von den sechs Mitgliedstaaten (Bundesrepublik Deutschland, Beneluxstaaten, Frankreich, Italien) 1951 gegründete Organisation zur gemeinsamen Nutzung ihrer Produktionskapazitäten im Kohle- und Stahlbereich.
- **EVG** (Europäische Verteidigungsgemeinschaft): 1952 wurde durch den Pariser Vertrag die Gründung der EVG vereinbart; die Realisierung scheiterte jedoch, weil das französische Parlament die Vereinbarungen nicht ratifiziert hatte.
- **Atlantizismus: siehe S. 72.**
- **WEU** (Westeuropäische Union): 1954–1955 nach dem Scheitern der Europäischen Verteidigungsgemeinschaft (EVG) geschaffenes Militärbündnis, dem neben den fünf Unterzeichnerstaaten des Brüsseler Vertrags von 1948 (England, Frankreich, Belgien, Luxemburg, die Niederlande) auch die Bundesrepublik Deutschland und Italien angehören.

2 Die EVG – Schutzschild gegen die Totalitarismen
Plakat von Paul Colin, 1954.

3 Die Angst vor dem „deutschen Militarismus"
Plakat der Kommunistischen Partei Frankreichs, 1953.

4 Drei Modelle für Europa

1985, ein Jahr vor seinem Tod, schaute Altiero Spinelli (1907–1986), von der ersten Stunde an engagierter Verfechter des europäischen Projekts, zurück auf vierzig Jahre Aufbau Europas:

Für einige Staatsmänner, die hauptsächlich politische Erfahrung aus der Zeit des souveränen Nationalstaates schöpften, [...] sollte die europäische Einigung grundsächlich eine Konföderation, ein Staatenbund sein, bei dem jeder Staat seine Souveränität beibehielte und bei dem sich alle Staaten in spezifischen Bereichen verpflichteten, stets die gleiche, bei Zusammenkünften zwischen den Vertretern der verschiedenen Regierungen vereinbarte und verabschiedete Politik zu betreiben. Churchill und de Gaulle sind die herausragenden Helden dieser Vision [...].

Das zweite europäische Modell ist funktionaler Art. Dieses Modell keimte in den Köpfen derjenigen, die die große administrative Erfahrung der Sonderbüros erlebt hatten, denen die Alliierten während des Ersten und des Zweiten Weltkrieges die Verwaltung einiger großer, das Gemeinwohl betreffende Angelegenheiten übertragen hatten (Verteilung von Rohstoffen, Stützung der Währungen, einheitliches Militärkommando). Monnet, der einige dieser Büros geleitet hatte, nahm an, diese Methode könnte auch zu Zwecken der friedlichen Solidarität angewandt und so zum konkreten Instrument der Einigung werden. Um im gemeinsamen Interesse aller Staaten den Kohle- und Stahlmarkt oder die Atomenergie oder eine gemeinsame Armee oder eine Zollunion verwalten zu können, musste jeder Staat bestimmte Teile seiner administrativen Souveränität einer supranationalen Behörde übertragen, ohne dabei an politischer Souveränität einzubüßen. Der dahinter steckende Gedanke von Jean Monnet, diesem hervorragenden Verwaltungsbeamten, beruhte auf der Überzeugung, dass langfristig die Bürokratie über die Politik siegen würde und dass aus der europäischen Verwaltung einiger konkreter Interessen [...] der politische Überbau Europas entstehen würde. [...]

Das dritte Modell einer europäischen Idee ist die föderalistische Variante. Sie schlägt die Erhaltung und die Achtung der Souveränität der Nationalstaaten in allen Bereichen vor, die von nationaler Bedeutung sind und die Übertragung eines Teils ihrer Vollmachten an eine von einem europäischen Parlament demokratisch kontrollierte europäische Regierung, die in Sachen Außen-, Verteidigungs- und Wirtschaftspolitik sowie beim Schutz der Bürgerrechte in Übereinstimmung mit europäischen Gesetzen handelt. Das föderalistische Modell schlägt also einen Staat vor, der wirklich supranational ist und der mit seinen Mitgliedstaaten so zusammenarbeitet, dass jeder von ihnen volle Souveränität in seinem jeweiligen Zuständigkeitsbereich ausüben kann. In diesem Fall handelt es sich um das amerikanische und das Schweizer Modell.

Altiero Spinelli, Vortrag, 1985.

Fragen und Anregungen

1. Wie lauteten die von den Anhängern und Gegnern des EVG-Vorhabens vorgebrachten Argumente? (M2 und 3)

2. Wie lauten die drei von Altiero Spinelli erklärten Vorstellungen vom europäischen Einigungsprozess? Wer sollte in jedem dieser Modelle die Entscheidungen treffen und wer sollte sie ausführen? (M4)

3. Welchem dieser Modelle ist die OEEC bzw. die EGKS zuzuordnen? (M4)

4. Welches Modell war das ehrgeizigste? Welche Probleme warf seine Umsetzung auf? (M4)

Dossier: Die EGKS – eine entscheidende Etappe im europäischen Einigungsprozess

Durch seinen Vorschlag, die deutsch-französische Kohle- und Stahlproduktion zusammenzuführen, legte Robert Schuman gewissermaßen den Grundstein für ein erfolgreiches und unabhängiges Europa. Neben ihrer wirtschaftlichen Bedeutung stellte die EGKS eine wichtige Etappe in der politischen und symbolischen Annäherung zwischen vielen im Zweiten Weltkrieg verfeindeten Völkern dar.

Sie war nach föderalen Normen organisiert, hatte ein eigenes Budget und konnte sich vor allem auf die Erfahrung und Autorität von Jean Monnet stützen. Zwar verstand sie sich als Fortsetzung der bereits 1950 begonnenen Einigungsbestrebungen, führte aber insbesondere der europäischen Öffentlichkeit vor Augen, dass ein gemeinsames realistisches Vorhaben zum Abschluss gebracht werden konnte. So hatte sie in gewisser Hinsicht Modellcharakter für die Europäische Wirtschaftsgemeinschaft (EWG).

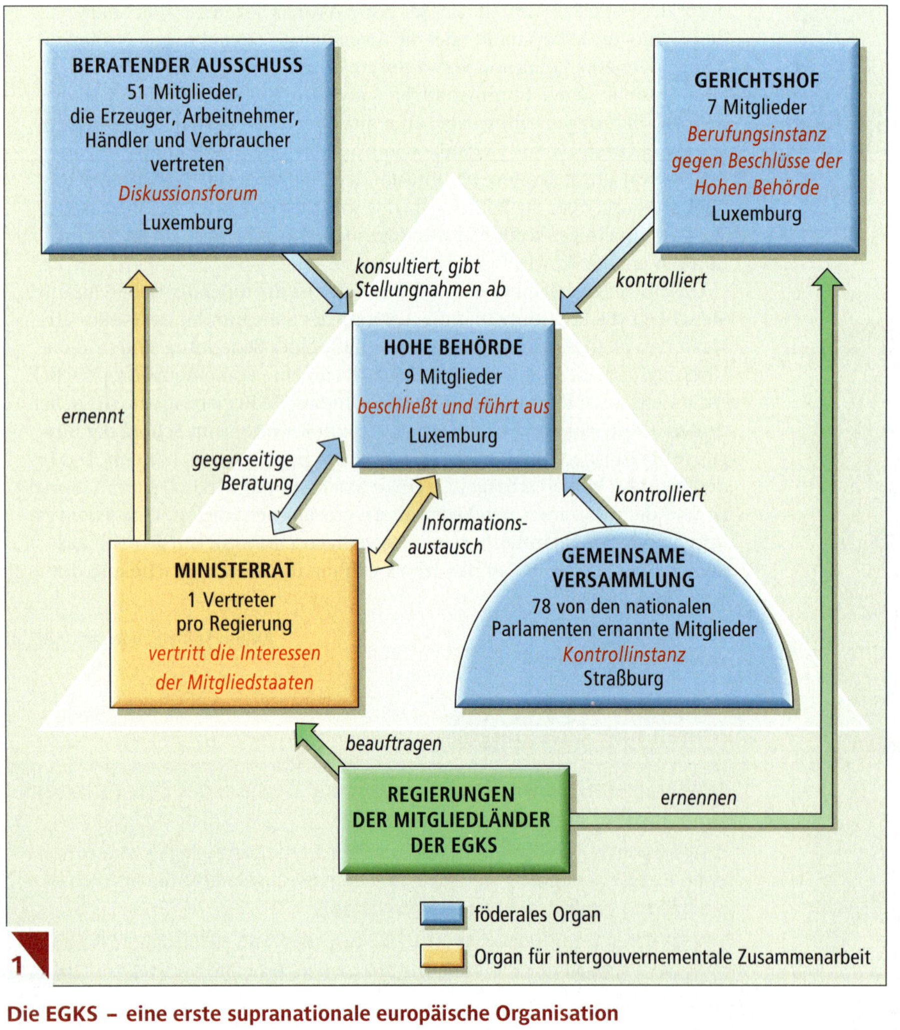

1 **Die EGKS – eine erste supranationale europäische Organisation**

2 Die Ziele der EGKS

In einer wesentlich von Jean Monnet angeregten Erklärung unterbreitete der französische Außenminister Robert Schuman der Bundesrepublik Deutschland am 9. Mai 1950 den Vorschlag zur Gründung einer Europäischen Gemeinschaft für Kohle und Stahl.

Europa lässt sich nicht mit einem Schlage herstellen und auch nicht durch eine einfache Zusammenfassung: es wird durch konkrete Tatsachen entstehen, die zunächst eine Solidarität der Tat schaffen. Die Vereinigung der europäischen Nationen erfordert, dass der jahrhundertealte Gegensatz zwischen Frankreich und Deutschland ausgelöscht wird: Das begonnene Werk muss in erster Linie Deutschland und Frankreich erfassen. […]

Die französische Regierung schlägt vor, die Gesamtheit der französisch-deutschen Kohlen- und Stahlproduktion unter eine gemeinsame Oberste Aufsichtsbehörde (Haute Autorité) zu stellen, in einer Organisation, die den anderen europäischen Ländern zum Beitritt offen steht.

Die Zusammenlegung der Kohlen- und Stahlproduktion wird sofort die Schaffung gemeinsamer Grundlagen für die wirtschaftliche Entwicklung sichern – die erste Etappe der europäischen Föderation – und die Bestimmung jener Gebiete ändern, die lange Zeit der Herstellung von Waffen gewidmet waren, deren sicherste Opfer sie gewesen sind.

Die Solidarität der Produktion, die so geschaffen wird, wird bekunden, dass jeder Krieg zwischen Frankreich und Deutschland nicht nur undenkbar, sondern materiell unmöglich ist. […]

Durch die Zusammenlegung der Grundindustrien und die Errichtung einer neuen Obersten Behörde, deren Entscheidungen für Frankreich, Deutschland und die anderen teilnehmenden Länder bindend sein werden, wird dieser Vorschlag den ersten Grundstein einer europäischen Föderation bilden, die zur Bewahrung des Friedens unerlässlich ist.

Europa. Dokumente zur Frage der Europäischen Einigung. Band 2. Von der Europäischen Gemeinschaft für Kohle und Stahl bis zur Europäischen Atomgemeinschaft und Europäischen Wirtschaftsgemeinschaft. München 1962, S. 680ff.

PONT DE LA CONCORDE

3

Die EGKS – eine Brücke zwischen den Völkern

Pressezeichnung aus der britischen Satirezeitschrift „Punch“ 1950.

4

Die EGKS – ein Bund wider die Natur?

Die sowjetische Presse prangerte den Segen an, den die Vereinigten Staaten dem Bund zwischen Frankreich und Westdeutschland bzw. zwischen deren Vertretern, Robert Schuman und Konrad Adenauer, erteilt hätten. Obwohl Adenauer von Anfang an zu den Hitler-Gegnern zählte, wurde er mit dem Ruhrgebiet als Mitgift in der Hand als Nationalsozialist dargestellt. Karikatur von Efimow in der sowjetischen Zeitschrift „Krokodil“, 10. Januar 1950.

5

„Ein wahrhaft europäischer Geist“

Das Werk, das wir unternommen haben, ist ein kühnes Werk. Die Entwicklung der Nationalstaaten seit Beginn des 19. Jahrhunderts hat das Gemeinschaftsgefühl der Nationalstaaten nicht gefördert. Wenn auch der Ministerrat die nationalen Interessen der Mitgliedstaaten zu wahren hat, so wird er sich doch davor zu hüten haben, diese Aufgabe als seine vordringliche zu betrachten. Seine vordringliche Aufgabe wird vielmehr die Förderung der Interessen der Gemeinschaft sein, ohne die diese sich nicht entwickeln kann. Er wird deshalb weiter in großzügiger Weise dem supranationalen Gebilde der Gemeinschaft, der Hohen Behörde, die Freiheit der Entwicklung lassen und unter Umständen schaffen müssen, deren dieses Organ bedarf. […]

Schon seit dem ersten Zusammentreffen der Hohen Behörde lässt sich in ihrer Arbeit ein wahrhaft europäischer Geist erkennen. […] Aus dem Bereich der Konstruktion und der Planung ist die Montan-Union nunmehr herausgetreten, das Werk selbst, das supranationale Werk hat begonnen. Wir vertrauen darauf, dass die Kraft der Tatsachen die Entwicklung bringt und vorwärts treibt, sei es in dieser, sei es in jener Form.

Rede Konrad Adenauers auf der ersten Sitzung des Ministerrates der EGKS am 8. September 1952 in Luxemburg. Bulletin der Bundesregierung, Die doppelte Aufgabe des Ministerrats. Wahrung der europäischen und nationalen Interessen. Nr. 130, 9. September 1952, S. 1211.

Fragen und Anregungen

1. In welchem internationalen Kontext entstand die EGKS?
2. Mit welchen Argumenten versuchte Robert Schuman, auch die Franzosen von der Annahme der EGKS zu überzeugen? (M2)
3. Welches ist das wichtigste Organ der EGKS? Begründen Sie Ihre Antwort. (M1)
4. Warum können die Institutionen der EGKS als föderal bezeichnet werden? (M1)
5. Welche Meinung über die EGKS vertraten beide Karikaturisten? (M3 und 4)
6. Wie lässt sich diese so gegensätzliche Sichtweise erklären?
7. Warum glaubte Konrad Adenauer, dass die Gründung der EGKS ein kühnes Unterfangen sei? (M5)
8. Wie schätzte er die Zukunft des europäischen Einigungsprozesses ein? Bestätigte die weitere Entwicklung seine Meinung? (M5)

3. EWG und EG – die Zeit neuer Projekte und erster Errungenschaften (1957–1979)

Wie trugen die Sechs dank der EWG zur Wiederbelebung des europäischen Einigungsprozesses bei?

Der Neuanfang nach dem Scheitern der EVG

Bereits 1955 bekräftigten die in Messina versammelten Vertreter Deutschlands, Belgiens, Frankreichs, Italiens, Luxemburgs und der Niederlande die Notwendigkeit, den wirtschaftlichen Aufbauprozess Europas nach dem Modell der EGKS mit neuem Leben zu erfüllen.

Frankreich, das zunächst Bedenken angemeldet hatte, änderte nach der Suez-Krise seine Haltung und engagierte sich schließlich doch für Europa, um aus seiner diplomatischen Isolierung herauszukommen und gegenüber den Vereinigten Staaten eine eigenständige internationale Politik führen zu können. Der europäische Einigungsprozess diente Frankreich nicht zuletzt auch dazu, die noch auf sich selbst bezogene und durch den Algerienkrieg geschwächte Volkswirtschaft zu modernisieren. In Westdeutschland unterstützten auch die Sozialdemokraten dieses von Konrad Adenauer (CDU) getragene Projekt.

Am 25. März 1957 unterzeichneten die sechs Mitgliedstaaten der EGKS in Rom die beiden Verträge über die Gründung der Europäischen Wirtschaftsgemeinschaft (EWG) **(siehe Karte S. 115)** und der EURATOM, die am 1. Januar in Kraft traten.

Die Römischen Verträge (1957)

Der erste Vertrag begründete die Europäische Wirtschaftsgemeinschaft (EWG). Die sechs Gründerstaaten strebten einen innerhalb von zwölf Jahren zu realisierenden gemeinsamen Markt ohne Handelshemmnisse an. Die schrittweise Einführung eines gemeinsamen Außenzolls ergänzte das Vertragswerk und verpflichtete die Unterzeichnerstaaten zum Aufbau von mehr als nur einer einfachen Freihandelszone. Die EWG hatte zwei Ziele: Die Schaffung eines „großen Marktes", der den freien Güter-, Kapital- und Personenverkehr gewährleistete, aber auch die schrittweise Annäherung der Wirtschaftspolitik und der entsprechenden Gesetzgebung der Mitgliedstaaten. Der zweite Vertrag betraf die Atompolitik: EURATOM oblag mit Blick auf ein hohes Wirtschaftswachstum die Entwicklung der zivilen Kernenergie als Alternative zu den fossilen Brennstoffen.

Die am Modell der EGKS ausgerichteten Institutionen der EWG und seit 1967 der EG waren das Ergebnis eines Kompromisses zwischen Föderalisten und Konföderalisten, der im Vergleich zur EGKS den föderalen Aspekt schwächte und dafür die Souveränität der einzelnen Staaten stärkte.

Der Ministerrat, als Vertretung der Mitgliedstaaten, dessen Entscheidungen entweder einstimmig oder mit qualifizierter Mehrheit getroffen wurden, und die Europäische Kommission als föderales Organ, das die Interessen der Gemeinschaft vertrat, teilten sich die Entscheidungsbefugnis. Seit 1974 tagt der Europäische Rat in Anwesenheit der Staats- und Regierungschefs zur Erörterung der wichtigsten Fragen mindestens zwei Mal im Jahr. Lange Zeit kam dem Parlament von Straßburg eine eher zweitrangige Rolle zu. Es wird seit 1979 direkt gewählt und versteht sich als Vertretung der europäischen Völker. Der Europäische Gerichtshof entscheidet über Rechtsstreitigkeiten zwischen Staaten sowie zwischen Staaten und Privatpersonen.

Ehrgeizige Politikfelder

In kürzester Zeit konnte die EWG bzw. EG konkrete Erfolge vorweisen. 1968 wurde die Zollunion Wirklichkeit. Dank der gemeinsamen Agrarpolitik (GAP), Kernstück der wirtschaftspolitischen Maßnahmen der EWG und dann der EG, gelang es, die Landwirtschaft zu modernisieren und den Nahrungsmittelbedarf der europäischen Bevölkerung zu decken. Der 1975 geschaffene Europäische Fonds für Regionalentwicklung half bei der Umgestaltung wirtschaftlich schwacher Regionen. 1979 wurde das Europäische Währungssystem (EWS) ins Leben gerufen, das nach Aufhebung der Verträge von Bretton Woods die Währungsstabilität gewährleistete und den Handelsaustausch innerhalb der Gemeinschaft vereinfachte. Weniger erfolgreich war die EWG bzw. EG auf dem Gebiet ihrer Sozial- und Industriepolitik.

Die 1960 von Großbritannien als eine Art Gegengewicht zur EWG gegründete Europäische Freihandelsvereinigung EFTA blieb eine kleine Freihandelszone mit nur begrenztem Erfolg, die kurz nach ihrer Entstehung die Nähe zur EWG bzw. EG suchte.

Begriffe

- **EWG** (Europäische Wirtschaftsgemeinschaft): Sie wurde 1957 gemeinsam mit EURATOM durch die Römischen Verträge gegründet und sollte einen europäischen Binnenmarkt ohne Zollgrenzen sowie eine gemeinsame Politik und Gesetzgebung verwirklichen.
- **EURATOM** (Europäische Atomgemeinschaft): 1957 gemeinsam mit der EWG durch die Römischen Verträge gegründet; vor dem Hintergrund eines starken Wirtschaftswachstums diente sie der zivilen Entwicklung der Kernenergie als Alternative zu fossilen Brennstoffen.
- **EG** (eigentlich „Europäische Gemeinschaften", zumeist jedoch im Singular gebraucht): 1967 durch Verschmelzung der Organe von EGKS, EWG und EURATOM gebildete Gemeinschaft; 1993 in der EU aufgegangen.
- **Einstimmigkeit:** Abstimmungsverfahren, das auf dem Einvernehmen aller Mitgliedstaaten beruht. Das Souveränitätsprinzip der Staaten wird gewahrt, selbst wenn dabei die Funktionsweise der Institutionen blockiert und die Umsetzung gemeinsamer politischer Maßnahmen verhindert wird.
- **Qualifizierte Mehrheitsentscheidung:** Abstimmungsmodus, der sich sowohl von der Einstimmigkeit als auch von der einfachen Mehrheit unterscheidet. Jeder Mitgliedstaat verfügt über eine Stimmenzahl, die seiner Bevölkerung proportional entspricht. Zur Annahme eines Beschlusses ist eine bestimmte Stimmenzahl erforderlich.
- **GAP** (Gemeinsame Agrarpolitik): 1957 durch die Römischen Verträge begründete Zusammenarbeit innerhalb der EWG, der EG und später der EU, die durch Preis- und Abnahmegarantien, Außenzölle und Exportbeihilfen die Landwirtschaft in den Mitgliedstaaten schützt. Die Finanzierung dieser Politik erfolgt größtenteils durch Steuergelder.
- **EWS** (Europäisches Währungssystem): Das EWS wurde 1979 zur Sicherung der Stabilität der europäischen Währungen eingerichtet. Der Wert jeder einzelnen europäischen Währung wurde im Verhältnis zu der der anderen Länder festgelegt und durfte nicht mehr als sechs Prozent nach oben oder unten schwanken. Das EWS schuf eine Rechnungs- und Währungseinheit, die European Currency Unit (ECU).
- **Bretton Woods:** **siehe S. 182 ff.**
- **EFTA** (European Free Trade Association): Die Europäische Freihandelsvereinigung wurde 1960 auf eine britische Initiative hin gegründet: Zu ihren Mitgliedern zählten neben Großbritannien auch Schweden, Norwegen, Dänemark, die Schweiz, Österreich und Portugal; diese Freihandelszone verstand sich als Konkurrenz zur EWG.

1 Die Römischen Verträge besiegelten die Gründung der EWG

Art. 2 – Aufgabe der Gemeinschaft ist es, durch die Errichtung eines gemeinsamen Marktes und die schrittweise Annäherung der Wirtschaftspolitik der Mitgliedstaaten eine harmonische Entwicklung des Wirtschaftslebens innerhalb der Gemeinschaft, eine beständige und ausgewogene Wirtschaftsausweitung, eine größere Stabilität, eine beschleunigte Hebung der Lebenshaltung und engere Beziehungen zwischen den Staaten zu fördern, die in dieser Gemeinschaft zusammengeschlossen sind.

Art. 3 – Die Tätigkeit der Gemeinschaft im Sinne des Artikels 2 umfasst nach Maßgabe dieses Vertrags und der darin vorgesehenen Zeitfolge

a) die Abschaffung der Zölle und mengenmäßigen Beschränkungen bei der Ein- und Ausfuhr [...];
b) die Einführung eines gemeinsamen Zolltarifs und einer gemeinsamen Handelspolitik gegenüber dritten Ländern;
c) die Beseitigung der Hindernisse für den freien Personen-, Dienstleistungs- und Kapitalverkehr zwischen den Mitgliedstaaten;
d) die Einführung einer gemeinsamen Politik auf dem Gebiet der Landwirtschaft;
e) die Einführung einer gemeinsamen Politik auf dem Gebiet des Verkehrs; [...]
f) die Anwendung von Verfahren, welche die Koordinierung der Wirtschaftspolitik der Mitgliedstaaten [...] ermöglichen;
g) die Angleichung der innerstaatlichen Rechtsvorschriften, soweit dies für das ordnungsmäßige Funktionieren des gemeinsamen Marktes erforderlich ist.

Römische Verträge, 25. März 1957; zit. nach: C. Gasteyger, Europa zwischen Spaltung und Einigung 1945–1993. Bonn 1994, S. 161.

2 Die Sechs unterzeichneten am 25. März 1957 die Römischen Verträge

Zwölf Jahre nach dem Ende des Zweiten Weltkrieges schufen diese Verträge völlig neue Perspektiven für Europa.

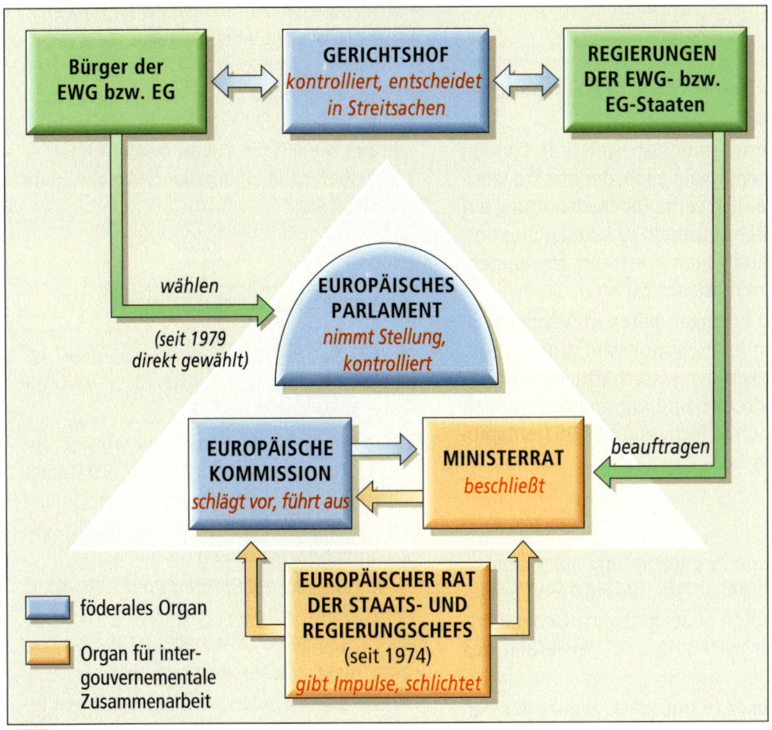

3 Die Institutionen der EWG bzw. EG (1957–1989)

4 Plakat für den europäischen Einigungsprozess (1957)

Fragen und Anregungen

1. Welche Ziele verfolgte die EWG? (M1)
2. Inwiefern war sie dadurch mehr als eine einfache Freihandelszone? (M1)
3. Erläutern Sie die Struktur der ausführenden und der gesetzgebenden Gewalt innerhalb der EWG bzw. EG. Woran erkennt man, dass diese Institutionen das Ergebnis eines Kompromisses zwischen Föderalisten und Konföderalisten waren? Inwiefern konnten sie zu Spannungen zwischen Anhängern dieser beiden Strömungen führen? (M3)
4. Erläutern Sie die Bedeutung und die Tragweite der Römischen Verträge für die europäische Geschichte. Beziehen Sie dabei den historischen Kontext ihrer Unterzeichnung in die Betrachtung ein.

4. Europa überwindet seine Krisen (1965–1989)

Wie überwand die Gemeinschaft ihre Krisen?

Ein schwieriger Einigungsprozess

In den Jahren zwischen 1960 und 1980 war die Geschichte der EWG bzw. seit 1967 der EG regelmäßig durch institutionelle und politische Krisen geprägt. 1965 lehnte de Gaulle die Einführung des Abstimmungsprinzips mit qualifizierter Mehrheit bei den Sitzungen des Europäischen Rates ab, weil er darin einen ersten Schritt auf dem Weg zu einem föderalen Europa sah. Diese Verweigerungshaltung Frankreichs kam der Gewährung eines Vetorechts für jeden einzelnen Mitgliedstaat gleich (siehe S. 122 f.). Außerdem ließen die Institutionen eine Reihe von Funktionsschwächen erkennen, die die Reformen der 1970er-Jahre (Gründung des Europäischen Rates, Direktwahl des Europäischen Parlaments) nicht völlig beheben konnten.

Die Wirtschaftskrise der 1970er-Jahre zog auch den Gemeinschaftshaushalt in Mitleidenschaft. Zwar verfügte die EG seit 1970 über einen autonomen Haushalt, doch prangerten mehrere Staaten ihrer Meinung nach überflüssige Ausgaben und die Höhe der Beitragszahlungen an.

Dazu kamen politische Meinungsverschiedenheiten zwischen den Staaten. De Gaulle lehnte jegliche Einmischung der Vereinigten Staaten in die europäischen Angelegenheiten ab, andere Länder räumten den transatlantischen Beziehungen hingegen eine politische Priorität ein. Zwar gewährte Europa den Entwicklungsländern tatkräftige Unterstützung, wie etwa im Rahmen der Kooperationsverträge von Lomé (siehe S. 160 f.), nach außen hin trat es allerdings selten geschlossen auf.

Insofern war das Ansehen der EG zu Beginn der 1980er-Jahre angeschlagen.

Drei Erweiterungswellen

Die Erweiterung der EWG bzw. EG wurde stets als Chance angesehen, um den europäischen Einigungsprozess mit neuem Leben zu erfüllen (siehe Karte S. 115).

1963 und 1967 lehnte de Gaulle abermals den Beitritt Großbritanniens ab, weil er in London ein Trojanisches Pferd der Vereinigten Staaten und vor allem einen Rivalen sah, der den französischen Einfluss infrage stellen könnte. 1969 gab Frankreich schließlich seine Blockadehaltung auf und demonstrierte damit seinen Willen, das internationale Gewicht Europas zu stärken und dessen föderale Entwicklung, der London bekanntermaßen ablehnend gegenüberstand, zu stoppen. 1973 schloss sich Großbritannien zusammen mit Irland und Dänemark der EG an.

Die nächsten Beitrittskandidaten, Griechenland, Spanien und Portugal, waren im Vergleich zu den anderen Mitgliedsländern wirtschaftlich im Rückstand und ihre Integration warf ernst zu nehmende Konkurrenzprobleme sowie gravierende Fragen hinsichtlich der wirtschaftlichen Anpassungsfähigkeit auf. Um die EG nach Süden hin zu konsolidieren und diese noch jungen Demokratien politisch zu stabilisieren, wurde dem Beitrittsgesuch Griechenlands 1981 entsprochen; Spanien und Portugal wurden schließlich 1986 aufgenommen.

Europa und der Unionsvertrag von Maastricht

Die der europäischen Integration gegenüber misstrauischen und ihre Vertiefung ablehnenden Euroskeptiker gewannen in der Öffentlichkeit zunehmend an Einfluss. Um diesem Trend entgegenzutreten, unterbreitete Jacques Delors, von einer wieder belebten deutsch-französischen Partnerschaft unterstützt, ein ehrgeiziges Programm zur Weiterentwicklung und Vertiefung des europäischen Einigungsprozesses.

Die im Februar 1986 verabschiedete Einheitliche Europäische Akte trat am 1. Januar des Folgejahres in Kraft. Sie sah für den 1. Januar 1993 die Schaffung eines einheitlichen Binnenmarktes vor, der den freien Personen-, Kapital- und Warenverkehr und die Verwirklichung einer Wirtschafts- und Währungsunion als Auftakt für die Einführung einer Einheitswährung mit sich brachte. Zudem sah die Akte eine Kompetenzerweiterung der EG auf neue Gebiete vor, wie etwa Forschung, Technologieentwicklung und Umwelt. Die institutionellen Neuerungen nahmen sich allerdings eher bescheiden aus.

Und in eben dieser Phase des wieder belebten europäischen Einigungsprozesses fiel der „Eiserne Vorhang“, der Sowjetblock zerbrach und stellte die EG vor neue Herausforderungen.

1 **Jacques Delors, ein neuer Vater Europas?**

Unterstützt von Helmut Kohl, dem deutschen Bundeskanzler von 1982 bis 1998, und François Mitterrand, französischer Staatspräsident von 1981 bis 1995, trug Jacques Delors zwischen 1985 und 1994 zur Dynamisierung des europäischen Einigungsprozesses bei.

Begriffe

- **Erweiterung:** Öffnung der EG und später der EU für neue Mitgliedstaaten.
- **Vertiefung:** Stärkung der Institutionen der EWG, der EG und später der EU, durch die eine größere politische Kohärenz gewährleistet werden soll. Dieser Begriff wird im Allgemeinen in einem föderalistischen Sinn verstanden.

Fragen und Anregungen

1. Welche institutionellen Schwächen der EG hebt Raymond Barre hervor und wie erklärt er sie? (M3)
2. Wie lauteten die beiden wichtigsten auf dem europäischen Gipfel von Fontainebleau getroffenen Entscheidungen? Inwiefern waren sie verheißungsvoll für die Zukunft bzw. blockierten sie? (M4)
3. Auf welchen Gebieten sollte, François Mitterrand zufolge, Europa noch Fortschritte erzielen? Weshalb war die Umsetzung dieser Ziele so wichtig? (M5)
4. Wie sah die Bilanz des europäischen Einigungsprozesses unmittelbar vor dem Fall der Berliner Mauer aus?

2 Der Beitritt Griechenlands zur EG (1981)

Von der Europäischen Kommission 1981 veröffentlichtes Plakat.

4 Europa – eine kontrastreiche Bilanz

Das europäische Gipfeltreffen von Fontainebleau im Juni 1984, das vor allem durch die Senkung des britischen Beitrages zum EG-Haushalt und die Schaffung des europäischen Reisepasses geprägt war, veranschaulichte die Blockaden und Fortschritte auf dem Weg zur europäischen Einigung. Karikatur von Plantu, „Le Monde", 26. Juni 1984.

3 Institutionen in der Krise

Raymond Barre, ehemaliger Vizepräsident der Europäischen Kommission, analysiert die Schwachpunkte der europäischen Institutionen in den 1970er-Jahren:

Die Institutionen der Gemeinschaft arbeiten nicht mehr zufrieden stellend. [...]

Durch ihre zunehmende Unfähigkeit, Vorschläge zu unterbreiten, büßte die Kommission an Autorität ein, weil sie nicht in der Lage war, sich gegenüber dem Imperialismus des Ministerrates durchzusetzen, und weil sie es nicht verstand, ihre Anstrengungen zu bündeln. [...]

Die Versammlung hat selbst nach ihrer Direktwahl nicht das ihr von manchen angedachte Gewicht erlangt, mit dem sie im Namen der Völker ihre Stimme gegenüber den Staaten hätte erheben können. Es geht überhaupt nicht darum, dass ihr genaue oder breite Machtbefugnisse fehlen würden, denn dort, wo sie bereits über eine beträchtliche Macht verfügt, nämlich in Budgetfragen, verabschiedete sie unbedacht zusätzliche Ausgaben, die von den jeweiligen Haushalten der Mitgliedstaaten abgedeckt werden sollen.

Der Europäische Rat wiederum ist mit technischen Fragen belastet, für deren Überprüfung die Staats- und Regierungschefs gezwungen sind, zu Spezialisten zu mutieren, die sie jedoch weder sein noch werden können.

Nach Raymond Barre, Vortrag im Europazentrum von Nancy, 10. Mai 1984; übers. nach: http://discours-publics.vie-publique.fr

5 Dreißig Jahre europäischer Einigungsprozess

Der 25. März 1957 ist eines der wichtigsten Daten unserer Geschichte. Um dessen Tragweite zu verstehen, muss man sich [...] den Zustand unseres Kontinents nach zwei Weltkriegen [...] vergegenwärtigen. Überall Ruinen, verwüstete Erde, ihres Besitzes beraubte Völker, deren Schicksal nunmehr fremden Händen ausgeliefert ist, ein zweigeteiltes Europa. [...]

Sei es im Hinblick auf seine Institutionen, seine in vielen Bereichen gemeinsame Politik, die Beseitigung seiner inneren Zollschranken, seine Hilfe für die Dritte Welt, die Anfänge seiner konzertierten politischen Aktion oder seine hervorragenden technischen Errungenschaften: Europa ist erfolgreich. Als erste Handelsmacht, dank seiner 320 Millionen Einwohner [...] schreitet es voran. Dennoch ist das noch nicht ausreichend. Unser Europa wird scheitern, wenn es hier stehen bleibt. [...]

Freuen wir uns auf den 31. Dezember 1992, den Tag, am dem die innereuropäischen Grenzen fallen werden und sich Europa den nunmehr zwölf Völkern öffnen wird. [...] Treiben wir das Europa der Technologie voran. Amerikaner und Japaner werden nicht auf uns warten. Erobern auch wir den Weltraum. Organisieren wir unsere Kommunikation, unsere Bildung und Kultur. Bieten wir der Jugend Bildungschancen in wissenschaftlichen Fachrichtungen und an den Universitäten ihrer Wahl an. Verringern wir die Ungleichheit zwischen den Ländern, zwischen den Regionen, zwischen den sozialen Gruppen und den Individuen. Fördern wir den ECU, unsere gemeinsame Währung, in einem stabilisierten Währungssystem. Bereiten wir endlich den Augenblick vor, an dem Europa dank seiner politischen Zentralgewalt selbst über seine Sicherheitspolitik entscheiden wird.

Radio- und Fernsehansprache von François Mitterrand anlässlich des 30. Jahrestages der Unterzeichnung der Römischen Verträge am 25. März 1987; übers. nach: http://discours-publics.vie-publique.fr

Bilanz
Europa in einer bipolaren Welt (1949–1989)

Wichtige Daten

1950–1953: Koreakrieg

April 1955: Bandung-Konferenz

Mai 1955: Gründung des Warschauer Paktes

1956: XX. Parteitag der KPdSU

Februar 1956: Beginn der Entstalinisierung

Oktober–November 1956: Aufstand in Budapest/Suezkrise

1957: Gründung der EWG

1961: Bau der Berliner Mauer

1962: Kubakrise

1968: „Prager Frühling"

1975: Schlussakte von Helsinki

1983: Krise zwischen NATO und Warschauer Pakt (nukleare Nachrüstung der NATO in Europa angesichts der Bedrohung durch sowjetische Mittelstreckenraketen)

1989: Fall der Berliner Mauer

Wichtige Abkürzungen, die sich je nach Sprache verändern

Französisch	Deutschland	Englisch
AELE: Association européenne de libre-échange	EFTA: Europäische Freihandelsassoziation	EFTA: European Free Trade Association
CAEM: Conseil d'assistance économique mutuelle	RGW: Rat für gegenseitige Wirtschaftshilfe	COMECON: Council for Mutual Economic Aid
CECA: Communauté européenne du charbon et de l'acier	EGKS: Europäische Gemeinschaft für Kohle und Stahl	ECSC: European Coal and Steel Community
CED: Communauté européenne de défense	EVG: Europäische Verteidigungsgemeinschaft	EDC: European Defence Community
CEE: Communauté économique européenne	EWG: Europäische Wirtschaftsgemeinschaft	EEC: European Economic Community
CSCE: Conférence pour la sécurité et la coopération en Europe	KSZE: Konferenz für Sicherheit und Zusammenarbeit in Europa	CSCE: Conference for Security and Cooperation in Europe
OECE: Organisation européenne de coopération économique	OEEC/OWZE: Organisation für wirtschaftliche Zusammenarbeit in Europa	OEEC: Organization for European Economic Cooperation
OTAN: Organisation du traité de l'Atlantique Nord	NATO: Nordatlantikpakt	NATO: North Atlantic Treaty Organization
UEO: Union de l'Europe occidentale	WEU: Westeuropäische Union	WEU: Western European Union

Schlüsselbegriffe

Französisch	Deutsch	Englisch
décolonisation	Entkolonialisierung	decolonization
dissuasion	Abschreckung	deterrence
guerre froide	Kalter Krieg	cold war
perestroïka	Perestroika (Umgestaltung)	perestroika
Tiers-Monde	Dritte Welt	Third World

Michail GORBATSCHOW (1931), von 1985 bis 1991 sowjetischer Partei- und Regierungschef

Bedeutende Persönlichkeiten

John F. KENNEDY (1917–1963), von 1961 bis 1963 Präsident der Vereinigten Staaten

Nikita CHRUSCHTSCHOW (1894–1971), von 1953 bis 1964 sowjetischer Partei- und Regierungschef

Jean MONNET (1888–1979), Wegbereiter der europäischen Einigung

Gamal Abdel NASSER (1918–1970), von 1954 bis 1979 ägyptischer Präsident und Wortführer der Dritten Welt

Ronald REAGAN (1911–2004), von 1981 bis 1988 Präsident der Vereinigten Staaten

DEUTSCH-FRANZÖSISCHER PERSPEKTIVENWECHSEL

Der Kalte Krieg

• Für die meisten deutschen und französischen Historiker ist der Ausdruck „Kalter Krieg" ein Synonym für den Ost-West-Konflikt und bezeichnet den gesamten Zeitraum zwischen 1947 und 1989 bzw. 1991. Einige deutsche Historiker verwenden den Ausdruck „Kalter Krieg" lediglich zur Kennzeichnung der gefährlichsten Phase des Ost-West-Konflikts, von 1947 bis 1962 (Kubakrise), jedoch sind sie heute in der Minderheit.

Der Kommunismus

• Der Kommunismus und die UdSSR wurden bei den Deutschen und Franzosen unterschiedlich wahrgenommen. In Frankreich wurde die Kommunistische Partei (PC) weitgehend mit der Résistance und ab 1941 mit dem Kampf der UdSSR gegen den Nationalsozialismus in Verbindung gebracht. Nach dem Zweiten Weltkrieg erfreute sie sich eines beträchtlichen Ansehens und gehörte sogar der Regierung an.

• Ganz anders in Westdeutschland: Die Errichtung des ostdeutschen Regimes (DDR) und die sowjetische Bedrohung nährten bis in die Sozialdemokratie (SPD) hinein antikommunistische Gefühle. Die Berlin-Blockade, die brutale Unterdrückung des Volksaufstandes von 1953 in der DDR und der Mauerbau 1961 spielten hierbei eine entscheidende Rolle. Solche Erfahrungen förderten die Verbreitung eines Feindbildes, ein im Französischen unübersetzbares Wort, das mit „représentation de l'ennemi (soviétique)" allenfalls grob umschrieben werden kann. Dieses äußerst negative Bild vom Kommunismus prägte die politischen Debatten im Westen Deutschlands.

Die Beziehungen zu den Vereinigten Staaten

• Auch das Verhältnis zwischen Europa und den Vereinigten Staaten wird in beiden Ländern unterschiedlich wahrgenommen.

• Die Westdeutschen, die die Teilung Europas in zwei Blöcke unmittelbar erlebt haben, betrachten die Vereinigten Staaten mehrheitlich als eine Macht, die Westeuropa unterstützt (Marshallplan) und geschützt (NATO) hat.

• Die meisten Franzosen neigten unter dem Einfluss der Unabhängigkeitspolitik des Generals de Gaulle dazu, die Vereinigten Staaten als eine imperialistische Macht und den Atlantizismus als Ausdruck der amerikanischen Vorherrschaft anzusehen. Der Begriff „Atlantizismus" (franz. „atlantisme") ist in Deutschland übrigens weniger gebräuchlich als das Wort „Westintegration".

Die Entkolonialisierung

• Die Entkolonialisierung, die in die Zeit des Kalten Krieges fiel, war ein Prozess, der eher Frankreich betraf, da Deutschland seine Kolonien bereits nach dem Ersten Weltkrieg verloren hatte. Die Franzosen erlebten die Auswirkungen der Entkolonialisierung unmittelbar, insbesondere durch den Algerienkrieg (1954–1962), der die französische Öffentlichkeit spaltete.

WEITERFÜHRENDE HINWEISE

Bücher

- Maurice Vaïsse, Les relations internationales depuis 1945. Colin, Paris 2005.
- Stanislas Jeannesson, La guerre froide. La Découverte, Paris 2002.
- Gérard Bossuat, Les fondateurs de l'Europe. Belin, Paris 1994.
- Bernard Droz, Les décolonisations. Seuil, Paris 1996.
- John Le Carré, Der Spion, der aus der Kälte kam, List, München 2003 (franz. „L'espion qui venait du froid". Gallimard, Paris 1964): Der Kalte Krieg im Spiegel eines Krimis.

Film

- Stanley Kubrick, „Dr. Strangelove", 1964: Einer der ersten Filme, der die Angst vor dem Grauen der Kernwaffen verhöhnt.

Museen

- Gedenkstätte Berliner Mauer, Bernauer Straße 111, 13355 Berlin.
- Haus der Geschichte, Bonn: Ein den beiden deutschen Staaten nach 1945 gewidmetes Museum.

Internetadressen

Links zu Europa und zum Ost-West-Konflikt:

- www.europa.eu.int: Internetportal der Europäischen Union
- http://edition.cnn.com/SPECIALS/cold.war/: Gesamtübersicht zum Kalten Krieg
- www.ibiblio.org/expo/soviet.exhibit/soviet.archive: Sowjetische Archive
- www.state.gov/r/pa/ho/time/cwr/: Außenministerium der Vereinigten Staaten
- www.dhm.de/ausstellungen/kalter_krieg/: Virtuelle Ausstellung, Deutschland im Kalten Krieg. Deutsche Feindbilder in der politischen Propaganda 1945 bis 1963.
- www.atomictourist.com: Hinweis auf touristische Nutzungen von Atomanlagen

Links zur DDR und zur Berliner Mauer:

- www.17juni53.de/
- www.bpb.de/themen/GT3H5Z,0,0,Die_Geschichte_der_Berliner_Mauer.html: Internetseite der Bundeszentrale für politische Bildung
- www.chronik-der-mauer.de/

Teil 3

Europa in einer globalisierten Welt (1989 bis heute)

1

2

3

4

5

6

7

8

9

10

11

12

13

14

15

16

17

18

Kapitel 8

Das Ende des Ost-West-Konfliktes

Seit Mitte der 1980er-Jahre vollzog sich in Europa eine Wende, die in den vorangehenden Jahrzehnten fast niemand für möglich gehalten hätte. Innerhalb weniger Jahre löste sich das Militärbündnis des Ostens und mit dem Zerfall der Führungsmacht Sowjetunion die kommunistischen Regime im östlichen Europa auf. Das Ende des Kalten Krieges bedeutete nicht nur das Ende der Teilung Europas, sondern auch die Wiedervereinigung der beiden deutschen Staaten. Um die Wende zum 21. Jahrhundert bot sich Europas Staaten und Völkern wieder die Chance, sich ihrer gemeinsamen Traditionen bewusst zu werden und sich als Einheit zu verstehen.

- Welche Veränderungen brachte das Ende des Kalten Krieges in Europa mit sich?
- Welche Chancen und Probleme ergaben sich insbesondere für die Völker Osteuropas?

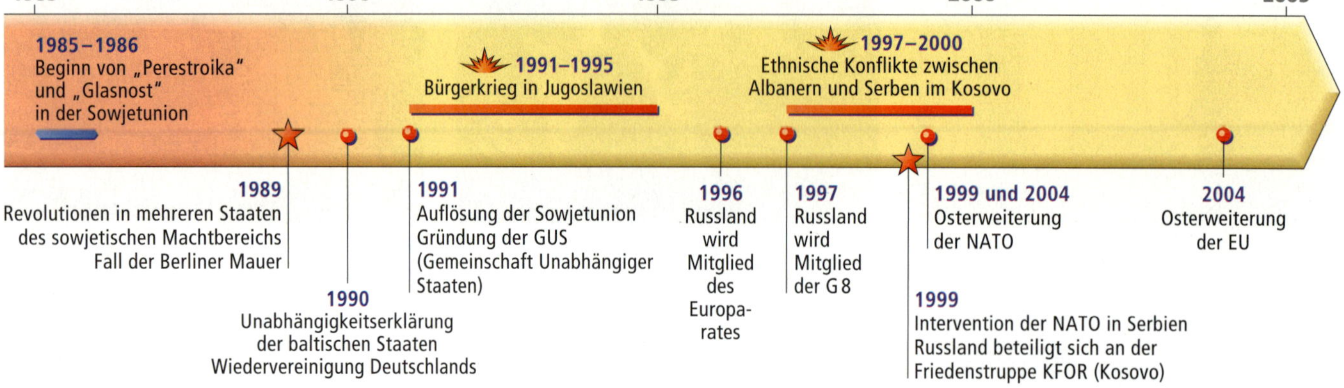

1

Die Berliner Mauer 1989

Die Öffnung der Mauer in Berlin am 9. November 1989 markierte das Ende des Kalten Krieges in Europa.

2

Die Rückkehr des Krieges auf dem Balkan

Beisetzung eines jungen Albaners, der im Januar 1990 während einer Demonstration für die Unabhängigkeit des Kosovo von der serbischen Polizei getötet wurde.

Europa und der Ostblock nach dem Ende des Ost-West-Konfliktes

Das Ende des Ost-West-Konfliktes

- „Eiserner Vorhang" bis 1989
- Abzug der sowjetischen Truppen 1990
- KROATIEN: neue Grenzen und neue Staaten seit 1991 (hervorgegangen aus der UdSSR, Jugoslawien und der ČSSR)

Demokratische Wertegemeinschaft

Europarat

- Mitgliedstaaten 1989
- Mitgliedstaaten seit 1990

Neue Herausforderungen

- bewaffnete Konflikte seit 1991

Die NATO, die größte militärische Organisation

- 1998: Mitgliederbestand 1998
- 1999: Beitrittstaaten 1999
- 2004: Beitrittstaaten 2004

1 Europa nach dem Ende des Ost-West-Konfliktes

2 Von der Sowjetunion zur Gemeinschaft Unabhängiger Staaten

1. Der Zusammenbruch der „Volksdemokratien“

Welche Entwicklungen führten zum Zusammenbruch der „Volksdemokratien“ in Osteuropa?

Oppositionsbewegungen in den „Volksdemokratien“

Die Geschichte der sozialistischen „Volksdemokratien“ war von Anfang an von Oppositionsbewegungen begleitet, die auf die Verwirklichung von Mitbestimmungs- und Freiheitsrechten hinarbeiteten. Neben der Missachtung dieser Rechte durch den Staatsapparat führte der vergleichsweise niedrige Lebensstandard im Rahmen des planwirtschaftlichen Wirtschaftssystems zu Unzufriedenheit in der Bevölkerung.

Trotz polizeilicher Überwachung, Inhaftierung und militärischer Bekämpfung von Regimegegnern in den 50er- und 60er-Jahren **(siehe S. 106ff.)** und der Niederschlagung von Volksaufständen mithilfe sowjetischer Truppen gelang es den sozialistischen Regierungen nicht, die Oppositionsbewegungen zu zerschlagen. Oppositionelle Aktivitäten wurden im Rahmen kirchlicher Institutionen, unter dem Dach illegaler Gewerkschaftsorganisationen wie Solidarność in Polen und in Intellektuellenkreisen fortgesetzt.

Kurswechsel in der sowjetischen Politik

Solange die sowjetische Führung bereit war, die sozialistischen Regimes in den „Volksdemokratien“ durch direkte Militärinterventionen zu stützen, waren die Chancen für eine Regierungsübernahme durch oppositionelle Kräfte gering. Dies änderte sich jedoch nach dem Amtsantritt von Michail Gorbatschow im Jahre 1985. Der neue Generalsekretär der KPdSU distanzierte sich öffentlich von der Breschnew-Doktrin **(siehe S. 106f.)**. Die Furcht vor einem sowjetischen Eingreifen zu Gunsten der sozialistischen Regierungen nahm ab; dies führte zu einer Erweiterung oppositioneller Handlungsspielräume.

Auch die innenpolitischen Weichenstellungen Gorbatschows wirkten ermutigend auf die Oppositionsbewegungen: Wenn die Sowjetunion im Zeichen von Glasnost und Perestroika ihren Bürgern mehr Freiheit und Mitbestimmung gewährte, dann war eine ähnliche Entwicklung auch in den sozialistischen „Bruderstaaten“ Ost- und Ostmitteleuropas denkbar.

Der Zusammenbruch der sozialistischen Systeme

1989 gelang den Oppositionsbewegungen überraschend in zahlreichen Staaten des Warschauer Paktes der politische Durchbruch. Es kam zu einer Revolutionswelle, die überwiegend unblutig verlief – außer in Rumänien, wo der Diktator Ceaușescu vergeblich versuchte, den Machtverlust mit Gewalt zu verhindern. In Polen zwangen Streiks die Regierung, die bereits seit 1980 bestehende Gewerkschaft Solidarność anzuerkennen und erstmals Wahlen nach demokratisch-pluralistischen Prinzipien zuzulassen. Auf dieser Grundlage übernahm mit Tadeusz Mazowiecki ein nichtkommunistischer Politiker das Amt des Regierungschefs. In der Tschechoslowakei wurde nach der „Samtenen Revolution“ der oppositionelle Schriftsteller Václav Havel zum Staatspräsidenten gewählt.

In Ungarn zeigte sich die kommunistische Partei bereit, Oppositionsparteien zu dulden und ihren Führungsanspruch aufzugeben. Noch vor dem Wahlsieg und der Regierungsübernahme durch die Opposition begann hier der Abbau der Grenzanlagen zu Österreich. Damit war erstmals eine Bresche in den „Eisernen Vorhang“ geschlagen worden, durch die nun zehntausende DDR-Bürger in den Westen ausreisten. Diese Massenausreise trug erheblich zur Destabilisierung des SED-Regimes bei, dessen Niedergang schließlich im Fall der Mauer im November 1989 seinen weltweit beachteten Ausdruck fand. Zugleich symbolisierte der Mauerfall das Ende der sowjetischen Vorherrschaft in diesem Teil der Welt.

1

Michail Gorbatschow (geb. 1931)

Die amerikanische Zeitschrift „Time“ wählte Gorbatschow 1998 zum Mann des Jahrzehnts.

Begriffe

- **„Volksdemokratie“:** Politisches System der meisten Staaten Mittel- und Osteuropas. Die Verfassung dieser Staaten sah zwar formal Wahlen und häufig auch einen Parteienpluralismus vor, durch das Blocksystem wurde jedoch das Führungsmonopol der kommunistischen Partei garantiert.
- **Solidarność:** 1980 gegründete oppositionelle Gewerkschaft in Polen mit starker Verankerung in der katholischen Kirche.
- **Breschnew-Doktrin:** Vom sowjetischen Staats- und Parteichef Breschnew vertretene Doktrin, der zufolge die Sowjetunion berechtigt war, zur Verteidigung sozialistischer Systeme in verbündeten Staaten militärisch zu intervenieren.
- **Glasnost** (Offenheit, Transparenz): Das grundlegende Prinzip der von Gorbatschow eingeleiteten Reformpolitik in der UdSSR, durch das die öffentliche Information, kritische Berichterstattung und Meinungsbildung über alle wichtigen gesellschaftlichen und politischen Belange garantiert werden sollte.
- **Perestroika** (Umgestaltung, Reform): Bezeichnung für die von Gorbatschow begonnene Reformpolitik, die die Demokratisierung der sowjetischen Gesellschaft und die schrittweise Einführung marktwirtschaftlicher Prinzipien zum Ziel hatte.

2

Ein unerwarteter Sturz

Karikatur des bekannten deutschen Karikaturisten Horst Haitzinger zum Rücktritt des Staatsratsvorsitzenden Erich Honecker am 18. Oktober 1989, kurz nach den Feiern zum 40. Jahrestag der DDR.

3

Gewaltsame Revolution in Rumänien 1989

4 Langfristige Ursachen des Widerstandes in Polen

Aktionsprogramm der polnischen unabhängigen und selbstverwaltenden Gewerkschaft Solidarność, veröffentlicht am 17. April 1981:

Der vorherrschende Zug dieses Systems ist das Fehlen demokratischer Mechanismen zur Entscheidungsfindung, von Verantwortung für getroffene Entscheidungen und von Wechsel bei Leuten in führenden Positionen. Entscheidungen, die die ganze Gemeinschaft betreffen, werden von Partei- und Verwaltungsgremien getroffen, die keiner gesellschaftlichen Kontrolle unterliegen. […] Oft ist es unmöglich, selbst in Andeutungen auf die katastrophalen Folgen einer falschen Entscheidung hinzuweisen. Dies vereiteln vor allem die Zensur und die ausgebauten Regeln der Staats-, Wirtschafts- und Dienstgeheimnisse. […]

Im bürokratischen System der Regierung des Landes und der Leitung der Wirtschaft hat sich eine exklusive Schicht von Herrschenden etabliert, die keiner Kontrolle vonseiten der Beherrschten unterliegen. Die Leute im Machtapparat treffen Entscheidungen eher im Hinblick auf ihre persönlichen Interessen, ihre materiellen Privilegien und ihre Karriere als im Hinblick auf die Interessen der Gesellschaft. […] All dies führte dazu, dass Polen keine Chance hatte zu sozialökonomischen Reformen und zur Rettung vor der Krise.

Europa-Archiv, 1981, D 460ff.

5 Die neue Haltung der Sowjetunion

Die Zugehörigkeit der europäischen Staaten zu verschiedenen Gesellschaftssystemen ist eine Realität. Und die Anerkennung dieser historischen Tatsache, die Achtung des souveränen Rechtes eines jeden Volkes, sein Gesellschaftssystem nach Belieben zu wählen, ist die wichtigste Voraussetzung des normalen europäischen Prozesses. Die gesellschaftliche und politische Ordnung hat sich in diesem oder jenem Land in der Vergangenheit verändert und kann sich auch in Zukunft ändern. Dies ist jedoch ausschließlich Sache dieser Völker selbst, ihrer eigenen Wahl. Jegliche Einmischung in die inneren Angelegenheiten, jegliche Versuche, die Souveränität der Völker einzuschränken – sowohl der Freunde und Verbündeten als auch von sonst jemandem – sind unzulässig.

Michail Gorbatschow am 7. Juli 1989 vor dem Europarat Straßburg. Auswärtiges Amt (Red.: Referat Öffentlichkeitsarbeit), Umbruch in Europa: die Ereignisse im 2. Halbjahr 1989; eine Dokumentation. Bonn 1990, S. 17f.

Fragen und Anregungen

1. Erläutern Sie die Problematik, die in M4 angesprochen wird.
2. Formulieren Sie ausgehend von M4 einen Forderungskatalog an die polnische Regierung.
3. Vergleichen Sie die Aussagen Gorbatschows (M5) mit denen Breschnews **(siehe S. 107)** und stellen Sie die Unterschiede fest.
4. Erklären Sie anhand von M5 die Auszeichnung für Gorbatschow (M1).
5. Erläutern Sie, warum im Gegensatz zu früheren Protesten in den Ostblockstaaten diese 1989/90 zu tatsächlichen Veränderungen führten.

Dossier: Die deutsche Wiedervereinigung

Das Ende des Ost-West-Konfliktes erlaubte die Überwindung der deutschen Teilung. Die Reformpolitik Gorbatschows weckte Hoffnung auf Veränderungen; die Grenzöffnung Ungarns nach Westen schuf neue Möglichkeiten zur Flucht.

In Leipzig begannen friedliche Montagsdemonstrationen, die sich trotz der Androhung gewaltsamer Gegenmaßnahmen zu Massendemonstrationen in Berlin steigerten. Regierung und Politbüro traten schließlich zurück. Am 9. November 1989 wurde die Reisefreiheit verkündet und die Berliner Mauer geöffnet. Die Bilder dieses Ereignisses gingen um die Welt und machten den Sieg der friedlichen Revolution in besonders eindrucksvoller Weise sichtbar.

Nun begann der politische Prozess der Vereinigung Deutschlands, der nach Verhandlungen mit den Siegermächten am 3. Oktober 1990 erfolgreich abgeschlossen wurde.

1 Grünes Licht aus Moskau

Zu den Ergebnissen der Gespräche Bundeskanzler Kohls und Außenminister Genschers mit der sowjetischen Führung meldete am 10. Februar 1990 die dpa:

Moskau (dpa) – Nach siebenstündigen Beratungen im Kreml sagte Kohl auf einer kurzfristig einberufenen Pressekonferenz: „Generalsekretär Gorbatschow hat mir unmissverständlich zugesagt, dass die Sowjetunion die Entscheidung der Deutschen, in einem Staat zu leben, respektieren wird; und dass es Sache der Deutschen ist, den Zeitpunkt und den Weg der Einigung selbst zu bestimmen.“ Kohl dankte Gorbatschow, dass er dieses „historische Ergebnis“ ermöglicht habe […].

Meldung der dpa, 10. Februar 1990.

2 **„Die Abstimmung mit den Füßen“**

Deutsche Karikatur von 1989.

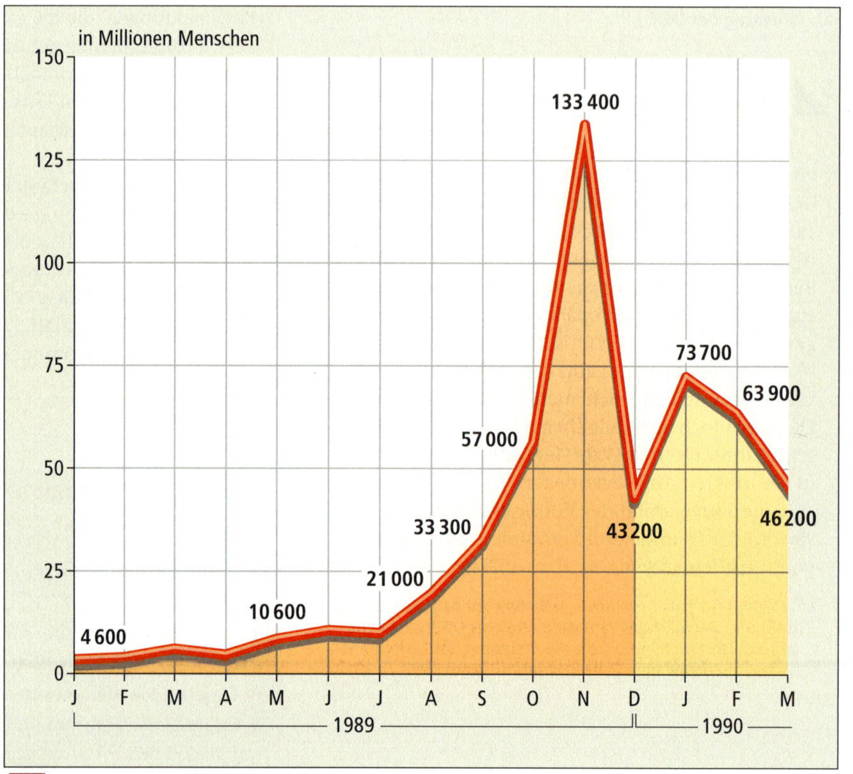

3 **Fortzug in den Westen (1989–1990)**

4 Stimmen des Auslands

George Bush, Präsident der Vereinigten Staaten

Ich teile die Sorge mancher europäischer Länder über ein wiedervereinigtes Deutschland nicht, weil ich glaube, dass Deutschlands Bindung an und Verständnis für die Wichtigkeit des (atlantischen) Bündnisses unerschütterlich ist. Und ich sehe nicht, was einige befürchten, dass Deutschland, um die Wiedervereinigung zu erlangen, einen neutralistischen Weg einschlägt [...].

New York Times, 25. Oktober 1989.

Margaret Thatcher, Premierministerin Großbritanniens

Ein wiedervereinigtes Deutschland ist schlichtweg viel zu groß und zu mächtig, als dass es nur einer von vielen Mitstreitern auf dem europäischen Spielfeld wäre. [...] Nur das militärische und politische Engagement der USA in Europa und die engen Beziehungen zwischen den beiden anderen starken, souveränen Staaten Europas, nämlich Großbritannien und Frankreich, können ein Gleichgewicht zur Stärke der Deutschen bilden. In einem europäischen Superstaat wäre dergleichen niemals möglich.

Margaret Thatcher, Downing Street No. 10. Die Erinnerungen. Düsseldorf 1993, S. 1095f.

François Mitterrand, Staatspräsident Frankreichs

Aus den Erinnerungen seines Beraters Jacques Attali:

Freitag, 1. September 1989: „Gorbatschow wird niemals ein wiedervereintes Deutschland in der NATO akzeptieren und die Amerikaner werden niemals zulassen, dass die Bundesrepublik die NATO verlässt. Wir können deshalb beruhigt sein."

Montag, 2. Oktober 1989: „Wer von der Wiedervereinigung Deutschlands spricht, versteht nichts von der Sache. Die Sowjetunion wird sie niemals akzeptieren. Das wäre das Ende des Warschauer Pakts. Und die DDR, das ist Preußen. Es will sicher nicht unter die Fuchtel Bayerns geraten."

Zit. nach: Der Spiegel, Nr. 42, 17. Oktober 1995, S. 166.

5

Leipzig im Herbst 1989

Friedliche Demonstranten skandieren Parolen wie „Wir sind das Volk", „Wir bleiben" und „Wir fordern freie Wahlen".

6

Der 2+4-Vertrag

Die außenpolitischen Voraussetzungen für die Wiedervereinigung schuf der 2+4-Vertrag der beiden deutschen Regierungen (Bundesrepublik und DDR) und der vier Siegermächte.

Fragen und Anregungen

1. Zeitgenossen waren überrascht, wie schnell außenpolitische Fragen zur deutschen Einheit gelöst werden konnten. Welche Überzeugungen Gorbatschows trugen dazu bei? (M1)
2. Vergleichen Sie die Aussagen der Politiker und erklären Sie diese mit der Interessenlage der einzelnen Mächte. (M4)
3. Erläutern Sie die Bestimmungen des 2+4-Vertrags (M6) und setzen Sie diese in Beziehung zu M4.
4. Simulieren Sie mit verteilten Rollen eine Diskussion zwischen Thatcher, Bush und Mitterrand zum Thema Wiedervereinigung.

2. Von der Sowjetunion zur Russischen Föderation – Niedergang einer Weltmacht?

Welche Ursachen hatte der Zerfall der Sowjetunion?

„Perestroika" und „Glasnost"

1985 trat mit dem Amtsantritt Michail Gorbatschows als Generalsekretär der KPdSU eine radikale Kursänderung in der politischen und gesellschaftlichen Entwicklung der UdSSR ein: Gorbatschow strebte eine Umgestaltung der ganzen Gesellschaft („Perestroika") auf der Basis von größerer Freiheit und Offenheit („Glasnost") an, ohne jedoch die Grundsätze des Marxismus-Leninismus infrage zu stellen. Die staatliche Kontrolle über Medien, Kunst und Kultur wurde gelockert, was eine bis dahin undenkbare Kritik an den Entscheidungsträgern ermöglichte. Die Reformer bemühten sich zudem, marktwirtschaftliche Elemente in die Planwirtschaft (siehe S. 194 f.) zu integrieren. So sollte etwa die Selbstständigkeit und Profitorientierung von Betrieben gestärkt werden.

Diese Reformen fanden im westlichen Ausland breite Anerkennung, stießen jedoch innerhalb der Sowjetunion auf erhebliche Widerstände, vor allem, als sich die Versorgungslage infolge der funktionalen Widersprüche zwischen planwirtschaftlichen und marktwirtschaftlichen Prinzipien verschlechterte.

1
Boris Jelzin
Seit Juni 1991 Präsident der Russischen Sozialistischen Föderativen Sowjetrepublik (RSFSR); dann vom Ende der Sowjetunion (21. Dezember 1991) bis Dezember 1999 Präsident der Russischen Föderation.

Die Auflösung der Sowjetunion

Gorbatschow wollte durch seine Reformen den Vielvölkerstaat Sowjetunion stabilisieren; der Effekt war jedoch genau das Gegenteil: Jahrzehntelang hatten die verschiedenen nichtrussischen Volksgruppen trotz offizieller Gleichberechtigung unter dem Druck der Russifizierung und der zentralistischen Moskauer Herrschaft gelitten.

Unter den Bedingungen von Glasnost und Perestroika war es nun möglich, die lang unterdrückte Forderung nach nationaler Selbstbestimmung zu erheben und durchzusetzen: 1990 erklärten sich zuerst Litauen, dann Estland und Lettland für unabhängig. Die Unabhängigkeitserklärungen weiterer Teilrepubliken folgten bald.

Nach einem gescheiterten Putschversuch orthodoxer Kommunisten im August 1991 gewannen radikale Reformer die Oberhand. Gorbatschow musste als Generalsekretär der KPdSU zurücktreten. Auf Betreiben des Präsidenten der Russischen Sozialistischen Föderativen Sowjetrepublik (RSFSR), Boris Jelzin, schlossen sich im Dezember 1991 elf von fünfzehn Teilstaaten zur Gemeinschaft Unabhängiger Staaten (GUS) zusammen (siehe Karte S.133) und erklärten die Sowjetunion offiziell für aufgelöst. Gorbatschow trat daraufhin zurück.

Die Russische Föderation

Innerhalb der neu entstandenen GUS bildete die aus der RSFSR entstandene Russische Föderation den politisch wie militärisch stärksten Nachfolgestaat der UdSSR – nicht zuletzt aufgrund der alleinigen Kontrolle über das ehemalige sowjetische Nuklearwaffenarsenal. Das strategische Gewicht Russlands stand allerdings in einem starken Gegensatz zur wirtschaftlichen Schwäche und den erheblichen Stabilitätsproblemen infolge der wirtschaftlichen und politischen Transformationsprozesse.

Zudem sah sich Russland durch die Abspaltung der Teilrepublik Tschetschenien in seiner staatlichen Einheit bedroht und führte deswegen zwei Kriege gegen die tschetschenische Unabhängigkeitsbewegung (1994–1997 und erneut seit 1999).

Im Bereich der Außenpolitik musste das Land hinnehmen, dass Staaten des früheren Warschauer Pakts und sogar ehemalige Sowjetrepubliken im Zuge der NATO-Osterweiterung einem aus russischer Sicht immer noch potenziell bedrohlichen Militärbündnis beitraten.

Begriffe

- **Perestroika: siehe S. 134.**
- **Glasnost: siehe S. 134.**
- **Planwirtschaft:** Im Gegensatz zur Marktwirtschaft die Wirtschaftsordnung, in der das gesamte wirtschaftliche Geschehen von einer zentralen Stelle geplant und gelenkt wird.
- **Marktwirtschaft: siehe S. 140.**
- **Russifizierung:** Vorgang, durch den eine Bevölkerungsgruppe nicht nur von Russland politisch beherrscht, sondern auch zur Übernahme russischer Sprache und Kultur angehalten bzw. gezwungen wird.
- **RSFSR** (Russische Sozialistische Föderative Sowjetrepublik) und Russische Föderation: Die RSFSR vereinigte als größte Teilrepublik der Sowjetunion Russen und weitere Volksgruppen im Rahmen einer föderativen Ordnung. Aus ihr ging 1991 die Russische Föderation, das heutige Russland, hervor.

2

Flucht aus Grosny

Im Februar 2000 flieht eine Frau aus der tschetschenischen Hauptstadt. Grosny war vor der Einnahme durch die russischen Truppen schweren Bombardements ausgesetzt gewesen.

3 Doktrin des „nahen Auslandes"

Die Sicherheitsinteressen der [Russischen] Föderation und der anderen Mitglieder der GUS können die Stationierung von russischen Truppen und von russischem Material außerhalb ihrer Grenzen erforderlich machen. [...] Die Streitkräfte können außerhalb der Grenzen Russlands eingesetzt werden, um friedenserhaltende Missionen zwischen Konfliktparteien zu übernehmen, wie auch im Fall eines Angriffs gegen den russischen Staat. Einheiten der Armee und andere Truppen der Russischen Föderation können eingesetzt werden, um in Zusammenarbeit mit den Organen des Innenministeriums zu operieren, [...] um einen Konflikt auf eine Region zu beschränken, bewaffnete Konflikte zu verhindern und feindliche Parteien zu trennen sowie dazu, sensible Objekte zu verteidigen [...]. Die Einrichtung von beweglichen Kräften, die sich kurzfristig in eine bestimmte Region schicken lassen, ist eine der Prioritäten, wenn es darum geht, lokale und regionale Konflikte regeln zu können.

Neue Militärdoktrin, am 2. November 1993 vom Russischen Sicherheitsrat angenommen; übers. nach: Le Monde, 5. November 2003.

4

Nationales Unabhängigkeitsstreben im Baltikum

Eine 560 km lange Menschenkette, organisiert in den baltischen Staaten, gedenkt am 23. August 1989 des Hitler-Stalin-Paktes.

5 Die Demokratie in Russland

Fremde Erfahrungen müssen äußerst kritisch unserer eigenen Mentalität, unseren Gebräuchen, Traditionen, Sitten, unserer Lebensweise und unserem Arbeitsethos angepasst werden – erst dann werden wir unser Ziel erreichen. Das ist eigentlich die Kernidee des Dritten Weges, dem ich mich verpflichtet fühle. War im Sozialismus alles schlecht? Nein, nicht alles. Da gab es eine Reihe positiver Momente. Also übernehmen wir die besten davon. Ist im Kapitalismus alles schlecht, wie uns das jahrzehntelang eingebläut wurde? Selbstverständlich nicht. Was bleibt meinem Lande denn gegenwärtig anderes übrig, als das Beste von hüben und von drüben zu einem Ganzen zu vereinigen, dem eigenen Boden anzupassen und – zu handeln. [...]

Alle Staaten, die heute Anspruch darauf erheben, als demokratisch bezeichnet zu werden, haben an ihrer Demokratie rund 200 Jahre gebaut, einige etwas mehr, andere etwas weniger. Deshalb muss ich lachen, wenn man mir heute in Russland sagt, wir würden in einem demokratischen Staat leben. Wir sind samt und sonders Sowjetmenschen. Deshalb besteht die Aufgabe meiner Generation darin, die ersten Steine für die Grundlage des künftigen demokratischen russischen Staates zu legen. 40 Jahre werden wohl vergehen, bis dieses Fundament solide und keine Umkehr mehr möglich ist.

Interview mit dem russischen General a. D. und Provinzgouverneur Alexander Lebed, Der Spiegel, Nr. 42/1997, S. 226ff.

Fragen und Anregungen

1. Erläutern Sie den Zusammenhang zwischen Gorbatschows Reformpolitik und der Auflösung der Sowjetunion.
2. Wie wird in der russischen Militärdoktrin von 1993 die Stationierung und der Einsatz russischer Truppen im „nahen Ausland" begründet? (M3)
3. Fassen Sie Lebeds Stellungnahme zur Demokratisierung Russlands zusammen und überlegen Sie, auf welche Vorstellungen er reagiert. (M5)
4. Versuchen Sie, mögliche Auswirkungen der NATO-Osterweiterung auf die russische Politik abzuschätzen.

3. Europa nach dem Ost-West-Konflikt

Hat mit dem Ende des Kalten Krieges wieder eine Annäherung Ost- und Westeuropas begonnen?

Demokratie und Marktwirtschaft

Polen, Tschechien, Ungarn, teilweise auch Slowenien und die baltischen Republiken Estland, Lettland und Litauen waren die Staaten des ehemaligen Ostblocks, die die Einführung von parlamentarischer Demokratie und Marktwirtschaft am radikalsten angingen und auch am schnellsten voranbrachten. Wirtschaftlich brachte der Umbruch zwar lange Zeit große Probleme wie z. B. steigende Inflation und Arbeitslosigkeit. Letztlich gelang es in diesen Staaten aber dann doch, sich auf die Anforderungen der westlichen Marktwirtschaft einzustellen.

Auch grundlegende Elemente der Demokratie wie ein pluralistisches Parteiensystem, der Wechsel von Regierung und Opposition oder die Einhaltung der Grund- und Menschenrechte konnten geschaffen und praktiziert werden. Das brauchte zwar Zeit, hatte es doch im kommunistischen Regime kaum eine politische Beteiligung der Bürger gegeben. Dennoch entwickelten sich langsam stabile politische Parteien, Interessenverbände und eine informierte sowie lebendige öffentliche Meinung als Voraussetzung für die Demokratisierung.

Die Osterweiterung der Europäischen Union

So wie sich die politische und wirtschaftliche Situation der Länder des ehemaligen Ostblocks entwickelte, so gestaltete sich auch ihr Beitritt zur NATO und zur EU. 1999 wurden erstmals Länder des aufgelösten Warschauer Paktes in die NATO aufgenommen; 2004 kam es zu weiteren Beitritten. Im selben Jahr nahm die Europäische Union acht ehemals sozialistische Länder auf (Ungarn, Tschechien, Polen, Slowenien, die Slowakei, Estland, Lettland und Litauen). Diese Erweiterung wurde trotz Bedenken verschiedener „alter" EU-Länder verwirklicht, die wirtschaftliche Nachteile fürchteten, so etwa neue Konkurrenz im Bereich der Landwirtschaft, billige Arbeitskräfte oder zusätzliche Fördermittel für die neuen Beitrittsländer **(siehe S. 148 f.)**.

Europa reicht heute als Wertegemeinschaft deutlich über das Gebiet der erweiterten EU hinaus: Mittlerweile sind alle Länder Ost- und Ostmitteleuropas – außer Weißrussland – Mitglieder des Europarats, einer Organisation zur Verteidigung der Menschenrechte und der Demokratie **(siehe Karte S. 132)**.

Die Rückkehr des Nationalismus und des Krieges

Der Übergang zu Demokratie und Marktwirtschaft war mit vielfältigen Problemen verbunden. Häufig sicherten sich ehemalige kommunistische Eliten weiterhin Schlüsselpositionen in Staat und Wirtschaft. Zudem führte die Überwindung autoritärer Staatsstrukturen auch zu politischen Desintegrationsprozessen. Nationalistische Bewegungen hatten nun die Möglichkeit, ihre Forderungen offener zu artikulieren, als dies in den sozialistischen Staaten möglich gewesen war, die ein Zusammenleben mehrerer ethischer Gruppen zumindest offiziell förderten. Besonders gravierende Folgen hatte der Zusammenbruch des multiethnisch geprägten Sozialismus in Jugoslawien, wo der aggressive Nationalismus verschiedener Volksgruppen in einen jahrelangen Krieg mit vielen Opfern unter der Zivilbevölkerung führte.

Das Streben nach nationaler Unabhängigkeit führte allerdings nicht immer zu blutigen Konflikten. So verlief die Teilung der Tschechoslowakei (vollzogen zum 1. Januar 1993) in einen tschechischen und einen slowakischen Staat friedlich.

Begriffe

- **Marktwirtschaft:** Wirtschaftsordnung, in der die Preise von Waren und Dienstleistungen auf einem freien Markt durch das Verhältnis von Angebot und Nachfrage bestimmt werden.
- **Demokratisierung:** Prozess, der auf eine zunehmende Teilnahme der Bürger an den Beschlussfassungen und Entscheidungsprozessen in staatlichen und nichtstaatlichen (z. B. in der Wirtschaft) Bereichen hinausläuft.
- **NATO:** Nordatlantisches Verteidigungsbündnis, dessen Mitglieder sich zu politischer und militärischer Zusammenarbeit und zum gegenseitigen Beistand im Falle eines Angriffs auf einen der Vertragspartner verpflichtet haben (Nordatlantikvertrag vom 4. April 1949, Art. 5).
- **Europarat:** 1949 gegründete Organisation zur Förderung der Zusammenarbeit, der Verständigung und der Annäherung zwischen den europäischen Völkern. Ihm gehören heute nahezu alle Staaten des Kontinents einschließlich Russland an.

Fragen und Anregungen

1. Versuchen Sie zu erläutern, weshalb ein so weit zurückliegendes Ereignis wie die Schlacht auf dem Amselfeld (1389) im Jahre 1989 politisch von Bedeutung sein konnte. (M1)

2. Stellen Sie ausgehend von der Karikatur M2 einige Probleme dar, die die genannten Länder bis zu ihrem Beitritt zur EU zu lösen hatten.

3. Stellen Sie fest, mit welchen Argumenten in M3 die Zugehörigkeit Polens zu Europa begründet wird.

4. Erläutern Sie anhand von M4 die Aussage: „Die Russifizierung war eine Abart der Kolonisation".

1

Große Demonstration serbischer Nationalisten auf dem Amselfeld (Kosovo, 1989)

Serben gedenken der Niederlage gegen die Türken auf dem Amselfeld (1389). Auf dem Plakat im Vordergrund ist Slobodan Milosevic zu sehen, der von 1989 bis 1997 serbischer Präsident war.

2 **„Macht hoch die Tür, die Tor' macht weit!"**

Karikatur von Horst Haitzinger, 1997, unterlegt mit einem Zitat aus einem bekannten deutschen Advents-Choral.

3 Polen kehrt nach Europa zurück

Der polnische Ministerpräsident Tadeusz Mazowiecki vor dem Europarat (1990):

Die Polen sind eine Nation, die sich ihrer Zugehörigkeit zu Europa und ihrer europäischen Identität bewusst ist. Für uns war Europa immer der Bezugspunkt, wenn wir uns über unsere Identität befragten. [...] In Europa sehen wir immer noch die Werte – Vaterland, Freiheit und Menschenrechte – und fahren fort, uns mit diesem Europa entschieden zu identifizieren. Wir werfen Europa immer noch vor, das Abkommen von Jalta, die Teilung Europas und die Zuweisung Polens zur anderen Seite des „Eisernen Vorhangs" hingenommen zu haben. [...] Wenn wir als Gemeinschaft zu überleben vermochten, dann nicht zuletzt dank unserer Anhänglichkeit an bestimmte Institutionen und Werte europäischer Prägung. Wir verdanken dieses Überleben dem Glauben und der Kirche, dem Bekenntnis zur Demokratie und zum Pluralismus, den Menschenrechten und bürgerlichen Freiheiten, der Idee der Solidarität. [...] Die Mauer zwischen dem freien und dem unterdrückten Europa wurde bereits beseitigt. Jetzt bleibt die Lücke zwischen dem armen und dem reichen Europa zu füllen.

Zit. nach: C. Gasteyger, Europa zwischen Spaltung und Einigung 1945 bis 1993. Bonn 1994, S. 426f.

4 „Die Russifizierung war eine Abart der Kolonisation"

Aus einem Interview der Zeitschrift „Der Spiegel" mit dem estnischen Staatspräsidenten Lennart Meri (1999):

Der Spiegel: Die EU tut sich nun einmal schwer damit, neue Kostgänger an den Tisch zu bitten, bevor sie ihre eigenen Finanzen in Ordnung gebracht hat.

L. Meri: Die EU ist nicht nur eine Finanzkammer und auch kein Krämerladen. Sie kann sich nicht vor ihrer historischen Verantwortung drücken, indem sie auf innere Schwierigkeiten verweist; die wird es ja immer geben. Die Union wird einen großen Fehler begehen, wenn sie die osteuropäischen Beitrittskandidaten hinhält. [...]

Der Spiegel: Treibt Sie die Angst vor Russland?

L. Meri: Wir haben gewisse Sorgen, die man sich in Deutschland oder Frankreich oder Spanien nicht vorstellen kann – zum Beispiel, ob unsere Sprache uns überdauern wird. Viele Generationen von Esten standen unter dem Eindruck, dass sie die Letzten seien, die ihre Muttersprache sprächen.

Der Spiegel: Der Alptraum eines Volks, das seit Jahrhunderten unter fremden Besatzern leben musste.

L. Meri: Die Russifizierung war eine Abart der Kolonisation. Nach der Erfahrung des Totalitarismus möchten wir eine Antwort auf die Frage finden: Wo kann eine kleine Kultur überleben und zugleich unbeschadet teilnehmen an einer Gesamtkultur?

Der Spiegel: Und diese Geborgenheit erwarten Sie sich von Europa?

L. Meri: Die Stärke Europas besteht eigentlich darin, dass es eine Summe verschiedener Mentalitäten und Kreativitäten ist, das Gegenteil von Gleichschaltung und Einebnung. In der EU können auch kleine Staaten das Gefühl haben, als Gleichberechtigte akzeptiert zu werden. Das ist sehr wichtig, wenn man wie wir gerade aus einem Imperium ausgebrochen ist.

Der Spiegel, Nr. 11/1999, S. 230f.

Dossier: Die jugoslawische Tragödie

Der Tod Titos (1980) und der Machtverfall des Sozialismus führten zur staatlichen Auflösung der Bundesrepublik Jugoslawien. Slowenien und Kroatien erklärten sich 1991 für unabhängig und wurden von Deutschland diplomatisch anerkannt, während Frankreich zunächst am Fortbestand des jugoslawischen Gesamtstaates festhielt.

Serbien versuchte vergeblich, die Einheit der Bundesrepublik Jugoslawien durch den Einsatz der serbisch dominierten Bundesarmee aufrechtzuerhalten. Der Konflikt entwickelte sich mehr und mehr zu einem Bürgerkrieg zwischen den Volksgruppen. Besonders blutig verliefen die Auseinandersetzungen in der von Muslimen, Serben und Kroaten besiedelten Teilrepublik Bosnien-Herzegowina. Dort erreichten die ethnischen Vertreibungen und Massaker ein Ausmaß, wie es Europa in der zweiten Hälfte des 20. Jahrhunderts nicht mehr erlebt hatte.

Ein besonders erschreckendes Beispiel hierfür war das Massaker in der UN-Schutzzone Srebrenica, wo 1995 tausende bosnische Einwohner ermordet wurden.

1

Albanische Flüchtlinge aus dem Kosovo (1999)

Aus Angst vor der serbischen Armee und den serbischen Paramilitärs zogen sich viele Albaner in die Wälder zurück oder flohen in Nachbarländer. Nach den NATO-Angriffen auf Serbien konnten sie unter dem Schutz der internationalen Friedenstruppe KFOR in das Kosovo zurückkehren.

2 Eine radikale Verteidigung des ethnischen Nationalismus

Der serbische Schriftsteller und Politiker Dobrica Cosic (1991):

Die Kroaten waren in den letzten Jahrzehnten der stärkste Destruktionsfaktor und Stützpfeiler der antiserbischen Koalition. Die Kroaten streben seit Jahrhunderten nach einem eigenen Staat und sind in nationaler und religiöser Hinsicht serbenfeindlich und chauvinistisch. [...] Die Serben haben keinen einzigen nationalen und demokratischen Grund und auch nicht das Recht, Kroaten und Slowenen an der Abspaltung von Jugoslawien und der Schaffung selbstständiger Staaten zu hindern. Aber: Die Gründung ihrer autonomen Staaten kann nur auf deren ethnischem Gebiet erfolgen. Sollte die Staatsgründung jedoch unter Annexion von serbischem ethnischem Territorium erfolgen, müsste man sie als Eroberer bezeichnen und sie würden einen Krieg anzetteln.

Dobrica Cosic, Die große Täuschung des serbischen Volkes. Osteuropa 10/1991, S. 600f.

3 „Unwetter auf Unwetter"

Die Rückgewinnung der serbischen Siedlungsgebiete der Krajina 1995 durch Kroatien kommentiert die Frankfurter Allgemeine Zeitung in einem Leitartikel unter dem Titel: „Unwetter auf Unwetter":

„Gewittersturm" lautete der Deckname der kroatischen Militäraktion zur Rückgewinnung der Krajina. [...] Diesmal hat der „Gewittersturm" Kroatien verlorenes Terrain zurückgebracht. Beim nächsten Schlagabtausch kann es schon wieder anders sein. [...] Wenn die kroatische Regierung tatsächlich daran interessiert ist, wie sie versichert, dass die Krajina-Serben im Lande bleiben, hätte sie vielleicht auf das demonstrative Aufpflanzen einer kroatischen Fahne auf der den Serben heiligen Festung Knin besser verzichtet. Oder ist das Verhältnis zwischen Serben und Kroaten ohnehin so zerrüttet, dass selbst die feierlichsten Versprechungen aus Zagreb, die Serben in der Krajina hätten nichts zu befürchten, keinen Glauben mehr findet? Der Strom serbischer Flüchtlinge, der sich jetzt aus der Krajina in serbisch beherrschte Teile Bosniens und Ostslawoniens ergießt, deutet darauf hin.

Unwetter auf Unwetter, Leitartikel der Frankfurter Allgemeinen Zeitung, 7. August 1995, S. 1.

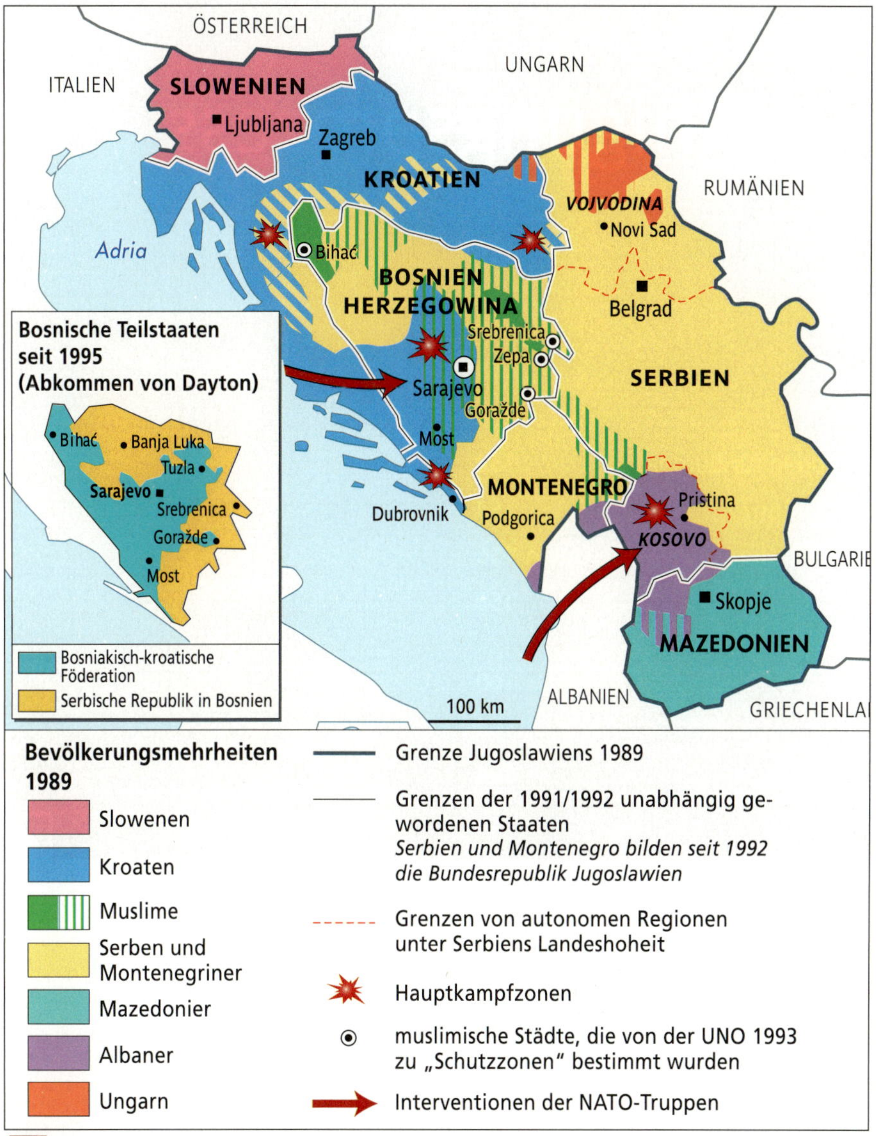

4 Die Spaltung Jugoslawiens

6 Milosevic vor dem Internationalen Strafgerichtshof für das ehemalige Jugoslawien in Den Haag (3. Juli 2001)

Der ehemalige serbische Präsident Slobodan Milosevic wurde von der Anklage für schwere Kriegsverbrechen verantwortlich gemacht. Unter seiner Regierung unterstützte Serbien in Bosnien-Herzegowina serbische Milizen, die ethnische Säuberungen durchführten und Massaker an bosnischen Muslimen und Kroaten verübten. Zudem wurde Milosevic vorgeworfen, die systematische Vertreibung von Albanern aus der südserbischen Provinz Kosovo angeordnet zu haben. Er starb Anfang 2006 im Gefängnis.

5 Kosovo 1999 – ein gerechter Krieg?

a) Der ungarische Schriftsteller György Konrad meint dazu 1999:

Die gutwillige Einmischung der NATO hat mit dem Anspruch, das Morden zu stoppen, noch mehr Morden bewirkt. Nachdem NATO-Bomben auf der Flucht befindliche albanische Zivilisten getötet hatten, brachten die zuständigen Sprecher ihr Bedauern darüber zum Ausdruck. Im Fall serbischer Zivilisten unterblieben diese Beileidsbekundungen oder erfolgten recht tonlos. Welcher Tote ist ein guter und welcher ein böser Toter? [...] Bomben sind das Mittel für einen Krieg zwischen den Staaten und nicht für die Rettung von Menschen.

Frankfurter Allgemeine Zeitung, 30. Oktober 1999, S. 31.

b) Zum Schutz der Menschenrechte militärische Aktionen zulassen?

Der deutsche Verteidigungsminister Rudolf Scharping verteidigt das Eingreifen der NATO gegen Serbien (1999):

Im Kosovo herrscht Terror. [...] Nur wer sich dieser Realität stellt, beginnt die Systematik zu verstehen, die darauf zielt, 90 Prozent der Bevölkerung im Kosovo zu morden, zu vertreiben und ihrer Identität zu berauben. [...] Vergleiche mit den Nazis mögen hier und da hinken – eines bleibt: Wer mit derselben fanatischen Überzeugung Menschen systematisch mordet, vertreibt, vergewaltigt und ihrer elementaren Rechte beraubt, dem muss mit aller Macht in den Arm gefallen werden. [...] Wenn wir unsere Werte [die Menschenrechte, d. Verf.] schützen wollen, dann müssen wir auch dazu bereit sein, diese gegen Mord und Totschlag zu verteidigen.

Frankfurter Allgemeine Zeitung, 3. Mai 1999, S. 29.

Fragen und Anregungen

1. Erläutern Sie anhand von M2 und M4, welche Schwierigkeiten mit der Gründung autonomer Staaten „nur auf deren ethischem Gebiet" verbunden sind.
2. Wie bewertet der Kommentar der Frankfurter Allgemeinen Zeitung das Vorgehen der kroatischen Streitkräfte? (M3)
3. Diskutieren Sie anhand von M1 und 5 das Pro und Contra des NATO-Angriffs auf Serbien.
4. Erörtern Sie, mit welchen Schwierigkeiten die juristische Aufarbeitung der auf dem Gebiet des ehemaligen Jugoslawiens begangenen Verbrechen verbunden sein könnte. (M6)

Kapitel 9

Der europäische Einigungsprozess seit 1989

Nach dem Ende des Kalten Krieges wuchs die Europäische Union innerhalb von wenigen Jahren von 12 auf 25 Mitgliedstaaten.

Mit der Erweiterung wurde eine Reform der von Beginn an auf komplexen Kompromissen beruhenden europäischen Institutionen dringender denn je.

- Wie erfolgte die EU-Erweiterung?
- Ist die EU mit 25 Mitgliedern funktionsfähig?
- Welche Rolle spielt sie in der Welt zu Beginn des 21. Jahrhunderts?

1

Eine europäische Supermacht?

In der amerikanischen Presse veröffentlichte und im Juni 2003 in „Courrier International" abgedruckte Zeichnung von Michael Koelsch.

2

Ein schwieriges Aufbauwerk

„Die Dikatur der Bürokraten": Titelblatt des Wochenmagazins „Der Spiegel" (Juni 2005), das nach dem Nein der Franzosen beim Referendum über die europäische Verfassung den „Aufstand gegen Europa" thematisierte.

Ein anpassungsfähiges Europa

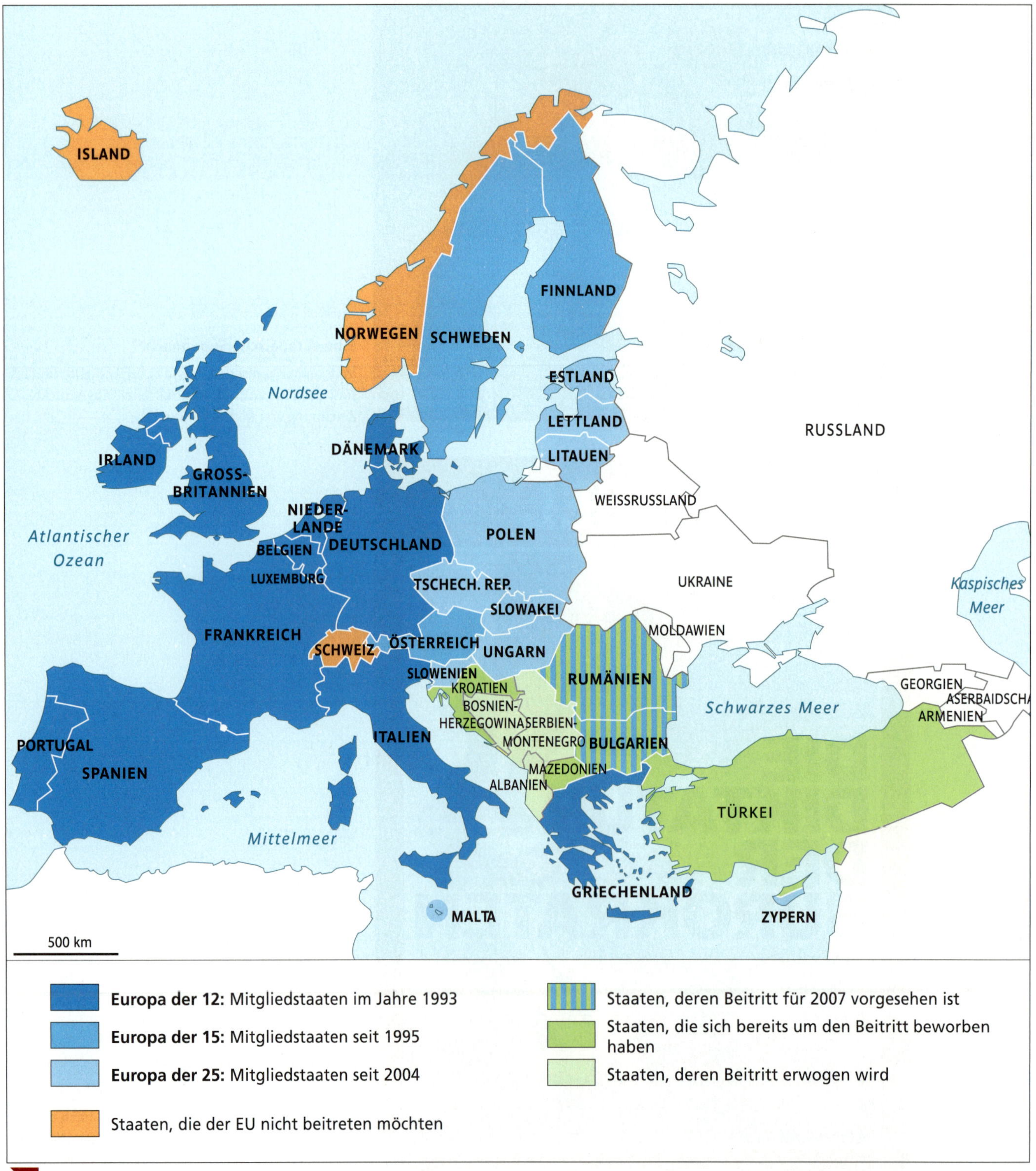

1 Die Dynamik der Erweiterung (1993–2005)

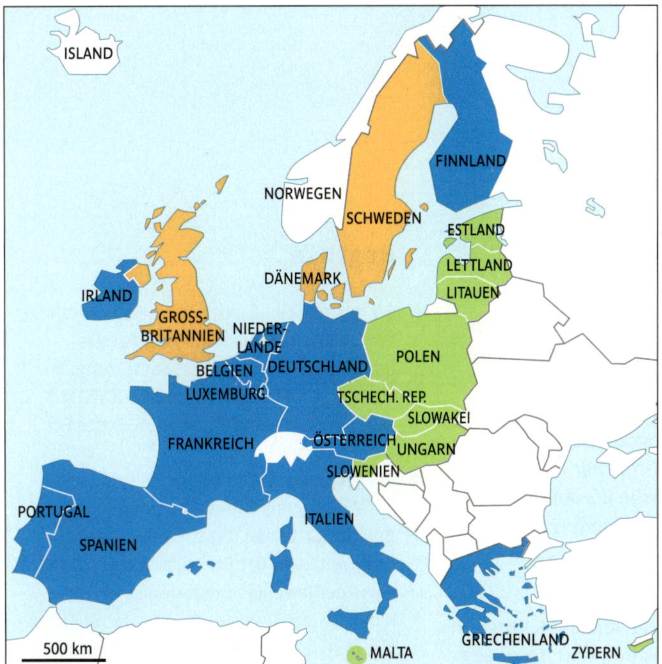

Staaten, die die Einheitswährung eingeführt haben

Mitgliedstaaten der EU, die ihre nationale Währung beibehalten haben

der EU beigetretene Staaten, die die Konvergenzkriterien erfüllen müssen

2 Das Europa der gemeinsamen Währungen: die Euro-Zone

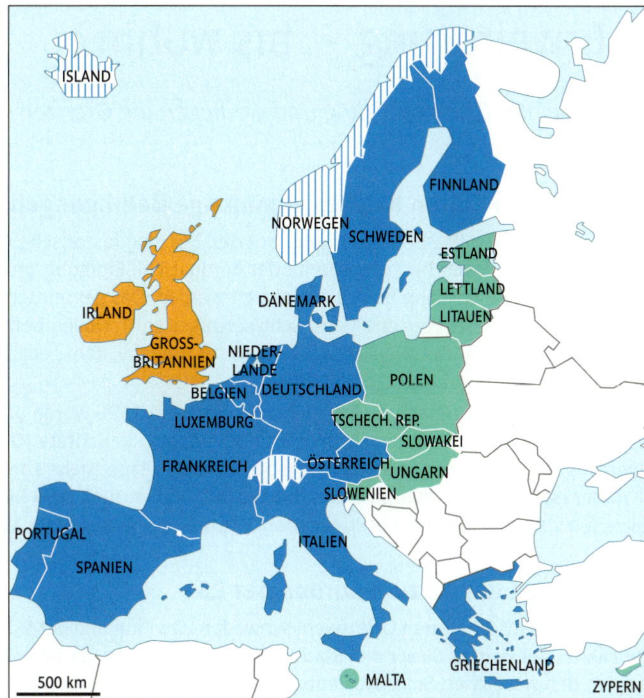

EU-Staaten, die das Schengener Abkommen unterzeichnet haben

Nicht-Mitgliedstaaten der EU, die sich dem Schengen-Raum angeschlossen haben

EU-Staaten, die das Schengener Abkommen nicht unterzeichnet haben

der EU beigetretene Staaten, die dem Schengen-Raum beitreten sollen

3 Europa der Sicherheit: der Schengen-Raum

Begriffe

- **Schengen-Raum:** Territorium der Unterzeichnerstaaten des 1990 vereinbarten und 1995 in Kraft getretenen Schengener Abkommens, das den Abbau der EU-Binnengrenzen (zwischen den Teilnehmerländern) und die verstärkte Kontrolle der EU-Außengrenzen festschreibt.
- **WEU** (Westeuropäische Union): 1954–1955 nach dem Scheitern der Europäischen Verteidigungsgemeinschaft (EVG) geschaffenes Militärbündnis, dem neben den fünf Unterzeichnerstaaten des Brüsseler Vertrags von 1948 (England, Frankreich, Belgien, Luxemburg, die Niederlande) auch die Bundesrepublik Deutschland und Italien angehören.

Mitgliedstaaten der	WEU	NATO	EU
(rot)	ja	ja	ja
(orange)	nein	ja	ja
(grün)	nein	nein	ja
(violett)	nein	ja	nein

4 Europa der Verteidigung: die Westeuropäische Union (WEU)

Fragen und Anregungen

1. Welcher EU-Mitgliedstaat hat weder den Euro eingeführt noch das Schengener Abkommen unterzeichnet? (Karten 1, 2 und 3)
2. Welche beiden Staaten gehören nicht der EU an, jedoch der NATO und dem Schengen-Raum? (Karten 1, 3 und 4)
3. Warum gehören sechs EU-Mitgliedstaaten keiner Militärorganisation an (WEU oder NATO)? (Karte 4)
4. Wie viele Mitgliedstaaten könnte die EU mittelfristig umfassen? (Karte 1)

1. Erweiterung – bis wohin?

Wie verlief die Osterweiterung und wo liegen die Grenzen dieses Prozesses?

Das Ende des Kalten Krieges – günstige Bedingungen

Das Ende der Ost-West-Konfrontation bot der EG eine historische Chance. Durch den Zerfall des sowjetischen Machtbereichs konnte der europäische Einigungsprozess, anders als bis 1989, über den Eisernen Vorhang hinaus fortgesetzt werden. Das gemeinschaftliche Europa – als EG, dann seit dem Inkrafttreten des Maastricht-Vertrages am 1. November 1993 als Europäische Union (EU) bezeichnet – machte sich von nun an zur Aufgabe, dem geografischen „großen Europa" zu entsprechen.

Nach der Wiedervereinigung Deutschlands im Jahre 1990 wurde das Territorium der DDR in die EG integriert. An die ehemaligen „Ostblockstaaten" gerichtete Hilfsprogramme sollten den Übergang zu Demokratie und Marktwirtschaft unterstützen (siehe S.140 f.). Groß war das Interesse dieser Länder an der europäischen Integration, und im Juni 1993 billigte die EG auf dem Gipfeltreffen von Kopenhagen das Prinzip der Osterweiterung und legte Beitrittskriterien fest.

Vom Europa der 12 zum Europa der 25

Am 1. Januar 1995 traten Österreich, Schweden und Finnland der EU bei, die fortan 15 Mitglieder zählte. Der Beitritt dieser drei Staaten verlief problemlos, da sie in Politik und Wirtschaft seit langem den westlichen Standards entsprachen. Ihre einzige Besonderheit bestand in ihrer Neutralität auf militärischem Gebiet. Norwegen hatte den EU-Beitritt durch ein Referendum am 28. November 1994 erneut abgelehnt (bereits 1972 entschieden sich die Norweger gegen den Beitritt zur EG).

Schwieriger verlief dagegen die Osterweiterung, die die ehemaligen sozialistischen Länder betraf. Im Dezember 1997 beschloss die EU auf dem Gipfeltreffen von Luxemburg, Verhandlungen mit sechs Kandidatenstaaten aufzunehmen; im Dezember 1999, auf dem Gipfeltreffen von Helsinki, weitete sie die Verhandlungen auf sechs weitere Länder aus. Diese langwierigen Gespräche betrafen insgesamt zehn mittel- und osteuropäische Staaten sowie zwei Mittelmeerinseln (Zypern und Malta). Auch die Türkei wurde einbezogen, allerdings mit einem Sonderstatus.

Am 1. Mai 2004 traten schließlich zehn neue Länder der EU bei, die von nun an 25 Mitgliedstaaten mit einer Fläche von 3891000 km² (siehe Karte S.146) und insgesamt 455 Millionen Einwohnern umfasst. Die Aufnahme Bulgariens und Rumäniens ist für 2007 geplant. Schwieriger gestaltet sich dagegen der Beitritt der Türkei. Weitere Staaten haben sich bereits um den Beitritt beworben.

Risiken und Schwierigkeiten der Erweiterung

Dieser eindrucksvolle Prozess verläuft dennoch nicht völlig problemlos: So könnte die Erweiterung dem Zusammenhalt der EU schaden und ihr zerbrechliches institutionelles Gleichgewicht bedrohen.

Einige Beobachter befürchten, dass sich die Erweiterung auf Kosten der Vertiefung vollziehen könnte und dass ein zu schnell erweitertes Europa an Geschlossenheit einbüßen würde. Diejenigen dagegen, die die EU schon immer auf eine Freihandelszone und die bloße Zusammenarbeit zwischen den Regierungen zu beschränken wünschten, plädieren für einen raschen Erweiterungsprozess.

Die Aufnahme neuer Staaten wirft selbstverständlich die Frage nach den Grenzen Europas auf: Bis wohin kann und soll die EU erweitert werden? Debatten über die europäische bzw. nichteuropäische Identität der Türkei spalten heute gleichermaßen Öffentlichkeit und Politik in den EU-Mitgliedländer (siehe S. 150 f.). Andere Bewerbungen, wie die 1987 von Marokko eingereichte, führen zu heftigen Kontroversen über die Grenzen Europas, da diese von den europäischen Verträgen nie ausdrücklich festgelegt worden waren, zumal die geographische Lage bis heute kein Beitrittskriterium ist.

Begriffe

- **EG** (eigentlich „Europäische Gemeinschaften", zumeist jedoch im Singular gebraucht): 1967 durch Verschmelzung der Organe von EGKS, EWG und EURATOM gebildete Gemeinschaft; 1993 in der EU aufgegangen.
- **Erweiterung:** Öffnung der EG und später der EU für neue Mitgliedstaaten.
- **Beitrittskriterien** (oder Kopenhagener Kriterien): Um der EU beitreten zu können, muss der jeweilige Staat den „gemeinschaftlichen Besitzstand" (das heißt sämtliche bereits in der EU geltenden Rechte) anerkennen, ein demokratischer Staat sein und eine Marktwirtschaft etabliert haben, die in der Lage ist, der freien Konkurrenz innerhalb der EU standzuhalten.
- **Vertiefung:** Stärkung der Institutionen der EWG, der EG und später der EU, durch die eine größere politische Kohärenz gewährleistet werden soll. Dieser Begriff wird im Allgemeinen in einem föderalistischen Sinn verstanden.

Fragen und Anregungen

1. Welche Verpflichtungen müssen die Staaten eingehen, die der EU beitreten wollen? (M2)
2. Was erwarten diese Staaten von der EU? (M1 und 2)
3. Worin bestehen die Vorteile und Risiken der EU-Erweiterung? (M1, 2 und 4)

1 Eine historische Chance

Vaclav Havel, von 1992 bis 2003 Präsident der Tschechischen Republik, zur Entstehung des Nationalismus und der Fremdenfeindlichkeit in den ehemaligen kommunistischen Ländern:

Hier sehe ich eine große Verantwortung des Westens: Sollte er allzu lange zögern mit der Integration der Länder, die sich vom Kommunismus befreit haben, könnte er sich später nur wundern: Sollten die Dämonen im Osten nicht gefesselt werden, könnten sie sich bald auch in den Westen durchschlagen. Europa würde damit die historische Chance versäumen, die es jetzt hat: Zum ersten Mal in seiner Geschichte kann Europa zu einem Kontinent friedlicher Kooperation aller werden, deren Zusammenleben auf Gleichberechtigung, nicht auf Übermacht der einen über die anderen beruht.

Vaclav Havel, Interview in der Frankfurter Rundschau, 9. November 1995.

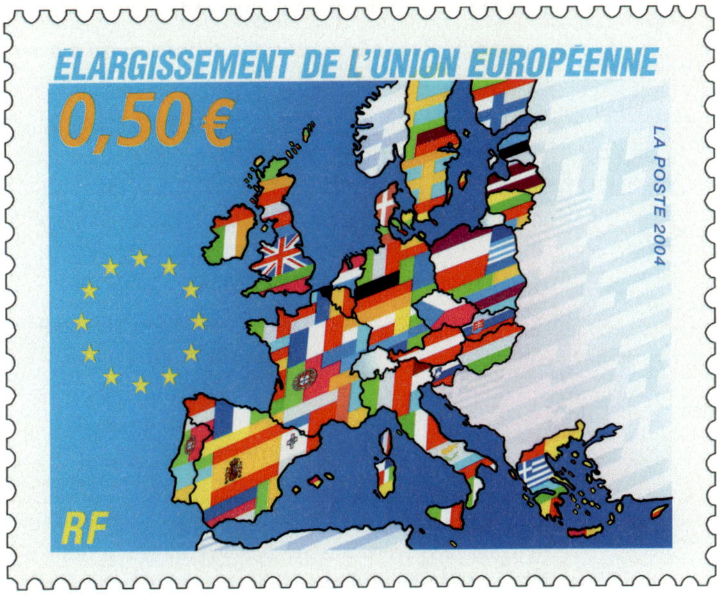

3 Europa der 25 (französische Briefmarke)

2 Das europäische Aufbauwerk öffnet sich nach Osten

Der Europäische Rat begrüßte die mutigen Anstrengungen der assoziierten Länder zur Modernisierung ihrer durch 40jährige Planwirtschaft geschwächten Volkswirtschaften und zu einem raschen Übergang zur Marktwirtschaft. Die Gemeinschaft und ihre Mitgliedstaaten verpflichten sich, diesen Reformprozess zu unterstützen. Frieden und Sicherheit in Europa hängen vom Erfolg dieser Anstrengungen ab.

Der Europäische Rat hat heute beschlossen, dass die assoziierten mittel- und osteuropäischen Länder, die dies wünschen, Mitglieder der Europäischen Union werden können. Der Beitritt kann erfolgen, sobald ein assoziiertes Land in der Lage ist, den mit einer Mitgliedschaft verbundenen Verpflichtungen nachzukommen und die erforderlichen wirtschaftlichen und politischen Bedingungen zu erfüllen.

Als Voraussetzung für die Mitgliedschaft muss der Beitrittskandidat eine institutionelle Stabilität als Garantie für demokratische und rechtsstaatliche Ordnung, für die Wahrung der Menschenrechte sowie die Achtung und den Schutz von Minderheiten verwirklicht haben; sie erfordert ferner eine funktionsfähige Marktwirtschaft sowie die Fähigkeit, dem Wettbewerbsdruck und den Marktkräften innerhalb der Union standzuhalten. [...] Die Fähigkeit der Union, neue Mitglieder aufzunehmen, dabei jedoch die Stoßkraft der europäischen Integration zu erhalten, stellt ebenfalls einen sowohl für die Union als auch für die Beitrittskandidaten wichtigen Gesichtspunkt dar.

Europäischer Rat von Kopenhagen, 21.–22. Juni 1993.
http://ue.eu.int/ueDocs/cms_Data/docs/pressData/de/ec/72924.pdf

Land	Antragstellung	Aufnahme der Beitrittsverhandl.	offizieller Beitritt	Land	Antragstellung	Aufnahme der Beitrittsverhandl.	offizieller Beitritt
Ungarn	1994	1997	2004	Litauen	1994	1999	2004
Polen	1994	1997	2004	Slowakei	1995	1999	2004
Tschech. Rep.	1996	1997	2004	Rumänien	1995	1999	2007
Slowenien	1996	1997	2004	Bulgarien	1995	1999	2007
Estland	1995	1997	2004	Türkei	1987	2005[1]	?
Zypern	1990	1997	2004	Kroatien	2003	?[2]	?
Malta	1990	1999	2004	Mazedonien	2004	?	?
Lettland	1995	1999	2004				

4 Die EU-Erweiterung seit 1995

[1] Im Dezember 1999 hat die EU der Türkei den Kandidatenstatus zuerkannt, den Beginn der Beitrittsverhandlungen jedoch verschoben. Im Dezember 2004 legte die EU die Aufnahme der Verhandlungen für Oktober 2005 fest.

[2] Die Beitrittsverhandlungen, die im März 2005 mit Kroatien beginnen sollten, wurden verschoben, da sich die kroatische Regierung weigerte, mit dem Internationalen Strafgerichtshof für das ehemalige Jugoslawien voll und ganz zusammenzuarbeiten.

Dossier: Die Türkei und Europa

Nach langem Zögern beschloss die EU im Dezember 2004, Beitrittsverhandlungen mit der Türkei aufzunehmen, wobei ein Beitritt nicht vor 2014 in Aussicht gestellt wurde. Zu den zahlreichen der Türkei auferlegten Bedingungen gehören die Anerkennung des Völkermordes an den Armeniern im Jahre 1915 und der Rückzug der türkischen Armee aus Nordzypern.

Ein Teil der Öffentlichkeit in den EU-Mitgliedstaaten steht der Aufnahme der Türkei nach wie vor ablehnend gegenüber. Angesichts ihrer großen Bevölkerung, ihres beträchtlichen Wirtschaftspotenzials und ihrer muslimischen Tradition flößt die Türkei vielen Angst ein. Die konservativen Parteien in Frankreich und Deutschland schlagen vor, den Beitritt durch eine „privilegierte Partnerschaft" zu ersetzen.

Bei diesen Debatten um den möglichen Beitritt der Türkei zur EU stellt sich in besonderer Weise auch die Frage nach der europäischen Identität.

Statistische Eckdaten zur Türkei (2003)

Fläche	774 820 km²
Bevölkerung	71,3 Millionen Einwohner
HDI (Human Development Index – Index für die menschliche Entwicklung)	0,751 (Frankreich: 0,932; Deutschland: 0,925; Polen: 0,850)
Türkische Einwanderer	2 110 000 in Deutschland, 360 000 in den Niederlanden, 300 000 in Frankreich, 138 000 in Österreich
Deutsche Staatsbürger türkischer Abstammung	780 000

Fragen und Anregungen

Thema 1: Die Identität der Türkei und Europas

1. In welchem der drei Texte erscheint die geographische Lage als ein entscheidendes Kriterium für die europäische Identität? Woran wird deutlich, dass die anderen beiden Texte eine flexiblere Definition der europäischen Identität vertreten? (M1, 3 und 4)

2. Welche Rolle spielt die Religion in der Debatte? (M1, 3 und 4)

3. Warum wird der EU-Beitritt der Türkei in Deutschland besonders intensiv diskutiert? (M1, 3 und 4)

Thema 2: Liegt es im Interesse der EU, die Türkei aufzunehmen?

4. Warum sollte die EU Abdullah Gül und Jacques Chirac zufolge die Türkei aufnehmen? (M1 und 3)

5. Warum sollte die EU Angela Merkel zufolge davon Abstand nehmen? (M4)

Thema 3: Die Verhandlungen

6. Welches sind die von A. Gül verworfenen „Übergangsformeln"? (M1)

7. Wie hat die Türkei ihren Beitrittswillen gezeigt? Beurteilt A. Merkel dies als ausreichend? (M1 und 4)

Chronologie

1949	Beitritt der Türkei zum Europarat.
1952	Beitritt der Türkei zur NATO.
1963	Assoziierungsabkommen zwischen der EWG und der Türkei, das die Möglichkeit eines späteren Beitritts in Aussicht stellt.
1987	Die Türkei beantragt ihren Beitritt zur EG.
1996	Zollunion zwischen der EU und der Türkei.
1999	Die EU erkennt die Beitrittskandidatur der Türkei an.
ab 2001	Die Türkei leitet zahlreiche Reformen ein, um den Anforderungen der EU zu entsprechen (Abschaffung der Todesstrafe, Stärkung der Rechte der kurdischen Minderheit, Beschränkung der Rolle der Armee im politischen Leben …).
2004	Die EU schlägt vor, die Beitrittsverhandlungen im Oktober 2005 aufzunehmen.

1 Der europäische Wille der Türkei

Der Beitritt meines Landes zur EU ist ein von der großen Mehrheit unserer Bevölkerung und von sämtlichen dynamischen Teilen unserer Gesellschaft getragenes Projekt. […] Ich bin überzeugt, dass die zur Erfüllung der Kopenhagener Kriterien von der Türkei unternommenen Reformen eine ausreichende Grundlage dafür bieten, bereits jetzt mit den Beitrittsverhandlungen zu beginnen. […] Infolgedessen würden die Übergangsformeln und die anderen Lösungen, die der Türkei kein verbindliches Datum für die Aufnahme der Verhandlungen unterbreiten, weder den Erwartungen meiner Regierung noch denen meines Volkes entsprechen. […]

Die Türkei handelt und reagiert aufgrund ihrer Geschichte, ihrer Geographie und ihres Wertesystems europäisch. Sie ist nach einem drei Jahrhunderte währenden Anpassungsprozess den europäischen Werten verhaftet. Als Schlüsselelement der europäischen Verteidigungs- und Sicherheitspolitik ist sie im Rahmen des Atlantischen Bündnisses seit fünfzig Jahren integraler Bestandteil Europas. Die Türkei ist ein Modell, das seine Identität mit der Moderne, den Islam mit der laizistischen Demokratie zu vereinen weiß […]. Durch die Einbeziehung der Türkei als Mitglied wird die Union die Glaubwürdigkeit eben jener Werte geltend machen, auf denen sie beruht, wie etwa der ethnischen Toleranz, der Achtung der Religionen und Kulturen. Die historischen Feindschaften werden ein für allemal der Vergangenheit angehören. Die Sicherheit und der Frieden in Südosteuropa werden gefestigt.

Übers. nach: Abdallah Gül (türkischer Außenminister), La Turquie dans l'Union européenne, résolument. Le Monde, 11. Dezember 2002.

2

Das Ja des Europäischen Parlaments

Am 15. Dezember 2004 forderte das Europäische Parlament mit 407 Ja-Stimmen, 262 Nein-Stimmen und 29 Enthaltungen die Aufnahme der Beitrittsverhandlungen mit der Türkei. Auf Antrag der französischen, deutschen und österreichischen Abgeordneten der Europäischen Volkspartei (EVP, konservative Rechte) wurde die Wahl ausnahmsweise mit geheimen Stimmzetteln durchgeführt. Aus Protest gegen diese geheime Wahl schwenkten linke Abgeordnete Schilder, auf denen in mehreren Sprachen das Wort „Ja" – auch auf Türkisch („Evet") – stand.

3 Für den Beitritt

PATRICK POIVRE D'ARVOR: Ist die Türkei Ihrer Meinung nach europäisch?

JACQUES CHIRAC: Wissen Sie, die Türkei ist über ihre gesamte Geschichte hinweg, seit dem Römischen Reich, auf der Suche nach einer Entscheidung zwischen Asien und Europa. [...] Daher ist es heute nicht relevant zu wissen, ob sie Asien oder Europa angehört. Die wichtigste Frage heute ist wohl die nach dem Interesse Europas. Das ist entscheidend. Liegt es in seinem Interesse, dass die Türkei in den nächsten Generationen eher zu Europa oder zu Asien neigt? Ich meine, es liegt in unserem Interesse, dass sie zu Europa, zu unseren Werten, unserer Vorstellung von den Menschenrechten, von der Demokratie neigt, und nicht zu Asien, wo sie möglicherweise einen anderen Weg einschlagen würde, der wahrscheinlich Instabilität und Unsicherheit für Europa hervorbringen würde oder könnte.

PATRICK POIVRE D'ARVOR: Aber gehört sie kulturell zu Europa? Immerhin handelt es sich beispielsweise um eine Bevölkerung, die zu 95 Prozent den Werten des Islam verpflichtet ist [...]?

JACQUES CHIRAC: Wir sollten mit dieser Sicht der Dinge aufhören, weil sie unweigerlich zu einer Missachtung der anderen, zum Krieg der Religionen, zum Krieg der Zivilisationen, zum Krieg der Kulturen führt, mit all den daraus entstehenden Folgen, die leider heutzutage weltweit zum Vorschein kommen, einschließlich ihrer abscheulichsten Form, des Terrorismus. Wir sollten lieber eine menschlichere Auffassung vertreten; mit anderen Worten: Achten wir die anderen. Die Türkei ist ein laizistisches Land. Der Laizismus wurde in der Türkei im Jahre 1923 verordnet. Sie ist ein laizistisches Land, das die anderen Religionen ebenso respektiert wie wir selbst die Religionen achten.

Fernsehinterview des französischen Staatspräsidenten Jacques Chirac mit Patrick Poivre d'Arvor, 15. Dezember 2004; übers. nach: www.elysee.fr (Rubrik: Interviews, articles de presse et interventions télévisées, décembre 2004)

4 Für eine privilegierte Partnerschaft

SÜDDEUTSCHE ZEITUNG: Warum will die Union der Türkei die Tür zur EU versperren, nachdem sie ihr so lange einen Beitritt versprochen hat?

ANGELA MERKEL: Wir wollen niemandem die Tür vor der Nase zuschlagen. Aber ein Beitritt der Türkei überfordert derzeit die Integrationsfähigkeit der EU. [...] Die Vertiefung der Union, die wir anstreben, würde so nicht verwirklicht werden können. Deshalb plädieren wir für eine privilegierte Partnerschaft mit der Türkei und nicht für eine Vollmitgliedschaft. [...]

SÜDDEUTSCHE ZEITUNG: Können Sie sich vorstellen, dass die Türkei bis 2015 alle Bedingungen für einen Beitritt erfüllt und Mitglied wird? Oder sagen Sie prinzipiell, die Türkei gehört einfach nicht in die EU?

ANGELA MERKEL: Die Türkei ist geografisch zum größten Teil nicht Europa. Darin sind wir uns alle einig. Aber die EU hat bis heute nicht klar die Grenzen für eine Mitgliedschaft definiert. Niemand kann heute präzise sagen, in welcher Lage sich die Türkei 2015 befinden wird. Das Land hat großes ökonomisches Wachstumspotenzial. Es gibt rechtsstaatliche Fortschritte. Von der Implementierung notwendiger Rechte sind die Türken aber noch weit entfernt. Viel wird davon abhängen, welchen Weg die Türkei für sich selber wählen wird. Aber es geht nicht allein darum, sondern vor allem auch um die Integrationsfähigkeit der EU.

SÜDDEUTSCHE ZEITUNG: Stört sich die Union in Wahrheit nicht daran, dass die Türkei kein christliches Land ist? Sind Religionsgrenzen für Sie die wahren Grenzen der EU?

ANGELA MERKEL: Nein. Es geht nicht um Religion. Es spielt aber eine Rolle, dass der Islam die Aufklärung nicht erlebt hat. Und daraus ergeben sich unterschiedliche Auffassungen über Ehe, über die Rolle der Frau, die Rolle des Individuums. Da gibt es Unterschiede. Und über die wirtschaftlichen Auswirkungen eines türkischen EU-Beitritts haben wir jetzt noch gar nicht gesprochen. Der würde die heutige Statik der EU völlig durcheinander bringen.

Angela Merkel im Gespräch, Man kann eine ostdeutsche Kanzlerin nicht ausschließen, Interview: Hans Werner Kilz und Susanne Höll, Süddeutsche Zeitung, 16. Dezember 2004.

2. Die Vertiefung – welche Institutionen für Europa?

Warum hat die EU eine derart komplexe und einzigartige Struktur?

Maastricht (1992) – die Geburt der Europäischen Union

Das Ende des Kalten Krieges beschleunigte nicht nur die Erweiterung, sondern erneuerte auch die bereits 1986 mit der Einheitlichen Europäischen Akte einsetzende Dynamik der Vertiefung. Die Aufnahme neuer Mitgliedstaaten erforderte ein Umdenken, da andernfalls dem Funktionsmechanismus der EG Lähmung drohte. Die beste Garantie für mehr Effizienz schien ein supranationales Europa zu sein. Aber nicht nur kleine mittel- und osteuropäische Länder, die sich gerade von der sowjetischen Vormundschaft befreit hatten, sondern auch die zahlreichen Souveränisten in Westeuropa hielten nach wie vor an der nationalen Souveränität fest.

Eine erste Etappe war der im Februar 1992 nach schwierigen Verhandlungen von den 12 Mitgliedstaaten der EG unterzeichnete Vertrag von Maastricht. Er führte die europäische Unionsbürgerschaft ein **(siehe S. 164)** und reaktivierte den Prozess zur Schaffung einer Währungsunion, der 1999 mit der Einführung des Euro seinen Abschluss fand **(siehe Karten S. 147 und 156)**. Maastricht markierte die Geburtsstunde der Europäischen Union (EU) als einheitliches Gebilde, das sowohl nach der Gemeinschaftsmethode als auch nach der intergouvernementalen Methode funktioniert.

Ein langwieriges Ratifizierungsverfahren verzögerte jedoch sein Inkrafttreten: 50,7 Prozent der Dänen sprachen sich bei einem ersten Volksentscheid am 2. Juni 1992 gegen den Vertrag aus; die Franzosen entschieden sich am 20. September 1992 mit knapper Mehrheit (51,04 Prozent) dafür.

Eine Baustelle namens Europa

Die 1995 auf 15 Mitglieder erweiterte Europäische Union versuchte in einem weiteren Schritt, den Vertrag von Maastricht zu verbessern. Zwei aufeinanderfolgende Regierungskonferenzen führten zum Abschluss der Verträge von Amsterdam und von Nizza. Die Anzahl der Politikbereiche, bei denen der Rat mit qualifizierter Mehrheit (und nicht einstimmig) entscheidet, wurde vergrößert. Um die Handlungs- und Entscheidungsfähigkeit einer auf 25 Staaten erweiterten EU zu gewährleisten, setzte der Vertrag von Nizza eine Neudefinition der qualifizierten Mehrheit durch **(siehe S. 154)**.

Die EU verabschiedete eine Charta der Grundrechte und beabsichtigte, sich eine richtige Verfassung zu geben. Unter dem Vorsitz von Valery Giscard d'Estaing erarbeitete der Konvent für die Zukunft Europas einen Vertragsentwurf, der schließlich im Jahre 2004 vom Rat angenommen wurde. Dieser Kompromisstext zielte darauf ab, die Funktionsweise der EU zu vereinfachen, und schlug deshalb nur kleinere Reformen vor **(siehe S. 154)**. Dennoch ist er noch immer nicht in Kraft, da sich die Franzosen bei einem Volksentscheid im Mai 2005 mit 55 Prozent Nein-Stimmen und anschließend die Niederländer im Juni 2005 mit 62 Prozent Nein-Stimmen dagegen entschieden haben.

Ein Europa der verschiedenen Geschwindigkeiten

Die EU weist eine völlig neuartige Struktur auf: Sie ist mehr als eine Regionalorganisation, aber auch kein Superstaat. Es gibt Bestrebungen, sie zu einer Föderation auszubauen, andere dagegen befürworten das Fortbestehen der Nationalstaaten. Die gemeinschaftlichen Entscheidungsverfahren sind von großer Bedeutung, da die Verträge die Rolle der Kommission und des Parlaments gestärkt sowie die Abstimmung mit qualifizierter Mehrheit ausgebaut haben. Doch in zahlreichen Bereichen behalten die Staaten ihre Souveränität, so etwa in der Diplomatie und in der Verteidigung **(siehe S. 163)**.

Ihren Ausdruck findet die Souveränität der Mitgliedstaaten in der Entscheidungsfreiheit, an den europäischen Programmen teilzunehmen oder nicht. So haben sich einige Länder beispielsweise gegen den Euro entschieden, andere gehören dem Schengen-Raum nicht an **(siehe Karten S. 147)**. Für die Länder, die im Gegensatz zu den anderen die Integration beschleunigen wollen, sind Verfahren einer „verstärkten Kooperation" vorgesehen. Auf diese Weise bewegen wir uns auf ein Europa à la carte beziehungsweise auf ein Europa der verschiedenen Geschwindigkeiten zu.

Begriffe

- **Vertiefung: siehe S. 148.**
- **Supranational:** Höher als die nationale Souveränität. Auf die europäischen Institutionen bezogen bedeutet dieser Begriff gemeinschaftlich oder bundesstaatlich.
- **Souveränisten:** Verfechter der nationalen Souveränität, die für ein Europa der Staaten plädieren, aber nicht für ein supranationales Europa.
- **Gemeinschaftsmethode:** Entscheidungsprozedur, bei der sich die Mitgliedstaaten dem gemeinsamen Interesse unterordnen müssen (Entscheidungen des Rates nach dem Prinzip der qualifizierten Mehrheit, stärkere Rolle des Parlaments).
- **Intergouvernementale Methode:** Entscheidungsprozedur, bei der die Mitgliedstaaten ihre völlige Souveränität behalten (einstimmige Entscheidungen des Rates).
- **Regierungskonferenz:** Konferenz der Vertreter der EU-Mitgliedstaaten zur Überarbeitung der Verträge.
- **Qualifizierte Mehrheitsentscheidung:** Abstimmungsmodus, der sich sowohl von der Einstimmigkeit als auch von der einfachen Mehrheit unterscheidet. Jeder Mitgliedstaat verfügt über eine Stimmenzahl, die seiner Bevölkerung proportional entspricht. Zur Annahme eines Beschlusses ist eine bestimmte Stimmenzahl erforderlich.
- **Schengen-Raum:** Territorium der Unterzeichnerstaaten des 1990 vereinbarten und 1995 in Kraft getretenen Schengener Abkommens, das den Abbau der EU-Binnengrenzen zwischen den Teilnehmerländern und die verstärkte Kontrolle der EU-Außengrenzen festschreibt.

Fragen und Anregungen

1. Erklären Sie, gestützt auf beide Texte, warum die Erweiterung eine Reflexion über die europäischen Institutionen erforderlich macht. (M3 und 4)

2. Nach welchen beiden Methoden funktioniert die EU gegenwärtig? Weisen Sie nach, dass Joschka Fischer und Tony Blair jeweils eine dieser beiden Methoden bevorzugen. (M3 und 4)

1 **Die Maastricht-Gegner**

Dänisches Wahlplakat, das beim Volksentscheid 1992 zum Nein aufruft.

Verhandlungen	Verträge	Inkrafttreten
Regierungskonferenz, Dez. 1990 – Dez. 1991	Maastricht-Vertrag, 7. Februar 1992	1. November 1993
Regierungskonferenz, März 1996 – Juni 1997	Amsterdamer Vertrag, 2. Oktober 1997	1. Mai 1999
Regierungskonferenz, Februar – Oktober 2000	Vertrag von Nizza, 26. Februar 2001	1. Februar 2003
Konvent, Dez. 1999 – Okt. 2000	Charta der Grundrechte der EU, 2000	am 7. Dezember 2000 verkündet (nicht bindend)
Konvention zur Zukunft Europas, Februar 2002 – Juli 2003	Entwurf eines Vertrages über eine europäische Verfassung, 18. Juli 2003	dem Europäischen Rat am 18. Juli 2003 vorgelegt
Regierungskonferenz, Okt. 2003 – Juni 2004	Vertrag von Rom über eine europäische Verfassung, 29. Oktober 2004	nicht ratifiziert

2 **Die großen Etappen der europäischen Einigung seit 1989**

3 Für eine Föderation der Staaten

Die Erweiterung wird eine grundlegende Reform der europäischen Institutionen unverzichtbar machen. Wie stellt man sich eigentlich einen Europäischen Rat mit dreißig Staats- und Regierungschefs vor? [...] Wie soll man in dem heutigen Institutionengefüge der EU bis zu dreißig Interessen ausgleichen, Beschlüsse fassen und dann noch handeln? Wie will man verhindern, dass die EU damit endgültig intransparent, die Kompromisse immer unfasslicher und merkwürdiger werden und die Akzeptanz der EU bei den Unionsbürgern schließlich weit unter den Gefrierpunkt sinken wird?

Fragen über Fragen, auf die es allerdings eine ganz einfache Antwort gibt: den Übergang vom Staatenverbund der Union hin zur vollen Parlamentarisierung in einer Europäischen Föderation, die Robert Schuman bereits vor 50 Jahren gefordert hat. Und d. h. nichts Geringeres als ein europäisches Parlament und eine ebensolche Regierung, die tatsächlich die gesetzgebende und die exekutive Gewalt innerhalb der Föderation ausübt. Diese Föderation wird sich auf einen Verfassungsvertrag zu gründen haben. [...]

Dies alles wird aber nicht die Abschaffung des Nationalstaates bedeuten. Denn auch für das finale Föderationssubjekt wird der Nationalstaat mit seinen kulturellen und demokratischen Traditionen unersetzlich sein, um eine von den Menschen in vollem Umfang akzeptierte Bürger- und Staatenunion zu legitimieren. Dies sage ich gerade mit Blick auf unsere Freunde in Großbritannien, denn ich weiß, dass der Begriff „Föderation" für viele Briten ein Reizwort ist. [...] Auch in der europäischen Finalität werden wir also noch Briten und Deutsche, Franzosen und Polen sein. Die Nationalstaaten werden fortexistieren und auf europäischer Ebene eine wesentlich stärkere Rolle behalten als dies die Bundesländer in Deutschland tun.

Joschka Fischer (deutscher Außenminister), Berliner Rede an der Humboldt-Universität zu Berlin, 12. Mai 2000. http://www.auswaertiges-amt.de/www/de/ausgabe_archiv?archiv_id=97.

4 Für ein „Europa der freien Nationen"

Die wichtigste Herausforderung für Europa ist, sich der neuen Realität zu stellen: Europa erweitert und vertieft sich zur gleichen Zeit. In Zukunft werden wir mehr sein, die versuchen, mehr zu tun. Die Frage ist nicht, ob wir das tun, sondern wie wir dieses neue Europa reformieren, sodass es den Bürgern Europas reale Vorteile bringt, indem die Reform die Prioritäten behandelt, von denen die Bürger Europas wollen, dass sie angesprochen werden; und die Frage ist, dass die Reform in einer Weise vollzogen wird, die die Zustimmung und Unterstützung der Bürger Europas findet. [...]

Ein Thema in Europa ist die demokratische Legitimation – das so genannte demokratische Defizit. Aber wir könnten Stunden damit verbringen, eine perfekte Form europäischer Demokratie zu konzipieren, ohne zu einem befriedigenden Ergebnis zu gelangen. Tatsache ist, dass die primären Quellen demokratischer Legitimation in Europa die direkt gewählten und repräsentativen Institutionen der Nationen Europas sind – die nationalen Parlamente und Regierungen. Das bedeutet nicht, dass Europa nicht eines Tages starke demokratische Institutionen haben wird, aber das ist bisher nicht geschehen.

Und es darf keinen Zweifel geben: Nationen wie Polen, die so hart gekämpft haben, um Staatlichkeit zu bekommen, deren Bürger deswegen ihr Blut vergossen haben, werden sie nicht so leicht aufgeben. Wir sollten unsere verschiedenen Kulturen und Identitäten feiern, unsere verschiedenen nationalen Eigenheiten.

Europa ist ein Europa freier, unabhängiger souveräner Nationen, die diese Souveränität bündeln möchten, im Dienste ihrer eigenen Interessen und der gemeinsamen Sache, denn gemeinsam erreichen wir mehr als allein. Die EU wird eine einmalige Kombination aus Intergouvernementalem und Supranationalem bleiben.

Ein solches Europa kann mit seiner wirtschaftlichen und politischen Stärke eine Supermacht sein; eine Supermacht, aber kein Superstaat.

Tony Blair (britischer Premierminister), Rede vor der polnischen Börse, Warschau, 6. Oktober 2000. www.britischebotschaft.de/de/news/items/001006.htm.

Orientierung: Wie funktioniert die Europäische Union?

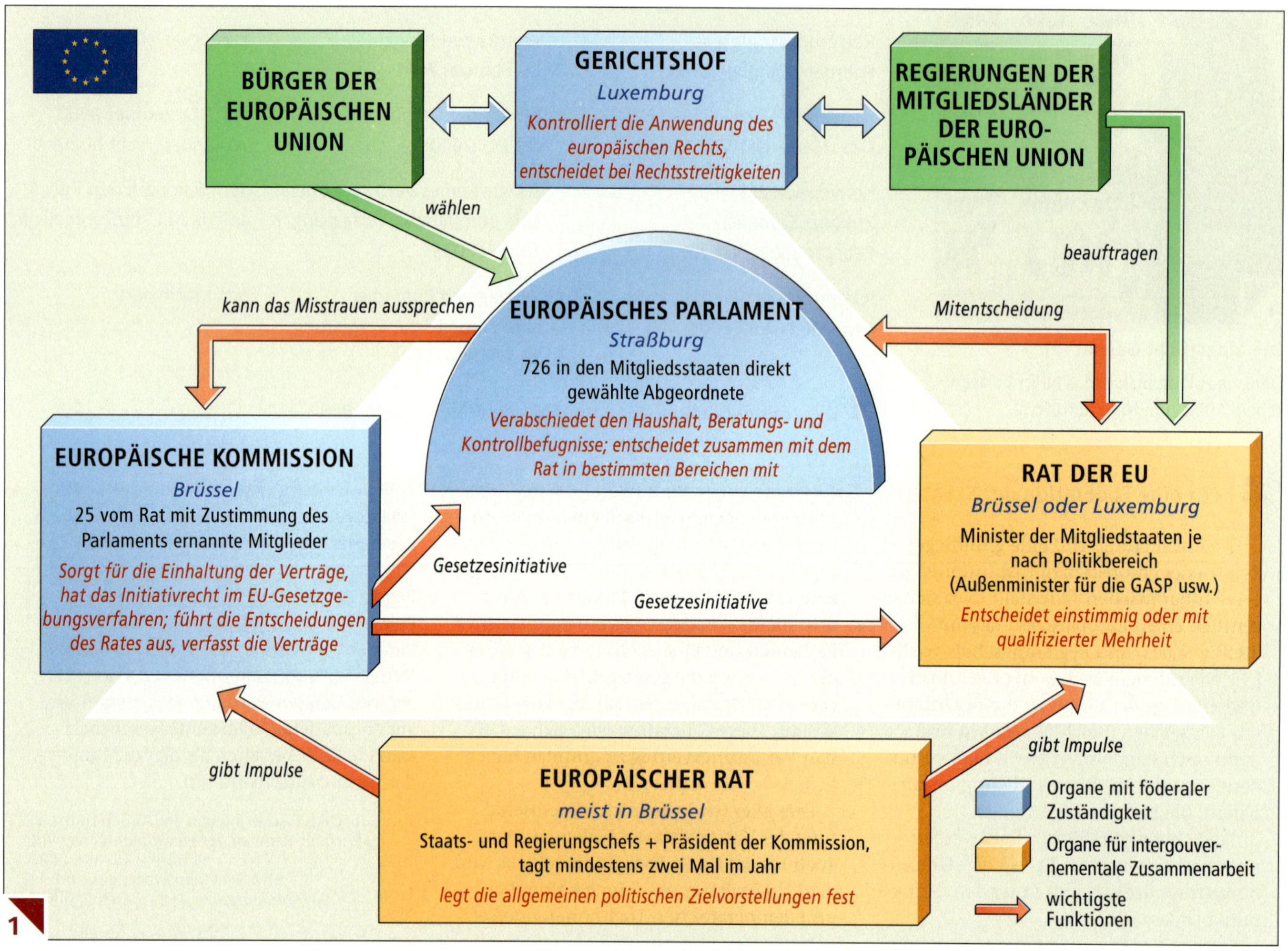

1 **Die Institutionen der EU im Jahre 2005**

Die derzeitigen Institutionen beruhen noch immer auf dem Vertrag von Nizza, da der europäische Verfassungsentwurf abgelehnt wurde.

Bereiche	Beschlussart
• Gemeinsame Außen- und Sicherheitspolitik (GASP) • Steuerpolitik • Kooperation auf dem Gebiet von Polizei und Justiz • Immigration, Asylpolitik	**Intergouvernementale Methode** • Der Rat beschließt allein, meistens einstimmig. • Das Parlament hat eine rein konsultative Rolle. • Die Kommission teilt die Gesetzesinitiative mit dem Rat.
• Wirtschafts- und Währungsunion	**Gemeinschaftsmethode** • Der Rat stimmt mit qualifizierter Mehrheit ab. • Das Parlament hat ein Mitentscheidungsrecht. • Die Kommission hat das Monopol der Gesetzesinitiative.

2 **Wer entscheidet auf welchem Gebiet?**

Staat	Stimmen (% insgesamt)	Bevölkerung in Mio. (% insgesamt)	Staat	Stimmen (% insgesamt)	Bevölkerung in Mio. (% insgesamt)
Deutschland	29 (9,04 %)	82,04 (18,22 %)	Österreich	10 (3,12 %)	8,08 (1,79 %)
Großbritannien	29 (9,04 %)	59,25 (13,15 %)	Slowakei	7 (2,18 %)	5,39 (1,20 %)
Frankreich	29 (9,04 %)	58,97 (13,09 %)	Dänemark	7 (2,18 %)	5,31 (1,18 %)
Italien	29 (9,04 %)	57,61 (12,79 %)	Finnland	7 (2,18 %)	5,16 (1,15 %)
Spanien	27 (8,42 %)	39,39 (8,74 %)	Irland	7 (2,18 %)	3,74 (0,83 %)
Polen	27 (8,42 %)	38,67 (8,58 %)	Litauen	7 (2,18 %)	3,70 (0,83 %)
Niederlande	13 (4,05 %)	15,76 (3,50 %)	Lettland	4 (1,25 %)	2,44 (0,55 %)
Griechenland	12 (3,74 %)	10,53 (2,34 %)	Slowenien	4 (1,25 %)	1,98 (0,44 %)
Tschech. Rep.	12 (3,74 %)	10,29 (2,28 %)	Estland	4 (1,25 %)	1,45 (0,33 %)
Belgien	12 (3,74 %)	10,21 (2,27 %)	Zypern	4 (1,25 %)	0,75 (0,17 %)
Ungarn	12 (3,74 %)	10,09 (2,24 %)	Luxemburg	4 (1,25 %)	0,43 (0,09 %)
Portugal	12 (3,74 %)	9,98 (2,21 %)	Malta	3 (0,94 %)	0,38 (0,08 %)
Schweden	10 (3,12 %)	8,85 (1,96 %)	**Gesamt**	**321 (100 %)**	**450,45 (100 %)**

3 Der Rat (Stimmenverteilung im Rat der Union seit dem 1. November 2004)

• Der Rat beschließt **einstimmig** in sensiblen Bereichen wie der GASP, der Steuergesetzgebung, der Asyl- und Einwanderungspolitik. In den anderen Bereichen wird mit **qualifizierter Mehrheit** abgestimmt. Diese lässt sich durch drei Kriterien definieren:
Eine Mehrheit von Staaten, das heißt wenigstens 13 von 25, die mindestens 232 Stimmen aufbringen müssen (das sind 72,3 Prozent der Gesamtstimmenzahl) und mindestens 62 Prozent der EU-Bevölkerung vertreten.

• Der europäische Verfassungsentwurf schlägt vor, dass jeder Staat über eine seiner Bevölkerung streng proportional entsprechende Stimmenzahl verfügt. Die **qualifizierte Mehrheit** definiert er dementsprechend als: „eine Mehrheit von mindestens 55 Prozent der Mitglieder des Rates, gebildet aus mindestens 15 Mitgliedern, sofern die von diesen vertretenen Mitgliedstaaten zusammen mindestens 65 Prozent der Bevölkerung der Union ausmachen." (Art. I–25).

Staat	Sitze	Staat	Sitze
Deutschland	99	Österreich	18
Großbritannien	78	Dänemark	14
Frankreich	78	Finnland	14
Italien	78	Slowakei	14
Spanien	54	Irland	13
Polen	54	Litauen	13
Niederlande	27	Lettland	9
Belgien	24	Slowenien	7
Griechenland	24	Luxemburg	6
Portugal	24	Estland	6
Tschech. Rep.	24	Zypern	6
Ungarn	24	Malta	5
Schweden	19	**Gesamt**	**732**

4 Das Parlament
Verteilung der 732 Sitze des im Juni 2004 gewählten Parlaments.

5 Die im europäischen Verfassungsentwurf enthaltenen Reformen

Neben den in den Dokumenten erwähnten Reformen schlägt die europäische Verfassung folgende Neuerungen vor:

• Einen **Präsidenten des Europäischen Rates**, der für zweieinhalb Jahre vom Europäischen Rat gewählt wird (derzeit wird der Präsident für einen Zeitraum von sechs Monaten nach dem Rotationsprinzip zwischen den Mitgliedstaaten ernannt).

• Einen vom Parlament – auf der Grundlage der vom Europäischen Rat unterbreiteten Vorschläge – **gewählten Präsidenten der Kommission**.

• Einen vom Europäischen Rat ernannten **europäischen Außenminister**, der zugleich Vizepräsident der Kommission ist.

• Ein Recht auf **Bürgerinitiative**: Die Bürger, vorausgesetzt es sind mindestens eine Million, können bei der Kommission die Unterbreitung eines Gesetzesvorschlages beantragen.

• Mehr legislative Befugnisse des **Parlaments** in Zusammenarbeit mit dem Rat.

• Eine Ausweitung der Bereiche, bei denen der Rat mit **qualifizierter Mehrheit** abstimmt.

Dossier: Der Euro – eine Einheitswährung für die Europäische Union

Ein entscheidender Schritt zur Vertiefung der wirtschaftlichen Integration zwischen den Mitgliedstaaten stellte 1999 die Einführung einer Einheitswährung dar, die an die Stelle der einzelnen nationalen Währungen trat. Zwölf EU-Staaten verzichteten auf ein wesentliches Element ihrer Souveränität: die Währung, die bislang für viele Bürger ein wichtiges Symbol der nationalen Identität darstellte.

Drei Staaten entschieden sich gegen die Einführung des Euro **(siehe Karten S. 147)**, unter ihnen Großbritannien, dessen Währung Pfund Sterling nach wie vor eine große Rolle im Welthandel spielt.

Der Vorteil für die Staaten, die den Euro eingeführt haben, ist offensichtlich, und so erwies sich die Gemeinschaftswährung von Anfang an als eine ernst zu nehmende Konkurrenz für den Dollar.

Das Euro-Logo

Der Euro wird durch ein E dargestellt, den ersten Buchstaben des Wortes Europa, versehen mit zwei, die Stabilität symbolisierenden Parallelstrichen. Dieses E hat die Form eines Epsilons, des 5. Buchstabens des griechischen Alphabets, und nimmt so Bezug auf eine Kultur, die die Wiege Europas verkörpert.

Chronologie

1971	Die Aufhebung der Konvertibilität des Dollars in Gold setzt dem Währungssystem von Bretton Woods ein Ende.
1979	Die EG schafft das Europäische Währungssystem (EWS), das den Mitgliedstaaten stabile Wechselkurse garantiert, die im Verhältnis zu einer ECU (European Currency Unit) genannten Rechnungseinheit festgelegt werden.
1989	Der Europäische Rat billigt den von Jacques Delors erarbeiteten Entwurf einer Wirtschafts- und Währungsunion, der die Einführung einer Einheitswährung vorsieht.
1993	Der Vertrag von Maastricht definiert die Etappen der Wirtschafts- und Währungsunion. Er legt die Konvergenzkriterien fest, das heißt die von den Staaten zu erfüllenden Bedingungen für die Einführung der Einheitswährung (eine auf 60 Prozent des BIP begrenzte Staatsverschuldung, ein auf 3 Prozent des BIP begrenztes Haushaltsdefizit usw.).
1995	Der Europäische Rat entscheidet über den Namen der Einheitswährung: Euro.
1999	Der Euro wird auf dem Kapitalmarkt zur Einheitswährung von 11 EU-Staaten und die EZB (Europäische Zentralbank) nimmt ihre Tätigkeit auf.
2001	Griechenland führt den Euro ein.
2002	In den 12 Staaten der Währungsunion werden Euro-Münzen und -Scheine in Umlauf gebracht.
2004	Die zehn neuen Mitgliedstaaten werden, sobald sie die Konvergenzkriterien erfüllen (um 2009–2010?), den Euro einführen.

1

Das Festhalten an der nationalen Währung

„Eine rätselhafte Augenkrankheit im Vereinigten Königreich", britische Karikatur, 2003.

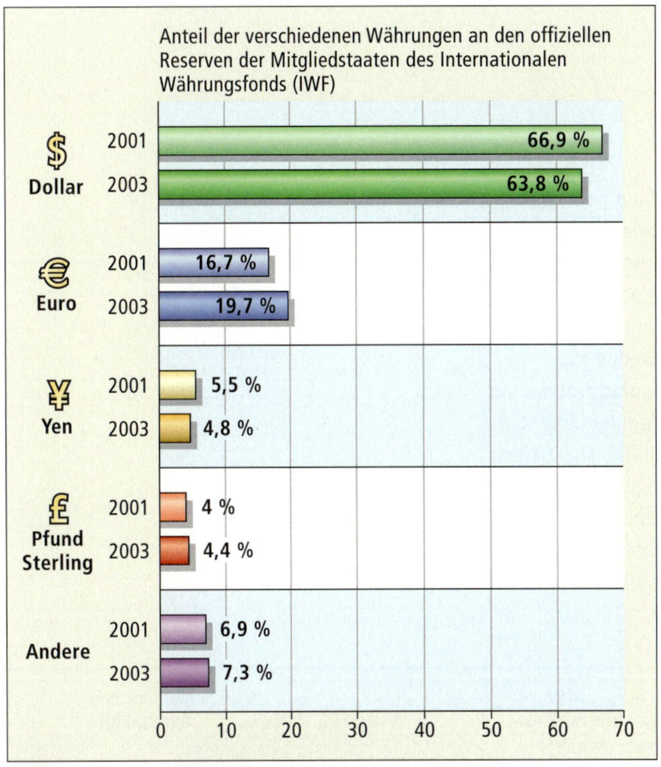

2 Ein Rivale des Dollars

4
Die Nachteile des Euro

Das deutsche Wochenmagazin Focus prangert den „Teuro" an.

3 **Eine Chance für Frankreich und Europa**

Mit dem Euro werden wir in wenigen Stunden einen historischen Augenblick erleben: 300 Millionen Europäer haben von nun an dieselbe Währung. Unser Europa kommt voran. Unser Europa macht Fortschritte.

Wir betrachten dieses Europa seit den schrecklichen Ereignissen, die Amerika am 11. September ins Herz getroffen haben, mit anderen Augen. In einer Welt, in der es viel Hass und Unverständnis gibt, in der die Ungleichheiten zunehmen, in der das Gefühl der Ungerechtigkeit so gegenwärtig ist, ermessen wir noch deutlicher, wie wichtig es ist, dass Europa sich festigt, dass es für die Nationen handelt und sie verstärkt, dass es als solches an den Entwicklungen der Welt mitwirkt.

Der Euro ist ein Sieg Europas. Nach einem Jahrhundert der Zerrissenheit, der Kriege, des Ausprobierens bekräftigt unser Kontinent endlich seine Identität und seine Macht, und das in Frieden, Einheit und Stabilität! Wir können stolz darauf sein, denn es ist auch ein Erfolg für alle Franzosen, der Lohn für ihre Anstrengungen. [...]

Aber es geht nicht nur darum, und das wissen Sie alle, unseren Franc durch den Euro zu ersetzen. Der Euro ist eine zusätzliche Zukunftschance für Frankreich und die Franzosen. Und es ist auch eine neue Art, in Europa zu sein, in Europa zu leben, in einem Europa des Alltags, das vollständig zum Europa der Bürgerinnen und Bürger werden muss.

Nun ist der Euro kein Selbstzweck. Er wird für uns bedeuten: mehr Wachstum, mehr Beschäftigung, mehr Kaufkraft, mehr Handel. Ein stärkeres Frankreich. Aber er muss in erster Linie ein Instrument im Dienste eines Europas der Menschen sein, das wir bauen.

Neujahrsansprache von Jacques Chirac, 31. Dezember 2001; übers. nach: www.elysee.fr (Rubrik: Interviews, articles de presse et interventions télévisées, décembre 2001)

Fragen und Anregungen

1. Erläutern Sie den Zweck einer Einheitswährung sowie die Bedeutung des Euro in der Geschichte des europäischen Einigungsprozesses.
2. Warum weigerte sich Großbritannien, den Euro einzuführen? (M1)
3. Warum wäre der Euro noch stärker, wenn ihn auch Großbritannien einführen würde? (M2)
4. Warum ist der Dollar die wichtigste Devise weltweit? (M2)
5. Wie stellt die Zeitschrift Focus den Euro dar? (M4)
6. Warum kann der Euro als Vorteil für die Europäische Union angesehen werden? (M2 und 3)

Dossier: Der europäische Haushalt

Der europäische Haushalt wurde von 42 Milliarden Euro im Jahre 1989 auf gegenwärtig rund 100 Milliarden Euro aufgestockt. Dies ist nach wie vor eine recht bescheidene Summe, da sie gerade einmal 1 Prozent des errechneten Gesamteinkommens der Gemeinschaft darstellt. Die Europäische Union versteht sich keineswegs als Ersatz für die einzelnen Mitgliedstaaten. Auch hat sie sich strenge Regeln auferlegt: Ihr Haushalt beträgt maximal 1,24 Prozent des Gemeinschafts-BSP (Bruttosozialprodukt) und ihm stehen weder Steuermittel noch Kredite zu.

Dennoch spielt der Haushalt eine zentrale Rolle im europäischen Einigungsprozess. Verabschiedet wird er nach intensiven Verhandlungen zwischen dem Rat und dem Parlament, das hierin einen der Grundpfeiler seiner Bedeutung sieht. Mitunter kommt es hierbei zu heftigen Debatten zwischen den Mitgliedstaaten, die es sich, seitdem Großbritannien 1984 ein „Rabatt" gewährt wurde, zur Angewohnheit gemacht haben, ihre an die EU überwiesenen Beiträge mit den von ihr erhaltenen Geldern zu vergleichen. Die durch die Erweiterung notwendig gewordene Ausgabenerhöhung macht eine gründliche Überprüfung des gesamten Systems dringend erforderlich.

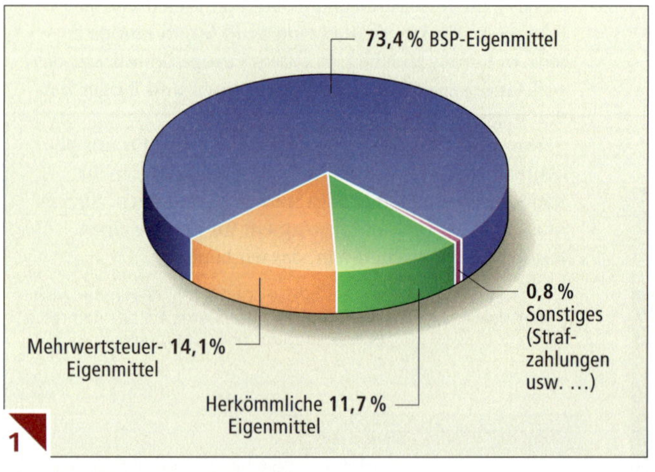

Die Einnahmen (Haushalt 2004)

- Zu den **„herkömmlichen Eigenmitteln"** gehören die auf die Importe aus Drittländern erhobenen Zölle und die Agrarabschöpfungen. Da sie der Gemeinschaftspolitik unterstehen, werden sie von den Mitgliedstaaten direkt dem Gemeinschaftshaushalt zugeführt.
- Die **Mehrwertsteuer- und BSP-Eigenmittel** gelten ebenfalls als Eigenmittel, auch wenn sie wie ein nationales Beitragssystem funktionieren. Sie sind von der EU ohne besondere Förmlichkeiten eintreibbar (es handelt sich dabei nicht um freiwillige Beiträge der Staaten). Jeder Staat überträgt dem Gemeinschaftshaushalt einen Teil der auf seinem Territorium erzielten Mehrwertsteuereinnahmen. Zudem führt jeder Staat einen prozentual zu seinem Bruttosozialprodukt errechneten Beitrag ab. Dies macht die Haupteinnahmequelle der EU aus.

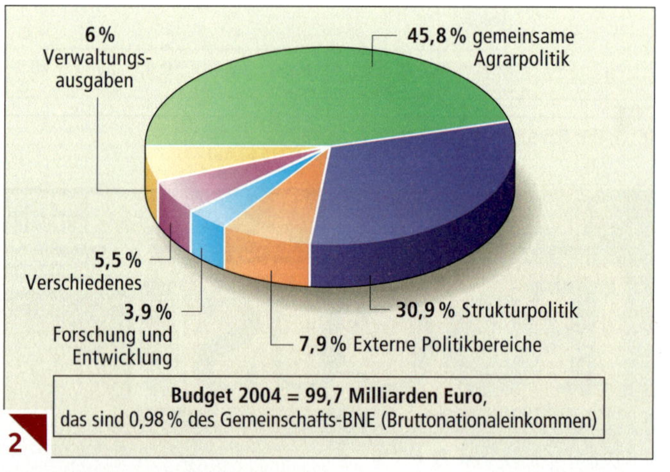

Die Ausgaben (Haushalt 2004)

- Die **gemeinsame Agrarpolitik (GAP)**, die 1975 noch 75 Prozent des Gemeinschaftshaushalts ausmachte, bleibt nach wie vor der größte Ausgabenposten.
- Mit der Erweiterung wird der Anteil für die **Strukturpolitik** erhöht, die auf die Verringerung der regionalen Ungleichheiten innerhalb der EU ausgerichtet ist.
- Die **externen Politikbereiche** umfassen die Entwicklungshilfe und die den Kandidatenländern (Rumänien, Bulgarien, Türkei) gewährte „Heranführungshilfe".
- Die Rubrik **„Verschiedenes"** umfasst sämtliche anderen Ausgaben (Bildung, Transport, Umwelt, Schengen usw.). Der Bereich „Verteidigung" unterliegt nicht dem Gemeinschaftshaushalt.

Fragen und Anregungen

Thema 1: Ein Haushalt, der sich von dem eines Staates grundlegend unterscheidet

1. Nennen Sie die wichtigste Einnahmequelle der EU. Nennen Sie die eines Staates wie Frankreich oder Deutschland. (M1)

2. Welches sind die wichtigsten Ausgaben der EU? Welche Ausgaben hat ein Staat wie Deutschland oder Frankreich? (M2)

Thema 2: Die Logik des „Nettosaldos"

3. Welche Länder gehören zu den „Nettoempfängern"? Warum? (M3 und 4)

4. Warum gehört Frankreich nicht zu den größten „Nettozahlern"? (M3 und 4)

5. Kann Ihrer Ansicht nach der Begriff „Nettosaldo" selbst kritisiert werden? (M3 und 4)

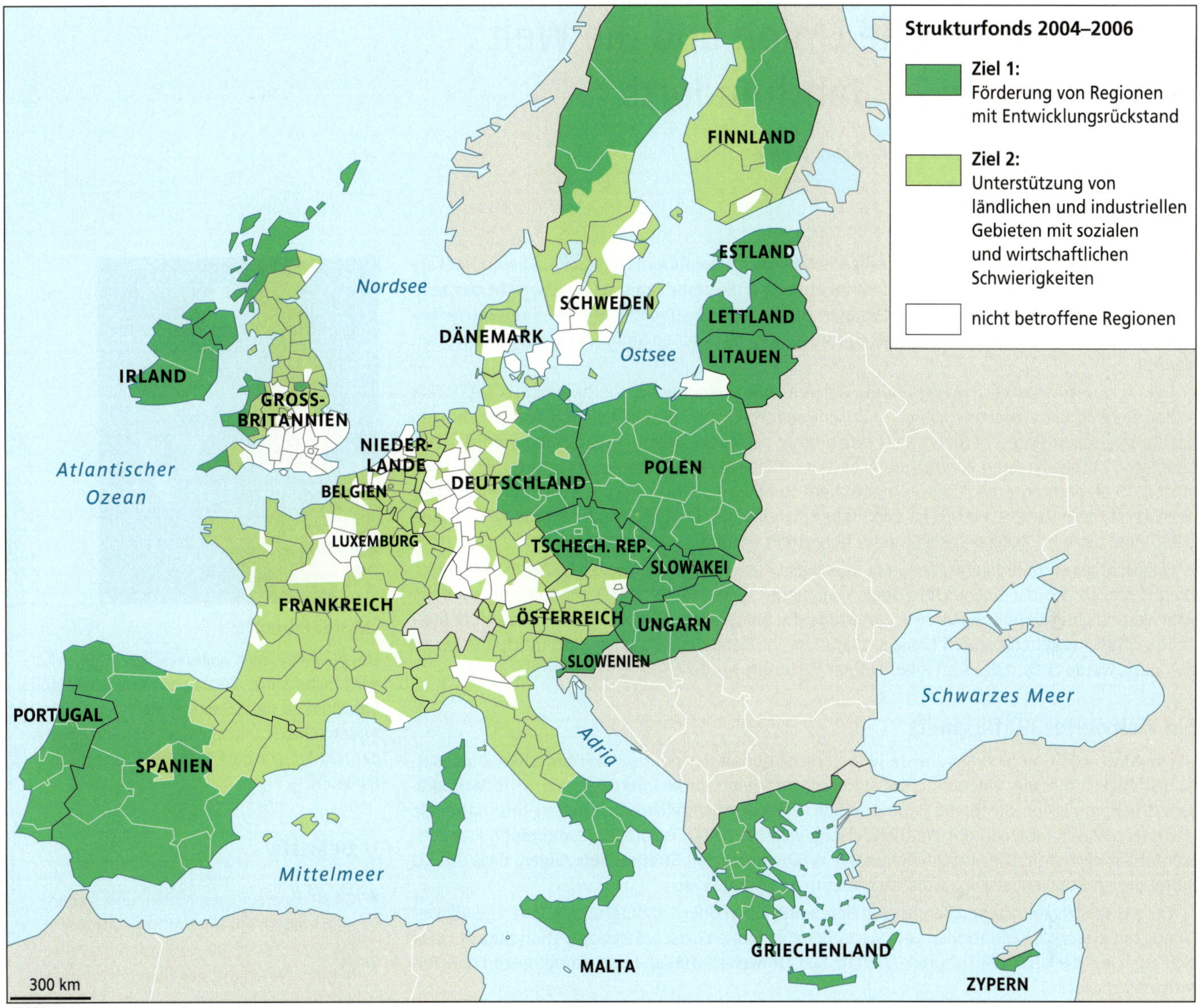

3 **Wohin fließen die EU-Gelder? Regionen, denen strukturpolitische Maßnahmen zugute kommen (2004–2006).**

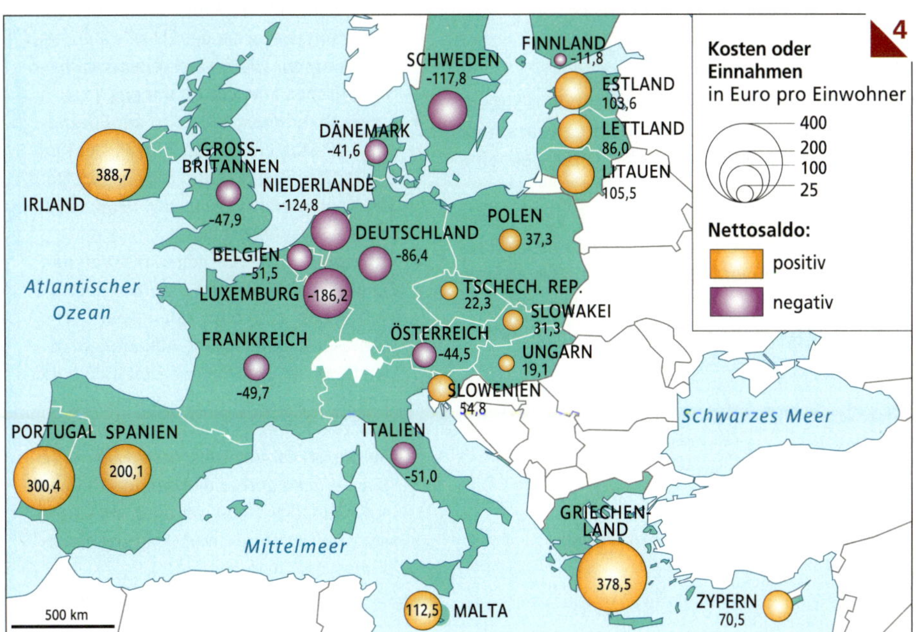

4 **„Beitragszahler" und „Beitragsempfänger"**

• Der Nettosaldo ist die Differenz zwischen den von einem Mitgliedstaat dem Gemeinschaftshaushalt zugeführten und den diesem Staat von der EU gezahlten Beträgen. Als „Nettozahler" werden die Länder bezeichnet, für die der Nettosaldo negativ ist (sie bezahlen mehr als sie erhalten) und als „Nettoempfänger" jene, für die der Nettosaldo positiv ist (sie erhalten mehr als sie bezahlen).

• Großbritannien erhielt 1984 einen „Rabatt". Aufgrund der „britischen Korrektur" werden Großbritannien zwei Drittel des Negativsaldos des Vorjahres (von den anderen Staaten) zurückerstattet. Ohne diesen „Rabatt" wäre Großbritannien ein stärkerer „Beitragszahler".

3. Die Europäische Union und die Welt zu Beginn des 21. Jahrhunderts

Welche Rolle spielt die EU heute in der Welt?

Eine aufstrebende Macht

Die EU mit ihren 25 Mitgliedstaaten und 450 Millionen Einwohnern ist heute ein beeindruckendes Gefüge, das eine ernst zu nehmende Konkurrenz für die amerikanische Supermacht darstellt. Da die EU aber ein Verbund mehrerer Staaten ist, die einen beträchtlichen Teil ihrer Souveränität beibehalten haben, kann sie nicht als Großmacht im klassischen Sinne des Wortes bezeichnet werden.

Die im Maastrichter Vertrag begründete Gemeinsame Außen- und Sicherheitspolitik GASP fällt in den Bereich der zwischenstaatlichen Zusammenarbeit. Die diesbezüglichen Entscheidungen des Europäischen Rates werden daher einstimmig getroffen. Meinungsverschiedenheiten zwischen den Mitgliedstaaten können die Arbeit des Rates dagegen lähmen. So konnte die EU den in den 1990er-Jahren erneut auf europäischem Boden, in Jugoslawien, ausgebrochenen Krieg nicht verhindern (siehe S. 142 f.). Erst durch das Eingreifen der USA konnte der Frieden in Bosnien (1995) und dann im Kosovo (1999) wieder hergestellt werden.

Die wichtigste Militärorganisation in Europa bleibt nach wie vor die von den USA geführte NATO. Die EU braucht für die eigene Durchsetzungsfähigkeit eine von der NATO unabhängige europäische Verteidigungspolitik. Zu diesem Ziel wurde die Europäische Sicherheits- und Verteidigungspolitik ESVP ins Leben gerufen (siehe S. 162 f.). Um ihr Handeln kohärenter und transparenter zu gestalten, wurde zudem das Amt eines Hohen Vertreters für die GASP geschaffen.

Ein weltweites Einflussnetz

Die Machtposition lässt sich heute jedoch nicht nur an der politisch-militärischen Durchsetzungsfähigkeit messen. Vielmehr beweist Europa auch eine starke internationale Wirtschaftspräsenz. Die Kommission, die für die Handelspolitik verantwortlich zeichnet, ist befugt, internationale Verträge abzuschließen. In der Welthandelsorganisation (WTO) ist die EU durch einen Handelskommissar vertreten. Die verschiedenen der WTO vorgelegten Streitsachen zeigen, dass die EU heute der größte Handelskonkurrent der Vereinigten Staaten ist.

Die EU schloss mit zahlreichen Regionalorganisationen oder Ländergruppen Verträge ab. Der Dialog mit diesen Organisationen geht weit über eine bloße Wirtschaftskooperation hinaus, da er sich auch auf die UNO, die kulturelle Vielfalt, den Umweltschutz oder den Kampf gegen den Terrorismus erstreckt.

Die EU ist im Übrigen der größte Geldgeber in Sachen Entwicklungshilfe und unterstützt auf der Grundlage des Lomé-Abkommens und des Cotonou-Vertrages seit langem die Interessen der Entwicklungsländer.

Ein europäisches Modell?

International beispielgebend ist die EU durch ihre entschlossene Kooperation mit dem Süden, ihr Festhalten am Multilateralismus und ihren Dialog mit den anderen Regionalorganisationen. Trotz der Kritik an ihrer als zu protektionistisch geltenden Agrarpolitik stellt die EU für viele eine Alternative zu einer Globalisierung unter amerikanischer Hegemonie dar.

Die EU ist nicht minder ein Modell für eine sehr gelungene Regionalintegration: Sie ist weltweit das einzige Beispiel für eine tatsächliche Wirtschafts- und Währungsunion. Die deutsch-französische Aussöhnung, der Teilverzicht auf die nationale Souveränität und die allmähliche Erweiterung auf neue Länder machen sie ebenso zu einem politischen Modell. Und sie ist nicht zuletzt auch ein soziales Modell, da sie für einen gemäßigten Liberalismus eintritt, der indessen Gegenstand interner Auseinandersetzungen ist.

1

„Mister Europa"?

Um die GASP nach außen zu vertreten, schuf der Amsterdamer Vertrag das Amt eines Hohen Vertreters. Javier Solana, ehemaliger spanischer Außenminister und einstiger Generalsekretär der NATO, bekleidete 1999 als Erster diese Funktion.

Begriffe

- **GASP** (Gemeinsame Außen- und Sicherheitspolitik): Mit der Ratifizierung des Maastrichter Vertrages wurden die bestehenden zwischenstaatlichen Beziehungen auf dem Gebiet der Außen- und Sicherheitspolitik institutionalisiert.
- **ESVP** (Europäische Sicherheits- und Verteidigungspolitik): 1999 im Rahmen der GASP eingeführt, bietet sie der EU seit 2003 als Ergänzung zur NATO einen eigenständigen militärischen Handlungsrahmen.
- **Lomé-Abkommen:** 1975 von der EG und den AKP-Staaten (Länder Afrikas, der Karibik und des Pazifiks) unterzeichneter Nord-Süd-Kooperationsvertrag, der 1979, 1984 und 1989 verlängert wurde.
- **Cotonou-Vertrag:** Im Jahre 2000 von der EU und 78 AKP-Staaten unterzeichneter Vertrag über eine Entwicklungspartnerschaft. Er löste das Lomé-Abkommen ab und fügte der Zusammenarbeit eine politische Dimension hinzu (Förderung der Demokratie, Kampf gegen die Korruption).
- **Multilateralismus:** Zwischenstaatliche Absprachen und Verhandlungen im Rahmen internationaler Organisationen, im Gegensatz zum Unilateralismus (Haltung eines Staates, der allein handelt).

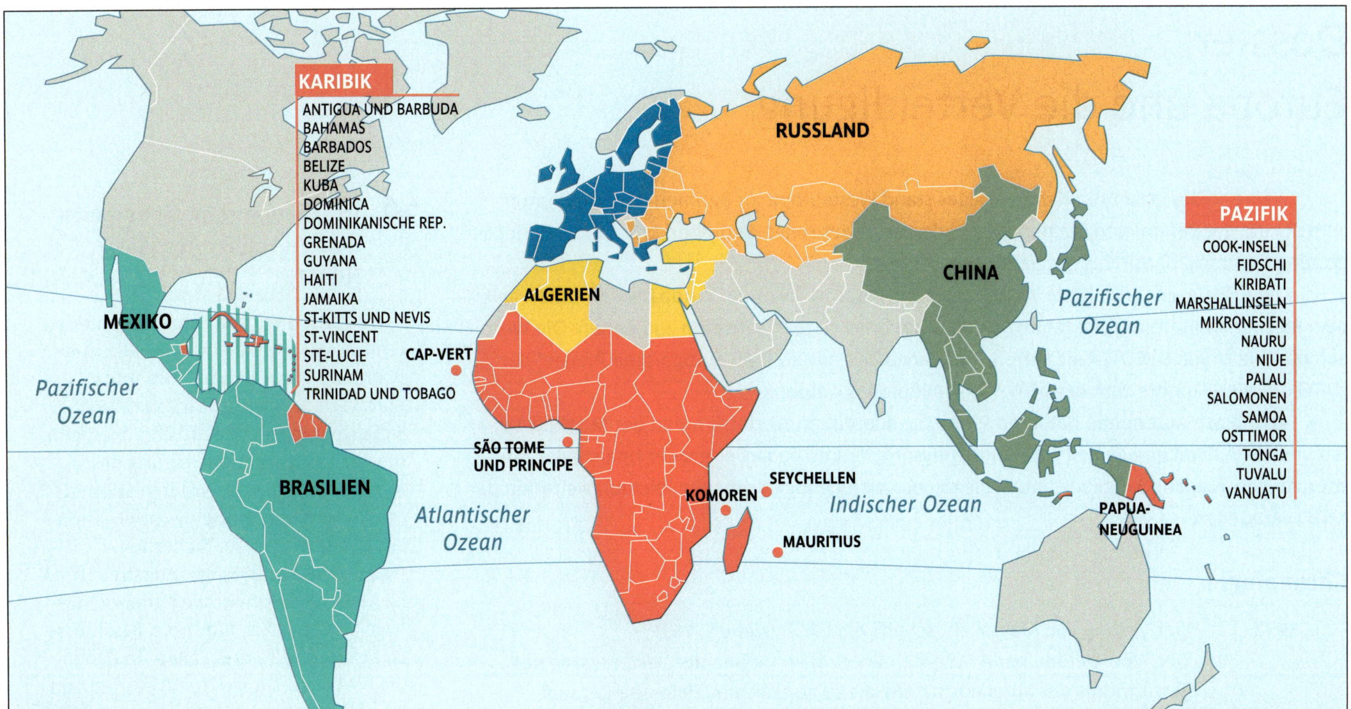

- Europäische Union
- AKP-Staaten, Unterzeichner des Cotonou-Abkommens (2000)
- Länder, denen die „Euro-Mittelmeer-Partnerschaft" zugute kommt
- ehemalige Ostblockländer, denen Hilfsprogramme zur Unterstützung des wirtschaftlichen und politischen Transfomationsprozesses zugute kommen
- Zusammenarbeit im Rahmen des ASEM (Asia-Europa-Meeting) seit 1996
- Zusammenarbeit im Rahmen der seit 1999 tagenden Europa-Lateinamerika-Karibik-Gipfeltreffen

2 Partner in der ganzen Welt

3 Die Erklärung von Guadalajara

Unsere Partnerschaft wurzelt in engen historischen und kulturellen Beziehungen, in gemeinsamen Prinzipien des internationalen Rechts und in den Werten unserer Völker. Wir betonen unsere Achtung und die strikte Einhaltung des Völkerrechts und der in der Charta der Vereinten Nationen verankerten Ziele und Prinzipien, einschließlich der Prinzipien der Nichteinmischung und der Selbstbestimmung, der Achtung der Souveränität, der territorialen Integrität und der Gleichberechtigung zwischen den Staaten, die zusammen mit der Achtung der Menschenrechte, mit der Förderung der Demokratie und mit einer der sozialökonomischen Entwicklung dienenden Zusammenarbeit die Fundamente der Beziehungen zwischen unseren Regionen bilden. Wir setzen alles daran, die Einhaltung all dieser Prinzipien zu stärken und uns den Herausforderungen zu stellen, aber auch aus den Möglichkeiten einer wachsenden Globalisierung im Geiste der Gleichheit, der gegenseitigen Achtung, der Partnerschaft und der Zusammenarbeit Nutzen zu ziehen.

[...] Wir bekräftigen, dass ein auf dem Völkerrecht basierendes und von starken internationalen Institutionen, mit der UNO als Mittelpunkt, unterstütztes effizientes multilaterales System dringend erforderlich ist, um Frieden und internationale Sicherheit sowie nachhaltige Entwicklung und sozialen Fortschritt zu gewährleisten.

Übers. nach: http://europa.eu.int/comm/world/lac-guadal/declar/01_decl_polit_final_fr.pdf, S. 1 f.

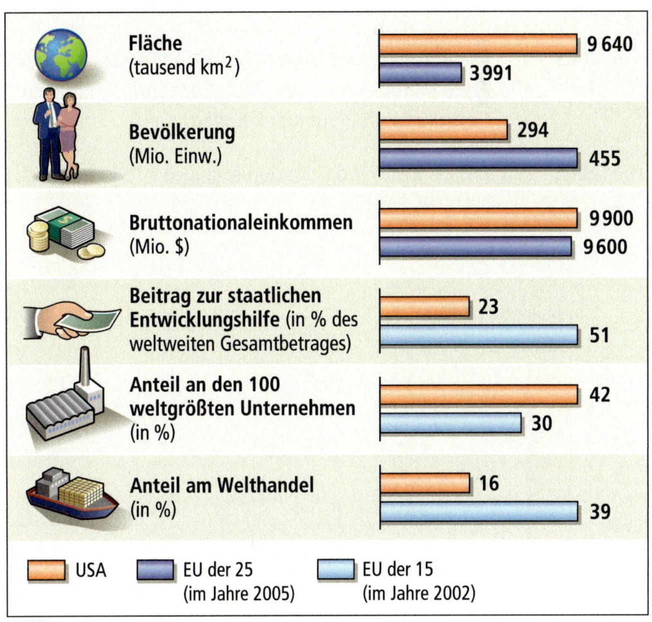

4 Die EU und die Vereinigten Staaten

Fragen und Anregungen

1. Welche Kriterien definieren heute in erster Linie Macht?
2. Kann die EU ein neues Modell der Macht darstellen? Worin unterscheidet sie sich dabei von den Vereinigten Staaten? (M2, 3 und 4)

Dossier: Europa und die Verteidigung

Während des gesamten Kalten Krieges stand Westeuropa im Rahmen der NATO unter dem Schutz der Vereinigten Staaten. Das Ende der sowjetischen Bedrohung führte zu einer Lockerung der transatlantischen Beziehungen.

Die Jugoslawienkrise hatte einmal mehr bewiesen, dass es der Europäischen Union an einem eigenen Militärpotenzial fehlte, um als autonomer Akteur auftreten zu können. Die Westeuropäische Union (WEU) (siehe Karte S. 147), lange Zeit nur als der „europäische Pfeiler" der NATO definiert, könnte zum bewaffneten Arm Europas werden.

Aber diese Autonomie hat ihren Preis: Zur Koordinierung der Armeen der Mitgliedstaaten und zur Aufstellung gemeinsamer Rüstungsprogramme bedarf es großer finanzieller Anstrengungen. Manche Mitgliedstaaten, die derlei Anstrengungen scheuen, bleiben weiterhin der NATO verbunden.

Chronologie

1992	Der Vertrag von Maastricht schafft die GASP **(siehe S. 160)**. Der WEU werden neue Aufgaben übertragen (neben der Verteidigung des Territoriums der Mitgliedstaaten), die so genannten „Petersberger Aufgaben": humanitäre Operationen, Interventionen in Krisensituationen, Friedenserhaltung.
1997	Der Vertrag von Amsterdam legt die Schaffung der ESVP fest **(siehe S. 160)**.
1998	Französisch-britischer Gipfel von Saint-Malo: Großbritannien schließt sich dem Projekt einer von der NATO unabhängigen europäischen Verteidigungspolitik an.
1999	Der Europäische Rat beginnt mit dem Aufbau der ESVP.
2003	Die Europäer sind angesichts der amerikanischen Irak-Politik gespalten. Erste Militäreinsätze der EU: „Concordia" in Makedonien, „Artemis" in der Demokratischen Republik Kongo.
2004	Die EU löst mit der Stationierung von 7000 Soldaten (Operation „Althea") die NATO in Bosnien ab.

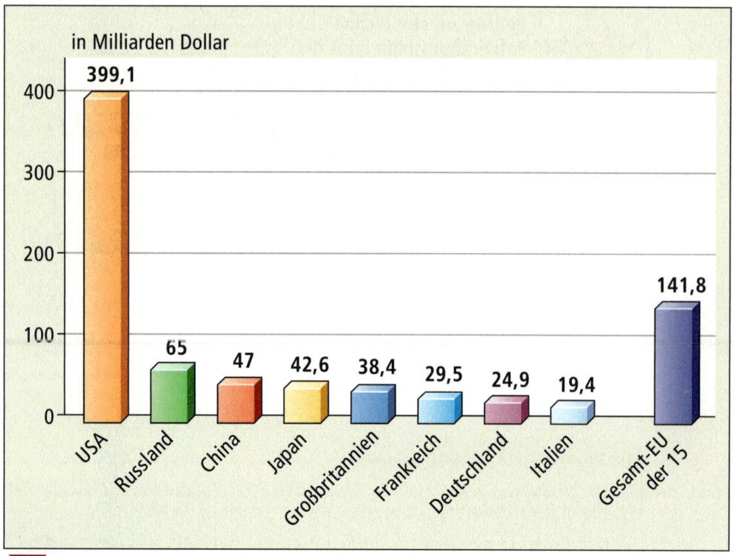

1 Die Militärausgaben 2003

2 Die europäische Sicherheits- und Verteidigungspolitik (ESVP)

Die Union wird im Einklang mit den Grundsätzen der Charta der Vereinten Nationen ihren Beitrag zum internationalen Frieden und zur internationalen Sicherheit leisten. Die Union anerkennt die vorrangige Verantwortung des Sicherheitsrats der Vereinten Nationen für die Aufrechterhaltung des internationalen Friedens und der Sicherheit.

Der Europäische Rat unterstreicht seine Entschlossenheit, die Union in die Lage zu versetzen, autonom Beschlüsse zu fassen und in den Fällen, in denen die NATO als Ganzes nicht einbezogen ist, als Reaktion auf internationale Krisen EU-geführte militärische Operationen einzuleiten und durchzuführen.

[...] der Europäische Rat hat [...] insbesondere Folgendes vereinbart:

– Spätestens im Jahre 2003 müssen die Mitgliedstaaten im Rahmen der freiwilligen Zusammenarbeit bei EU-geführten Operationen in der Lage sein, innerhalb von 60 Tagen Streitkräfte im Umfang von 50000 bis 60000 Personen, die imstande sind, den Petersberg-Aufgaben in ihrer ganzen Bandbreite gerecht zu werden, zu verlegen und dafür zu sorgen, dass diese Kräfte für mindestens ein Jahr im Einsatz gehalten werden können; [...]

– Unter Berücksichtigung der Erfordernisse aller EU-Mitgliedstaaten werden Regelungen für eine umfassende Konsultation und Zusammenarbeit zwischen der EU und der NATO und für die Transparenz in deren gegenseitigen Beziehungen entwickelt;

– Es werden geeignete Vorkehrungen getroffen, die es nicht der EU angehörenden europäischen NATO-Mitgliedstaaten und anderen interessierten Ländern unter Wahrung der Beschlussfassungsautonomie der Union erlauben, zur militärischen Krisenbewältigung der EU beizutragen [...].

Europäischer Rat von Helsinki, 10.–11. Dezember 1999.
http://europa.eu.int/abc/doc/off/bull/de/9912/i1009.htm

3 **Europa in Aktion**

Bei der Operation „Concordia" stationierte die EU im Einvernehmen mit der UNO und in Zusammenarbeit mit der NATO im Jahre 2003 400 Soldaten zum Schutz des Friedens im Westteil Makedoniens. Die europäischen Einheiten handelten mit Mandat des UN-Sicherheitsrates.

4 Die transatlantische Solidarität vor der europäischen Verteidigung?

Die wahren Bande zwischen den Vereinigten Staaten und Europa sind die Werte, die wir teilen: Demokratie, persönliche Freiheit, Menschenrechte und Rechtsstaatlichkeit. Diese Werte überquerten den Atlantik mit jenen Menschen, die von Europa aufbrachen, um beim Aufbau der USA zu helfen. Heute sind sie bedroht wie nie zuvor.

Die Angriffe vom 11. September zeigen, wie sehr Terroristen – die Feinde unserer gemeinsamen Werte – zu gehen bereit sind, diese Werte zu zerstören. Dieses Verbrechen war ein Angriff auf uns alle. Regierungen und Völker in den Vereinigten Staaten und Europa haben diese Prinzipien mit aller Entschlossenheit verteidigt und somit die Kraft ihrer Überzeugungen bewiesen. Die transatlantischen Bande sind Garant unserer Freiheit. Das gilt heute mehr als jemals zuvor. [...]

Das transatlantische Verhältnis darf der anhaltenden Bedrohung der Weltsicherheit durch das irakische Regime nicht zum Opfer fallen.

Mehr denn je ist in der heutigen Welt geboten, Einheit und Zusammenhalt zu bewahren. Wir wissen, dass der Erfolg im täglichen Kampf gegen Terrorismus und Weiterverbreitung von Massenvernichtungswaffen die unbeirrte Entschlossenheit und den festen internationalen Zusammenhalt all jener Länder erfordert, denen Freiheit etwas wert ist.

Aufruf zur Geschlossenheit mit den Vereinigten Staaten, unterzeichnet von den Staats- und Regierungschefs des Vereinigten Königreichs, Italiens, Spaniens, Portugals, der Tschechischen Republik, Ungarns, Polens und Dänemarks, 30. Januar 2003. Handelsblatt, Nr. 021, 30. Januar 2003, S. 3.

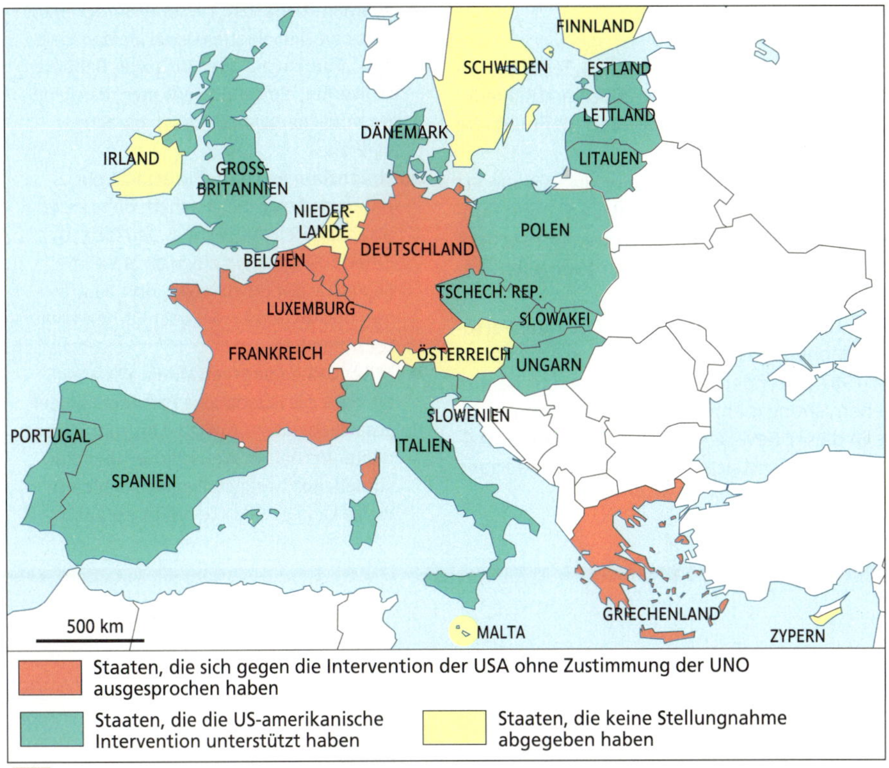

5 **Der Irak-Krieg 2003 entzweit Europa**

Fragen und Anregungen

1. Warum spielen die Vereinigten Staaten eine entscheidende Rolle bei der Verteidigung Europas? (M1 und 2)
2. Wie beabsichtigt die EU, ihre militärische Macht zu stärken? (M2 und 3)
3. Ist die ESVP unvereinbar mit der NATO? (M2)
4. Welche EU-Staaten pflegen ein besonders enges Verhältnis zur NATO? Aus welchen Gründen? (M4 und 5)
5. Sollte die EU ihre Verteidigungspolitik unabhängig von den Vereinigten Staaten gestalten? Stellen Sie präzise Argumente dafür und dagegen zusammen.

4. Europäische Identität heute

Wie kann ein europäisches Zugehörigkeitsgefühl entstehen?

Kann man von einer europäischen Identität sprechen?

Mehr als je zuvor steht die europäische Identität im Mittelpunkt der Diskussionen. In erster Linie, weil die EU-Erweiterung die Frage nach den Grenzen Europas und nach seinem Selbstverständnis stellt. Aber auch, weil das Ziel der fortwährenden institutionellen Reformen darin besteht, die EU für die in ihr lebenden Menschen noch kohärenter und transparenter zu gestalten. Und schließlich, weil Europa ohne die Zustimmung seiner Bewohner nicht als internationaler Akteur auftreten kann.

Identität lässt sich jedoch nicht einfach verordnen oder aufdrängen. Die nationalen Identitäten haben sich nach und nach in Europa herausgebildet und bleiben weiterhin wesentliche Bezugspunkte. Eine europäische Identität kann nur durch einen langen Prozess entstehen.

Europa der Bürger

Dies geschieht zunächst durch den Abbau des Demokratiedefizits, unter dem die EU, wie es verschiedentlich heißt, leidet. In diesem Sinne wurde der 1993 in Kraft getretene Vertrag von Maastricht verabschiedet, der den Begriff der Unionsbürgerschaft einführte und die Befugnisse des Europäischen Parlaments erweiterte. Das Parlament, das seit 1979 direkt gewählt wird, teilt sich heute bei der Mehrzahl der Entscheidungen durch das Mitentscheidungsverfahren die Legislativgewalt mit dem Rat. Es kann die Europäische Kommission stürzen, wie bereits 1999 geschehen. Die von J. Santer geleitete Europäische Kommission musste seinerzeit wegen Unregelmäßigkeiten in der Verwaltung zurücktreten, die den ersten „Euro-Skandal" ausgelöst hatten.

Aber von einer parlamentarischen Demokratie auf europäischer Ebene kann noch nicht die Rede sein. Der prozentuale Anteil der Stimmenthaltungen bei Europawahlen bleibt hoch und die politischen Prozesse vollziehen sich weiterhin zunächst auf nationaler Ebene. Zwar bilden die Europa-Abgeordneten transnationale Fraktionen, doch wenden sie sich selten an eine „europäische Öffentlichkeit".

Diese begann sich allenfalls in den lebhaften Debatten herauszubilden, die der europäische Verfassungsentwurf 2005 vor allem in den Ländern auslöste, die das Referendum als Ratifizierungsmethode gewählt hatten (Spanien, Frankreich, Niederlande, Luxemburg).

Werte, Symbole und Alltagsrealitäten

Die Annahme einer Verfassung würde zweifellos das Gefühl der Europäer stärken, Teil eines gemeinsamen Projekts zu sein. Die Verfassung würde dann die bereits im Jahre 2000 verabschiedete, jedoch nicht verbindliche Charta der Grundrechte mit umfassen. Dieser Text definiert die gemeinsamen Werte aller Völker Europas.

Das Zugehörigkeitsgefühl zu „Europa" wird auch durch die Symbole genährt, die sich die EU gegeben hat und die ihren Bewohnern mehr und mehr vertraut werden. Obwohl die EU kein Bundesstaat ist, weist sie doch alle äußeren Merkmale auf, durch die sich Staaten traditionsgemäß auszeichnen: eine Fahne, einen Pass und eine Währung (auch wenn der Euro nicht von allen Mitgliedstaaten eingeführt wurde).

Die Einheitswährung erleichtert in der Tat den Austausch innerhalb der EU. Der freie Personenverkehr im Schengen-Raum erhöht seinerseits die Mobilität der Europäer. Dazu gehören auch die zahlreichen Studenten, von denen dank des seit 1987 laufenden Erasmus-Programms bereits 1,2 Millionen im Ausland studieren konnten. Die Beherrschung mehrerer Sprachen und ein engerer Kontakt mit anderen Europäern führten gerade in dieser Bevölkerungsgruppe zur Herausbildung einer europäischen Identität. Die „Generation Erasmus" wird sich ohne Zweifel als erste ganz europäisch fühlen.

1 **Die europäische Symbolik**

Diese Fahne, deren zwölf Sterne die Vollkommenheit (und nicht die Mitgliedstaaten) symbolisieren, wurde 1955 vom Europarat und 1985 von der EG als offizielles Wahrzeichen angenommen.
Im gleichen Jahr wurde die Ode an die Freude (Auszug aus Beethovens Neunter Symphonie) zur offiziellen Hymne und der 9. Mai zum Europatag erklärt.

Begriffe

- **Demokratiedefizit:** Dieser Ausdruck prangert den Demokratiemangel an, den viele den „Eurokraten" (den Brüsseler Behörden) vorwerfen, die die EU verwalten, da sie ohne wirkliche Kontrolle durch die Bürger agieren.
- **Unionsbürgerschaft:** Sie ergänzt die nationale Staatsbürgerschaft, ohne sie zu ersetzen. Sie ermöglicht es den Bürgern eines EU-Staates, in einen anderen Mitgliedstaat der EU zu reisen, dort zu wohnen und an Gemeinde- oder Europawahlen teilzunehmen.
- **Mitentscheidungsverfahren:** Verfahren, bei dem das Europäische Parlament an der gesetzgebenden Arbeit (die bis zum Maastrichter Vertrag im Wesentlichen dem Rat vorbehalten war) beteiligt wird; auf diese Weise kann es einen Gesetzestext ablehnen.

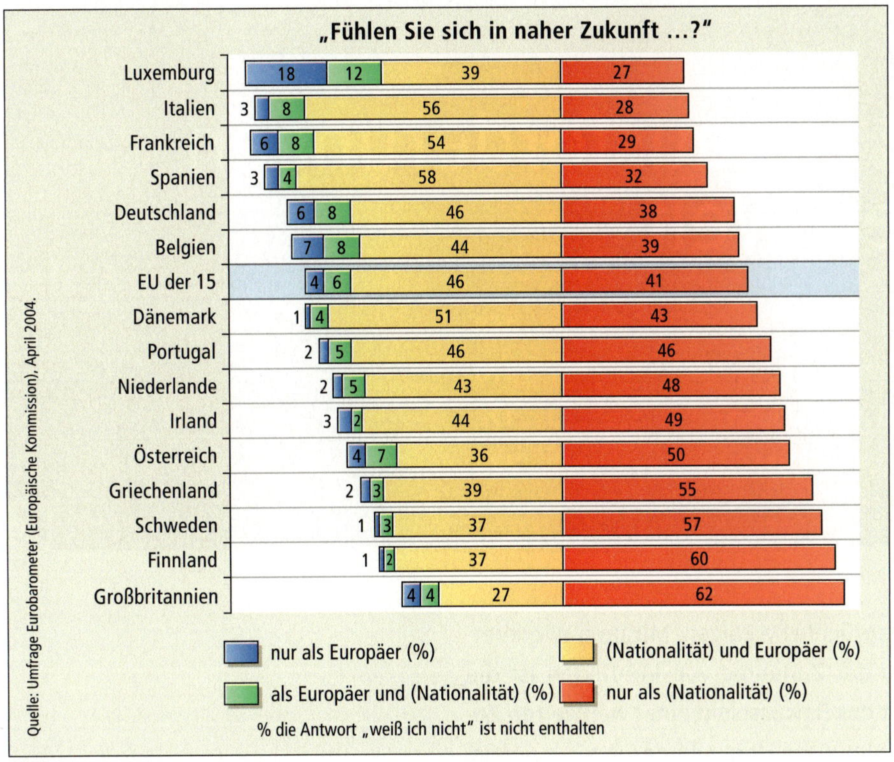

2 **Nationale Identität und europäische Identität**

3 **Die europäischen Werte**

Die Völker Europas sind entschlossen, auf der Grundlage gemeinsamer Werte eine friedliche Zukunft zu teilen, indem sie sich zu einer immer engeren Union verbinden.

In dem Bewusstsein ihres geistig-religiösen und sittlichen Erbes gründet sich die Union auf die unteilbaren und universellen Werte der Würde des Menschen, der Freiheit, der Gleichheit und der Solidarität. Sie beruht auf den Grundsätzen der Demokratie und der Rechtsstaatlichkeit. Sie stellt die Person in den Mittelpunkt ihres Handelns, indem sie die Unionsbürgerschaft und einen Raum der Freiheit, der Sicherheit und des Rechts begründet.

Die Union trägt zur Erhaltung und zur Entwicklung dieser gemeinsamen Werte unter Achtung der Vielfalt der Kulturen und Traditionen der Völker Europas sowie der nationalen Identität der Mitgliedstaaten und der Organisation ihrer staatlichen Gewalt auf nationaler, regionaler und lokaler Ebene bei. Sie ist bestrebt, eine ausgewogene und nachhaltige Entwicklung zu fördern und stellt den freien Personen-, Waren-, Dienstleistungs- und Kapitalverkehr sowie die Niederlassungsfreiheit sicher.

Charta der Grundrechte der Europäischen Union, Präambel, 2000.
www.europarl.eu.int/charter/pdf/text_de.pdf

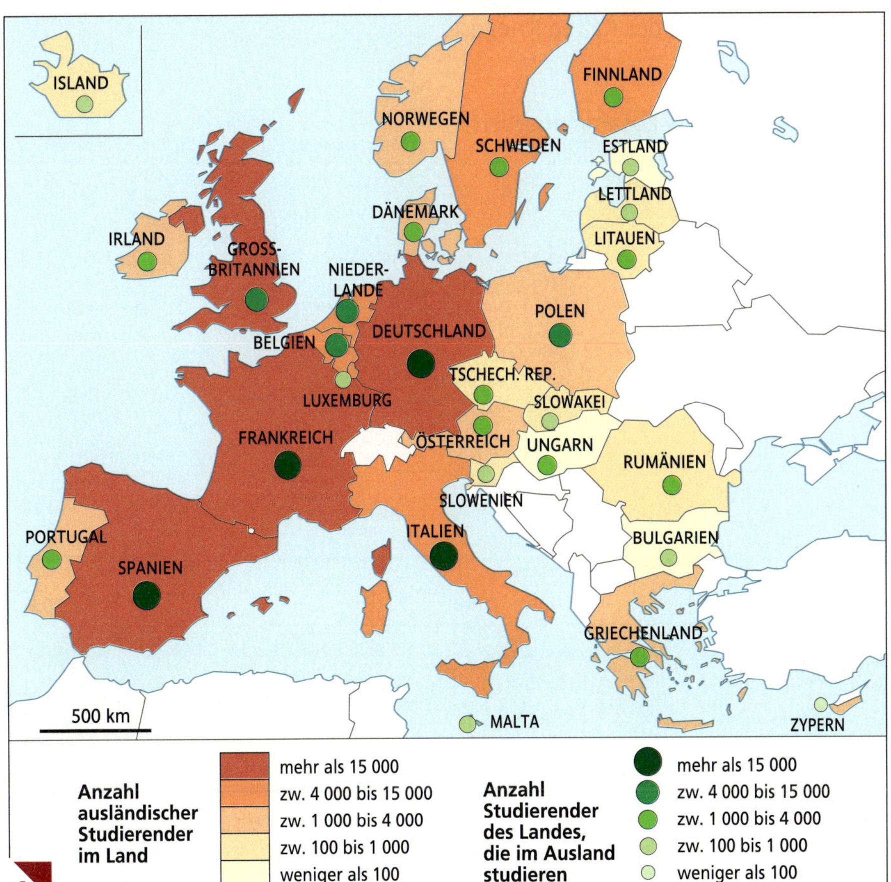

4 **Europa der Studenten**

Der über das Erasmus-Programm für das Studienjahr 2003/2004 organisierte Studentenaustausch; das Programm lief bereits in den zehn 2004 der EU beigetretenen Staaten sowie in einigen Nicht-Mitgliedstaaten (Norwegen, Island, Liechtenstein, Rumänien, Bulgarien).

Fragen und Anregungen

1. In welchen Ländern ist das Nationalgefühl nach wie vor stark ausgeprägt? In welchen Ländern ist dagegen das europäische Zugehörigkeitsgefühl am stärksten entwickelt? Versuchen Sie zu erklären weshalb. (M2)
2. Sind die europäischen Werte mit den nationalen Identitäten unvereinbar? (M3)
3. Welche Länder sind am stärksten in das Erasmus-Programm involviert? Vergleichen Sie die Situation Großbritanniens mit der Italiens. (M4)

Kapitel 10

Konflikte und Herausforderungen in der heutigen Welt

Das Ende des Ost-West-Konflikts hat widersprüchliche Folgen. Mit dem Wiedererwachen unterschiedlicher Identitäten und der Zunahme von Konflikten ist die Welt einerseits gespaltener, andererseits ist das Bewusstsein einer weltweiten Zusammengehörigkeit so stark wie nie zuvor. Um diese Herausforderungen zu meistern, bedarf es einer „global governance", einer „Weltordnungspolitik".

- Wie ist die zunehmende Instabilität seit dem Ende des Kalten Krieges zu erklären?
- Welche Schlüsselprobleme erfordern eine weltweite Zusammenarbeit?
- Wie kann diese gestaltet werden?

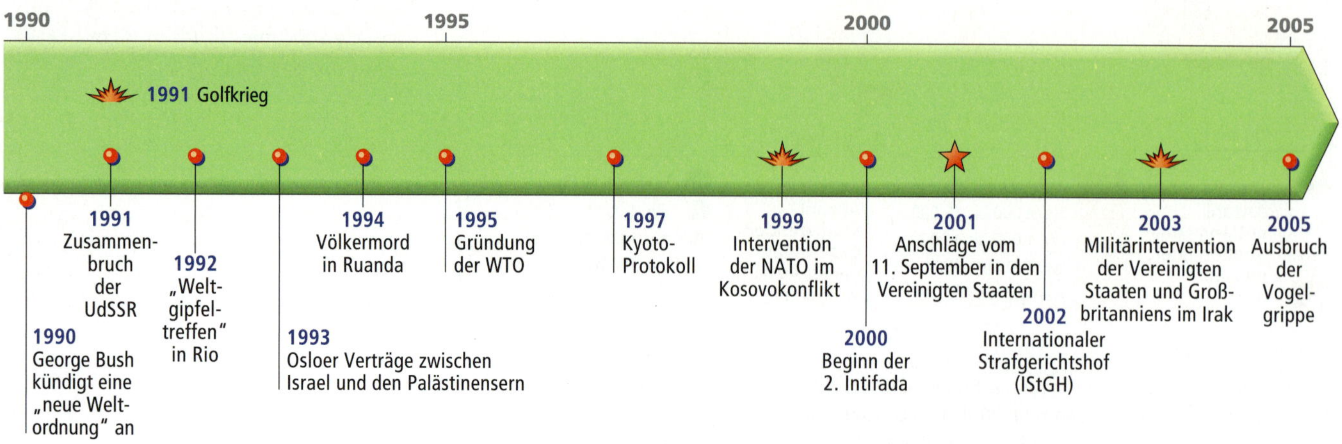

1

Die Hoffnung auf eine vereinte Welt

Zweites Weltgipfeltreffen für nachhaltige Entwicklung in Johannesburg (Südafrika) 2002.

2

Neue Bedrohungen

Am 11. September 2001 erschütterten Terroranschläge von bisher nie gekanntem Ausmaß die Vereinigten Staaten. New York, das Herz Amerikas und Symbol des westlichen Kapitalismus, wurde zur Zielscheibe islamistischer Terroristen.

1. Eine instabile Welt

Warum führte das Ende des Kalten Krieges nicht zu mehr Stabilität?

Besinnung auf die eigene Identität

Mit dem Ende des Kalten Krieges erlangten die religiösen, nationalen und sprachlichen Identitätsmerkmale weltweit wieder zunehmende Bedeutung. Über lange Zeit waren sie durch den Systemkonflikt zwischen liberalen und sozialistischen Staats- und Gesellschaftsordnungen verdrängt worden. Nun kamen sie erneut zum Vorschein und wurden zum Gegenstand aller denkbaren politischen Manipulationen. Die Ängste vor einer kulturellen Standardisierung, die mit der Globalisierung einhergingen, förderten ebenfalls die Rückbesinnung auf traditionelle Werte und Normen.

Auch der Nationalismus erlebt in Europa eine spektakuläre Wiederkehr, besonders in den ehemaligen sozialistischen Ländern. In Afrika ringen die Angehörigen verschiedener Ethnien häufig um die politische Vorherrschaft. Zudem ist eine Instrumentalisierung der Religion zu beobachten. Der Islamismus, seit den 1970er-Jahren im Aufwärtstrend, fordert eine Rückkehr zu den Ursprüngen des Islam und ist bestrebt, die vom „wahren Glauben" abgefallenen und dem Westen gegenüber aufgeschlossenen Regierungen zu stürzen.

Die Zunahme von Konflikten

Das Wiedererwachen nationaler Identitäten ging mit einer Schwächung der Staaten einher, die nun neuen inneren Spannungen ausgesetzt waren. In Europa betraf dies vor allem die Vielvölkerstaaten UdSSR und Jugoslawien (siehe S. 142 f.) und in Afrika in besonderem Maße jene ehemaligen Kolonialgebiete, in denen der Prozess der Nationenbildung noch immer nicht abgeschlossen ist. Die ethnischen Konflikte eskalierten (u. a. in Sierra Leone, Liberia, Elfenbeinküste) und führten 1994 in Ruanda sogar zu einem Völkermord.

Die internationale Gemeinschaft blieb angesichts dieser Kriege eher passiv. Zum einen, weil sie aufgrund der völkerrechtlich nach wie vor geltenden Souveränität der Staaten nur schwer in innerstaatliche Konflikte eingreifen konnte; zum anderen, weil sie nicht unbedingt gewillt war zu handeln: Das Interesse der Großmächte galt nur noch solchen Regionen, die für ihre eigene Sicherheit von vitalem Interesse sind, wogegen es in der Zeit des Kalten Krieges vor allem darum ging, weltweit ein gewisses Kräftegleichgewicht aufrechtzuerhalten.

Der Nahe Osten stellt nach wie vor einen höchst gefährlichen Krisenherd dar, dessen Entwicklung von der internationalen Öffentlichkeit mit größter Sorge verfolgt wird. Zwischen 1987 und 1991 erhoben sich junge Palästinenser gegen die israelische Militärverwaltung in den besetzten Gebieten. Dieser „Krieg der Steine" ließ sich von der palästinensischen Führung nicht mehr kontrollieren und veranlasste Israel zu Verhandlungen. Der durch die Osloer Verträge (1993–1995) eingeleitete Friedensprozess zwischen Israel und den Palästinensern wird jedoch von radikalen Kräften beider Lager abgelehnt. In Israel stellten sich die Extremisten gegen die Friedenspolitik von Ministerpräsident Yitzhak Rabin (1995 ermordet) und später gegen den von Ariel Sharon 2005 angeordneten Abzug aus dem Gazastreifen. Die Palästinensische Autonomiebehörde wurde ihrerseits durch den Ausbruch der zweiten Intifada (2000) und den Tod ihres charismatischen Führers Jassir Arafat (2004) spürbar geschwächt. Diese Entwicklungen begünstigten das Erstarken des Islamismus in Palästina, aber auch in anderen Regionen der islamischen Welt (z. B. Tschetschenien im Kampf gegen Russland oder im seit 2003 von den Amerikanern besetzten Irak).

Neue Gefahren

Die von Bürgerkriegen heimgesuchten und zerrütteten Staaten wurden zur Zufluchtsstätte für Terrornetzwerke oder Mafiagruppen. Mit den aus dem Drogenhandel erzielten beträchtlichen Einnahmen vermochten es diese Netzwerke, Kriege zu finanzieren, Regierungen zu bestechen und ganze Volkswirtschaften zu ruinieren. So war Al Qaida in der Lage, weltweit Terroranschläge zu verüben (u. a. in Indonesien, Spanien, Kenia) und am 11. September 2001 die mächtigste Nation der Welt schwer zu treffen.

Gegenwärtig zählen die „klassischen" Kriege zwischen einzelnen Staaten nicht mehr zu den größten Gefahren. Die Experten hegen vor allem die Befürchtung, dass es einer Terrororganisation gelingen könnte, in den Besitz von Mittel- und Langstreckenraketen und Massenvernichtungswaffen zu gelangen.

1 Die Medienpräsenz von Al Qaida
Vom katarischen Fernsehsender Al Dschasira am 9. Dezember 2000 ausgestrahlte Videoaufnahme von Osama bin Laden.

Begriffe

- **Ethnie:** Von den westlichen Kolonisatoren in Afrika verwendeter Begriff zur Bezeichnung einer Bevölkerung, die dieselbe Sprache spricht.
- **Islamismus:** Eine sich auf den Islam berufende politische Bewegung. Der Islamismus kann verschiedene Formen annehmen, widersetzt sich jedoch stets den auf westlichen Werten beruhenden Weltanschauungen und fordert die Anwendung der Scharia, des islamischen Rechts, in Gesellschaft und Politik der einzelnen Staaten.
- **Palästinensische Autonomiebehörde:** Im Rahmen der Osloer Verträge 1993 geschaffenes Verwaltungsorgan, das bis zur Entstehung eines unabhängigen palästinensischen Staates eine Regierung für das Westjordanland und Gaza darstellt.
- **Intifada:** Arabisches Wort für „Aufstand". Es bezeichnet den „Krieg der Steine", den palästinensische Jugendliche seit 1987 in den besetzten Gebieten führten.
- **Al Qaida:** Bedeutet im Arabischen „Basis" und bezeichnete zunächst ein 1987 von Osama bin Laden in Afghanistan errichtetes Ausbildungslager für islamistische Freiwillige im Kampf gegen die UdSSR. Seit 1998 steht dieser Begriff für ein islamistisches Terrornetzwerk, dessen Vorgehen sich hauptsächlich gegen die Vereinigten Staaten richtet. Es funktioniert wie ein multinationales Unternehmen, das weltweit Aufträge für Terroranschläge an lokale Gruppen vergibt.
- **Massenvernichtungswaffen:** Dieser Begriff bezeichnet, im Gegensatz zu den konventionellen Waffen, atomare, chemische und bakteriologische Waffen.

2
Bürgerkrieg in Liberia (2003)

In den Konflikten, die sich verheerend auf die afrikanischen Staaten auswirken, schrecken die Milizen nicht davor zurück, Kinder zu rekrutieren.

3
Eine neue Mauer

Ein israelischer Soldat vor der seit 2000 zwischen Israel und den palästinensischen Gebieten des Westjordanlandes errichteten Sicherheitsmauer (Aufnahme in der Nähe von Tulkarem, Juni 2002).

4 Eine Apologie des Terrorismus

Die Vereinigten Staaten besetzen die heiligsten Stätten des Islam, die arabische Halbinsel, plündern ihre Reichtümer, diktieren den islamischen Führern ihre Regeln [...] und verwandeln ihre Stützpunkte auf der Halbinsel in eine Speerspitze, um die islamischen Nachbarvölker zu bekämpfen. [...]

Trotz der großen Verwüstung, die die Allianz aus Kreuzzüglern und Zionisten dem irakischen Volk zugefügt hat, trotz mehr als einer Million Opfer, versuchen die Amerikaner abermals, schreckliche Massaker zu verüben. Scheinbar begnügen sie sich weder mit dem langen Embargo, das dem verheerenden Krieg folgte, noch mit der Zerstörung und der Zerrissenheit des Landes. [...]

Stecken hinter diesen Kriegen auch religiöse und wirtschaftliche Ziele Amerikas, so dienen sie auch dazu, von der Besetzung von Al Quds (Jerusalem) und von dem vielfachen Mord an Muslimen durch Israel abzulenken. [...]

All diese von den Amerikanern verübten Verbrechen und Untaten stellen eine offene Kriegserklärung an Gott, seinen Propheten und die Muslime dar. [...] Daher und in Übereinstimmung mit den Geboten Allahs veröffentlichen wir folgende, an alle Muslime gerichtete Fatwa[1]:

„Amerikaner und ihre zivilen und militärischen Verbündeten zu töten, ist eine Pflicht für jeden Muslim [...]. Wir rufen die muslimischen Ulemas[2], die loyalen muslimischen Führer, die Jugendlichen und die treuen Soldaten dazu auf, den Soldaten Satans den Kampf anzusagen [...]."

Kommuniqué vom 23. Februar 1998 über die Gründung der „Islamischen Weltfront des Dschihad gegen die Juden und die Kreuzzügler", unterzeichnet von bin Laden und fünf weiteren islamistischen Führern; übers. nach: Dictionnaire mondial de l'islamisme. Paris 2002, S. 126f.

[1] Fatwa: Von einer religiösen Autorität abgegebene Stellungnahme.
[2] Ulema: Pluralform von Alim, „Religionsgelehrter".

5
Der radikale palästinensische Islamismus

Die islamistische Bewegung Hamas wurde 1987 gegründet und bekämpfte die Friedenspolitik von Jassir Arafat. Das arabische Wort Hamas bedeutet „Begeisterung", steht aber hier als Akronym für „Bewegung des islamistischen Widerstands". Die Bewegung trug 2006 bei den Wahlen in den Palästinensergebieten den Sieg davon.

Fragen und Anregungen

1. Welche Feinde sind in diesem Text gemeint? Was denken Sie über die verwendeten Begriffe? (M4)

2. Welche politischen Probleme des Nahen Ostens rechtfertigen bin Laden zufolge den heiligen Krieg? (M1 und 4)

3. Warum erlebt die Welt seit dem Ende des Ost-West-Konflikts mehr gewaltsame Auseinandersetzungen?

2. Die Zukunft unseres Planeten steht auf dem Spiel

Wie kann sich ein globales Zusammengehörigkeitsgefühl entwickeln?

Die Globalisierung der Risiken

Angesichts der Zunahme lokaler Konflikte und neuer Bedrohungen ist es an der Zeit, die Sicherheitsfragen weltweit neu zu stellen. Der Kampf gegen den Drogenhandel oder gegen Terrornetzwerke erfordert eine Zusammenarbeit auf internationaler Ebene. Um aber sämtliche Probleme zu erfassen, mit denen sich die Menschheit auseinandersetzen muss, bedarf es einer Erweiterung des Sicherheitsbegriffes selbst.

Zu einer großen Herausforderung sind etwa Pandemien geworden, weil die Globalisierung ihre Verbreitung begünstigt. Das AIDS-Virus hat seit seiner Entdeckung 1981 weltweit mehr als 20 Millionen Menschen das Leben gekostet. Die zum ersten Mal in China aufgetretene Krankheit SARS wurde von der WHO 2003 als „weltweite gesundheitliche Bedrohung" eingestuft. Ein Vogelgrippevirus, das die Übertragung auf den Menschen befürchten lässt, breitete sich 2005 von Asien nach Europa aus. Die Berichterstattung über diese Pandemien darf indessen solche Katastrophen wie Malaria und Unterernährung, die noch immer den afrikanischen Kontinent heimsuchen, nicht in Vergessenheit geraten lassen.

Für eine nachhaltige Entwicklung

Die Zukunft unseres Planeten hängt nicht minder vom Schutz der Umwelt ab. Die seit 1985 beobachtete Zerstörung der Ozonschicht, die unsere Erde schützend umgibt, führte zum Verbot einiger bislang in der Industrie verwendeter chemischer Produkte. Mit dem ersten von der UNO in Rio de Janeiro 1992 organisierten „Weltgipfeltreffen" wurde die Vorstellung einer nachhaltigen Entwicklung ins Bewusstsein einer breiten Öffentlichkeit gerückt. Zu den größten Gefahren gehört die globale Erwärmung. Aus diesem Grund legte das Kyoto-Protokoll (1997) die Reduzierung der Treibhausgasemissionen zwischen 2005 und 2012 fest. Obwohl einige Länder Vorbehalte äußerten – allen voran die Vereinigten Staaten –, beschlossen die Teilnehmer des Gipfeltreffens von Montreal (2005) die Verlängerung dieser Maßnahmen über 2012 hinaus.

Auch die Bewahrung natürlicher Ressourcen gehört zu den Prioritäten. Seit 1950 hat sich der Wasserverbrauch verfünffacht, während die Weltbevölkerung „nur" um das Zweieinhalbfache gewachsen ist. Nicht nur für das Überleben der Menschen, sondern auch für Landwirtschaft und Industrie ist die Verfügbarkeit von Wasser unverzichtbar. Die Wassernachfrage wird zweifellos eine der größten Herausforderungen des 21. Jahrhunderts darstellen, insbesondere in den trockenen Regionen der Welt, wie im Nahen Osten. So führten etwa die von der Türkei an Euphrat und Tigris errichteten Staudämme zu Spannungen mit den flussabwärts gelegenen Ländern Syrien und Irak.

Welche Werte gelten weltweit?

Die neuen Herausforderungen ermöglichen es, ein Bewusstsein im Hinblick auf den globalen Charakter der Probleme zu entwickeln. Muss das Völkerrecht „gemeinsame" Güter der Menschheit definieren, die es für die künftigen Generationen zu schützen gilt? Um dies zu erreichen, bedarf es bestimmter Instanzen, die das allgemeine Interesse rechtmäßig vertreten **(siehe S. 174 f.)**, sowie eines Minimalkonsenses über universelle Werte.

Solch einen Konsens gibt es bislang allerdings nur ansatzweise, da sich viele Staaten weigern, Normen als „universell" anzuerkennen, die sie als „westlich" erachten. Die aus der europäischen Philosophie der Aufklärung hervorgegangenen Menschenrechte werden mitunter kritisiert, weil sie angeblich auf einem individualistischen Modell beruhen, das für muslimische oder asiatische Gesellschaften nicht geeignet sei. Auch werden die von einigen Industrieländern vorgeschriebenen ökologischen Richtlinien von den Entwicklungsländern als Hemmnisse angeprangert, die sie daran hindern würden, ihren Entwicklungsrückstand aufzuholen.

Dies zeigt deutlich, dass der Nord-Süd-Gegensatz nach wie vor ein wesentliches Hindernis für die Einheit der Welt darstellt. Die Solidarität der reichen Länder gegenüber den ärmeren ist jedoch eine Grundvoraussetzung für die Verwirklichung dieses hohen Zieles.

Ökonomische und ökologische Indikatoren

1	Zugang zu Wasser[1]	Bruttosozialprodukt/Einw.[2]	CO_2-Em onen/Ei
USA	100 %	34 280	19,7
Deutschland	100 %	23 560	9,7
Frankreich	100 %	22 730	6,1
Iran	92 %	1 680	4,8
Äthiopien	24 %	100	0,1
Haiti	46 %	480	0,2
Brasilien	87 %	3 070	1,8
China	75 %	890	2,3

Quelle: Weltbank

[1] Zugang zu aufbereitetem Wasser in % der Bevölkerung (2
[2] Bruttosozialprodukt pro Einwohner in Dollar (2001).
[3] CO_2-Emissionen pro Einwohner in Tonnen (1999).

Begriffe

- **Pandemie:** Epidemie, die Menschen und/oder Tiere weltweit in Mitleidenschaft zieht.
- **SARS** (Severe Acute Respiratory Syndrome, Schweres Akutes Respiratorisches Syndrom): 2003 konnte diese Epidemie (800 Tote) dank weltweiter Berichterstattung und Aufklärung sowie internationaler Zusammenarbeit rasch besiegt werden.
- **WHO** (World Health Organization): Weltgesundheitsorganisation mit Sitz in Genf. Sie wurde 1948 von der UNO gegründet. Ihr obliegt es, für alle Völker die bestmögliche Gesundheitsversorgung zu gewährleisten.
- **Nachhaltige Entwicklung:** Entwicklungsmodell, das versucht, Wirtschaftswachstum und Umweltschutz zum Wohle künftiger Generationen in Einklang zu bringen.

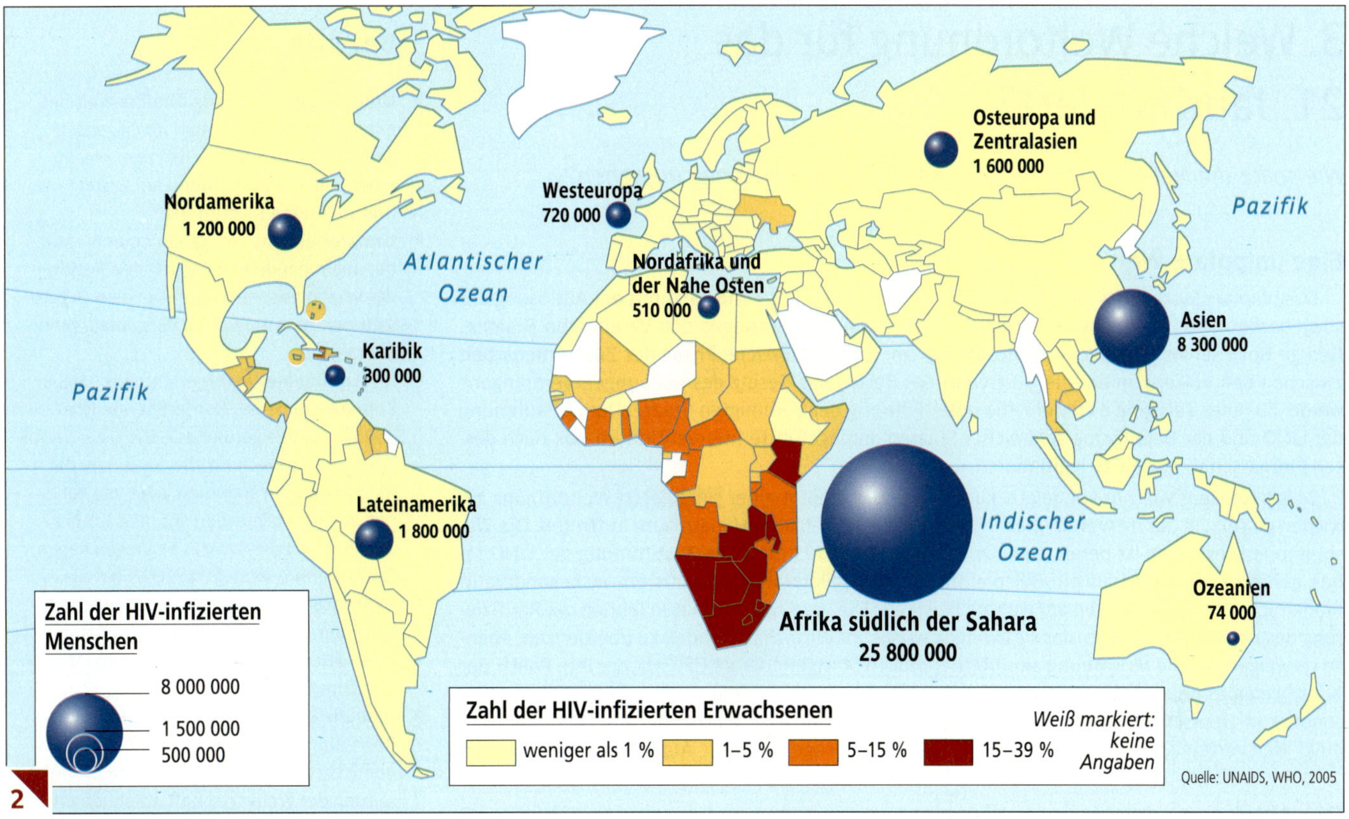

2

AIDS – eine weltweite Geißel

3 Menschenrechte und „asiatische Werte"

Mahatir, seit 1981 Premierminister Malaysias, prangert den westlichen Imperialismus an und bekräftigt die Existenz „asiatischer Werte".

Für die Asiaten steht die Gemeinschaft, die Mehrheit, an erster Stelle. Das Individuum und die Minderheit müssen ihre Rechte haben, ohne aber auf unvernünftige Weise die der Mehrheit zu beeinträchtigen. […] Einige Abweichungen können durchaus toleriert werden, aber die Asiaten erwarten von der Demokratie keineswegs eine unbegrenzte Zurschaustellung der persönlichen Freiheit, die den Frieden in Mitleidenschaft zu ziehen oder die Gesellschaft zu unterminieren droht. […]

Die asiatischen Menschenrechte dürfen nicht eine bloße Kopie der westlichen Menschenrechte sein. […] Bis jetzt haben sich einige asiatische Länder gesträubt, sich dem Druck des Westens in Bezug auf Demokratie und Menschenrechte zu fügen. Andere verwechseln Modernisierung mit einer totalen Verwestlichung, mit einer totalen Übernahme der Normen und Besonderheiten des Westens. Dennoch ist es wahrscheinlich, dass die asiatischen Länder der Zukunft zwar demokratisch, aber anders sein werden […].

Mohamad Mahatir, Rede vor der internationalen Konferenz über die Zukunft Asiens, Tokio, 1995.

Kim Dae-jung, der koreanische Traditionalist und Katholik, war einer der schärfsten Kritiker der Diktatur, die bis 1992 in Südkorea herrschte.

Kann man eine asiatische Tradition bejahen, in deren Namen man die demokratischen Werte oder die Menschenrechte als Ausdruck einer westlichen Hegemonie zurückweisen würde? Das glaube ich nicht. Das asiatische Denken hat Werte in Umlauf gebracht, die mit dem Geist der Demokratie übereinstimmen. Was uns fehlte, war die Fähigkeit, diese Werte durch die Schaffung von Institutionen und den Aufbau eines politischen Systems zu verwirklichen. […] Zwar äußern sich Mitgefühl und Wohlwollen, wie sie der Buddhismus lehrt, nicht in einer Erklärung der Menschenrechte; diese Lehre trägt aber nichtsdestoweniger die Botschaft der Würde und des Absoluten des Menschen in sich. […] Ich glaube, dass die Wurzeln der Demokratie und der Achtung des Menschen sowohl in der westlichen als auch in der asiatischen Tradition existieren. Der große Unterschied ist, dass Europa es verstanden hat, sie zu einem sozialen System zu erheben.

Kim Dae-jung, Gespräch mit Philippe Pops; übers. nach: Le Monde, 17. Mai 1994.

Fragen und Anregungen

1. Welche Faktoren können in einem Land den Zugang zum Wasser bestimmen? (M1)
2. Welche Länder gehören zu den größten Umweltverschmutzern? (M1)
3. Welcher Teil der Welt ist heute am stärksten von AIDS betroffen? Warum? (M2)
4. Haben die Menschenrechte allgemein gültigen Charakter oder sind sie ein Produkt der westlichen Kultur? Analysieren Sie die diesbezüglichen Standpunkte asiatischer Politiker und Intellektueller und nehmen Sie dazu Stellung. (M3)

3. Welche Weltordnung für das 21. Jahrhundert?

Wie sollte die Neuordnung der Welt nach dem Kalten Krieg aussehen?

Eine unipolare Welt?

Das bipolare System des Kalten Krieges endete zwischen 1989 und 1991 mit der Auflösung des sowjetischen Machtbereichs. 1990 kündigte der damalige Präsident der Vereinigten Staaten, George Bush senior, eine „neue Weltordnung" an, eine „historische Phase der Zusammenarbeit zwischen den Völkern, in der die Herrschaft des Rechts das Gesetz des Dschungels verdrängen" werde. Zu jener Zeit ging es darum, die unter Führung der Vereinigten Staaten mit Zustimmung der UNO und der Beteiligung zahlreicher Staaten durchgeführte Intervention im Irak nach dessen Einmarsch in Kuwait zu legitimieren.

Dieser Konsens war nur von relativ kurzer Dauer. Er scheint einer unipolaren Weltordnung gewichen zu sein, in der die Vereinigten Staaten als konkurrenzlose Hypermacht auftreten. Die Washingtoner Regierung ist bereit, allein zu handeln. Der 2003 ohne die Zustimmung der UNO im Irak geführte Krieg wird als ein Beispiel für diesen Unilateralismus kritisiert, insbesondere in Frankreich. Kritiker verweisen auf weitere Beispiele: Die Vereinigten Staaten lehnen die Ratifizierung des Kyoto-Protokolls ab, das sie zwingen würde, ihr Wirtschaftsmodell zu überdenken; ebenso verweigern sie die Mitwirkung am Internationalen Strafgerichtshof (IStGH), der ihre Politik der Kontrolle eines neuen internationalen Strafrechts unterwerfen würde. Andere Beobachter, insbesondere in Deutschland, betrachten hingegen die USA als eine Macht, die die Demokratie in einer Welt verteidigt, in der die UNO nicht immer in der Lage war, diese Aufgabe zu übernehmen.

Die Ablehnung des Unilateralismus

Die von George W. Bush junior verkörperte amerikanische Politik wird weltweit und auch in den Vereinigten Staaten selbst kritisiert. Zahlreiche Länder, darunter Frankreich und Deutschland, verurteilten 2003 den Einmarsch in den Irak, da sie weiterhin den Prinzipien des Multilateralismus verbunden bleiben und die UNO unterstützen wollen, ihre Krise zu überwinden (siehe S. 174 f. und 300).

Eine noch radikalere Protestbewegung führen seit dem Ende der 1990er-Jahre die Globalisierungskritiker. Sie lehnen sich gegen eine von den Vereinigten Staaten und anderen westlichen Staaten durchgesetzte Globalisierung unter liberalem Vorzeichen auf (siehe S. 224 f.) und prangern die über die G7 oder die WTO etablierte Herrschaft der Industrieländer an. Die Globalisierungskritiker schlagen zur Finanzierung der Entwicklungshilfe unter anderem die Schaffung einer Steuer auf den Kapitalverkehr vor. Sie stützen sich sowohl auf die von den Gewerkschaften und Bauernorganisationen geführten sozialen Auseinandersetzungen in den Industrieländern als auch auf die Forderungen der Entwicklungsländer. Außerdem werden anlässlich der WTO-Gipfel weltweit „Sozialforen" und Großdemonstrationen organisiert.

Auf der Suche nach einer Weltordnungspolitik

Die Bewegung der Globalisierungskritiker trägt auf diese Weise zur Herausbildung einer Weltöffentlichkeit, einer globalen Zivilgesellschaft bei. Da die Staaten angesichts der Globalisierung die anfallenden Probleme nicht mehr allein lösen können, müssen sie die Meinung anderer Akteure innerhalb der internationalen Beziehungen berücksichtigen. Dieses Prinzip der „global governance", einer Art „Weltordnungspolitik", würde auf demokratischere Weise zur Lösung der weltweiten Probleme beitragen.

In diese Richtung geht auch die wachsende Bedeutung der Nichtregierungsorganisationen (NGOs). Seit dem Gipfel von Rio 1992 werden sie mehr und mehr in die Tätigkeit der UNO einbezogen. Vorstellbar wäre auch eine Zusammenarbeit zwischen den Regionalorganisationen und einer „dezentralisierten" UNO, die ihnen dann bestimmte Zuständigkeiten übertragen würde. Dies wäre heute die wirksamste Lösung, um den Frieden in den verschiedenen Teilen der Welt zu sichern, und Europa ist wohl der beste Beweis dafür.

Um jedoch ein für alle Staaten verbindliches Regelwerk zu schaffen, müsste das Prinzip der nationalen Souveränität, das nach wie vor die Grundlage des Völkerrechts darstellt, überwunden werden. Häufig wird betont, dass eine reformierte und neu legitimierte UNO am ehesten geeignet wäre, universelle Werte zu definieren und deren Einhaltung durchzusetzen (siehe S. 174 f.). Die Hoffnung auf eine internationale Gerichtsbarkeit, die dazu ermächtigt wäre, Personen wegen Verbrechen gegen die Menschlichkeit über die Ländergrenzen hinweg zu verfolgen, ist mit der Einrichtung des Internationalen Strafgerichtshofs jedenfalls gewachsen.

Begriffe

- **Unipolar:** Bezeichnung für eine Welt mit einem einzigen Machtpol im Gegensatz zum bipolaren System (mit zwei Machtpolen) oder zum multipolaren System (mit mehreren Machtpolen).
- **Unilateralismus:** Verhalten eines Staates, der allein handelt, ohne sich den Regeln der verschiedenen internationalen Organisationen zu unterwerfen (Gegenteil: Multilateralismus).
- **Internationaler Strafgerichtshof** (IStGH): Zum Abschluss der Konferenz von Rom 1998 ins Leben gerufenes Gericht zur Verfolgung von Verbrechern, die aus einem der Mitgliedstaaten stammen, oder von Personen, die ein Verbrechen auf dem Territorium eines Mitgliedstaates begangen haben. Das Gründungsstatut trat 2002 in Kraft.
- **Multilateralismus:** Zwischenstaatliche Absprachen und Verhandlungen im Rahmen internationaler Organisationen, im Gegensatz zum Unilateralismus.
- **Globalisierungskritiker:** Anhänger von Bewegungen, die eine vorwiegend an ökonomischen Interessen orientierte Liberalisierung der Weltwirtschaft ablehnen und alternative (stärker an sozialen, kulturellen und ökologischen Belangen orientierte) Formen der Globalisierung fordern. Im Französischen hat sich dafür der Begriff „altermondialisme" (Bewegung für eine alternative Globalisierung) etabliert.
- **G7:** Gruppe der reichsten Länder der Welt. 1975 von sieben Staaten ins Leben gerufen, die um eine Abstimmung ihrer Positionen bemüht sind (Vereinigte Staaten, Japan, Kanada, Großbritannien, Frankreich, Deutschland, Italien). Seit 1997 gehört Russland der Gruppe an (G8), nimmt allerdings nicht an den Beratungen über Wirtschaftsfragen teil.
- **WTO** (World Trade Organization, Welthandelsorganisation): Die Welthandelsorganisation ersetzte 1995 das GATT. Sie sollte die Liberalisierung des Welthandels fortführen und Streitfragen im Handelsverkehr zwischen den Mitgliedstaaten beilegen.
- **Global Governance** (Weltordnungspolitik): Kooperative Gestaltung der Globalisierung durch staatliche und nichtstaatliche Akteure (z. B. UNO, Nichtregierungsorganisationen), die im Interesse der Weltbevölkerung ein Gegengewicht zur rein ökonomischen Entwicklungslogik der globalisierten Märkte bilden soll.
- **NGO** (non-governmental organization): Nichtregierungsorganisation (deutsche Abkürzung: NRO); in Abgrenzung zu staatlichen und zwischenstaatlichen Organisationen gebrauchte Bezeichnung. NGOs sind weltweit in den Bereichen Entwicklungspolitik, humanitäre Hilfe und Umwelt tätig.

1 Für eine Globalisierung mit „menschlichem Antlitz"

Das Weltsozialforum vereint seit 2001 in Porto Alegre (Brasilien) NGOs, Gewerkschaften und Verbände der Globalisierungskritiker.

Wir begreifen langsam, dass unsere Biosphäre fragil ist, dass der Planet Erde für uns selbst, für unsere Kinder und die kommenden Generationen unbewohnbar werden kann, wenn wir uns seiner nicht annehmen. Wir können vor der Klimaveränderung, vor dem Trinkwassermangel, unter dem zwei Milliarden Menschen leiden (ganz abgesehen von der drohenden Knappheit dieser Ressource), vor der Vergiftung unserer Böden, vor den Plünderungen der Natur und vor der Verschwendung der Energiequellen nicht einfach die Augen verschließen […]. Auch die Ausbreitung solch tödlicher Pandemien wie AIDS darf nicht länger ignoriert werden. All diese ökologischen Herausforderungen erfordern ein Regelwerk und die Ausarbeitung eines Weltpaktes für den Schutz unserer Umwelt.

Erst durch das Zusammenspiel von demokratischen Gesetzen und bürgernahen Institutionen kann die wirtschaftliche Freiheit zum Wohlstand und zur Sicherheit der Völker beitragen. Aber in einer deregulierten Welt, in der offiziellen UNO-Angaben zufolge der angehäufte Reichtum von nicht einmal dreihundert Personen dem Einkommen von zwei Milliarden Menschen entspricht, kann es Sicherheit auf Dauer nicht geben. Eine Welt, die Steuerparadiese […] und „außergesetzliche" Geldwäsche toleriert, von denen sich der Terrorismus und andere kriminelle Formen ernähren, ist keine sichere Welt. […] Die wilde Globalisierung, wie wir sie erleben, muss durch eine Globalisierung „mit menschlichem Antlitz" und ein weltweites Zivilisationsprojekt ersetzt werden.

Appell des Weltsozialforums von Porto Alegre, 1. Februar 2002.

3 Die nationale Souveränität aus der Sicht der Entwicklungsländer

Wir sprechen der Öffentlichkeit der Industrienationen keineswegs das Recht ab, die Verletzung der Menschenrechte dort anzuprangern, wo es angebracht ist. Wir sprechen der UNO auch nicht das Recht und die Pflicht ab, Menschen in Not zu Hilfe zu kommen. Wir reagieren allerdings sehr empfindlich auf jeden Angriff auf unsere Souveränität, nicht nur weil die Souveränität unser letzter Schutz vor den Regeln einer ungleichen Welt darstellt, sondern auch, weil wir weder tatsächlich an der Beschlussfassung durch den Sicherheitsrat noch an der Kontrolle der Umsetzung seiner Beschlüsse beteiligt sind.

Deshalb muss, solange der souveräne Staat ganz offensichtlich der privilegierte Ort des Gesellschaftsvertrages bleibt und den Rahmen bietet, in dem sich die politischen, aber auch wirtschaftlichen und sozialen Menschenrechte in organisierter Form ausdrücken, die internationale Gemeinschaft die Stabilität in diesem Rahmen fördern, das heißt für uns Entwicklungsländer die Eintracht und das Erlernen der Demokratie. Dies aber wird so lange eine Utopie bleiben, wie die wahren Kernfragen, nämlich die der wirtschaftlichen und gesellschaftlichen Entwicklung, nicht mit aller Deutlichkeit behandelt werden.

Rede des algerischen Staatspräsidenten und Sprechers der Organisation der Afrikanischen Einheit (OAU), Abdelaziz Bouteflika, vor der 54. Generalversammlung der Vereinten Nationen am 20. September 1999 in NY (gekürzt). Internationale Politik 12/1999, S. 93–95.

2

Die Öffentlichkeit gegen den Krieg

In London demonstrierte am 15. Februar 2003 nahezu eine Millionen Menschen gegen den Krieg im Irak. An diesem Tag gingen weltweit 15 Millionen auf die Straße. Dies war eine der größten Protestaktionen der Geschichte.

Fragen und Anregungen

1. Was prangern die Teilnehmer des Weltsozialforums mit den Begriffen „deregulierte Welt" und „wilde Globalisierung" an? Was schlagen sie zur Lösung der angesprochenen Probleme vor? (M1)
2. Warum verteidigt der Staatspräsident Algeriens die nationale Souveränität? (M3)
3. Was wirft er dem derzeitigen internationalen System vor? (M3)
4. Stellen Sie ein detailliertes Projekt zur „global governance" vor, das darauf abzielt, die Probleme der gegenwärtigen Welt zu lösen.

Dossier: Die UNO – eine Organisation in der Krise

Die UNO befindet sich derzeit in einer Krise. Die wachsende Zahl ihrer Missionen seit dem Ende des Kalten Krieges stellt sie vor akute Finanzprobleme. Die nationale Souveränität, nach wie vor die Grundlage des Völkerrechts, erweist sich beim Eingreifen in – zumeist bürgerkriegsähnliche – Konflikte als hinderlich. Die Einmischung in die Angelegenheiten eines Staates muss Prinzipien folgen, die von allen und ohne Einschränkung anerkannt werden.

Nun stehen allerdings die Großmächte, die auch im UN-Sicherheitsrat das Sagen haben, im Verdacht, ausschließlich in ihrem eigenen Interesse zu handeln. China und Russland missachten die Prinzipien der Nichtverbreitung von Atomwaffen. Die Vereinigten Staaten führen bedenkenlos Kriege ohne die Zustimmung der UNO. Ist die UNO überhaupt noch von Bedeutung? Damit sie effizienter handeln kann, muss sie unbedingt reformiert werden.

Begriffe

- **Friedenskonsolidierung** (peace-building): Wiederaufbau eines demokratischen Staates unter Mitwirkung der UNO (Entwaffnung der Kämpfer, Durchführung von Wahlen usw.).
- **Friedenserzwingung** (peace-enforcement): Mit Zustimmung der UNO (von einem Staat oder mehreren Staaten) durchgeführte Militärintervention gegen einen „schuldigen" Staat.
- **Friedenssicherung** (peace-keeping): Einsatz von Blauhelmsoldaten zwischen zwei Konfliktparteien, deren Zustimmung Grundvoraussetzung ist.
- **Friedensschaffung** (peace-making): Durch die Vermittlung der UNO eingeleitete Friedensverhandlungen (oft in Zusammenhang mit den NGOs und den Regionalorganisationen).

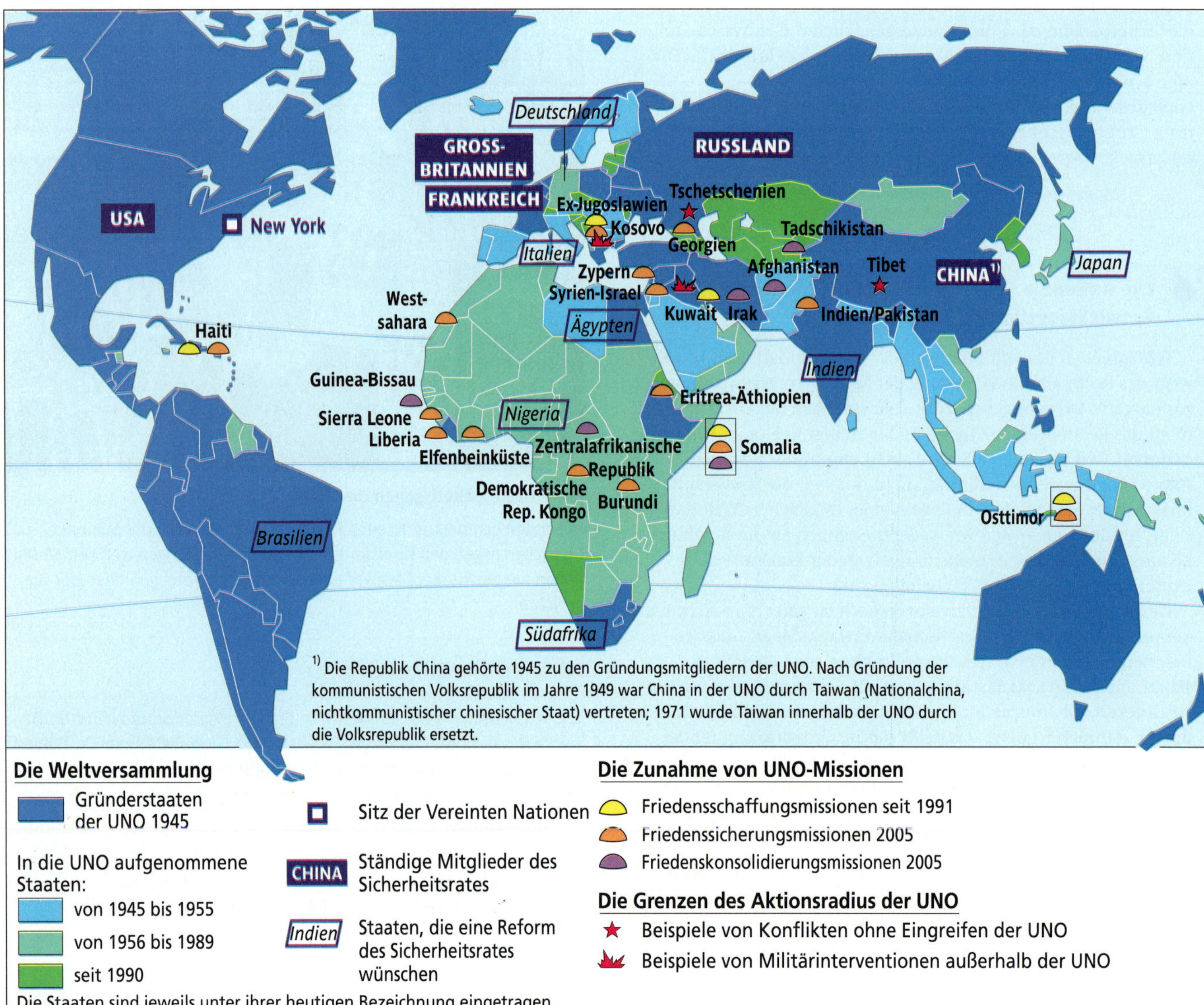

1 Die UNO in der Welt

2 Lob des Multilateralismus

Als unsere Gründungsväter diese und andere internationale Institutionen mit maßgeblichen Befugnissen ausstatteten, glaubten sie nicht, dass ihre nationalen Interessen dadurch Schaden erleiden würden. Und wenn das 1945 zutraf, um wie viel mehr gilt es heute im Zeitalter der Globalisierung? [...] Selbst die mächtigsten Länder müssen heute in multilateralen Institutionen mit anderen zusammenarbeiten, um ihre Ziele zu erreichen.

Nur durch multilaterales Handeln können wir zum Beispiel sicherstellen, dass offene Märkte Vorteile und Chancen für alle bieten. Nur durch multilaterales Handeln können wir hoffen, [...] den Menschen in den am wenigsten entwickelten Ländern die Chance zu geben, Armut, Unwissenheit und Krankheit zu überwinden.

Nur durch multilaterales Handeln können wir uns [...] vor saurem Regen, [...] vor der globalen Erwärmung, vor [...] der Ausbreitung von HIV/AIDS, [...] vor dem illegalen Drogenhandel und dem verabscheuenswerten Menschenhandel schützen.

Und dies gilt natürlich vor allem auch für die Bekämpfung des Terrorismus. Die Staaten mögen sich nach einem Anschlag verteidigen, indem sie gegen Terroristengruppen und die Staaten, die ihnen Unterschlupf gewähren, militärisch vorgehen. Aber nur die gemeinsame Wachsamkeit und die Zusammenarbeit aller Staaten [...] bieten eine echte Chance, dem Terrorismus Einhalt zu gebieten.

Kofi Annan (Generalsekretär der UNO), Eröffnungsansprache vor der 57. Generalversammlung der UNO, 12. September 2002. Internationale Politik 11/2002, S. 123.

3 Das Finanzierungsproblem

Die 10 wichtigsten Beitragszahler des ordentlichen UNO-Haushalts:

	Beiträge 2005	
	in %	in Millionen $
USA	22,0	439,6
Japan	19,5	389
Deutschland	8,7	173
Großbritannien	6,1	122,4
Frankreich	6	120,5
Italien	4,9	97,6
Kanada	2,8	56,2
Spanien	2,5	50,3
China	2	41
Südkorea	1,8	35,8

Zum ordentlichen Haushalt der UNO (2 Milliarden US-Dollar 2005) kommt der Haushalt für Friedensmissionen hinzu (etwa 3 Milliarden US-Dollar). Die Beiträge werden auf der Basis des Bruttosozialprodukts der Mitgliedstaaten berechnet. Einige Beitragszahler, wie die Vereinigten Staaten und Japan, schulden der UNO beträchtliche Summen.

4 Für eine Reform der UNO

In einer offenen Welt kann sich niemand isolieren, niemand kann im Namen aller handeln und niemand kann die Anarchie einer Gesellschaft ohne Regeln hinnehmen. Es gibt keine Alternative zu den Vereinten Nationen. Aber um den Herausforderungen von heute gerecht werden zu können, ist eine tief greifende Reform unserer Organisation erforderlich. [...]

Die Hauptverantwortung bei der Erhaltung von Frieden und Sicherheit liegt beim Sicherheitsrat. Folglich ist es für seine Legitimität wesentlich, dass seine Zusammensetzung die Welt widerspiegelt. Die Erweiterung drängt sich auf, und zwar um ständige Mitglieder, denn die Präsenz großer Länder ist notwendig. Frankreich denkt natürlich an Deutschland und Japan, aber auch an einige andere große Länder Asiens, Afrikas und Amerikas. [...] Mit dieser Reform muss gleichzeitig die Autorität des Sicherheitsrats gestärkt werden. Ihm obliegt es, über die Anwendung von Gewalt zu entscheiden. Niemand sollte sich das Recht herausnehmen, einseitig oder präventiv Gewalt anzuwenden. Aber umgekehrt müssen die Staaten angesichts zunehmender Gefahren sicher sein können, dass der Sicherheitsrat über geeignete Mittel zur Einschätzung und zum gemeinsamen Vorgehen verfügt und gewillt ist einzugreifen.

Uns allen liegt sehr viel an der Souveränität der Staaten. Aber sie kann und muss im Falle schwerer Verletzungen der Menschenrechte und des humanitären Rechts Einschränkungen hinnehmen. Der Sicherheitsrat hat sich auf diesen Weg begeben, und Frankreich unterstützt diese Entwicklung.

Staatspräsident Jacques Chirac, Eröffnungsrede vor der 58. Generalversammlung der Vereinten Nationen, 23. September 2003, Presse- und Informationsabteilung der Französischen Botschaft in Berlin.

Fragen und Anregungen

1. Warum nahm die Zahl der UNO-Mitgliedstaaten seit 1945 zu? (M1)
2. Welche Staaten bzw. Territorien gehören nicht der UNO an? (M1)
3. Worin bestehen gegenwärtig die verschiedenen Aufgabenbereiche der UNO? Warum ist die UNO heute aktiver als während des Kalten Krieges? (M1)
4. Warum wird heute die Zusammensetzung des UN-Sicherheitsrates kritisiert? (M1 und 4)
5. Nennen Sie das ständige Mitglied des Sicherheitsrates, das nicht zu den wichtigsten Beitragszahlern der UNO zählt. Wie lässt sich dies erklären? (M1 und 3)
6. Vor welchem Hintergrund sahen sich der Generalsekretär der UNO und der französische Staatspräsident veranlasst, den Multilateralismus zu verteidigen? (M2 und 4)
7. Wie kann der Sicherheitsrat seine Legitimität und Effizienz zurückgewinnen? (M2 und 4)

Bilanz
Europa in einer globalisierten Welt (1989 bis heute)

Wichtige Daten

1989: Fall der Berliner Mauer, Revolutionen in den „Volksdemokratien"

1990: Wiedervereinigung Deutschlands

1991: Beginn des Krieges in Jugoslawien (Juli)/Ende der UdSSR (Dezember)

1993: Inkrafttreten des Vertrages von Maastricht

1995: EU-Erweiterung auf 15 Mitgliedstaaten

1999: Einführung des Euro als gesetzliches Zahlungsmittel (Bargeld jedoch erst ab 2002)/Kosovokrieg

2001: Anschläge vom 11. September in den Vereinigten Staaten

2003: Militärintervention der Vereinigten Staaten und Großbritanniens im Irak

2004: EU-Erweiterung auf 25 Mitgliedstaaten

2005: Ablehnung des europäischen Verfassungsentwurfs in Frankreich und den Niederlanden

Europa in der Welt

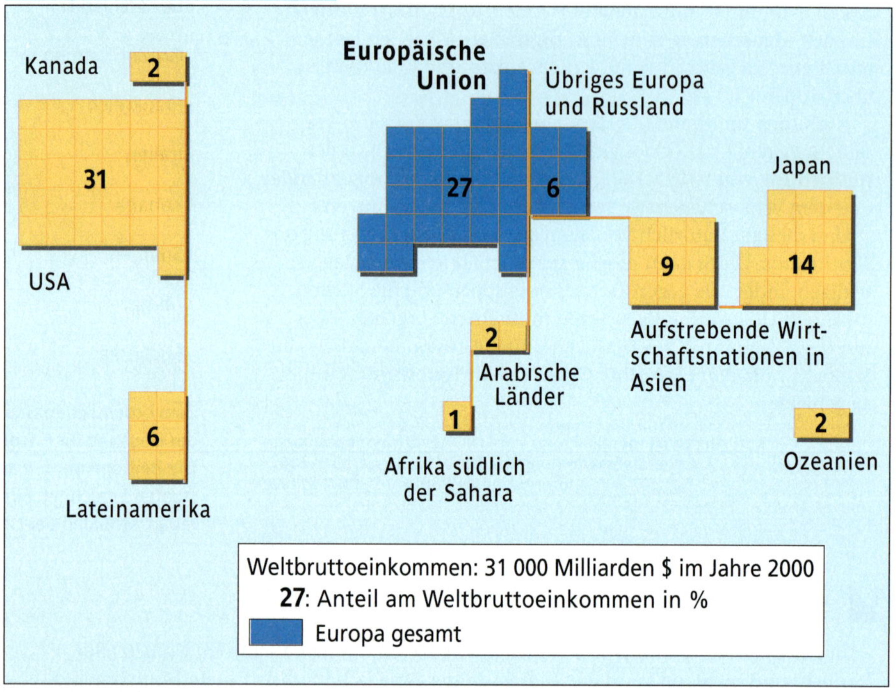

Schlüsselbegriffe

Französisch	Deutsch	Englisch
approfondissement	Vertiefung	deepening
élargissement	Erweiterung	enlargement
intergouvernemental	Intergovernemental	intergovernmental
communautaire	die Gemeinschaftspolitik betreffend (supranational)	community ... (z. B. community method)
multilatéralisme unilatéralisme	Multilateralismus Unilateralismus	multilateralism unilateralism

Bedeutende Persönlichkeiten

Boris JELZIN
(1931), von 1991 bis 1999 Präsident Russlands

George H. W. BUSH
(1924), von 1989 bis 1992 Präsident der Vereinigten Staaten

François MITTERRAND
(1916 – 1996), von 1981 bis 1995 französischer Staatspräsident

Helmut KOHL
(1930), von 1982 bis 1998 deutscher Bundeskanzler

DEUTSCH-FRANZÖSISCHER PERSPEKTIVENWECHSEL

Das Ende des Kalten Krieges in der Wahrnehmung

• Der Zerfall des sowjetischen Machtbereichs und das Ende des Ost-West-Konflikts wurde von den Deutschen aufmerksamer verfolgt als von den Franzosen.

• Dies ist darauf zurückzuführen, dass Deutschland vom „Eisernen Vorhang" unmittelbar betroffen war, da dieser das Land und die Stadt Berlin teilte. Die Mauer machte Berlin zum Symbol des Kalten Krieges.

• Die Ereignisse der Jahre 1989–1990, die eine sehr rasche Wiedervereinigung ermöglichten, wurden in Deutschland mit großer Begeisterung aufgenommen, lösten bei einigen führenden Politikern in Frankreich jedoch eine gewisse Besorgnis aus, da sie ein zu mächtiges Deutschland fürchteten.

Die jugoslawische Frage

• Der Ausbruch des Jugoslawienkrieges im Jahre 1991 rief in Deutschland und Frankreich zumindest anfangs gegensätzliche Reaktionen hervor, die Ausdruck der unterschiedlichen Sichtweisen in beiden Ländern waren.

• Die deutsche Regierung erkannte sehr rasch (23. Dezember 1991) die Unabhängigkeit der Republiken Slowenien und Kroatien an, ohne ihre europäischen Partner vorher zu konsultieren. In Frankreich herrschte zuweilen der Eindruck, dass sich die Deutschen den Slowenen und Kroaten kulturell besonders nah fühlten, da diese bis 1918 auf dem Gebiet der österreichisch-ungarischen Monarchie gelebt hatten. Doch lässt sich diese Unterstützung wohl eher durch die starke Wirkung erklären, die die Befreiung Ostdeutschlands im Jahre 1989 und die Wiederherstellung der nationalen Einheit auf die deutsche Öffentlichkeit ausgeübt hatten. Daher bestand in Deutschland ganz unmittelbar eine große Sympathie für Völker, die nach nationaler Unabhängigkeit strebten.

• Frankreich hingegen trat für die Erhaltung des jugoslawischen Bundesstaates ein, was faktisch auf eine Unterstützung der Serben hinauslief, die als Garanten für die Einheit des Landes auftraten. So hielten viele französische Politiker oder Militärs an einem Bündnis mit Serbien fest, das bereits anlässlich des Ersten Weltkriegs geschlossen worden war.

WEITERFÜHRENDE HINWEISE

Bücher

- L'Atlas du Monde diplomatique (Sonderausgabe). Le Monde diplomatique, Paris 2006.
- Mini-Atlas du développement global. ESKA – Banque mondiale, Paris 2004.
- Taschenatlas Europäische Union. Klett-Perthes, Gotha 2004.
- Encyclopédie de l'état du monde (CD-Rom). La Découverte, Paris 2006.
- Yves Doutriaux/Christian Duquesne, Les institutions de l'Union européenne. La Documentation française, Paris 2005[5].
- Konrad H. Jarausch, Die unverhoffte Einheit 1989–1990. Suhrkamp, Frankfurt 1995.

Internetadressen

- www.un.org: Offizielle Internetseite der UNO
- www.ena.lu: „European Navigator" ist eine ausgezeichnete Datenbank, die von einer luxemburgischen Institution, dem CVCE (Centre virtuel de la connaissance sur l'Europe, Themenschwerpunkt: europäische Integration seit 1945) in französischer und englischer Sprache der Öffentlichkeit zugänglich gemacht wurde.

Teil 4

Die technischen, wirtschaftlichen, sozialen und kulturellen Veränderungen seit 1945

1

2

3

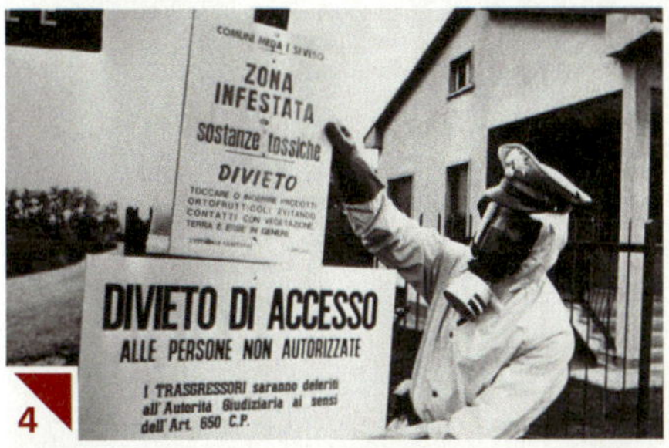

4

5

6

7

8

9

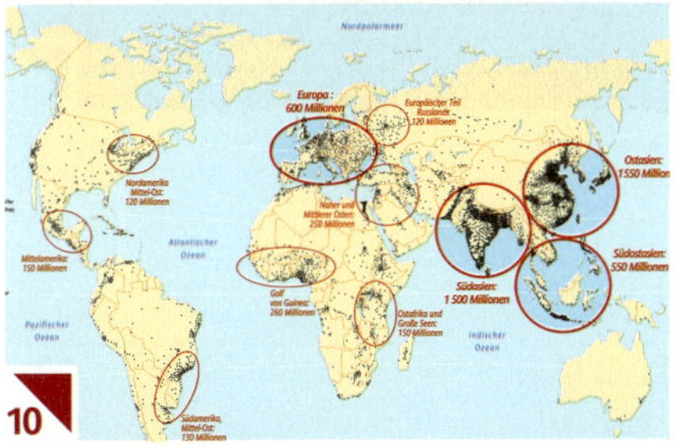

10

11

12

13

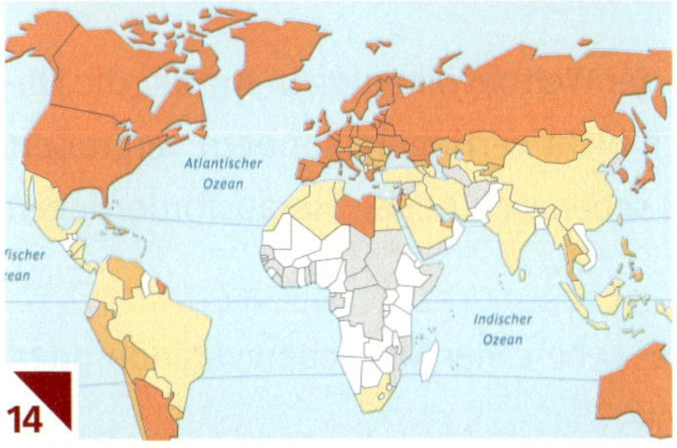

14

15

16

17

18

Kapitel 11

Die ökonomischen Veränderungen seit 1945

Seit dem Zweiten Weltkrieg ist die Weltwirtschaft enormen Veränderungen unterworfen. Die Wirtschaftsleistung hat sich weltweit vervielfacht, der Lebensstandard und die Lebensbedingungen haben sich innerhalb des Erfahrungshorizonts eines Menschen radikal verändert. Neue Technologien sind alltäglich geworden, die vor 60 Jahren eine Utopie waren.

Gleichzeitig leben nach wie vor große Teile der Weltbevölkerung in Armut; die Unterschiede des Lebensstandards haben sich nicht verringert, sondern vergrößert und auch die „Gewinner" dieses Prozesses sehen sich neuen Herausforderungen ausgesetzt.

- Wie konnten diese radikalen, das Leben aller Menschen verändernden Umwälzungen zustande kommen?
- Und umgekehrt betrachtet: Für welche politischen und gesellschaftlichen Veränderungen lassen sich wirtschaftliche Gründe ausmachen?

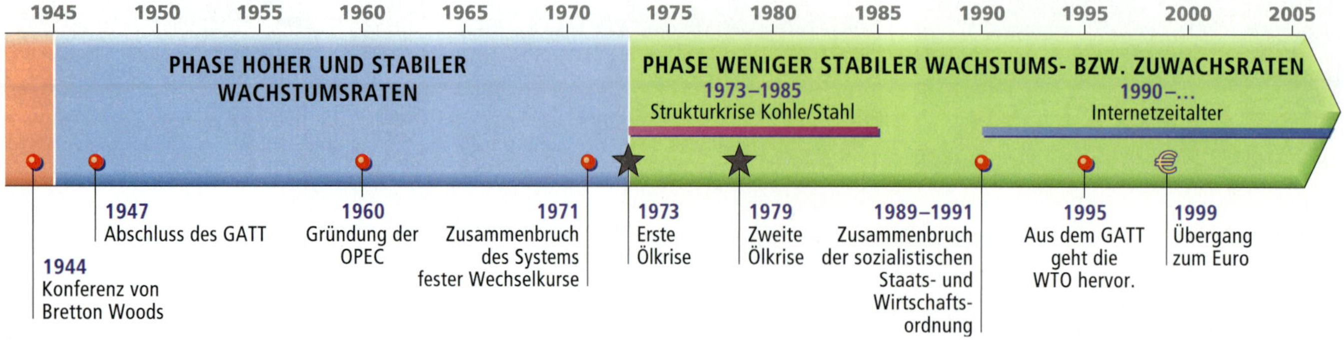

1

Die Vollautomatisierung der Arbeit

Autofließband, Werkshalle von Renault, 1984.

2

Die Globalisierung der Wirtschaft und Arbeit

Produktionsfließband in der Fabrikhalle von Reebok in China.

1. Die Wirtschaft am Ende des Zweiten Weltkrieges

Wie gestaltete sich der Übergang von der Kriegswirtschaft zur internationalen Wirtschaftsordnung der Nachkriegszeit?

Die wirtschaftlichen Auswirkungen des Zweiten Weltkrieges

Die wirtschaftlichen Auswirkungen des Zweiten Weltkrieges waren fundamental und weltweit. Produktionskapazitäten wurden in den Dienst der Kriegswirtschaft gestellt. Es kam zu einer zunehmenden Verknappung der Konsumgüter, zu Rohstoffengpässen und zur Unterbrechung alter Handelsbeziehungen, zugleich entstanden jedoch neue Kooperationen.

In Kriegsgebieten kamen große Teile der Wirtschaft zum Erliegen und besetzte Länder wurden zum Teil systematisch ausgebeutet. Allerdings löste der Zweite Weltkrieg in Staaten, die aufgrund ihrer Reserven Rüstungsgüter exportieren konnten, einen enormen Wirtschaftsaufschwung aus.

Das Kriegsende bildete für alle Volkswirtschaften eine tiefe Zäsur. Die am Krieg beteiligten Länder waren mit der Integration von Millionen Soldaten und teilweise mit weiteren Millionen Flüchtlingen in den Wirtschaftsprozess konfrontiert.

Die Infrastruktur Mitteleuropas war zu einem großen Teil funktionsunfähig, die japanischen Städte Hiroshima und Nagasaki durch Atombomben zerstört. Diese Zerstörungen bildeten das Hauptproblem der unmittelbaren Nachkriegszeit, bargen aber auch ein enormes Wachstumspotenzial durch den notwendigen Wiederaufbau.

Wirtschaftliche Herausforderungen und Weichenstellungen in der Endphase des Krieges

Bereits vor Kriegsende wurde deutlich, dass die Auswirkungen des Zweiten Weltkrieges eine Neuordnung der Weltwirtschaft notwendig machten. Auf der Konferenz von Bretton Woods (USA, 1.–22. Juni 1944) berieten die Gegner Deutschlands und Japans offene Handels- und Zahlungsfragen, vor allem aber über die Struktur eines neuen Währungssystems.

Wichtigstes Ergebnis war ein an die Leitwährungen US-Dollar und Gold gekoppeltes System fester Wechselkurse zur Ermöglichung eines stabilen Welthandels. Mit der Gründung des Internationalen Währungsfonds (IWF) und der Weltbank wurden die beiden zentralen Institutionen der neuen Weltwirtschaftsordnung ins Leben gerufen. Während der IWF bis zum Ende des Systems fester Wechselkurse dessen regulierende Institution darstellte, sollte die Weltbank für den Wiederaufbau in Europa sowie zur Unterstützung der Länder Lateinamerikas, Afrikas und Asiens Kredite zur Verfügung stellen.

Wirtschaftliche Neuordnung und Ost-West-Konflikt

Die Beschlüsse von Bretton Woods bedeuteten eine institutionalisierte Festigung der wirtschaftlichen Führungsrolle der USA. Das Währungssystem koppelte die Geldpolitik der Mitgliedstaaten an den Dollar, die beteiligten Regierungen waren in geldpolitischer Hinsicht nicht mehr autonom. In IWF und Weltbank wurde das Stimmengewicht der Mitgliedstaaten nach den jeweiligen Kapitalanteilen bemessen, was die USA als größten Kapitalgeber stärkte. Allerdings übernahmen die USA aber auch wie keine andere Nation Verantwortung für den wirtschaftlichen Wiederaufbau kriegsgeschädigter Länder, so etwa im Rahmen des 1947 vorgestellten Marshallplans **(siehe S. 52)**.

Die UdSSR beteiligte sich an der Konferenz, trug die Ergebnisse aber nicht mit. So bildeten die Ergebnisse von Bretton Woods für die nächsten Jahrzehnte die Grundlage der Wirtschaftsbeziehungen innerhalb der westlichen Welt und waren zugleich ein wesentlicher Bestandteil des sich entwickelnden Ost-West-Konflikts.

Begriffe

- **Bretton-Woods-System:** 1944 eingerichtetes System zur Schaffung eines stabilen Rahmens für den internationalen Handel mit festen Wechselkursen und den Institutionen Weltbank und IWF im Mittelpunkt.
- **Leitwährung:** Währung, an der sich der Wert anderer Währungen orientiert. In einem System fester Wechselkurse ist ihr Wert vertraglich an die Leitwährung gebunden.
- **Feste Wechselkurse:** Wechselkurse, die sich nicht frei durch Angebot und Nachfrage auf den Devisenmärkten ergeben, sondern durch Verhandlungen zwischen Regierungen festgelegt und verändert werden.
- **IWF** (Internationaler Währungsfonds, engl. International Monetary Fund, IMF): 1944 im Rahmen der Konferenz von Bretton Woods gegründete Organisation, die stabile Währungsbeziehungen sicherstellen und den Welthandel erleichtern soll. Der IWF kann seinen Mitgliedern bei wirtschaftlichen Schwierigkeiten Kredite gewähren. Das Stimmengewicht der Mitgliedstaaten im Entscheidungsgremium des IWF hängt von ihrem Anteil an den Gesamteinlagen ab.
- **Weltbank/Internationale Bank für Wiederaufbau und Entwicklung** (engl. International Bank for Reconstruction and Development, IBRD): 1944 im Rahmen der Konferenz von Bretton Woods gegründete Bank, deren Funktion die Finanzierung des wirtschaftlichen Wiederaufbaus kriegsgeschädigter Länder und die Förderung von Entwicklungsländern ist.

Fragen und Anregungen

1. Welche Unterschiede und Gemeinsamkeiten lassen sich in der wirtschaftlichen Entwicklung in verschiedenen Ländern zwischen 1939 und 1949 beobachten? Lässt sich der Einfluss von Kriegsverläufen und Ereignissen ausmachen? (M1)

2. Welche wirtschaftlichen Probleme lassen sich als Folge des Zweiten Weltkrieges erkennen, aber auch welche Wachstumspotenziale? (M1 und 2)

3. Skizzieren Sie die neue Weltwirtschaftsordnung in Grundzügen und stellen Sie die wirtschaftliche und politische Bedeutung der Vereinbarungen heraus. (M3)

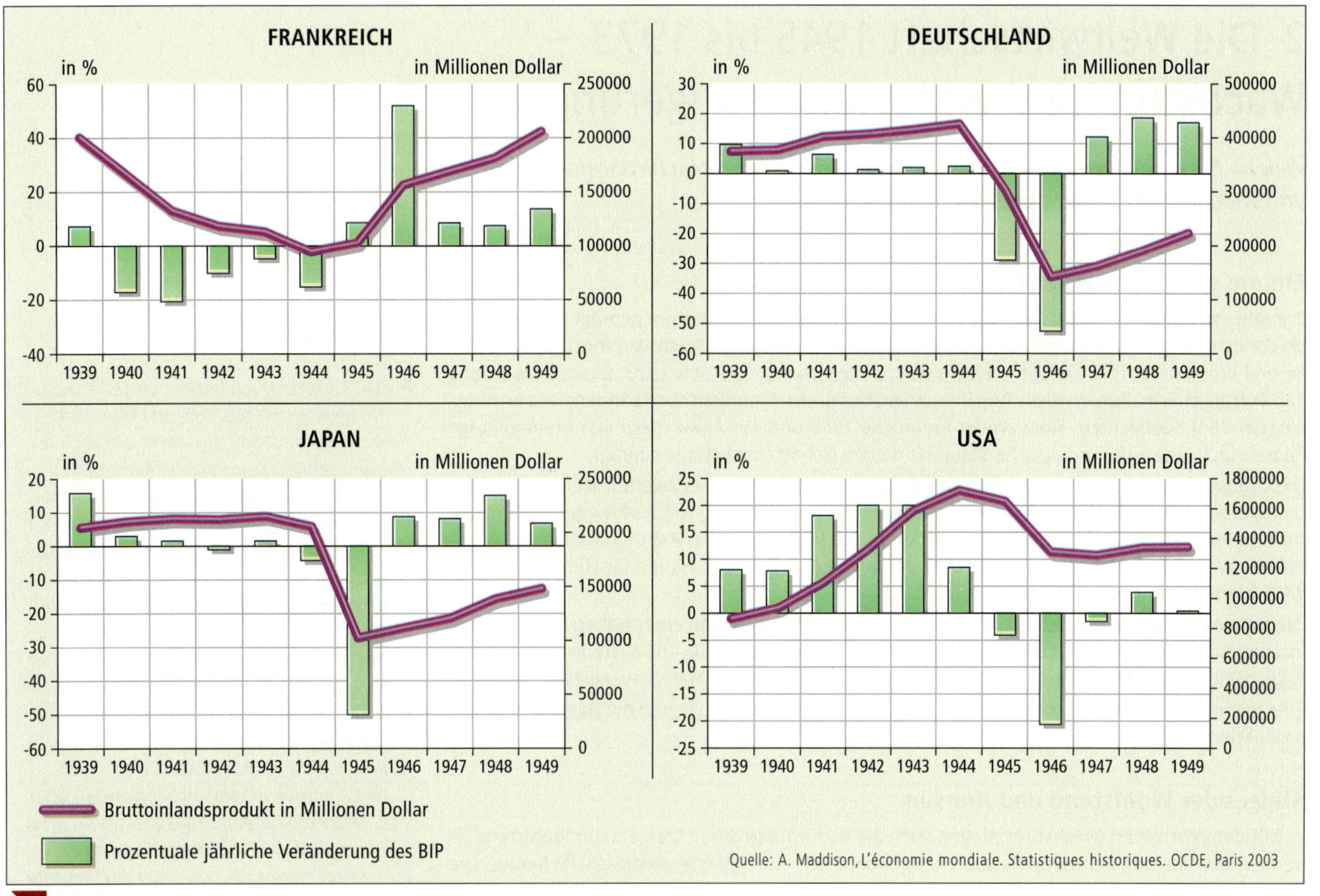

1 Wirtschaftliche Veränderung zwischen 1939 und 1949 in Prozent

2 Zerstörung und Wiederaufbau

Ziegelsteine zerstörter Häuser in Berlin 1945.

3 Die Ziele des Internationalen Währungsfonds

Die Ziele des Internationalen Währungsfonds bestehen darin:

1. die internationale Kooperation im Bereich der Währungen durch eine dauerhafte Institution zu fördern, die das Instrumentarium für Konsultation und Zusammenarbeit bei internationalen Währungsproblemen zur Verfügung stellt.

2. die Ausweitung und das ausgewogene Wachstum des internationalen Handels zu erleichtern und hierdurch zur Förderung und Aufrechterhaltung von hohen Beschäftigungs- und Reallohnniveaus sowie zur Entwicklung der produktiven Ressourcen all seiner Mitglieder als Hauptziele der Wirtschaftspolitik beizutragen.

3. stabile Austauschbeziehungen zu fördern, geordnete Wechselkursregelungen aufrechtzuerhalten und Kursabwertungen aus Wettbewerbsgründen zu verhindern.

4. die Etablierung eines multilateralen Zahlungssystems zu unterstützen, in Anbetracht laufender Transaktionen zwischen den Mitgliedern und zur Beseitigung ausländischer Devisenbeschränkungen, die das Wachstum des Welthandels behindern.

Aus der Satzung des Internationalen Währungsfonds, 22. Juli 1944; übers. nach: http://www.imf.org/external/pubs/ft/aa/aa01.htm

2. Die Weltwirtschaft 1945 bis 1973 – Wachstum und Wohlstandssteigerung

Welche Entwicklung nahm die Wirtschaft in den ersten Nachkriegsjahrzehnten und welche Folgen hatte dies für die Gesellschaft?

Ein nie gekanntes Wachstum

Die Jahre zwischen 1945 und 1973 waren von einem Wirtschaftswachstum geprägt, das zu einem bis dahin nicht gekannten Wohlstand geführt hat. Die Weltwirtschaft wuchs auf ihre dreifache Größe und die Wirtschaftsleistung pro Kopf verdoppelte sich von 1950 bis 1973. Diese Entwicklung ließ sich gleichermaßen in westlichen Industrienationen, kommunistischen Ländern und Entwicklungsländern beobachten. Trotz zweier Einbrüche 1958 und 1967 war diese fast dreißigjährige Phase durch eine außerordentliche Stabilität des Wirtschaftswachstums geprägt.

Die Gründe für diese Entwicklung sind vielfältig. Die Zerstörungen des Zweiten Weltkrieges führten zu einer außerordentlichen Wirtschaftsaktivität im Wiederaufbau von Wohnungen, Infrastruktur und Produktionsstätten in Europa und Asien. Die institutionellen Rahmenbedingungen von Bretton Woods (siehe S. 182) sowie seit 1947 das Allgemeine Zoll- und Handelsabkommen (GATT) erleichterten den internationalen Handel.

Die sieben den Weltmarkt beherrschenden Ölgesellschaften waren an einer hohen Fördermenge interessiert; dies führte zu niedrigen Ölpreisen. Der Koreakrieg (1950–1953) steigerte die Nachfrage nach Rüstungsgütern (siehe S. 68); die Produktionskapazitäten waren ausgelastet.

Eine technische Modernisierungswelle und sinkende Transportkosten legten die Basis für Massenproduktion und Massenkonsum.

Steigender Wohlstand und Konsum

Mit dem Wirtschaftswachstum stiegen auch die Bedürfnisse der in steigendem Wohlstand lebenden Bevölkerung der Industriestaaten. Es bildete sich eine Konsumgesellschaft heraus. Die Anschaffung eines eigenen Autos, Fernsehers oder Kühlschranks, die modische Einrichtung der Wohnung sowie Auslandsreisen wurden für eine breite Masse der Bevölkerung möglich. Diese Nachfrage bildete zugleich einen weiteren Wachstumsimpuls.

Es herrschte Vollbeschäftigung; in Westdeutschland wurden ausländische „Gastarbeiter" angeworben, um die gestiegene Arbeitskräftenachfrage zu decken. So fand die Vorstellung Verbreitung, dass die wirtschaftlichen Probleme der Vergangenheit dauerhaft überwunden seien und dass eine sich nahezu unbegrenzt fortsetzende Phase der Wohlstandssteigerung und der Vollbeschäftigung auf der Basis eines exponentiellen Wachstums begonnen habe.

Ausbau des Sozialstaats

Die Wirtschaftsentwicklung erlaubte es den westlichen Gesellschaften, die Absicherung gegen die Folgen von Krankheit und Arbeitslosigkeit sowie die Versorgung im Rentenalter auszubauen (siehe S. 196). In Westdeutschland wurde das Sozialversicherungssystem, bei dem Arbeitgeber und -nehmer in Sozialkassen einzahlen und der Staat regulierende Funktionen übernimmt, weiter ausgebaut.

In Großbritannien kam es nach 1945 zur Etablierung des „Welfare State". In diesem System übernahm der Staat selbst, durch Steuern finanziert, die soziale Sicherung und Krankenversorgung.

In Frankreich wurde zunächst ein beitragsfinanziertes Sozialversicherungssystem für Beschäftigte aufgebaut, dessen Aufgaben auf die Gesamtbevölkerung ausgeweitet und deren Finanzierung um Steuern ergänzt wurde. Frankreich beschritt damit einen Mittelweg zwischen deutschem Sozialstaat und britischem „Welfare State".

Begriffe

- **GATT** (General Agreement on Tariffs and Trade): Allgemeines Zoll- und Handelsabkommen von 1947, in dem in erster Linie gegenseitige Handelserleichterungen (durch Abbau von Zöllen und Einfuhrlizenzen) vereinbart wurden. Das GATT wurde in mehreren Verhandlungsrunden erweitert und ging schließlich 1995 in der WTO auf.
- **Konsumgesellschaft:** Gesellschaft, in welcher der Konsum von Massenprodukten das Wirtschaftsgeschehen und die sozialen Verhaltensweisen entscheidend prägt.
- **Vollbeschäftigung:** Situation, in der alle zur Arbeit bereiten Arbeitnehmer einen Arbeitsplatz finden können. Da eine Arbeitslosigkeit von null Prozent wegen Übergangszeiten bei Arbeitsplatzwechseln nicht zu erreichen ist, spricht man bereits bei einer Arbeitslosigkeit von unter zwei Prozent von Vollbeschäftigung.
- **Exponentielles Wachstum:** Eine Form des Wachstums, bei der die jährlichen Zuwachsraten konstant bei einem bestimmten Prozentsatz liegen (z. B. zwei Prozent). Da die Basisgröße (das BIP) von Jahr zu Jahr wächst, nimmt auch der absolute Betrag des Wachstums von Jahr zu Jahr zu.
- **Sozialstaat** (franz. État-providence, engl. Welfare State): Staat, der seine Bevölkerung durch soziale Sicherungssysteme wie Arbeitslosen-, Kranken- und Rentenversicherung vor sozialer Verelendung schützt.

1 Bedienungsanleitung eines Kühlschranks (1956)

2 Werbung für den 1955 auf den Markt gekommenen Citroën DS

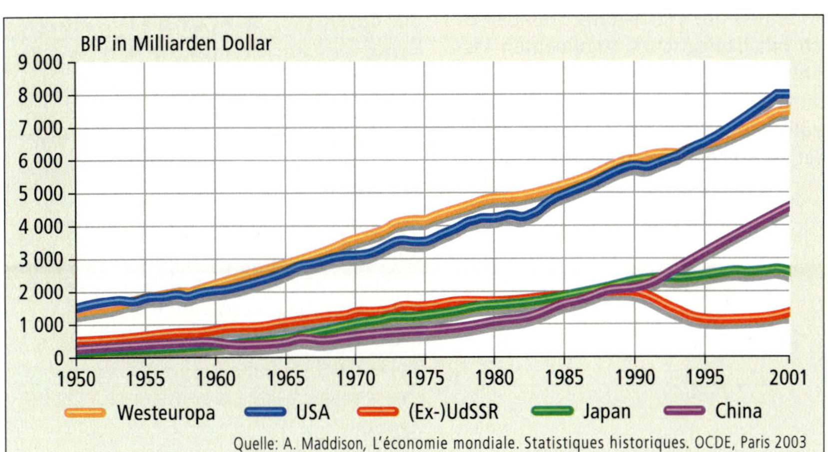

3 „Gesellschaft im Überfluss"

Der amerikanische Ökonom und Präsidentenberater John Kenneth Galbraith über die Folgen des Wohlstands:

Einst war die Armut der entscheidende und alles bestimmende Faktor, heute ist sie es offensichtlich nicht mehr. Man wird nicht erwarten dürfen, dass die in einer Gesellschaft der Not entstandenen Vorstellungen auch noch in einer Gesellschaft gelten werden, in der jeder Durchschnittsbürger Zugang hat zu allen Annehmlichkeiten des Daseins: zu Nahrung und Genuss, zu Vergnügen, zu Reisen und zu allen Errungenschaften der Hygiene – zu Annehmlichkeiten, die vor einem Jahrhundert nicht einmal den reichsten Leuten zur Verfügung standen. Die Veränderung, die inzwischen eingetreten ist, ist so tief greifend, dass heute der einzelne oft gar nicht mehr weiß, was er sich eigentlich noch wünschen soll. Das, was er „will", muss erst durch Werbung und geschickte Verkäufer künstlich geweckt, muss ihm nahe gebracht, muss geradezu hochgepäppelt werden. So sind Werbefachleute und tüchtige Verkäufer zu den wichtigsten und gefragtesten Menschen unserer Zeit geworden. Wie anders zu Beginn des 19. Jahrhunderts: Damals hätten wohl nur sehr wenige Leute einen Reklametrommler gebraucht, der ihnen erst sagen muss, was sie sich zu wünschen haben.

John Kenneth Galbraith, Gesellschaft im Überfluss. München, Zürich 1973, S. 28.

Fragen und Anregungen

1. Beschreiben Sie die wirtschaftliche Entwicklung zwischen 1945 und 1973 und suchen Sie nach Erklärungen. (M4)
2. Welche Aussage ist mit den Werbebildern verbunden und welche Wirkung sollen sie erzeugen? (M1 und 2)
3. Bewerten Sie M1 und 2 vor dem Hintergrund der ökonomischen und sozialen Verhältnisse im Europa des Jahres 1945. Welche Auswirkungen kann die Veränderung auf das Denken der Menschen gehabt haben? Befragen Sie dazu Zeitzeugen aus Ihrem Familien- oder Bekanntenkreis.
4. Skizzieren Sie den Begriff der „Überflussgesellschaft" und stellen Sie ihn in Beziehung zur wirtschaftlichen Entwicklung. (M3)

4 Ein ununterbrochenes Wirtschaftswachstum

Die Tabelle stellt nicht die Entwicklung der Wachstumsrate, sondern die Steigerung des BIP im Absolutwert dar.

3. Seit den 1970er-Jahren – ein verlangsamtes Wirtschaftswachstum?

Welche Erklärungsmodelle wurden angesichts sinkender Wachstumsraten in den 1970er-Jahren formuliert?

Sinkende Wachstumsraten

In der ersten Hälfte der 1970er-Jahre zeigte das Wachstum der Weltwirtschaft erstmals seit dem Zweiten Weltkrieg eine anhaltende Verlangsamung. Zwar setzte sich das globale Wirtschaftswachstum im Gesamtbild fort, die jährlichen Wachstumsraten sanken aber. Nach der Hochkonjunktur der ersten Nachkriegsjahrzehnte stieg zudem das Preisniveau deutlich an. Diesem Zusammentreffen von Inflation und Stagnation (Stagflation) waren fast alle Industriestaaten ausgesetzt.

Der Rückgang der Wachstumsraten führte zu einem deutlichen Anstieg der Arbeitslosenzahlen mit weit reichenden sozialen Folgen.

Versuch einer Erklärung: Die Rolle politischer Faktoren

Eine Erklärung wurde in politischen Faktoren gesucht. Nachdem ein Außenhandelsdefizit der USA und die finanziellen Belastungen durch den Vietnamkrieg zu einer Abwertung des Dollar geführt hatten, veranlasste dies andere Industrienationen zu einer veränderten Währungspolitik: Sie waren nicht mehr bereit, ihre Währung an den inflationären Dollar zu koppeln. In der Folge brach das System fester Wechselkurse Anfang der 1970er-Jahre zusammen.

Weitere politische Faktoren waren der Jom-Kippur-Krieg zwischen Israel und seinen arabischen Nachbarstaaten (1973), die Iranische Revolution (1979) und der Krieg zwischen Irak und Iran (1980–1988). Der durch diese Ereignisse ausgelöste Anstieg des Ölpreises führte die Verwundbarkeit der Weltwirtschaft durch politische und militärische Krisen vor Augen. Die in hohem Maße auf den Rohstoff Erdöl angewiesenen Industrienationen erlebten den „Ölpreisschock". Engpässe in der Energieversorgung führten zu Einschränkungen des täglichen Lebens und der Wirtschaftsleistung.

Ein alternativer Erklärungsansatz: Grenzen des Wachstums

Ein anderer Erklärungsansatz verwies darauf, dass die hohen konstanten Wachstumsraten zwischen 1945 und 1973 Ausnahmecharakter gehabt hätten. Der wirtschaftliche Wiederaufbau der Nachkriegszeit bot diesem Ansatz zufolge außergewöhnlich günstige Rahmenbedingungen für das Wirtschaftswachstum, die dann seit den 1970er-Jahren nicht mehr gegeben gewesen seien.

Die Vertreter dieser Sichtweise wiesen zudem darauf hin, dass die Wirtschaftsentwicklung im Trend auch nach 1973 relativ konstant verlaufen sei. Aus sinkenden Wachstumsraten allein könne man noch kein Ende des Wachstums selbst ableiten. Sie bedeuteten lediglich, dass sich das Wachstum nicht endlos beschleunigen könne. Der Übergang vom exponentiellen Wachstum der 1950er- und 60er-Jahre zum linearen Wachstum der 1970er-Jahre stellte sich in dieser Perspektive als ein normaler Vorgang dar.

Diese Kritik an einem vorwiegend an exponentiellen Formen des Wachstums orientierten Wachstumsbegriff wurde in den 1970er-Jahren zusätzlich mit ökologischen Argumenten verknüpft. Umweltkatastrophen wie das Chemieunglück im norditalienischen Seveso (10. Juli 1976) und eine voranschreitende Luft- und Gewässerverschmutzung ließen Zweifel aufkommen, ob die wirtschaftliche Entwicklung der letzten Jahrzehnte weiterzuführen sei. Entsprechende Beachtung fand die 1972 im „Bericht des Club of Rome zur Lage der Menschheit" gestellte Frage, ob die „Grenzen des Wachstums" erreicht seien.

Begriffe

- **Wachstumsrate:** Prozentsatz, um den das Bruttoinlandsprodukt eines Landes jährlich wächst.
- **Inflation:** Prozess einer Geldentwertung, die steigende Preise zur Folge hat.
- **Stagnation:** Stillstand, Phase ohne wirtschaftliches Wachstum oder mit sehr geringem Wachstum.
- **Stagflation:** Zustand einer Volkswirtschaft, die durch ein Zusammenspiel von Stagnation (Nullwachstum) und Inflation gekennzeichnet ist.
- **Außenhandelsdefizit:** Volkswirtschaftlicher Zustand, in dem ein Land weniger exportiert als es importiert. Umgekehrt fließt mehr Geld ab als einfließt.
- **Lineares Wachstum:** Form des Wachstums, bei der das Bruttoinlandsprodukt jährlich um denselben Betrag wächst; im Gegensatz zum exponentiellen Wachstum **(siehe S. 184)**, bei dem der Prozentsatz der jährlichen Wachstumsraten konstant ist.
- **Club of Rome:** 1968 gegründeter Verbund von Wissenschaftlern und Unternehmern, die sich mit der wirtschaftlichen, sozialen und ökonomischen Lage der Menschheit sowie Fragen der Friedenssicherung auseinandersetzen. 1972 veröffentlichte der Club den vielbeachteten Bericht „Die Grenzen des Wachstums".

Fragen und Anregungen

1. Analysieren Sie die langfristige Entwicklung der Wachstumsraten (M1). Welche Aussagen lassen sich formulieren?

2. Erläutern Sie diese Daten vor dem Hintergrund der dargestellten Entwicklungen und Erklärungsversuche. Welche Aspekte lassen sich mit den Daten belegen?

3. Überlegen Sie (auch mit Blick auf M2 auf S. 185), warum die ökonomischen und ökologischen Krisen in der Öffentlichkeit besonders intensiv diskutiert wurden.

4. Vergleichen Sie die Aussagen von M2 und 4. Wie sind die Positionen aus zeitgenössischer sowie aus heutiger Sicht zu bewerten?

Durchschnittliche Wachstumsraten der Weltwirtschaft	
1820–1870	0,93 %
1870–1913	2,11 %
1913–1950	1,85 %
1950–1973	4,91 %
1973–1998	3,01 %

Jährliche Wachstumsrate des BIPs pro Arbeitsstunde (in %)				
	1870–1913	**1913–1950**	**1950–1973**	**1973–1998**
Frankreich	1,74	1,92	5,03	2,54
Deutschland[1)]	1,56	0,75	5,86	2,38
Italien	1,66	1,96	5,77	2,27
Großbritannien	1,22	1,67	3,09	2,19
USA	1,92	2,48	2,77	1,52
Japan	1,99	1,80	7,74	2,70

Quelle: A. Maddison, L'économie mondiale, une perspective millénaire, OECD 2001.
[1)] Seit 1990 einschließlich des Gebietes der ehemaligen DDR.

1 Entwicklung der Wachstumsraten (1820–1998)

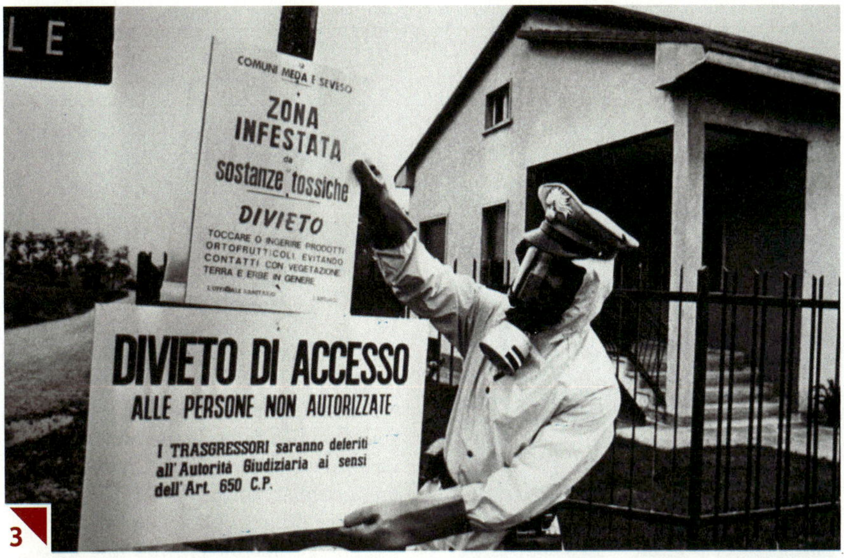

3 Die Schattenseiten des Wachstums

1976 explodierte ein Chemiereaktor in der Lombardei (Italien), nahe der Stadt Seveso und verursachte einen Dioxinausstoß in die Atmosphäre, von dem mehr als 35 000 Menschen betroffen waren. Ein Polizist schließt den Zugang zur kontaminierten Zone, 1976.

2 „Grenzen des Wachstums"

Der Club of Rome äußert sich 1972 in einem von Dennis L. Meadows zusammengestellten Bericht zur Lage der Menschheit:

Unser benutztes Weltmodell dient speziell der Untersuchung von fünf wichtigen Trends mit weltweiter Wirkung: der beschleunigten Industrialisierung; dem rapiden Bevölkerungswachstum; der weltweiten Unterernährung; der Ausbeutung der Rohstoffreserven und der Zerstörung des Lebensraumes. Zwischen diesen Erscheinungen bestehen vielfältige Wechselwirkungen: Ihre Entwicklung wird in Jahrzehnten oder gar Jahrhunderten gemessen. […]

1. Wenn die gegenwärtige Zunahme der Weltbevölkerung, der Industrialisierung, der Umweltverschmutzung, der Nahrungsmittelproduktion und der Ausbeutung von natürlichen Rohstoffen unverändert anhält, werden die absoluten Wachstumsgrenzen auf der Erde im Laufe der nächsten hundert Jahre erreicht. Mit großer Wahrscheinlichkeit führt dies zu einem ziemlich raschen und nicht aufhaltbaren Absinken der Bevölkerungszahl und der industriellen Kapazität.

2. Es erscheint möglich, die Wachstumstendenzen zu ändern und einen ökologischen und wirtschaftlichen Gleichgewichtszustand herbeizuführen, der auch in weiterer Zukunft aufrechterhalten werden kann. Er könnte so erreicht werden, dass die materiellen Lebensgrundlagen für jeden Menschen auf der Erde sichergestellt sind und noch immer Spielraum bleibt, individuelle menschliche Fähigkeiten zu nutzen und persönliche Ziele zu erreichen.

3. Je eher die Menschheit sich entschließt, diesen Gleichgewichtszustand herzustellen, und je rascher sie damit beginnt, umso größer sind die Chancen, dass sie ihn auch erreicht.

D. L. Meadows u. a.,
Die Grenzen des Wachstums.
Bericht des Club of Rome zur Lage der Menschheit. Reinbek 1973, S. 15f.

4 „Es gibt keine Grenzen des Wachstums"

Der amerikanische Ökonom Paul Romer setzt sich mit den Auffassungen des Club of Rome auseinander:

Alle Voraussagen über die Grenzen des Wachstums waren vollkommen falsch. Für den Club of Rome war die Volkswirtschaft eine Fabrik: Auf der einen Seite kommen Rohstoffe rein, auf der anderen Seite Produkte raus. Und irgendwann gibt es keine Rohstoffe mehr, die Seen sind verschmutzt, die Luft ist vergiftet. Sie haben einfach nicht kapiert, dass eine moderne Ökonomie nicht wie eine Fabrik funktioniert.

Es gibt keine Grenzen des Wachstums. Wir werden immer weniger umweltschädliche Produkte herstellen und immer mehr Wissensprodukte, zum Beispiel bessere Chips. Wir werden den Wert der bewohnbaren Erde steigern, und zwar ohne Ende. Das Faszinierende an der modernen Wirtschaft ist, dass wir viel mehr als früher vom Wissen und den Erfindungen profitieren werden. Tüchtige Leute entwickeln immer neue Ideen, neue Produkte, gründen Unternehmen, schaffen Wachstum und Arbeitsplätze.

P. Romer, Wissen schafft Wachstum, Unternehmer 2/98, S. 28.

Dossier: Ursachen und Auswirkungen der Ölkrise

Als die arabischen Mitglieder innerhalb der OPEC **(siehe S. 74)** während des Jom-Kippur-Krieges 1973 einen Lieferboykott gegen die USA und andere Israel unterstützende Staaten sowie eine allgemeine Produktionsdrosselung durchsetzten, zeigte sich erstmals die wirtschaftliche und politische Macht der Erdölexporteure. Es kam zu einem drastischen Anstieg des Ölpreises, der schließlich durch die islamische Revolution im Iran (1979) und den iranisch-irakischen Krieg (1980–1988) noch verstärkt wurde. Diese Entwicklung führte den Industriestaaten ihre Abhängigkeit von günstigem Erdöl in aller Deutlichkeit vor Augen.

Die folgende Energiekrise mit einschneidenden Folgen für Wirtschaft und Bevölkerung löste Anstrengungen aus, sich aus der Abhängigkeit vom Öl zu lösen. Das Energiesparen, die Ausbeutung eigener Erdölreserven sowie die Entwicklung alternativer Energien, insbesondere der Kernenergie, standen in der Folge im Zentrum der Energiepolitik.

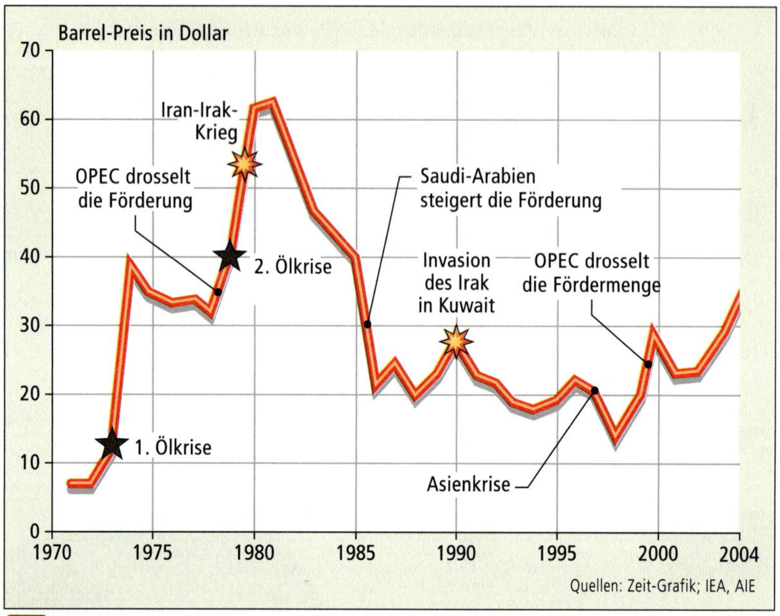

1 Die Entwicklung des Ölpreises (1970–2004)

2 Versorgungsprobleme in den USA 1973

3 Wachstum und Energie

Weltweites Wirtschaftswachstum ist eindeutig mit der steigenden Verfügbarkeit von Energiequellen verknüpft. Wir sind entschlossen, unseren Volkswirtschaften die für ihr Wachstum benötigten Energiequellen zu sichern. Unsere gemeinsamen Interessen erfordern es, dass wir weiterhin zusammenarbeiten, um unsere Abhängigkeit von importierter Energie durch sparsamen Umgang mit Energie und die Entwicklung alternativer Energiequellen zu verringern. Damit und durch internationale Zusammenarbeit zwischen Erzeuger- und Verbraucherländern im langfristigen Interesse beider werden wir keine Mühe scheuen, um ausgeglichenere Bedingungen und eine harmonische und stetige Entwicklung des Weltenergiemarktes zu sichern.

Erklärung des ersten Weltwirtschaftsgipfels 1975 in Rambouillet; zit. nach: http://www.zeit.de/2003/08/zitate_oel

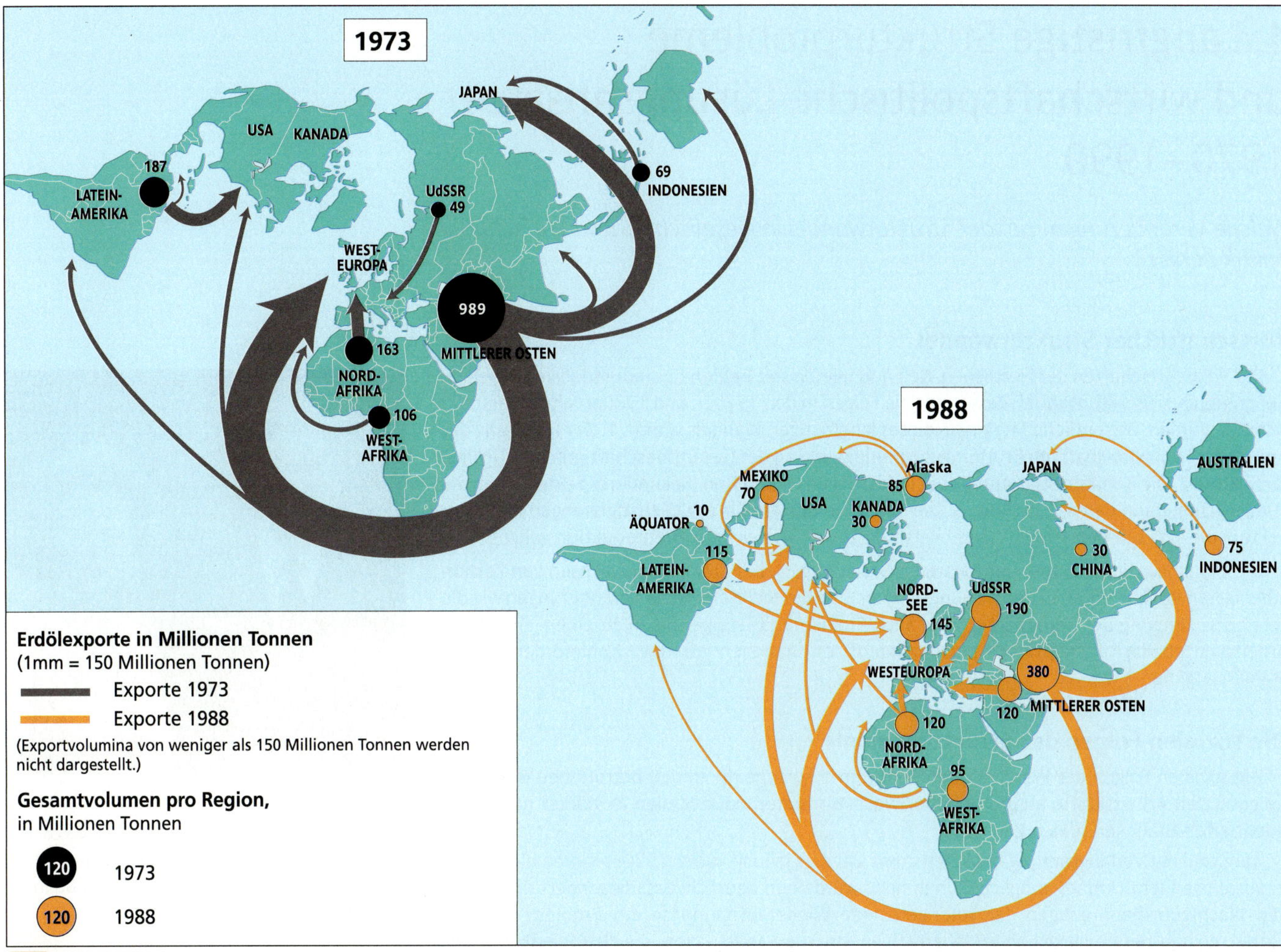

4 Weltweiter Ölhandel

5 Kurswechsel: Der amerikanische Präsident Nixon wendet sich an die Nation (7. November 1973)

Während Amerikas Wirtschaft in den vergangenen Jahren gewachsen ist und das Land sich entfaltete, begann unser Energiebedarf über die verfügbare Versorgung hinaus zu steigen. In den vergangenen Monaten haben wir viele Maßnahmen ergriffen, um die Versorgung zu verbessern und den Verbrauch zu reduzieren. Aber wir wussten, dass selbst mit allen Anstrengungen eine Phase zeitweiliger Knappheit nicht zu vermeiden war.

Unglücklicherweise werden unsere Erwartungen durch den aktuellen Konflikt im Nahen Osten nun auf das Schärfste übertroffen. Wegen dieses Krieges haben die meisten der Öllieferanten des Nahen Ostens ihre Gesamtproduktion gesenkt sowie ihre Öllieferungen in die Vereinigten Staaten gestoppt. Ende des Monats werden täglich zwei Millionen Barrel Öl fehlen, mit deren Lieferung in die Vereinigten Staaten wir gerechnet haben.

Deswegen müssen wir einer unveränderlichen Tatsache ins Auge sehen: Wir bewegen uns auf die akuteste Energieknappheit seit dem Zweiten Weltkrieg zu. Unsere Versorgung mit Erdöl wird diesen Winter mindestens zehn Prozent unter unseren erwarteten Bedarf fallen, und sie könnte sogar bis auf 17 Prozent fallen. Auch bevor der Krieg im Nahen Osten ausgebrochen ist, war diese voraussichtliche Knappheit Gegenstand intensiver Gespräche. [...] Aus diesen Gesprächen ist eine breite Übereinkunft hervorgegangen, dass wir als Nation nun einen anderen Weg einschlagen müssen.

Kurzfristig bedeutet dieser Weg, dass wir weniger Energie verbrauchen müssen – also weniger Wärme, weniger Strom, weniger Benzin. Langfristig bedeutet er, dass wir neue Energiequellen erschließen müssen, die uns die Kapazität sichern, unsere Bedürfnisse zu erfüllen, ohne uns auf irgendeine fremde Nation verlassen zu müssen.

Übers. nach: http://www.nixonlibrary.org/clientuploads/directory/archive/1973_pdf_files/1973_0323.pdf

Fragen und Anregungen

1. Erklären Sie die Entwicklung des Ölpreises, indem Sie die erkennbaren Schwankungen in den jeweiligen Kontext einordnen. (M1)
2. Schildern Sie die Ursachen der Ölkrise von 1973. Ziehen Sie hierzu vergleichend auch die Stellungnahme Richard Nixons (M5) heran.
3. Beschreiben Sie die wirtschaftlichen Folgen der Ölkrise. (M3–5)
4. Welche Konsequenzen haben die Industriestaaten aus der Ölkrise gezogen? (M3–5)

4. Langfristige Strukturprobleme und wirtschaftspolitische Lösungsansätze 1970–1990

Welche Veränderungen rief der Strukturwandel in Gesellschaft und Wirtschaftspolitik hervor?

Wirtschaftlicher Strukturwandel

Die Volkswirtschaften der westlichen Welt durchliefen seit Beginn der Industrialisierung einen tief greifenden Strukturwandel, dessen soziale Folgen in den 1970er- und 1980er-Jahren verstärkt sichtbar wurden. Wesentliche Merkmale dieses langfristigen Wandels waren: 1. Der Rückgang des Anteils der Landwirtschaft am Bruttoinlandsprodukt und an der Gesamtbeschäftigtenzahl (Primärer Sektor). 2. Die Zunahme des Anteils der industriellen Produktion (Sekundärer Sektor) bis in die 1960er-Jahre; dann deren Rückgang. 3. Die Zunahme des Anteils der Dienstleistungen (Tertiärer Sektor), die sich seit den 1960er-Jahren verstärkt zu Lasten der Industrieproduktion vollzog.

Die Ursachen dieser Entwicklung waren vielschichtig: Neben dem Heranwachsen von kostengünstigeren Konkurrenten in Entwicklungsländern führten technologische Veränderungen wie die verstärkte Nutzung der Kernenergie, aber auch Produktivitätssteigerungen zu einem sinkenden Arbeitskräftebedarf in traditionell personalintensiven Branchen wie etwa Kohleförderung und Stahlerzeugung.

Die sozialen Folgen des Strukturwandels

Die sozialen Folgen des Wandels blieben begrenzt, solange die in den betroffenen Bereichen freigesetzten Arbeitskräfte aufgrund hoher Wachstumsraten neue Stellen in stärker nachfrageorientierten Branchen finden konnten.

Aufgrund der Verlangsamung des Wachstums war dies jedoch in den 1970er-Jahren nicht mehr in ausreichendem Umfang möglich. Zunehmend wurde nun deutlich, dass besonders die günstigen Wachstumsbedingungen der vorangehenden Wiederaufbauphase ein Problem verdeckt hatten, dessen tiefere Ursachen im langfristigen Strukturwandel lagen: die strukturelle Arbeitslosigkeit.

Antworten des Staates: Vom Keynesianismus zu „Thatcherismus" und „Reagonomics"

Viele europäische Staaten versuchten in den 1970er-Jahren im Sinne des Keynesianismus, durch gezielte Interventionen, wie etwa die Senkung von Leitzinsen und Erhöhung der Staatsausgaben, die Konjunktur anzukurbeln. Vom Strukturwandel besonders hart getroffene Wirtschaftszweige, wie die Landwirtschaft oder der Bergbau, wurden zudem durch staatliche Förderung ganz oder teilweise vor der realen Marktentwicklung geschützt; im Falle der Landwirtschaft geschah dies in erheblichem Umfang durch die Gemeinsame Agrarpolitik (GAP) der Europäischen Gemeinschaft.

Eine strikte Abwendung von der Politik des Keynesianismus vollzog sich in Großbritannien während der Amtszeit der Premierministerin Margaret Thatcher. Sie betonte das freie Spiel der Marktkräfte und trat unter anderem auch für eine Reduzierung staatlicher Sozialleistungen ein. Die von Thatcher 1984–1985 durchgesetzte Schließung der als unrentabel geltenden Steinkohlebergwerke stellte die umstrittenste Maßnahme der als „Thatcherismus" bekannt gewordenen Politik dar.

Eine ähnliche Politik verfolgte in den 1980er-Jahren US-Präsident Ronald Reagan im Rahmen der so genannten „Reagonomics". Anders als Thatcher suchte Reagan durch ein groß angelegtes Investitionsprogramm im Rüstungsbereich, das Wachstum zu fördern. So konnte die Arbeitslosigkeit um ein Drittel und die Inflation um mehr als die Hälfte gesenkt werden, gleichzeitig verdreifachte sich aber das Staatsdefizit.

1 **Für das freie Spiel der Kräfte**

Ronald Reagan (US-Präsident 1981–1988) und Margaret Thatcher (britische Premierministerin 1979–1990) bei einem Gipfeltreffen in Bonn (Mai 1985).

Begriffe

- **Strukturwandel:** Die Veränderung der Beiträge einzelner Wirtschaftssektoren zum Bruttoinlandsprodukt.
- **Strukturelle Arbeitslosigkeit:** Eine aus einem Strukturwandel resultierende Arbeitslosigkeit.
- **Keynesianismus:** Auf den Theorien des Ökonomen John Maynard Keynes (1883–1946) basierende Wirtschaftspolitik, die mittels staatlicher Eingriffe eine Konjunktursteuerung vorsieht, so etwa durch Staatsaufträge und Zinssenkungen zur Ankurbelung der Konjunktur in Krisen und durch entgegengesetzte Maßnahmen zur Dämpfung in Hochkonjunkturphasen.
- **GAP** (Gemeinsame Agrarpolitik): 1957 durch die Römischen Verträge begründete Zusammenarbeit innerhalb der EWG und später der EU, die durch Preis- und Abnahmegarantien, Außenzölle und Exportbeihilfen die Landwirtschaft in den Mitgliedstaaten schützt. Die Finanzierung dieser Politik erfolgt größtenteils durch Steuergelder.

2 Wandel in den Wirtschaftsstrukturen

Anteil in % am BIP	Frankreich			Bundesrepublik Deutschland			Großbritannien		
	1971–1980	1981–1990	1991–2000	1971–1980	1981–1990	1991–2000	1971–1980	1981–1990	1991–2000
Landwirtschaft, Fischerei	6,2	4,3	3,2	3	2	1,3	2,6	2	1,6
Industrie	37,3	32,2	27	44,6	40,3	33,5	41,8	39	30,9
Dienstleistungssektor	56,5	63,5	69,8	52,4	57,7	65,2	55,6	59	67,5

Berechnet nach: World Bank 2004, unter: http://earthtrends.wri.org/searchable_db/index.cfm?action=select_variable&theme=5

4

Die Landwirtschaft, ein geschützter Sektor

Frankreich, Valenciennes, Bauernproteste, 18. April 1973.
30000 französische, belgische, luxemburgische, deutsche und britische Bauern demonstrieren für doppelt so hohe Agrarsubventionen als von der EU-Kommission vorgeschlagen (3%).

5 Entwicklung der Arbeitslosigkeit in den Industrienationen

In % der Erwerbsbevölkerung	1950–1973	1974–1983	1984–1993	1994–1998	2002
Frankreich	2	5,7	10	12,1	8,9
Deutschland[1]	2,5	4,1	6,2	9	8,7
Großbritannien	2,8	7	9,7	8	4,9
Spanien	2,9	9,1	19,4	21,8	11,4
USA	4,6	7,4	6,7	5,3	5,8
Japan	1,6	2,1	2,3	3,4	5,2

Quelle: J. Marseille, Histoire, Term L-ES-S. Paris 2004, S. 52.
[1] Die Zahlen beziehen sich auf das alte Bundesgebiet.

3 Keine Lohnerhöhung ohne Produktivitätssteigerung

Am 12. Oktober 1979 stellte die britische Premierministerin Margaret Thatcher auf dem Parteitag der „Conservative Party" ihre wirtschaftspolitischen Leitideen vor:

Heute stehen wir großen Problemen gegenüber, die Jahr für Jahr gespeist wurden und schwerer und schwerer zu lösen wurden. Wir alle kennen sie. Sie gehen bis an die Wurzeln der Hoffnungen und Ängste der einfachen Menschen – hohe Inflation, hohe Arbeitslosigkeit, hohe Steuern, erschreckende Verhältnisse in der Industrie, die niedrigste Produktivität der westlichen Welt. [...]

Sie sind eng miteinander verknüpft. Man kann nicht die Steuern senken, ohne die Staatsausgaben zu zügeln. [...] Und die Inflation ist ein großes Problem, das nicht geheilt werden kann ohne Zügelung der Staatsausgaben. Wenn die Regierung zu viel ausgibt und Geld leiht oder druckt, um das Defizit zu decken, werden Preise und Zinssätze weiter steigen. [...]

Aber da gibt es einige, die glauben das Recht zu haben, sich aus den Folgen der Inflation ausklinken zu können. Wenn sie organisiert sind, dann in einer starken Gewerkschaft mit genug Muskeln, ihren Willen auf dem Rücken einer leidenden Allgemeinheit durchzusetzen.

[...] Der Kampf um Lohnerhöhungen missachtet die Produktionsleistung, Gewinn und jeden anderen Erfolgsmaßstab. Sie ignorieren die Realität, dass eine unausweichliche Beziehung zwischen Wohlstand und Produktion besteht. [...]

Der Schlüssel zum Wohlstand liegt nicht in höheren Löhnen, sondern in einer höheren Produktionsleistung. 1979 haben wir alle uns endlose Diskussionen über Löhne angehört. Wie oft haben wir uns ähnliche Diskussionen darüber angehört, wie die Produktion gesteigert werden kann?

Der Grund, warum Großbritannien heute die drittärmste Nation in Europa ist, hat wenig mit Löhnen, aber alles mit der Produktion zu tun.

Übers. nach: http://www.margaretthatcher.org/speeches/displaydocument.asp?docid=104147

Fragen und Anregungen

1. Beschreiben Sie die Ursachen und die Auswirkungen des Strukturwandels der 1980er-Jahre. (M2 und 5)

2. Analysieren Sie die Rede Margaret Thatchers. Welche wirtschaftspolitischen Maßnahmen und Zielsetzungen lassen sich aus ihrer Argumentation ableiten? (M3)

3. Vergleichen Sie die wirtschaftliche Situation und die wirtschaftspolitischen Konzepte der 1980er-Jahre mit heute. Welche Parallelen und welche Unterschiede erkennen Sie?

4. Inwieweit nimmt die Landwirtschaft in der EU einen wirtschaftlichen Sonderstatus ein? (M4)

5. Der Globalisierungsprozess – Segen oder Fluch?

Was bedeutet die Globalisierung für die Weltwirtschaft und die Lebensbedingungen der Weltbevölkerung?

Von der liberalisierten Weltwirtschaft zur Globalisierung

Den Beginn einer weitgehend liberalisierten Weltwirtschaft markierte das GATT ab 1947. In mehreren Schritten einigten sich dessen Mitglieder auf Handelserleichterungen. In den Verhandlungen der „Uruguay-Runde" (1986–1994) vereinbarten die GATT-Mitglieder neben einer weitgehenden Liberalisierung des Warenhandels auch eine Öffnung der Agrarmärkte, die jedoch aufgrund der protektionistischen Haltung von Europäern und Amerikanern bislang nicht vollständig realisiert wurde. 1995 wurde die WTO als dauerhafte multilaterale Handelsorganisation gegründet.

Seit den 1990er-Jahren steht die Weltwirtschaft unter dem Zeichen der Globalisierung, also der zunehmenden Verflechtung von Volkswirtschaften: Märkte für Waren, Dienstleistungen und Kapital wachsen auf einer übernationalen Ebene in einem vorher nie gekannten Ausmaß zusammen; zugleich findet eine zunehmende internationale Verknüpfung von Unternehmen und eine Intensivierung der internationalen Arbeitsteilung statt. Wesentlich unterstützt wird dieser Prozess durch die rasante Entwicklung neuer Kommunikations- und Informationstechnologien.

Folgen der Globalisierung

Das Zusammenwachsen der Märkte hat zur Folge, dass sich die Volkswirtschaften in einem weltweiten Standortwettbewerb befinden, der die wirtschaftliche und technologische Führungsrolle der westlichen Industrienationen zunehmend in Frage stellt.

Nach dem Zusammenbruch des sowjetischen Herrschaftssystems standen Unternehmen im Osten Europas günstige Arbeitskräfte zur Verfügung, was etwa in der Textilindustrie zu einer massiven Verlagerung von Arbeitsplätzen führte.

Mit der Volksrepublik China öffnete sich westlichen Untenehmen ein günstiger Produktionsstandort und ein riesiger Absatzmarkt. Die Entwicklung mancher Länder der Dritten Welt, wie etwa Indien, stellt mittlerweile sogar den lange Zeit unangefochtenen Vorsprung der westlichen Industrienationen im Bereich der Spitzentechnologien in Frage.

Die Globalisierung in der Diskussion

Befürworter sehen in der Globalisierung die Chance auf weltweite Wohlstandssteigerungen, weil der Wirtschaftsprozess so effizient wie nie zuvor organisiert werden kann. Zudem verweisen sie darauf, dass nun auch bisher weitgehend vom technischen und ökonomischen Fortschritt ausgeschlossene Bevölkerungen der Dritten Welt mit einer Verbesserung ihrer Lebensbedingungen rechnen könnten.

Kritische Organisationen wie „Attac" bezweifeln hingegen, dass die ökonomischen Chancen der Globalisierung der Weltbevölkerung insgesamt zugute kommen werden und sehen allein die „Global Players" als Gewinner. Sie betonen etwa, dass manche Unternehmen ihre Produkte aus Kostengründen unter menschenunwürdigen Bedingungen in Ländern der Dritten Welt fertigen lassen. Darüber hinaus sehen Kritiker in einer allein von ökonomischen Faktoren geprägten Globalisierung eine Gefahr für die kulturelle Vielfalt und die ökologischen Lebensgrundlagen der Menschheit.

Die Globalisierungskritiker lehnen die weltweite Verflechtung unterschiedlichster Lebensbereiche und Aktivitäten an sich nicht ab, sie fordern aber alternative Formen der Globalisierung, die im Rahmen einer „global governance" auch sozialen, kulturellen und ökologischen Zielsetzungen Rechnung tragen sollen.

1 **Protest von Globalisierungsgegnern in Los Angeles (August 2000)**

In Los Angeles kam es im August 2000 zu Demonstrationen gegen die von der WTO vorangetriebene Liberalisierung der Weltwirtschaft.

Begriffe

- **WTO** (World Trade Organization, Welthandelsorganisation): Die Welthandelsorganisation ersetzte 1995 das GATT. Sie sollte die Liberalisierung des Welthandels fortführen und Streitfragen im Handelsverkehr zwischen den Mitgliedstaaten beilegen **(siehe S. 172)**.
- **Globalisierung** (engl. globalisation; franz. mondialisation/globalisation): Weltweite Vernetzung wirtschaftlicher Aktivitäten und Strukturen (Management, Produktion und Vertrieb), die von einer nicht mehr national geprägten Logik des Marktes bestimmt wird.
- **Internationale Arbeitsteilung:** Weltweite geografische Verteilung wirtschaftlicher Aktivitäten, die sich an den Standortvorteilen bestimmter Länder orientiert (z. B. günstige Arbeitskräfte für die Textilindustrie in China).
- **Global Players** (multinationaler Konzern): Konzern mit weltweiter Präsenz auf den Absatzmärkten und in der Regel auch mit internationalen Produktionsstandorten.
- **Globalisierungskritiker:** Bewegungen, die eine vorwiegend an ökonomischen Interessen orientierte Liberalisierung der Weltwirtschaft ablehnen und alternative (stärker an sozialen, kulturellen und ökologischen Belangen orientierte) Formen der Globalisierung fordern. Im Französischen hat sich dafür der Begriff „altermondialisme" (Bewegung für eine alternative Globalisierung) etabliert.
- **Global Governance** (Weltordnungspolitik): Kooperative Gestaltung der Globalisierung durch staatliche und nichtstaatliche Akteure (z. B. UNO, Nichtregierungsorganisationen), die im Interesse der Weltbevölkerung ein Gegengewicht zur rein ökonomischen Entwicklungslogik der globalisierten Märkte bilden soll.

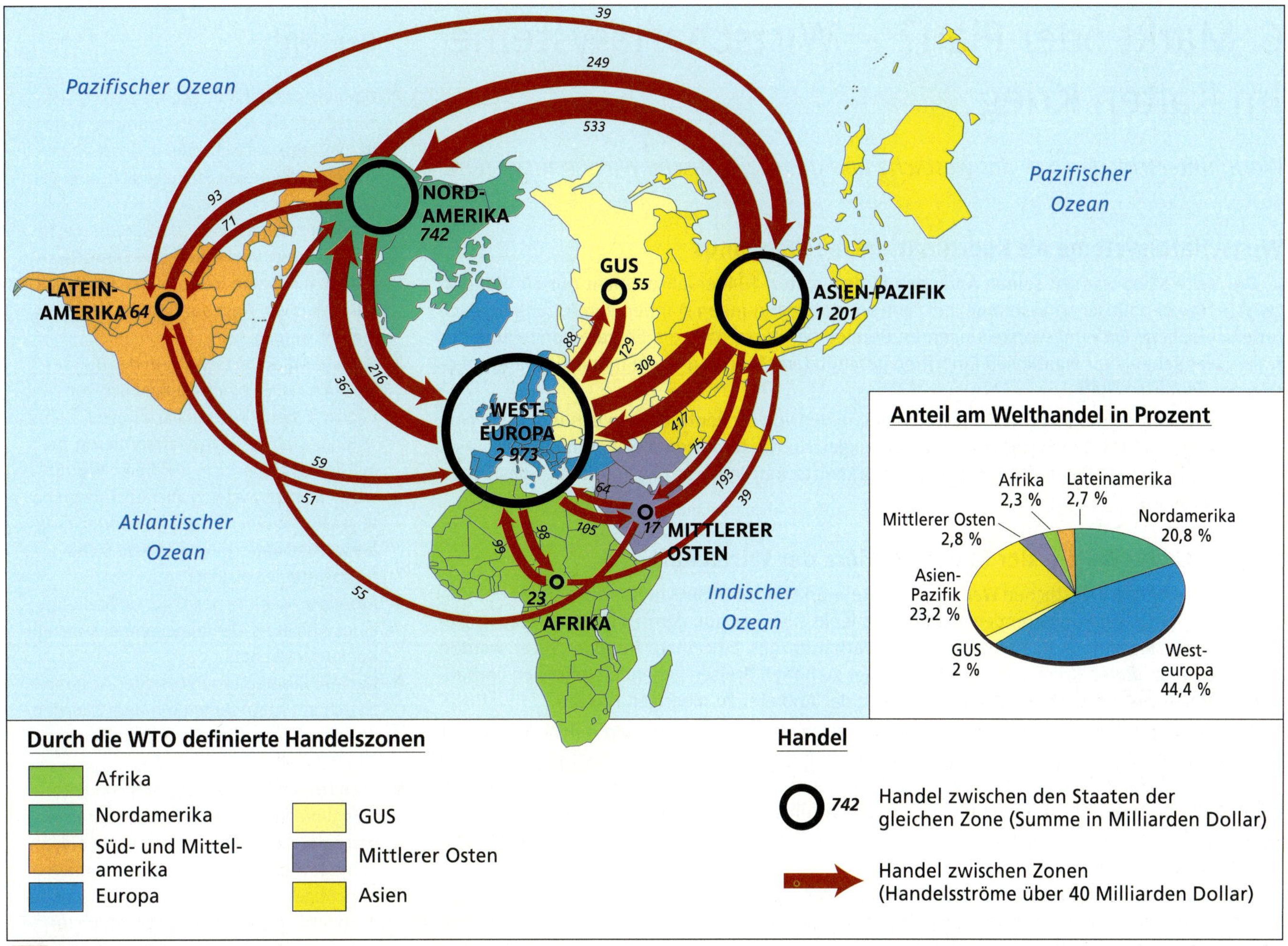

2 **Weltumspannende Handelsströme (2002)**

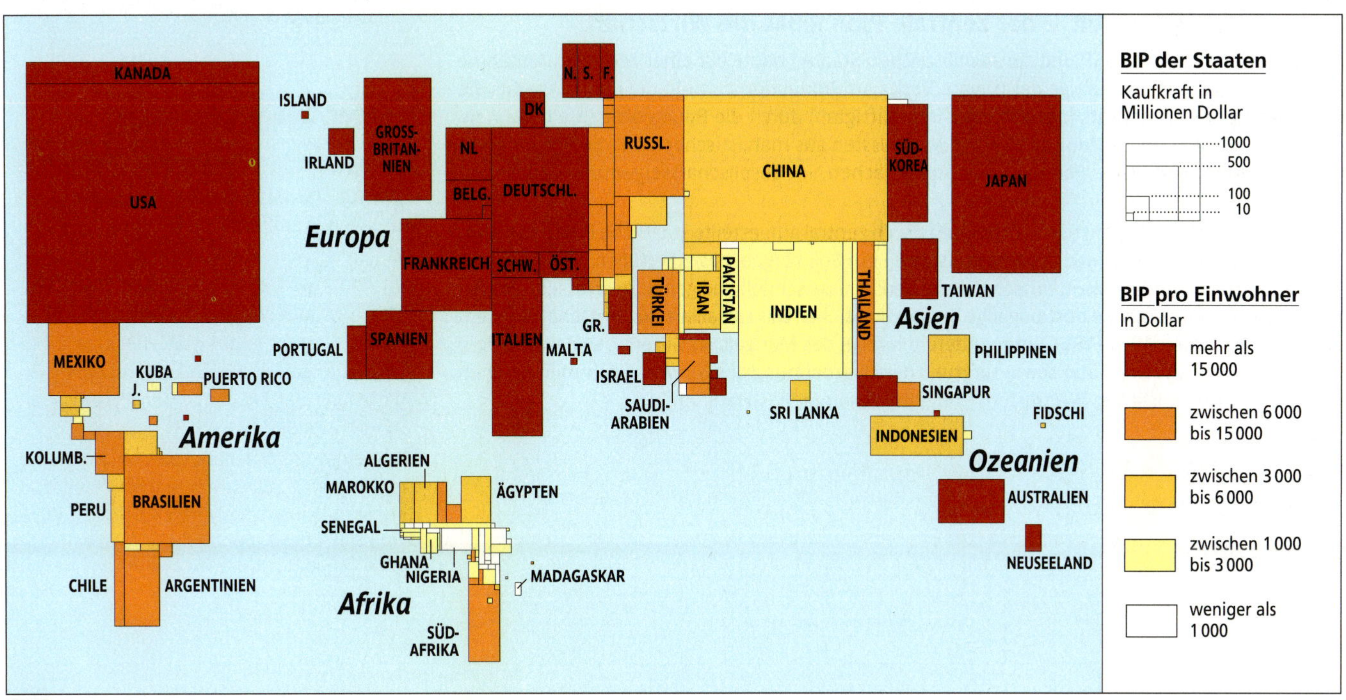

3 **Die Verteilung des Wohlstands (2001)**

6. Markt oder Plan? – Wirtschaftssysteme im Kalten Krieg

Worin unterschieden sich das westliche und das sozialistische Wirtschaftssystem?

Wirtschaftssysteme als Koordinationsmechanismus

Der Kalte Krieg war seit seinen Anfängen in den späten 1940er-Jahren nicht nur ein Konflikt zwischen zwei politischen Systemen; im Zentrum der Spannungen standen von Anfang an auch unterschiedliche Ordnungsvorstellungen im Bereich der Wirtschaft: die liberale Vorstellung des freien, weitgehend vor staatlichen Eingriffen geschützten Marktes und die marxistische Konzeption der Planwirtschaft.

Die Sowjetunion war seit Kriegsende bestrebt, in den von ihr kontrollierten Ländern möglichst rasch planwirtschaftliche Systeme zu etablieren; gleichzeitig förderten die USA durch Hilfsangebote wie den Marshallplan die Entwicklung marktwirtschaftlicher Strukturen in der westlichen Welt (siehe S. 54).

Die westliche Welt – der Markt als Herz der Wirtschaft

Die Wirtschaft der westlichen Welt ist bis heute marktwirtschaftlich organisiert. Unter der Voraussetzung einer funktionierenden Konkurrenz lenkt hier der aus dem freien Spiel der Kräfte resultierende Marktpreis das wirtschaftliche Verhalten des Einzelnen. Knappe Güter werden infolge einer größeren Konkurrenz der Nachfrager zu hohen Preisen gehandelt, reichlich vorhandene Güter aufgrund einer stärkeren Konkurrenz der Anbieter zu niedrigen Preisen.

Der Marktpreis liefert die Information darüber, welche Güter besonders und welche kaum oder gar nicht benötigt werden. Konsumenten werden durch den niedrigeren Preis motiviert, reichlich vorhandene Güter zu kaufen, während Produzenten aufgrund hoher Marktpreise motiviert sind, die Produktion knapper Güter auszubauen. Zugleich führt der Wettbewerb zwischen den Produzenten zu Qualitätssteigerung und Preissenkung. So soll eine bestmögliche Versorgung eines Landes gewährleistet werden.

Dieses Grundkonzept wurde insbesondere im 20. Jahrhundert ergänzt. So sorgte etwa im deutschen System der sozialen Marktwirtschaft der Staat für einen funktionierenden Markt, indem er Monopole und Kartelle verhinderte und seine Bürger durch soziale Sicherungssysteme in Notlagen unterstützte.

Die sozialistische Welt – der zentrale Plan lenkt die Wirtschaft

Die Wirtschaft der UdSSR und der sozialistischen Staaten baute auf einer zentralen Annahme des Marxismus auf, der zufolge der private Besitz an Produktionsmitteln die Grundlage für die Ausbeutung des Proletariats (der abhängig Beschäftigten) durch die Bourgeoisie (die Unternehmer) sei. Um diese Ausbeutung zu überwinden mussten aus marxistischer Sicht die Produktionsmittel, wie beispielsweise Fabriken und Ackerflächen, in Gesellschaftseigentum verwandelt werden.

Gelenkt wurde die sozialistische Wirtschaft durch zentral aufgestellte staatliche Pläne, die Wirtschaftszweigen und einzelnen Produktionsstätten ein Soll vorgab, das zu erfüllen war. Insbesondere wegen der Unmöglichkeit, wirtschaftliche Bedürfnisse schnell und genau zu erfassen, stellten die Planvorgaben selten die bestmögliche Versorgung sicher. Das sozialistische Wirtschaftssystem brach in den Jahren 1989–1991 unter anderem infolge des Mangels an Gütern bei gleichzeitiger Überproduktion anderer Güter sowie aufgrund der Überdehnung des wirtschaftlich-militärischen Komplexes im Rahmen des Wettrüstens endgültig zusammen (siehe S. 78).

Begriffe

- **Planwirtschaft:** Im Gegensatz zur Marktwirtschaft die Wirtschaftsordnung, in der das gesamte wirtschaftliche Geschehen von einer zentralen Stelle geplant und gelenkt wird.
- **Marktwirtschaft:** Wirtschaftsordnung, in der die Preise von Waren und Dienstleistungen auf einem freien Markt durch das Verhältnis von Angebot und Nachfrage bestimmt werden.
- **Soziale Marktwirtschaft:** In der Bundesrepublik Deutschland maßgeblich von Ludwig Erhard (Wirtschaftsminister 1949–1963) gestaltete Wirtschaftsordnung, die auf dem Grundprinzip des freien Wettbewerbs basiert, zugleich aber auch begrenzte staatliche Eingriffe zur Gewährleistung dieses Wettbewerbs und soziale Sicherungssysteme vorsieht.
- **Monopol:** Marktbeherrschende Stellung eines Anbieters, der keine nennenswerten Konkurrenten hat.
- **Kartell:** Zusammenschluss oder Absprache zwischen Unternehmen mit dem Ziel, den Wettbewerb zu ihren Gunsten außer Kraft zu setzen.
- **Marxismus:** Auf den Schriften von Karl Marx und Friedrich Engels basierende ökonomische Gesellschaftstheorie, die die Menschheitsentwicklung als einen mehrschichtigen zielgerichteten Prozess von der Ausbeutung über den Klassenkampf zur Befreiung in der klassenlosen Gesellschaft (Kommunismus) sieht. Der Sozialismus der Volksdemokratien galt als Vorstufe dieser klassenlosen Gesellschaft.

Fragen und Anregungen

1. Stellen Sie die Unterschiede zwischen Marktwirtschaft und Planwirtschaft tabellarisch gegenüber.
2. Vergleichen Sie die Rolle des Einzelnen im marktwirtschaftlichen und planwirtschaftlichen Wirtschaftsprozess. (M1–4)
3. Wie unterscheidet sich die Idee einer Wirtschaftsethik in den Texten Ludwig Erhards und der Akademie der Wissenschaften der UdSSR? (M1 und 3)
4. Welche Vorteile und welche Probleme ergeben sich aus einem marktwirtschaftlichen und einem planwirtschaftlichen Wirtschaftssystem? (M1–4)

1 Für einen freien Markt

Ludwig Erhard, deutscher Wirtschaftsminister (1949–1963) und Vater der sozialen Marktwirtschaft, erläutert seine ökonomischen Grundpositionen:

Das den Laien fast geheimnisvoll anmutende Walten einer freien Volkswirtschaft beginnt eben dort, wo wir die Frage stellen, wie es eigentlich zustande kommt, dass bei uns Millionen Verbraucher in eigener Konsumwahl jeweils gerade das auf dem Markt vorfinden, was sie begehren. […]

Der gesellschaftliche Verbrauch ist in einer ständigen Umformung begriffen, und trotzdem muss das Angebot immer die Nachfrage aufsaugen können. Dieses „Kunststück" ist überhaupt nur dadurch zu vollbringen, dass jeder Unternehmer um seiner Existenzerhaltung willen gar keinen anderen Ehrgeiz […] haben kann, als im Markte „richtig zu liegen", die Gunst des Verbrauchers nicht einzubüßen und immer etwas Besseres an ihn heranzutragen, um sich im Wettbewerb gegen den Mitanbieter zu behaupten. In diesem Ringen um die Marktposition lässt sich die Funktion des freien Preises einfach nicht ausschalten. […]

Wenn dann selbst im Verlauf dieses Prozesses einmal auf Gewinne verzichtet werden muss oder gar Verluste entstehen, so hat es sich doch immer wieder erwiesen, dass eine freie Unternehmungswirtschaft ein fast unglaubliches Maß an Anpassungsfähigkeit besitzt, und dass es gerade dieses „Sich-bewährenmüssen" im Markte ist, welches den wirtschaftlichen Fortschritt verbürgt und die Vorteile der höheren Leistungskraft immer auch dem Verbraucher, d. h. dem Volke in seiner Gesamtheit zugute kommen lässt. […]

Der Unternehmer kann zu der moralischen Unterbauung seiner Position nichts Besseres tun, als sichtbar bereit zu sein, das Risiko in seiner ganzen Konsequenz zu tragen.

Ludwig Erhard, Wohlstand für alle.
Düsseldorf, München 1957, S. 185 f. und 190.

2 Planwirtschaft in der DDR

Propagandaplakat für den Ersten Fünfjahrplan der DDR (1952). Dargestellt ist der Generalsekretär der SED, Walter Ulbricht, im Gespräch mit Jugendlichen. Der Aufbau der Schwerindustrie war das zentrale Ziel des Ersten Fünfjahrplans der DDR.

3 Neue Moral und Arbeitsproduktivität

Die Akademie der Wissenschaften der UdSSR erläutert 1958 die moralischen Leitvorstellungen des Kommunismus:

Die kommunistische Moral als die Moral der Klasse, die das Privateigentum beseitigt und die Gesellschaft auf der Grundlage des gesellschaftlichen Eigentums an den Produktionsmitteln aufbaut, ist eine mächtige Kraft im Kampf gegen Individualismus und Egoismus. […] in der Arbeit für das Wohl der Gesellschaft, im Kampf für das gemeinsame Glück, für das Glück des Volkes, die Hauptbedingung ihres persönlichen Glücks, in den allgemeinen Interessen ihr höchstes persönliches Interesse zu sehen […] „Der Kommunismus beginnt dort", schrieb Lenin, „wo einfache Arbeiter in selbstloser Weise, unter Überwindung harter Arbeit sich Sorgen machen um die Erhöhung der Arbeitsproduktivität, um den Schutz [aller] Produkte, die nicht den Arbeitenden persönlich und nicht den ihnen ‚Nahestehenden' zugute kommen, sondern ‚Fernstehenden', d. h. der ganzen Gesellschaft in ihrer Gesamtheit" […]. Diese Sorge ist die tiefste Grundlage jeder kommunistischen Sittlichkeit.

Akademie der Wissenschaften der UdSSR (Hg.),
Grundlagen der marxistischen Philosophie. Berlin 1959, S. 622 f.

4 Die Nachfrage steuert die Produktion

Fließbandproduktion im amerikanischen Detroit, Anfang der 1950er-Jahre.

Dossier: Der Sozialstaat in der Krise

Die Idee einer solidarisch organisierten Absicherung der Bevölkerung war bis weit in das 20. Jahrhundert hinein ein in großen Teilen Europas, insbesondere in Frankreich und Deutschland, weitgehender gesellschaftlicher Konsens.

Staatliche Unterstützung im Falle von Krankheit oder Arbeitslosigkeit galt als ebenso selbstverständlich wie das weitgehend in der Verantwortung des Staates liegende System der Rentenversicherung.

Mit den ökonomischen Krisen sowie dem internationalen Standortwettbewerb im Rahmen der Globalisierung kam allerdings die Frage auf, ob der Sozialstaat in seiner gewachsenen Form noch zu finanzieren sei.

1 Die Anfänge des Sozialstaates

Der 1942 in Großbritannien veröffentlichte und in 600 000 Exemplaren vertriebene Beveridgeplan preist den Aufbau der Sozialversicherung. Er gehört zu den Gründertexten des Sozialstaates. In der Einleitung legt Beveridge die drei seinem Plan zugrunde liegenden Prinzipien dar.

Der erste Grundsatz geht dahin, dass alle Vorschläge für die Zukunft, obgleich sie die in der Vergangenheit gesammelten Erfahrungen voll ausnützen sollen, durch Rücksichtnahme auf Sonderinteressen, welche bei der Gewinnung dieser Erfahrungen entstanden sind, nicht behindert werden dürfen. Nun, da der Krieg Grenzmarken aller Art zum Verschwinden bringt, ist die Gelegenheit da, Erfahrungen auf freier Bahn auszuwerten. Ein revolutionärer Augenblick in der Weltgeschichte ist eine Zeit für Revolutionen, nicht für Flickarbeiten.

Der zweite Grundsatz lautet, dass die Organisation der Sozialversicherung lediglich als Teil einer umfassenden Politik sozialen Fortschritts behandelt werden soll. Voll entwickelt kann die Sozialversicherung Sicherheit des Einkommens gewähren; sie ist ein Angriff auf die Not. Die Not ist jedoch nur einer der fünf Riesen auf dem Weg zum Wiederaufbau, und in mancherlei Hinsicht der am leichtesten anzugreifende. Die anderen sind Krankheit, Unwissenheit, Schmutz und Müßiggang.

Der dritte Grundsatz ist: Soziale Sicherheit muss durch Zusammenarbeit zwischen dem Staat und dem Individuum erlangt werden. Der Staat soll Sicherheit für Leistung und Beitrag bieten. Bei der Organisierung der Sicherheit soll der Staat nicht Initiative, Gelegenheit und Verantwortlichkeit ersticken; unter Gewährleistung einer im ganzen Lande gültigen Mindestversorgung soll er es dem Einzelnen überlassen und ihn dazu anspornen, durch freiwillige Handlungen sich und seiner Familie mehr als dieses Minimum zu sichern.

William Beveridge, Der Beveridgeplan.
Sozialversicherung und verwandte Leistungen.
Zürich, New York 1943, S. 11.

2 Die Krise des Sozialstaates

Der französische Historiker Pierre Rosanvallon geht davon aus, dass sich der Sozialstaat seit den 1970er-Jahren in einer Krise befindet. Diese Krise hat ihre Ursachen in bestimmten politischen Annahmen (dem Staat wird im sozialen Bereich eine geringe Problemlösungskompetenz zugetraut); sie wird aber auch auf philosophische (der Sozialstaat arbeitet wie eine "Entschädigungsmaschine", die einen sozialen Ausgleich schafft) und ökonomische Gründe zurückgeführt, die nachfolgend erläutert werden.

Der Sozialstaat ist krank. Die Diagnose ist einfach: Die Gesundheits- und Sozialausgaben steigen schneller als die Einnahmen. Deswegen stellt sich in allen industrialisierten Ländern seit 20 Jahren ein quälendes Finanzierungsproblem. Einzige Maßnahme, um die „Löcher“ zu stopfen: Erhöhung der Abgaben. Alle Experten richten momentan ihr Augenmerk auf das Verhältnis der Pflichtabgaben (Steuern und Sozialbeiträge) zum Bruttoinlandsprodukt (BIP). Es war in Frankreich bei 35 Prozent im Jahr 1970 [...], bis es 1990 die 45 Prozent-Marke überschritten hat.

Wie lange soll die Sache noch so weitergehen? Gefährden die steigenden Steuern und Sozialabgaben nicht die Wettbewerbsfähigkeit der Unternehmen und untergraben sie nicht die Wirtschaft? Diese Frage wird überall gestellt. Wenn die Dinge so bleiben, wird sich die Steigerung der Steuern und Abgaben unerbittlich fortsetzen. Wenn sie weiter im gegenwärtigen Maß steigen, werden die Gesundheitsausgaben in dreißig Jahren fast die gesamten Ressourcen der Haushalte aufbrauchen.

Sicher, eine unmögliche Situation, denn man muss sich weiter ernähren, wohnen, sich bilden und verteidigen. Aber diese Aussicht vermag durch ihre Absurdität zu beweisen, dass es nicht länger möglich ist, den gegenwärtigen Weg fortzusetzen.

Pierre Rosanvallon, La Crise de l'État-providence. Paris 1981.

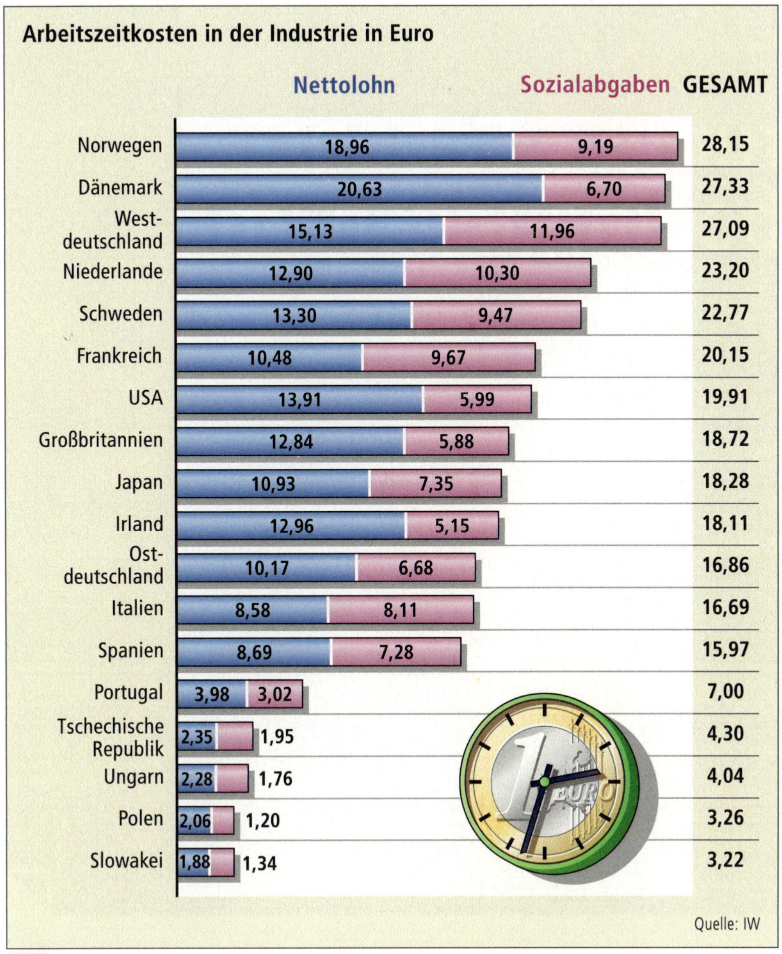

3 **Arbeitskosten im internationalen Vergleich (2003)**

„Hände weg von den Renten"

5 Am 7. Dezember 2003 demonstrierte eine Million Italiener in Rom gegen eine Rentenreform.

4 Sozialstaat: Deutsch-französische Übereinstimmungen

Der französische Wirtschaftsjournalist Erik Izraelewicz analysiert die Haltung von Franzosen und Deutschen angesichts der Krise des Sozialstaats:

Die Probleme der sozialen Sicherung stürzen die Bevölkerungen in denselben Abgrund von Ratlosigkeit und Angst. Übereinstimmende Sichtweisen und gemeinsame Verwirrung: das offenbart eine Untersuchung von Sofres und Emnid […].

Franzosen und Deutsche sind ihrer sozialen Sicherung gegenüber sehr positiv eingestellt. Sie sind sich des Privilegs, über das sie selbst im Vergleich zu benachbarten Industriestaaten verfügen, bewusst. […]

Franzosen und Deutsche vertrauen ihrer sozialen Sicherung, sind aber nicht weniger besorgt um deren Zukunft. Das ist eine der deutlichen Übereinstimmungen. 85 % der Franzosen und 81 % der Deutschen bezeichnen sich als „beunruhigt". Die Unsicherheit über die Finanzierung der Rentensysteme löst die größte Besorgnis aus. Auf beiden Seiten des Rheins analysieren die Menschen das Phänomen auf dieselbe Weise: Sie betrachten „Missbrauch und Verschwendung", „Alterung der Gesellschaft" und „wachsende Arbeitslosigkeit" als die zentralen Probleme des Sozialstaats. […]

Franzosen wie Deutsche sagen, sie seien von der Notwendigkeit einer Reform des Sozialstaats überzeugt. Sie befürworten dies im Prinzip, aber sie lehnen systematisch jede konkrete Maßnahme ab. Die einen wie die anderen loben die Vorsicht. […]

Klar in der Analyse ihrer Privilegien sind sich die Bevölkerungen beider Länder auch der Gefahren, die auf der Zukunft ihres Sozialstaats lasten, bewusst. Obwohl sie von der Notwendigkeit einer grundlegenden Reform überzeugt sind, weisen sie nichtsdestoweniger jeden der vorgeschlagenen Auswege zurück.

Übers. nach: Erik Izraelewicz, Le Monde, 20. September 1996.

Fragen und Anregungen

1. Welche zentralen Probleme des Sozialstaates lassen sich anhand der Materialien erkennen?
2. Welche Folgen ergeben sich aus der Krise der Sozialstaaten in Europa?

Kapitel 12

Die Weltbevölkerung – Lebensstile und Lebensbedingungen im Wandel

Die Zeit nach 1945 war durch ein rasantes Bevölkerungswachstum und einen Wandel der Gesellschaftsstrukturen gekennzeichnet. Zugleich änderten sich Lebensbedingungen, Lebensstile und Formen des Zusammenlebens. Diese Veränderungen waren in wechselseitiger Wirkung eng verknüpft mit wirtschaftlichen Entwicklungen.

Die Auswirkungen reichten bis in das private Leben der Menschen und prägen die heutigen politischen, wirtschaftlichen und sozialen Strukturen – und auch Probleme.

- Welche sozialen Veränderungen kennzeichneten die letzten Jahrzehnte?
- Welche Zukunftsperspektiven ergeben sich aus ihnen?

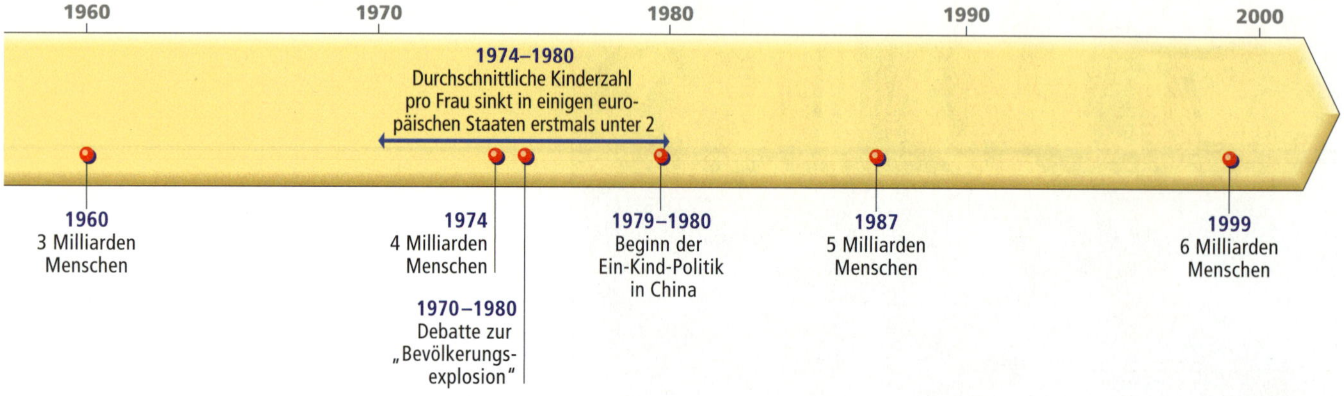

1

Begrenzung des Bevölkerungswachstums in den Ländern der Südhalbkugel

Kampagne zur Geburtenkontrolle des Department of Health and Family Welfare des indischen Bundesstaates Westbengalen.

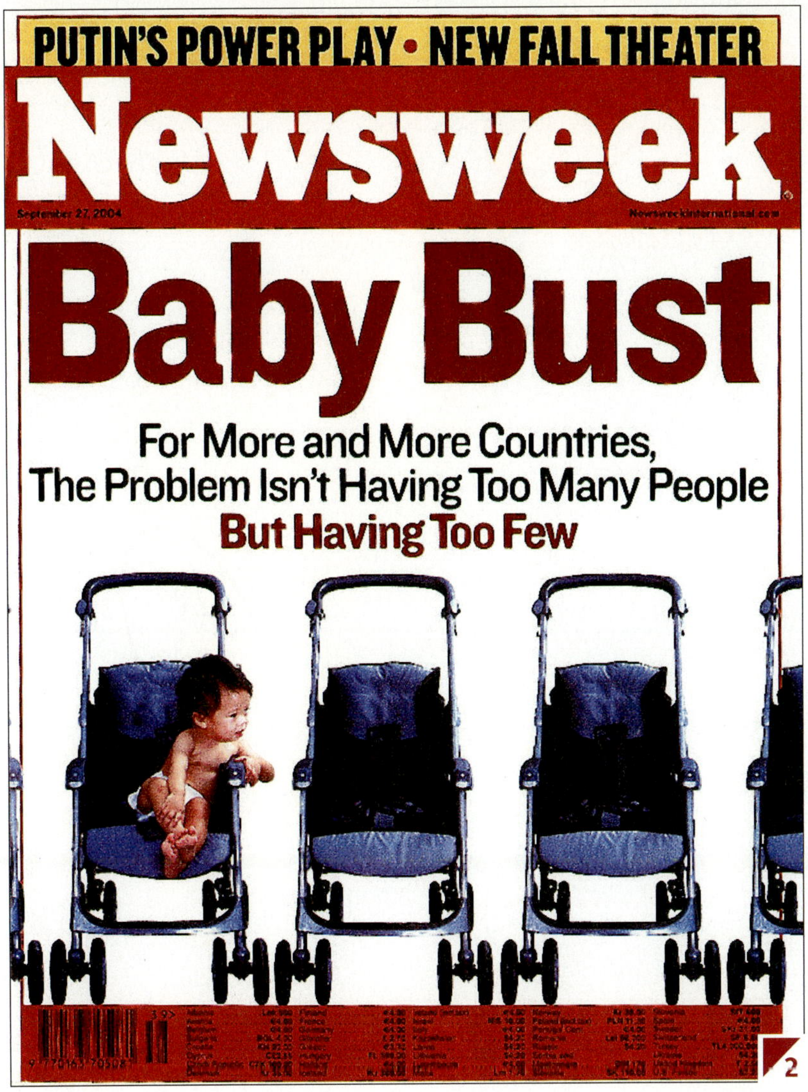

2

Rückgang des Bevölkerungswachstums in den Ländern der Nordhalbkugel

Titelseite der „Newsweek", 27. September 2004.

Die Bevölkerung der Erde

Die Weltbevölkerung ist im 20. Jahrhundert dramatisch gewachsen. Diese Entwicklung ist mit enormen sozialen und ökonomischen Problemen verbunden, die zum Aufkommen des Schlagwortes „Überbevölkerung" führten.

Eine hohe Bevölkerungsdichte ist nicht nur ein Indikator für hoch entwickelte Industrieregionen mit hoher Wirtschaftskraft, sie geht häufig auch mit Armut und Unterentwicklung einher.

Anregung

- Identifizieren Sie die Regionen mit der höchsten Bevölkerungsdichte und stellen Sie eine Verbindung zum ökonomischen Entwicklungsstand dieser Regionen her.

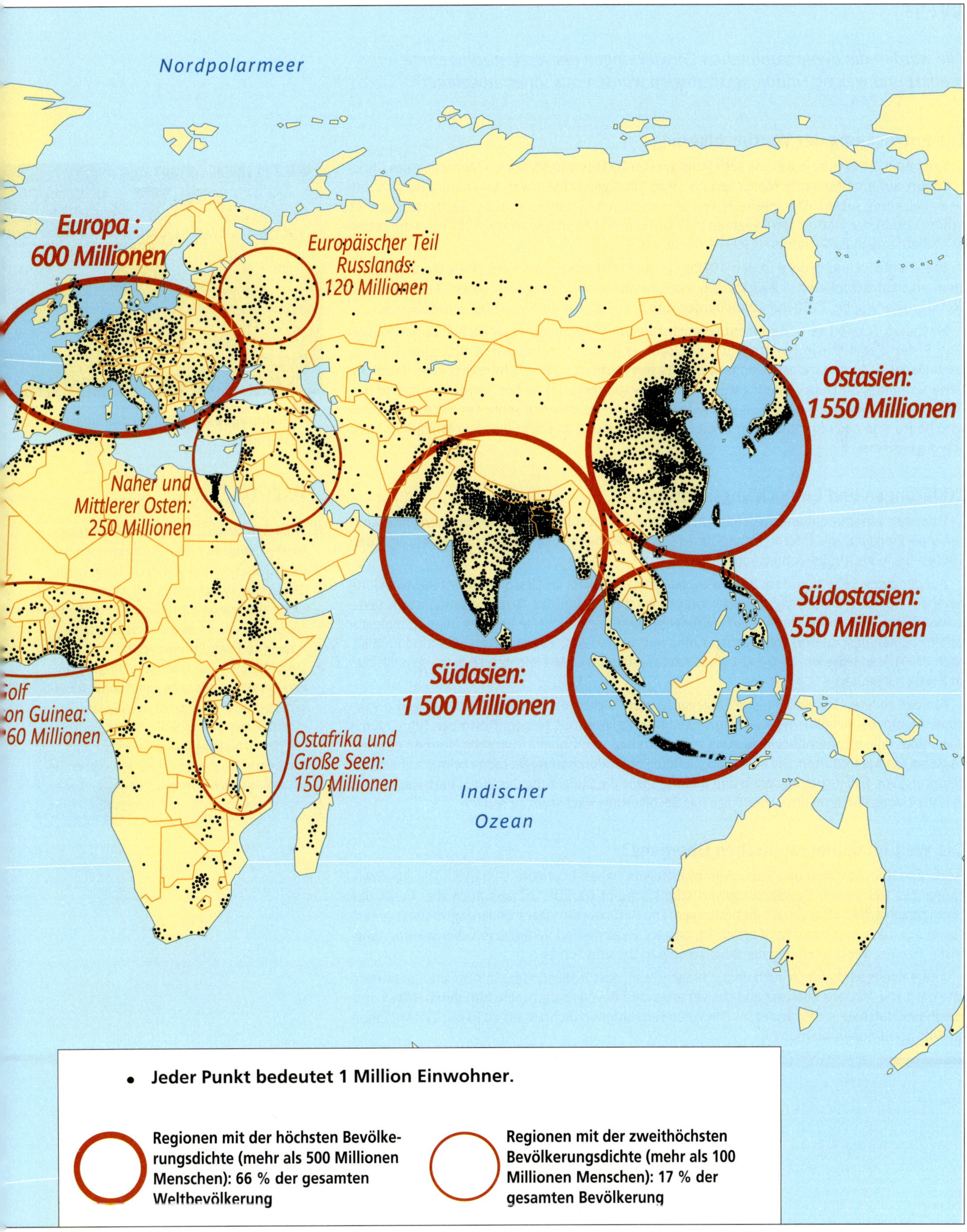

- Jeder Punkt bedeutet 1 Million Einwohner.

Regionen mit der höchsten Bevölkerungsdichte (mehr als 500 Millionen Menschen): 66 % der gesamten Weltbevölkerung

Regionen mit der zweithöchsten Bevölkerungsdichte (mehr als 100 Millionen Menschen): 17 % der gesamten Bevölkerung

1. Die demographische Entwicklung der Welt

Wie wurden die demographischen Entwicklungen der letzten Jahrzehnte interpretiert und welche Handlungsstrategien wurden aus ihnen abgeleitet?

Die Entwicklung der Weltbevölkerung

Nachdem die Weltbevölkerung sehr langsam von 200 bis 400 Millionen Menschen um Christi Geburt auf eine Milliarde Menschen im Jahre 1804 gewachsen war, beschleunigte sich diese Entwicklung rasant: Die zweite Milliarde war nach 123 Jahren (1927), die dritte nach 33 Jahren (1960), die vierte nach 14 Jahren (1974), die fünfte nach 13 Jahren (1987) und die sechste Milliarde nach zwölf Jahren (1999) erreicht.

Diese Entwicklung wurde in den 1970er- und 1980er-Jahren als eine „Bevölkerungsexplosion“ mit katastrophalen Auswirkungen interpretiert – man ging von einem Ansteigen der Weltbevölkerung bis 2050 auf 12 Milliarden und bis 2100 auf 24 Milliarden Menschen aus.

Nachdem das weltweite Bevölkerungswachstum um 1970 mit einer jährlichen Zunahme von zwei Prozent sein Maximum erreicht hatte, sank es jedoch kontinuierlich auf heute 1,2 Prozent. Dabei ist in den Industrieländern bereits seit Mitte des 20. Jahrhunderts eine deutliche Verlangsamung (in Deutschland gar ein Bevölkerungsrückgang) zu beobachten, während insbesondere die Bevölkerung Afrikas und Asiens nach wie vor deutlich schneller wächst. Bis 2050 wird heute – je nach Szenario – mit einer Weltbevölkerung von acht bis zehn Milliarden Menschen gerechnet.

1 Kampagne zur Familienplanung in Indien

Erklärungen und Entwicklungsstrategien

Über den Zusammenhang zwischen Entwicklung und Bevölkerungswachstum herrschte weitgehende Einigkeit; die Interpretation dieses Zusammenhangs war aber insbesondere von den 1960er- bis in die 1990er-Jahren kontrovers.

Auf der einen Seite wurde ein hohes Bevölkerungswachstum als Ursache für Unterentwicklung gesehen, weil es die Nahrungsmittelversorgung erschwere und das Wirtschaftswachstum überkompensiere. Hieraus wurde eine auf Familienplanung ausgerichtete Entwicklungsstrategie abgeleitet. Einen besonderen Weg bestritt China mit der 1979/80 eingeführten „Ein-Kind-Politik“, nach der Paaren lediglich die Geburt eines Kindes erlaubt war. Mit leichten Lockerungen gilt diese Politik bis heute.

Auf der anderen Seite stand eine entgegengesetzte Sichtweise: Unterentwicklung galt als Ursache für starkes Bevölkerungswachstum, weil materielle Armut zu dem Bestreben führe, durch viele Kinder die eigene Altersversorgung zu sichern und traditionelle kulturelle Normen eine hohe Geburtenrate förderten. Die daraus abgeleitete Entwicklungsstrategie setzte primär auf die Verbesserung von Lebensbedingungen und Bildung sowie die Steigerung des Wirtschaftswachstums in Entwicklungsländern, um in der Folge das Bevölkerungswachstum zu senken.

Begriffe

- **Familienplanung:** Maßnahmen der Geburtenregelung, bei denen die Kinderzahl der ökonomischen und sozialen Situation der Eltern angepasst werden soll. Mittel sind unter anderem die Aufklärung über Verhütungsmethoden sowie die kostenlose Verteilung von Verhütungsmitteln.
- **Demographischer Übergang:** Phase starken Bevölkerungswachstums (hohe Geburten- und niedrige Sterberate), die von einem schwachen Bevölkerungswachstum vor dem Übergang (hohe Geburten- und Sterberate) zu einem erneut schwachen Bevölkerungswachstum nach dem Übergang (niedrige Geburten- und Sterberaten) führt.

Die Welt im demographischen Übergang?

Beide Erklärungsansätze und Entwicklungsstrategien haben bis heute Gültigkeit. Die Abschwächung des weltweiten Bevölkerungswachstums scheint darüber hinaus auch die These des „demographischen Übergangs“ zu bestätigen. Die Befürworter dieses Erklärungsmodells gehen davon aus, dass medizinischer Fortschritt, bessere Hygiene und veränderte Lebensweisen langfristig zu einer Verlangsamung des Bevölkerungswachstums führen.

Andererseits wird jedoch auch darauf hingewiesen, dass insbesondere in Afrika die Geburtenrate nach wie vor sehr hoch sei und das verlangsamte Bevölkerungswachstum durch Krisen, insbesondere durch Aids, begründet sei. Die Vereinten Nationen rechnen bis 2050 mit 278 Millionen an Aids gestorbenen Menschen.

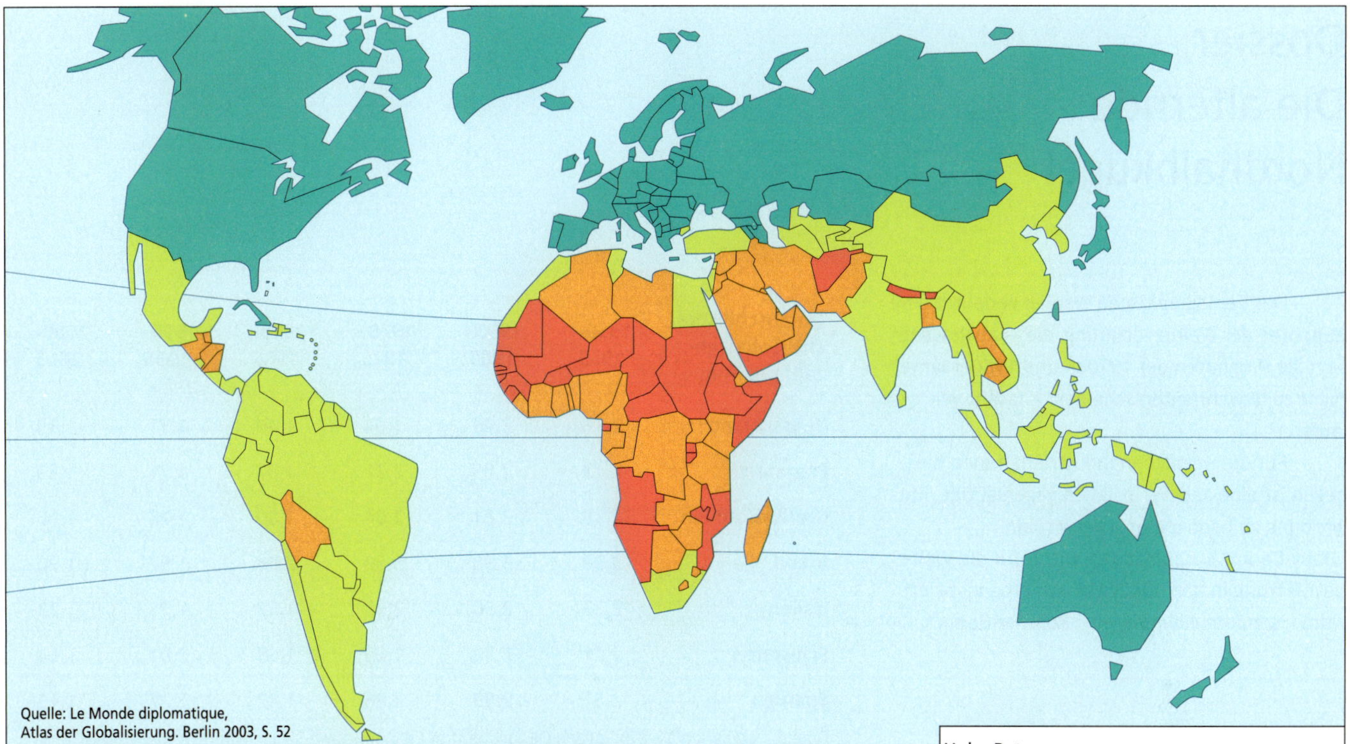

Quelle: Le Monde diplomatique, Atlas der Globalisierung. Berlin 2003, S. 52

Erste Phase

Das Anhalten einer hohen Geburtenrate und der allmähliche Rückgang der Sterberate führen zu hohen und zunehmenden Wachstumsraten.

- erste Phase, mit einer sehr hohen Kindersterblichkeit
- erste Phase, mit einer niedrigen Kindersterblichkeit

Zweite Phase

Die allmähliche Stabilisierung der Sterberate und der Rückgang der Geburtenrate führen zu einer Stagnation der Wachstumsraten.

Dritte Phase

Während die Sterberate nahezu stabil bleibt, löst der kontinuierliche Rückgang der Geburtenrate eine beträchtliche Senkung der Wachstumsrate aus. Das ist die Endphase des demographischen Übergangs.

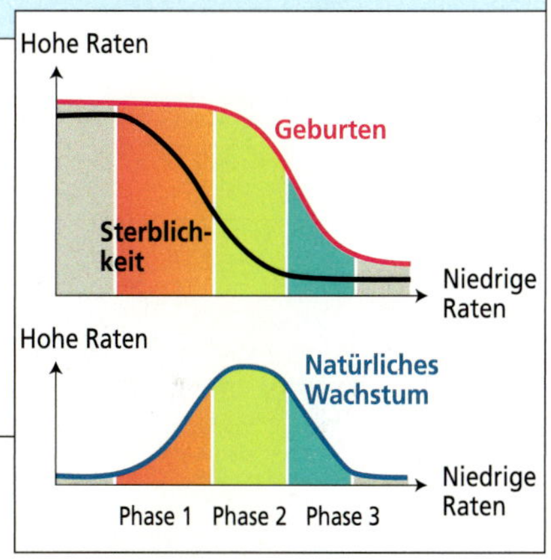

2 Der demographische Übergang

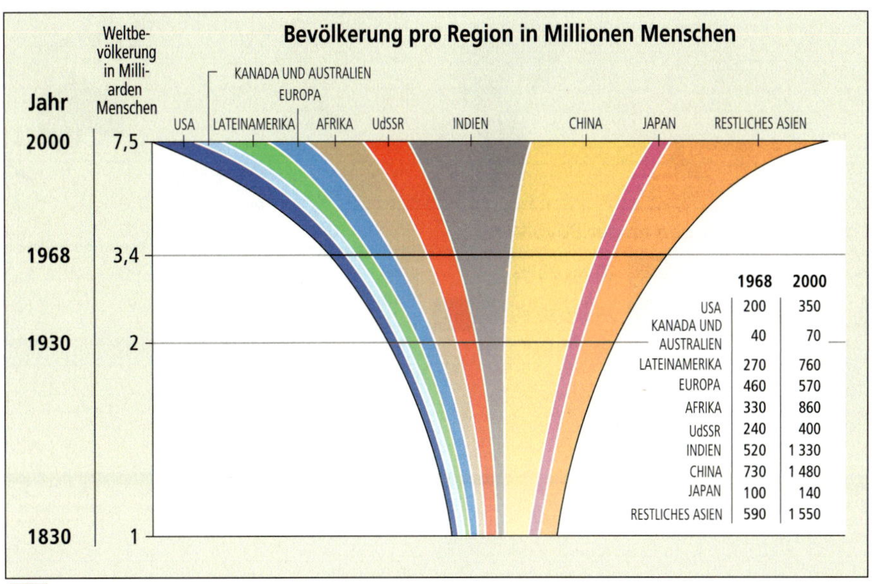

	1968	2000
USA	200	350
KANADA UND AUSTRALIEN	40	70
LATEINAMERIKA	270	760
EUROPA	460	570
AFRIKA	330	860
UdSSR	240	400
INDIEN	520	1 330
CHINA	730	1 480
JAPAN	100	140
RESTLICHES ASIEN	590	1 550

3 „Bevölkerungsexplosion" – eine Prognose aus dem Jahre 1974

Fragen und Anregungen

1. Skizzieren Sie die Bevölkerungsentwicklung der letzten 200 Jahre und beschreiben Sie die Prognose für eine künftige Entwicklung. (M3)
2. Vergleichen Sie die Prognosen zur Bevölkerungsentwicklung aus den 1970er- und 1980er-Jahren mit heutigen Prognosen. (M2 und 3)
3. Welche Erklärungsansätze und Strategien zur Lösung des Bevölkerungsproblems resultierten jeweils aus diesen Prognosen? (M1–3)
4. Erläutern Sie das Modell des demographischen Übergangs und leiten Sie aus ihm den Begriff der „nachholenden Entwicklung" ab. Welche Problematik liegt in diesem Begriff? (M2)

Dossier: Die alternde Nordhalbkugel

Der demographische Wandel bedeutet eine Zunahme der Weltbevölkerung, die – auch wenn sich die Prognosen der 1970er- und 1980er-Jahre nicht zu bewahrheiten scheinen – rasant verläuft.

Für die westlichen Industrienationen hingegen ist eine andere, in Teilen gegenläufige, Entwicklung zu beobachten. Hier ist kein „Baby-Boom" auszumachen, wie er für die Weltbevölkerung in den 1980er-Jahren prognostiziert wurde, sondern vielmehr ein „Rentner-Boom".

Durchschnittliche Geburtenzahl pro Frau	1950–1955	1960–1965	1970–1975	1980–1985	1990–1995	2000–2005
Deutschland[1]	2,16	2,49	1,64	1,46	1,31	1,35
Frankreich	2,73	2,85	2,31	1,87	1,71	1,89
Großbritannien	2,18	2,81	2,04	1,80	1,78	1,60
Irland	3,38	3,98	3,82	2,88	1,97	1,90
Italien	2,32	2,50	2,33	1,53	1,28	1,23
Schweden	2,21	2,32	1,89	1,65	2,01	1,64
Spanien	2,57	2,89	2,86	1,89	1,27	1,15

Quelle: Population Division of the Department of Economic and Social Affairs of the United Nations Secretariat, World Population Prospects: The 2002 Revision, 2003
[1] Seit 1990 einschließlich des Gebietes der ehemaligen DDR.

1 Geburtenraten in Europa

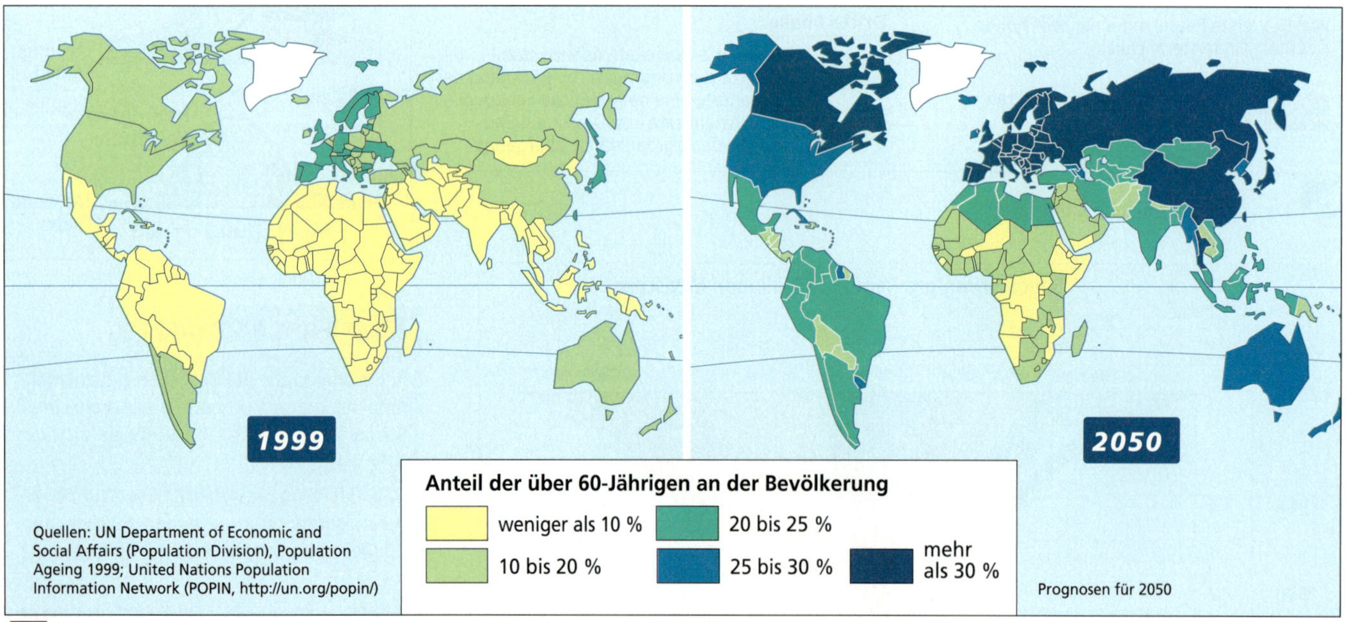

2 Anteil der über 60-Jährigen 1999 und 2050

In Jahren	1950–1955	1970–1975	1990–1995	2000–2005	2045–2050
Länder mit hohem Einkommen	66,5	71,6	76,4	78,4	83,1
Länder mit mittlerem Einkommen	47,5	62,1	67,5	69,8	77,3
Länder mit niedrigem Einkommen	38,5	48,4	56,3	58,4	70,2

Quelle: Population Division of the Department of Economic and Social Affairs of the United Nations Secretariat, 2003. World Population Prospects: The 2002 Revision. New York: Unites Nations

3 Lebenserwartung der Weltbevölkerung

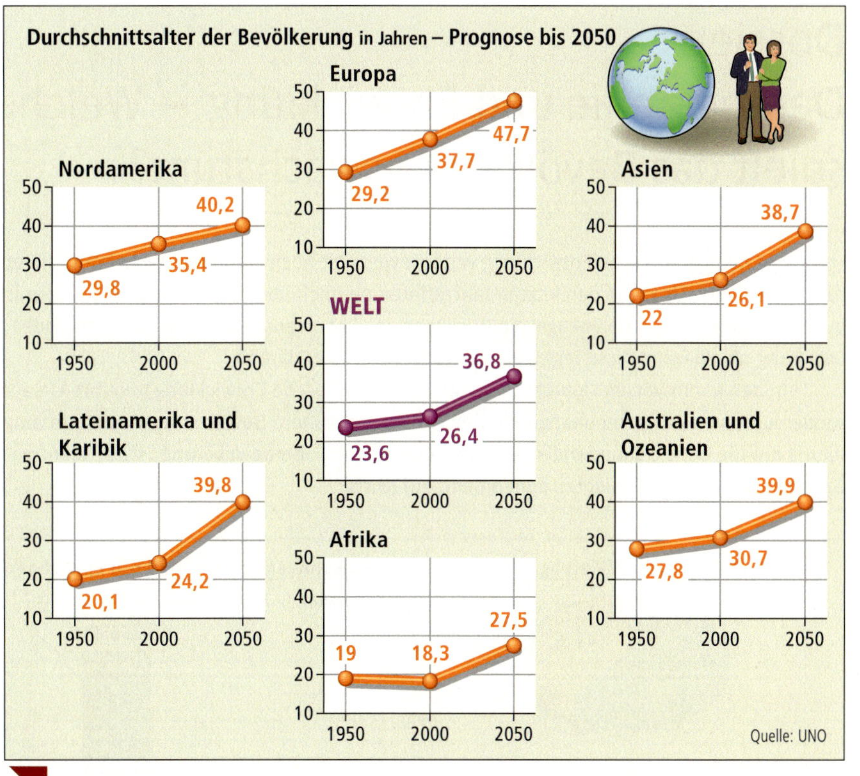

4 Die Welt altert

Der deutsche Rentenzahler der Zukunft

5 Die Zukunft des Rentensystems?

Deutsche Karikatur von Horst Haitzinger.

6 Wirtschaftliche Folgen der Alterung

Der deutsche Politologe und Soziologe Dieter Oberndörfer, geboren 1929, setzt sich in seinen Werken mit den Themen Migration und demographische Entwicklung sowie deren Folgen auseinander.

Um es auf eine einfache Formel zu bringen: Immer weniger junge Menschen werden für immer mehr Senioren arbeiten müssen. Während heute [in Deutschland] noch 4,4 Personen im erwerbsfähigen Alter auf eine Person im Alter von mehr als 65 Jahren entfallen (1950: 6,9 zu 1), wird sich diese Relation bis 2050 auf 1,8 zu 1 verändern. [...]

Die wirtschaftlichen Veränderungen der schnellen Verkleinerung des Binnenmarktes und der verringerten Nachfrage sind beängstigend. Die Zahl der Konsumenten nimmt um zirka 28 Prozent ab. Wenn heute in bestimmten Branchen der Wirtschaft die Nachfrage nur um zwei bis drei Prozent zurückgeht, folgen regelmäßig Schließungen von Unternehmen, Kurzarbeit und Entlassungen. [...]

Bei sinkendem Wohlstand und steigendem Bedarf der öffentlichen Finanzen wird die Generationensolidarität durch schwere Konflikte belastet werden.

D. Oberndörfer, Nur Zuwanderung sichert den Wohlstand Deutschlands. Frankfurter Rundschau, 21. Januar 2002.

Fragen und Anregungen

1. Vergleichen Sie die statistischen Angaben zur demographischen Entwicklung in Europa mit der Entwicklung der Weltbevölkerung. Welches Bild ergibt sich daraus? (M1–4)

2. Erörtern Sie, welche Folgen sich aus der demographischen Entwicklung für die westlichen Industriegesellschaften ergeben können. (M5–6)

3. Inwieweit ist die Veränderung der Altersstruktur in den westlichen Gesellschaften ein Faktor, der die Krise des Sozialstaats (siehe S. 196) mitbedingt?

Dossier:
Demographie und Entwicklung – Welche Rolle spielt das Bevölkerungswachstum?

Die demographische Entwicklung verläuft weltweit höchst uneinheitlich: Während etwa die Bevölkerung Asiens und Afrikas in den letzten Jahrzehnten deutlich überproportional gewachsen ist, zeichnete sich in den Ländern der Nordhalbkugel ein Rückgang der Geburtenraten und ein zunehmendes Altern der Bevölkerung ab. Wie sind diese regionalen Unterschiede zu erklären?

In den kontroversen Debatten über die demographische Entwicklung und ihre Ursachen wird immer wieder auf einen Zusammenhang zwischen Armut und hohem Bevölkerungswachstum hingewiesen. Der häufig auf die Entwicklungsländer bezogene Begriff der „Überbevölkerung" stößt allerdings aus ethischen Gründen seit den 1980er-Jahren zunehmend auf Kritik.

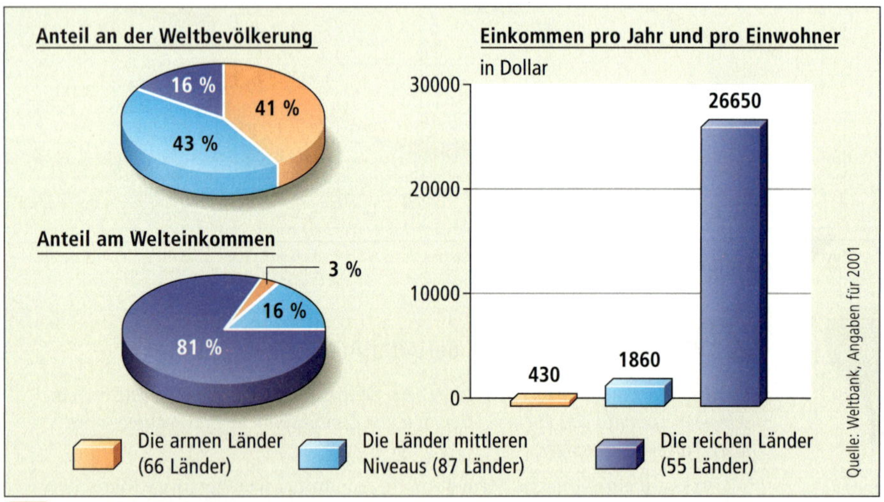

1 Die dreigeteilte Welt

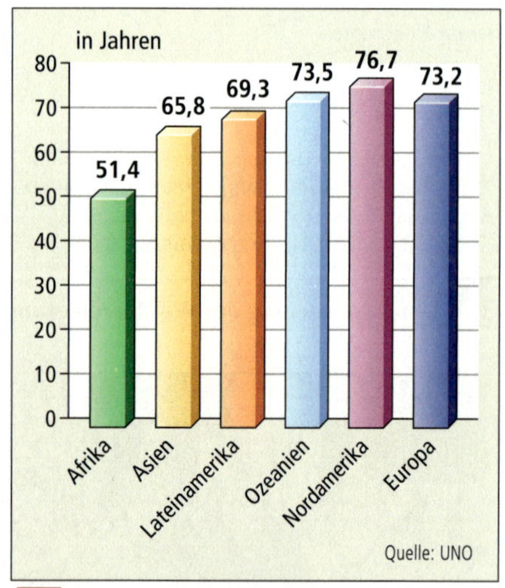

2 Lebenserwartung bei der Geburt

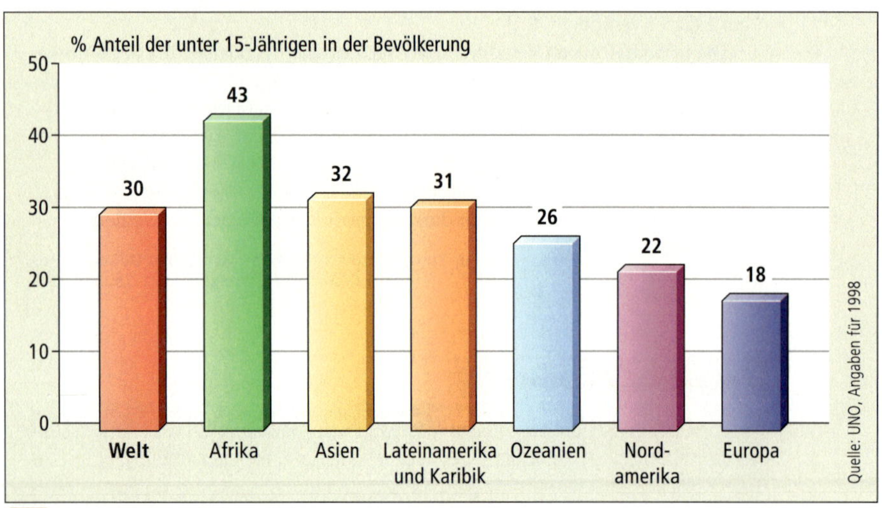

3 Die Kinder der Welt

Fragen und Anregungen

1. Analysieren Sie die statistischen Angaben. Welche Aussage zur Beziehung zwischen Wohlstand, Entwicklung und Bevölkerungsentwicklung lässt sich formulieren? (M1–4)

2. Vergleichen Sie diese Informationen mit den Aussagen von Lektion 1 (demographische Entwicklung): Welche Ursachen sind für die Unterschiede zwischen den Regionen der Welt auszumachen? (M1–4 und S. 202f.)

3. Welche Haltung nimmt Franz Nuscheler gegenüber dem Begriff der „Überbevölkerung" ein? (M5)

4. Inwiefern ist der Begriff der „Überbevölkerung" unter ethischen Gesichtspunkten problematisch?

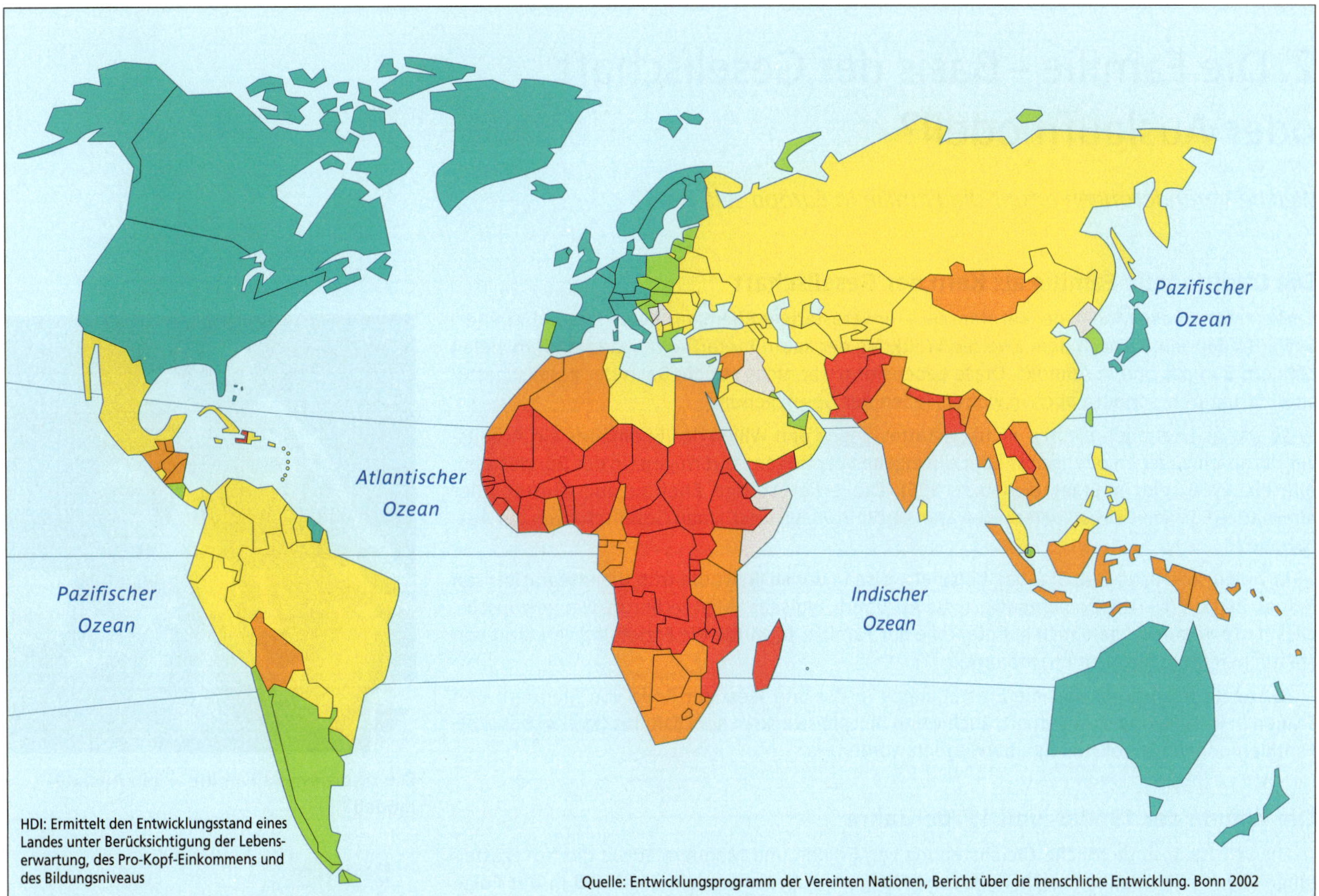

Human Development Index (HDI) 2000

- sehr hoch (höher als 0,9)
- hoch (von 0,8 bis 0,9)
- durchschnittlich (von 0,7 bis 0,8)
- schwach (von 0,5 bis 0,7)
- sehr schwach (unter 0,5)
- ohne Angaben

4 Der Index der menschlichen Entwicklung

5 „Überbevölkerung" – ein unangemessener Begriff?

Der deutsche Politikwissenschaftler Franz Nuscheler, geboren 1938, befasst sich schwerpunktmäßig mit Entwicklungspolitik und ist Direktor des Instituts für Entwicklung und Frieden an der Universität Duisburg-Essen. Er setzt sich kritisch mit dem Begriff der „Überbevölkerung" auseinander.

Wer von der „Überbevölkerung der Erde" spricht, will sagen, dass es schon zu viele Menschen auf der Erde gibt. Aber zu viel nach welchen Kriterien? […] Demographen sprechen von „Überbevölkerung", wenn die Bevölkerung eines Staates oder einer Region bei vorhandenen natürlichen Ressourcen, bei gegebenem Entwicklungsstand der Produktivkräfte, bei gewohntem Konsumverhalten und bei vorgefundener Sozialordnung nicht menschenwürdig leben kann.

Die so definierte Tragfähigkeit ist jedoch veränderbar, wenn sich die Produktionsverhältnisse, Konsumstandards und Verteilungsmuster ändern; sie erhöht sich, wenn sich die Menschen mit der Befriedigung der Grundbedürfnisse begnügen und auf Luxuskonsum verzichten; sie verringert sich, wenn die natürlichen Ressourcen durch umweltzerstörende Technologien geschädigt werden. Eine „relative Überbevölkerung" kann auch dann entstehen, wenn die ungerechte Verteilung von Boden Landknappheit erzeugt oder die Steigerung der landwirtschaftlichen Produktivität verhindert. […]

Nicht die Zahl der Menschen, sondern ihre Produktions- und Lebensweise entscheidet darüber, wie viel der vorhandene Boden ernähren kann; nicht einmal das Vorhandensein von Boden und Rohstoffen, sondern der Entwicklungsstand des Humankapitals entscheidet darüber, wie viele Menschen auf einem gegebenen Territorium ihr Auskommen finden können. […]

Bei Demografen und Ökologen ist die Annahme weit verbreitet, dass jeder zusätzliche Mensch eine Belastung für die Umwelt darstelle, weil er Energie, Wasser etc. verbrauche und Abfall erzeuge. Was so plausibel klingt, ist dennoch nur die halbe Wahrheit, weil ein neugeborener Europäer, Nordamerikaner oder Japaner die Umwelt mehr belastet als einige Dutzend neugeborener Afrikaner oder Inder. […]

Gemessen am Verbrauch von Energie und nicht erneuerbaren Ressourcen sowie an Schadstoffemissionen, die zu globalen Klimaveränderungen führen, ist die Frage des „Zuviel" an Menschen nicht an die 4,5 Mrd. Menschen in der Dritten Welt, sondern an die gute Mrd. Menschen in den reichen Industrieländern zu stellen, weil sie z. B. drei Viertel der Weltenergie verbrauchen und 68 Prozent des Kohlenmonoxids erzeugen.

F. Nuscheler, Lern- und Arbeitsbuch Entwicklungspolitik. Dietz Verlag, Bonn 1996[4], S. 212ff.

2. Die Familie – Basis der Gesellschaft oder Auslaufmodell?

Welche Veränderungen erfuhr die Familie in Europa seit 1945?

Die traditionelle Familie als Kern der Gesellschaft

Das traditionelle Modell der Kernfamilie – erwerbstätiger Ehemann, Hausfrau und Kind(er) – war in den Jahren nach dem Zweiten Weltkrieg der kaum hinterfragte Normalfall in vielen Ländern Europas und in Amerika. Diese Lebensform war nicht nur die Basis der gesellschaftlichen Strukturen, sondern auch in weiten Teilen der Gesetzgebung.

So war es Ehefrauen oftmals nicht gestattet, gegen den Willen des Ehemanns ein Arbeitsverhältnis einzugehen oder selbst über ein eigenes Vermögen zu verfügen (in der Bundesrepublik bis 1958 und in Frankreich bis 1965). Die erwerbstätige Ehefrau und Mutter oder alternative Formen der Partnerschaft waren somit in vielen westlichen Gesellschaften der Ausnahmefall.

In vielen sozialistischen Staaten, beispielsweise in der DDR, wurde früh die Integration von Frauen in das Erwerbsleben propagiert, die Ausübung typischer Männerberufe war gewünscht. Dies hatte Auswirkungen auch auf die Rolle der Familie, so wurde die Erziehung verstärkt von staatlichen Einrichtungen übernommen.

Bis heute beeinflusst dies die Einstellungen in Ost und West zur Rolle von Männern und Frauen in Familie und Gesellschaft, auch wenn beispielsweise in der DDR das patriarchalische Familienmodell nie vollständig überwunden worden war.

1 **Die traditionelle Familie – ein Auslaufmodell?**

Die Wende der 1960er- und 1970er-Jahre

Die schrittweise rechtliche Gleichstellung von Frauen und Männern sowie die Infragestellung vieler traditioneller Gesellschaftsvorstellungen, insbesondere im Zuge und in der Folge der „68er-Bewegung", führten zu einer langsamen Pluralisierung der Lebensformen in den westlichen Gesellschaften. So wurde die Formulierung, der Ehemann sei das Familienoberhaupt, in der Bundesrepublik 1958 und in Frankreich 1970 aus den Gesetzen gestrichen, die Rechtsstellung von Frauen bei Scheidungen verbessert (Bundesrepublik 1970, 1972 und 1977; Frankreich 1975) sowie das Adoptionsrecht modernisiert (Frankreich 1966, Bundesrepublik 1977).

Die seit Mitte der 1960er-Jahre aufkommenden Zweifel an politischen und sozialen Konventionen und die daraus resultierenden Proteste der „Achtundsechziger" wurden begleitet von neuen Lebens- und Wohnformen insbesondere innerhalb der Studentenschaft. Das Zusammenleben in Wohngemeinschaften war ebenso wie die „sexuelle Befreiung" Ausdruck eines sich wandelnden Lebensgefühls.

Pluralität der Lebensformen

Mit diesen Entwicklungen ging eine Veränderung der familiären und beruflichen Rollenverteilung einher. So ist die Berufstätigkeit der Frauen, gefördert beispielsweise durch Teilzeitmodelle für beide Ehepartner, zu einer Selbstverständlichkeit geworden und neue Formen des Zusammenlebens haben sich etabliert.

Diese Entwicklung hat nicht zu einer Ablösung des alten Familienmodells geführt (die Ehe ist nach wie vor die verbreitetste Form der Familie), sondern zu einer Pluralisierung der Lebensformen. Als problematisch wird wahrgenommen, dass die Forderung nach einer stärkeren Beteiligung von Männern in der Familien- und Haushaltsarbeit in weiten Teilen der Bevölkerung zwar akzeptiert, aber nicht umgesetzt wird; somit bleibt es für Frauen in der Praxis oftmals schwer, Familie und Beruf zu vereinbaren und Lebensentwürfe zu verwirklichen, die nicht dem traditionellen Muster der Hausfrauenehe entsprechen.

Begriffe

- **patriarchalisch:** Auf die Vorherrschaft eines männlichen Familienoberhaupts gegründet.
- **Pluralisierung:** Ausbildung gleichberechtigt nebeneinander stehender Alternativen.
- **„Achtundsechziger"** (in Frankreich soixante-huitards): Vorwiegend studentisch geprägte Strömung, die traditionelle kulturelle, soziale und politische Strukturen und Normen in Frage stellte; benannt nach den Protesten von 1968 **(siehe S. 252)**.
- **„Sexuelle Befreiung":** Im Zuge der 68er-Bewegung entstandene neue Einstellung zum Zusammenleben der Geschlechter, die den Vorrang individueller Gefühle gegenüber sozialen Konventionen betonte (z. B. Ablehnung der bürgerlichen Ehe).

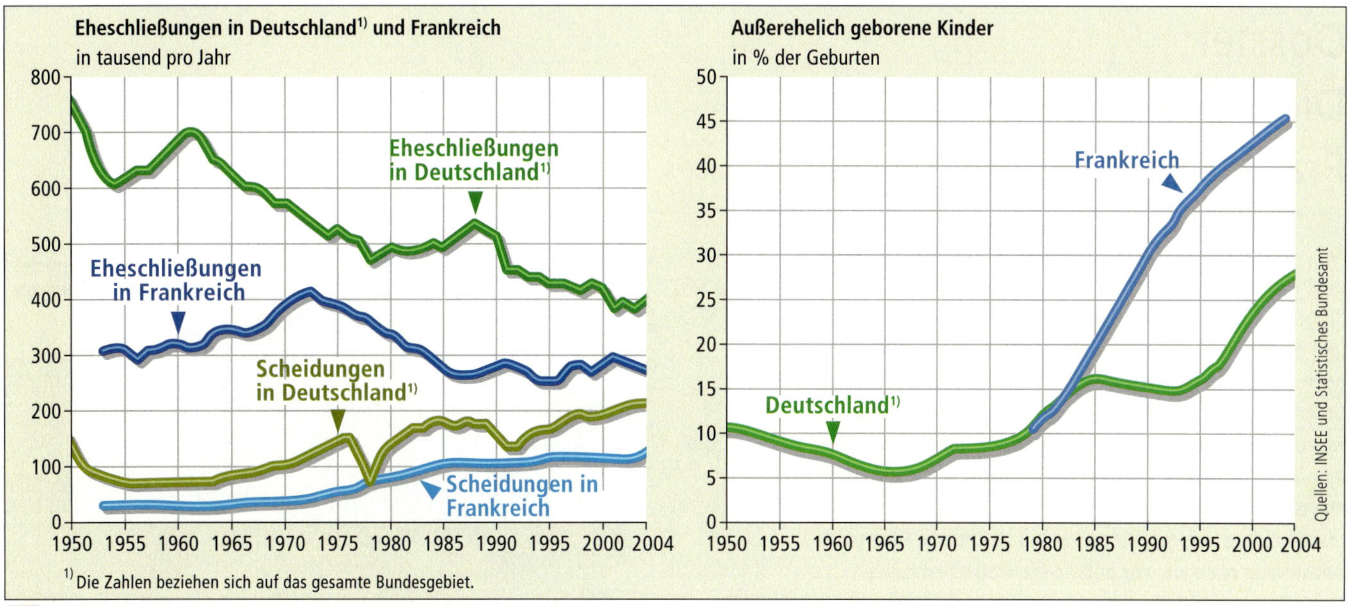

2 Ehen, Scheidungen und außerehelich geborene Kinder in Deutschland und Frankreich

3 Die Ungleichheit der Geschlechter in der Nachkriegszeit

Die Philosophin und Schriftstellerin Simone de Beauvoir (1908–1986), Lebensgefährtin von Jean-Paul Sartre, löste mit der Veröffentlichung von „Le Deuxième Sexe", das zu einem Schlüsseltext der zeitgenössischen Frauenbewegung wurde, einen Skandal aus.

[...] beide Geschlechter haben sich die Welt nie gleichmäßig geteilt, und noch heute ist die Frau, obwohl ihre Lage sich allmählich ändert, stark zurückgesetzt. In fast keinem Land ist sie dem Mann rechtlich gleichgestellt, oft sogar erheblich benachteiligt. Selbst wenn ihr bestimmte Rechte theoretisch zuerkannt worden sind, verhindert eine lange Gewohnheit, dass diese im alltäglichen Umgang konkret zum Ausdruck kommen. Wirtschaftlich bilden Männer und Frauen fast zwei Kasten: bei gleichen Voraussetzungen haben die Männer vorteilhaftere Stellungen, höhere Löhne, mehr Aufstiegschancen als ihre neuen Konkurrentinnen. [...] Außer ihrer konkreten Macht besitzen sie ein Prestige, dessen Tradierung durch die gesamte Kindererziehung gewährleistet wird [...].

Zum einen belasten die Aufgaben der Ehe die Frau nach wie vor viel stärker als den Mann. Die Zwänge der Mutterschaft haben sich zwar durch die – eingestandene oder heimliche – Anwendung von Geburtenkontrollmaßnahmen verringert, aber diese Praxis ist weder allgemein verbreitet, noch wird sie gewissenhaft durchgeführt. [...] Die Versorgung der Kinder und der Haushalt werden immer noch fast ausschließlich von der Frau übernommen. [...] Man öffnet den Frauen die Fabriken, Büros und Universitäten, betrachtet aber weiterhin die Ehe als eine höchst achtbare Laufbahn für sie, die sie von jeder anderen Mitwirkung am Leben der Gesellschaft entbindet.

Simone de Beauvoir, Das andere Geschlecht. Sitte und Sexus der Frau. Hamburg 2000, S. 16 f.,185, 188.

4 „Haltet fest an der Familie"

Gerhard Schröder (1910–1989) war ein Mitbegründer der CDU und von 1953 bis 1961 Bundesinnenminister, in den folgenden Jahren zunächst Außen-, dann Verteidigungsminister.

Die wichtigste Zelle des Staates ist die Familie. Sie ist die schützende Hülle, in der der junge Mensch aufwachsen und seine Gaben entwickeln soll. Im Geschwisterkreis, im Verhältnis von Eltern und Kindern muss sich der Geist der Zusammenarbeit, der Toleranz und auch der Achtung gegenüber der Erfahrung der Älteren entwickeln. Solche Eigenschaften sind für das gesamte Staatswesen unerlässlich. Wo die Familien auseinander brechen, da wird der Staat in Gefahr sein, und keine noch so geniale Politik wird den Bestand des Volkes sichern können. [...] Darum mein Wunsch an die Jugend: Haltet fest an euren Familien! Bereitet euch vor auf die Gründung eigener Familien, werdet Väter und Mütter, die die Zukunft unseres Volkes in behutsamen, aber auch festen Händen tragen. Der äußere Bestand der Familie hängt ab von dem gesicherten beruflichen Lebensweg des Vaters und manchmal auch der Mutter.

Bundesinnenminister Gerhard Schröder (CDU) am 19. November 1953 in Hamburg; zit. nach: Ch. Kleßmann/G. Wagner, Das gespaltene Land. Leben in Deutschland 1945–1990. München 1993, S. 271 f.

Fragen und Anregungen

1. Welche Veränderungen von Familienbildern und familiären Strukturen lassen sich erkennen? (M2)

2. Vergleichen Sie die Stellungnahmen zur Familie aus den Jahren 1949 und 1953: Welche Konflikte sind erkennbar? (M3 und 4)

3. Sind die Stellungnahmen aus den Jahren 1949 und 1953 Ausdruck eines vergangenen oder eines bis heute ausgetragenen Konflikts?

Dossier: Die Frauenbewegung in Frankreich und Deutschland

Die seit den 1960er-Jahren in der öffentlichen Auseinandersetzung präsente Frauenbewegung baute auf Traditionen auf, die teilweise bis zur Französischen Revolution und zu den Revolutionen von 1848/49 zurückreichen. Dennoch haben ihre Forderungen nach Selbstbestimmung und Gleichberechtigung die Gesellschaften polarisiert und teilweise erheblichen Widerstand provoziert oder sie wurden ignoriert. Lange Zeit kontroverse Prinzipien, wie die rechtliche Gleichstellung in der Ehe, sind heute Konsens, während insbesondere das von vielen Frauen geforderte Recht auf Abtreibung nach wie vor polarisiert, weil es ethische Grundfragen berührt.

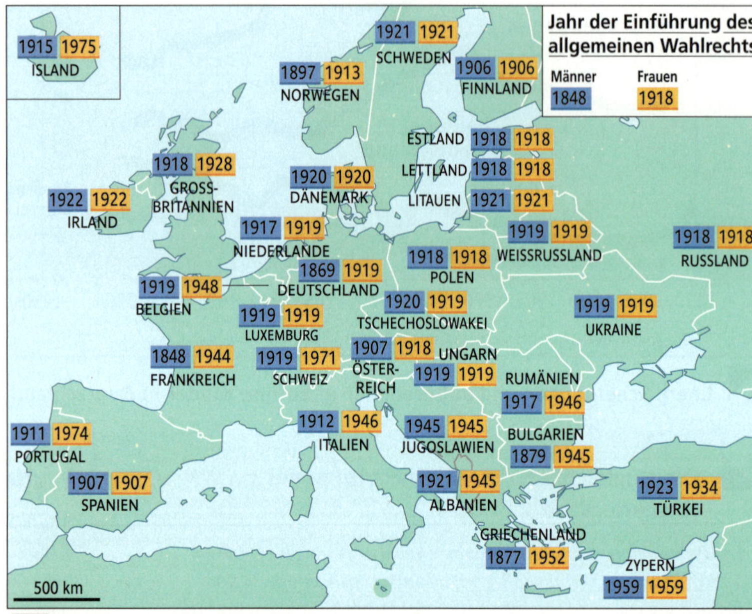

1 Einführung des allgemeinen Wahlrechts

Deutschland	**Jahr**	**Frankreich**
• Streichung des Letztentscheidungsrechtes des Ehemanns in Eheangelegenheiten, die Ehefrau darf ohne Einwilligung des Ehemannes ein Beschäftigungsverhältnis eingehen	**1958**	
	1965	• Die Ehefrau darf ohne Einwilligung des Ehemannes ein Beschäftigungsverhältnis eingehen.
	1970	• Die materielle und moralische Verantwortung für die Familie liegt bei Ehemann und Ehefrau gleichermaßen.
• Öffnung der Rentenversicherung für Hausfrauen	**1972**	
	1975	• Legalisierung des Schwangerschaftsabbruchs unter bestimmten Voraussetzungen • Ermöglichung der Scheidung in gegenseitigem Einvernehmen
• Bei Scheidungen ersetzt das Zerrüttungsprinzip das Schuldprinzip. • Der Name der Frau kann gemeinsamer Familienname werden.	**1977**	
• Gesetz über die Gleichbehandlung am Arbeitsplatz	**1980**	
	1983	• Gesetz über die berufliche Gleichbehandlung
	1992	• Sexuelle Belästigung am Arbeitsplatz wird Strafdelikt
• Gesetz zum Schutz vor sexueller Belästigung am Arbeitsplatz • Gesetz zur Förderung der Vereinbarkeit von Familie und Beruf • Gesetz über die Berufung und Entsendung von Frauen und Männern in Bundesgremien	**1994**	
• Straffreiheit der Abtreibung unter bestimmten Voraussetzungen	**1995**	
• Vergewaltigung in der Ehe wird unter Strafe gestellt	**1996**	
	2000	• Gesetz über den gleichen Zugang zu politischen Mandaten

2 Chronologie gesetzlicher Schritte zur Verbesserung der Stellung von Frauen (Auswahl)

3 Die Legalisierung der Abtreibung

Simone Veil, 1974 Gesundheitsministerin, stellt vor der französischen Nationalversammlung ihren Gesetzesentwurf vor, der unter bestimmten Voraussetzungen die selbstbestimmte Abtreibung erlauben soll.

Warum also nicht weiter die Augen verschließen? Weil die gegenwärtige Lage schlimm ist. Ich sage sogar, dass sie bedauerlich und dramatisch ist. Sie ist schlimm, weil das Gesetz offen verhöhnt wird, schlimmer noch, lächerlich gemacht wird. […]

Aber sagen Sie mir, warum hat man die Situation sich so verschlechtern lassen und warum duldet man sie? Warum sorgt man nicht dafür, dass das Gesetz beachtet wird?

Weil, wenn die Ärzte, das Gesundheitspersonal und sogar eine gewisse Anzahl der Bürger(innen?) solche Eingriffe vornehmen, die illegal sind, so tun sie es, weil sie sich dazu gezwungen fühlen. Teilweise im Gegensatz zu persönlichen Überzeugungen, finden sie sich konfrontiert mit Tatsachen, an denen sie nicht vorbei können. Weil sie gegenüber einer Frau, die entschlossen ist abzutreiben, wissen, dass, wenn sie ihr ihren Rat und ihre Unterstützung verwehren, sie diese in die Einsamkeit und die Angst vor einer Handlung zurückstoßen, die unter den schlimmsten Bedingungen durchgeführt wird, eine Handlung, bei der das Risiko besteht, dass sie für immer verstümmelt zurückbleibt. Sie wissen auch, dass dieselbe Frau, wenn sie Geld hat, wenn sie sich informieren kann, sich in ein Nachbarland begeben wird oder auch innerhalb Frankreichs in gewisse Kliniken, um – ohne irgendein Risiko einzugehen oder bestraft zu werden – ihre Schwangerschaft zu beenden. Und diese Frauen sind nicht notwendigerweise die unmoralischsten oder unüberlegtesten. Es sind 300.000 jedes Jahr. Es sind Frauen, denen wir täglich begegnen und deren Verzweiflung und Dramen wir zumeist nicht kennen.

Dieser Unordnung muss ein Ende bereitet werden. Es ist diese Ungerechtigkeit, die beendet werden sollte.

Rede Simone Veils vor der Nationalversammlung am 26. November 1974.

4 Kritik an der Position des Vatikans zur Schwangerschaftsverhütung

Demonstration vor der vatikanischen Botschaft in Den Haag 1974.

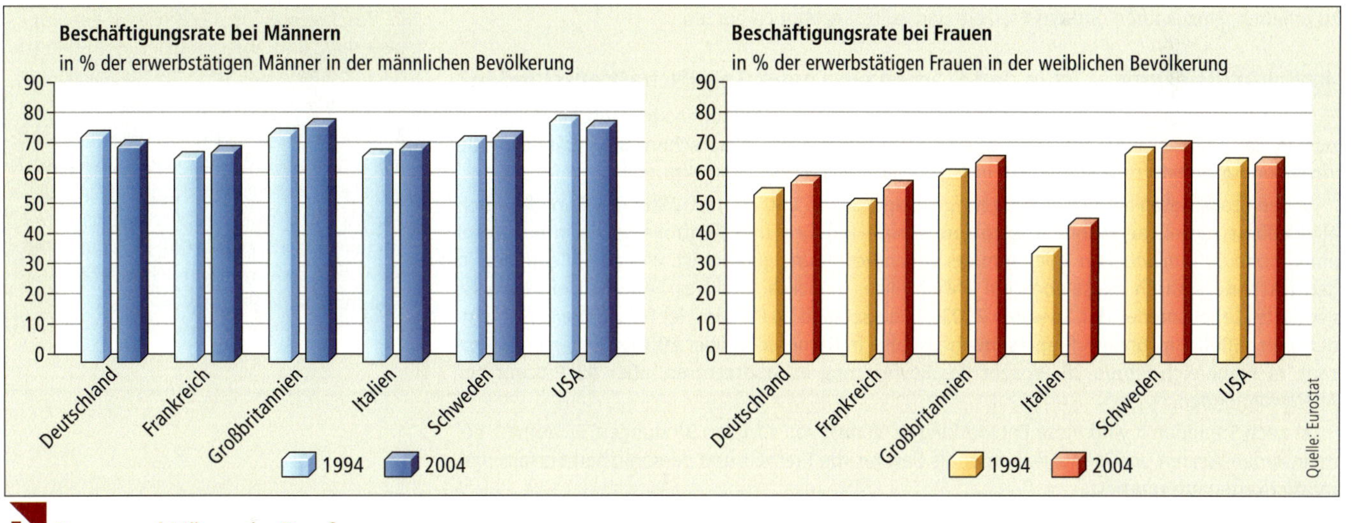

5 Frauen und Männer im Beruf

Fragen und Anregungen

1. Schildern Sie die Schritte zur rechtlichen Gleichstellung von Frauen. Überlegen Sie, was damit erreicht wurde und was nicht. (M1 und 2)

2. Die Diskussion um die Abtreibung wird bis heute kontrovers geführt. Analysieren Sie die Argumente der Befürworterin in M3. Überlegen Sie, inwiefern die Abtreibung ein Dilemma in der Abwägung zentraler Rechtsgüter darstellt.

3. Vergleichen Sie die Beschäftigungsquoten von Frauen und Männern im Jahre 2004. Wie beurteilen Sie die Verwirklichung von Gleichberechtigung in diesem Bereich? (M5)

4. Vergleichen Sie die Entwicklung der Beschäftigungsquoten von Frauen und Männern zwischen 1994 und 2004 miteinander. Stellen Sie nationale Unterschiede fest? (M5)

3. Urbanisierung und Individualisierung – auf dem Weg zu einer neuen Gesellschaft?

Welcher Zusammenhang besteht zwischen der Entwicklung städtischer Zentren und der Veränderung von Lebensstilen?

Urbanisierung – eine wachsende städtische Bevölkerung

Seit der Industrialisierung ist in den westlichen Gesellschaften ein Prozess der Urbanisierung zu beobachten. Diese Entwicklung ist im 20. Jahrhundert zu einem weltweiten Phänomen geworden. Während 1950 nur 30 Prozent der Weltbevölkerung in Städten lebten, wird es 2007 bereits die Hälfte sein.

Der hohe Anteil der städtischen Bevölkerung ist nach wie vor ein Kennzeichen der Industriestaaten. Im Jahre 2000 lebten 75 Prozent ihrer Einwohner in einer Stadt (1950: 55 Prozent), während der Anteil in Entwicklungsländern im selben Jahr bei etwa 40 Prozent (1950: 18 Prozent) lag.

Aufgrund des hohen Bevölkerungswachstums sowie einer aus der Verarmung der Landbevölkerung resultierenden Landflucht war in der zweiten Hälfte des 20. Jahrhunderts aber insbesondere in den Entwicklungsländern eine rapide Urbanisierung zu beobachten.

Metropolisierung – Entstehung dominierender Zentren

Die Urbanisierung in den Entwicklungsländern ließ, anders als in den Industrieländern, nicht eine Vielzahl von Siedlungen und Kleinstädten langsam zu Großstädten anwachsen, sondern bedeutete ein rasantes Anwachsen gigantischer Metropolen in ansonsten nach wie vor ländlich geprägten Staaten. Meist übersteigt der Zuzug in diese Metropolen deutlich das wirtschaftliche Potenzial zur Schaffung neuer Arbeitsplätze. Folge ist das Entstehen großer, dicht besiedelter Slums, die oftmals allein die Bevölkerungszahl europäischer Großstädte erreichen.

In Europa existierten bereits um 1900 mit London, Paris oder Berlin Metropolen; auch hier ist seit der zweiten Hälfte des 20. Jahrhunderts das Wachsen weiterer Metropolregionen zu beobachten. In der Nähe von Großstädten wachsen Siedlungen stark an und verbinden sich mit diesen. Ältere Strukturen werden durch diese Siedlungswelle „verschluckt" und es entstehen „Schlafstädte", deren Bewohner in die kulturell und wirtschaftlich dominierenden Metropolen pendeln, um zu arbeiten, einzukaufen und das Freizeit- und Kulturangebot zu nutzen.

Individualisierung – ist in den Städten eine neue Gesellschaft entstanden?

Die Urbanisierung in Europa mobilisierte in ihren Anfängen Millionen von Menschen, weil sie sich in den Städten eine bessere wirtschaftliche Perspektive versprachen. Sie veränderte die Wohn- und Arbeitsformen, den Alltag und in vielen Fällen Familienstrukturen.

In den Großstädten hat sich eine eigene gefestigte Sozial- und Wertestruktur etabliert, die durch eine höhere räumliche Mobilität, geringere soziale Bindung und Kontrolle sowie in der Regel einen höheren individuellen Spielraum der Lebensgestaltung geprägt ist. War das Alleinleben in den Nachkriegsjahren meist noch ein unfreiwilliges Schicksal, stellt es heute oft ein bewusst gewähltes Lebensmodell dar. So waren 2003 in Deutschland 28 Prozent der Haushalte in Gemeinden unter 5000 Einwohnern Einpersonenhaushalte, in Gemeinden über 200000 dagegen 45 Prozent. In Frankreich lebten 28 Prozent der Bevölkerung in Stadtzentren, aber 43 Prozent der Alleinwohnenden.

Je nach Standpunkt wird diese Entwicklung als Verlust von sozialen Bindungen, Sicherheit, gemeinsamen Werten und Identitäten oder als Gewinn von Freiheit und persönlichen Entfaltungsmöglichkeiten interpretiert.

Begriffe

- **Urbanisierung:** Anwachsen der Zahl und Größe der Städte. Im Verlauf dieses Prozesses wird die städtische Bevölkerung zur Mehrheit in den sich entwickelnden Ländern.
- **Metropolisierung:** Prozess der Konzentration der Bevölkerung sowie der kulturellen und wirtschaftlichen Aktivitäten in dominierenden Städten.
- **Individualisierung:** Gesellschaftlicher Veränderungsprozess, der zu einer zunehmenden Lebensgestaltung durch den Einzelnen und weniger durch die Gesellschaft führt.

Fragen und Anregungen

1. Vergleichen Sie die Verstädterung der Welt (M1 und 2) mit der wirtschaftlichen Entwicklung. Welche Aussagen lassen sich ableiten?

2. Beschreiben Sie die Prozesse der Urbanisierung und Metropolisierung. Erklären Sie mit diesen Begriffen die Auffälligkeiten in M1 und 2.

3. Welche Folgen sind mit den Prozessen der Urbanisierung und Metropolisierung für die Bewohner der Städte verbunden? Erörtern Sie, inwieweit Ulrich Becks Definition der Individualisierung eine zutreffende Analyse der modernen städtischen Gesellschaft darstellt. (M3)

1 **Urbanisierung und Metropolisierung: Die Lichter der Städte aus dem All**

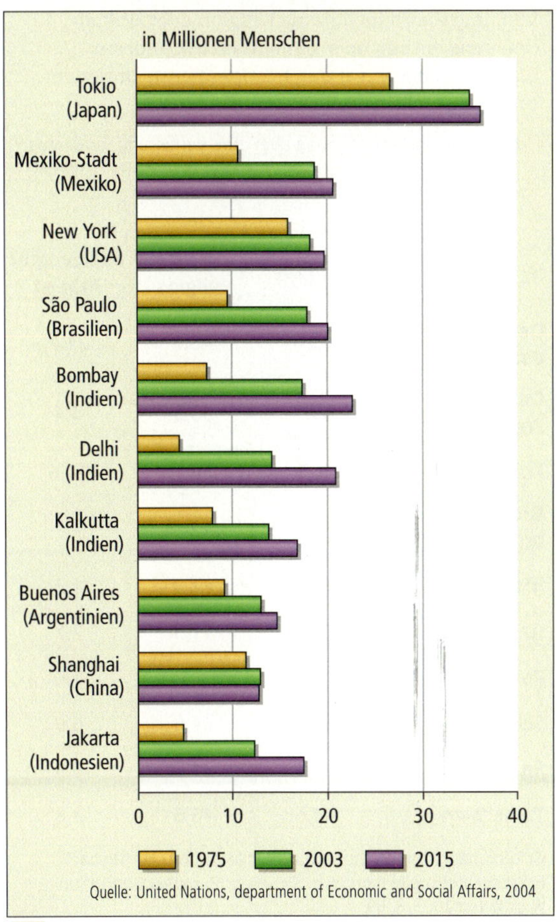

2 **Die zehn größten Ballungsräume**

3 Neue Freiheiten durch die Individualisierung?

Mit dem Begriff „Individualisierung“ ist ein Ensemble gesellschaftlicher Entwicklungen und Erfahrungen gemeint, das vor allem durch zwei Bedeutungen gekennzeichnet ist. Individualisierung meint zum einen die Auflösung vorgegebener sozialer Lebensformen – zum Beispiel das Brüchigwerden von lebensweltlichen Kategorien wie Klasse und Stand, Geschlechtsrollen, Familie, Nachbarschaft usw.; oder auch, wie im Fall der DDR und anderer Ostblockstaaten, den Zusammenbruch staatlich verordneter Normalbiographien, Orientierungsrahmen und Leitbilder. Wo immer solche Auflösungstendenzen sich zeigen, stellt sich zugleich die Frage: Welche neuen Lebensformen entstehen dort, wo die alten qua Religion, Tradition oder vom Staat zugewiesenen zerbrechen?

Die Antwort, auf die zweite Seite von Individualisierung verweisend, heißt schlicht: In der modernen Gesellschaft kommen auf den Einzelnen neue institutionelle Anforderungen, Kontrollen und Zwänge zu. Über Arbeitsmarkt, Wohlfahrtsstaat und Bürokratie wird er in Netze von Regelungen, Maßgaben, Anspruchsvoraussetzungen eingebunden. […]

Das entscheidende Kennzeichen dieser modernen Vorgaben ist, dass das Individuum sie, weit mehr als früher, gewissermaßen selbst herstellen muss, im eigenen Handeln in die Biographie hereinholen muss. […]. Vereinfacht gesagt: In die traditionelle Gesellschaft und ihre Vorgaben wurde man hineingeboren (wie etwa in Stand und Religion). Für die neuen Vorgaben dagegen muss man etwas tun, sich aktiv bemühen. […] Die Normalbiographie wird damit zur „Wahlbiographie“ […].

U. Beck/E. Beck-Gernsheim, Individualisierung in modernen Gesellschaften – Perspektiven und Kontroversen einer subjekt-orientierten Soziologie. In: Dieselben (Hg.), Riskante Freiheiten. Frankfurt/M. 1994, S. 10ff.

Dossier: Religion und Gesellschaft in Europa

Die europäische Kultur ist maßgeblich durch ihre christlich-jüdische Tradition geprägt. Zugleich bildet die weltanschauliche und religiöse Neutralität eine Grundlage europäischer Staaten. Beide Elemente sind wesentlich für die Identität Europas.

Die Frage nach der Rolle der Religionen in der Gesellschaft wird nicht nur vor dem Hintergrund der über 15 Millionen in Europa lebenden Muslime neu gestellt. Auch in der Debatte über einen Gottesbezug in der künftigen Verfassung Europas sowie im Streit um die Zulässigkeit des islamischen Kopftuchs in den öffentlichen Schulen, der in Frankreich und Deutschland mit unterschiedlichen Akzenten ausgetragen wird, spiegelt sich die Grundsatzfrage nach dem Verhältnis zwischen Staat und Religion.

2 Die Identität Europas: eine christliche?

Papst Benedikt XVI. sieht Europa als einen durch das Christentum gewordenen Kontinent und interpretiert die Anfänge der europäischen Integration als christlich inspiriert. Indem er sowohl die Katastrophen europäischer Geschichte als auch gegenwärtige Probleme in Europa mit einer Abkehr von christlichen Werten erklärt, weist er der christlichen Religion eine exponierte Stellung in Europa zu.

Gibt es in den gewaltigen Umbrüchen unserer Zeit eine Identität Europas, die Zukunft hat und zu der wir von innen her stehen können? Für die Väter der europäischen Einigung – Adenauer, Schuman, de Gasperi – war es klar, dass es eine solche Grundlage gibt und dass sie im christlichen Erbe unseres durch das Christentum gewordenen Kontinents besteht. Für sie war klar, dass die Zerstörungen, mit denen uns die Nazidiktatur und die Diktatur Stalins konfrontierten, gerade auf der Abstoßung dieser Grundlage beruhten – auf einer Hybris, die sich dem Schöpfer nicht mehr unterwarf, sondern beanspruchte, selbst den besseren Menschen zu schaffen und die schlechte Welt des Schöpfers umzumontieren in die gute Welt, die aus dem Dogmatismus der eigenen Ideologie entstehen sollte. Für sie war klar, dass diese Diktaturen, die eine ganz neue Qualität des Bösen hervorbrachten, auf der gewollten Abschaffung Europas beruhten und dass man wieder zu dem zurückkehren müsse, was diesem Kontinent in allen Leiden und Verfehlungen seine Würde gegeben hatte.

Der anfängliche Enthusiasmus der neuen Zuwendung zu den großen Konstanten des christlichen Erbes ist schnell verflogen, und die europäische Einigung hat sich dann zunächst fast ausschließlich unter wirtschaftlichen Aspekten vollzogen, unter weitgehender Ausklammerung der Frage nach den geistigen Grundlagen einer solchen Gemeinschaft. In den letzten Jahren ist das Bewusstsein dafür wieder gewachsen, dass die wirtschaftliche Gemeinschaft der europäischen Staaten auch einer Grundlage gemeinsamer Werte bedarf: Das Anwachsen der Gewalt, die Flucht in die Droge, das Zunehmen der Korruption lässt uns sehr fühlbar werden, dass der Werteverfall materielle Folgen hat und dass Gegensteuerung notwendig ist.

Joseph Ratzinger, Werte in Zeiten des Umbruchs – Die Herausforderungen der Zukunft bestehen. Freiburg 2005, S. 88.

1 Die Stellung der Religion im Verfassungsentwurf der Europäischen Union

Art. I–2 Die Werte der Union

Die Werte, auf die sich die Union gründet, sind die Achtung der Menschenwürde, Freiheit, Demokratie, Gleichheit, Rechtsstaatlichkeit und die Wahrung der Menschenrechte einschließlich der Rechte der Personen, die Minderheiten angehören. Diese Werte sind allen Mitgliedstaaten in einer Gesellschaft gemeinsam, die sich aus Pluralismus, Nichtdiskriminierung, Toleranz, Gerechtigkeit, Solidarität und die Gleichheit von Frauen und Männern auszeichnet.

Art. II–70 Gedanken-, Gewissens- und Religionsfreiheit

1. Jede Person hat das Recht auf Gedanken-, Gewissens- und Religionsfreiheit. Dieses Recht umfasst die Freiheit, die Religion und Weltanschauung zu wechseln, und die Freiheit, seine Religion oder Weltanschauung einzeln oder gemeinsam mit anderen öffentlich oder privat durch Gottesdienst, Unterricht, Bräuche und Riten zu bekennen.

Europäische Union, Vertrag über eine Verfassung für Europa. Luxemburg 2005, S. 17 und 50.

in %	Religiös	nicht religiös	überzeugter Atheist
Deutschland-Ost	29,4	48,9	21,7
Deutschland-West	62,1	33,5	4,4
Frankreich	46,3	39,1	14,6
Groß-britannien	41,5	53,1	5,4
Irland	76,4	22,3	1,3
Italien	85,8	11,5	2,7
Polen	93,9	4,5	1,6
Schweden	38,8	54,6	6,6
Spanien	58,9	34,6	6,5
Tschechien	44,6	46,6	8,8

Gekürzt nach: Jürgen Gerhards unter Mitarbeit von Michael Hölscher, Kulturelle Unterschiede in der Europäischen Union. Wiesbaden 2005, S. 69.

3 Religiöse Selbsteinschätzung der Europäer (in Prozent)

in %	Katholisch	Protestantisch	Christlich-orthodox	Muslimisch	Andere	Keine Religionsgemeinschaft
Deutschland-Ost	3,4	28,0	0,3	0,2	2,1	66,0
Deutschland-West	39,3	41,3	0,5	2,1	2,7	14,2
Frankreich	52,7	1,3	1,2	0,1	2,1	42,6
Großbritannien	13,8	57,4	0,2	0,9	12,7	15,0
Irland	89,0	2,0	0,2	–	1,9	6,9
Italien	81,5	0,3	0,1	–	0,3	17,9
Polen	94,1	0,3	0,3	0,1	0,7	4,6
Schweden	1,6	68,9	0,5	0,4	3,3	25,3
Spanien	80,8	0,9	–	0,3	0,0	18,0
Tschechien	29,8	3,8	0,1	–	1,4	64,9

Gekürzt nach: Jürgen Gerhards unter Mitarbeit von Michael Hölscher, Kulturelle Unterschiede in der Europäischen Union. Wiesbaden 2005, S. 64.

4 Mitgliedschaft in Religionsgemeinschaften (in Prozent)

Hinweis: Zahlen zur Mitgliedschaft in Religionsgemeinschaften bilden die Religionszugehörigkeit nicht vollständig ab. So wird etwa der Anteil der Einwohner muslimischen Glaubens in Frankreich auf ca. sechs Prozent geschätzt. Gesicherte Zahlen liegen hierzu nicht vor.

5 Christentum und Islam in Europa – miteinander, gegeneinander oder nebeneinander?

Die Yavus Sultan Selim Moschee und der Turm der Liebfrauenkirche in Mannheim.

6 „Kontinent der leeren Kirchen" von Jan Ross

In Rotterdam wird eine Moschee gebaut, die größte Europas. Die Niederlande, wo sonst jeder nach seiner Fasson selig werden konnte, nehmen gerade Abschied von drei Jahrzehnten multiethnischer Supertoleranz; man sieht sich die Sitten und Bräuche der Einwanderer jetzt strenger und genauer an. Einige Lokalpolitiker finden das muslimische Gotteshaus kulturell vorlaut. Besonderen Anstoß erregen die Minarette – weil sie höher aufragen als die Flutlichtanlage des Fußballstadions.

Früher wäre es um den Turm von Dom oder Kathedrale gegangen. Europa hat ein Problem mit dem Islam, aber nicht als christliches Abendland, sondern als moderne Konsum- und Freizeitgesellschaft, wo andere Werte zählen als die Gottgefälligkeit. Im Kontinent der leeren Kirchen sind die Kopftuchträgerinnen aufgetaucht [...]. Wenn Europa, das sonst so schwache und zerstrittene Europa, in der aufgewühlten Welt nach dem 11. September 2001 einen Grund zum Stolz empfindet, dann, weil es sich als Insel der Aufklärung in einem Meer von Fanatismus sieht. Dass die Säkularisierung, die Einhegung und Entmächtigung der Religion, keine selbstverständliche Tendenz der Moderne ist, das beginnt man zu begreifen. Umso kostbarer, schützenswerter, identitätsstiftender erscheint den Europäern ihre Diesseitigkeit.

Nicht dass sie überall dieselben Vorstellungen vom Verhältnis zwischen Staat und Kirche, Glaube und Gesellschaft hätten, wie gerade der Kopftuchstreit zeigt. Undenkbar in Deutschland, das islamische Kopftuch sogar für Schülerinnen zu verbieten, wie es in Frankreich unter dem Beifall einer überwältigenden Mehrheit geschehen ist. Bei uns geht es allein um die Lehrerinnen, allenfalls noch um Polizei, Feuerwehr und Justiz, immer jedoch nur um den öffentlichen Dienst. In Großbritannien ist auch das kein Problem, die Polizistin mit Kopftuch kein skandalöses Bild, und Sikhs dürfen für ihren Turban auf den Helm beim Motorradfahren verzichten.

Die Zeit, 14. April 2004. http://zeus.zeit.de/text/2004/16/Christentum_2fIslam

Fragen und Anregungen

1. Welche Stellung hat die Religion im Verfassungsentwurf der Europäischen Union und welche Rolle fordert Joseph Ratzinger/Benedikt XVI. ein? Vergleichen und diskutieren Sie die Standpunkte. (M1 und 2)
2. Analysieren Sie die Daten zur Religiosität der Europäer. Stellen Sie landesspezifische Unterschiede heraus. (M3 und 4)
3. Der Bau der Yavus Sultan Selim Moschee in Mannheim wurde teilweise als Provokation, teilweise als Symbol eines möglichen Dialogs interpretiert. Welche Vorstellungen zum Verhältnis der Religionen untereinander sowie zum Verhältnis zwischen Religion und Gesellschaft liegen diesen Sichtweisen zugrunde? (M5)
4. Analysieren Sie die Argumentation von Jan Ross (M6). Erörtern Sie, ob sich mit ihr die zitierten Artikel der europäischen Verfassung oder die Position Joseph Ratzingers begründen lässt. Nehmen Sie Stellung zu den Thesen.

Kapitel 13

Die weltweiten kulturellen Veränderungen seit 1945

Seit 1945 hat die Verbreitung des Wissens weltweit erhebliche Fortschritte gemacht, was vor allem auf die Tatsache zurückzuführen ist, dass mehr und mehr Kinder die Schule besuchten. Der technologische Fortschritt verlieh dem Wissen eine so zentrale Rolle, dass heute von einer Informations- bzw. Wissensgesellschaft die Rede ist.

Inzwischen ist die Kulturindustrie ein wesentlicher Bestandteil der Weltwirtschaft und trägt in besonderer Weise zum Prestige einiger Weltmächte, wie der Vereinigten Staaten, bei. Muss die mögliche Entstehung einer Weltkultur als eine Bedrohung für die sprachliche und kulturelle Vielfalt angesehen werden?

- Welche kulturellen Veränderungen sind seit 1945 zu beobachten?
- Welche Rolle spielten die neuen Technologien bei dieser Entwicklung?
- Kann man heute von einer Weltkultur sprechen?

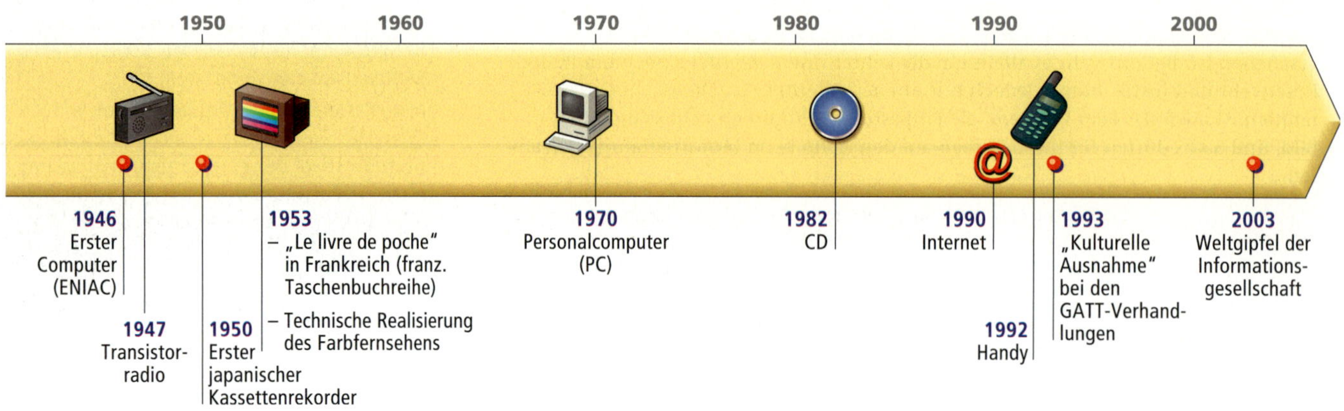

1

Ein Wissen, an dem immer mehr Menschen teilhaben

Die 2002 eingeweihte Bibliothek von Alexandria wurde mithilfe der UNESCO in jener Stadt errichtet, in der sich die berühmteste Bibliothek der Antike befand.

2

Eine kulturelle Globalisierung

Disney-Vorstellung in Urayasu unweit von Tokio (1. Januar 2004).

Bildung und Mediennutzung zu Beginn des 21. Jahrhunderts

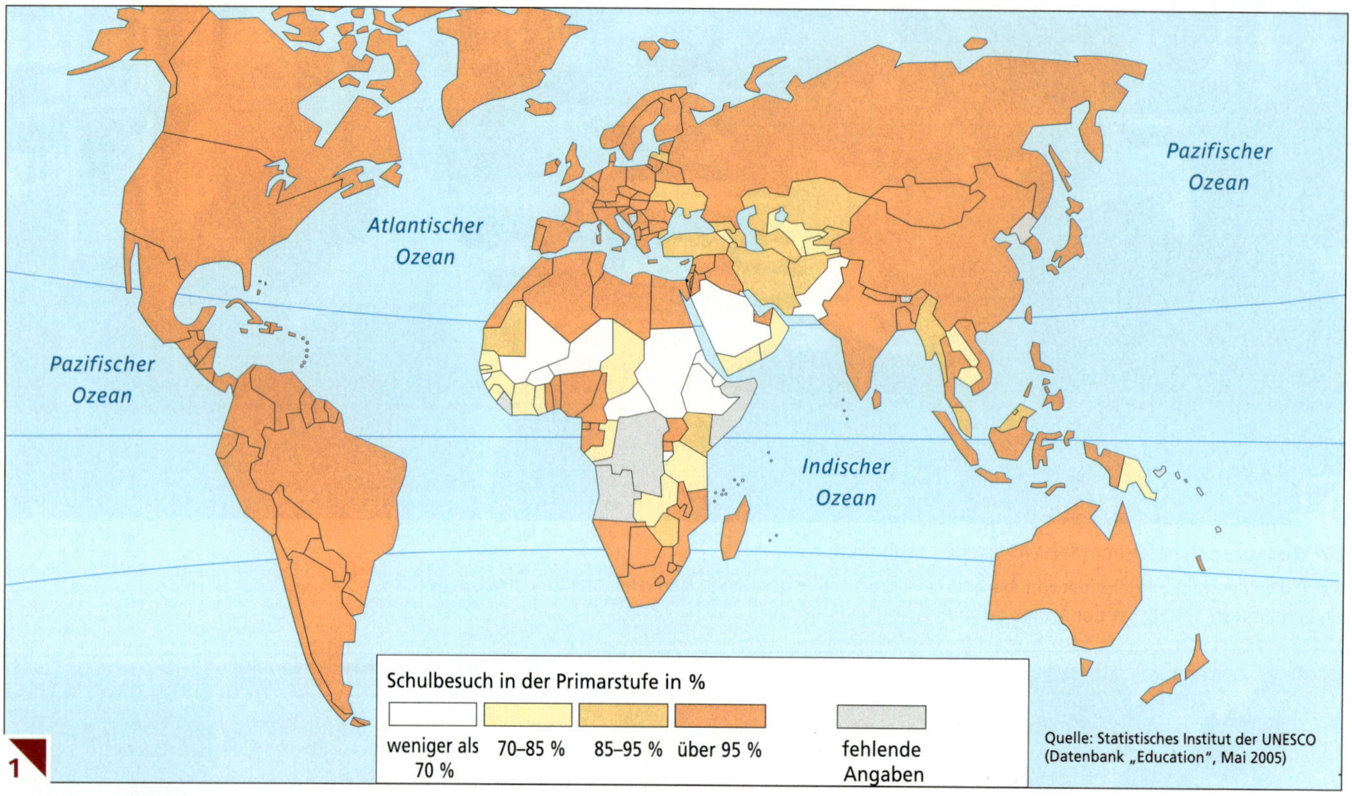

1

Grundschulwesen

Schülerzahlen im Grundschulwesen/Primarbereich (Grundschulen und vergleichbare Bildungseinrichtungen) 2002–2003.

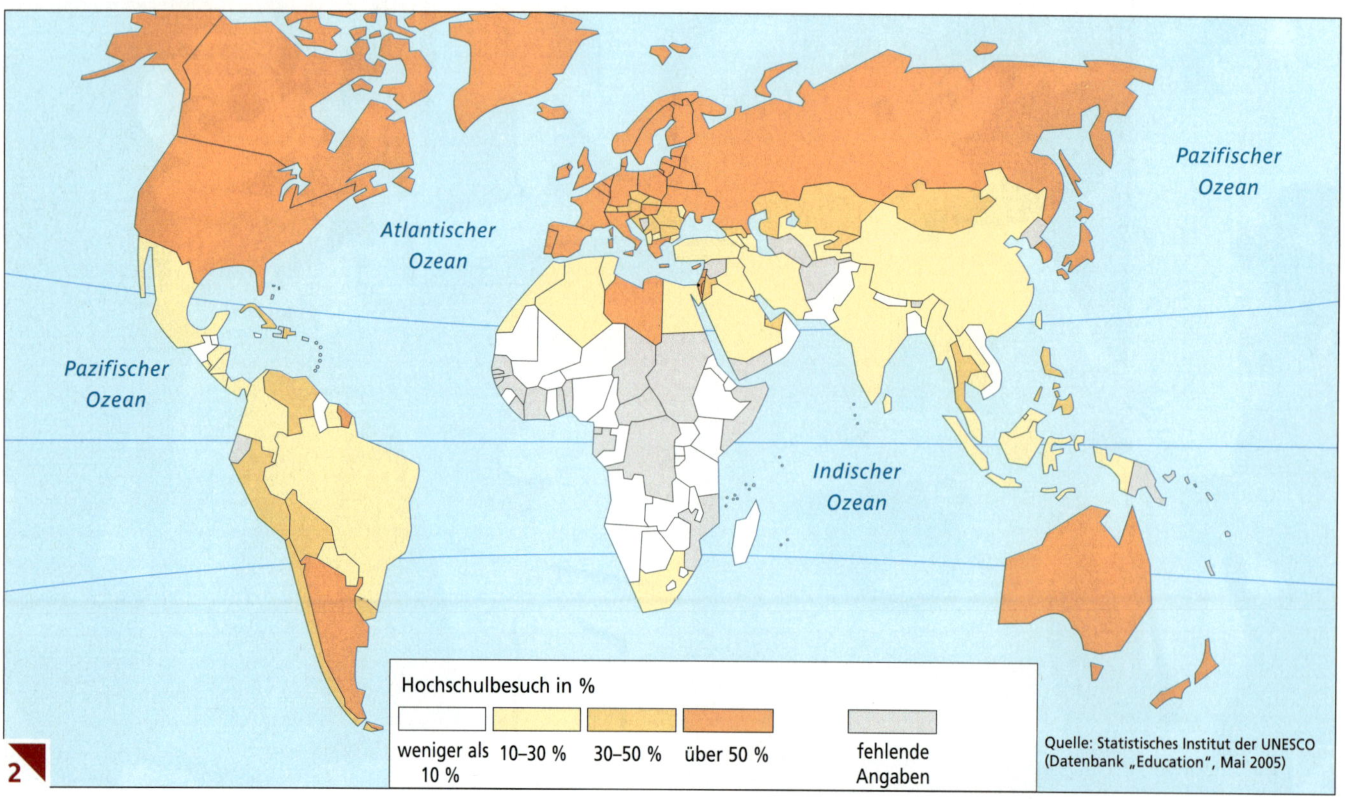

2

Hochschulwesen

Studentenzahlen im Hochschulwesen 2002–2003.

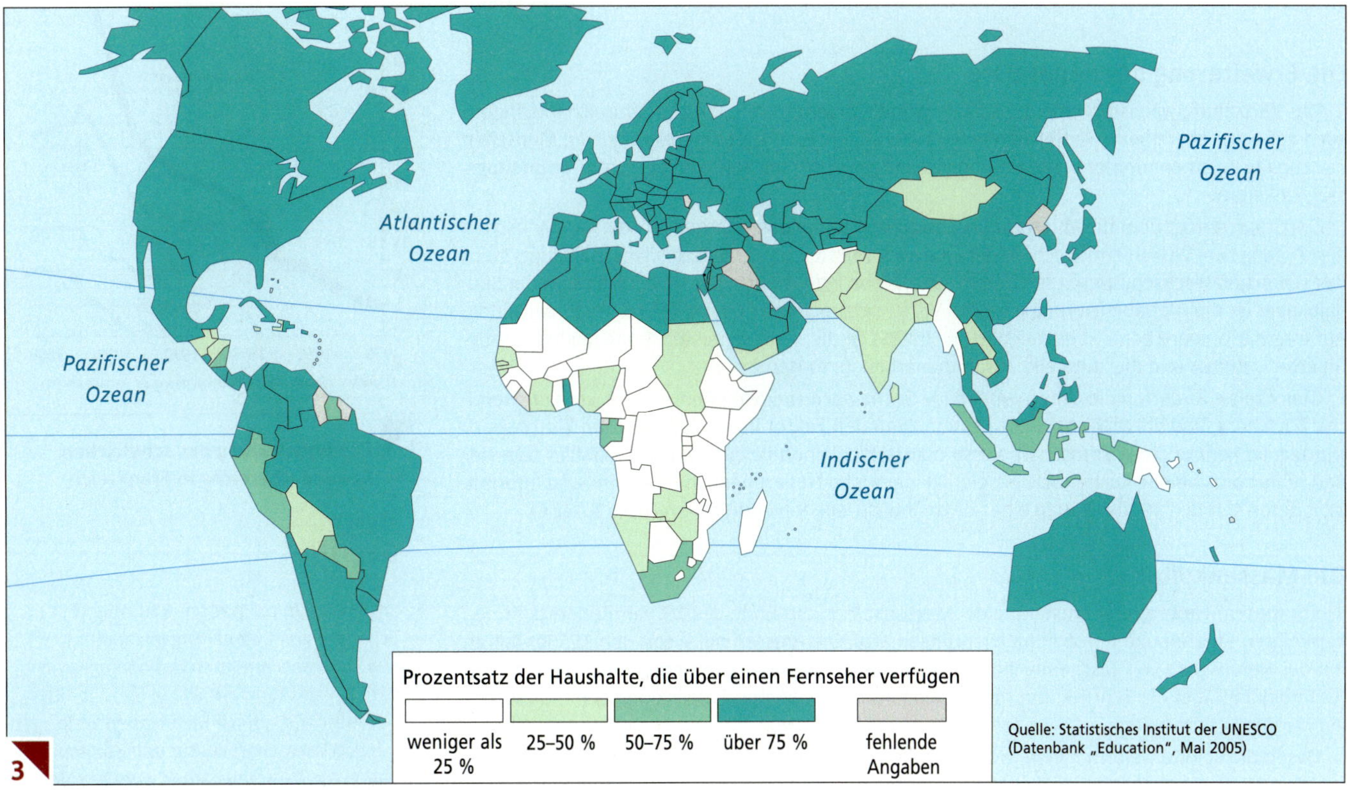

3 Fernsehen

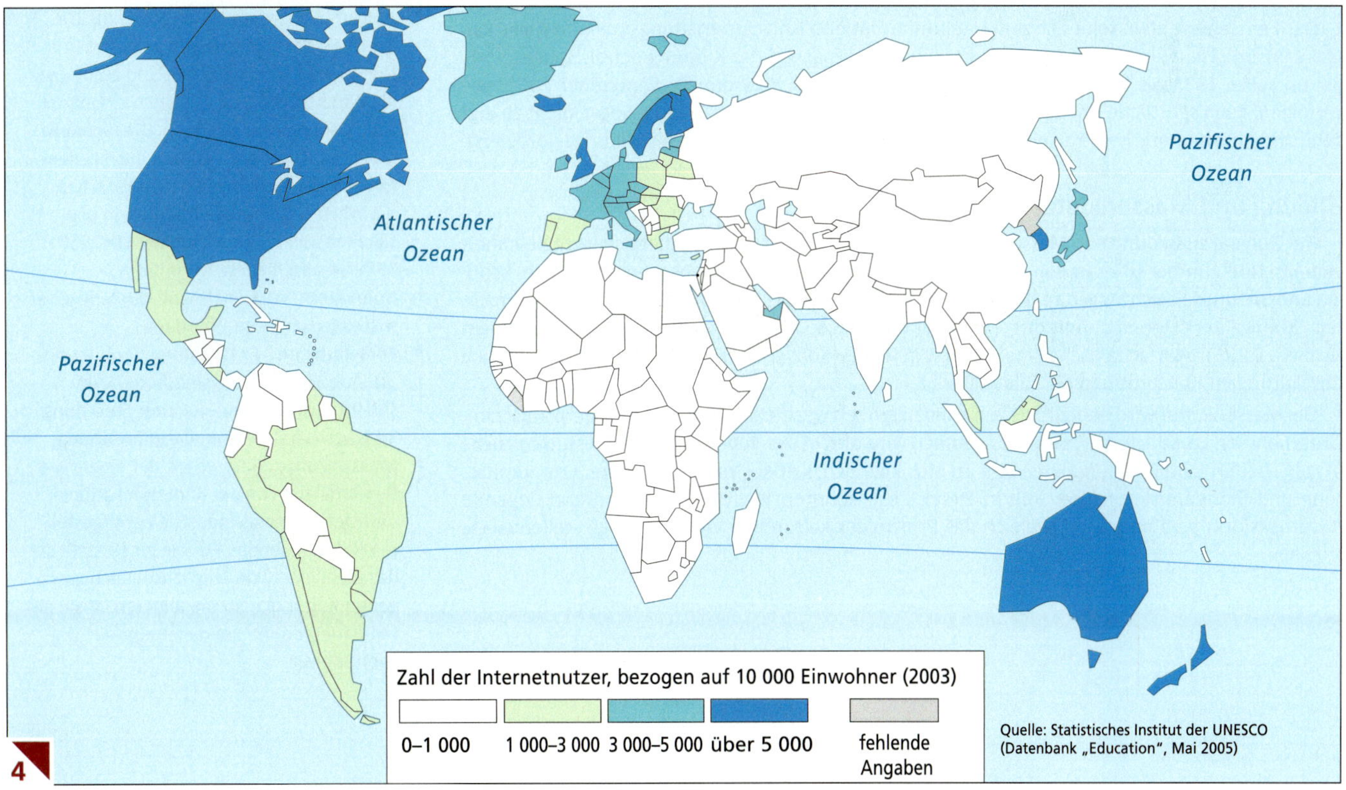

4 Internet

1. Ein besserer Zugang zum Wissen

Warum spielt die Kultur seit 1945 weltweit eine wachsende Rolle?

Die Erweiterung der Kenntnisse

Das Wirtschaftswachstum und der soziale Wandel brachten seit 1945 in zahlreichen Ländern auch auf kultureller Ebene weitreichende Veränderungen. Eine zunehmende Zahl von Menschen hat Zugang zu einem immer breiteren und vielseitigeren Wissen sowie zu besseren Ausbildungsmöglichkeiten.

Der Staat verfügt über die Mittel zur Errichtung von Bildungseinrichtungen, die den Menschen den Zugang zum Wissen ermöglichen (siehe Karten S. 218). In den Ländern der Nordhalbkugel steht das Schul- und Hochschulwesen seit den 1960er-Jahren jedermann offen. In den Ländern der Südhalbkugel ist die Alphabetisierung eine der Voraussetzungen für eine erfolgreiche Entwicklung. Auf internationaler Ebene ist es Aufgabe der UNESCO, die – im weitesten Sinne des Wortes definierte – Kultur und die kulturelle Zusammenarbeit zu fördern.

Gleichzeitig förderten die Unternehmen die Suche nach Innovationen und stärkten die Bereiche Forschung und Entwicklung, die zu einem zentralen Faktor im wirtschaftlichen Wettbewerb wurden. So konnte die Wissenschaft auf so unterschiedlichen Feldern wie der Medizin oder der Raumfahrt beachtliche Fortschritte erzielen. Bedeutende Neuerungen in Elektronik und Informatik leiteten seit den 1970er-Jahren eine „dritte industrielle Revolution" ein (siehe S. 222 f.).

Die Massenkultur

Vor diesem Hintergrund entstand eine Massenkultur, die Ende des 19. Jahrhunderts in den Vereinigten Staaten und Europa ihre Ursprünge hatte. Die Presse und – seit den 1950er-Jahren mit der Herausgabe von Taschenbüchern – auch das Verlagswesen erreichten ein immer breiteres Publikum. Aber die Schriftkultur musste auch mit der rasanten Entwicklung der audiovisuellen Medien Schritt halten.

Das Radio spielte weiterhin eine wichtige Rolle, denn seit der Erfindung des Transistorgerätes im Jahre 1947 war auch individuelles Hören möglich. Die Platte von der Vinyl-Variante bis hin zur CD (1982) wurde zu einem Massenkonsumartikel. Nach dem Zweiten Weltkrieg erlebte das Kino seine Blütezeit. Andere Bildmedien, Video- und DVD-Geräte und besonders das Fernsehen, stellen jedoch eine ernstzunehmende Konkurrenz dar.

Das Fernsehen entwickelte sich zum Hauptinformations- und Unterhaltungsmedium (siehe Karte S. 219). Im „Heimkino" lassen sich die großen Ereignisse, von der Krönung der britischen Königin im Jahre 1953 bis hin zu den Terroranschlägen in New York am 11. September 2001, live verfolgen. Auch sportliche Höhepunkte werden vom Fernsehen übertragen, da Sport, nicht zuletzt auch als Unterhaltung, heute zu einem wesentlichen Bestandteil der Massenkultur geworden ist.

Bildung und Massenkultur für alle?

Der Zugang zu Bildung und Massenkultur ist jedoch nach wie vor von erheblicher Ungleichheit geprägt. Noch immer ist es in den Ländern der Südhalbkugel vielen Menschen unmöglich, Schulen und Bildungseinrichtungen zu besuchen. Und die von der „Kulturindustrie" in Umlauf gebrachten „Kulturgüter" stehen definitionsgemäß nur denjenigen zur Verfügung, die sie auch bezahlen können. So führt wirtschaftliche Ungleichheit in letzter Konsequenz zu Ungleichheit im Bereich des kulturellen Konsums und der Bildung.

Die Massenkultur wird heutzutage von einigen großen westlichen, namentlich amerikanischen, Unternehmen „produziert". Besonders deutlich wird dies in der von den Hollywoodstudios (siehe S. 226 f.) beherrschten Filmindustrie und im Musikbereich. Kritiker warnen vor einer Ökonomisierung und Standardisierung der Kultur: Denn diese könnten jegliche nicht im Trend liegende Ausdrucksform gefährden und zugleich das Prinzip der kulturellen Vielfalt infrage stellen (siehe S. 224 f.).

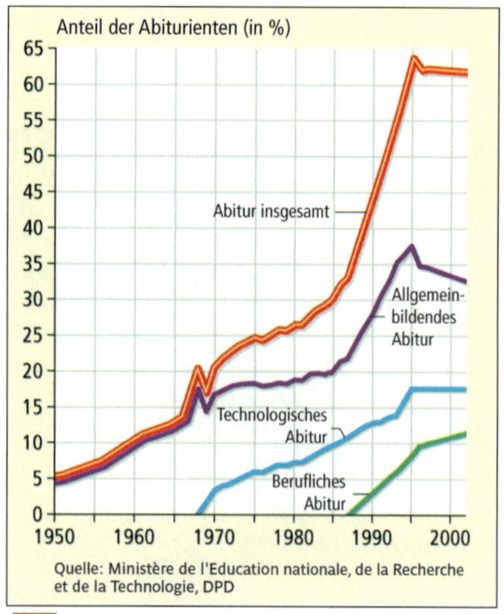

1 Die Entwicklung des schulischen Sekundarbereichs in Frankreich

Begriffe

- **UNESCO** (United Nations Educational, Scientific and Cultural Organization): 1946 von den Vereinten Nationen gegründete Organisation mit Sitz in Paris. Ihr Ziel besteht darin, „durch Bildung und Erziehung, Wissenschaft, Kultur und Kommunikation die Zusammenarbeit zwischen den Nationen zu verstärken und damit einen Beitrag zur Aufrechterhaltung des Friedens in der Welt zu leisten."
- **Kultur:** „(...) im weitesten Sinne die Gesamtheit der einzigartigen geistigen und materiellen, intellektuellen und emotionalen Aspekte, die eine Gesellschaft oder soziale Gruppe kennzeichnen. Dies schließt nicht nur Kunst ein, sondern auch Lebensformen, die Grundrechte des Menschen, die Wertesysteme, die Traditionen und Glaubensrichtungen" (von der UNESCO 1982 verabschiedete Definition).
- **Innovation:** Wirtschaftliche Nutzung einer wissenschaftlichen Erfindung.
- **Forschung und Entwicklung:** Produktionsorientierte Forschungsmethode. Man spricht auch von angewandter Forschung, im Gegensatz zur Grundlagenforschung.
- **Massenkultur:** Gesamtheit der einem breiten Publikum von der Kommunikations- und Unterhaltungsindustrie bereitgestellten Kulturangebote. Für die einen stellt sie das Ideal einer von möglichst vielen getragenen Kultur dar, für die anderen ist sie ein Industrieprodukt und daher eine Art Discount-Kultur.

2 **Fernsehen in Amazonien (1989)**

In isolierten Regionen und für kaum alphabetisierte Bevölkerungsgruppen mit traditionell mündlicher Kultur spielen Radio und Fernsehen eine sehr große Rolle.

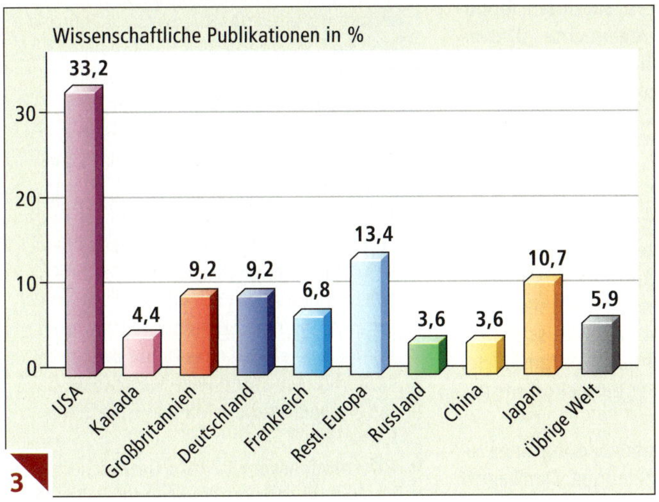

3 **Der wissenschaftliche Wettbewerb**

Vom SCI (Science Citation Index) 2000 erfasste wissenschaftliche Publikationen. Rund 70 Prozent dieser Veröffentlichungen sind in englischer Sprache verfasst.

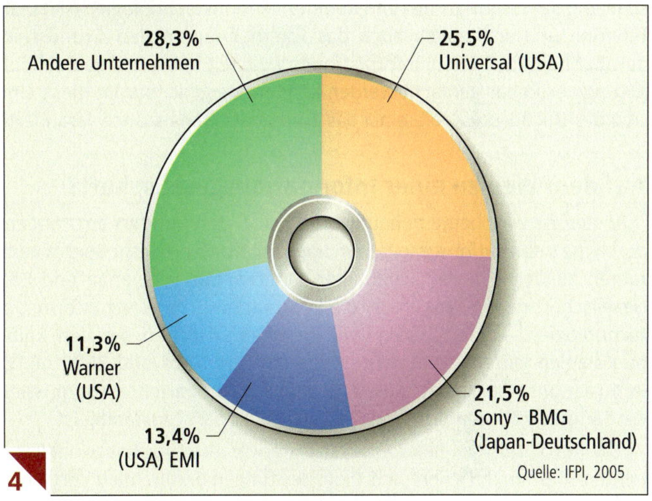

4 **Der Weltmarkt der Tonträger (2004)**

Vier große Plattenfirmen, „Majors" genannt, beherrschen den Weltmarkt der Tonträger.

5 **Fußball, eine Universalkultur?**

Am 30. Juni 2002 stehen sich im Endspiel der Fußballweltmeisterschaft in Yokohama (Japan) Brasilien und Deutschland gegenüber.

Fragen und Anregungen

1. Welchen Platz nimmt Europa im wissenschaftlichen Wettbewerb ein? (M3)
2. Welches Land beherrscht den Tonträgermarkt?
3. Welche Folgen ergeben sich daraus? (M4)
4. Zeigen Sie, dass Fußball sowohl Träger nationaler Identitäten als auch eine Form der Weltkultur ist. (M5)

2. Informationsgesellschaft oder Wissensgesellschaften?

Welchen Einfluss hatte die Revolution der elektronischen Datenverarbeitung auf die Kultur?

Revolution der elektronischen Datenverarbeitung

Am Ende des Zweiten Weltkrieges hatten die Vereinigten Staaten bereits die ersten Computer entwickelt, d. h. Maschinen, die in kürzester Zeit komplexe Rechenoperationen ausführen konnten. Zu ihrer wirklichen Entfaltung gelangte die elektronische Datenverarbeitung (EDV) jedoch erst ab den 1960er-Jahren dank zahlreicher Innovationen (Transistor, integrierte Schaltkreise), die die Herstellung kleinerer und vor allem schnellerer Computer ermöglichten. Aber erst in den 1970er-Jahren begann dank der Personalcomputer (PC, basierend auf Mikroprozessoren oder elektronischen Chips) das Zeitalter der Rechner für den allgemeinen Gebrauch. Unterstützt wurde diese Entwicklung seit Mitte der 1970er-Jahre durch die Bereitstellung von benutzerfreundlichen und leistungsfähigen Softwareprodukten.

Eine Beschleunigung erfuhren diese Fortschritte in den 1990er-Jahren noch mit dem Aufschwung der Informations- und Kommunikationstechnologien (IKT). Glasfasern, Satelliten, Mobiltelefone und schließlich auch das Internet legten den Grundstein für regelrechte „Datenautobahnen", auf denen Informationen weltweit in Umlauf gebracht und nahezu ohne Zeitverzögerung verfügbar gemacht werden können. Vergleichbar ist diese Umwälzung mit der „Revolution des Buchdrucks", die einst das Europa der Renaissance veränderte.

Auf dem Weg zu einer Informationsgesellschaft?

Vielerorts wird heute behauptet, die im 19. Jahrhundert entstandene Industriegesellschaft sei durch die Informationsgesellschaft abgelöst worden. Dieser Begriff verbreitete sich in den 1990er-Jahren zunächst in den Vereinigten Staaten, dann in Japan und Europa und bezeichnet eine Gesellschaft neuen Typs, in der die Information – dank der Informations- und Kommunikationstechnologien – eine zentrale Rolle im wirtschaftlichen, sozialen, kulturellen und politischen Leben spielen würde. 2003 richtete die UNO in Genf und 2005 in Tunis einen „Weltgipfel der Informationsgesellschaft" aus. Innerhalb der Europäischen Kommission gibt es einen Kommissar, der für die „Informations- und Mediengesellschaft" zuständig ist.

Die Revolution der elektronischen Datenverarbeitung hat zweifellos die Herausbildung einer zunehmend „immateriellen", auf Dienstleistungen beruhenden Wirtschaft beschleunigt. Der Begriff Informationsgesellschaft ist derzeit jedoch sehr umstritten, da er die technologische und ökonomische Dimension auf Kosten der menschlichen und kulturellen Aspekte überbetont. Denn Information ist keineswegs ein Synonym von Wissen. Information besteht aus in Umlauf gebrachten Daten und ist mitunter eine Ware. Wissen baut sich nach und nach auf und ist von verschiedenen Bedingungen abhängig (Zugang zu Informationen, Meinungsfreiheit, erziehendes Lernen usw.).

Die Herausbildung von Wissensgesellschaften

Deshalb wird heute von vielen das Ideal einer Wissensgesellschaft in den Vordergrund gestellt, die auf der breiten Streuung und Beherrschung von Wissen beruht. Die UNESCO schlägt sogar vor, von Wissensgesellschaften im Plural zu sprechen, um der kulturellen Vielfalt Rechnung zu tragen **(siehe S. 224 f.)**.

Das Vorhandensein einer echten Wissensgesellschaft setzt den Kampf gegen den ungleichen Zugang zu Informationen voraus. Denn die „digitale Kluft" trennt die Internetnutzer von denjenigen, die keinen Internetanschluss haben. Diese Kluft ist in jeder Gesellschaft zu beobachten, wo es starke Unterschiede zwischen Stadt und Land oder zwischen Jung und Alt gibt. Auf internationaler Ebene spiegelt diese digitale Kluft das Nord-Süd-Gefälle wider. Nur 11 Prozent der Weltbevölkerung haben heutzutage Zugang zum Internet **(siehe Karte S. 219)**. Die verbleibenden 89 Prozent besitzen keinen Computer oder sind noch nicht einmal an das Stromnetz angeschlossen.

Begriffe

- **Computer** (Rechner): Elektronische Maschine zur digitalen Datenverarbeitung, die die Befehle eines gespeicherten Programms sehr schnell ausführen kann.
- **EDV** (Elektronische Datenverarbeitung): Gesamtheit der Datenverarbeitungs- und Kommunikationstechniken mithilfe von Computern. Der Begriff Informatik ist ein zusammengesetztes Kurzwort aus Information und Automatik.
- **PC** (Personalcomputer): Computer kleineren Formats mit einem Bildschirm und einer Tastatur; mittels einer benutzerfreundlichen Software ist die EDV einem breiten Publikum zugänglich.
- **Internet:** Aus dem Englischen für „Interconnected Network". Hervorgegangen aus dem 1969 vom Pentagon eingerichteten Netz für den Austausch digitaler Daten zwischen mehreren Computern. Das Internet erlebte sein eigentliches Debüt im Jahre 1990 mit dem World Wide Web (www), das die Navigationsmodalitäten im Netz vereinfachte.
- **Informationsgesellschaft:** Gesellschaft, in der die Information im wirtschaftlichen, sozialen, kulturellen und politischen Leben eine zentrale Rolle spielt.
- **Wissensgesellschaft:** Gesellschaft, in der das Wissen dank eines allgemeinen Zugangs zu Informationen und der Wahrung der kulturellen Vielfalt breit gestreut ist.

1

Der erste Computer (1946)

Der während des Zweiten Weltkriegs entwickelte ENIAC (Electronic Numerical Integrator and Computer) wog 30 Tonnen und war in der Lage, 300 Multiplikationen (einer zehnstelligen Zahl) pro Sekunde auszuführen.

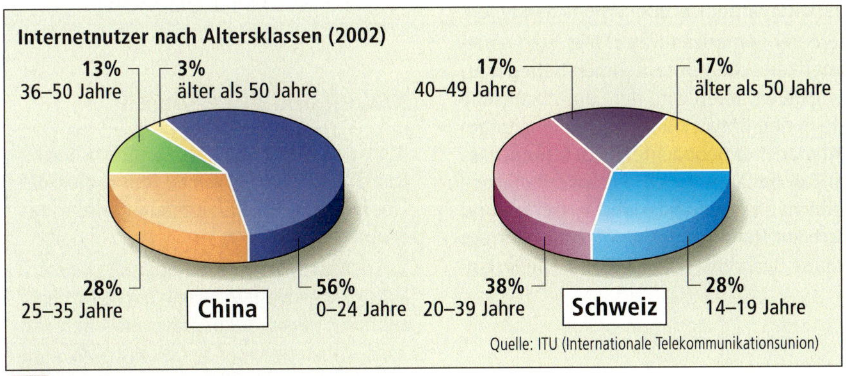

3 **Technologien und Generationen**

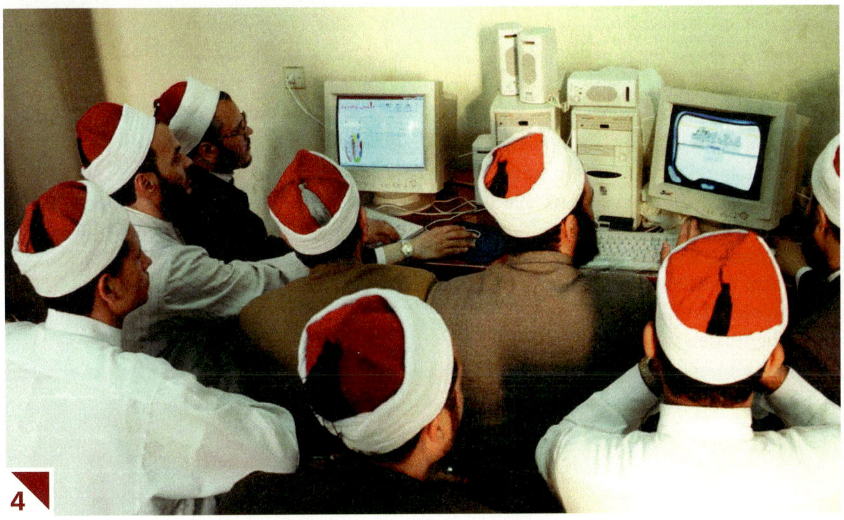

4

Der Zugang zum weltweiten Netz

An der Al-Azhar-Universität von Kairo studieren junge Menschen aus der gesamten islamischen Welt.

2 **Fortschritt und Wissen**

Lange Zeit war Wissen das Privileg von Weisen oder Eingeweihten. [...]. Seit der Aufklärung ermöglichte das zunehmende Voranschreiten der Demokratisierungsbestrebungen [...] die Verbreitung von Universalitäts-, Freiheits- und Gleichheitsgedanken. Die Verbreitung von Wissen durch das Buch, dann durch den Buchdruck sowie die allen zugängliche Schul- und Universitätsausbildung begleiteten diese historische Entwicklung. [...] Derzeit scheinen die Verbreitung neuer Technologien und das Internet als öffentliches Netz neue Chancen zu bieten, um diesen öffentlichen Wissensraum zu erweitern. [...]

Der Begriff der Informationsgesellschaft beruht auf den technologischen Fortschritten. Der Begriff der Wissensgesellschaften schließt darüber hinaus breitere soziale, ethische und politische Dimensionen ein. Der hier gewählte Plural ist keineswegs ein Zufall: Er verwirft die Einzigartigkeit eines angeblich „vorgefertigten" und die kulturelle und sprachliche Vielfalt nur unzureichend widerspiegelnden Modells [...]. Zur Errichtung wahrhafter Wissensgesellschaften dürfen die durch das Internet oder die Multimediainstrumente gebotenen neuen Möglichkeiten uns nicht dazu verleiten, jene vollwertigen Wissensinstrumente wie Presse, Radio, Fernsehen und vor allem Bildungseinrichtungen zu vernachlässigen. Denn die meisten Menschen auf der Welt dürsten, bevor sie Computer oder Internet benötigen, nach Büchern und Schulbüchern; außerdem gibt es einen großen Mangel an Lehrkräften.

Einleitung des Weltberichts der UNESCO; übers. nach: Vers les sociétés du savoir, 2005.

Fragen und Anregungen

1. Inwieweit stellt der Personalcomputer einen entscheidenden Fortschritt im Bereich der Information dar? (M1 und 4)
2. Welche Rolle spielt die Technik bei der Aneignung von Wissen? Welche anderen Faktoren unterstützen den Wissenserwerb? (M2)
3. Kann von einem digitalen Bruch zwischen den Generationen die Rede sein? Ist die Situation in beiden Ländern vergleichbar? (M3)
4. Simulieren Sie eine Diskussion zwischen zwei Zeitgenossen, von denen einer die Informationsgesellschaft verteidigt und der andere sie kritisiert.

3. Auf dem Weg zu einer „Weltkultur"?

Ist die Entstehung einer „globalen Kultur" zu befürchten?

Kulturelle Auswirkungen der Globalisierung

Die Massenkultur durchläuft seit 1945 eine beschleunigte Entwicklung und findet weltweit Verbreitung. „Produziert" wird sie von großen transnationalen Unternehmen, die bestrebt sind, auf allen Märkten Fuß zu fassen. Nicht minder global äußert sich die seit den 1990er-Jahren erkennbare Informationsgesellschaft, da die IKT (Informations- und Kommunikationstechnologien) eine Kommunikation ohne nennenswerte Zeitverzögerung zwischen allen Orten des Erdballs ermöglichen.

Im Globalisierungsprozesses nimmt die Kultur eine zentrale Stellung ein. Der vom GATT seit 1947 und seit 1995 von der WTO geförderte Freihandel begünstigt die nahezu weltweite Verbreitung von Kulturgütern. Die Unterhaltungsindustrien bringen überall sich gleichende „Produkte" auf den Markt (Fernsehprogramme, Kinokomplexe, Freizeitparks, Sportveranstaltungen usw.). Die Bewohner des „global village" würden demnach mehr und mehr die gleichen Kulturgewohnheiten entwickeln.

Die Gefahr einer Vereinheitlichung

Viele Menschen kritisieren diese Entwicklung, weil sie hierin die Gefahr einer Vereinheitlichung sehen. In den Entwicklungsländern wird die Globalisierung zunächst als eine Verwestlichung wahrgenommen. Denn verbreitet und getragen wurden die westlichen Werte von den Kolonisatoren und anschließend von all jenen, die Entwicklung mit europäischer oder amerikanischer Modernität gleichsetzten. Auf diese Weise könnte die wirtschaftliche Dominanz der Industrienationen eine Bedrohung für die „einheimischen" Kulturen Afrikas, Lateinamerikas oder Asiens darstellen.

Heute steht jedoch weniger der Westen an sich, sondern der „American way of life" zur Debatte. Die „Kulturindustrien" werden von transnationalen amerikanischen Unternehmen beherrscht, die die größten Gewinner des Freihandels sind. Seit den 1960er-Jahren wird der „amerikanische Kulturimperialismus" in Europa und Kanada genauso wie in den Entwicklungsländern angeprangert. Eine „Monokultur made in USA" könnte aus der Sicht mancher Beobachter dazu führen, dass andere Ausdrucksformen unterdrückt werden. In jedem Fall behauptet sich das amerikanische Englisch zunehmend als eine Art Weltsprache in den Bereichen Kommunikation, Wirtschaft und Wissenschaft. Diese Tatsache, die in Frankreich nicht gern zur Kenntnis genommen wird, erregt jedoch in anderen europäischen Länder in geringerem Maße Besorgnis (Deutschland, Niederlande, Schweden usw.).

Verschmelzung und Vielfalt der Kulturen

Globalisierung ist allerdings nicht zwingend mit Verwestlichung oder Amerikanisierung verbunden. Einige erhoffen sich durch die Verschmelzung verschiedener Kulturen die Herausbildung einer neuen Weltkultur. In den Großstädten Asiens mischen sich in einer neuen Kultur westliche „Modernität" und lokale (chinesische oder japanische) Traditionen. Selbst in den Vereinigten Staaten spielen die spanische Sprache und die Latino-Kultur eine zunehmend größere Rolle.

Dennoch muss die Vielfalt der Sprachen und Kulturen bewahrt werden. Einige europäische Staaten, wie beispielsweise Frankreich, haben Maßnahmen zur Förderung der nationalen Filmindustrie **(siehe S. 226 f.)** oder zum Schutz ihrer Sprache getroffen **(siehe S. 228 f.)**. 1989 erwirkte Kanada in einem mit den Vereinigten Staaten unterzeichneten Freihandelsabkommen eine Ausnahmeklausel zum Schutz seiner Kulturindustrien (Fernsehen, Kino, Verlagswesen). 1993 erkannte das GATT auf Antrag Frankreichs und der Europäischen Union das Prinzip der kulturellen Ausnahme an. Die UNESCO verabschiedete 2001 eine allgemeine Erklärung zur kulturellen Vielfalt. Unterstützt wird sie in dieser Auseinandersetzung durch die OIF (Organisation internationale de la francophonie, Internationale Organisation der Frankophonie) bzw. durch die CPLP (Gemeinschaft der portugiesischsprachigen Staaten), die sich für die Bewahrung der Vielsprachigkeit in der Welt einsetzen.

Begriffe

- **Globalisierung** (engl. globalisation; franz. mondialisation/globalisation): Weltweite Vernetzung wirtschaftlicher Aktivitäten und Strukturen (Management, Produktion und Vertrieb), die von einer nicht mehr national geprägten Logik des Marktes bestimmt wird.
- **Kulturelle Ausnahme** (franz. exception culturelle): Von Frankreich vorgeschlagenes Prinzip, dem zufolge die Kulturgüter nicht wie einfache Waren den vom GATT (seit 1995 WTO) festgelegten Regeln des Freihandels unterworfen werden.
- **Kulturelle Vielfalt:** Dieser Begriff, der heute dem der „kulturellen Ausnahme" vorgezogen wird, bezeichnet die Gesamtheit der Kulturen der Welt, die als ein zu schützendes Erbe betrachtet wird.

Fragen und Anregungen

1. In welche Sprache wurde der britische Roman übersetzt? Welche Rolle spielt die Übersetzung im derzeitigen Kontext der Globalisierung? (M1)

2. Erklären Sie, wie die europäische Massenkultur nationale Traditionen und angelsächsischen Einfluss miteinander verbindet. (M2)

3. Mithilfe welcher Darstellungsformen wird auf dem Bild M3 die amerikanische Massenkultur kritisiert?

4. Welcher Aspekt der Massenkultur wird hier angeprangert? (M3)

5. Womit wird in M4 die kulturelle Vielfalt verglichen?

6. Was schlägt die UNESCO zur Wahrung der kulturellen Vielfalt vor? (M4)

7. Verfassen Sie einen Dialog zwischen zwei Menschen, die die Globalisierung als Gefahr bzw. als Chance für die Kultur ansehen.

1 Ein weltweiter Buchhandelserfolg

„Harry Potter und der Orden des Phönix" eroberte im September 2003 den taiwanesischen Buchmarkt. Das Werk der britischen Schriftstellerin J. K. Rowling wurde in 55 Sprachen übersetzt.

3 Eine polemische Sicht der amerikanischen Massenkultur

Einband des 2004 vom kanadischen Journalisten Matthew Fraser veröffentlichten Buches „Les armes de distraction massive" (Massenunterhaltungswaffen).

2 Die Mischung der Kulturen

Zwei französische Soziologen analysieren die europäischen Fernsehprogramme.

Am Ende der 1980er-Jahre, als die Privatsender wie Pilze aus dem Boden schossen, sahen sich die meisten europäischen Staaten der gleichen Herausforderung gegenübergestellt: Wie ist die Invasion der amerikanischen Produktionen aufzuhalten [...]? Fünfzehn Jahre später ist klar, dass dieses Ziel bis zu einem bestimmten Grad erreicht wurde: Die großen europäischen Fernsehsender bieten zu den Hauptsendezeiten vorwiegend nationale Programme an. [...] So sind die Spielfilme hauptsächlich nationalen Besonderheiten angepasst. [...] Regisseure und Produzenten beschränken sich jedoch nicht auf nationale Entwicklungen, sie sind gezwungen zu kooperieren (Koproduktion zwischen den Ländern), sich gegenseitig zu inspirieren; und dabei ist die Hollywood-Erfahrung genauso eine Referenz wie es einige Erfolge des europäischen Kinos für amerikanische Filmschaffende sind. Werden dennoch einige ausländische Spiel-, Film- oder Unterhaltungsformate erworben, haben sie nur dann Aussicht auf Erfolg, wenn sie auf den Geschmack des Publikums des jeweiligen Landes zugeschnitten und umgeformt werden. [...] Diese Hybridisierung geht mit der Globalisierung der Bild- und Tonindustrien einher. In den angelsächsischen Ländern bringen die Musik- und Kinobranchen bzw. die audiovisuellen Medien Werke mit Kultstatus hervor, die von Jugendlichen aller Himmelsrichtungen der westlichen Welt gleichermaßen geschätzt werden: Die Heranwachsenden geben einer Mischform der Kulturen den Vorrang, in der die verschiedenen Identitäten zum Ausdruck kommen, sich gegenseitig inspirieren und anerkennen [...].

Übers. nach: M. Dagnaud/R. Chaniac, Fictions et réalités nationales, Libération, 27. April 2001.

4 Verteidigung der kulturellen Vielfalt

ARTIKEL 1 – KULTURELLE VIELFALT: DAS GEMEINSAME ERBE DER MENSCHHEIT.

Im Laufe von Zeit und Raum nimmt die Kultur verschiedene Formen an. Diese Vielfalt spiegelt sich wider in der Einzigartigkeit und Vielfalt der Identitäten, die die Gruppen und Gesellschaften kennzeichnen, aus denen die Menschheit besteht. Als Quelle des Austausches, der Erneuerung und der Kreativität ist kulturelle Vielfalt für die Menschen ebenso wichtig wie die biologische Vielfalt für die Natur. Aus dieser Sicht stellt sie das gemeinsame Erbe der Menschheit dar und sollte zum Nutzen gegenwärtiger und künftiger Generationen anerkannt und bekräftigt werden [...].

ARTIKEL 8 – KULTURGÜTER UND KULTURELLE DIENSTLEISTUNGEN: EINZIGARTIGE GÜTER.

Angesichts des aktuellen wirtschaftlichen und technologischen Wandels, der umfassende Möglichkeiten für Kreation und Innovation eröffnet, muss der Vielfalt des Angebots an kreativer Arbeit besondere Aufmerksamkeit gewidmet werden, gleichzeitig müssen auch die Urheberrechte von Autoren und Künstlern sowie die Besonderheit kultureller Güter und Dienstleistungen anerkannt werden, die als Träger von Identitäten, Wertvorstellungen und Sinn nicht als einfache Waren oder Konsumgüter betrachtet werden können.

ARTIKEL 9 – KULTURPOLITIK ALS KATALYSATOR DER KREATIVITÄT.

Kulturpolitik muss, ohne den freien Fluss von Ideen und Arbeiten zu behindern, Bedingungen schaffen, die die Produktion und die Verbreitung von unterschiedlichen Kulturgütern und kulturellen Dienstleistungen durch Kulturindustrien fördern, die über die Mittel verfügen, sich auf lokaler oder globaler Ebene zu behaupten.

Allgemeine Erklärung der UNESCO zur kulturellen Vielfalt, 2001.
http://www.unesco.de/pdf/deklaration_kulturelle_vielfalt.pdf

Dossier:
Das Kino – Entwicklungstendenzen weltweit

Trotz der Konkurrenz durch Fernsehen und Video bleibt das Kino auch heute eine der wichtigsten Kulturindustrien. Hollywood wird seit langem weltweit als das Symbol der Massenkultur wahrgenommen. Die amerikanischen Filme profitieren von einem riesigen Markt in den USA und einem weltweiten Vertriebssystem. Einige Kritiker, vor allem in Frankreich, betonen, dass das amerikanische Kino von der Regierung in Washington unterstützt (Steuerhilfen) und auch durch den 1945 eingeführten Freihandel sowie die Macht der Vereinigten Staaten begünstigt wird. Aus ihrer Sicht gefährdet die erhebliche Verbreitung der amerikanischen Filme weltweit die kulturelle Vielfalt. Die Position der amerikanischen Filmindustrie ist jedoch nicht unangefochten.

Indien ist eines der wenigen Länder, das eine eigene Filmindustrie entwickelt hat, die in der Lage ist, ihre Filme weltweit zu exportieren.

In Europa haben die meisten Staaten ein System zur Förderung der nationalen Filmproduktion geschaffen. In Frankreich steht das Kino im Mittelpunkt der Debatten über die kulturelle Vielfalt. In anderen Ländern, so etwa in Deutschland, löst diese Debatte in weit geringerem Maße emotionale Reaktionen aus und nimmt in den Medien eine deutlich weniger zentrale Rolle ein.

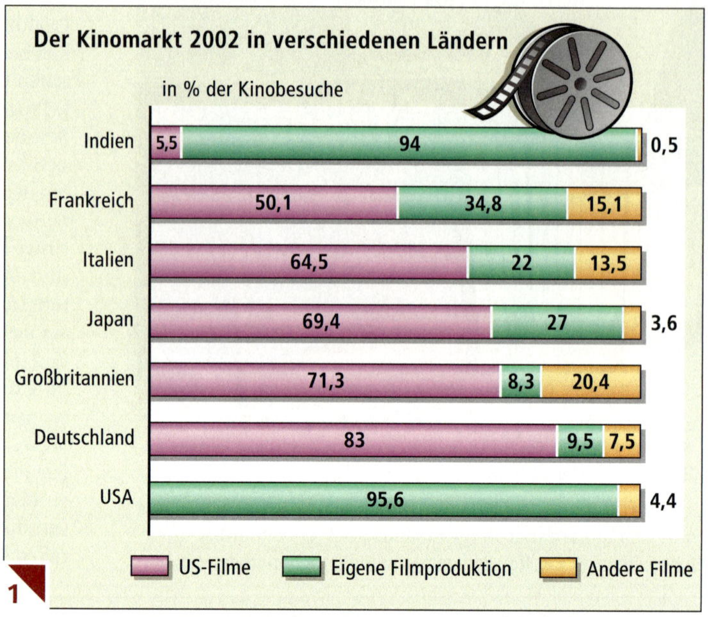

1 Ein von Hollywood beherrschter Markt

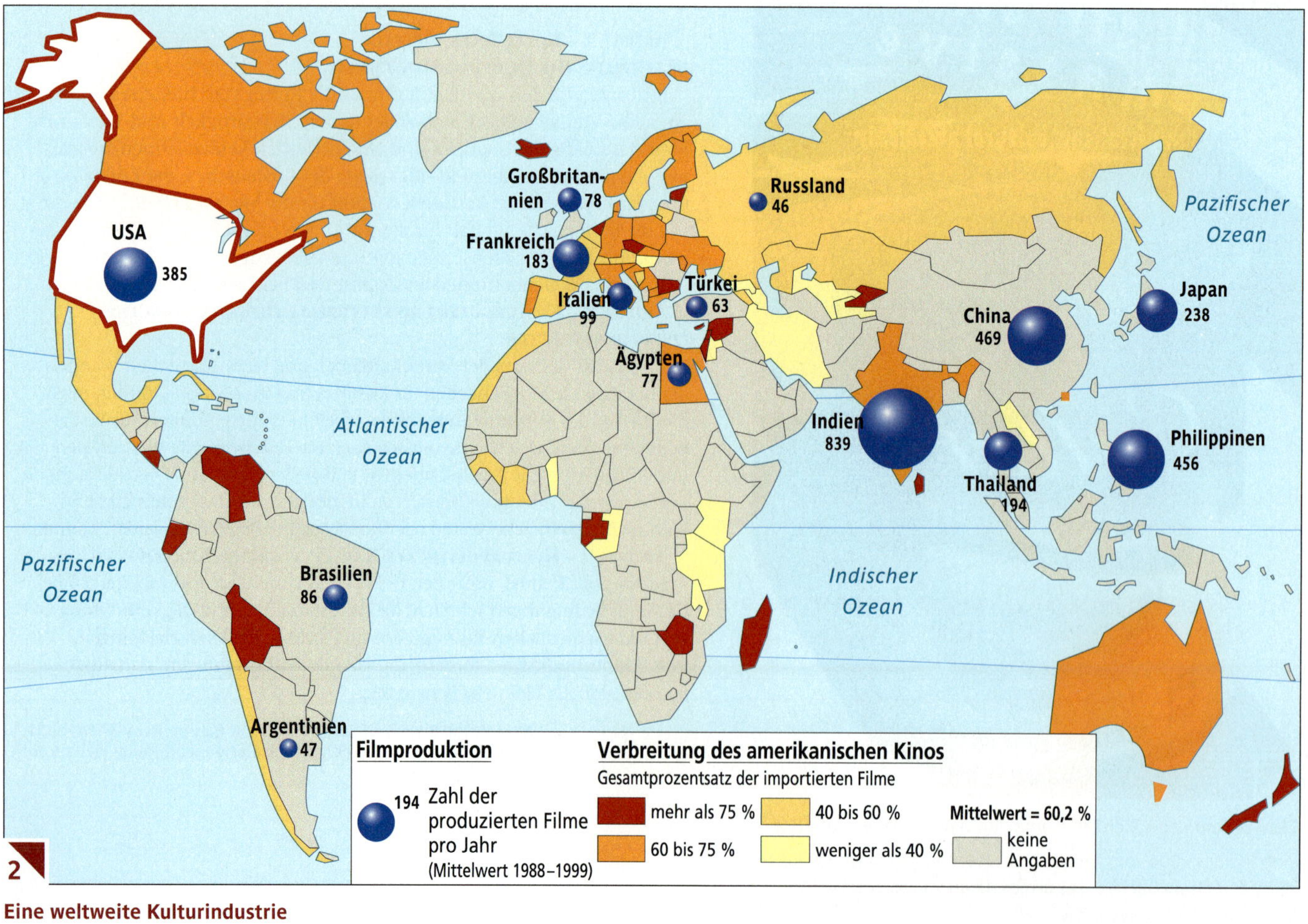

2 Eine weltweite Kulturindustrie

3 „Bollywood"

Der indische Film wird durch keinerlei besondere Gesetze geschützt. Und dennoch gelingt es dem amerikanischen Kino nicht, das indische Publikum zu begeistern. Die in den Studios von Bombay („Bollywood") gedrehten Filme sind von einer ganz besonderen Symbolik geprägt (Rolle der Musik, Theatralik der Schauspieler usw.).

4 Filmwirtschaft und kulturelle Vielfalt

Die Globalisierung stellt eine Bedrohung für die kulturellen Identitäten dar und bringt, gibt man hier nicht Acht, eine Uniformisierung der Verhaltens- und Lebensformen mit sich. Zweifellos müssen der Menschheit gemeinsame Werte und Bezugssysteme gefördert werden, ohne dabei die im Laufe der Zeit weitergegebenen Besonderheiten zu vergessen, ohne den Respekt vor den Identitäten zu vergessen, ohne den Reichtum der kulturellen Vielfalt zu vernachlässigen. [...] Das besondere Wesen der kulturellen und audiovisuellen Güter und Dienstleistungen sollte fortan eindeutig herausgestellt werden, denn sie sind Träger von Ideen und von Sinn. Bekannt ist, dass Filme in besonderem Maße die Werte einer Gesellschaft widerspiegeln, zur Meinungsbildung beitragen, oder, prosaischer formuliert, Konsumreflexe hervorrufen. Daher die enorme Unterstützung und ganz besondere Aufmerksamkeit, die Washington den Hollywood-Studios seit eh und je gewährt.

Die Bedeutung dieser wirtschaftlichen Kernfragen macht es erforderlich, die Logik des Freihandels gewissen Korrekturen zu unterziehen, die nämlich voraussetzen würde, dass die meisten Staaten auf ihre Kulturindustrien und audiovisuellen Industrien verzichteten, sobald ausländische „Produkte" zu einem günstigeren Preis eingeführt werden können: Hollywoodfilme beispielsweise haben sich bereits auf einem breiten Markt amortisiert, bevor sie trotz der Sprachbarrieren zu einem niedrigen Preis exportiert werden.

Eine solche internationale Arbeitsteilung, die dazu führen würde, Europa an den Rand zu drängen, können wir nicht akzeptieren. Die Kulturindustrien, die Wissens- und Fiktionsindustrie sind Zukunftsindustrien, die in Bezug auf Arbeitsplätze und Wirtschaftswachstum von großer Bedeutung sind. [...] Produkte der Kulturindustrie, einschließlich der audiovisuellen Medien, dürfen nicht einzig den Gesetzen des Marktes unterliegen. Im Sinne der Verteidigung des Pluralismus der Ideen und des künstlerischen Ausdrucks bedarf es eines regulierenden staatlichen Eingreifens.

Catherine Trautmann (französische Kulturministerin), Rede auf einem Kolloquium über die WTO vor der Nationalversammlung, 9. November 1999; übers. nach: Catherine Trautmann, L'exception culturelle: un moyen juridique d'assurer la diversité culturelle, Problèmes politiques et sociaux, n° 904 (September 2004), S. 71.

Rang	Titel	Jahr	Herkunft	Besucherzahl (Millionen)
1	*Titanic*	1998	USA	20,58
2	*Die große Sause*	1966	Frankreich/ Großbritannien	17,27
3	*Vom Winde verweht*	1950	USA	16,72
4	*Das Dschungelbuch*	1968	USA	15,29
5	*Spiel mir das Lied vom Tod*	1969	Italien	14,86
6	*101 Dalmatiner*	1961	USA	14,66
7	*Asterix und Obelix: Mission Kleopatra*	2002	Frankreich	14,31
8	*Die zehn Gebote*	1958	USA	14,23
9	*Ben Hur*	1960	USA	13,83
10	*Die Besucher*	1993	Frankreich	13,78
11	*Die Brücke am Kwai*	1957	Großbritannien	13,48
12	*Aschenputtel*	1950	USA	12,87

5 Die großen Kinoerfolge in Frankreich

Die Filme mit den höchsten Zuschauerzahlen in Frankreich zwischen 1945 und 2003.

Fragen und Anregungen

1. Beschreiben und erklären Sie die amerikanische Schlüsselposition in der Filmproduktion weltweit. (M1 und 2)
2. Welche Länder widersetzen sich dieser Vormachtstellung? Warum? (M1 und 2)
3. Wie erklären Sie sich die Hochkonjunktur der indischen Filmproduktion? (M1 und 3)
4. Warum möchte die Autorin die Filmproduktion der Logik des Freihandels entziehen? (M4)
5. Zeigen Sie, dass die Filmindustrie nicht nur eine kulturelle, sondern zugleich auch eine wirtschaftliche Angelegenheit ist.

Dossier: Müssen die nationalen Sprachen geschützt werden?

Frankreich gehört angesichts des zunehmenden Einflusses des Englischen (in seiner amerikanischen Varietät) zu den wenigen Ländern in der Welt, die rechtliche Vorkehrungen zum Schutz ihrer nationalen Sprache getroffen haben. Diese „französische Ausnahme" („exception française") lässt sich insbesondere durch eine Tradition erklären, der zufolge der Staat auch in den kulturellen Bereich eingreift sowie durch die Sehnsucht nach einer Epoche, in der das Französische die beherrschende Weltsprache war.

Andere Länder, wie Deutschland oder Österreich, halten es in geringerem Maße für notwendig, sich der „Invasion des Englischen als internationaler Sprache" zu widersetzen. Verworfen wird das französische Modell dennoch nicht einstimmig, wie dies die 2004 in Deutschland geführte Debatte über die Schutzquote für deutsche Musik im Radio deutlich machte.

1975	Bas-Lauriol-Gesetz: Der Gebrauch des Französischen wird bei Präsentationen, Gebrauchsanweisungen und der Produktwerbung obligatorisch.
1992	Änderung des Artikels 2 der Verfassung durch Hinzufügung der Formulierung: „Die Sprache der Republik ist das Französische".
1994	Toubon-Gesetz: Der Gebrauch des Französischen wird vorgeschrieben an öffentlichen Orten und in öffentlichen Einrichtungen, in der Werbung und in den in Frankreich niedergelassenen Unternehmen.
1996	Inkrafttreten von Schutzquoten im audiovisuellen Bereich. Die Radioanstalten müssen 40 Prozent ihres Musikprogramms dem französischen Repertoire entnehmen.
2002	Frankreich wird von der Europäischen Kommission verpflichtet, auf Lebensmittelverpackungen den Gebrauch von Fremdsprachen zu erlauben.

1 Die französische Gesetzgebung

2 Die Sprache, ein zu schützendes Erbe

Als Franz I.[1] den Gebrauch des Französischen anordnete, tat er dies deshalb, weil er es nicht hinnehmen konnte, dass die Sprache des Volkes nicht die Sprache aller war; weil er es nicht mehr tolerieren wollte, dass die Sprache der öffentlichen Urkunden, die Amtssprache, nicht die war, die das Volk sprach. [...] Condorcet zeigte, dass es dem Geist der Aufklärung zuwiderlief, die lateinische Sprache in den Wissenschaften (heute würde er sagen das Englische) zu verwenden [...].
So stand es um die Gedankenwelt der Aufklärung.
So stand es um die republikanische Tradition. [...] Deshalb hat die überwältigende Mehrheit der Franzosen (nahezu 90 Prozent laut einer SOFRES-Umfrage) das von mir eingebrachte und vom Parlament einstimmig verabschiedete Gesetz begrüßt. Unter ihnen die einfachsten, die schwächsten, die am wenigsten mit akademischen Diplomen ausgestatteten Franzosen, und gewiss auch diejenigen, die gerade erst Franzosen geworden sind; für sie ist die französische Sprache ihr wichtigstes Kapital, das Zeichen ihrer Würde, der Garant für die Integration, der Gleichklang mit einer universellen Kultur, ein gemeinsames Erbe, ein Teil des französischen Traumes. [...]

Wir, die wir die europäische Mehrsprachigkeit, die Modernisierung und die Verbreitung der französischen Sprache befürworten, sind nicht chauvinistisch; sind denn dagegen nicht eher diejenigen in engstirniger Weise französisch, die seit sechs Monaten die Debatte auf die Frage beschränken, ob sie noch immer „week-end"[2] und „corner"[3] sagen dürfen, obgleich es doch im Gesetz darum überhaupt nie ging [...].

Übers. nach: J. Toubon, La langue de tous, Le Monde, 4. August 1994.

[1] Franz I. (François Ier): französischer König, regierte 1515–1547.
[2] week-end: Anglizismus, der heute das gängige französische Wort für „Wochenende" ist.
[3] corner: Anglizismus, der in der französischen Fußballsprache für „Eckball" verwendet wird.

3 Das französische Modell gegen die „Monokultur"?

Antje Vollmer, Bundestagsvizepräsidentin und Kulturbeauftragte der Grünen, war eine der Initiatorinnen der Parlamentsdebatte über die Schutzquote für deutsche Musik im Radio.

Süddeutsche Zeitung: Wäre die französische Quote mit vierzig Prozent inländischer Musik ein Vorbild für Deutschland?

Vollmer: Wie hoch eine solche Quote schließlich läge, darüber muss man diskutieren. Ihr Erfolg in Frankreich ist daran messbar, dass der Anteil der inländischen Musik an den Charts rapide gestiegen ist. Da zeigt sich: Man muss dem Publikum nur Gelegenheit geben, vom Musikangebot aus dem eigenen Land überhaupt zu erfahren. In Deutschland ist es derzeit so, dass das Publikum in den Radioprogrammen bis auf wenige Ausnahmen nicht erfährt, welche musikalische Vielfalt und Qualität es im Land gibt.

Süddeutsche Zeitung: Garantiert aber eine Quotierung per se mehr Vielfalt und Qualität?

Vollmer: Sie garantiert dem Publikum die Wahlfreiheit, sich überhaupt informieren zu können, was es gibt. Am Ende entscheidet es eh selbst, was es hören will. Dabei wird nicht zwangsläufig Qualität geschaffen – aber eine Voraussetzung für deren Entstehen. [...]

Süddeutsche Zeitung: Ist eine Quotenregelung nicht zwangsläufig anachronistisch angesichts der globalisierten Musikmärkte?

Vollmer: Sie ist gerade eine Antwort darauf. Es ist feststellbar, dass der Globalisierungsprozess im Musikmarkt nicht mehr Vielfalt, sondern mehr Monokultur produziert. Für weltweit operierende Plattenfirmen ist es relativ egal, womit sie ihre Umsätze erzielen. Pro Land werden im Moment nur zwei, drei nationale Künstler zur Kenntnis genommen.

Interview mit Antje Vollmer, Pro Musikquote: Das Radio ist unerträglich, Interview: Dirk Peitz, Süddeutsche Zeitung, 10. September 2004.

4 Gegen ein Quotierungssystem

Süddeutsche Zeitung: Die Diskussion um die Radioquote ist ein Dauerbrenner. Nun will sich sogar der Kulturausschuss des Bundestages damit befassen. Ist das ein Problem für Sie?

Grotzky: Was heißt Problem? Ich stelle mir bloß die Frage: Haben wir kulturpolitisch einen Zentralstaat oder einen föderalen Staat? Ich denke doch letzteres. Deshalb wundert es mich, dass man jetzt auf Bundesebene über länderhoheitliche Dinge diskutieren will – Rundfunk ist Ländersache. [...]

Süddeutsche Zeitung: Offenbar ist nicht nur Antje Vollmer, sondern sind auch viele andere Hörer genervt vom Chart-Gedudel.

Grotzky: Wieso die Hörer? Die Lobby der CD-Industrie macht sich in erster Linie stark für eine Quote – wobei sich Wirtschaft und Politik klar werden sollten, was sie eigentlich quotieren wollen: deutsche oder deutschsprachige Musikproduktionen. Sarah Connor zum Beispiel ist Deutsche, singt aber ausschließlich englisch. Die Hörer wollen in der Mehrheit keine deutschsprachige Musik in den Pop- und Rockprogrammen. Wenn ich sie dort im Bayerischen Rundfunk spiele, setzt es Proteste. [...]

Süddeutsche Zeitung: Dass so wenig deutschsprachige Musik im Radio gespielt wird, liegt also nicht an den Sendern, sondern an der Qualität von Musik und Text?

Grotzky: Genau. Deutsche und deutschsprachige Musik ist ja nicht per se gut. Ich lehne deshalb eine gesetzliche Regelung ab, spreche mich aber eindeutig für eine Förderung deutscher und deutschsprachiger Musikproduktionen aus. [...]

Süddeutsche Zeitung: In Frankreich ...

Grotzky: Frankreich ist kein Vorbild für mich. Noch einmal: Ich bin ein heftiger Gegner jeder gesetzlichen Quote.

Interview mit Johannes Grotzky, Contra Musikquote: Deutsche Musik ist nicht per se gut, Interview: Senta Krasser, Süddeutsche Zeitung, 10. September 2004.

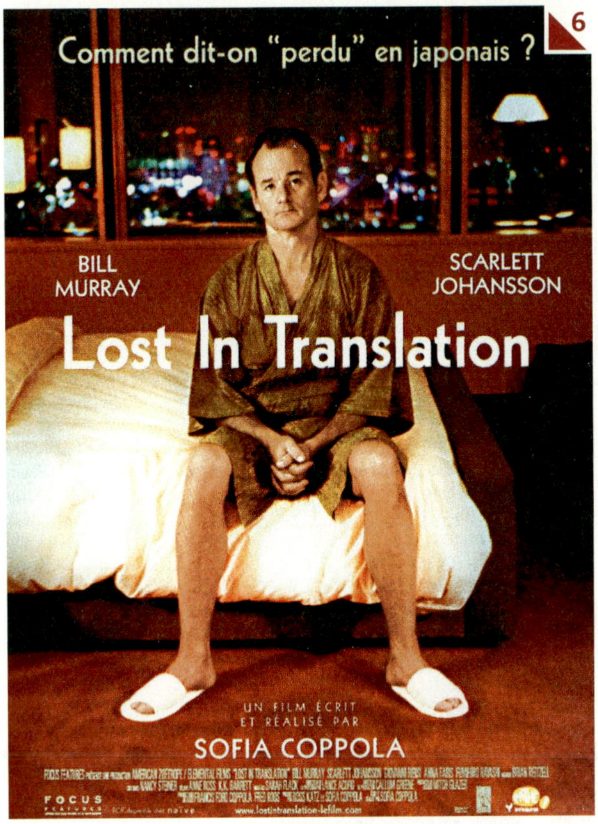

6 Englisch in der Filmwelt

In Frankreich werden die Titel der angelsächsischen Filme immer seltener übersetzt.

5 Eine ironische Wahrnehmung Frankreichs

Sieht der Franzose eine Schachtel, die mit den Worten „ailes de poulet“ beschriftet ist, dann weiß er, dass er darin Hühnerflügel erwarten darf. Was aber, wenn auf der Schachtel „chicken wings“ geschrieben steht und daneben ein Foto von Hühnerflügeln prangt? Dann ist erstens der Franzose zutiefst verunsichert, und zweitens bedeutet es das Ende der französischen Sprache, das Ende der Republik, das Ende Frankreichs überhaupt. Adieu, *game over!*

Das definitive Ende der französischen Republik ist für die nächsten zwei Monate anberaumt. Die Europäische Kommission hat dem französischen Staat diese Frist gesetzt, innerhalb derer er das Sprachgesetz abschaffen muss, wonach alle Etiketten, Bedienungsanleitungen, Verträge, behördlichen Mitteilungen, Werbebotschaften und dergleichen auf Französisch verfasst sein müssen. [...] Die Entscheidung der Kommission sei Teil eines „geheimen Krieges, den diejenigen in Europa führten, die an die Sinnhaftigkeit einer einzigen Sprache glaubten“, nämlich Englisch, schnaubte der Schriftsteller Claude Duneton in der Tageszeitung „Le Figaro“ und wetterte gegen die „Kolonialisierung“. [...] Das alles wegen eines bisschen Kleingedruckten auf Coca-Cola-Dosen und Cornflakes-Packungen? Hat die Nation keine anderen Sorgen?

Robert Treichler, Artikel aus der österreichischen Zeitschrift „profil“, Nr. 33, 12. August 2002, S. 82.

Fragen und Anregungen

1. Warum beschloss Frankreich, die französische Sprache zu schützen? (M1 und 2)
2. Fassen Sie die Argumente der Verfechter und der Gegner der Radioquote in Deutschland zusammen. (M3 und 4)
3. Wie stellt der österreichische Journalist die Haltung Frankreichs dar? (M5)
4. Weshalb ist das Kino in besonderer Weise von der Frage des englischsprachigen Einflusses betroffen? (M6)
5. Kennen Sie andere Bereiche, in denen sich diese Frage stellt?
6. Ist die Mehrsprachigkeit Ihrer Meinung nach in der heutigen Welt bedroht?

Bilanz
Die technischen, wirtschaftlichen und kulturellen Veränderungen seit 1945

Wichtige Daten

1944: Abkommen von Bretton Woods

1947: Erfindung des Transistorradios/GATT-Verträge

1970: Erfindung des Personalcomputers (PC)

1973: Erste Ölkrise

1979: Zweite Ölkrise

1989–1991: Politischer und wirtschaftlicher Zusammenbruch der sozialistischen Staaten

1990: Kommerzialisierung des Internets

1995: Die WTO löst das GATT ab.

2003: Weltgipfel der Informationsgesellschaft

Schlüsselbegriffe

Französisch	Deutsch	Englisch
culture de masse	Massenkultur	mass culture
État-providence	Sozialstaat	welfare state
informatique	Informatik/ Elektronische Datenverarbeitung (EDV)	computer science
mondialisation	Globalisierung	globalization
société de l'information	Informationsgesellschaft	information society
société du savoir	Wissensgesellschaft	knowledge society

Wichtige Zahlen

Weltbevölkerung			
	1970	**2005**	**2025** Schätzungen
Welt (in Millionen)	3 697	6 465	7 905
Bevölkerung pro Kontinent (in % der Gesamtbevölkerung)			
Afrika	9,8	14	17
Lateinamerika	7,7	8,7	8,8
USA/Kanada	6,3	5,1	4,9
Europa	17,7	11,3	8,9
Asien	57,9	60,4	59,8
Ozeanien	0,5	0,5	0,5

Quelle: UNO
Die ehemaligen Sowjetrepubliken wurden entweder Europa oder Asien zugeordnet.

Die Entwicklung der erwerbstätigen Bevölkerung in den Industrieländern			
In %	**1950**	**1970**	**2000**
Landwirtschaft (primärer Sektor)	28	11	5
Industrie (sekundärer Sektor)	35	38	27
Dienstleistungen (tertiärer Sektor)	37	51	68

Bedeutende Persönlichkeiten

John Maynard KEYNES (1883–1946), Finanzberater des britischen Finanzministeriums

Ludwig ERHARD (1897–1977), von 1963 bis 1966 deutscher Bundeskanzler

Margaret THATCHER (1925), von 1979 bis 1990 Premierministerin Großbritanniens

DEUTSCH-FRANZÖSISCHER PERSPEKTIVENWECHSEL

Wirtschaftswachstum

• Zwischen 1945 und 1973 erlebten Deutschland und Frankreich eine ähnliche Entwicklung hinsichtlich des Wirtschaftswachstums und der soziokulturellen Veränderungen (siehe Kapitel 16). In Frankreich sprach man von den „Trente Glorieuses" (Titel eines Buches von Jean-Fourastié, das sich auf die „Trois Glorieuses", d. h. auf die Revolution von 1830 bezieht); in Westdeutschland setzte sich der Begriff „Wirtschaftswunder" durch.

Der Strukturwandel

• Der bereits im 19. Jahrhundert einsetzende Strukturwandel kam insbesondere in den 1970er-Jahren zum Tragen, als die Wachstumsraten spürbar sanken. Bis Mitte der 1960er-Jahre ging der Anteil des primären Sektors am Bruttoinlandsprodukt kontinuierlich zugunsten des sekundären und tertiären Sektors zurück; seit Mitte der 1960er-Jahre fiel der Anteil des sekundären Sektors zugunsten des tertiären Sektors, der jedoch nicht genügend Arbeitsplätze zu schaffen vermochte.

• In Deutschland werden all diese Veränderungen als verschiedene Ergebnisse eines einzigen, als „Strukturwandel" bezeichneten Phänomens angesehen, das in der französischen Fassung dieses Lehrwerks mit „mutations sectorielles" übersetzt wurde, obwohl dieser Begriff in Frankreich nicht gebräuchlich ist. Dort spricht man von der Krise der Stahlindustrie bzw. der Landwirtschaft („crise de la sidérurgie", „crise de l'agriculture"), ohne die verschiedenen Sektoren miteinander in Verbindung zu bringen.

Die Krise des Sozialstaates

• Der ab 1973 verzeichnete Wachstumsrückgang führte in beiden Ländern zu ähnlichen Problemen. Das nach dem Krieg eingeführte Modell eines in den sozialen Bereich eingreifenden Staates wurde nun mitunter infrage gestellt. Die Bezeichnungen für dieses Modell unterscheiden sich von Land zu Land, so etwa „Sozialstaat" in Deutschland, „État-providence" in Frankreich, „Welfare State" in Großbritannien und in den Vereinigten Staaten.

Die Globalisierung

• Gegenwärtig leben wir im Zeitalter der Globalisierung, die in Deutschland und Frankreich unterschiedliche Unsicherheiten und Sorgen auslöst. Während die Deutschen eher Angst vor den wirtschaftlichen Folgen der Globalisierung haben, fürchten die Franzosen eher deren kulturelle Auswirkungen. Heute reagiert Frankreich, dessen Sprache und Kultur einst Weltgeltung genossen, sehr empfindlich auf den Einfluss des Englischen und prangert unverhohlen den amerikanischen „Kulturimperialismus" („impérialisme culturel") an. Deutschland und andere europäische Länder, in denen diese Befürchtung deutlich weniger ausgeprägt ist, halten es hingegen nicht für nötig, ihre nationale Sprache beispielsweise durch Sondergesetze zu schützen.

WEITERFÜHRENDE HINWEISE

Bücher

- Paul Bairoch, Victoires et déboires. Histoire économique et sociale du monde du XVIe siècle à nos jours. Band 3. Gallimard, Paris 1997.
- Bernard Guillochon, La mondialisation. Une seule planète, des projets divergents. Larousse, Paris 2003.
- Armand Mattelard, Diversité culturelle et mondialisation. La Découverte, Paris 2005.
- Rapport mondial de l'UNESCO. Vers les sociétés du savoir. Éditions UNESCO, Paris 2005.

Internetadressen

- www.wto.org: Internetseite der Welthandelsorganisation
- www.destatis.de: Seite des Statistischen Bundesamtes
- www.bib-demographie.de: Seite des Bundesinstituts für Bevölkerungsforschung
- www.insee.fr: Seite des Institut national de la statistique et des études économiques
- http://ined.fr: site de l'Institut national d'études démographiques
- www.ladocfrancaise.gouv.f: Seite der Documentation française, Informationsorgan der französischen Regierung
- www.unesco.org: Seite der UNESCO

Teil 5

Deutsche und Franzosen seit 1945

1

2

3

4

5

6

7

8

9

10

11

12

13

14

15

16

17

18

Dossier: Die Demokratie in Europa

Die liberale Demokratie ist heute das am weitesten verbreitete politische System im europäischen Raum. Gemeinsame Werte, untrennbar verbunden mit politischer Gleichheit und Freiheit sind die Prinzipien, die alle Europäer einen. Der politische Pluralismus garantiert, dass jeder seine Meinung frei äußern kann. Auch ist in den meisten demokratischen Verfassungen die Verpflichtung verankert, die Ungleichheit zwischen den Menschen so weit wie möglich zu verringern und den Zugang aller zum Wohlstand zu fördern.

Demokratie entstand allerdings nicht von selbst, die europäischen Völker haben darum gerungen; sie ist das Ergebnis eines langen, heute durch die Europäische Union gefestigten Prozesses. Nur demokratischen Ländern steht die EU offen. Sie selbst ist auf allen Ebenen demokratisch: in den einzelnen Regionen, den Staaten und in den Organen der Union. Die Demokratie ist das zentrale Wesensmerkmal Europas.

Begriffe

- **Liberale Demokratie:** Politisches System, in dem versucht wird, die Demokratie (politische Gleichheit der Staatsbürger) und den Liberalismus (Verteidigung der individuellen Freiheit) miteinander in Einklang zu bringen. Historisch gesehen unterscheidet sich die liberale Demokratie vom sozialistischen Demokratiemodell, der „Volksdemokratie", wie die Länder des damaligen Sowjetblocks bezeichnet wurden.
- **Demokratie:** Politisches System, in dem das Volk die Souveränität innehat. Die Demokratie unterscheidet sich von der Oligarchie, in der die Macht von einer kleinen Minderheit monopolisiert wird, sowie von der Tyrannis und der absoluten Monarchie, wo die Macht in den Händen einer einzigen Person liegt.

1

Der Übergang zur liberalen Demokratie

Die meisten Staaten Westeuropas blicken auf eine alte demokratische Tradition zurück, die ins 19. Jahrhundert zurückreicht. In der Zwischenkriegszeit und während des Zweiten Weltkriegs wurde diese Tradition in Frage gestellt (Faschismus, Nationalsozialismus, Vichy-Regime). Nach dem Zweiten Weltkrieg wurde die Demokratie in diesen Ländern wiederhergestellt. In den übrigen Ländern Europas vollzog sich der Übergang zur Demokratie in den Jahren 1950 bis 2000.

2 Die Förderung der Gleichheit

Das Grundgesetz der Bundesrepublik Deutschland (1949)

ARTIKEL 3

1. Alle Menschen sind vor dem Gesetz gleich.

2. Männer und Frauen sind gleichberechtigt. Der Staat fördert die tatsächliche Durchsetzung der Gleichberechtigung von Frauen und Männern und wirkt auf die Beseitigung bestehender Nachteile hin.

3. Niemand darf wegen seines Geschlechtes, seiner Abstammung, seiner Rasse, seiner Sprache, seiner Heimat und Herkunft, seines Glaubens, seiner religiösen oder politischen Anschauungen benachteiligt oder bevorzugt werden. Niemand darf wegen seiner Behinderung benachteiligt werden.

http://bundesrecht.juris.de/gg/art_3.html

Präambel der französischen Verfassung (1946)

[Die Nation] gewährleistet allen, insbesondere dem Kinde, der Mutter und den alten Arbeitern Gesundheitsschutz, materielle Sicherheit, Ruhe und Freizeit. Jeder Mensch, der wegen seines Alters, seines körperlichen oder geistigen Zustands oder wegen der wirtschaftlichen Lage arbeitsunfähig ist, hat das Recht, von der Gemeinschaft angemessene Mittel für seinen Unterhalt zu erhalten.

http://www.jura.uni-sb.de/BIJUS/constitution58/pream46.htm

Italienische Verfassung (1947)

ARTIKEL 3

Alle Staatsbürger genießen dieselbe soziale Achtung und sind vor dem Gesetz gleich, ohne Unterscheidung nach Geschlecht, Rasse, Sprache, Religion, politischen Ansichten sowie persönlichen und sozialen Verhältnissen. Es ist Aufgabe der Republik, die Hindernisse wirtschaftlicher und gesellschaftlicher Art zu beseitigen, die die Freiheit und Gleichheit der Bürger tatsächlich einschränken und die volle Entfaltung der menschlichen Persönlichkeit und die wirksame Teilnahme aller Arbeitenden an der politischen, wirtschaftlichen und sozialen Gestaltung des Landes verhindern.

http://www.verfassungen.de/it/ital48.htm

3 **Eine supranationale Demokratie? Das Europäische Parlament während einer Sitzung, 2004**

4 Die Rolle des Parlaments

Artikel I–20 des Verfassungsentwurfes von 2005

Das Europäische Parlament wird gemeinsam mit dem Rat als Gesetzgeber tätig und übt gemeinsam mit ihm die Haushaltsbefugnisse aus. Es erfüllt Aufgaben der politischen Kontrolle und Beratungsfunktionen nach Maßgabe der Verfassung. Es wählt den Präsidenten der Kommission.

Eine Verfassung für Europa. http://europa.eu.int/constitution/de/ptoc5_de.htm

Fragen und Anregungen

1. Welche großen Ereignisse ermöglichten die Ausbreitung der Demokratie in Europa? (M1)
2. Welche Gemeinsamkeiten weisen die aufgeführten Verfassungen auf? (M2)
3. Kann man von einer europäischen Demokratie sprechen? (M1–4)

Kapitel 14

Die politische Entwicklung Frankreichs von 1945 bis heute

Seit 1945 gab es in Frankreich zwei jeweils aus einer schweren Krise hervorgegangene Republiken. Nach den düsteren Jahren des Zweiten Weltkriegs knüpfte die Vierte Republik erneut an die demokratischen Traditionen an. Sie scheiterte am Konflikt mit Algerien und wurde 1958 von der Fünften Republik abgelöst, die dem Staatspräsidenten weitreichende Befugnisse einräumte. Dieses von General de Gaulle eingeführte Regierungssystem währt inzwischen fast fünfzig Jahre, in denen es zahlreiche neue Herausforderungen zu meistern galt: so etwa die Krise im Mai 1968, die Regierungsübernahme durch die Sozialisten 1981, die Kohabitation (franz. „cohabitation“, gleichzeitiges Amtieren eines Präsidenten und eines Premierministers aus unterschiedlichen politischen Lagern) seit 1986, die Entwicklung der Medien und der Öffentlichkeit.

- Wie passte sich das republikanische System diesen Veränderungen an?
- Gelang es ihm, die französische Demokratie zu modernisieren?

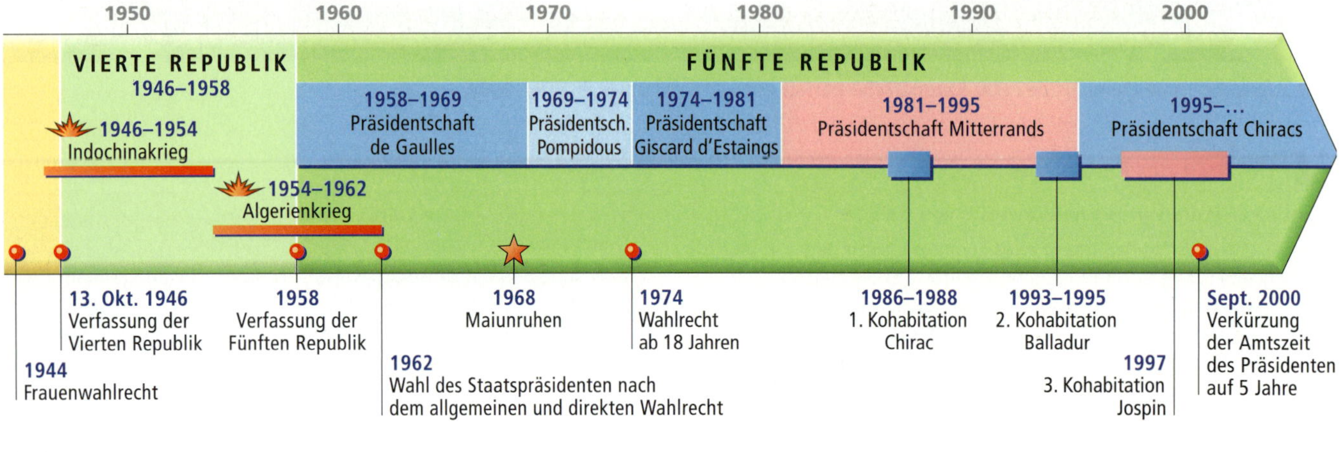

1

De Gaulle, Gründervater der Fünften Republik

Am 4. September 1958 stellte General de Gaulle den Verfassungsentwurf für die Fünfte Republik auf dem Place de la République in Paris vor.

2

Die „cohabitation“ an der Staatsspitze

Der Sozialist François Mitterrand, Staatspräsident, und der Gaullist Jacques Chirac, Premierminister, bei den Feierlichkeiten am 8. Mai 1988.

1. Ein neues Demokratieverständnis (1945–1954)

Wie stellten die aus der Résistance hervorgegangenen politischen Kräfte die Demokratie wieder her?

Die Geburt der Vierten Republik

Das Vichy-Regime (1940–1944) setzte der Demokratie in Frankreich ein vorläufiges Ende. Erst im Juni 1944 wurde sie mit der provisorischen Regierung der französischen Republik (GPRS) unter General de Gaulle wiederhergestellt.

Die politische Priorität lautete nun, dem französischen Volk, das seit 1936 nicht mehr gewählt hatte, das Wort zurückzugeben. So wurden die Franzosen, und seit der Verordnung vom April 1944 auch die Französinnen, wiederholt zu den Wahlurnen gerufen. Am 21. Oktober 1945 wählten die Bürger die Abgeordneten der Nationalversammlung. Drei große Parteien erhielten zusammen 75 Prozent der abgegebenen Stimmen: Die Kommunistische Partei (PCF), die noch ganz auf ihre herausragende Rolle in der Résistance setzte, die Sozialistische Partei (SFIO) und die Republikanische Volksbewegung (MRP), eine aus der Résistance hervorgegangene neue Partei. Sie bildeten ein Dreiparteienbündnis, um gemeinsam zu regieren.

Am gleichen Tag entschieden die Franzosen per Referendum über die Frage, ob die Dritte Republik wiederhergestellt oder ein neues Regierungssystem geschaffen werden sollte. 96,4 Prozent sprachen sich für eine neue Republik mit einer verfassunggebenden Versammlung aus. Da die Debatten um den Charakter der Institutionen von heftigen Auseinandersetzungen geprägt waren, erklärte de Gaulle, seinerzeit an der Spitze der provisorischen Regierung, am 20. Januar 1946 seinen Rücktritt. Am 5. Mai 1946 lehnten die Franzosen einen ersten Verfassungsentwurf ab; erst in einem zweiten Anlauf konnte am 13. Oktober 1946 ein mehrheitsfähiger Verfassungstext durchgesetzt werden. Dies war die Geburtsstunde der Vierten Republik.

Ein parlamentarisches Regierungssystem

Mit der neuen Verfassung erhielt Frankreich ein parlamentarisches Regierungssystem. In der für fünf Jahre direkt gewählten Nationalversammlung saßen nun auch Frauen sowie Vertreter der Überseegebiete. Die Befugnisse der zweiten Kammer, des Rates der Republik, blieben beschränkt. Der Staatspräsident konnte sich weder der Nationalversammlung widersetzen noch die Zustimmung des Volkes einholen, wie de Gaulle dies gewünscht hätte. Der größte Teil der Exekutivgewalt lag beim Ministerpräsidenten, der zur Durchsetzung seiner Politik über eine Mehrheit in der Nationalversammlung verfügen musste.

In den Jahren unmittelbar nach dem Krieg war die Hoffnung auf eine tiefgreifende Erneuerung des politischen Lebens in Frankreich groß, doch die Realität erwies sich als enttäuschend: Es gab keine große Partei aus der Widerstandsbewegung, die die im Kampf gegen den Feind bewährte nationale Einheit fortsetzen konnte; das politische Personal wurde nur zum Teil erneuert; in der Nationalversammlung bildeten sich, je nach den gegebenen Umständen, ständig neue Mehrheiten.

Ein schwerer Neubeginn für die Vierte Republik

Monatelang belasteten wirtschaftliche Schwierigkeiten den Alltag der französischen Bevölkerung: Lebensmittelknappheit und -rationierung, Wohnungs- und Transportprobleme **(siehe S. 22 f.)**. Dann kam der Wiederaufbau mithilfe der Amerikaner.

Und gerade vor diesem Hintergrund standen folgenschwere Entscheidungen an: 1946 brach der Indochinakrieg aus, ein nationaler Unabhängigkeitskonflikt. Mit der Annahme des Marshallplans entschied sich Frankreich bereits zu Beginn des Kalten Krieges für ein Bündnis mit den Vereinigten Staaten. Die Kommunisten ließen nach dem französischen NATO-Beitritt ihren entschlossenen Widerstand gegen die Regierung erkennen. Auch de Gaulle verweigerte mit seiner 1947 gegründeten Sammlungsbewegung des französischen Volkes, RPF (Rassemblement du Peuple Français), dem politischen System der Vierten Republik seine Unterstützung, da er dessen Institutionen nicht anerkannte.

Ab 1947 stützte sich die Vierte Republik auf eine Koalitionsregierung aus moderaten Christdemokraten und Sozialisten, die Dritte Kraft, und versuchte so, die politischen Wirren zu meistern. Einigkeit herrschte zwar in der Außen- und Kolonialpolitik, auf wirtschaftlichem und sozialem Gebiet gab es jedoch große Meinungsverschiedenheiten, die zu häufigen Regierungswechseln führten.

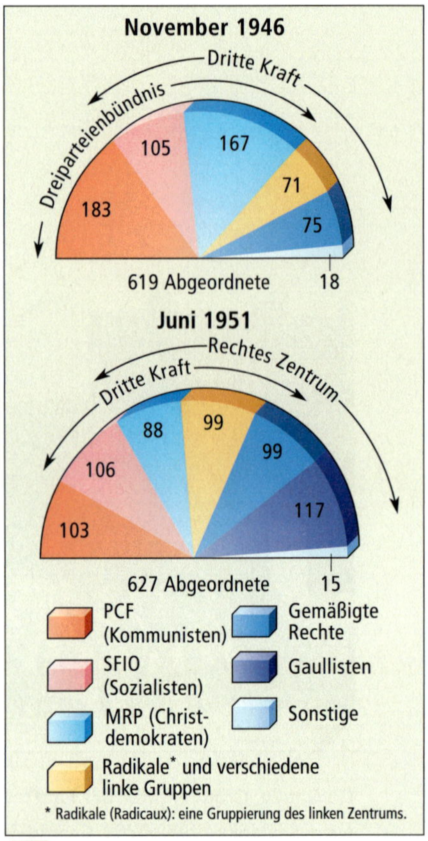

1 Vom Dreiparteienbündnis zur Dritten Kraft

Die Entwicklung der politischen Kräfte in der Nationalversammlung bei den Parlamentswahlen von 1946 bis 1951.

Begriffe

- **GPRF** (Gouvernement provisoire de la République française): **siehe S. 22.**
- **PCF** (Parti communiste français): 1920 gegründete Kommunistische Partei Frankreichs, die die Positionen der III. Internationale vertrat und die UdSSR unterstützte.
- **SFIO** (Section française de l'Internationale ouvrière, Französische Sektion der Arbeiterinternationale): Sozialistische Partei Frankreichs. Seit 1920 trat sie für einen Reformsozialismus ein und lehnte das sowjetische Modell ab.
- **MRP** (Mouvement républicain populaire, Republikanische Volksbewegung): 1944 von Christdemokraten aus den Reihen der Résistance gegründete Mitte-Links-Partei, die ihre Stimmen auch von den konservativen Wählern erhielt.
- **Parlamentarisches Regierungssystem:** Regierungssystem, das auf einem Gleichgewicht zwischen Exekutive (Regierung) und Legislative (Parlament) beruht. Das Parlament kann die Regierung stürzen, da diese ihm gegenüber politisch verantwortlich ist.

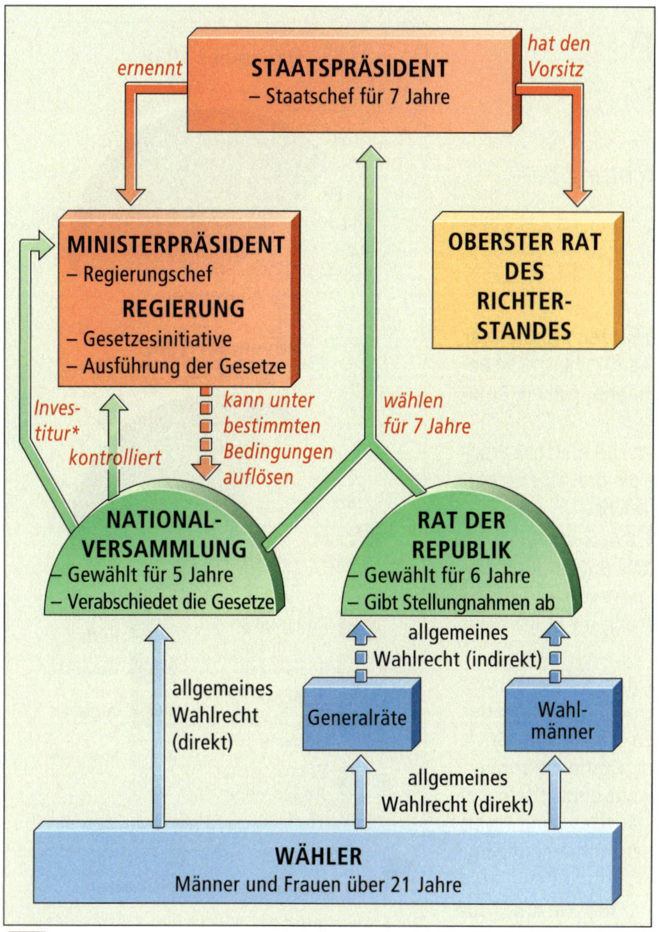

2 Die Verfassung der Vierten Republik (1946)

* Investitur: Beauftragung mit der Regierungsbildung.

4 Die Kommunisten gegen die NATO

Plakat des Verbandes der französischen Frauen, einer der PCF nahe stehenden Organisation, aus dem Jahre 1950. „Danielle" ist eine Anspielung auf Danielle Casanova, aktive Kommunistin, die deportiert und ermordet wurde.

Plakattext: „Für die Unabhängigkeit Frankreichs auf dem ruhmvollen Weg von Jeanne [d'Arc] und Danielle. Nach ihrem Beispiel wollen wir heute nicht akzeptieren, dass unser Land eine amerikanische Militärbasis wird. Frauen vereinigt euch! Für Abrüstung – für einen Friedenspakt zwischen den fünf Großmächten zur Rettung des Friedens".

3 Die Gründung der RPF (1947)

Damit sich die Nation zielstrebig entwickeln kann, muss sie von einem kohärenten, wohlgeordneten, wachsamen Staat gelenkt werden, der in der Lage ist, die zur Wahrung des Gemeinwohls erforderlichen Maßnahmen unparteiisch zu entscheiden und umzusetzen. Das derzeitige System, bei dem sich starre und sich gegenseitig behindernde Parteien die gesamte Macht teilen, muss also durch ein anderes ersetzt werden, bei dem die Exekutivgewalt dem Wohl des Landes verpflichtet ist, und keineswegs dem der Parteien, und wo jeglicher unlösbare Konflikt vom Volke selbst entschieden wird. Jeder Franzose empfindet das so.

Heute wurde die Sammlungsbewegung des französischen Volkes (RPF) gegründet. Ich übernehme ihre Leitung. Ihr Ziel ist es, die Einigkeit unseres Volkes – über unsere Meinungsverschiedenheiten hinweg – für die Erneuerung und die Reform des Staates zu fördern und ihr zum Sieg zu verhelfen. Ich ersuche alle Französinnen und Franzosen, die für das gemeinsame Wohl eintreten wollen, wie sie es schon gestern für die Befreiung und den Sieg Frankreichs taten, sich mir anzuschließen.

Charles de Gaulle, Presseerklärung, 14. April 1947.

Plakat von 1948.

Fragen und Anregungen

1. Zeigen Sie, inwiefern die Vierte Republik ein parlamentarisches System war. (M2)
2. Weshalb gründete de Gaulle die RPF? (M3 und 4)
3. Wie beurteilten die Kommunisten den Beitritt Frankreichs zur NATO? Welche auf dem Plakat abgebildete historische Figur rechtfertigt diese Lesart? (M4)
4. Erläutern Sie die Gründe für die Entwicklung von dem Dreiparteienbündnis zur Dritten Kraft in der Vierten Republik?

2. Von einer Republik zur nächsten (1954–1962)

Wie führte der Algerienkrieg zum Ende der Vierten und zur Errichtung der Fünften Republik durch de Gaulle?

Der Algerienkrieg als Bedrohung für die Vierte Republik

Eines der Hauptprobleme, mit denen sich die Vierte Republik auseinander setzen musste, war die Entkolonialisierung **(siehe S. 82 ff.)**. Nach der Niederlage von Dien Bien Phu am 7. Mai 1954 beendete Pierre Mendès France den Indochinakrieg. Zudem bereitete er die Unabhängigkeit Tunesiens und Marokkos vor.

Am 1. November des gleichen Jahres aber brach der Algerienkrieg aus, den die meisten Franzosen anfangs nicht als einen Entkolonialisierungskrieg wahrnahmen, weil sie die drei algerischen Departements nicht als Kolonie betrachteten, sondern als Bestandteil Frankreichs.

Die Armee mühte sich, in Algerien Recht und Ordnung wiederherzustellen. Doch der Krieg zog zunehmend die Finanzkraft der französischen Wirtschaft in Mitleidenschaft. Die Entsendung junger französischer Soldaten nach Algerien ab 1956 und die Berichte über die dort von der Armee praktizierten Methoden (Folter, Unterdrückung) waren für Teile der Bevölkerung im Mutterland nicht länger mit ihrem Gewissen zu vereinbaren.

Auch das politische Klima blieb von diesem Kolonialkonflikt nicht unberührt. Die Regierung vermied es, eine klare Position für eine der folgenden Optionen zu beziehen: Unabhängigkeit oder Französisch-Algerien. Da die Algerienfranzosen und Teile der Armee fürchteten, von Paris im Stich gelassen zu werden, unternahmen sie am 13. Mai 1958 einen Umsturzversuch. Demonstrationen in Algier arteten in Unruhen aus und ein Wohlfahrtsausschuss („comité de salut public", ein Begriff aus der Französischen Revolution) wandte sich hilfesuchend an de Gaulle. Das Land stand am Rande eines Bürgerkrieges und die Regierung zeigte sich angesichts dieser Probleme macht- und hilflos.

De Gaulle schien der geeignete Mann zu sein, um das Land aus der Krise zu führen. Am 1. Juni 1958 wurde er in das Amt des Ministerpräsidenten berufen. Er bildete eine Regierung, erhielt für sechs Monate uneingeschränkte Vollmachten und den Auftrag zur Ausarbeitung einer neuen Verfassung. Dies war das Ende der Vierten Republik.

Die Gründung der Fünften Republik

Die Fünfte Republik verband ein parlamentarisches Regierungssystem mit einer starken Präsidialgewalt. De Gaulles Vorstellung von einer starken Exekutive und die Betonung der Volkssouveränität fanden ihren Niederschlag in erweiterten Befugnissen des Staatspräsidenten und in der Wiedereinführung des Referendums. Das von de Gaulle durchgesetzte Mehrheitswahlsystem mit zwei Wahlgängen sollte ihm vor allem die Mehrheit im Parlament sichern.

Das zentrale Element der Fünften Republik ist der Staatspräsident. Der Algerienkrieg und die damit einhergehenden Probleme führten zu einem weiteren Ausbau der Machtbefugnisse des Präsidenten. De Gaulle nutzte sämtliche Möglichkeiten, die ihm der neue Verfassungstext bot: So erhielt er in Krisenzeiten auf der Grundlage des Artikels 16 uneingeschränkte Vollmachten und wandte sich zwischen 1958 und 1962 viermal per Referendum an das Volk.

Um die zentrale Stellung des Staatspräsidenten im Institutionsgefüge zu stärken, schlug er dessen Direktwahl vor und plädierte für die Annahme der Verfassungsänderung durch ein Referendum. Dies löste eine folgenschwere Auseinandersetzung mit dem Parlament aus: Da die neue Regierung von Georges Pompidou durch einen Misstrauensantrag gestürzt wurde, reagierte de Gaulle mit der Auflösung der Nationalversammlung.

Obwohl mit Ausnahme der Gaullisten fast alle Abgeordneten dagegen stimmten, sprachen sich am 28. Oktober 1962 62 Prozent der Franzosen für die Direktwahl des Staatspräsidenten aus. Der große Sieg der Gaullisten bei den Wahlen zur Nationalversammlung im November 1962 stärkte die Vorrangstellung des Staatspräsidenten und machte ihn zum unumstrittenen Führer der Regierungsmehrheit. Fortan bestimmte die Präsidentschaftswahl das politische Leben Frankreichs.

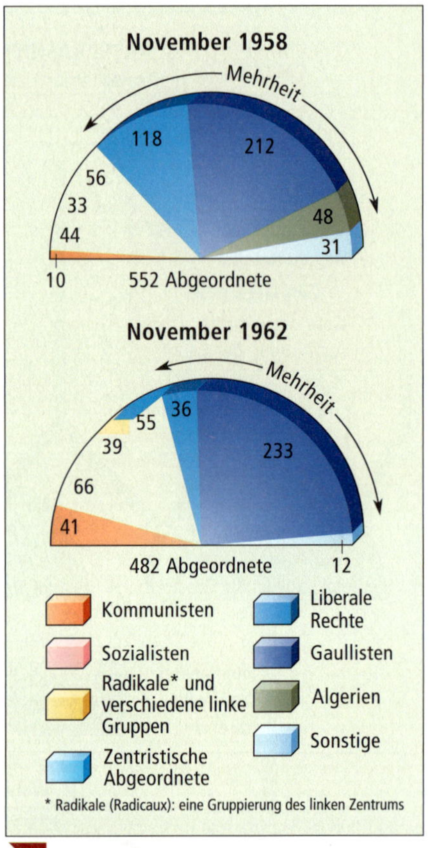

1 Die gaullistischen Mehrheiten
Die Entwicklung der politischen Kräfte in der Nationalversammlung bei den Parlamentswahlen 1958 und 1962.

Begriff

- **Mehrheitswahlsystem mit zwei Wahlgängen:** Wahlmodus, der darin besteht, einen Kandidaten pro Wahlkreis im ersten Wahlgang mit absoluter Mehrheit und im zweiten Wahlgang mit relativer Mehrheit zu wählen. Zwar entstehen dadurch stabile Mehrheiten, aber die kleineren Parteien werden erheblich benachteiligt.

Fragen und Anregungen

1. Was befürchteten die Algerienfranzosen? Was geschah am 13. Mai 1958? (M2)
2. Wie reagierte General de Gaulle?
3. Was unterscheidet die Fünfte Republik von einem gewöhnlichen parlamentarischen Regierungssystem? Kann von einem Präsidialsystem die Rede sein? (M3 und 4)

2 Die Krise des 13. Mai 1958

Appell von General Massu in der Nacht vom 13. zum 14. Mai 1958 in Algier, wo die Armee ein „comité de salut public", einen Wohlfahrtsausschuss, gebildet hatte.

Der Wohlfahrtsauschuss bittet General de Gaulle inständig, das Schweigen hinsichtlich der Bildung einer Wohlfahrtsregierung[1] zu brechen, die alleine die Preisgabe Algeriens verhindern kann.

Am 15. Mai antwortete General de Gaulle mit einem Kommuniqué.

Seit zwölf Jahren befindet sich Frankreich, dessen Probleme das Parteiensystem überfordern, in einem verhängnisvollen Prozess. Einst vertraute mir das Land, als es darum ging, es voll und ganz zu seinem Wohl zu führen. Heute, angesichts der ihm drohenden schweren Prüfungen, verkünde ich, dass ich mich bereithalte, die Macht in der Republik zu übernehmen.

Pressekommuniqué, 15. Mai 1968.

Am 29. Mai ersuchte Präsident Coty de Gaulle, eine Regierung zu bilden.

Angesichts der großen Gefahr für das Vaterland und die Republik habe ich mich an den Erlauchtesten unter den Franzosen gewandt, an denjenigen, der in den dunkelsten Jahren unserer Geschichte unser Führer im Kampf um die Wiedergewinnung der Freiheit war, und der, nachdem er die nationale Einmütigkeit um seine Person verwirklicht hatte, die Diktatur ablehnte, um die Republik wiederherzustellen.

Pressekommuniqué, 29. Mai 1968.

Pour assurer le maintien de l'ordre et éviter toute effusion de sang

Un Comité de salut public CIVIL ET MILITAIRE de dix-neuf membres est constitué à ALGER

La Dépêche
Quotidienne d'Algérie

Directeur général : Raoul PERRIER — 20 Fr. : ALGERIE, 25 Fr. : METROPOLE — Mercredi 14 mai 1958 — Trois éditions quotidiennes

Il comprend : les colonels Trinquier, Ducasse, Thomazo, MM. Lagaillarde, Parichini, Paul Moreau, Dr Lefèvre, Baudier, Montigni, Merlot, Jolivet, Bérou, général Petit, M. Delebecque, Cdt Mahdi, MM. Madani, Berkani, Chikh

Le général MASSU assurera la représentation de l'Armée au sein du Comité

Après une imposante manifestation groupant au Plateau des Glières plus de 70.000 ALGEROIS, et un solennel hommage aux fusillés du F.L.N.

Des milliers de manifestants prennent d'assaut et occupent le Ministère de l'Algérie

(INFORMATION PAGE 10)

Schlagzeile aus der „Dépêche quotidienne d'Algérie" vom 13. Mai 1958: „Zur Aufrechterhaltung der Ordnung und zur Vermeidung von Blutvergießen: Ein ziviler und militärischer Wohlfahrtsausschuss [...] wird in Algier eingerichtet."

[1] Franz. „gouvernement de salut public", gemeint ist eine Notstandsregierung.

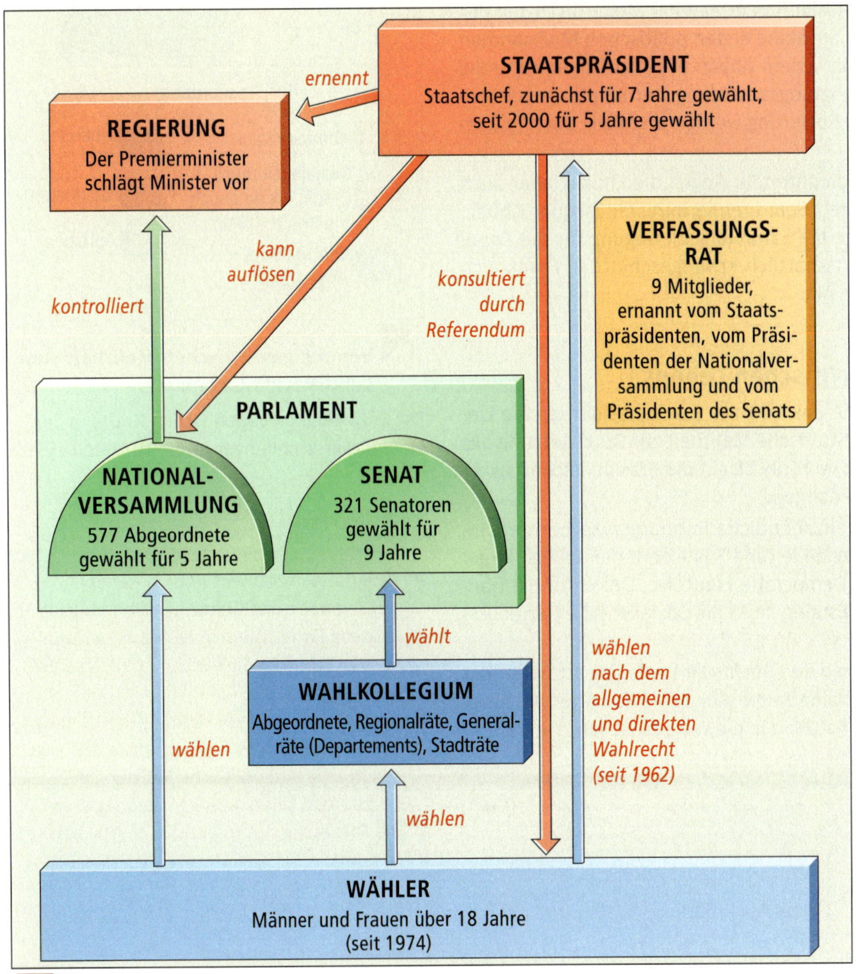

3 Die Institutionen der Fünften Republik (1962)

4 Alle Vollmachten für den Staatspräsidenten?

Artikel 16 der Verfassung der Fünften Republik

Wenn die Institutionen der Republik, die Unabhängigkeit der Nation, die Integrität ihres Staatsgebietes oder die Erfüllung ihrer internationalen Verpflichtungen schwer und unmittelbar bedroht sind und wenn gleichzeitig die ordnungsgemäße Ausübung der verfassungsmäßigen öffentlichen Gewalten unterbrochen ist, ergreift der Präsident der Republik nach offizieller Beratung mit dem Premierminister, den Präsidenten der Kammern sowie dem Verfassungsrat die unter diesen Umständen erforderlichen Maßnahmen.

Er gibt sie der Nation durch eine Erklärung bekannt. Diese Maßnahmen müssen von dem Willen getragen sein, den verfassungsmäßigen öffentlichen Gewalten innerhalb kürzester Frist die Mittel zu sichern, die sie zur Erfüllung ihrer Aufgaben benötigen. Der Verfassungsrat ist hierzu anzuhören.

Das Parlament tritt unmittelbar von Rechts wegen zusammen.

Die Nationalversammlung darf während der Ausübung der außerordentlichen Vollmachten nicht aufgelöst werden.

Auszug aus der Verfassung der Französischen Republik vom 4. Oktober 1958. http://www.verfassungen.de/eu/

3. Die Rechte an der Macht (1962–1981)

Wie haben die von de Gaulle geschaffenen Institutionen bis heute überdauert?

Eine gaullistische Republik

Bei seiner – direkten – Wiederwahl zum Staatspräsidenten erlangte de Gaulle 1965 55 Prozent der abgegebenen Stimmen und richtete fortan seine Politik auf die Stärkung der weltpolitischen Geltung Frankreichs: Er kritisierte unmissverständlich die Politik der USA gegenüber der Dritten Welt. Innenpolitisch aber wuchs der Unmut gegen ihn. Zwar erschütterten die Maiunruhen von 1968 anfangs das politische System, doch ging es am Ende gestärkt daraus hervor (siehe S. 244 f.): Bei den Parlamentswahlen im Juni 1968 erhielten die Gaullisten zum ersten Mal die absolute Mehrheit. Allerdings sah sich de Gaulle nach dem gescheiterten Referendum vom 27. April 1969 veranlasst, seinen Rücktritt einzureichen, da die Franzosen seinen umfangreichen Reformvorschlägen zur Rolle des Senats und der Regionen nicht zugestimmt hatten.

Der Amtsverzicht des Begründers der Fünften Republik stellte das Regierungssystem an sich aber nicht infrage. Die Gaullisten behielten mit dem Wahlsieg von Georges Pompidou weiterhin das Amt des Staatspräsidenten.

Die Linke vollzog unterdessen notwendige Reformen und gewann neuen Auftrieb. François Mitterrand, Chef der Sozialistischen Partei, unterzeichnete mit Georges Marchais, Generalsekretär der Kommunistischen Partei Frankreichs, im Juni 1972 das gemeinsame Programm der Linken. Von nun an gab es eine linke Alternative.

Das liberale Interregnum von Giscard d'Estaing

Nach dem Tod von Präsident Pompidou kam es im Mai 1974 erneut zu einer Präsidentschaftswahl, aus der Valéry Giscard d'Estaing mit 50,8 Prozent gegen 49,2 Prozent der abgegebenen Stimmen für François Mitterrand als Sieger hervorging. Mit Giscard d'Estaing übernahm die liberale, nichtgaullistische Rechte die Macht. Der neue Staatspräsident strebte eine Modernisierung des politischen Lebens und der französischen Gesellschaft an. Seine ersten politischen Maßnahmen galten der Senkung der Volljährigkeit von 21 auf 18 Jahre, dem Abbau der staatlichen Kontrolle über das Informationswesen, der Zulassung der Vereinbarungsscheidung, der Empfängnisverhütung und des Schwangerschaftsabbruchs. Unter seiner Regierung wurden erstmalig auch Frauen in die Regierung aufgenommen.

Dennoch musste er gegen eine zweifache Opposition antreten: Gegen die Linken, aber auch gegen die über seinen Reformkurs verärgerten Gaullisten. Sein Premierminister, Jacques Chirac, erklärte im August 1976 seinen Rücktritt und gründete die Sammlungsbewegung für die Republik (RPR), eine neue gaullistische Partei. Für das wirtschaftlich krisengeschüttelte Frankreich (siehe S. 278 f.) begann nun eine angespannte politische Ära.

Die fortschreitende Bipolarisierung des politischen Lebens

Seit der Reform von 1962 benötigte der Kandidat für das Amt des Staatspräsidenten die Unterstützung einer politischen Partei sowie eine parlamentarische Mehrheit zur Durchsetzung des Regierungsprogramms. Nunmehr mussten die Parteien im Hinblick auf die Präsidentschaftswahlen Koalitionen bilden, um eine Stimmenmehrheit zu erlangen.

Dies hatte – zu Ungunsten der Parteien der Mitte – eine deutliche Trennung zwischen der Linken und der Rechten zur Folge. 1978 erhielten vier Parteien je rund 20 Prozent der abgegebenen Stimmen: rechts die RPR und die UDF (Union pour la Démocratie Française, Union für die französische Demokratie), das Wahlbündnis von Giscard d'Estaing; links die Sozialistische Partei (PS) und die Kommunistische Partei Frankreichs (PCF).

Diese Bipolarisierung verschärfte in den 1970er-Jahren den Rechts-Links-Gegensatz. Während die Rechte weiterhin den Liberalismus befürwortete, plädierte die Linke eher für einen verstärkten wirtschaftlichen Interventionismus. Die Franzosen hatten nun die Wahl zwischen zwei Gesellschaftsprojekten.

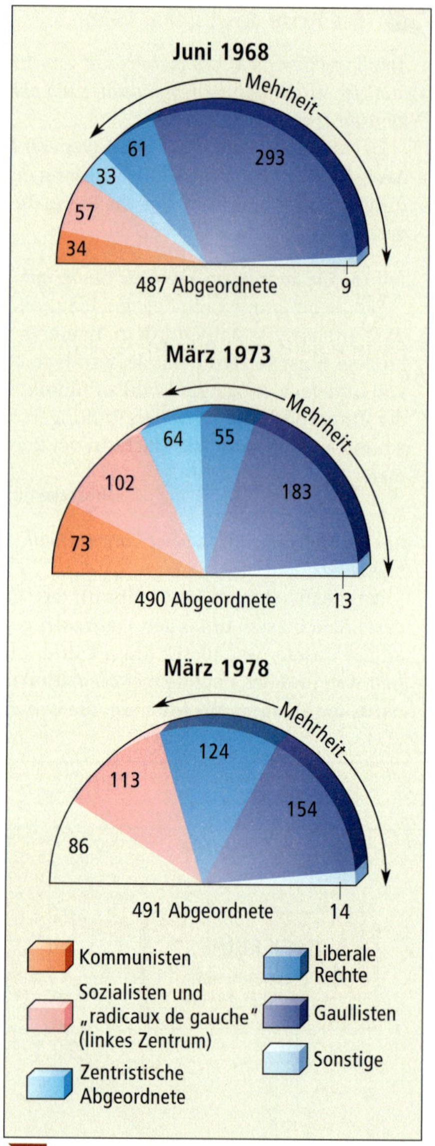

1 Von der gaullistischen Mehrheit zum Links-Rechts-Gegensatz

Die Entwicklung der politischen Kräfte in den Nationalversammlungen 1968, 1973 und 1978.

Begriffe

- **RPR** (Rassemblement pour la République): 1976 von Jacques Chirac gegründete gaullistische Partei, die sich dem Liberalismus von Giscard d'Estaing widersetzte; Nachfolgepartei der UDR.
- **Liberalismus:** Eine politische Orientierung, die die Freiheit des Individuums sowie wirtschaftliche und politische Freizügigkeit hervorhebt. Seine Anhänger propagieren die Förderung des marktwirtschaftlichen Systems.

Die gaullistischen Parteien

2

Rejoignez l'udr

RPR

Die UNR (Union pour la Nouvelle République, Union für die Neue Republik) ist die 1958 gegründete gaullistische Partei zur Unterstützung des Verfassungsentwurfs von General de Gaulle.

Die UDR (Union pour la Défense de la République, Union zur Verteidigung der Republik) ist ab 1968 der neue Name der gaullistischen Partei.

Die RPR (Rassemblement pour la République, Sammlungsbewegung für die Republik) ist die 1976 von Jacques Chirac gegründete Partei.

3

Giscard d'Estaing, ein junger Präsident (1974)

Plakat für den Präsidentschaftswahlkampf, das Valéry Giscard d'Estaing mit seiner Tochter zeigt.

4 Das Programm des Kandidaten Giscard d'Estaing aus dem Jahre 1974

Auszug aus der Pressekonferenz von Valéry Giscard d'Estaing, Kandidat für das Amt des Staatspräsidenten, am 11. April 1974.

Heute glaube ich, dass die Franzosen in Wirklichkeit zwei Dinge wollen: Kontinuität und Erneuerung. Sie wollen die Kontinuität, um das zu bewahren, was ihnen die Fünfte Republik gebracht hat, das heißt die Würde Frankreichs, die Stabilität der Institutionen und den sozialen und wirtschaftlichen Fortschritt. Da ich fünf Jahre lang an der Seite von Präsident Pompidou für diesen sozialen und wirtschaftlichen Fortschritt[1] gearbeitet habe, können die Franzosen sicher sein, dass ich der Garant für Sicherheit und Kontinuität bin. Aber ich bürge auch für ein offeneres, ein entspannteres Land, das ein Modell ist für Demokratie, Freiheit und Gerechtigkeit, ein in gewisser Weise verjüngtes Land, das den Missmut hinter sich lässt, das Vertrauen zu sich selbst hat und bereit ist, an sein eigenes Glück zu glauben. Die neue Präsidentenmehrheit muss diesem Wunsch der Franzosen gerecht werden.

Valéry Giscard d'Estaing,
Pressekonferenz am 11. April 1974.

[1] Er war von 1962 bis 1966 und von 1969 bis 1974 Finanzminister.

5 Ein neues Leben

Die Perspektiven, die das Bündnis der Linken und der Zusammenschluss aller Volkskräfte erschließt, die Vorschläge, die in diesem Programm entwickelt werden, sind die Mittel, die es den Französinnen und Franzosen gestatten werden, besser zu leben, ihr Leben zu verändern. […]

Ökonomische Demokratie und politische Demokratie sind untrennbar miteinander verbunden; ihre gemeinsame Entwicklung verlangt, dass jeder Werktätige, jeder Staatsbürger auf allen Stufen die Möglichkeit und die Mittel hat, um an der Ausarbeitung der Entscheidungen, an der Wahl der Mittel und an der Kontrolle der Durchführung und der Ergebnisse beteiligt zu sein. Die immer ausgedehntere und aktivere Mitwirkung der Werktätigen an der Leitung der Betriebe wie der Nation ist ein Haupterfordernis unserer Zeit. […]

Um die Herrschaft des Großkapitals zu zerschlagen und eine neue Wirtschafts- und Sozialpolitik zu verwirklichen, die mit der Politik des Großkapitals bricht, wird die Regierung schrittweise die Überführung der heute in den Händen der herrschenden kapitalistischen Gruppen befindlichen wichtigen Produktionsmittel und Finanzinstrumente in das Eigentum der Gemeinschaft realisieren. […]

Seit 1958 hat das jetzige Regierungssystem jahrein, jahraus ein Arsenal von Repressiv- und Polizeigesetzen geschaffen, das die Demokratie und Freiheit eines jeden gefährdet. Frankreich muss die demokratischen Traditionen seines Volkes bewahren und entwickeln.

Gemeinsames Regierungsprogramm der Kommunistischen Partei Frankreichs und der Sozialistischen Partei, 27. Juni 1972. Parteihochschule „Karl Marx" beim ZK der SED (Hg.), Vorlesung und Schriften. Berlin 1972, S. 23, 52, 56, 70.

Fragen und Anregungen

1. Betrachten Sie die drei Logos. Wo sehen Sie Gemeinsamkeiten bzw. Unterschiede? (M2)
2. Woran erkennen Sie, dass Valéry Giscard d'Estaing sowohl Kontinuität als auch Veränderung verkörpern wollte? (M3 und 4)
3. Warum wurde sein liberales Gesellschaftsprojekt als zukunftsweisend bezeichnet?
4. Welche Reformen schlug die Linke vor? (M5)
5. Ist die Bipolarisierung des politischen Lebens eine typisch französische Erscheinung?

Dossier: Mai 1968

Das Jahr 1968 gilt weltweit als ein Jahr der Gewalt und der Demonstrationen. In Frankreich äußerte sich diese internationale Krise vor allem in den Studentenunruhen. Spezifisch französisch dabei war, dass zur Revolte einer Generation auf der Suche nach Emanzipation soziale Forderungen hinzukamen. Die landesweiten Streiks und die Lähmung der Wirtschaft verursachten eine schwere politische Krise. General de Gaulle war nicht mehr Herr der Lage, und erst sein Premierminister Georges Pompidou konnte die Situation durch die Auflösung der Nationalversammlung entschärfen.

1 Die Studentenunruhen im Mai 1968 – eine Zivilisationskrise?

Premierminister Georges Pompidou analysierte am 14. Mai 1968 vor der Nationalversammlung die Ursachen der Studentenkrise.

Durch die Studenten kam das Problem der Jugend selbst […] ans Tageslicht. Früher war die Jugend im Namen eines Ideals, einer moralischen Auffassung zumindest, der Disziplin und der Anstrengung verpflichtet.

Die Disziplin aber ist zum großen Teil verschwunden. Von Kindheit an sind die Jugendlichen durch Radio und Fernsehen in Kontakt zur Außenwelt. Der Sittenwandel hat die Beziehungen zwischen Eltern und Kindern ebenso verändert wie zwischen Lehrern und Schülern. Durch die Fortschritte der Technik und ein gestiegenes Lebensniveau ist vielen der Sinn für die Anstrengungen abhanden gekommen. Verwundert es denn, wenn das Bedürfnis des Menschen, an etwas zu glauben, fest verankerte Prinzipien zu haben, durch die ständige Infragestellung all dessen durchkreuzt wird, worauf sich die Menschheit über Jahrhunderte hinweg gestützt hat: Oft sind die Familienbande aufgelöst oder gelockert, wird das Vaterland in Frage gestellt, oft geleugnet, für viele ist Gott tot und die Kirche selbst stellt sich Fragen über den einzuschlagenden Weg […].

In dieser Phase, glauben Sie mir, stehen nicht mehr die Regierung, die Institutionen und auch nicht Frankreich infrage. Es ist unsere Zivilisation höchstselbst. Alle Erwachsenen und alle Verantwortlichen, all diejenigen, die anderen Menschen den Weg zu weisen vorgeben, müssen darüber nachdenken: Eltern, Lehrer, Arbeitgeber oder Gewerkschafter, Schriftsteller und Journalisten, Geistliche und Säkulare. Es geht darum, für alle Menschen zufriedenstellende Lebensbedingungen wiederherzustellen, aber auch Ordnung und Freiheit, kritischen Verstand und Überzeugung, Stadtkultur und Persönlichkeit, materiellen Fortschritt und Sinn für Anstrengungen, freie Konkurrenz und Gerechtigkeit, Individualismus und Solidarität miteinander in Einklang zu bringen.

Übers. nach: Georges Pompidou, Journal officiel, 1968.

Unruhen in Frankreich und der Welt

1. November 1967	Beginn der Studentenproteste in Italien.
22. März 1968	Besetzung der Universität Nanterre (Frankreich) durch Studenten.
4. April 1968	Die Ermordung des Predigers Martin Luther King in Memphis (USA) löst überall im Land Proteste gegen die Rassendiskriminierung aus.
11. April 1968	Demonstrationen nach dem Mordversuch an Rudi Dutschke, der führenden Persönlichkeit der deutschen Studentenbewegung.
29. April 1968	Demonstration gegen den Vietnamkrieg in New York und Okinawa (Japan).
2. Mai 1968	Schließung der Universität Nanterre (Frankreich). Die Studenten ziehen sich in die Pariser Sorbonne zurück.
10.–11. Mai 1968	Im Pariser Quartier Latin werden Barrikaden errichtet. Nacht voller Unruhen und Krawalle.
13. Mai 1968	Nach dem Aufruf der Gewerkschaften Generalstreik in Frankreich.
27. Mai 1968	Unterzeichnung der Verträge von Grenelle zwischen Arbeitgebern und Gewerkschaften.
30. Mai 1968	Auflösung der Nationalversammlung. Demonstration auf den Champs-Élysées zur Unterstützung von de Gaulle.
23. Juni 1968	Sieg der Gaullisten bei den Parlamentswahlen.

Nous ne voulons pas d'un monde où la certitude de ne pas mourir de faim s'échange contre le risque de mourir d'ennui.
(Wir wollen keine Welt, in der die Gewissheit, nicht an Hunger zu sterben, mit dem Risiko bezahlt wird, an Langeweile zu sterben.)

Soyez réalistes, demandez l'impossible.
(Seid realistisch, fordert das Unmögliche.)

La barricade ferme la rue, mais ouvre la voie.
(Die Barrikade versperrt die Straße, öffnet aber neue Wege.)

LES MURS ONT LA PAROLE.
(DIE WÄNDE HABEN DAS WORT.)

Élections, piège à cons.
(Nur Trottel fallen auf Wahlen rein.)

Prenez vos désirs pour la réalité.
(Betrachtet Eure Wünsche als die Realität.)

2 Mai 1968 als Ereignis für die Studenten

Einige der Slogans, die auf den Wänden der Universitäten zu lesen waren.

3

Mai 1968 als Ereignis für die Gesellschaft

Renault-Werke im Streik.

DE GAULLE : JE RESTE • JE GARDE POMPIDOU

France Soir

LE SEUL QUOTIDIEN VENDANT PLUS D'UN MILLION

• JE DISSOUS L'ASSEMBLÉE

Elections entre le 19 juin et le 9 juillet

• J'AJOURNE LE RÉFÉRENDUM

Si les élections sont rendues impossibles, je devrai prendre d'autres voies conformément à la Constitution

Il faut que s'organise l'action civique
Les préfets commissaires de la République

GRÈVES : LES NÉGOCIATIONS PIÉTINENT

29 % des Parisiens craignent une révolution à l'issue de la crise actuelle

4

Mai 1968 als Ereignis für die Politiker: die Antwort von Staatspräsident de Gaulle

Die Schlagzeile der Zeitung „France-Soir" am Tag nach der Rede von Staatspräsident Charles de Gaulle: „De Gaulle: Ich bleibe. Ich behalte Pompidou."

5

Die Franzosen: Brave Schäfchen?

Auf dem Plakat wird die Haltung der Franzosen bei den Wahlen zur Nationalversammlung im Juni 1968 karikiert, die mit einem großen Sieg der Gaullisten zu Ende gingen. Text: „Rückkehr zur Normalität ..."

Fragen und Anregungen

1. Wo lagen Georges Pompidou zufolge die Ursachen der Krise? (M1)
2. Welche Wünsche und Sehnsüchte verdeutlichen die Schlagworte? (M2)
3. Erläutern Sie die soziale und politische Dimension der Krise im Mai 1968 in Frankreich. (M3–5)

Dossier:
Der Staatspräsident – eine französische Besonderheit

Frankreich unterscheidet sich von den anderen westlichen Demokratien durch die verfassungsrechtliche Stellung des Staatspräsidenten: Zu seinen traditionellen Machtbefugnissen (Verkündung von Gesetzen, Unterzeichnung von Verträgen, Ernennung der hohen zivilen und militärischen Amtsträger, Begnadigungsrecht, Vorsitz im Ministerrat) kommen neue Kompetenzen hinzu (Ernennung des Premierministers, Anberaumung eines Referendums).

Der seit 1962 direkt gewählte Staatspräsident ist zugleich Chef der Präsidentenmehrheit.
Der Umfang seiner Befugnisse hat ihm auch die Bezeichnung „republikanischer Monarch" eingebracht. Er unterhält eine besondere Beziehung zum Volk und sieht seine Vorrangstellung durch die institutionelle Praxis gestärkt.

Charles de Gaulle (1958–1969).

Georges Pompidou (1969–1974).

Valéry Giscard d'Estaing (1974–1981).

François Mitterrand (1981–1995).

Jacques Chirac (seit 1995).

1 Offizielle Porträts der Staatspräsidenten

2 Weitreichende Machtbefugnisse

Art. 5 – Der Präsident der Republik wacht über die Einhaltung der Verfassung. Mittels seiner Schiedsgewalt stellt er die ordnungsgemäße Ausübung der öffentlichen Gewalten sowie den Bestand des Staates sicher. Er ist Garant der nationalen Unabhängigkeit, der Unversehrtheit des Staatsgebietes und der Einhaltung der Verträge. [...]

Art. 8 – Der Präsident der Republik ernennt den Premierminister. Er entlässt ihn aus seinem Amt, wenn dieser ihm den Rücktritt der Regierung anbietet. Auf Vorschlag des Premierministers ernennt und entlässt er die übrigen Mitglieder der Regierung. [...]

Art. 11 – Der Präsident der Republik kann [...] jeden Gesetzesentwurf zum Volksentscheid bringen, der die Organisation der öffentlichen Gewalten betrifft [...] oder auf die Ermächtigung zur Ratifizierung eines Vertrages hinzielt, der, ohne der Verfassung entgegenzustehen, Auswirkungen auf die Tätigkeit der Staatseinrichtungen zeigen würde. [...]

Art. 12 – Der Präsident der Republik kann nach der Beratung mit dem Premierminister und den Präsidenten der Kammern die Auflösung der Nationalversammlung verfügen.

Auszug aus der Verfassung vom 4. Oktober 1958, Abschnitt II: Der Staatspräsident.
http://www.jura.uni-sb.de/BIJUS/constitution58/art5.htm

3

Der republikanische Monarch

Karikatur von Wiaz, „Le Nouvel Observateur", 1983.

4

Ein besonderes Verhältnis zum Volk

Plakat zum Referendum im Jahre 1965.

5 Eine durch die Kohabitation gestärkte Vorrangstellung?

Was bedeutet Kohabitation? Ich nehme an, dass Sie, genauso wenig wie ich, einen Phantompräsidenten wünschen. Ich glaube wirklich, dass Frankreich einen Präsidenten braucht, der in all seinen Zuständigkeitsbereichen die Grundlinien der Politik festlegt. Frankreich braucht einen Präsidenten, der in der Außenpolitik über die Position Frankreichs ebenso entscheidet wie in der Verteidigungspolitik: insbesondere, was unsere Armee, unsere Sicherheit anbelangt. [...] Zweitens braucht es einen Präsidenten, der in anderen Fragen, jedes Mal, wenn die nationale Einheit angeschlagen oder bedroht ist, zwischen den konkurrierenden Interessen schlichten kann. Und es braucht auch, in derselben Person, einen Präsidenten, der die Institutionen verteidigt und die Schwächsten schützt, der, sagen wir, seine Meinung zum Ausdruck bringt, seinen Rat erteilt. [...] Es ist auf alle Fälle eine gute Sache, wenn die Regierung voll und ganz für ihre eigenen Handlungen verantwortlich zeichnet.

François Mitterrand in einem Fernsehgespräch am 17. September 1987. Frankreich-Info, Nr. 15/83, Presse- und Informationsdienst der Französischen Botschaft.

Fragen und Anregungen

1. Betrachten Sie die Porträts der Staatspräsidenten. Wie traf jeder für sich die Entscheidung, in der Kontinuität oder im Bruch zu seinen Vorgängern zu stehen? (M1)
2. Worin liegt die Besonderheit der dem Staatspräsidenten zugeordneten Machtbefugnisse? (M2 – 5)
3. Stärkte die Kohabitation die Machtbefugnisse des Staatspräsidenten oder schränkte sie diese ein? (M5)

4. Die Zeit der Machtwechsel (1981–2005)

Wie veränderten Machtwechsel und Kohabitationen die Fünfte Republik?

Die Linke an der Macht (1981–1988)

Am 10. Mai 1981 übernahm die Linke die Macht. Der Sozialist François Mitterrand wurde zum Staatspräsidenten gewählt, löste die Nationalversammlung auf und schrieb Parlamentswahlen aus, bei denen er sich die absolute Mehrheit verschaffen konnte. Die Regierung, zu der auch vier kommunistische Minister zählten, setzte einen weitreichenden Reformprozess in Gang: Abschaffung der Todesstrafe, Liberalisierung der UKW-Frequenzen, Dezentralisierung, Verstaatlichungen, Herabsetzung des Rentenalters auf 60 Jahre und Einführung der 39-Stunden-Woche sowie einer fünften bezahlten Urlaubswoche. Der Machtwechsel versöhnte linksorientierte Franzosen mit der Fünften Republik.

Auf die Wirtschaftskrise reagierte die Regierung zunächst mit Konjunkturprogrammen, ging dann aber ab 1983 angesichts internationaler Sachzwänge zu einer Sparpolitik über – trotz des Risikos, einen Teil ihrer Wählerschaft zu enttäuschen. Die Linke musste daraufhin einen erheblichen Stimmenverlust bei den Parlamentswahlen im März 1986 hinnehmen. Dennoch blieb François Mitterrand im Amt und ernannte Jacques Chirac, den Führer der RPR, der stärksten Partei in der Nationalversammlung, zu seinem Premierminister. Dies war die erste Kohabitation. Beide Politiker waren für die Exekutive zuständig und mussten eng zusammenarbeiten. Der Premierminister legte die Richtlinien der Regierungspolitik fest, ohne dass der Staatspräsident seine besonderen Befugnisse (franz. „prérogatives“) einbüßte. Die Institutionen passten sich dieser völlig neuen Situation an.

1 **Krieg an der Spitze des Staates?**

Premierminister Chirac ruft Staatspräsident Mitterrand zu: „Übrigens, ich gehe nach Berlin.“ Karikatur des Zeichners Plantu, September 1987.

Zwischen Machtwechsel und Kohabitation (1988–2005)

Durch die Erfahrung der Machtausübung entwickelte sich die Sozialistische Partei zu einer Regierungspartei. Ein Teil der linken Wählerschaft verlor daher die Hoffnung auf tiefgreifende Veränderungen. Zwar wurde François Mitterrand 1988 mit 54 Prozent der abgegebenen Stimmen als Staatspräsident wiedergewählt, doch verfügte er bis 1993 nur über eine knappe Mehrheit im Parlament. Nach dem Sieg der Rechten bei den Parlamentswahlen 1993 kam abermals eine Kohabitation zustande.

1995 stellte die Rechte mit Jacques Chirac erneut den Staatspräsidenten. Die Regierung leitete unpopuläre Reformen ein, die 1997 zur Auflösung der Nationalversammlung führten. Der Sieg eines linken Wahlbündnisses bei den Parlamentswahlen führte zur dritten Kohabitation. Diese neue Mehrheit, die die Regierung von Lionel Jospin (1997–2002) stützte, setzte sich aus Sozialisten, Kommunisten, Grünen, „Radicaux de gauche“ (linkes Zentrum) und der „Bürgerbewegung“ („Mouvement des Citoyens“) von Jean-Pierre Chevènement zusammen.

Jacques Chirac ließ im September 2000 per Referendum eine vom Volk positiv aufgenommene institutionelle Reform bestätigen: die Verkürzung der Amtszeit des Präsidenten von sieben auf fünf Jahre. Diese Reform hielt zwar am besonderen Charakter der Verfassung Frankreichs fest, glich jedoch seine Institutionen denen seiner europäischen Nachbarn an.

Bei seiner Wiederwahl im Mai 2002 entfielen auf Jacques Chirac, der gegen Jean-Marie Le Pen, Chef der Nationalen Front (FN), angetreten war, 82 Prozent der abgegebenen Stimmen. Zudem erhielt die bürgerliche Rechte im Juni 2002 bei den Parlamentswahlen eine große Mehrheit. Jacques Chirac verfügte damit für eine Legislaturperiode von fünf Jahren über eine Präsidentenmehrheit, die sich im November 2002 als Parteienverbund unter dem Namen UMP konstituierte.

Ein verändertes Politikbewusstsein

Die einst starke Politisierung der Bevölkerung scheint angesichts des wachsenden Trends zur Stimmenthaltung bei Wahlen oder des Mitgliederschwundes bei den politischen Parteien im heutigen Frankreich überwunden zu sein. Der Machtwechsel ist inzwischen zur Normalität geworden und die ideologischen Auseinandersetzungen sind seit dem Ende des Kalten Krieges zurückgegangen. Dafür engagieren sich mehr und mehr Franzosen in den Reihen von Hilfs- oder Umweltorganisationen.

Überdies schufen die Dezentralisierungsmaßnahmen neue Machtzentren, gewährleisteten eine größere Entscheidungsnähe und boten der Zivilgesellschaft einen Platz an der Seite des Staates. Dennoch wächst das Misstrauen der Wähler gegenüber der traditionellen politischen Elite, was in Protestwahlen zugunsten der Nationalen Front oder der extremen Linken seinen Ausdruck findet.

Begriffe

- **Dezentralisierung** (franz. décentralisation): Veränderung des Staatsaufbaus, die auf eine zunehmende Teilung der Entscheidungsbefugnisse zwischen der Zentralgewalt und den regionalen bzw. lokalen Entscheidungsinstanzen hinausläuft. Im Französischen bezeichnet der Begriff auch das Resultat dieses Prozesses.
- **Machtwechsel** (franz. alternance): Wechsel der Mehrheit (bei den Präsidentschafts- oder Parlamentswahlen). Der Begriff bezeichnete in Frankreich anfangs die Machtübernahme durch die Linke im Jahre 1981 nach 23-jähriger ununterbrochener Regierungszeit der Rechten.
- **Konjunkturprogramm:** Eine Politik zur Förderung des Wirtschaftswachstums durch Erhöhung der Haushaltsausgaben und der Einkommen (Löhne und Sozialleistungen), um Konsum und Investitionstätigkeit anzukurbeln.
- **Sparpolitik:** Eine Politik zur Bekämpfung der Inflation und zur Exportförderung. Sie drückt sich durch eine Stagnation der Löhne, eine Kürzung der öffentlichen Ausgaben und die Erhöhung der Zinssätze aus.
- **Kohabitation** (franz. cohabitation): Eine politische Situation, in der die beiden höchsten Amtsträger der Exekutive – der (direkt gewählte) Staatspräsident und der Premierminister (an der Spitze der Parlamentsmehrheit stehend) – nicht aus demselben politischen Lager kommen (Linke/Rechte).

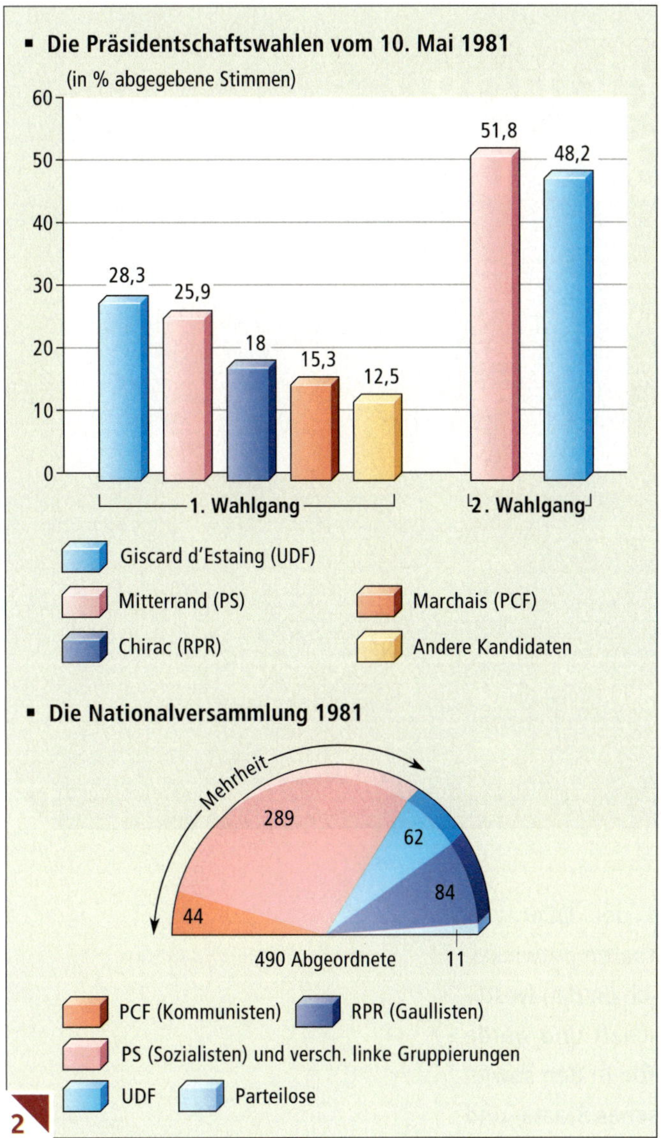

2 **Die Wahlergebnisse von 1981**

3 Die Franzosen und die Sparpolitik

Und jetzt müssen wir mehr denn je an drei Fronten siegen: Arbeitslosigkeit, Inflation, Außenhandel. [...] Ich habe Pierre Mauroy[1] diese Aufgabe anvertraut. [...] Ich erwarte von ihm nicht die Umsetzung irgendeiner neuen Art von Sparpolitik, sondern die Fortführung des bereits begonnenen Werkes unter erschwerten Bedingungen [...].

François Mitterrand, Fernsehansprache, 23. März 1983.

[1] Premierminister von 1981 bis 1984.

4 **Die Antwort der CGT auf die Sparpolitik**

Demonstration der CGT am 8. März 1984. Transparent: „Ich bin für eine linke Regierung, nicht für eine Regierung, die mich auf Diät setzt" (franz. „régime" bedeutet „Regierung" und „Diät").

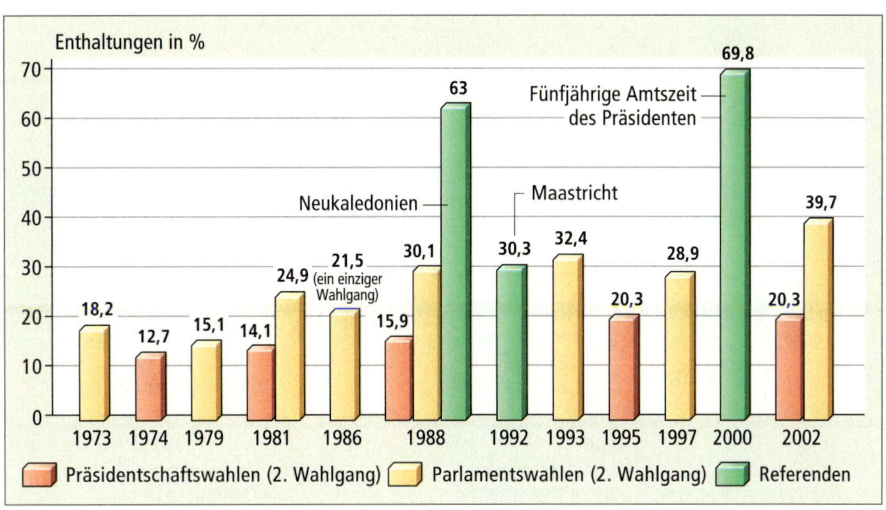

5 **Zunehmende Stimmenthaltung**

Fragen und Anregungen

1. Analysieren Sie die Entwicklung der französischen Linken seit 1981. Warum hat sie einen Teil ihrer Wählerschaft enttäuscht? (M2–4)
2. Entnehmen Sie dem Schema die Wahlen mit der höchsten Stimmenthaltung und die mit der höchsten Wahlbeteiligung. Wie erklären Sie sich dieses Wahlverhalten? (M5)
3. Vergleichen Sie Frankreich mit anderen Ihnen bekannten europäischen Demokratien: Wo sehen Sie typisch französische Merkmale bzw. ähnliche Probleme?

Kapitel 15

Die politische Entwicklung Deutschlands von 1945 bis heute

Nach der Gründung der Bundesrepublik Deutschland und der DDR war Deutschland über 40 Jahre lang geteilt. Die beiden deutschen Staaten entwickelten sich völlig unterschiedlich: Die Bundesrepublik orientierte sich an den westlichen Demokratien, vertrat das Konzept der sozialen Marktwirtschaft und wurde Mitglied in der NATO und der EWG, später der EU. Die DDR wurde in den sowjetisch dominierten Ostblock integriert, entwickelte ein sozialistisches Staats- und Gesellschaftssystem und war Mitglied im Warschauer Pakt und im RGW. Die Menschen im Westen genossen Freizügigkeit, ihre Landsleute im Osten lebten hinter dem „Eisernen Vorhang“ – bis am 9. November 1989 die Grenzen geöffnet wurden. Ein Jahr später kam es zur Wiedervereinigung; die DDR hatte aufgehört zu existieren.

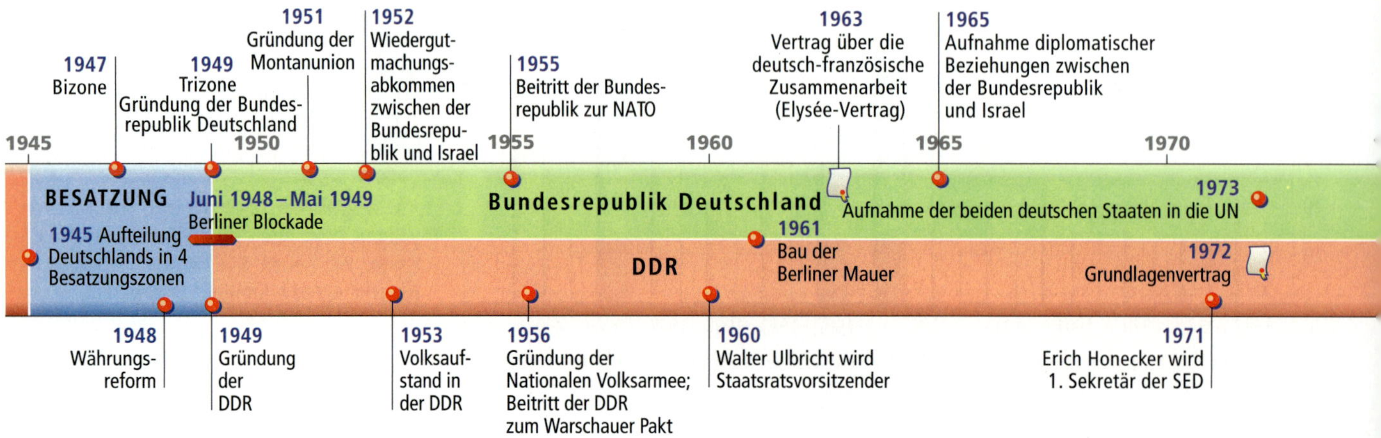

1

Gründung eines westdeutschen Teilstaates

Der Präsident des Parlamentarischen Rates, Konrad Adenauer, unterzeichnete am 23. Mai 1949 das Grundgesetz.

2

Deutsche Einheit

Durch den Beitritt der DDR zur Bundesrepublik Deutschland wurde am 3. Oktober 1990 die deutsche Teilung überwunden.

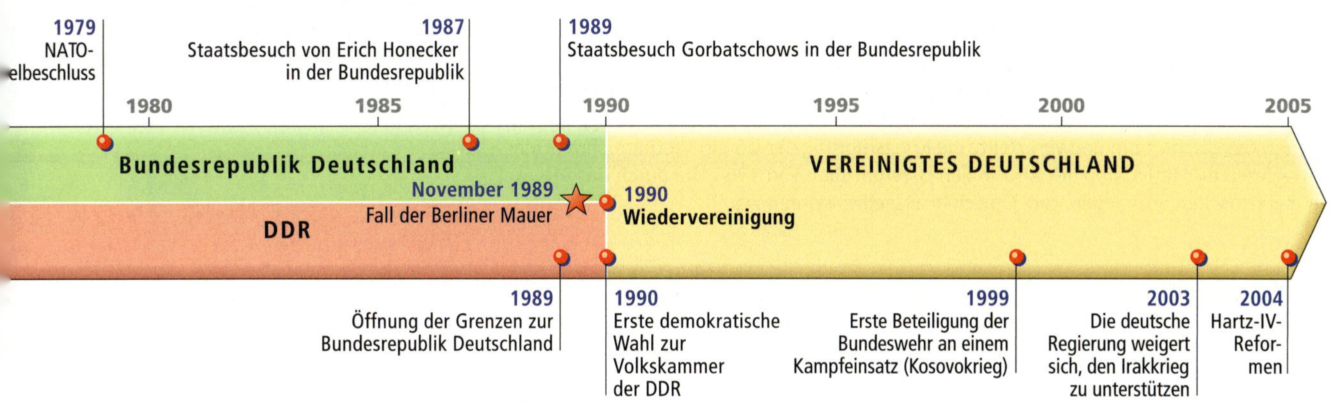

1. Ein demokratischer Neubeginn – westliche Besatzungszonen und Bundesrepublik Deutschland (1945–1969)

Wie gestaltete sich die Herausbildung und Festigung einer freiheitlich-demokratischen Grundordnung in Westdeutschland?

Deutschland nach dem Krieg (1945–1949)

Nach dem Zweiten Weltkrieg war Deutschland in vier Zonen aufgeteilt, deren gemeinsame Verwaltung beim Alliierten Kontrollrat lag. Diese wurde aber durch den beginnenden Kalten Krieg zunehmend behindert. Die USA und Großbritannien trieben deshalb die Schaffung eines westdeutschen Staates auf der Basis einer freiheitlich-demokratischen Grundordnung voran.

Fördermittel im Rahmen des 1947 verkündeten Marshallplans und die im Juni 1948 durchgeführte Währungsreform in den Westzonen erleichterten die Entwicklung einer leistungsfähigen Marktwirtschaft. Im Streit um den Gültigkeitsbereich der neu eingeführten D-Mark sperrte die Sowjetunion die Zufahrtswege nach Berlin. Die Westmächte versorgten daraufhin die Bevölkerung Berlins monatelang über eine Luftbrücke (siehe S. 102 f.).

Die Haltung der Sowjetunion in der Berlin-Frage bestärkte die USA und Großbritannien darin, die Entstehung eines westdeutschen Teilstaats zu fördern. Mit dem Inkrafttreten des Grundgesetzes am 23. Mai 1949 war die Gründung der Bundesrepublik vollzogen.

Die Ära Adenauer (1949–1963)

Konrad Adenauer (CDU) verfolgte als erster Bundeskanzler der neu gegründeten Republik das Ziel, die volle Souveränität Deutschlands wiederherzustellen und das Land wieder als verlässlichen Partner in der internationalen Politik zu etablieren. Ausdruck dieses Bemühens war unter anderem der Elysée-Vertrag über die deutsch-französische Zusammenarbeit (1963) (siehe S. 298 f.) und die Aufnahme diplomatischer Beziehungen mit Israel (1965), mit dem die Bundesrepublik bereits 1952 in Luxemburg ein Wiedergutmachungsabkommen unterzeichnet hatte.

Unter dem Eindruck des Koreakrieges traten Großbritannien und die USA dafür ein, Westdeutschland an einer europäischen Armee zu beteiligen. Frankreich lehnte die Europaarmee ab, woraufhin die Bundesrepublik der WEU und der NATO beitrat. Der Abgrenzung zur DDR diente die Hallstein-Doktrin, die den Alleinvertretungsanspruch der Bundesrepublik festschrieb.

In den 50er-Jahren erlebte Deutschland eine Periode innerer Stabilität. Hierzu trug wesentlich der wirtschaftliche Aufschwung bei, das so genannte „Wirtschaftswunder", das sich im Bewusstsein der Zeitgenossen eng mit dem Namen des Wirtschaftsministers Ludwig Erhard und dem von ihm geprägten Konzept der Sozialen Marktwirtschaft verband (siehe S. 194 f. und 280 f.).

Krisenjahre der Republik (1963–1969)

1966 kam es erstmals in der Geschichte der Bundesrepublik zu einer wirtschaftlichen Rezession, welche die seit 1963 unter Bundeskanzler Erhard regierende Koalition aus CDU/CSU und FDP in eine Krise stürzte.

Vor diesem Hintergrund wurde 1966 die Große Koalition unter Kanzler Kurt Georg Kiesinger (CDU) und Vizekanzler Willy Brandt (SPD) gebildet. Diese Regierung agierte wirtschaftspolitisch erfolgreich und nahm wichtige Reformvorhaben in Angriff, so etwa die Notstandsgesetzgebung, durch die die Handlungsfähigkeit des Staates im Krisenfall gewährleistet werden sollte.

Bald formierte sich eine Außerparlamentarische Opposition (APO) auf der Straße. Diese Protestbewegung wurde vorwiegend von Studenten und Jugendlichen getragen; sie arbeitete auf die Überwindung der aus ihrer Sicht von kapitalistischer Ausbeutung und Unterdrückung geprägten bürgerlichen Gesellschaft hin und verurteilte die Kriegsführung der USA in Vietnam. Ihren Höhepunkt erreichten die Aktivitäten der APO in den Osterunruhen von 1968, die durch das Attentat auf den marxistischen Soziologen Rudi Dutschke ausgelöst worden waren.

Begriffe

- **CDU/CSU** (Christlich-Demokratische Union/Christlich-Soziale Union): 1945 bzw. 1946 gegründete christliche Volksparteien, die im Bundestag eine Fraktion bilden. Die CSU tritt nur in Bayern an.
- **WEU: siehe S. 118.**
- **NATO: siehe S. 100.**
- **Hallstein-Doktrin:** Nach Walter Hallstein (Staatssekretär im Auswärtigen Amt) benannte Doktrin, die vom Alleinvertretungsanspruch der Bundesrepublik Deutschland abgeleitet wurde und von 1955–1969 die deutsche Außenpolitik prägte. Die Doktrin besagt, dass die Bundesrepublik zu keinem Staat diplomatische Beziehungen aufnimmt, der solche zur DDR pflegt.
- **Alleinvertretungsanspruch:** Anspruch der Bundesrepublik Deutschland, die einzig legitime Vertreterin aller Deutschen (auch der Bürger der DDR) zu sein. Dieser Anspruch fand seinen außenpolitischen Ausdruck in der Hallstein-Doktrin.
- **Soziale Marktwirtschaft: siehe S. 194.**
- **FDP** (Freie Demokratische Partei): 1948 gegründete liberale Partei, die mit Theodor Heuss den ersten deutschen Bundespräsidenten (1949–1959) stellte.
- **SPD** (Sozialdemokratische Partei Deutschlands): Älteste bis heute bestehende Partei Deutschlands (unter diesem Namen seit 1890). Die SPD hat sich in der Nachkriegszeit endgültig von der sozialistischen Arbeiterpartei zur Volkspartei gewandelt.
- **Notstandsgesetze:** Am 24. Juni 1968 vom Bundestag verabschiedete Gesetze zur Ergänzung des Grundgesetzes, die es dem Bund in einem Ausnahmezustand unter anderem erlauben, seine Befugnisse gegenüber den Ländern auszuweiten, die Bundeswehr im Inneren einzusetzen und Grundrechte einzuschränken.
- **APO** (Außerparlamentarische Opposition): Vorwiegend studentisch geprägte Bewegung, die ihre Existenz mit dem Fehlen einer starken parlamentarischen Opposition im Bundestag zurzeit der Großen Koalition (1966–1969) rechtfertigte. Die APO trat für die Überwindung der „bürgerlich-kapitalistischen Gesellschaft" ein. Ihre Kritik galt unter anderem der Einschränkung von Grundrechten durch die Notstandsgesetze, der Haltung der USA im Vietnamkrieg, der als konservativ geltenden Presse des Springer-Konzerns.

1 Auszug aus der Regierungserklärung Adenauers vom 20. September 1949

Der Fortschritt gegenüber den Verhältnissen, die seit 1945 bei uns bestanden, auch gegenüber den Zuständen des nationalsozialistischen Reichs, ist groß. Zwar müssen wir uns immer bewusst sein, dass Deutschland und das deutsche Volk noch nicht frei sind, dass es noch nicht gleichberechtigt neben den anderen Völkern steht, dass es – und das ist besonders schmerzlich – in zwei Teile zerrissen ist. Aber wir erfreuen uns doch einer wenigstens relativen staatlichen Freiheit. Unsere Wirtschaft ist im Aufstieg. Wir haben vor allem aber wieder den Schutz der Persönlichkeitsrechte. Niemand kann bei uns, wie das im nationalsozialistischen Reich der Fall war und wie es jetzt noch in weiten Teilen Deutschlands, in der Ostzone, zu unserem Bedauern der Fall ist, durch Geheime Staatspolizei oder ähnliche Einrichtungen der Freiheit und des Lebens beraubt werden. Diese Güter: Rechtsschutz, Schutz der persönlichen Freiheit, die wir lange Jahre nicht besaßen, sind so kostbar, dass wir trotz allem, was uns noch fehlt, uns darüber freuen müssen, dass wir diese Persönlichkeitsrechte wieder besitzen.

Zit. nach: J. Weber (Hg.), 30 Jahre Bundesrepublik Deutschland. Gründung des neuen Staates 1949. München 1981, S. 217.

3 Verständnis für Proteste der Jugend

Walter Scheel (FDP), der Vizepräsident des Deutschen Bundestages, äußert sich im Parlament zur APO (9. Februar 1968):

Ich glaube, es wäre falsch und gefährlich, wenn wir die Ereignisse, über die wir sprechen, mit der Formulierung „Terror", „Aufruhr", „Rabaukentum", „Krawalle" und dergleichen etikettierten. Wenn wir es möglicherweise zu einer antistudentischen Hysterie kommen ließen, das würde der Sache nicht gerecht werden. [...] Das führt dann zu den vergröbernden Formulierungen „Härte", „Unnachgiebigkeit", „Demonstration staatlicher Autorität" und „Reinschlagen" und dergleichen mehr. Wir müssen hier nach den Ursachen suchen. Ich bin froh, dass in der Diskussion bis heute erkennbar war, dass wir das gemeinsam tun wollen. Denn, meine Damen und Herren, Dutschkes hat es zu allen Zeiten gegeben. Das Beunruhigende ist doch, dass es heute Leute gibt, die ihnen zuhören. Wir müssen fragen, warum ihnen die Jungen zuhören. [...]

Meine Damen und Herren, ich habe Abend für Abend erlebt, dass es in der Studentenschaft, bei der Jugend überhaupt eine große Mehrzahl gibt, die nicht antidemokratisch ist, sondern die die Demokratie mit mehr Leben erfüllen will. Es gibt eine Minorität antidemokratischer Jugendlicher. Wir können den Gutwilligen, die die Demokratie schützen und fördern wollen, keine Schlagworte entgegensetzen. Wir müssen [...] ihnen beweisen, dass wir eine offene Gesellschaft sind. Aber sind wir das? Ist das, was wir formierte Gesellschaft[1] nennen und wollen, eine offene Gesellschaft? Weichen wir nicht auch hier den Konflikten allzu sehr aus, die nun einmal eine offene Gesellschaft kennzeichnen? Ist die Funktionsfähigkeit des Parlaments noch voll erhalten?

[1] Mit dem umstrittenen Begriff der „formierten Gesellschaft" hatte Bundeskanzler Erhard das Ideal einer Gesellschaft bezeichnet, die wirtschaftliche und soziale Probleme nicht durch Auseinandersetzungen zwischen Interessengruppen, sondern im Konsens löst.

D. Rollmann (Hg.), 50 Reden aus dem Deutschen Bundestag. Stuttgart, Bonn 1983, S. 324ff.

2 **Die „Wiederbewaffnung"**

Erster Besuch des Bundeskanzlers Konrad Adenauer bei der Bundeswehr (Andernach, 1956). Unter dem Eindruck des Kalten Krieges befürworteten insbesondere die USA und Großbritannien einen deutschen Verteidigungsbeitrag im Rahmen des westlichen Bündnissystems, der seit 1950 durch die von der Bundesregierung geschaffene „Dienststelle Blank" vorbereitet wurde. Nach der Aufnahme der Bundesrepublik in die NATO kam es vor diesem Hintergrund seit 1955 zur Aufstellung einer neuen deutschen Armee, der Bundeswehr. Die Wiederbewaffnung war in Deutschland umstritten und wurde insbesondere von vielen Kriegsteilnehmern abgelehnt.

4 **Die APO demonstriert gegen den Vietnamkrieg (1968)**

Die Demonstranten tragen Bilder von Rosa Luxemburg, Lenin, Che Guevara und Ho Chi Minh.

Fragen und Anregungen

1. Bundeskanzler Adenauer spricht in seiner Regierungserklärung von Fortschritten, die die Bundesrepublik Deutschland seit 1945 gemacht habe. Worin bestehen diese? (M1)
2. Erläutern Sie die politische Bedeutung der seit 1955 aufgebauten Bundeswehr für den internationalen Status der Bundesrepublik Deutschland. (M2)
3. Arbeiten Sie heraus, wie Walter Scheel die APO einschätzt und welche Konsequenzen er aus seinen Überlegungen zieht. (M3)
4. Informieren Sie sich über die auf den Plakaten der Demonstranten abgebildeten Personen und erläutern Sie deren politische Bedeutung im Rahmen der Studentenproteste. (M4)

2. Die Sozialdemokraten an der Macht (1969–1982)

Inwiefern bildete der Wahlsieg der SPD 1969 eine Zäsur in der politischen Entwicklung der Bundesrepublik Deutschland?

Deutschland auf dem Weg zu mehr Demokratie?

Durch den Eintritt in die Große Koalition mit der CDU/CSU hatte die SPD ihre Regierungsfähigkeit unter Beweis gestellt. Bei den Bundestagswahlen von 1969 konnte sie erstmals die Grenze von 40 Prozent überspringen und bildete nun gemeinsam mit der FDP eine Koalitionsregierung, die von Bundeskanzler Willy Brandt (SPD) und Vizekanzler Walter Scheel (FDP) geführt wurde. Willy Brandt brachte unter dem Slogan „Mehr Demokratie wagen" innenpolitische Reformen auf den Weg. Das Volljährigkeitsalter wurde von 21 auf 18 Jahre gesenkt, eine Bildungsreform sollte es Kindern aus Arbeitnehmerhaushalten ermöglichen, Abitur zu machen, ein Studium zu absolvieren und sozial aufzusteigen. Gewerkschaften und SPD setzten sich zudem für eine Ausweitung der Mitbestimmung von Arbeitnehmern in der Wirtschaft ein (siehe S. 290 f.).

Auch das Ehe- und Familienrecht wurde im Sinne der Gleichberechtigung modernisiert. Frauen konnten ohne Einverständnis ihres Ehemannes einer Berufstätigkeit nachgehen und wurden im Rahmen eines reformierten Scheidungsrechts finanziell besser abgesichert.

Die „Neue Ostpolitik" – ein außenpolitischer Kurswechsel

Unter der Devise „Wandel durch Annäherung" fanden in den Jahren 1970 bis 1973 Verhandlungen statt, die zu Verträgen mit der UdSSR, Polen und der Tschechoslowakei führten: Die bestehenden Grenzen wurden anerkannt; im „Viermächteabkommen über Berlin" wurde die Sonderstellung Berlins und im „Transitabkommen" der Zugang nach Westberlin geregelt. Damit war der Weg frei für den „Grundlagenvertrag" (21. Dezember 1972), in dem die beiden deutschen Staaten „gutnachbarliche Beziehungen" vereinbarten.

Das Ziel der Regierung Brandt war es, Verbesserungen für die Bevölkerung in der DDR zu erreichen, so etwa Reiseerleichterungen, verbesserte Handelsbeziehungen und kulturellen Austausch. Die Opposition befürchtete hingegen einen Ausverkauf westdeutscher Interessen, da die Regierung bereit war, den Alleinvertretungsanspruch der Bundesrepublik für alle Deutschen aufzugeben, die Grenzen von 1945 zu bestätigen und die DDR als souveränen Staat anzuerkennen. Die CDU/CSU lehnten deshalb im Bundestag die Ostverträge ab.

Die Regierungszeit Helmut Schmidts (1974–1982)

1974 trat Willy Brandt aufgrund eines Spionagefalls im Kanzleramt zurück. Der Regierung seines Nachfolgers Helmut Schmidt (SPD) gelang es, durch eine gezielt antizyklische Konjunkturpolitik die Folgen der ersten Ölkrise von 1973 und die damit einhergehende Wirtschaftskrise abzumildern; allerdings führten die hierzu beschlossenen Konjunkturprogramme und Subventionen zu einem Anstieg der Staatsverschuldung.

Innenpolitische Probleme bereiteten die Linksterroristen der RAF, die als ehemalige APO-Anhänger in den Untergrund gegangen waren und das kapitalistische System der Bundesrepublik Deutschland durch Attentate auf führende Persönlichkeiten aus der Wirtschaft beseitigen wollten.

Die 1976 begonnene Aufstellung sowjetischer SS-20-Mittelstreckenraketen führte 1979 zum „NATO-Doppelbeschluss". Durch diesen Beschluss drohten die NATO-Staaten an, ihrerseits ebenfalls atomare Mittelstreckenwaffen in Europa zu stationieren, sofern Verhandlungen mit der UdSSR über den Abbau der SS-20-Raketen nicht zustande kommen oder scheitern würden. In der Bundesrepublik stieß die Nachrüstung auf breiten gesellschaftlichen Widerstand, der sich vor allem im Rahmen der „Friedensbewegung" artikulierte (siehe S. 110 f.).

1 **Hanns Martin Schleyer in den Händen der RAF (1977)**

Die RAF wollte durch die Entführung des Arbeitgeberpräsidenten (5. September 1977) die Freilassung inhaftierter Mitglieder erreichen. Diesem Zweck diente auch die Entführung der Lufthansamaschine „Landshut" durch verbündete palästinensische Terroristen (13. Oktober 1977), die durch einen Einsatz deutscher Sicherheitskräfte in Mogadischu beendet wurde. Als den Terroristen deutlich wurde, dass sich die Bundesregierung nicht erpressen ließ, ermordeten sie Schleyer.

Begriffe

- **Mitbestimmung:** Beteiligung von Arbeitnehmern an betrieblichen Entscheidungen, insbesondere im Bereich der Personalfragen; die Mitbestimmung wurde in der Bundesrepublik Deutschland durch die Neufassung des Betriebsverfassungsgesetzes (19. Januar 1972) teilweise gestärkt, blieb aber zwischen den Koalitionspartnern SPD und FDP umstritten.
- **Neue Ostpolitik:** Begriff für den neuen, auf Verständigung hin ausgerichteten Umgang der Bundesrepublik Deutschland mit den sozialistischen Staaten seit 1969.
- **Ostverträge:** Sammelbegriff für alle Verträge und Abkommen, die von der Regierung Brandt/Scheel mit den sozialistischen Staaten 1970–1973 im Rahmen der „Neuen Ostpolitik" geschlossen wurden.
- **Antizyklische Konjunkturpolitik:** Wirtschaftspolitik, die der aktuellen Konjunkturentwicklung entgegenwirkt; in Zeiten der Hochkonjunktur zielt sie auf eine Verlangsamung des Wachstums ab, in einer Rezession dient sie der Herstellung von Wachstum (etwa durch staatliche Investitionen und niedrige Leitzinsen).
- **RAF** („Rote Armee Fraktion"): Linksterroristische Gruppierung, die aus gewaltbereiten Kreisen innerhalb der APO hervorgegangen war; die RAF wollte die deutsche Gesellschaft durch Anschläge im Sinne des Marxismus-Leninismus umgestalten.

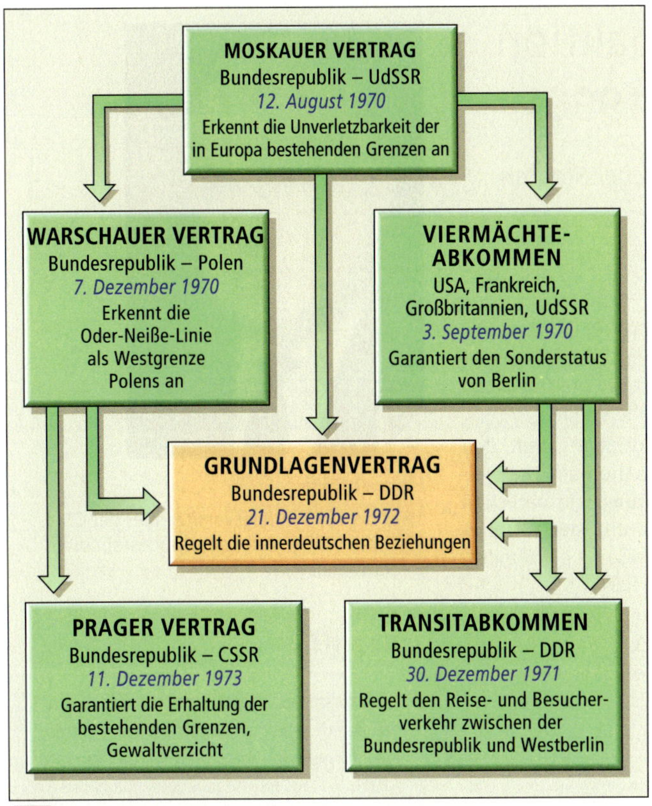

2 **Die Ostverträge**

3 „Mehr Demokratie wagen"

Aus der Regierungserklärung des Bundeskanzlers Willy Brandt, 28. Oktober 1969:

Wir wollen mehr Demokratie wagen. Wir werden unsere Arbeitsweise öffnen und dem kritischen Bedürfnis nach Information Genüge tun. Wir werden darauf hinwirken, dass nicht nur durch Anhörungen im Bundestag, [...] sondern auch durch ständige Fühlungnahme mit den repräsentativen Gruppen unseres Volkes und durch eine umfassende Unterrichtung über die Regierungspolitik jeder Bürger die Möglichkeit erhält, an der Reform von Staat und Gesellschaft mitzuwirken. Wir wenden uns an die im Frieden nachgewachsenen Generationen, die nicht mit den Hypotheken der Älteren belastet sind und belastet werden dürfen; jene jungen Menschen, die uns beim Wort nehmen wollen – und sollen. Diese jungen Menschen müssen aber verstehen, dass auch sie gegenüber Staat und Gesellschaft Verpflichtungen haben. [...] Mitbestimmung, Mitverantwortung in den verschiedensten Bereichen unserer Gesellschaft wird eine bewegende Kraft der kommenden Jahre sein. Wir können nicht die perfekte Demokratie schaffen. Wir wollen eine Gesellschaft, die mehr Freiheit bietet und mehr Mitverantwortung fordert. Diese Regierung sucht das Gespräch, sie sucht kritische Partnerschaft mit allen, die Verantwortung tragen, sei es in den Kirchen, der Kunst, der Wissenschaft und der Wirtschaft oder anderen Bereichen der Gesellschaft.

Zit. nach: I. Wilharm (Hg.), Deutsche Geschichte 1962–1983. Frankfurt/M.1985, S. 27ff.

4 Die Annäherung zwischen den beiden deutschen Staaten

Die Hohen vertragschließenden Seiten, [...] ausgehend von den historischen Gegebenheiten und unbeschadet der unterschiedlichen Auffassungen [...] zu grundsätzlichen Fragen, darunter zur nationalen Frage, geleitet von dem Wunsch, zum Wohle der Menschen in den beiden deutschen Staaten die Voraussetzungen für die Zusammenarbeit zu [...] schaffen, sind wie folgt übereingekommen:

Art. 1 – Die Bundesrepublik Deutschland und die Deutsche Demokratische Republik entwickeln normale gutnachbarliche Beziehungen zueinander auf der Grundlage der Gleichberechtigung. [...]

Art. 4 – Die Bundesrepublik Deutschland und die Deutsche Demokratische Republik gehen davon aus, dass keiner der beiden Staaten den anderen international vertreten oder in seinem Namen handeln kann. [...]

Art. 6 – [Sie] gehen von dem Grundsatz aus, dass die Hoheitsgewalt jedes der beiden Staaten sich auf sein Staatsgebiet beschränkt. Sie respektieren die Unabhängigkeit und Selbstständigkeit jedes der beiden Staaten in seinen inneren und äußeren Angelegenheiten.

Aus dem Grundlagenvertrag vom 21. Dezember 1972. I. v. Münch (Hg.), Dokumente des geteilten Deutschland: Quellentexte zur Rechtslage des Deutschen Reiches, der Bundesrepublik Deutschland und der Deutschen Demokratischen Republik. Stuttgart 1974, S. 301ff.

5 **„Kraft seiner starken Wurzeln wird er alle Mauern sprengen!"**

Karikatur von Wolfgang Hicks zum Grundlagenvertrag von 1972. Bundeskanzler Willy Brandt und Bundesminister für besondere Aufgaben Egon Bahr, der die Verhandlungen mit der DDR führte.

Fragen und Anregungen

1. Charakterisieren Sie den Grundtenor der Regierungserklärung Willy Brandts. Auf welche Forderungen nimmt er Bezug? (M3)
2. Legen Sie unter Einbeziehung von M2 und 4 dar, inwieweit die „Neue Ostpolitik" der Regierung Brandt einen politischen Paradigmenwechsel bedeutete.
3. Diskutieren Sie die Aussage der Karikatur. (M5)
4. Erläutern Sie die politischen Hintergründe der Entführung und Ermordung von Arbeitgeberpräsident Schleyer. (M1)

3. Vom Ende der sozialliberalen Koalition bis zur Wiedervereinigung (1982–1990)

Wie vollzog sich der Übergang von der Normalität zweier deutscher Staaten zur Wiedervereinigung?

Regierungswechsel in der wirtschaftlichen Krise

Bundeskanzler Helmut Kohl (CDU) und Vizekanzler Hans-Dietrich Genscher (FDP) übernahmen die Regierung im Herbst 1982 nach einem konstruktiven Misstrauensvotum gegen Kanzler Helmut Schmidt. Die neue Regierung stellte ihr Handeln unter das Schlagwort der „geistig-moralischen Wende" und versprach, die Wirtschafts- und Beschäftigungskrise zu überwinden.

Dem Kabinett Kohl gelang es, insbesondere durch Einsparungen bei Sozialausgaben, den Staatshaushalt zu entlasten. Darüber hinaus setzte die christlich-liberale Koalition auf Eigeninitiative und Wettbewerb, Steuerentlastungen für Unternehmen und Zurückhaltung bei staatlichen Reglementierungen. All diese Faktoren führten zu einem Wirtschaftsaufschwung, der – unterstützt durch einen günstigen Dollarkurs und eine drastische Senkung des Ölpreises – die Bundesrepublik Deutschland zu einem der weltweit führenden Exportländer werden ließ.

Der Atom-Schock durch den Reaktorunfall von Tschernobyl (1986) und ein insgesamt gestiegenes Bewusstsein für ökologische Fragen führten dazu, dass sich die seit 1983 im Bundestag vertretenen Grünen neben CDU/CSU, SPD und FDP dauerhaft als vierte Fraktion etablieren konnten. 1994 wurde der Umweltschutz in der Verfassung als Staatsziel verankert.

Außenpolitische Kontinuität

Die christlich-liberale Koalition führte die Außenpolitik der SPD/FDP-Regierung fort: Sie setzte den NATO-Doppelbeschluss **(siehe S. 110 f.)** um, pflegte ein enges Verhältnis zu den USA und trat für die europäische Integration ein.

Kontinuität prägte auch die Ostpolitik. 1983 vermittelte Franz Josef Strauß einen Kredit in Höhe von 1 Milliarde D-Mark an die DDR, die damit ihre Zahlungsunfähigkeit vorübergehend abwenden konnte. 1984 folgte ein weiterer Großkredit. Im Gegenzug reduzierte die DDR die Behinderungen an der innerdeutschen Grenze und sagte den Abbau der Selbstschussautomaten zu. Am 7. September 1987 wurde Erich Honecker als erster Staatschef der DDR mit allen protokollarischen Ehren in der Bundesrepublik empfangen. Damit hatte die DDR-Führung ein lange verfolgtes Ziel erreicht.

Die politische Gestaltung der Wiedervereinigung

Nach dem Zusammenbruch des SED-Regimes infolge der friedlichen Revolution von 1989 fanden im März 1990 in der DDR freie Wahlen statt, in denen die Bürger ihren Wunsch nach einer schnellen Vereinigung der beiden deutschen Staaten ausdrückten.

Ministerpräsident Lothar de Maizière setzte zusammen mit der Regierung Kohl dieses Wählervotum um: Schon im Juli 1990 trat der Vertrag über eine Währungs-, Wirtschafts- und Sozialunion in Kraft, in dem unter anderem die Einführung der D-Mark auf dem Gebiet der DDR geregelt wurde.

Im August 1990 wurde der Einigungsvertrag unterzeichnet, der schließlich am 3. Oktober 1990 in Kraft trat. Darin war geregelt: der Beitritt der DDR zur Bundesrepublik Deutschland, Berlin als neue Hauptstadt, die Gültigkeit des Rechts der Bundesrepublik Deutschland auf dem Gebiet der ehemaligen DDR, die Angleichung der Sozialsysteme der beiden Länder und die Privatisierung der ehemals volkseigenen Betriebe durch die Treuhandanstalt. Am 2. Dezember 1990 fanden die ersten gesamtdeutschen Bundestagswahlen statt.

1

Helmut Kohl

1973 bis 1998 Bundesvorsitzender der CDU, 1982 bis 1998 Kanzler der Bundesrepublik Deutschland.

Begriffe

- **Konstruktives Misstrauensvotum:** Abwahl des Bundeskanzlers durch die Wahl eines Nachfolgers im Deutschen Bundestag (nach Artikel 67 des Grundgesetzes). Das konstruktive Misstrauensvotum gegen Helmut Schmidt (SPD) am 1. Oktober 1982 hatte Erfolg, da er nicht mehr vom bisherigen Koalitionspartner FDP unterstützt wurde.
- **Tschernobyl:** Stadt in der Ukraine. Dort kam es am 26. April 1986 im Kernkraftwerk zu einem GAU („größter anzunehmender Unfall"), bei dem große Mengen an radioaktiver Strahlung und verseuchter Materialien freigesetzt wurden. Der Unfall löste in der deutschen Bevölkerung massive Ängste aus und führte zu erheblichen Widerständen gegen die Nutzung der Kernenergie.
- **Die Grünen:** 1980 auf Bundesebene gegründete und seit 1983 im Bundestag vertretene Partei, die sich vorrangig für den Umweltschutz und gegen die Nutzung der Kernenergie einsetzte.
- **Währungs-, Wirtschafts- und Sozialunion:** Staatsvertrag zwischen der DDR und der Bundesrepublik Deutschland zur Angleichung der wirtschaftlichen Rahmenbedingungen in Ost und West.
- **Einigungsvertrag:** Am 3. Oktober 1990 in Kraft getretener Vertrag zwischen beiden deutschen Staaten, der den Beitritt der Deutschen Demokratischen Republik zur Bundesrepublik regelt. Die Verwirklichung der Einheit erfolgte auf der Basis von Art. 23 des Grundgesetzes der Bundesrepublik Deutschland von 1949, der die Ausdehnung des Geltungsbereiches des Grundgesetzes auf andere Teile Deutschlands nach deren Beitritt vorsah; eine ebenfalls mögliche Vereinigung nach Art. 146 hätte die Ausarbeitung einer neuen Verfassung erfordert.

2 „Koalition der Mitte“

Aus der Regierungserklärung Helmut Kohls am 13. Oktober 1982:

Die Koalition der Mitte, zu der sich CDU, CSU und FDP zusammengeschlossen haben, beginnt ihre Arbeit in der schwersten Wirtschaftskrise seit dem Bestehen der Bundesrepublik Deutschland. […] Wir erleben zurzeit eine Arbeitslosigkeit, die schlimmer ist als jene in den Jahren des Wiederaufbaus. Fast jeder vierzehnte Erwerbstätige in der Bundesrepublik ist arbeitslos. Im Winter können fast 2,5 Millionen Menschen arbeitslos sein. […]

Gleichzeitig erhöhten sich die Abgabenbelastungen so sehr, dass heute ein Facharbeiter in der Bundesrepublik von jeder zusätzlich verdienten Mark rund 60 Pfennig an öffentliche Kassen abliefern muss. Aber auch dies reichte nicht aus; der Staat hat sich dennoch in höherem Maße verschuldet. […]

Auch in der Sozialversicherung sind die Kassen leer und die Rücklagen nahezu verbraucht. […]

Zu viele haben zu lange auf Kosten anderer gelebt: der Staat auf Kosten der Bürger, Bürger auf Kosten von Mitbürgern und – wir sollten es ehrlich sagen – wir alle auf Kosten der nachwachsenden Generation. Es ist jetzt auch ein Gebot des sozialen Friedens und der sozialen Gerechtigkeit, dass wir der Ehrlichkeit, der Leistung und der Selbstverantwortung eine neue Chance geben.

Zit. nach: J. Steffen/A. Jansen (Hg.), Bilanz der Ära Kohl. Hamburg 1998, S. 2.

3 Für eine ökologische Erneuerung

Die seit 1983 im Bundestag vertretenen Grünen nehmen in ihrem Programm Bezug auf Ängste, die für die deutsche Gesellschaft der 1980er-Jahre besonders charakteristisch waren.

Die ökologische Weltkrise verschärft sich von Tag zu Tag: Die Rohstoffe verknappen sich, Giftskandal reiht sich an Giftskandal, Tiergattungen werden ausgerottet, Pflanzenarten sterben aus, Flüsse und Weltmeere verwandeln sich in Kloaken, der Mensch droht inmitten einer späten Industrie- und Konsumgesellschaft geistig und seelisch zu verkümmern, wir bürden den nachfolgenden Generationen eine unheimliche Erbschaft auf.

Die Zerstörung der Lebens- und Arbeitsgrundlagen und der Abbau demokratischer Rechte haben ein so bedrohliches Ausmaß erreicht, dass es einer grundlegenden Alternative für Wirtschaft, Politik und Gesellschaft bedarf. Deshalb erhob sich spontan eine demokratische Bürgerbewegung. Es bildeten sich Tausende von Bürgerinitiativen, die in machtvollen Demonstrationen gegen den Bau von Atomkraftwerken antreten, weil deren Risiken nicht zu bewältigen sind und weil deren strahlende Abfälle nirgends deponiert werden können; sie stehen auf gegen die Verwüstung der Natur, gegen die Betonierung unserer Landschaft, gegen die Folgen und Ursachen einer Wegwerfgesellschaft, die lebensfeindlich geworden ist.

Aus dem Bundesprogramm der Partei Die Grünen (1981); zit. nach: I. Wilharm (Hg.), Deutsche Geschichte 1962–1983. Frankfurt/M. 1985, S. 226f.

4 „Dienstfahrrad“ (um 1983)

Bundestagsabgeordnete der Grünen mit „Dienstfahrrad“.

5 Zwei deutsche Staaten – eine neue Normalität?

Am 7. September 1987 wurde der DDR-Staatsratsvorsitzende Erich Honecker in Bonn mit militärischen Ehren empfangen, wie sie ranghohen ausländischen Staatsgästen zustanden. Das Kabinett Kohl war zur Zusammenarbeit und finanziellen Unterstützung der DDR bereit, um etwa Erleichterungen des innerdeutschen Reiseverkehrs zu erreichen.

Fragen und Anregungen

1. Auf welche Problemlagen reagiert Kanzler Kohl in seiner Regierungserklärung und welche politischen Neuorientierungen verspricht er? (M2)
2. Erläutern Sie die zentralen Aussagen im Parteiprogramm der Grünen vor dem Hintergrund des gesellschaftlichen Krisenbewusstseins der 70er- und 80er-Jahre. (M3)
3. Erklären Sie den Sinn der Initiative zum Thema „Dienstfahrrad“ (M4) unter Einbeziehung des Parteiprogramms der Grünen (M3). Welches Verhältnis zu den etablierten Bundestagsfraktionen drückt sich in dieser Initiative aus?
4. Simulieren Sie eine Wahlkampfdiskussion zwischen einem Abgeordneten der Grünen und einem Angeordneten der CDU in den 1980er-Jahren. Worin sehen beide jeweils die zentralen politischen und gesellschaftlichen Herausforderungen ihrer Zeit und wie begründen sie dies?

4. Das sozialistische Deutschland – Sowjetische Besatzungszone und DDR (1945–1990)

Welche politische Entwicklung nahm die DDR von ihrer Gründung bis zu ihrem Zerfall?

Von der Sowjetischen Besatzungszone zur DDR (1945–1949)

Die Sowjetunion verfolgte in ihrer Besatzungszone von Anfang an das Ziel, ein politisches System nach sowjetischem Vorbild zu etablieren. Dazu wurden 1946 die SPD und die KPD zur SED unter Führung der Kommunisten zwangsvereinigt.

Auch die Wirtschaft wurde im sozialistischen Sinne umgestaltet: Großgrundbesitzer wurden enteignet, Großunternehmen und Banken verstaatlicht, die Planwirtschaft eingeführt.

Durch mehrere Volkskongresse wurde eine Verfassung erarbeitet, die schließlich am 7. Oktober 1949 in Kraft trat. Die SED-Führung stellte die damit vollzogene Konstituierung der DDR als Reaktion auf die westdeutsche Staatsgründung dar. Otto Grotewohl (SED, früher SPD) wurde Regierungschef, Wilhelm Pieck (SED, früher KPD) erster Präsident der DDR. Ab 1960 vereinte Walter Ulbricht die entscheidenden Machtpositionen innerhalb des Systems als „Staatsratsvorsitzender" in einer Person. Gegner der sowjetischen Politik mussten mit ihrer Verhaftung und Einweisung in Speziallager des sowjetischen Geheimdienstes NKWD rechnen, wo viele von ihnen umkamen.

Ein sozialistisches System (1949–1971)

Die sowjetische Führung war bestrebt, die DDR als festes Mitglied in den sozialistischen Block einzubinden. Dies geschah auf wirtschaftlicher Ebene durch die Aufnahme in den „Rat für gegenseitige Wirtschaftshilfe" (RGW, 1950); im militärisch-politischen Bereich entsprach diesem Ziel die Aufnahme der DDR in den Warschauer Pakt (1955).

Da die SED Regierung Gesetzgebung und Justiz beherrschte, bestand in der DDR keine Gewaltenteilung; auch der Parteienpluralismus existierte nur in der Theorie, da sich die zugelassenen Parteien zu einem Block zusammenschließen (Blockparteien) und bei Wahlen auf Einheitslisten kandidieren mussten, die der SED von vornherein eine Mehrheit sicherten. Die in der Verfassung der DDR garantierten Grundrechte wurden in der Praxis oft missachtet, so etwa durch den Überwachungsapparat der „Stasi" (siehe S. 260 f.).

Politische Unfreiheit und niedriger Lebensstandard veranlassten Hunderttausende DDR-Bürger zur Abwanderung in die Bundesrepublik. Als die Arbeitsnormen erhöht wurden, kam es am 17. Juni 1953 zu einem Volksaufstand, der mithilfe sowjetischer Truppen blutig niedergeschlagen wurde (siehe S. 104 f.). Mit dem Bau der Berliner Mauer schloss die SED-Führung am 13. August 1961 die Bevölkerung endgültig im eigenen Land ein.

Konsolidierung und Niedergang (1971–1990)

Nach der Ablösung Walter Ulbrichts durch Erich Honecker (1971) entkrampften sich die deutsch-deutschen Beziehungen, was sich positiv auf das internationale Ansehen der DDR auswirkte. Die Regierung bemühte sich, den Lebensstandard der Bevölkerung durch Neubau von Wohnungen, Einkommenserhöhungen und Sicherung der Grundversorgung anzuheben, wenn auch Konsumgüter weiterhin knapp blieben.

Als deutlich wurde, dass der reformorientierte Generalsekretär der KPdSU Michail Gorbatschow die SED nicht mehr stützen würde, war das Ende der DDR eingeleitet (siehe S. 134 f.). Seit Frühjahr 1989 demonstrierten viele Bürger öffentlich gegen die SED-Herrschaft. Andere nutzten die Chance zu einer Ausreise in den Westen, die sich nach der Öffnung der ungarisch-österreichischen Grenze bot.

Unter dem Druck gewaltloser Demonstrationen kam es zur Absetzung Honeckers und schließlich am 9. November zur überraschenden Öffnung der Grenzen zur Bundesrepublik und nach West-Berlin. Daraufhin kamen Tausende DDR-Bürger in den Westen. Am 3. Oktober 1990, nur ein knappes Jahr später, war Deutschland wiedervereinigt (siehe S. 136 f.).

1

Erich Honecker

Honecker übernahm 1971 das Amt des 1. Sekretärs des Zentralkomitees der SED und löste damit Walter Ulbricht an der Spitze der Partei ab. Er war zwischen 1976 und 1989 sowohl Staatsratsvorsitzender der DDR als auch Generalsekretär des Zentralkomitees der SED. Damit vereinigte er in einer Hand die wichtigsten Machtpositionen in Staat und Partei.

Begriffe

- **SED** (Sozialistische Einheitspartei Deutschlands): Die 1946 aus der Vereinigung von KPD und SPD entstandene SED war bis 1989 die Regierungspartei der DDR.
- **Planwirtschaft: siehe S. 194.**
- **Volkskongresse:** Dem Anspruch nach gesamtdeutsche Vorparlamente, die 1947 bis 1949 von der SED zur Ausarbeitung einer deutschen Verfassung initiiert wurden **(siehe M2)**.
- **DDR** (Deutsche Demokratische Republik): 1949 gegründeter Staat, durch das politische und wirtschaftliche System eng an die UdSSR gebunden, aufgelöst durch den Beitritt zur Bundesrepublik Deutschland am 3. Oktober 1990.
- **RGW** (Rat für gegenseitige Wirtschaftshilfe, auch: COMECON): **siehe S. 106.**
- **Warschauer Pakt: siehe S. 100.**
- **„Stasi":** Von der Bevölkerung der DDR gebrauchter Begriff zur Bezeichnung des Ministeriums für Staatssicherheit (MfS), das 1950 als geheimpolizeiliches Überwachungs- und Repressionsinstrument geschaffen wurde. Das MfS verstand sich als „Schwert und Schild" der Partei (SED); durch ein Netz „Inoffizieller Mitarbeiter" (IM) übte das MfS eine teilweise bis weit in das Privatleben hineinreichende Kontrolle über die Bevölkerung aus.

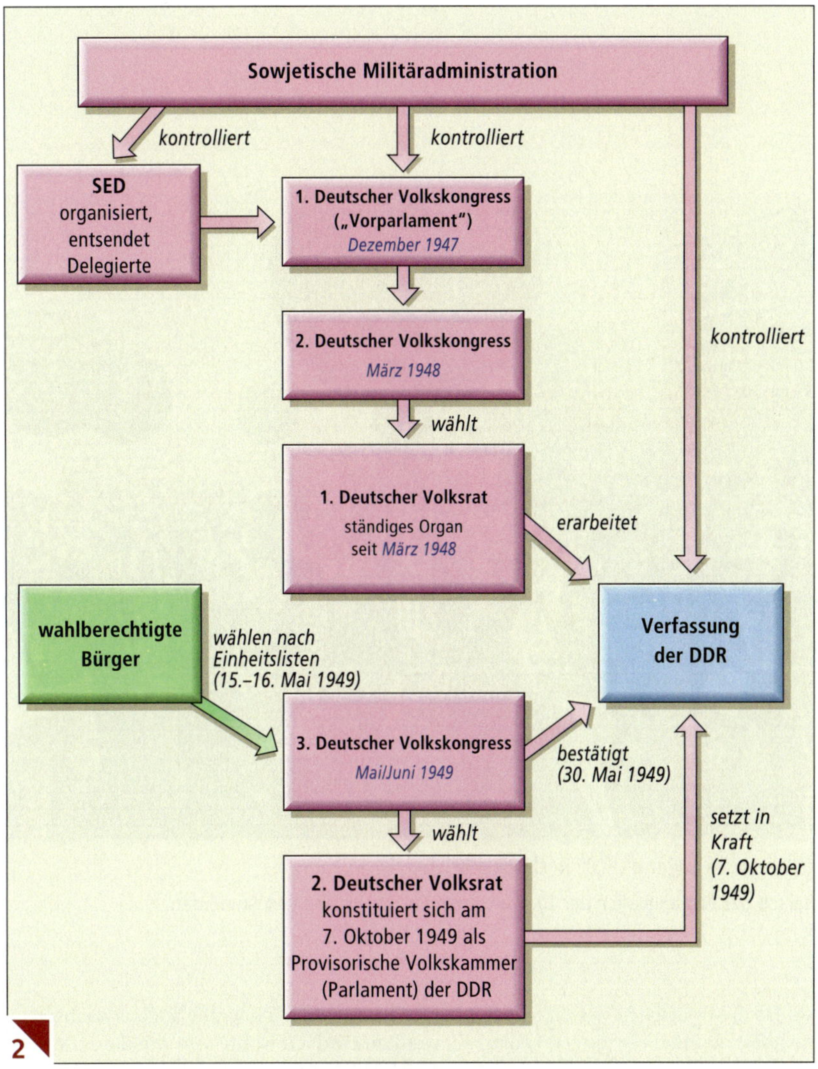

2

Volkskongressbewegung

3 Eine antifaschistisch-demokratische Ordnung?

Walter Ulbricht kehrte 1945 mit einer Gruppe deutscher Exilkommunisten („Gruppe Ulbricht") aus Moskau nach Deutschland zurück und war in der Sowjetischen Besatzungszone wesentlich am Aufbau der sozialistischen Staats- und Gesellschaftsordnung beteiligt. Als stellvertretender Vorsitzender der SED bewertete er im Januar 1949 rückblickend die Entwicklung seit dem Kriegsende:

Wir haben uns bereits seit 1945 bemüht, gemeinsam mit den anderen Parteien und Massenorganisationen des antifaschistisch-demokratischen Blocks die Grundlage für eine solche friedliche, demokratische Entwicklung zu schaffen. [...] [Es handelt sich um eine] antifaschistisch-demokratische Ordnung, das heißt: Die faschistischen Kriegsverbrecher und Kriegsinteressenten wurden entmachtet; es wurden bedeutende strukturelle Veränderungen in Staat und Wirtschaft durchgeführt. Es erfolgte eine demokratische Umwälzung in der sowjetischen Besatzungszone Deutschlands. Durch die Enteignung der Kriegsverbrecher gingen die Schlüsselstellungen in der Wirtschaft in die Hände des Volkes über. [...] Es genügt nicht mehr, von der führenden Rolle der Arbeiterklasse zu reden. Es ist vielmehr notwendig, dass sich die Arbeiterklasse täglich ihre führende Rolle erwirbt, [...] indem sie unter Führung ihrer Partei, der Sozialistischen Einheitspartei, [...] eine breite Bewegung für den demokratischen Aufbau entfaltet.

Zit. nach: W. Ripper (Hg.), Weltgeschichte im Aufriss. Deutschland im Spannungsfeld der Siegermächte. Frankfurt/M. 1982, S. 277f.

4

Eine Gesellschaft des Mangels?

Schlangestehen für eine Lizenzplatte in Ostberlin (1977). Lizenzplatten waren Schallplatten, deren Lizenz im Westen eingekauft wurde und die in der DDR produziert wurden.

Fragen und Anregungen

1. Untersuchen Sie das Vokabular der Rede von Walter Ulbricht und legen Sie seine politischen Zielvorstellungen dar. (M3)
2. Setzen Sie sich mit dem von Ulbricht gebrauchten Begriff der „antifaschistisch-demokratischen Ordnung" auseinander (M3). Beziehen Sie dabei auch M2 ein.
3. Welche Schlüsse lassen sich anhand der Abbildung M4 im Hinblick auf die ökonomische Situation in der DDR ziehen?
4. Suchen Sie nach Gründen für die Massendemonstrationen im Jahre 1989 und erläutern Sie, weshalb sich die Entmachtung der SED auf friedlichem Wege vollziehen konnte **(siehe auch S. 134ff.)**.

Dossier: Leben in der DDR

Das politische System der DDR verlangte von seinen Bürgern ein hohes Maß an Anpassung. Eine legale Ausreise war äußerst schwierig zu erreichen; das unerlaubte Verlassen des Landes war aufgrund des Schießbefehls der Grenztruppen lebensgefährlich und wurde als Straftat geahndet („Republikflucht").

Staatliche Organe wie das Ministerium für Staatssicherheit („Stasi") und gesellschaftliche Organisationen wie die Freie Deutsche Jugend (FDJ) sorgten für eine weitreichende Überwachung und Einbindung des Einzelnen in die sozialistische Gesellschaft. Oppositionelles Verhalten konnte mit menschenverachtender Repression jenseits aller rechtsstaatlichen Normen sanktioniert werden.

Eine totale Kontrolle gelang dem Staat jedoch nicht. Viele Menschen schufen sich Rückzugsräume, so etwa in kirchlichen Gruppen oder in der privaten Geselligkeit der „Datsche" am Stadtrand.

1 **Freie Deutsche Jugend (FDJ) in Ostberlin**

Aufmarsch der FDJ anlässlich der 10. Weltfestspiele der Jugend und Studenten, 1973.

2 Jugendweihe in Berlin 1958

Die sozialistische Jugendweihe war ein bewusst als Alternative zur kirchlichen Konfirmation oder Kommunion konzipiertes Initiationsritual, durch das Jugendliche in den Kreis der Erwachsenen aufgenommen wurden. Die Tradition der Jugendweihe wird in Ostdeutschland teilweise bis heute fortgeführt, allerdings ohne Beteiligung des Staates und ohne Bezug zum Marxismus-Leninismus. Die 1971 als Dissidentenkind geborene Autorin Claudia Rusch schildert ihre Jugendweihe im autobiographischen Rückblick:

Die Jugendweihe war das abschließende und am heißesten erwartete Ereignis einer DDR-Kindheit. Sie bedeutete die feierliche Aufnahme der Vierzehnjährigen in den Kreis der Erwachsenen. Zeitgleich bekam man seinen Personalausweis, trat in die FDJ ein und wurde fürderhin von den Lehrern im Unterricht gesiezt. Ein bedeutsamer Moment also. Da die Deutschen wissen, wie man Feste feiert, wurden die jungen Leute hierfür in Sonntagskleider gesteckt, bekamen teure Geschenke und durften sich später unter der Aufsicht von Mutti und Vati zum ersten Mal richtig betrinken. Bis zur bitteren Neige: Jugendweihegeschichten endeten meistens auf dem Klo […].

Der Festakt mit Reden, Kulturprogramm und sozialistischem Glaubensbekenntnis fand in einem Saal des Museums für Deutsche Geschichte statt. […] Theoretisch hätte ich mich auch konfirmieren lassen können, doch es wäre mir noch falscher vorgekommen, als auf den Staat zu schwören. Denn ich war zwar zutiefst atheistisch erzogen worden, aber, ehrlich gesagt, belog ich doch lieber Honecker als Gott. Sicher ist sicher. Man weiß ja nie.

Also entschied ich mich für die Jugendweihe. Denn natürlich wollte ich auch ein Initiationsritual. Ich wollte auch erwachsen werden. Und ich wollte sein wie die anderen. Das Gelöbnis spielte keine Rolle – entscheidend waren das Fest und die Geschenke.

Als wir dran waren, erhob ich mich und tat das, was ich immer tat: Ich ging los und stand es durch. In meinem bedeutungsvollen Westkleid stieg ich auf die Bühne, schwor mit gekreuzten Fingern auf den Staat und wurde erwachsen.

C. Rusch, Meine freie deutsche Jugend. Frankfurt/M. 2003, S. 47 ff.

3 „Menschen bespitzeln“ (1984)

Das Ministerium für Staatssicherheit beschäftigte eine große Zahl „Inoffizieller Mitarbeiter“ (IM), die für den Staat verdeckt Informationen über ihr berufliches oder persönliches Umfeld sammelten. Dies wurde zum Teil erst nach dem Ende der DDR bekannt. Hier ein Auszug aus einem „Erfahrungsbericht von IM über ihren Einsatz in Operativen Vorgängen“, die sich im Archiv des ehemaligen MfS befinden:

Dann erhielt ich so einen Auftrag, andere Menschen in ihrer Arbeit zu beobachten, ihre Handlungen zu überwachen und zu beurteilen. Man muss Verständnis dafür haben, dass dieses erst einmal einen gewissen Widerspruch mit sich brachte; denn ich sage es heute noch, […] dass es für mich eines der größten psychologischen Probleme wäre, wenn durch eine Unachtsamkeit der Genossen des MfS ich ins Gerede komme und Freunde und Bekannte mich als einen so genannten Spitzel betrachten würden. Ich glaube auch, dass selbst meine Familie und vor allem meine Freunde dafür kein Verständnis aufbringen würden. Das führte auch dazu, dass ich über einen langen Zeitraum ganz einfach nicht damit fertig geworden bin, dass ich Menschen bespitzeln muss und meine Aussage falsch sein könnte, meine Beobachtungen nicht richtig sind, dass ich durch meine Bemerkungen und meine Erkenntnisse Menschen in Schwierigkeiten bringen könnte.

BStU, ZA, JHS 13/84, S. 14 f. M. Judt (Hg.), DDR-Geschichte in Dokumenten. Bonn 1998, S. 476.

4

Frauen in der sozialistischen Arbeitswelt

Die berufliche Gleichberechtigung von Mann und Frau galt in der DDR zumindest auf ideologischer Ebene als selbstverständlich. Tatsächlich förderte der Staat die Berufstätigkeit von Frauen unter anderem durch ein gut ausgebautes System der staatlichen Kinderbetreuung. 1988 waren mehr als 91,3 Prozent der Frauen in der DDR berufstätig.
Titelblatt der Zeitschrift „Für Dich“, 33. Jg., Heft 1, Ost-Berlin, Januar 1978.

5

Private Nischen in der DDR

„Datsche“ und Kleinwagen Trabant („Trabi“) bei Ost-Berlin.

Fragen und Anregungen

1. Welche Folgen konnte die Informantentätigkeit der „Inoffiziellen Mitarbeiter“ (IM) für sie selbst und ihr Umfeld haben (M3)? Erörtern Sie, inwieweit sich das Überwachungssystem des MfS auch nach 1989 auf das Zusammenleben der Ostdeutschen auswirken konnte und kann.
2. Beschreiben Sie die Empfindungen, die Claudia Rusch rückblickend mit ihrer Jugendweihe verbindet. (M2)
3. Welches Frauenbild vermittelt die Titelseite der ostdeutschen Zeitschrift „Für Dich“ (M4)? Überlegen Sie, ob eine solche Titelseite 1978 in Westdeutschland denkbar gewesen wäre.
4. Charakterisieren Sie zusammenfassend das Verhältnis, das in der DDR zwischen staatlicher Kontrolle und privater Freiheit bestand.

Dossier: Sport in der DDR

Der Ost-West-Konflikt drückte sich nicht nur im beiderseitigen Streben nach bündnispolitischer, militärischer und ökonomischer Überlegenheit aus; er spiegelte sich auch im Bereich des internationalen Sports wider. Zwischen den Staaten des sowjetischen Einflussbereichs und denen der westlichen Welt entwickelte sich ein regelrechter Wettlauf um Bestzeiten und Siege bei Weltmeisterschaften oder um Medaillen bei Olympischen Spielen. Auch die beiden deutschen Staaten waren in diesen Konkurrenzkampf eingebunden.

Dabei wurde der Sport im Osten noch mehr als im Westen als Mittel der Politik verstanden, das die Überlegenheit des politischen Systems beweisen sollte. Besondere Brisanz hatte im Verhältnis der deutschen Staaten die Frage der gesamtdeutschen Olympiamannschaft, die 1965 auf Betreiben der DDR durch einen Beschluss des Internationalen Olympischen Komitees geteilt wurde. Damit war die deutsche Einheit auch im Bereich des internationalen Sports aufgegeben.

1

Der 4 x 100 m-Staffellauf der Frauen
Bei den Olympischen Spielen in München (1972) gewann die Westdeutsche Heide Rosendahl knapp vor der Ostdeutschen Renate Stecher.

2 Der Staat sucht sportliche Talente

Die DDR-Eiskunstläuferin Katharina Witt in einem Interview der Zeitung TAZ, 9. November 2004:

Mein Weg führte mich damals in Karl-Marx-Stadt direkt vom Betriebskindergarten in den Sportklub. Das geht heute schon deshalb nicht mehr, weil es keine Betriebskindergärten mehr gibt. Normalerweise wurden sportliche Talente ohnehin durch die Trainer entdeckt, die von Schule zu Schule pilgerten und systematisch nach Kindern suchten, die Freude und Begabung für verschiedene Sportarten mitbrachten. Mit dieser gründlichen Suche ist zu erklären, dass ein kleines Land wie die DDR derart erfolgreich im Sport war.

Heute verlässt man sich darauf, dass ambitionierte und ehrgeizige Eltern selbst aktiv werden und ihre Kinder zu den Eislauf-Vereinen bringen. Scharen von Kindertrainern, die geduldig im ganzen Land nach Talenten suchen und mit deren Ausbildung beginnen, kann sich der deutsche Sport längst nicht mehr leisten. [...]

War ein Talent dann erst einmal entdeckt, wurde es gehegt und gepflegt. An den anderen, weniger begabten Kindern verlor das DDR-Sportsystem schnell das Interesse. Es herrschte eine streng leistungsorientierte Auslese.

TAZ, Die Tageszeitung, 9. November 2004.

3 Doping in der DDR

Das deutsche Magazin „Der Spiegel" berichtet 1997 über einen Dopingprozess gegen Trainer und Sportärzte der DDR:

Gerade bei diesen Mädchendopern sieht Staatsanwalt Hillebrand „keine Schwierigkeiten", den Nachweis der Körperverletzung zu führen. So berichten einige Schwimmer, dass Kolleginnen in kurzer Zeit zu „Mannweibern" geworden seien. Andere Opfer erzählten den Beamten, dass sie eine „tiefe, rauchige Stimme" bekommen hätten; einige klagten über extreme Körperbehaarung, die sich nicht oder nur teilweise nach Karriereende zurückgebildet hätte. Erschwerend wird den Beschuldigten angelastet, dass sie Substanzen an Kinder und Jugendliche meist ohne deren Wissen verabreichten und die Eltern belogen („Das sind Vitaminpräparate").

Der Spiegel, Nr. 34/1997, S. 128.

4 Das Ende der gesamtdeutschen Olympiamannschaft 1968

Nach der Gründung der Bundesrepublik Deutschland und der DDR war die gesamtdeutsche Olympiamannschaft eines der letzten Relikte der deutschen Einheit. 1965 erkannte das Internationale Olympische Komitee (IOC) der DDR das Recht einer eigenen Olympiamannschaft für die Spiele des Jahres 1968 zu. Harry Valérien, einer der bekanntesten westdeutschen Sportjournalisten, kommentiert diesen Schritt:

Schon drei Jahre zuvor hatte er eine für Deutschland schmerzliche Entscheidung hinnehmen müssen, die erstmals in Grenoble sichtbar wurde, als zwei deutsche Mannschaften ins Eröffnungsstadion einmarschierten. Vornehmste Aufgaben des Bonner Grundgesetzes, die „nationale und staatliche Einheit zu wahren" und der Appell an das deutsche Volk, „in freier Selbstbestimmung die Einheit und Freiheit Deutschlands zu vollenden"[1], erfuhren durch diese Entscheidung des IOC vom 8. Oktober 1965 einen Rückschlag oder, wie andere es formulierten, brachten das „Ende der gesamtdeutschen Sportillusion". Noch zu Beginn des IOC-Kongresses hatte Willi Daume den Mitgliedern einen eindrucksvollen Bildband überreicht, der die Gemeinsamkeit der deutschen Olympiakämpfer von Cortina d'Ampezzo 1956 bis Tokio 1964 dokumentieren sollte. In der entscheidenden Sitzung jedoch argumentierte er vergebens für die Idee der olympischen Einheit. Das, was die Funktionäre Ostdeutschlands von Anfang an, seit 1951, beharrlich angestrebt hatten – zwei getrennte Olympiamannschaften –, wurde zur Wirklichkeit.

1955 war das NOK Ostdeutschlands vom IOC nur provisorisch anerkannt und der damit verbundene Beschluss einer gesamtdeutschen Olympiamannschaft von Avery Brundage als ein großer Sieg des Sports über die Politik gefeiert worden. Zehn Jahre später aber mussten er und Willi Daume, stets die stärksten Befürworter einer gesamtdeutschen Olympiamannschaft, sich geschlagen geben. Aus den Olympischen Spielen, bisher auch ein Symbol deutscher Einheit, ist nun eine weitere Demonstration der deutschen Spaltung geworden. Zwar gibt es für die beiden deutschen Mannschaften noch eine gemeinsame Fahne und eine gemeinsame Hymne – Beethovens „Freude, schöner Götterfunken" – aber selbst dieser Rest nationaler Verbundenheit wird in Ostdeutschland entschieden abgelehnt. Hier strebt man nach einer totalen Trennung, die man nun in Mexico-City vom IOC für 1972 auch endgültig zugesprochen erhielt.

[1] Aus der Präambel des Grundgesetzes der Bundesrepublik Deutschland vom 23. Mai 1949, die die Wiedervereinigung als zentrales Staatsziel definiert.

5

Olympiamannschaft der DDR in Moskau (1980)

Die DDR verfügte seit 1968 über eine eigene Olympiamannschaft. Nach dem sowjetischen Einmarsch in Afghanistan (1979) boykottierten die Bundesrepublik Deutschland und andere westliche Staaten die Olympischen Spiele in Moskau, während die DDR teilnahm.

6 Medaillenspiegel der Olympischen Sommerspiele 1972 in München

Platz	Land	Gold	Silber	Bronze	Gesamt
1	Sowjetunion	50	27	22	99
2	USA	33	31	30	94
3	DDR	20	23	23	66
4	Bundesrep.	13	11	16	40
5	Japan	12	8	8	28
6	Australien	8	7	2	17
7	Polen	7	5	9	21
8	Ungarn	6	13	16	35
9	Bulgarien	6	10	5	21
10	Italien	5	3	10	18

Zusammenstellung des Verfassers, nach: E. Huberty/W. B. Wange (Hg.), Die Olympischen Spiele. Köln 1972, S. 264.

Fragen und Anregungen

1. Arbeiten Sie die Besonderheiten der Nachwuchssuche und -förderung der DDR heraus und stellen Sie einen Vergleich mit westlichen Staaten an. (M2)

2. Zeigen Sie auf, welche Gründe Katharina Witt für die Erfolge der Sportlerinnen und Sportler aus der DDR geltend macht. Konfrontieren Sie ihre Ausführungen mit den Aussagen des „Spiegel"-Artikels. (M2 und 3)

3. Wie bewertet Harry Valérien die Anerkennung einer ostdeutschen Olympiamannschaft durch das Internationale Olympische Komitee? (M4)

4. Diskutieren Sie: Hatte die DDR ein Recht auf eine eigene Olympiamannschaft?

5. Erläutern Sie die politische Bedeutung des in M5 gezeigten Sachverhalts vor dem Hintergrund des sowjetischen Einmarsches in Afghanistan. **(siehe S. 74 f.)**

6. Bewerten Sie den Medaillenspiegel der olympischen Sommerspiele 1972 in München (M6) vor dem Hintergrund M2 und 3.

5. Deutschland nach der Wiedervereinigung (1990–2005)

Welche Schwerpunkte prägten die deutsche Politik nach der Wiedervereinigung?

Die schwarz-gelbe Koalition (1990–1998) – Folgelasten der Wiedervereinigung

Die sozialen und ökonomischen Folgelasten der Wiedervereinigung bestimmten die deutsche Politik nach 1990 in hohem Maße. Viele Betriebe im Osten waren unrentabel oder nach dem Wegfall der Märkte im Ostblock nicht mehr überlebensfähig. Sie wurden durch die Treuhandanstalt stillgelegt oder privatisiert. Finanzielle Transferleistungen von West nach Ost sollten den wirtschaftlichen Aufbau der neuen Länder ermöglichen (siehe S. 266f.).

Das soziale Klima verschlechterte sich aufgrund der steigenden Arbeitslosigkeit, die das Kabinett Kohl (CDU/CSU und FDP) nicht wirksam eindämmen konnte. Dies führte wesentlich zur Abwahl der Regierung am 27. September 1998.

Die rot-grüne Koalition (1998–2005) – Zeit der Traditionsbrüche

Die Bundestagswahl von 1998 gewann die SPD mit ihrem Kanzlerkandidaten Gerhard Schröder. Sie bildete mit den Grünen eine Koalitionsregierung. Obwohl mit den Grünen eine pazifistisch orientierte Partei an der Regierung beteiligt war, entschloss sich das Kabinett Schröder erstmalig in der Geschichte der Bundesrepublik zu einem Kampfeinsatz: 1999 beteiligten sich deutsche Streitkräfte an den NATO-Luftangriffen auf Serbien, um die albanische Bevölkerung in der südserbischen Provinz Kosovo zu schützen.

Dagegen weigerte sich die Regierung Schröder Anfang 2003, die USA militärisch im Irakkrieg zu unterstützen. Dies bedeutete einen Bruch mit der traditionell stark transatlantisch geprägten Außenpolitik der Bundesrepublik.

Eine schwere innenpolitische Belastungsprobe lag für die rot-grüne Koalition schließlich in der Reform des Sozialstaates. Die traditionell im Bereich der sozialen Gerechtigkeit profilierte SPD beteiligte sich maßgeblich an den bisher tiefsten Eingriffen in die sozialen Sicherungssysteme, so etwa an der heftig umstrittenen Zusammenlegung der Arbeitslosen- und Sozialhilfe im Rahmen der Hartz-IV-Gesetze.

Die Große Koalition (ab 2005) – innenpolitische Kontinuität?

Angesichts der durch Arbeitslosigkeit und sozialen Reformdruck bedingten Ängste in der Bevölkerung kam es bei vorgezogenen Bundestagswahlen am 7. Oktober 2005 zur Abwahl des Kabinetts Schröder. Die CDU erreichte nur geringfügig mehr Stimmen als die SPD und konnte daher die angestrebte Koalitionsregierung mit der FDP nicht realisieren. Da eine Regierungsbeteiligung der neu formierten politischen Kraft Die Linke.PDS von allen Betroffenen ausgeschlossen wurde, gestaltete sich die Mehrheitsfindung schwierig. In dieser Situation bildeten CDU/CSU und SPD eine Große Koalition; Angela Merkel (CDU) wurde zur ersten Bundeskanzlerin gewählt.

Die neue Regierung verpflichtete sich, die unter Schröder begonnene Reform des Sozialstaates fortzusetzen. Dieser Kontinuität im Inneren steht eine partielle Akzentverschiebung im Bereich der Außenpolitik gegenüber: Bei ihrem Antrittsbesuch beim amerikanischen Präsidenten Bush im Januar 2006 äußerte sich Merkel zwar kritisch zur Existenz des Gefangenenlagers Guantanamo (von den USA auf einer amerikanischen Militärbasis in Kuba eingerichtetes Lager, in dem Personen festgehalten werden, die der Beteiligung am islamistischen Terrorismus verdächtigt werden), bemühte sich aber auch um die Ausräumung der Verstimmungen, die sich aus der deutschen Ablehnung des Irakkriegs ergeben hatten. Gegenüber dem russischen Präsidenten Putin bekräftigte Merkel den Wunsch, an den guten Beziehungen festzuhalten. Anders als Schröder sprach sie aber auch Demokratiedefizite im heutigen Russland an.

1 **Angela Merkel**
Die Vorsitzende der christdemokratischen Partei (CDU) wurde im November 2005 die erste Bundeskanzlerin der Bundesrepublik Deutschland.

Begriffe

- **Treuhandanstalt:** 1990 noch von der DDR-Regierung gegründete Institution zur Privatisierung, Stilllegung oder zum Verkauf von ehemaligen DDR-Betrieben.
- **Irakkrieg:** Krieg der USA und ihrer Verbündeten gegen den Irak zum Sturz des Diktators Saddam Hussein (Beginn: 20. März 2003).
- **Hartz-IV-Gesetze:** Zum 1. Januar 2005 eingeführte Reform des Arbeitslosengeldes und der Sozialhilfe; benannt nach dem VW-Vorstand Peter Hartz, der dieses Modell zur Einsparung von Sozialausgaben federführend entwickelte.
- **Die Linke.PDS:** Zusammenschluss von WASG (Wahlalternative Arbeit und soziale Gerechtigkeit) und PDS im Wahlkampf 2005 zur Durchsetzung sozialer Rechte.
- **Große Koalition:** Regierungsbündnis zwischen den beiden größten Parteien; existierte in der Bundesrepublik Deutschland 1966–1969 (Regierung Kiesinger) und erneut seit Ende 2005 (Regierung Merkel).
- **Sozialstaat:** Staat, der seine Bevölkerung durch soziale Sicherungssysteme wie Arbeitslosen-, Kranken- und Rentenversicherung vor sozialer Verelendung schützt.

2

Französische Investitionen in Ostdeutschland

Nach der deutschen Wiedervereinigung kaufte Elf Aquitaine die Raffinerie Leuna, die sich in der ehemaligen DDR befindet. In den Jahren 1994 bis 1997 baute das französische Unternehmen dort die Mitteldeutsche Erdölraffinerie Leuna auf. Die Umstände des Kaufs lösten einen in den deutschen und französischen Medien stark beachteten Korruptionsskandal aus.

3

Soziale Sicherheit durch gesetzliche Garantien

Aus Protest gegen die von der Regierung Schröder beschlossenen Hartz-IV-Gesetze traten Teile des linken Parteiflügels aus der SPD aus, so auch der ehemalige Parteivorsitzende Oskar Lafontaine. Es kam zur Gründung der „Wahlalternative Arbeit und soziale Gerechtigkeit" (WASG), die bei den Bundestagswahlen von 2005 gemeinsam mit der SED-Nachfolgepartei PDS als neue Kraft „Die Linke.PDS" auftrat. Oskar Lafontaine betrachtet die Hartz-IV-Gesetze als Ausdruck einer unsozialen Deregulierungspolitik und fordert einen stärkeren gesetzlichen Schutz für Arbeitnehmer und Arbeitslose.

Was ist links, das ist eine Frage, die oft gestellt wird. Ich habe auf dem letzten Parteitag gesagt, links sein heißt zunächst einmal, für die sozial Schwächeren einzutreten, bei allen verteilungspolitischen Entscheidungen der Republik. Manche sagen, das sei etwas zu einfach. Nein, das ist nicht zu einfach! Entweder man steht auf der Seite der Hartz-IV-Empfänger, auf der Seite der Rentnerinnen und Rentner, auf der Seite der Arbeitnehmerinnen und Arbeitnehmer – oder man steht nicht auf ihrer Seite. Es ist selten zu haben, dass man dem Kapital gegenüber freundlich ist und die Arbeitnehmerinnen und Arbeitnehmer in gleicher Weise bedenkt. Ich habe Rousseau zitiert und ich zitiere ihn noch einmal, weil mir der Gedanke so wichtig ist: Zwischen dem Starken und dem Schwachen unterdrückt die Freiheit, während das Gesetz befreit. Und deshalb ist die Linke für Regulierung im Gegensatz zum Neoliberalismus, der für Deregulierung eintritt. Deregulierung bedeutet die Freiheit des Stärkeren, die Schwächeren zu unterdrücken. Und diese Deregulierung wollen wir nicht. Das unterscheidet uns von den anderen.

Rede Oskar Lafontaines im Rahmen des Parteitags der Linken.PDS, 9./10. Dezember 2005. http://sozialisten.de/partei/parteitag/pt0903/view_html?zid=31177&bs=1&n=3

4

Proteste gegen Hartz-IV

Demonstration in Rostock gegen die Zusammenlegung von Arbeitslosen- und Sozialhilfe (Sommer 2004).

5

Soziale Sicherheit durch wirtschaftliches Wachstum

In einem offenen Brief an die deutsche Bevölkerung bekräftigte Bundeskanzlerin Angela Merkel zum Jahreswechsel 2005/2006 ihre Absicht, die bereits von der Regierung Schröder begonnene Reform der sozialen Sicherungssysteme zur Förderung von Wachstum und Beschäftigung fortzusetzen:

FÜR MEHR ARBEIT

An erster Stelle steht die Bekämpfung der Arbeitslosigkeit. Ich kann nicht akzeptieren, dass wir für so viele arbeitswillige Männer und Frauen in unserem Land keine Beschäftigung finden. Die Bundesregierung hat damit begonnen, ein neues Klima für Unternehmen zu schaffen. Wir senken die Lohnnebenkosten, damit endlich wieder mehr Menschen in Arbeit kommen.

FÜR NÖTIGE REFORMEN

Wir brauchen die Bereitschaft für Veränderungen. Nur so können wir unseren Wohlstand und das hohe soziale Niveau in Deutschland für uns und die kommenden Generationen bewahren. Deshalb werden wir alles daransetzen, dass die Wirtschaft stärker wachsen kann. Das ist die Voraussetzung dafür, dass unsere Sozialsysteme finanzierbar und leistungsfähig bleiben und der Staat seine Aufgaben erfüllen kann.

Auszug aus dem offenen Brief der Bundeskanzlerin Angela Merkel an die deutsche Bevölkerung „Gemeinsam sind wir stärker", abgedruckt in zahlreichen deutschen Zeitungen zum Jahreswechsel 2005/2006. http://www.stern.de/politik/deutschland/ 552228.html?nv=ct_mt

Fragen und Anregungen

1. Mit welchen Schwierigkeiten war die Privatisierung ostdeutscher Unternehmen verbunden? (M2)

2. Wie bewerten die Rostocker Demonstranten die Hartz-IV-Gesetze? Welche Bedeutung hat in diesem Zusammenhang der Begriff „Montagsdemo"? (M4)

3. Vergleichen Sie die von Oskar Lafontaine und Angela Merkel vertretenen Konzepte zur Herstellung von sozialer Sicherheit. In welchen Traditionen stehen diese Konzepte jeweils? (M3 und 5)

Dossier: Die inneren Folgen der Wiedervereinigung

Aus der deutschen Wiedervereinigung ergaben sich große Herausforderungen: Wie konnte es gelingen, ein staatlich gelenktes Wirtschaftssystem innerhalb weniger Jahre in eine funktionierende Marktwirtschaft zu verwandeln? Wie konnten die Menschen in Ost und West nach Jahrzehnten unterschiedlicher Erfahrungen und Prägungen wieder zu einem Staatsvolk zusammenwachsen?

Der Übergang von der Planwirtschaft zur Marktwirtschaft hatte weitreichende gesellschaftliche Folgen. In vielen Fällen gelang es der mit der Privatisierung oder Stilllegung von Betrieben beauftragten Treuhandanstalt nicht, die ostdeutschen Arbeitsplätze zu schützen. Auch massive Transferleistungen aus dem Westen konnten nichts daran ändern, dass sich die Massenarbeitslosigkeit für die ostdeutsche Bevölkerung zu einem existenziellen Problem entwickelte. Das weitgehende Ausbleiben des von westdeutschen Politikern versprochenen „Aufschwungs Ost" führte bei vielen Ostdeutschen zu Enttäuschung und Verbitterung.

In %	Deutschland	Früheres Bundesgebiet ohne Berlin[1]	Neue Länder, einschl. Berlin
1989	–	7,9	–
1991	7,3	6,2	10,2
1993	9,8	8,0	15,4
1995	10,4	9,1	14,8
1997	12,7	10,8	19,1
1999	11,7	9,6	18,7
2001	10,4	8,0	18,8
2003	11,6	9,3	20,1
2004	11,7	9,4	20,1

[1] Bis 1990 früheres Bundesgebiet und Berlin-West.
Die Zahlen geben die Arbeitslosenquote der abhängigen zivilen Erwerbspersonen wieder. Ab 1998 vorläufige Daten.
Statistisches Bundesamt, Wiesbaden 2004.

1 Arbeitslosigkeit in Ost und West

2

Marode Industriebetriebe

Das Braunkohlen-Kombinat Espenhain bei Leipzig (hier eine Aufnahme von 1990) wurde geschlossen.

3

„Hart auf hart"

Nach der Wiedervereinigung wurde angesichts der schwierigen Annäherung zwischen Ost- und Westdeutschen der Begriff „Mauer in den Köpfen" geprägt; Karikatur von Harald Kretzschmar, 1995.

5 Ost- und Westdeutsche – ein komplexes Verhältnis

Der ostdeutsche Theologe Richard Schröder engagierte sich während der Wendezeit im Rahmen des „Runden Tisches", einem Gremium, in dem Opposition und DDR-Führung über die Demokratisierung des Landes verhandelten. Anderthalb Jahrzehnte später setzt er sich mit den inneren Folgen der Wiedervereinigung auseinander:

Von allen ehemals sozialistischen Ländern hat Ostdeutschland den höchsten Lebensstandard und die beste Infrastruktur. Aber dieser Vergleich wird in Ost und West vermieden. Im Westen fragt man: Warum sind die noch nicht wie wir? – als wenn es gar keine Westmacken gäbe, auf die wir lieber verzichteten. Und im Osten: Warum leben wir noch nicht wie sie, sondern mit 70 Prozent Westlohn und doppelt so vielen Arbeitslosen? Der Blick nach Westen verdeckt im Osten auch den Vergleich mit den DDR-Verhältnissen. Manche – eine Minderheit – verklären sie. […]

Und warum sind die Ostdeutschen nicht dankbarer? Die einseitige Forderung von Dankbarkeit ruiniert jede Beziehung, da sie das Eingeständnis fortdauernder Abhängigkeit einschließt. […] Und warum eigentlich dankt niemand den Ostdeutschen, deren Zivilcourage im Herbst 1989 die deutsche Einheit möglich machte und die eine unglaubliche Umstellungsleistung erbracht haben? Zweifellos haben sie den größeren Teil der Kriegsfolgelasten zu tragen gehabt.

R. Schröder, Was ist mit dem Osten los?
Frankfurter Allgemeine Zeitung, 25. August 2005.

4 Offene Eigentumsfragen

Ein wesentliches Hindernis für den wirtschaftlichen Wiederaufbau in Ostdeutschland waren offene Eigentumsfragen, die teilweise in jahrelangen Prozessen geklärt werden mussten. In der Sowjetischen Besatzungszone und später in der DDR war es zu umfangreichen Enteignungen gekommen, so etwa durch die sowjetische Bodenreform (seit 1945). Nach dem Zusammenbruch des SED-Regimes stellte sich die Frage, inwieweit die enteigneten Betriebe, Immobilien und Ländereien den früheren Eigentümern zurückgegeben werden sollten. Die beiden deutschen Staaten verständigten sich am 15. Juni 1990 auf Eckpunkte einer Regelung, die später auch in den Einigungsvertrag aufgenommen wurde:

1. Die Enteignungen auf besatzungsrechtlicher bzw. besatzungshoheitlicher Grundlage (1945 bis 1949) sind nicht mehr rückgängig zu machen. Die Regierungen der Sowjetunion und der Deutschen Demokratischen Republik sehen keine Möglichkeit, die damals getroffenen Maßnahmen zu revidieren. Die Regierung der Bundesrepublik Deutschland nimmt dies im Hinblick auf die historische Entwicklung zur Kenntnis. Sie ist der Auffassung, dass einem künftigen gesamtdeutschen Parlament eine abschließende Entscheidung über etwaige staatliche Ausgleichsleistungen vorbehalten bleiben muss. […]

7. Bei Unternehmen und Beteiligungen, die zwischen 1949 und 1972 durch Beschlagnahme in Volkseigentum überführt worden sind, werden dem früheren Eigentümer unter Berücksichtigung der Wertentwicklung des Betriebes das Unternehmen als Ganzes oder Gesellschaftsanteile bzw. Aktien des Unternehmens übertragen, soweit er keine Entschädigung in Anspruch nehmen will. Einzelheiten bedürfen noch der näheren Regelung.

Auszug aus der „Gemeinsamen Erklärung der Regierungen der Bundesrepublik Deutschland und der Deutschen Demokratischen Republik zur Regelung offener Vermögensfragen", 15. Juni 1990.

Fragen und Anregungen

1. Beschreiben Sie die Entwicklung der Arbeitslosenquoten in Ost- und Westdeutschland und suchen Sie nach Gründen für diese Entwicklung. (M1)

2. Interpretieren Sie die Karikatur M3 vor dem Hintergrund von M5.

3. Erläutern Sie die grundlegenden Regelungen, die beide deutsche Staaten vor der Wiedervereinigung für die Eigentumsfragen vereinbart haben. Überlegen Sie, weshalb zwei Perioden unterschieden werden. (M4)

4. Diskutieren Sie: Ist die in der Erklärung vom 15. Juni 1990 getroffene Regelung der Eigentumsfragen vertretbar? (M4)

Orientierung: Die politischen Parteien in Deutschland und Frankreich

A. Deutschland

Christlich Demokratische Union/Christlich Soziale Union

► **Bündnis zweier christlich-demokratischer Parteien**[1]

- Betonung christlicher Werte
- Für soziale Stabilität auf der Grundlage traditioneller Elemente (Ehe, Familie)
- Soziale Marktwirtschaft

Freie Demokratische Partei

► **Liberale Partei**

- Beschränkung der Staatsgewalt und Garantie der individuellen Freiheiten
- Soziale Marktwirtschaft
- Beschränkung der staatlichen Eingriffe in den sozialen und wirtschaftlichen Bereich

Sozialdemokratische Partei Deutschlands

► **Sozialdemokratische Partei**

- Verteidigung sozialer Errungenschaften
- Soziale Marktwirtschaft
- Aktive Eingriffe des Staates in den sozialen Bereich

Bündnis 90/Die Grünen

► **Ökologische Partei**

- Umweltschutz
- Verteidigung der Menschenrechte
- Schaffung einer offenen und multikulturellen Gesellschaft

Die Linke.PDS

► **Partei des demokratischen Sozialismus**

- PDS: Partei, die bis 1989 unter dem Namen SED in der DDR an der Macht war
- Durch den Staat kontrollierte Wirtschaft zur Garantie einer größtmöglichen sozialen Gerechtigkeit
- Verteidigung ostdeutscher Interessen

[1] Die CSU kann nur in Bayern gewählt werden, wo sich die CDU nicht zur Wahl stellt.

1 **Die 2005 im Bundestag vertretenen Parteien**

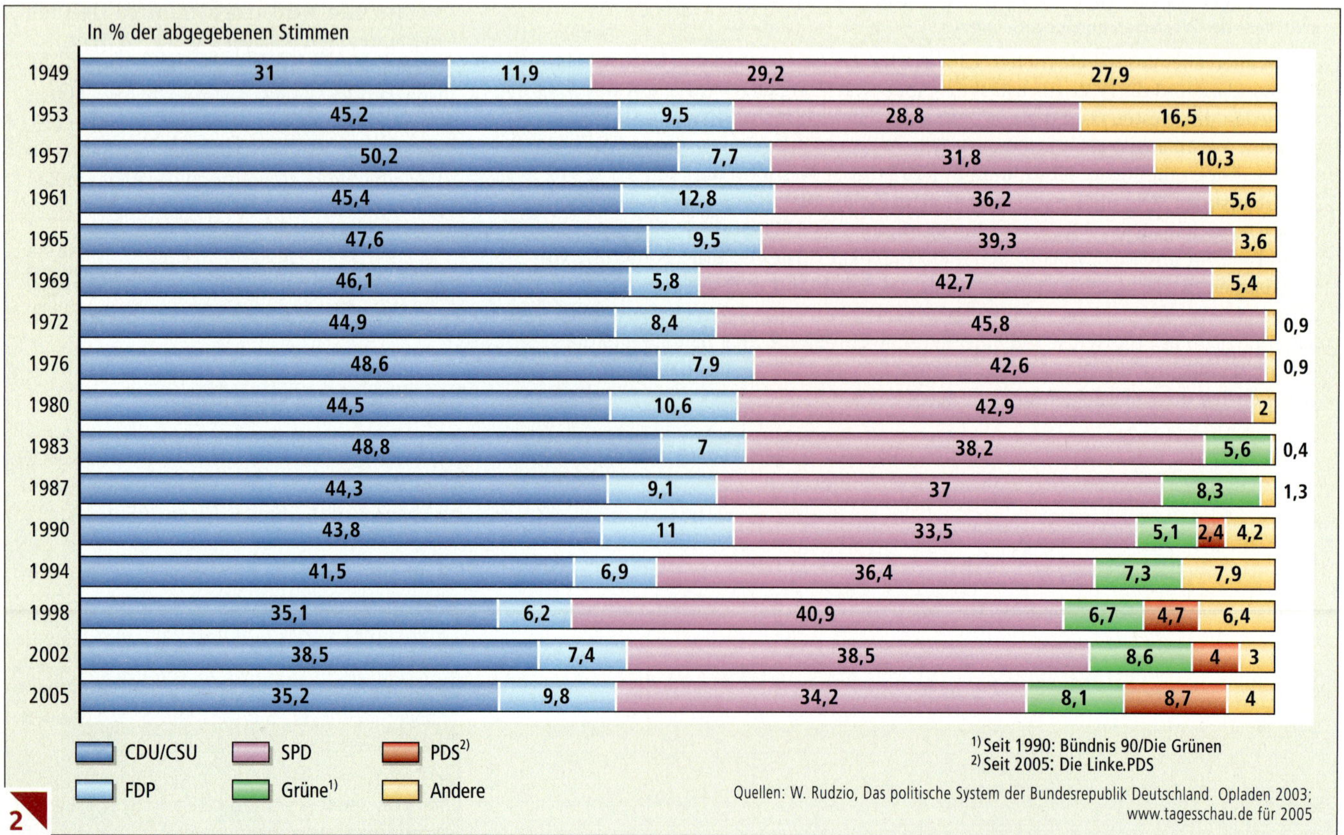

2 **Die Parlamentswahlen in Deutschland seit 1949**

B. Frankreich

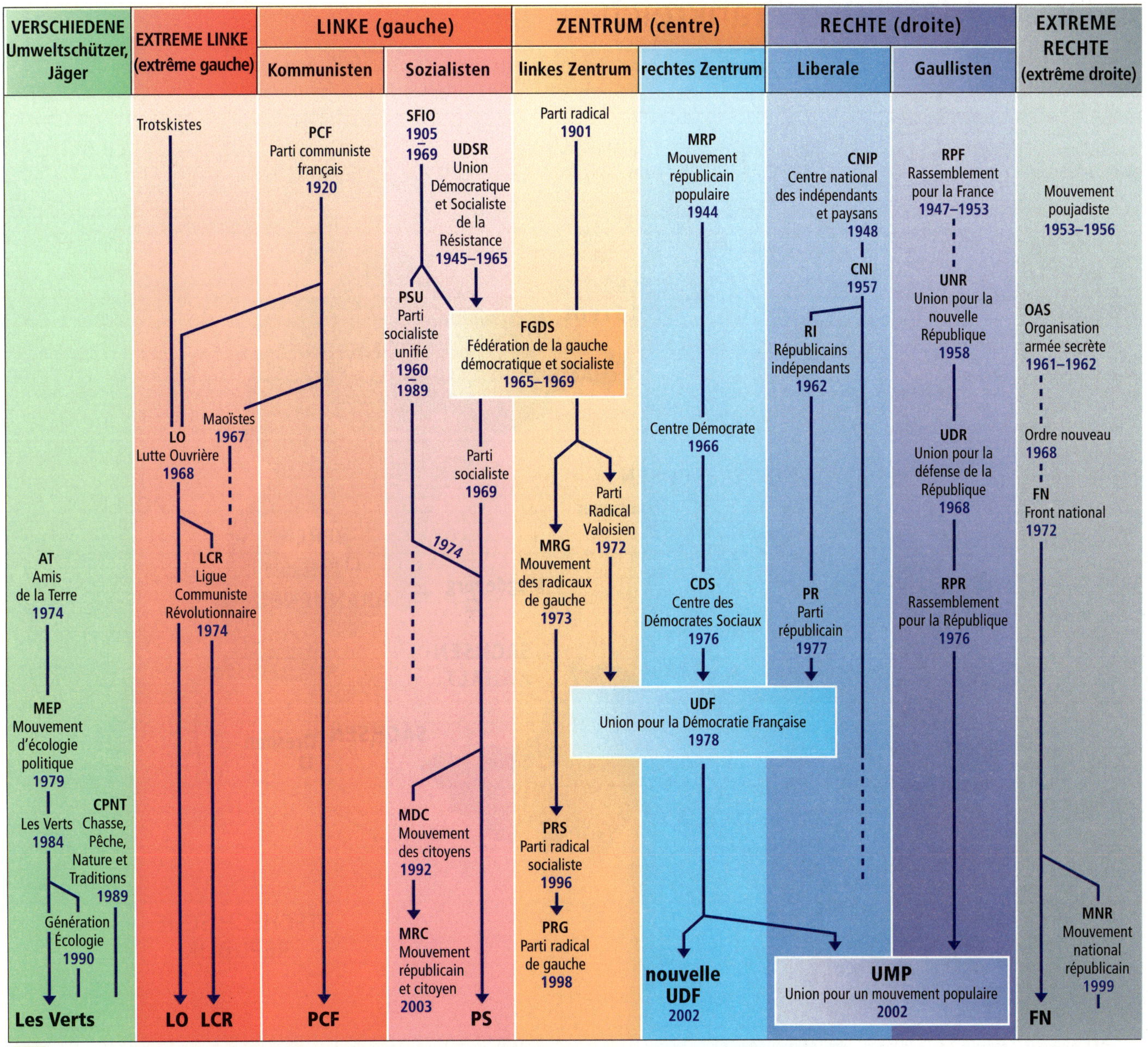

3 **Entwicklung der politischen Kräfte in Frankreich seit 1945**

	Parlamentswahlen von 1978 (in % der im ersten Wahlgang abgegebenen Stimmen)	Parlamentswahlen von 1988 (in % der im ersten Wahlgang abgegebenen Stimmen)	Parlamentswahlen von 1997 (in % der im ersten Wahlgang abgegebenen Stimmen)	Parlamentswahlen von 2002 (in % der im ersten Wahlgang abgegebenen Stimmen)
PCF	20,6	11,3	9,9	3,37
PS	22,8	34,8	25,5	16,18
UDF	23,9	18,5	14,7	6,84 [nouvelle UDF]
RPR	22,8	19,2	16,8	19,88 [UMP]
Andere, **darunter FN**	9,9 0,7	16,2 9,6	33,1 14,9	53,73 16,86

4 **Der Bedeutungsverlust der großen Parteien seit 1978**

Orientierung: Politisch-administrative Strukturen in Deutschland und Frankreich

1 Deutschland 2005: die 16 Bundesländer

2 **Frankreich 2005: die 100 Departements und 26 Regionen**

Dossier: Deutschland und Frankreich – zwei Modelle des demokratischen Staates

Trotz ihrer gemeinsamen Verpflichtung auf demokratische Grundsätze unterscheiden sich Deutschland und Frankreich in ihrem politischen und administrativen Aufbau stark voneinander. Diese Unterschiede sind das Ergebnis einer über mehrere Jahrhunderte andauernden Entwicklung.

Die Französische Republik ist von einer Zentralisierung der politischen Macht und der Verwaltung geprägt, die in einem deutlichen Gegensatz zu den föderalen Strukturen Deutschlands steht, wo die 16 Bundesländer in vielen Bereichen über eigene Hoheitsrechte verfügen.

Dieses Erbe wird in beiden Ländern keineswegs einhellig akzeptiert. In Frankreich führte die Debatte über die Dezentralisierung 1982 zur Verabschiedung eines Gesetzes, das den Gebietskörperschaften (insbesondere den Regionen) größere Kompetenzen gab. In Deutschland hat sich eine Diskussion über die Funktionsschwächen des föderalen Systems entwickelt, das oft mit einer Blockade der Gesetzgebung und einem mitunter als übertrieben empfundenen Regionalpatriotismus verbunden wird.

1 Das föderale System und die Bildung in der Bundesrepublik Deutschland

Die Bildung gehört zum Kompetenzbereich der deutschen Länder. Karikatur von 1954.

2 Frankreich: das Gesetz über die Dezentralisierung (1982)

Die Regionen sind Gebietskörperschaften, die von einem nach dem allgemeinen Wahlrecht gewählten Regionalrat (conseil régional) verwaltet werden.

Der Regionalrat regelt durch seine Beratungen die Angelegenheiten der Region. Er verfügt über die Berechtigung, die wirtschaftliche, soziale, sanitäre, kulturelle und wissenschaftliche Entwicklung der Region und Maßnahmen der Raumordnung auf ihrem Gebiet zu fördern; er ist befugt, die Wahrung ihrer Identität zu gewährleisten, wobei die Integrität, die Autonomie und die Kompetenzen der Departements zu achten sind.

Er kann Maßnahmen einleiten, die die Maßnahmen des Staates, der anderen Gebietskörperschaften und der öffentlichen Einrichtungen in der Region ergänzen; dies geschieht in den Bereichen und unter den Bedingungen, die durch das in Artikel 1 des vorliegenden Gesetzes vorgesehene Gesetz über die Verteilung der Kompetenzen festgelegt werden.

Die Einheit der Republik und die Einheit ihres Territoriums bleiben durch die Schaffung und Organisation der Regionen im europäischen Teil Frankreichs und in den Überseegebieten unberührt.

Dezentralisierungsgesetz Nr. 82–623 vom 22. Juli 1982; übers. nach: Journal Officiel, 23. Juli 1982.

3 Die Präfekten: Vertreter des französischen Staates in den Departements

Ansprache des Staatspräsidenten Jacques Chirac anlässlich des Empfangs der französischen Präfekten am 6. März 2003. Das unter Napoleon I. eingerichtete Präfektensystem hat alle Veränderungen der politischen Ordnung überlebt.

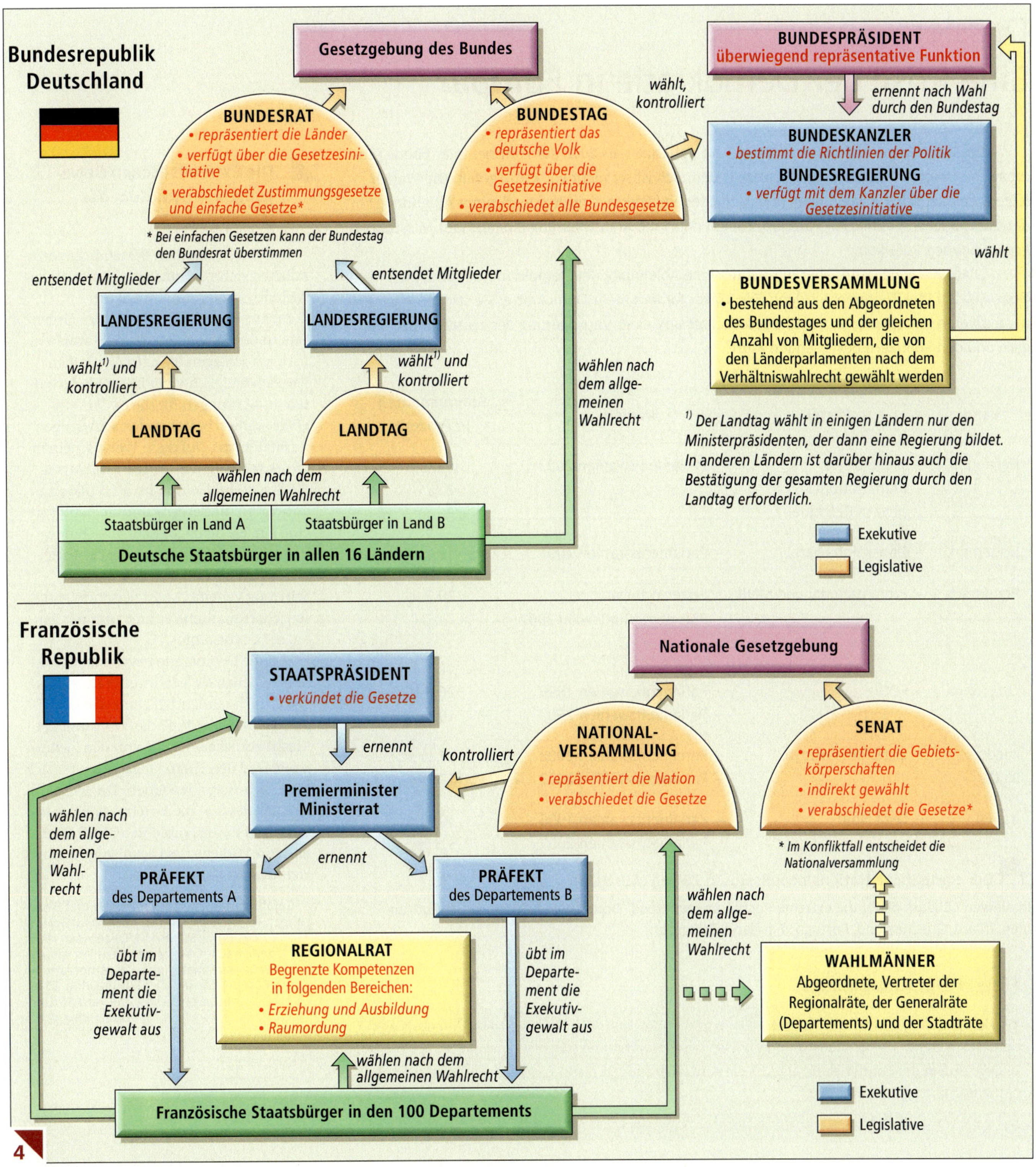

4

Deutschland und Frankreich: die politisch-administrativen Strukturen

Fragen und Anregungen

1. In welcher Hinsicht stellt das Gesetz von 1982 einen Bruch mit der traditionellen Funktionsweise des französischen Staates dar? (M2)

2. Erklären Sie die Karikatur im Kontext des föderalen Bildungssystems in Deutschland. (M1)

3. Vergleichen Sie die politisch-administrativen Strukturen Deutschlands und Frankreichs. Welche Unterschiede stellen Sie hinsichtlich der Verteilung der legislativen Kompetenzen, der politischen Partizipation der Staatsbürger (Wahlen) und der Ausübung der Exekutivgewalt fest? (M4)

4. Welche Vor- und Nachteile könnten mit den beiden Systemen jeweils verbunden sein?

Dossier: Eine Krise der Demokratie in Europa?

Die Demokratie ist in Europa sowohl auf nationaler als auch auf kontinentaler Ebene (Europäische Union, Europarat) tief verwurzelt. Dennoch ist sie nicht vor Kritik gefeit. Die Wahlerfolge extremistischer Bewegungen in verschiedenen Ländern sind Ausdruck einer Ablehnung der traditionellen politischen Parteien. Zudem nährt die Ämterhäufung ein gewisses Misstrauen gegenüber den Politikern.

Diese Kritik bedeutet aber mitnichten eine Ablehnung der Demokratie, sondern zielt im Gegenteil auf ihre Weiterentwicklung. Die Völker fordern mehr Demokratie. Sie streben nach einer aktiveren Mitwirkung an der Zivilgesellschaft und einer Verringerung der zwischen den Bürgern und den Politikern bestehenden Kluft.

Land	Partei	Wahlen	Stimmenanteil in Prozent
Belgien	– Vlaams Blok – Front national pour la Belgique	– Parlamentswahlen 2003	12,6 % 2 %
Dänemark	– Dansk Folkeparti	– Parlamentswahlen 2001	12 %
Frankreich	– Front national und MNR	– Erster Wahlgang der Präsidentschaftswahl 2002	19,2 %
Österreich	– FPÖ	– Parlamentswahlen 1999 – Parlamentswahlen 2002	26,9 % 10 %
Niederlande	– Liste Pim Fortuyn	– Parlamentswahlen 2002 – Parlamentswahlen 2003	17 % 5,7 %
Italien	– Lega Nord	– Parlamentswahlen 1996 – Parlamentswahlen 2001	10,1 % 3,9 %

1 Der europäische Nationalpopulismus in Zahlen (Auswahl)

In einigen Ländern bleibt die extreme Rechte unbedeutend (Deutschland, Spanien, Großbritannien, Irland, Griechenland, Portugal, Finnland, Schweden).

Fragen und Anregungen

1. Wie kann die Haltung der Parteien der extremen Rechten zur Demokratie bezeichnet werden? Wie verändern sich die Wahlergebnisse der extremen Rechten? (M1 und 2)

2. Ordnen Sie die Länder in Bezug auf die Ämterhäufung. Welche Haltung scheint Ihnen am demokratischsten zu sein? (M3)

3. Stellen Sie eine Recherche über die neuen Formen der Beziehung zur Politik an. (M5 und 6)

2 Die Extremistischen Bewegungen – Symptom des Unbehagens?

Die extremistischen Bewegungen artikulieren sich von nun an nicht mehr außerhalb, sondern innerhalb des demokratischen Systems. [...] Im Gegensatz zu den klassischen demokratischen Parteien schlagen die extremistischen Parteien lediglich vereinfachte Botschaften und Lösungen für die in den Mitgliedsländern bestehenden schwierigen Realitäten vor. Auf diese Weise scheinen die extremistischen Parteien direkt auf die Fragen und Wünsche der Völker zu antworten. Außerdem sind sie häufig an eine einzige demagogisch auftretende Persönlichkeit gebunden, die die Partei verkörpert und ihr auf diese Weise Schwung verleiht. Meist verschmilzt dieser „charismatische Führer" mit der Partei, der er vorsteht.

Um die Demokratie besser zu bekämpfen, bedienen sie sich ihrer Waffen. Sie stellen sich manchmal gerne als diejenigen dar, die dem Volk das Wort und die Macht zurückgeben, die von der Technokratie und den Finanzoligarchien für sich allein beansprucht werden. Die Extremisten, die allesamt die Errichtung eines integrierten Europas ablehnen, bedienen sich mit Vorliebe des Populismus und des Fremdenhasses.

Gefahr extremistischer Parteien und Bewegungen für die Demokratie in Europa, Bericht des Europarates, 14. Dezember 1999; übers. nach: Danger des partis et mouvements extrémistes pour la démocratie en Europe, Conseil de l'Europe, doc. 8517, http://assembly.coe.int/ASP/Doc/DocListing_F.asp

Deutschland	Die Geschäftsordnung des Bundesrates verbietet die gleichzeitige Ausübung von Mandaten in Bundesrat und Bundestag; die Landesverfassungen von Nordrhein-Westfalen und Niedersachsen untersagen Mitgliedern der Landesregierungen Bundestagsmandate auszuüben.
Belgien	Unvereinbarkeit der Mandate als Europaabgeordneter, Senator und Abgeordneter auf nationaler Ebene.
Österreich, Italien, Griechenland, Irland, Schweden, Luxemburg, Finnland	Keine Unvereinbarkeit zwischen nationalem und europäischem Mandat.
Norwegen, Portugal	Kein Doppelmandat.
Niederlande, Großbritannien	Die politischen Parteien lehnen das Doppelmandat in der Praxis ab.
Spanien	Unvereinbarkeit der europäischen und der nationalen Mandate. Doppelmandate sind nicht üblich.
Frankreich	Verbot der Häufung von Abgeordneten- und Senatorenmandat. Unvereinbarkeit der Mandate als nationale Parlamentarier mit den europäischen Mandaten sowie mit denen als Regionalrat, als Mitglied der Korsischen Versammlung, als Mitglied der Departementsversammlung, als Stadtrat von Paris, als Stadtrat einer Gemeinde mit mehr als 3500 Einwohnern.

3 Die Mandatshäufung in Europa

4 In Verruf geratene Politiker

Die Fernsehanstalt Canal + bietet in ihrer Sendung „Les guignols de l'info" einen satirischen Blick auf den politischen Alltag in Frankreich.

6 Ein neues politisches Engagement

Die Sozialforen sind, unabhängig von ihrer geographischen Lage, keine Gebilde, die zu dieser oder jener Frage Stellung zu beziehen haben. Es sind offene Räume für Diskussionen und die Erarbeitung von Vorschlägen durch die sozialen Akteure: Vereine sämtlicher Art, NGOs, Gewerkschaften. Entsprechend der Grundsatzcharta des Weltsozialforums[1] sind die politischen Parteien nicht direkt an der Organisation oder am Inhalt der Begegnungen beteiligt, können ihnen aber ihre Unterstützung zuteil werden lassen. Diese Regel wird je nach nationalen Traditionen flexibel gehandhabt, in Frankreich, und im weitesten Sinne für das europäische Sozialforum dagegen ist sie zwingend.

Übers. nach: Kommuniqué der Attac Frankreich, 28. Februar 2003. www.france.attac.org

[1] Zum ersten Mal im Januar 2001 in Porto Alegre (Brasilien) ausgerichtet.

5 Neue Arten Politik zu betreiben – die „Cyber-Bürgerschaft"

„Your Voice in Europe", das Internetportal der Europäischen Union gibt den Europäern eine Stimme.

Was ist interaktive Politikgestaltung (Interactive Policy Making – IPM)?

Die Initiative der Europäischen Kommission zur interaktiven Politikgestaltung (Interactive Policy Making – IPM) umfasst zwei internetgestützte Instrumente, die es uns ermöglichen, Rückmeldungen direkt bei Ihnen – Bürgern, Verbrauchern und Unternehmen – einzuholen, um besser zu verstehen, wie Sie unsere Politik wahrnehmen, und um aus Ihren Erfahrungen zu lernen. Dieses wertvolle Zusatzwissen soll der Kommission dabei helfen, neue politische Strategien zu gestalten und Bestehende zu verbessern.

Auf beide Instrumente kann über das Internet-Portal ‚**Ihre Stimme in Europa**' zugegriffen werden, das im Rahmen von IPM entwickelt wurde und das der zentrale Einstiegslink für alle Konsultationen der Kommission ist.

http://europa.eu.int/yourvoice/ipm/index_de.htm

Kapitel 16

Wirtschaft und Gesellschaft in Deutschland und Frankreich seit 1945 – ähnliche Entwicklungen

Die Unterschiede, die 1945 noch zwischen einem überwiegend landwirtschaftlich geprägten Frankreich und einem stark industrialisierten Deutschland bestanden, verringerten sich allmählich, als für beide Länder eine in ihrer Geschichte bislang einmalige Phase des Wohlstands begann. Am Ende eines fünfzig Jahre währenden Prozesses tiefgreifender Veränderungen der Sozialstrukturen und Lebensweisen ähneln sich beide Gesellschaften wie nie zuvor. Seit der Krise der 1970er-Jahre sind beide Länder zudem mit den gleichen wirtschaftlichen und sozialen Schwierigkeiten konfrontiert.

- Inwieweit haben sich Wirtschaft und Gesellschaft in beiden Ländern seit einem halben Jahrhundert einander angenähert?
- Wie begegneten beide Länder den Herausforderungen der Globalisierung, ohne dabei die Besonderheiten ihres Sozialmodells aufzugeben, das wirtschaftliche Effizienz und sozialen Fortschritt vereinigt?

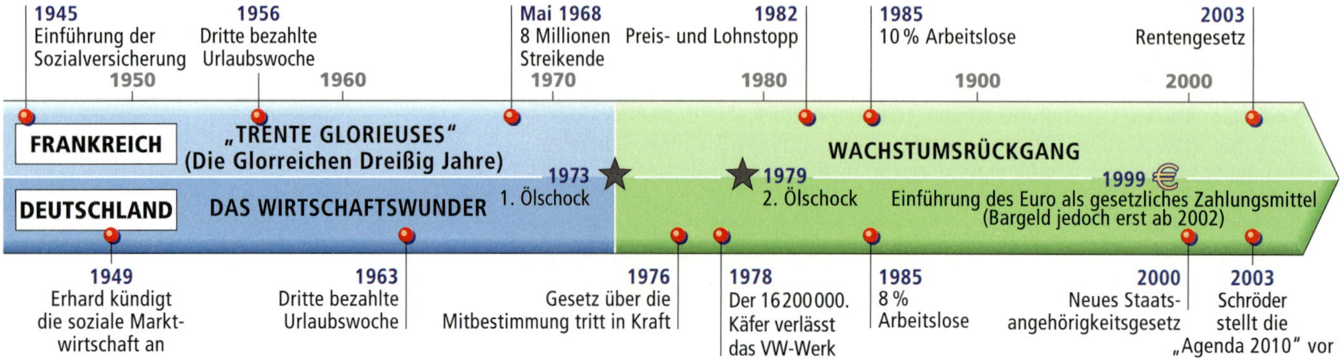

1

Nach dem Krieg: Der Triumph der Massenproduktion und die Hochphase der Industriegesellschaft

Montagestraße im Citroën-Werk von Rennes in den 1960er-Jahren.

2

Finanzen und Dienstleistungen im Mittelpunkt der Volkswirtschaften des 21. Jahrhunderts

Die Frankfurter Börse, 2004.

Orientierung: Vergleichende Statistiken: Deutschland und Frankreich 2004

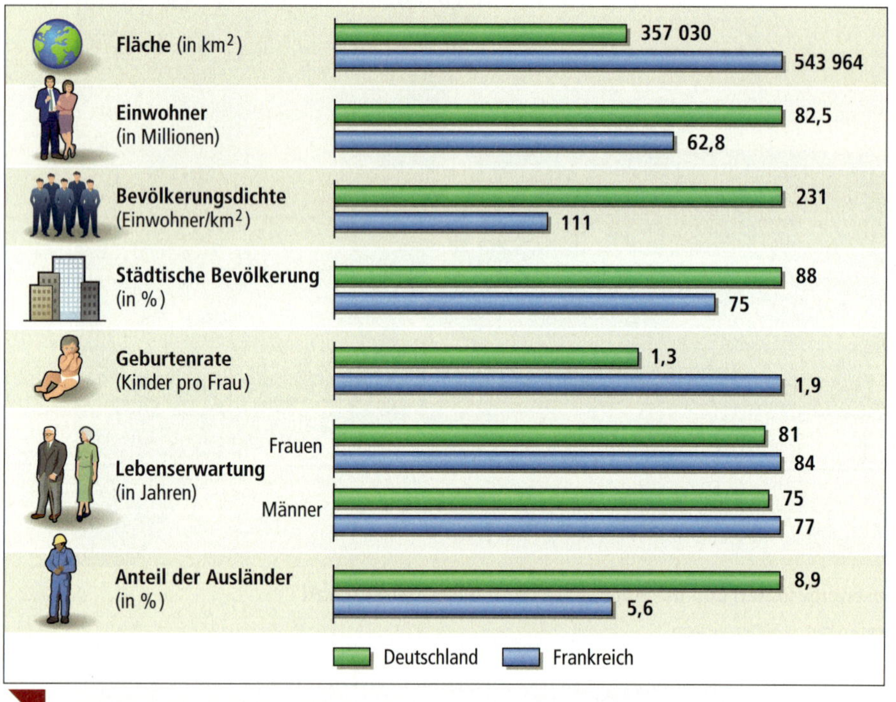

1 Geographie und Demographie

	Deutschland	Frankreich
BIP[1] pro Einwohner (in Euro)	26 754	25 370
Wachstumsrate des BIP (%)	1,6	2,3
Inflationsrate (%)	1,8	2,3
Arbeitslosenrate (in % der erwerbstätigen Bev.)	10,5	9,9
Öffentliche Ausgaben (in % des BIP)	47,5	53,8
Sozialleistungen (in % des BIP)	19,4	18,1
Haushaltsdefizit (in % des BIP)	- 3,7	- 3,7
Staatsschulden (in % des BIP)	66	65,6
Handelsbilanz (in Milliarden Euro)	+ 156,1	- 8,3
Direktinvestitionen vom Partner 2000 (in Milliarden Euro)	29	23

2 Wirtschaft

[1] BIP: Bruttoinlandsprodukt.

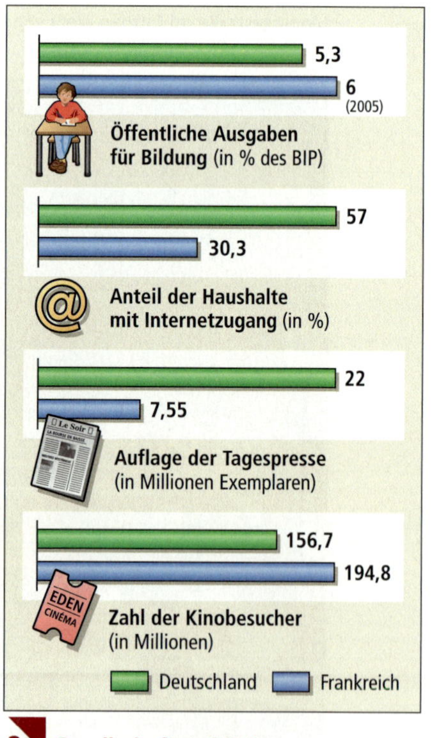

3 Gesellschaft und Kultur

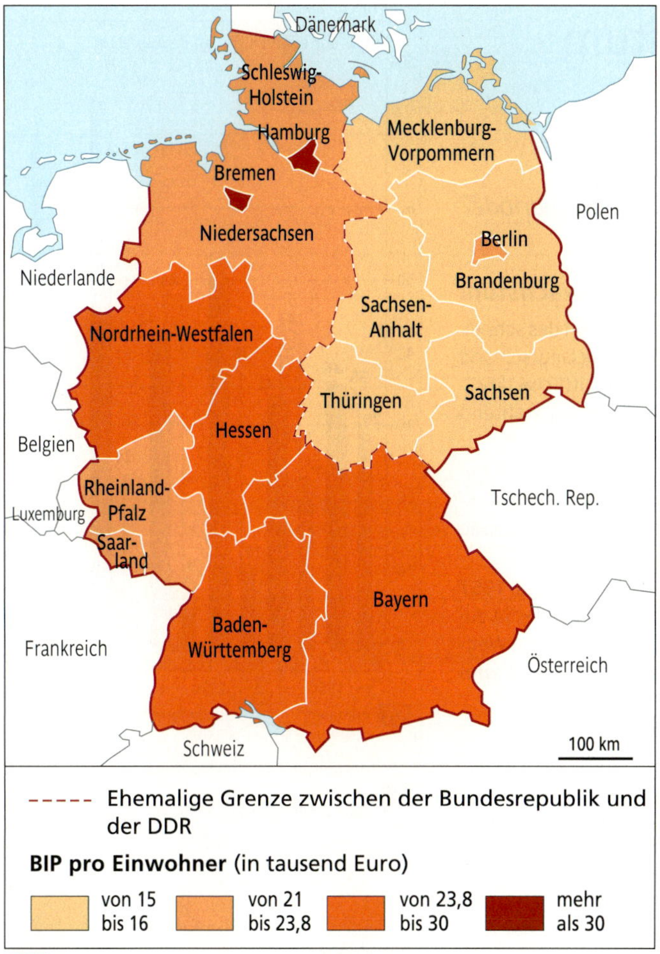

4 Das Bruttoinlandsprodukt in Deutschland

5 Das Bruttoinlandsprodukt in Frankreich

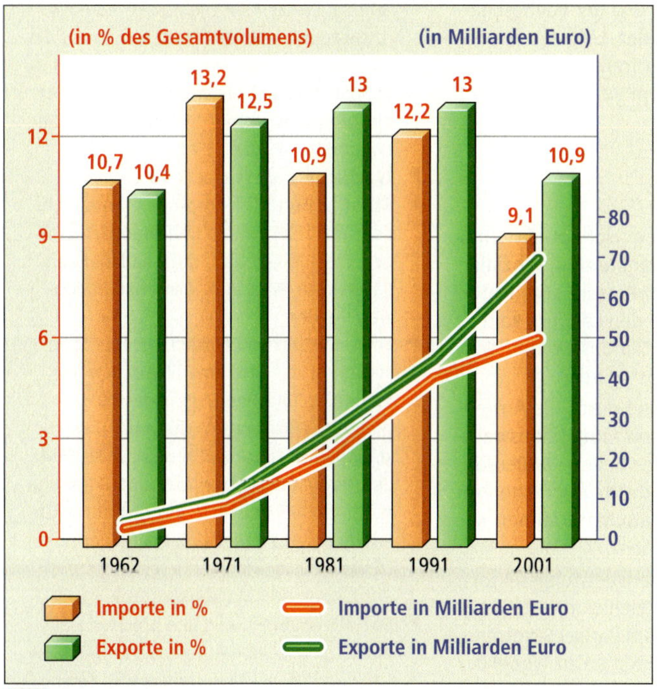

6 Außenhandel der Bundesrepublik Deutschland mit Frankreich

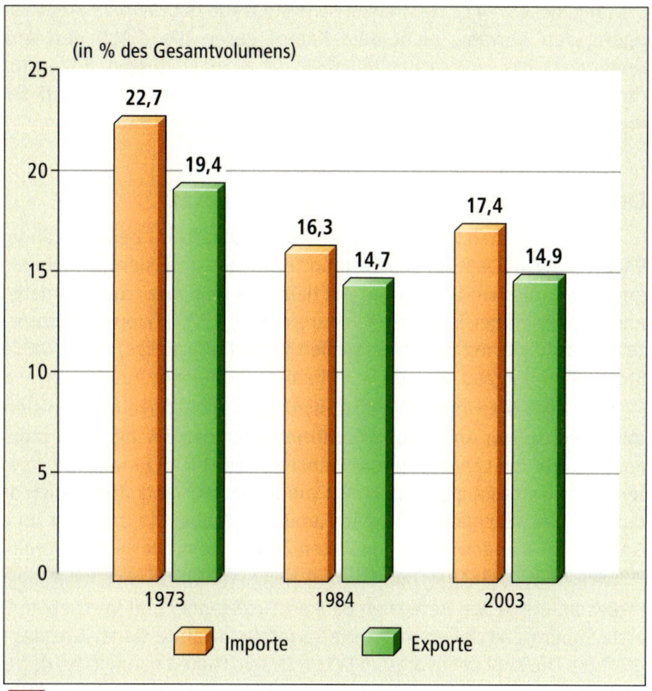

7 Außenhandel Frankreichs mit Deutschland

1. Dreißig Jahre Wirtschaftswachstum (1945–1973)

Welche Faktoren führten zur Modernisierung der französischen und der deutschen Wirtschaft und zu einer dreißig Jahre währenden Wachstumsperiode?

„Trente Glorieuses" und „Wirtschaftswunder" – das Wirtschaftswachstum

„Trente Glorieuses" und „Wirtschaftswunder" sind die Schlagwörter, die den Zeitraum des schnellen und nachhaltigen wirtschaftlichen Aufstiegs Frankreichs und der Bundesrepublik Deutschland nach dem Zweiten Weltkrieg bezeichnen. Von 1950 bis 1970 betrug die durchschnittliche jährliche Wachstumsrate des BIP 4,8 Prozent in Frankreich und 5,5 Prozent in Deutschland, während sie zwischen 1913 und 1950 bei 0,7 Prozent bzw. 1,2 Prozent lag.

Dem Beispiel der Autoindustrie folgend, fanden das Taylorsystem und der Fordismus allgemeine Verbreitung. Die Betriebe produzierten für einen expandierenden Markt Massenkonsumgüter in Großserien. Die Produktionssteigerung wurde durch den regelmäßigen Anstieg der Löhne und der Sozialleistungen gestützt.

Die Liberalisierung des Welthandels und die Errichtung des Gemeinsamen Marktes 1957 förderten die Entfaltung des Außenhandels, von dem die Volkswirtschaften beider Länder in zunehmendem Maße abhängig waren. So stieg der Anteil der Bundesrepublik Deutschland am Weltexport von 3,5 Prozent im Jahre 1950 auf 12 Prozent im Jahre 1970. Frankreich wurde zum wichtigsten Abnehmer und größten Lieferanten für Deutschland und umgekehrt.

Zwischen Staat und Markt

In Frankreich wie in Deutschland griff der Staat – allerdings auf verschiedene Weise – mehr und mehr in das Wirtschaftsleben ein. Die von Ludwig Erhard 1949 initiierte Soziale Marktwirtschaft war darauf angelegt, die Einhaltung der liberalen Prinzipien der freien Konkurrenz mit der Forderung nach sozialem Fortschritt in Einklang zu bringen. Aufgrund der Erinnerung an die verheerende Hyperinflation von 1923 gab die Regierung der Bundesrepublik Deutschland der Aufrechterhaltung einer stabilen Deutschen Mark absolute Priorität.

Frankreich verfolgte eher eine zentral gelenkte Wirtschaftspolitik, die sich auf die großen, nach der Befreiung eingeleiteten Strukturreformen stützte (Verstaatlichungsmaßnahmen, Wirtschaftsplanung, siehe S. 24 f.). Der französische Staat gab dem Wirtschaftswachstum und der Vollbeschäftigung den Vorrang, nicht dem Kampf gegen die durch den Anstieg der Löhne und des Kreditgeschäfts verursachte Inflation, die zu einer stetigen Entwertung der französischen Währung führte. So lag die Parität zwischen dem Franc und der D-Mark bei einem Verhältnis von 1:1 im Jahre 1959 und 3,42 FF für eine D-Mark im Jahre 1996.

Der Hochphase der Industriegesellschaft

Um 1970 erreichte die Industriegesellschaft in beiden Ländern den Höhepunkt ihrer Entwicklung. In Deutschland bestimmte die Industrialisierung mehr als in Frankreich die sozialen und ökonomischen Strukturen: Die deutsche Industrie trug mit mehr als 50 Prozent zum Nationaleinkommen bei, in Frankreich waren es um 1970 knapp 40 Prozent. In beiden Ländern kam es zu einem Rückgang der traditionellen Wirtschaftszweige, wie etwa der Textilindustrie und dem Steinkohlenbergbau, die nun von Chemie-, Erdöl- oder Autoindustrie abgelöst wurden.

Auch die Landwirtschaft passte sich durch eine starke Mechanisierung und durch die Anwendung intensiverer Anbau- und Zuchtmethoden den Zwängen der industriellen Produktionsweise an. Ernährte ein Landarbeiter in Frankreich einst fünf Einwohner, so waren es in den 1980er-Jahren mehr als dreißig. In Frankreich wie in Deutschland stützte sich die landwirtschaftliche Produktion hauptsächlich auf kleine Familienbetriebe, die dank der im europäischen Rahmen der Gemeinsamen Agrarpolitik gewährten Zuschüsse modernisiert werden konnten.

Wirtschaftswachstum und Massenkonsum förderten die Entfaltung des Dienstleistungssektors, insbesondere in den Bereichen Banken, Großhandel und Vertrieb. In Frankreich wurde 1963 der erste Supermarkt der Handelskette Carrefour in Sainte-Geneviève-des-Bois, am Pariser Stadtrand, eröffnet. Die Zahl der in diesem Sektor Beschäftigten nahm in beiden Ländern stark zu, wobei der Tertiärisierungsprozess in der deutschen Wirtschaft später einsetzte und weniger ausgeprägt war als in Frankreich. 75 Prozent der in den 1960er-Jahren in Frankreich geschaffenen Arbeitsplätze entstanden im Dienstleistungssektor, der 1970 64 Prozent des BIP erwirtschaftete.

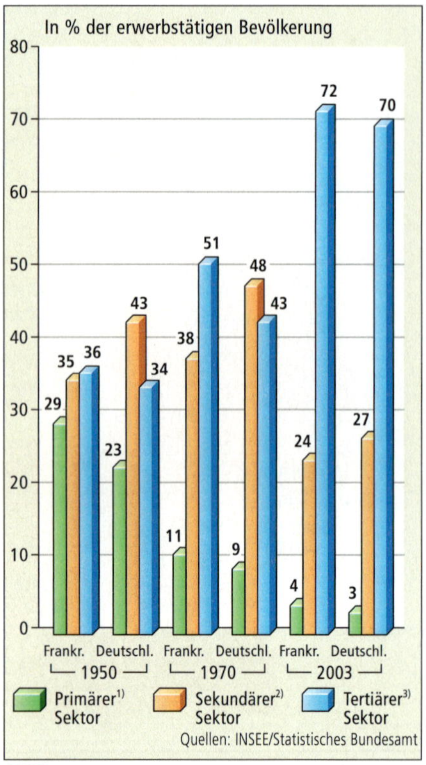

1 Die drei wirtschaftlichen Sektoren

[1] Land- u. Forstwirtschaft.
[2] Produzierendes Gewerbe, Industrie.
[3] Dienstleistungen.

Begriffe

- **„Trente Glorieuses"** („Glorreiche Dreißig Jahre"): Dieser vom Ökonomen Jean Fourastié geprägte Begriff bezieht sich auf die drei französischen Revolutionstage im Juli 1830 („Trois Glorieuses") und bezeichnet die Zeit des wirtschaftlichen Aufschwungs zwischen 1945 und 1973.
- **Wachstumsrate: siehe S. 186.**
- **BIP:** Das Bruttoinlandsprodukt entspricht dem Wert aller Waren und Dienstleistungen, die in einem Jahr innerhalb der Ländergrenzen einer Volkswirtschaft produziert werden.
- **Taylorsystem und Fordismus:** Das Taylorsystem ist das vom amerikanischen Ingenieur F. W. Taylor zu Beginn des 20. Jahrhunderts entwickelte System der wissenschaftlichen Betriebsführung zur Senkung der Produktionskosten. Der amerikanische Automobilhersteller Henry Ford führte die Fließbandarbeit und eine Politik der hohen Löhne ein. Der Fordismus verband somit Produktion und Massenkonsum.
- **Sozialleistungen:** Alle den privaten Haushalten oder Personen von den Einrichtungen der Sozialversicherung gewährten Geld- und Sachleistungen (Kindergeld, Renten, Arbeitslosengeld, kostenlose medizinische Betreuung usw.).
- **Inflation: siehe S. 186.**

2 Die Soziale Marktwirtschaft

Ludwig Erhard (1897–1977), Initiator der Währungsreform von 1948, war von 1949 bis 1963 Wirtschaftsminister in den Regierungen von Konrad Adenauer und von 1963 bis 1966 Bundeskanzler. Er war der wichtigste Verfechter der sozialen Marktwirtschaft, die die CDU im Juni 1949 in Düsseldorf zum Prinzip ihrer Wirtschaftspolitik erhob.

Die Gefahr einer Beeinträchtigung des Wettbewerbs droht sozusagen ständig und von den verschiedensten Seiten her. Es ist darum eine der wichtigsten Aufgaben des auf einer freiheitlichen Gesellschaftsordnung beruhenden Staates, die Erhaltung des freien Wettbewerbs sicherzustellen. Es bedeutet wirklich keine Übertreibung, wenn ich behaupte, dass ein auf Verbot gegründetes Kartellgesetz als das unentbehrliche „wirtschaftliche Grundgesetz" zu gelten hat. Versagt der Staat auf diesem Felde, dann ist es auch bald um die „soziale Marktwirtschaft" geschehen. Dieses hier verkündete Prinzip zwingt dazu, keinem Staatsbürger die Macht einzuräumen, die individuelle Freiheit unterdrücken oder sie namens einer falsch verstandenen Freiheit einschränken zu dürfen. „Wohlstand für alle" und „Wohlstand durch Wettbewerb" gehören untrennbar zusammen; das erste Postulat kennzeichnet das Ziel, das zweite den Weg, der zu diesem Ziel führt.

Die wenigen Andeutungen zeigen bereits den fundamentalen Unterschied zwischen der sozialen Marktwirtschaft und der liberalistischen Wirtschaft alter Prägung. Unternehmer, die unter Hinweis auf neuzeitliche wirtschaftliche Entwicklungstendenzen Kartelle fordern zu können glauben, stellen sich mit jenen Sozialdemokraten auf eine geistige Ebene, die aus der Automation auf die Notwendigkeit einer staatlichen Planwirtschaft schließen.

Diese Überlegung macht wohl auch deutlich, wie ungleich nützlicher es mir erscheint, die Wohlstandsmehrung durch die Expansion zu vollziehen als Wohlstand aus einem unfruchtbaren Streit über eine andere Verteilung des Sozialproduktes erhoffen zu wollen. [...] Mein ständiges Drängen, alle Anstrengungen auf eine Expansion ohne Gefährdung der gesunden Grundlage unserer Wirtschaft und Währung zu richten, gründet sich gerade auf die Überzeugung, dass es mir auf solche Weise möglich sein kann, all denen, die ohne eigenes Verschulden wegen Alter, Krankheit oder als Opfer zweier Weltkriege nicht mehr unmittelbar am Produktionsprozess teilhaben können, einen angemessenen, würdigen Lebensstandard zu garantieren. Das Anwachsen der Sozialleistungen in den letzten Jahren erweist die Richtigkeit dieser These. [...] Nur die Expansion hat es ermöglicht, auch die Armen mehr und mehr an der Wohlstandssteigerung teilhaben zu lassen.

Ludwig Erhard, Wohlstand für alle. Düsseldorf 1957, S. 9ff.

3
Ein großer „Tempel" der deutschen Industrie
Das VW-Werk in Wolfsburg 1959.

4 Wie soll die französische Wirtschaft modernisiert werden?

Georges Pompidou wurde 1969 zum Staatspräsidenten gewählt und verstarb 1974 während seiner Amtszeit.

Wir müssen selbstverständlich zunächst die Modernisierung unserer Landwirtschaft und den Zusammenschluss der ganz kleinen Landwirtschaftsbetriebe fortsetzen. [...]

Wir müssen [...] der Industrie helfen, das heißt, ihr die materiellen und finanziellen Mittel für ihre Entwicklung zur Verfügung stellen, was ja eine Steuer- und Kreditpolitik sowie Sparmaßnahmen zur Investitionsförderung voraussetzt. [...]

Ferner müssen wir der Industrie die für ihre Entwicklung notwendigen Mittel – ich würde fast von psychologischen Mitteln sprechen – zur Verfügung stellen, indem wir sie von den übertriebenen Zwängen, von den unbegründeten Kontrollen – sowohl im privaten als auch im öffentlichen Sektor – befreien, aber auch den Unternehmer- und Erfindergeist fördern. Dies setzt aber voraus, dass man auf allen Ebenen dieser Unternehmen den notwendigen Rentabilitätsbegriff und nicht nur die unmittelbare Rentabilität [...] verinnerlicht hat, genauso wie die langfristig durch Forschung zu erzielende technische und geistige Rentabilität.

Ich weiß, dass einige die Rentabilität für einen niederen, beschämenden Begriff halten. Nun, sie setzt sich überall durch, das ist offenkundig; dies zu leugnen, wäre kindisch. Den Beweis dafür liefern die Länder mit einer sozialistischen Wirtschaft, die in den letzten Jahren gegenüber den Ländern mit einer liberalen Wirtschaft einen beträchtlichen Rückstand zu verzeichnen haben, weil sie den Rentabilitätsfaktor zu lange verkannt haben [...]; ihre Regierungen sind sich dessen wohl bewusst und unternehmen gegenwärtig große Anstrengungen, um diesen Rentabilitätsbegriff einzuführen [...].

Georges Pompidou, Pressekonferenz am 22. September 1969.

Fragen und Anregungen

1. Wie lässt sich die Entwicklung der wichtigsten Wirtschaftszweige seit 1945 erklären? Verlief sie in beiden Ländern ähnlich? (M1)
2. Welche Grundlagen und Ziele hatte Ludwig Erhard zufolge die Soziale Marktwirtschaft? Vergleichen Sie diese mit den von Staatspräsident Pompidou vertretenen Ansichten. (M2 und 4)
3. Analysieren Sie die Modernisierungspolitik von Staatspräsident Pompidou. Inwieweit unterscheidet sie sich Ihrer Meinung nach von der nach dem Krieg eingeleiteten Politik? (M4)
4. Wann erfolgte die Gründung des Unternehmens Volkswagen? Worauf ist die Expansion des Unternehmens nach dem Krieg zurückzuführen? (M3)

2. Krise und wirtschaftlicher Wandel seit 1973

Welche Folgen hatte die Wirtschaftskrise und welche Veränderungen wurden durch sie beschleunigt?

Die Verlangsamung des Wachstums

Ab Mitte der 1970er-Jahre gerieten die französische und die westdeutsche Wirtschaft infolge der Krise des internationalen Währungssystems (1971) und des Ölschocks (1973) in die Stagflation. Die Krise bewirkte einen raschen Anstieg der Arbeitslosigkeit und führte zu zahlreichen Umstrukturierungsmaßnahmen in den Industriezweigen, die sich seit dem Ende des 19. Jahrhunderts entwickelt hatten (Bergbau, Stahlindustrie, Schiffbau usw.). In der französischen Industrie ging zwischen 1974 und 2001 ein Drittel aller Arbeitsplätze verloren. Zwar blieb die Bundesrepublik Deutschland nach wie vor die zweitgrößte Industrienation der Welt nach den Vereinigten Staaten, doch von 1970 bis 2004 verringerte sich der Anteil der Industrie am Bruttosozialprodukt von 51 Prozent auf 35 Prozent.

Besonders schmerzhaft machte sich der Niedergang der Industrie in der ehemaligen DDR bemerkbar, wo zwei Millionen Arbeitsplätze vernichtet wurden. Dies hatte einen Anstieg der Arbeitslosenquote auf 20 Prozent zur Folge. Mit der Wiedervereinigung erstreckte sich der Konvergenzprozess der europäischen Gesellschaften auch auf die neuen Länder, in denen der Anteil der erwerbstätigen Bevölkerung im sekundären Sektor (produzierendes Gewerbe, Industrie) von 1989 bis 1997 von 50 Prozent auf 33,4 Prozent zurückging. Die Tertiärisierung der Wirtschaft nahm überall zu: In Frankreich beispielsweise stieg die Produktion der kommerziellen Dienstleistungen zwischen 1960 und 1995 um das Fünffache.

1

Der Aufschwung der Telekommunikation

Im September 2005 wurde ein neues Mobiltelefon auf den Markt gebracht, das die Technologie des Telefons und des PDA (Personal Digital Assistant) miteinander verbindet.

Angleichung der wirtschaftspolitischen Maßnahmen

Zunächst reagierten die Regierungen auf die Krise mit uneinheitlichen Maßnahmen. 1980 trat der sozialdemokratische Bundeskanzler Helmut Schmidt für die Wiederherstellung der Unternehmensgewinne und die Verringerung des Haushaltsdefizits ein; sein christdemokratischer Nachfolger Helmut Kohl setzte diese Politik in ihren Grundzügen fort. Die sozialistische Regierung in Frankreich leitete hingegen 1981 Konjunkturprogramme ein, die jedoch fehlschlugen: Das Handelsdefizit erhöhte sich und der Franc musste mehrfach abgewertet werden.

Seit 1983 verfolgen die wirtschaftspolitischen Maßnahmen das gleiche Ziel: die Wiederherstellung der Wettbewerbsfähigkeit der Wirtschaft (Inflationsbekämpfung, Verringerung der Haushaltsdefizite, Steuersenkung). In Deutschland, insbesondere aber in Frankreich, verlor der öffentliche Sektor infolge der Privatisierung im produzierenden Bereich an Bedeutung.

Gegenwärtig liegen die Leistungen beider Länder im Hinblick auf Wachstum und Beschäftigung unterhalb des OECD-Durchschnitts.

Die Internationalisierung der Volkswirtschaften

Die Folgen der beiden Ölschocks auf das Wachstum verdeutlichten mehr denn je die internationale Verflechtung der Wirtschaft. In Frankreich wie in Deutschland hingen die wirtschaftlichen Aktivitäten stärker denn je von der Wettbewerbsfähigkeit der Unternehmen auf dem Weltmarkt ab. So arbeitet gegenwärtig jeder vierte Deutsche für den Export. 2003 gelang es der Bundesrepublik erneut, ihren Platz als größte Exportnation der Welt zu behaupten, den sie nach der Wiedervereinigung an die Vereinigten Staaten verloren hatte. Der Anteil beider Länder am Welthandel beträgt heute ungefähr zehn Prozent für Deutschland bzw. fünf Prozent für Frankreich.

Im Zeitalter der Globalisierung verlagern die Großunternehmen einen Teil ihrer Produktion ins Ausland, während ein wachsender Kapitalstrom nach Frankreich und Deutschland zu verzeichnen ist. Die ausländischen Direktinvestitionen in Deutschland stiegen zwischen 1990 und 2000 von 100 auf 200 Milliarden Euro. Ende 2002 besaßen ausländische Investoren 43 Prozent der an der Pariser Börse notierten Aktien.

Begriffe

- **Stagflation:** Zustand einer Volkswirtschaft, die durch ein Zusammenspiel von Stagnation (Nullwachstum) und Inflation gekennzeichnet ist.
- **Tertiärisierung:** Aufschwung des tertiären Sektors, des Dienstleistungssektors, vor allem infolge des wachsenden Angebots an unternehmensbezogenen Dienstleistungen.
- **Konjunkturprogramm:** Ankurbelung des Wachstums durch Erhöhung der Haushaltsausgaben und der Einkommen (Gehälter und Sozialleistungen), um den Konsum zu beleben und die Investitionstätigkeit zu fördern.
- **Direktinvestitionen im Ausland:** Beteiligung ausländischer Unternehmen am Kapital (mindestens zehn Prozent) eines Unternehmens in einem bestimmten Land.

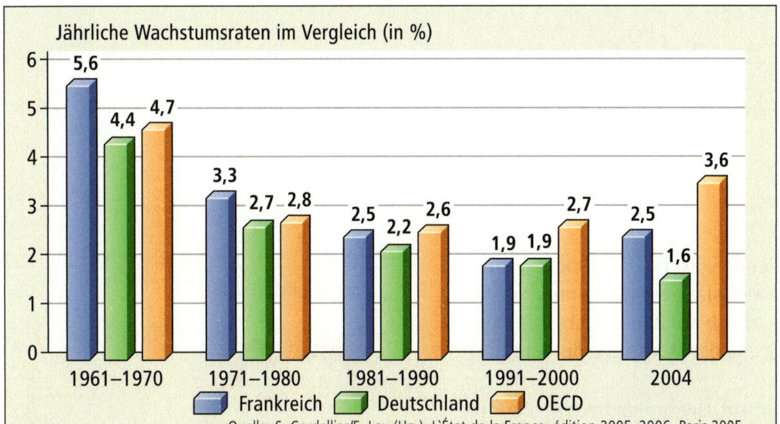

Quelle: S. Cordellier/E. Lau (Hg.), L'État de la France, édition 2005–2006. Paris 2005.

2 Verlangsamung des Wachstums

4 Ein ehemaliges Industriegebiet als Freizeitareal, Nœux-les-Mines (Pas-de-Calais)

5 Die Wirtschaftspolitik von Bundeskanzler Kohl

Mehr Beschäftigung und nachhaltige Verringerung der Arbeitslosigkeit bleiben eine zentrale Aufgabe unserer Politik. […] Eine offensive Strategie zur Stärkung der Wachstumskräfte führt auch zu mehr Beschäftigung. Am Markt vorbei können dauerhafte Arbeitsplätze weder geschaffen noch gesichert werden. Staatliche Planung – das haben wir ja erlebt – kann den Markt nicht ersetzen. Der Staat ist und bleibt aber gefordert, bei schwierigen strukturpolitischen Anpassungsprozessen Hilfe zu leisten. Die Bundesregierung hat dies in den zurückliegenden Jahren getan. Ich denke dabei an Kohle, Stahl und Werften.

Wir werden weiterhin unseren Einfluss in der Europäischen Gemeinschaft geltend machen, um faire Wettbewerbsbedingungen durchzusetzen, die nicht durch Subventionen verzerrt werden. Unsere Stahlunternehmen und die deutschen Werften wird die Bundesregierung in dieser schwierigen Phase weiter unterstützen, auch um die sozialen Folgen des Strukturwandels, vor allem an der Ruhr und an der Saar, aufzufangen. Sie wird sich dementsprechend dafür einsetzen, dass das Programm zur Förderung von Ersatzarbeitsplätzen an Stahlstandorten verlängert wird. Auch die sozialen Hilfen für Stahlarbeiter im Rahmen des Montanunionvertrags werden verbessert. Kurzarbeitergeld für Stahlarbeiter kann künftig für 36 Monate gezahlt werden.

Regierungserklärung von Bundeskanzler Helmut Kohl, 18. März 1987. 11. Deutscher Bundestag, 4. Sitzung, S. 54f.

3 François Mitterrand rechtfertigt seine Sparpolitik

Wie die meisten Länder der Welt haben wir ein schweres Jahr hinter uns. Die Krise, die Europa bisher heimsuchte, spitzt sich in den Vereinigten Staaten zu, erreicht Japan, verwüstet die Dritte Welt. Wir haben es hier mit einer weltweiten Krise zu tun.

Trotz der besorgniserregenden Entwicklung gelang es Frankreich besser als den anderen, zugleich sein Wachstum zu stabilisieren, seinen Haushalt zu konsolidieren und seinen Kampf gegen die Arbeitslosigkeit zu führen. Mehr als die anderen hat es die Kaufkraft der sozial Schwachen verteidigt. Später als die anderen konnte es, wenn auch nicht ausreichend, seine Inflation verringern. Auf den ausländischen Märkten hat es sich weniger gut als die anderen behauptet. So sieht die Wahrheit aus.

Insgesamt, und trotz beachtlicher Erfolge – so in unserer Landwirtschaft, die 1982 beispielsweise ihre besten Erträge seit fast zehn Jahren erzielte oder in der von der Regierung eingeleiteten industriellen Erneuerung, die bereits ihre Früchte trägt – bleiben unsere Produktion und unser Warenaustausch nach wie vor unzureichend; zu viele manchmal verzweifelte Männer und Frauen warten auf eine Arbeitsstelle und, ich sage es geradeheraus, noch immer lasten auf den Schwächsten zu viele Ungerechtigkeiten. […]

Und doch ziehe ich aus dieser alles andere als selbstgefälligen Schilderung der Lage die Gründe für meine Zuversicht in die Zukunft. Was als Sparpolitik bezeichnet wird, erweist sich als Wahrheitsprobe. Sie bringt die Unebenheiten des Geländes ans Licht und zeigt uns allen den Ausweg, denn wir werden es schaffen, zum Wohle Frankreichs.

François Mitterrand, Neujahrsansprache des Staatspräsidenten an die Franzosen, 31. Dezember 1982; übers. nach: François Mitterrand, Discours 1981–1995. Paris 1995, S. 62.

Fragen und Anregungen

1. Wie wirkte sich die Wirtschaftskrise auf die Industrie aus? (M1 und 4)

2. Welche Ursachen hatte der seit Beginn der 1970er-Jahre verzeichnete Wachstumsrückgang? (M2)

3. Welche Bilanz zog François Mitterrand 1982 hinsichtlich der französischen Volkswirtschaft? Welche Argumente rechtfertigten seiner Ansicht nach eine Sparpolitik und worin bestand diese? (M3)

4. Wodurch äußerte sich Bundeskanzler Kohl zufolge die Krise in Deutschland besonders deutlich? Erläutern Sie die Ziele seiner Wirtschaftspolitik. (M5)

5. Zeigen Sie, ausgehend von den hier aufgeführten Dokumenten, dass Frankreich und Deutschland angesichts der gleichen Schwierigkeiten ihre wirtschaftspolitischen Ziele aufeinander abgestimmt haben.

3. Die Konsumgesellschaft

Wie veränderte die Entstehung der Konsumgesellschaft den Alltag der Franzosen und Deutschen?

Sozialstrukturen im Wandel

In Frankreich wie in Deutschland setzte sich die erwerbstätige Bevölkerung nunmehr vorwiegend aus Lohn- und Gehaltsempfängern zusammen. Die Zahl erwerbstätiger Frauen nahm vor allem im tertiären Sektor (Dienstleistungen) zu. Doch oft handelte es sich nur um einfache Arbeiten, die eine geringe Qualifikation erforderten. Die soziale Sicherung und die Steigerung der Kaufkraft boten den Arbeitnehmern eine bisher nie gekannte Sicherheit.

Gegenwärtig weisen beide Gesellschaften ähnliche Merkmale auf. Die herkömmliche Bauernschaft ist verschwunden (weniger als vier Prozent der erwerbstätigen Bevölkerung). Bis in die 1960erJahre hinein stieg die Zahl der Industriearbeiter, verzeichnete dann jedoch in beiden Ländern, bedingt durch die industrielle Umstrukturierung, einen drastischen Rückgang. Mit dem Ausbau des Dienstleistungssektors dagegen wuchs die Zahl der Angestellten. Ein gestiegener Bedarf an leitenden Angestellten in Unternehmen und im öffentlichen Dienst führte zu einem Bedeutungsgewinn der Beschäftigten mit mittlerem Einkommen.

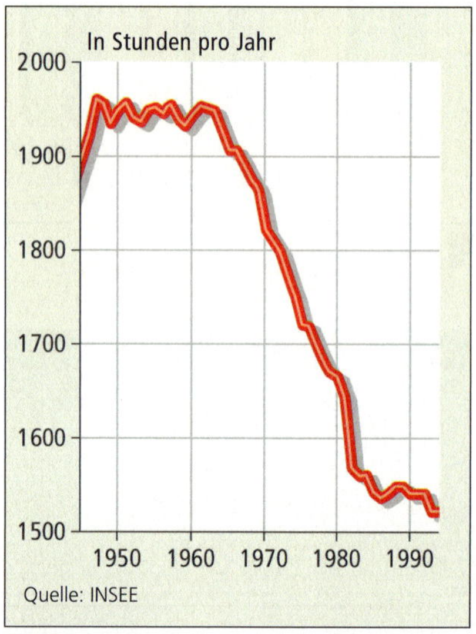

1 Die Senkung der Arbeitszeit in Frankreich

Der Massenkonsum

Der Übergang zur Konsumgesellschaft veränderte das Leben der Menschen grundlegend. Inzwischen lebte die überwältigende Mehrheit der Franzosen und Deutschen in Städten. Die bis Mitte der 1950er-Jahre sehr schwierigen Wohnbedingungen begannen sich in beiden Ländern deutlich zu verbessern. Noch 1950 besaßen vier von fünf Wohnungen in Deutschland kein Badezimmer, 1982 waren es nur noch acht Prozent.

Die steigende Kaufkraft führte zu einem bisher nie gekannten Konsum. Von 1950 bis 1989 stiegen die deutschen Reallöhne um 350 Prozent. Die Ausgaben für Lebensmittel in den Haushalten sanken, sodass für Freizeit und Luxusgüter mehr aufgewendet werden konnte.

Die Verkürzung der Wochenarbeitszeit und die Verlängerung des bezahlten Urlaubs hatten in beiden Ländern eine deutliche Senkung der Jahresarbeitszeit zur Folge, die heute europaweit eine der niedrigsten ist. Der Anteil der arbeitsfreien Zeit nahm zu und viele Freizeitbeschäftigungen waren nun nicht mehr nur einer sozialen Elite vorbehalten. Auto und Flugzeug trugen dazu bei, dass sich der Tourismus zu einem Massenphänomen entwickelte. 1987 verbrachten zwei Drittel der Deutschen ihren Urlaub im Ausland.

Der Aufschwung des Massenkonsums und immer mehr Möglichkeiten der Freizeitgestaltung führten zu einer gewissen Vereinheitlichung der Lebensweisen, selbst wenn die sozialen Unterschiede beispielsweise in Bezug auf die Vermögensverteilung in beiden Ländern nach wie vor sehr ausgeprägt blieben.

Begriffe

- **Reallohn:** Durch Berücksichtigung der Inflationsrate errechneter Lohn, mit dem die Entwicklung der Kaufkraft gemessen werden kann.
- **Säkularisierung:** Abnehmender Einfluss der religiösen Institutionen, Glaubenslehren, Bräuche und Symbole im gesellschaftlichen Leben.
- **Laizismus:** Prinzip der Trennung von Zivilgesellschaft und religiöser Sphäre, von Kirche und Staat.

Säkularisierte Gesellschaften

Infolge der gesellschaftlichen Veränderungen wurden Religion und Glaubenszugehörigkeit zunehmend zu einer privaten Angelegenheit. So schritt in Deutschland wie in Frankreich die Säkularisierung voran. Weniger als zehn Prozent der französischen Katholiken nehmen mindestens einmal pro Monat an einem Sonntagsgottesdienst teil, 1946 waren es noch 32 Prozent. Die Teilnahme an religiösen Riten beschränkt sich auf große Familienereignisse (Taufe, Eheschließung, Beerdigung) und große Feste (Weihnachten, Ostern, Ramadan, Jom Kippur).

In Deutschland ist die den religiösen Institutionen übertragene Funktion der sozialen Betreuung besonders stark ausgeprägt: Jedes Kirchenmitglied entrichtet eine von staatlichen Behörden erhobene Kirchensteuer. Aufgrund des Laizismusprinzips erkennt die französische Republik weder Religionen an noch unterstützt sie diese finanziell. Während die Katholiken in Frankreich die Mehrheit bilden, sind in Deutschland die in der Evangelischen Kirche Deutschlands (EKD) zusammengeschlossenen Protestanten etwas zahlreicher als die Katholiken. Aufgrund der Einwanderung ist allerdings in beiden Ländern eine wachsende Zahl von Muslimen zu verzeichnen (fünf Millionen in Frankreich, 3,2 Millionen in der Bundesrepublik Deutschland).

2

Ferien, ein neuer Markt

1950 bestellte Gerard Blitz bei Gilbert Trigano Campingzelte für die Errichtung eines Feriendorfes in Alcudia auf den Balearen. Gemeinsam gründeten sie den Club Méditerranée. Der Erfolg ihrer neuartigen Ferienangebote lag im wachsenden Wohlstand der Mittelschichten begründet.

4

Die Verbreitung des Autos

Zwei große Publikumserfolge: Der „Käfer" von Volkswagen und die „Ente" (2 CV) von Citroën.

3

Die Entwicklung des weiblichen Arbeitnehmeranteils in den 1960er-Jahren

Ein Supermarkt in Frankreich in den 1960er-Jahren.

	Haushalte mit geringem Eink.		Haushalt mit mittlerem Eink.		Haushalt mit hohem Eink.	
	1973	1991	1973	1991	1973	1991
Auto	5,3	52,4	69,4	96,5	89,6	98,5
Geschirrspülmaschine	0,8	9,4	2,6	61,8	26,6	85,3
Mikrowelle	1,9	10,6	10,2	49,1	12,8	47,7
PC	0,6	1,2	24,7	31,5	33,3	53,3

Quelle: A. Wahl, La société allemande. Paris 1995

5 **Einkommensabhängige Ausstattungsrate deutscher Haushalte (in Prozent)**

Fragen und Anregungen

1. Welche Faktoren ermöglichten die schrittweise Senkung der Jahresarbeitszeit? (M1)
2. Wie wirkte sich dies auf die Lebensweise der Menschen aus? (M2)
3. Warum nahm seit den 1950er-Jahren die Zahl der erwerbstätigen Frauen zu? Welche Stellen waren den Frauen in erster Linie vorbehalten? (M3)
4. Wie lässt sich die zunehmende Verbreitung des Autos in der Bevölkerung seit den 1950er-Jahren erklären? (M4)
5. Wie veränderte sich das Konsumverhalten der Deutschen und Franzosen nach dem Zweiten Weltkrieg? (M4 und 5)
6. Welche positiven oder negativen Auswirkungen brachte die Verbreitung des Autos mit sich?

4. Reformbedürftige Sozialsysteme

Weshalb müssen Deutschland und Frankreich ihre Sozialsysteme grundlegend reformieren?

Arbeitslosigkeit und soziale Unsicherheit

Seit der Krise der 1970er-Jahre sind in Frankreich und Deutschland nahezu zehn Prozent der erwerbstätigen Bevölkerung arbeitslos. Entstanden sind neue, unsichere Arbeitsverhältnisse wie zum Beispiel Zeit- und Leiharbeit oder „Minijobs".

Die Kaufkraft ging erheblich zurück. Durch die Krise geriet auch der Prozess der Einkommensanpassung ins Stocken, der seit dem Krieg dazu beigetragen hatte, das soziale Gefälle zu verringern. 2004 bezogen nahezu drei Millionen Deutsche Sozialhilfe, die Zahl der RMI-Empfänger in Frankreich stieg von 950 000 im Jahre 1995 auf 1,2 Millionen im Jahre 2004.

Der Kampf gegen die Arbeitslosigkeit wurde daher zum Hauptanliegen der Regierungen, die nun versuchen müssen, den Arbeitsmarkt flexibler zu gestalten, ohne die errungenen Rechte der deutschen und französischen Arbeitnehmer infrage zu stellen. Der Handlungsspielraum ist allerdings eng: Dies bewies die Wahlniederlage von Bundeskanzler Schröder im Jahre 2005, der ein Programm zur Verkürzung der Bezugsdauer der Arbeitslosenunterstützung durchgesetzt hatte.

Die Reform des Sozialstaates

Die zunehmenden außenwirtschaftlichen Verflechtungen stellen das Modell infrage, das in der Vergangenheit in Deutschland und Frankreich Wachstum und sozialen Fortschritt in Einklang bringen konnte. Die höhere Lebenserwartung und die Überalterung der Gesellschaft verursachen immer stärker steigende Sozialausgaben und damit immer höhere Defizite der Sozialversicherungen. Der Staat musste sich auf neue Formen der Armut einstellen: In Frankreich wurden deshalb das RMI und das CMU für dauerhaft vom sozialen Sicherungssystem abhängige Personen geschaffen.

In Deutschland ebenso wie in Frankreich ist die Reform des Sozialstaates zum Thema einer breit geführten gesellschaftlichen Diskussion geworden. In beiden Ländern wurden ähnliche Projekte zur Umgestaltung und Konsolidierung der Sozialsysteme entworfen. So initiierte die Regierung von Bundeskanzler Schröder 2003 die „Agenda 2010", ein umfangreiches Reformprogramm zur Wiederherstellung des Gleichgewichts der Sozialausgaben bis zum Ende des Jahrzehnts. Diese Reformen sind im Wesentlichen darauf ausgerichtet, den Anstieg der Gesundheitsausgaben zu verlangsamen und durch eine Erhöhung des Renteneintrittsalters den Fortbestand der Rentensysteme zu sichern. Das 2003 in Frankreich verabschiedete Rentengesetz weist gleiche Ansätze auf.

Einwanderung und Integration

Übereinstimmung herrscht in beiden Ländern auch bezüglich zweier hochaktueller Fragen: Wie kann die Zuwanderung und die Integration der Ausländer bewältigt werden? Bereits Ende der 1950er-Jahre warben Deutschland und Frankreich massiv Arbeitskräfte aus Entwicklungsländern an (siehe S. 288 f.), setzten jedoch ab 1973/1974 dieser Wirtschaftsimmigration ein Ende.

In der Zukunft muss es den staatlichen Entscheidungsorganen in Deutschland und Frankreich gelingen, diese Bevölkerungsgruppen ausländischer Herkunft, die häufig Opfer von Diskriminierungen, Ausgrenzung und rassistischen Übergriffen sind, besser zu integrieren. Zu diesem Zweck hat die Bundesrepublik Deutschland im Jahre 2000 ihr Staatsbürgerschaftsrecht geändert, das nun, ähnlich wie das französische, auf dem Territorialprinzip beruht. Um die Migrationsströme aus den ehemaligen sozialistischen „Volksdemokratien" und der Dritten Welt einzudämmen, haben beide Länder gleichfalls den Kampf gegen die illegale Einwanderung verstärkt und die Bedingungen für die Gewährung politischen Asyls verschärft.

1

Multikulturelle Gesellschaften

Junge Deutsche in Berlin, 2004.

Begriffe

- **Sozialhilfe:** 1961 in Deutschland eingeführte finanzielle (oder materielle) Unterstützung für Personen, die unter der Armutsgrenze leben und keinerlei soziale Absicherung haben.
- **RMI** (Revenu minimum d'insertion, „Mindesteingliederungseinkommen"): Diese 1988 geschaffene Hilfe bietet Personen über 25 Jahren Unterhaltsmittel, gepaart mit einem Wiedereingliederungsvertrag.
- **CMU** (Couverture maladie universelle, allgemeiner Krankenversicherungsschutz): Seit ihrer Einführung in Frankreich 1999 garantiert die CMU die medizinische Versorgung von Personen, die nicht in der Lage sind, Sozialversicherungsbeiträge zu entrichten.
- **Territorialprinzip** (franz. „droit du sol", lat. „ius soli"): Danach erwerben in einem Aufnahmeland geborene Kinder ausländischer Eltern die Staatsbürgerschaft ebendieses Landes (in Frankreich mit 18 Jahren, in Deutschland durch die Geburt). Es steht dem Abstammungsprinzip (franz. „droit du sang", lat. „ius sanguinis") gegenüber.

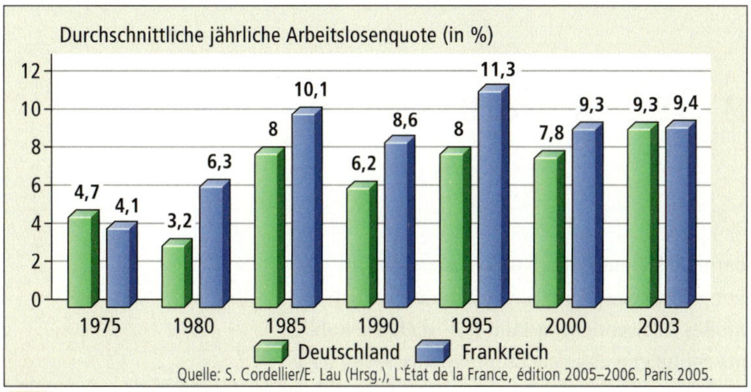

2 Massenarbeitslosigkeit

4 Eine neue Armut: Suppenküche in Berlin, 1998

5 Nach dem Regierungswechsel: Die Reform des Sozialstaates wird fortgesetzt.

Unser Wachstum kommt seit Jahren nicht mehr richtig in Schwung. Die Verschuldung ist in erschreckende Höhen gestiegen. Der Aufholprozess der neuen Bundesländer ist seit Jahren gestoppt. [...] Den rapiden Wandel der Arbeitswelt haben wir noch nicht bewältigt. Deutschland ist noch nicht hinreichend auf die älter werdende Gesellschaft vorbereitet. [...]

Lasst uns mehr Freiheit wagen. Lassen Sie uns die Wachstumsbremsen lösen! Lassen Sie uns selbst befreien von Bürokratie und altbackenen Verordnungen.

Viele unserer europäischen Nachbarn zeigen uns, was möglich ist. Sie zeigen uns, dass auch wohlhabende Länder hohe Wachstumsraten erreichen und die Arbeitslosigkeit zurückdrängen können. Deutschland kann das auch, davon bin ich überzeugt! [...]

Schon die vergangene Regierung hat Schritte eingeleitet, um die Möglichkeiten, die unser Land hat, nutzen zu wollen. Jenseits aller parteipolitischen Differenzen, die die vergangenen Jahre zwischen Union und SPD gekennzeichnet haben, möchte ich deshalb an dieser Stelle ausdrücklich eines tun: Ich möchte Bundeskanzler Schröder ganz persönlich danken dafür, dass er mit seiner Agenda 2010 mutig und entschlossen eine Tür aufgestoßen hat, unsere Sozialsysteme an die neue Zeit anzupassen.

Regierungserklärung von Bundeskanzlerin Angela Merkel am 30. November 2005. http://www.bundesregierung.de/regierungserklaerung-,413.926301/Regierungserklaerung-von-Bunde.htm

3 Die soziale Sicherung: Ein „Fass ohne Boden".

Jacques Delors war von 1981 bis 1984 französischer Finanz- und Wirtschaftsminister und von 1985 bis 1995 Präsident der Europäischen Kommission.

Die Entwicklung des Sozialstaates stimulierte das Wirtschaftswachstum in einem dafür geeigneten Kontext. Heute befinden wir uns in einem umgekehrten System. Das Wirtschaftswachstum reicht nicht mehr aus, um die Kosten der Sozialversicherung zu tragen, weil aus Gründen des medizinischen Fortschritts, der Überalterung der Bevölkerung und – zu meiner großen Freude – einer besseren Gesundheitsqualität die hierzu erforderlichen Ausgaben, um es deutlich zu sagen, schneller steigen als das Wirtschaftswachstum. Folglich müssen wir dafür einen zunehmenden Anteil des Nationaleinkommens aufwenden und deswegen andere Ausgaben reduzieren.

Außerdem hat sich das soziale Sicherungssystem trotz seines allgemeinen Charakters als ein „Fass ohne Boden" erwiesen, da es die fortschreitende soziale Ausgrenzung nicht zu verhindern vermochte, die ja im Wesentlichen darauf beruht, dass Millionen Menschen aus dem Kreislauf des Arbeitsmarktes ausgeschlossen werden. [...] Wenn wir die Sozialversicherung nicht mehr unter den gleichen Bedingungen finanzieren können, das heißt allumfassend, sollten dann nicht größere Anstrengungen für die materiell Benachteiligten unternommen werden als für diejenigen, die materiell gut gestellt sind?

Übers. nach: Jacques Delors, L'Unité d'un homme. Entretiens avec Dominique Wolton. Paris 1994.

Fragen und Anregungen

1. Nennen Sie die Gründe für den Anstieg der Arbeitslosigkeit. Warum ist sie vor allem in Deutschland und Frankreich so hoch? (M2)
2. Mit welchen finanziellen Schwierigkeiten hat der Sozialstaat zu kämpfen und wo liegen die Grenzen seiner Effizienz? (M3)
3. Welche Formen sozialer Ausgrenzung gibt es heute? (M4)
4. Welche Reformen des Sozialstaates wurden in Deutschland und Frankreich in Erwägung gezogen? Zeigen Sie anhand der beiden Texte, dass die Reform des Sozialstaates eine gesamtgesellschaftliche Aufgabe ist. (M3 und 5)

Dossier: Ausländer und Immigranten in Deutschland und Frankreich seit 1945

Seit Ende des 19. Jahrhunderts kamen Millionen von Ausländern nach Deutschland und Frankreich, um dort oft anstrengende und mit niedrigen Qualifikationsanforderungen verbundene Tätigkeiten zu übernehmen. Typisch für Deutschland ist zudem, dass es einerseits bis 1960 ein großes Auswanderungsland war (mehrere hunderttausend Auswanderer zwischen 1946 und 1960) und andererseits zahlreiche deutschstämmige Aussiedler aus Osteuropa aufnahm.

Bereits in den 1950er-Jahren wurden in beiden Ländern in großer Zahl ausländische Arbeitskräfte angeworben, in der Bundesrepublik „Gastarbeiter“ genannt. Nach dem 1973/1974 beschlossenen Anwerbestopp konnte die Einwanderung nur im Rahmen des Asylrechts und der Familienzusammenführung fortgesetzt werden. Beide Länder bemühten sich fortan um eine bessere Integration der ausländischen Familien, deren Kindern wird – ein Novum in Deutschland – der Status von Staatsbürgern gewährt.

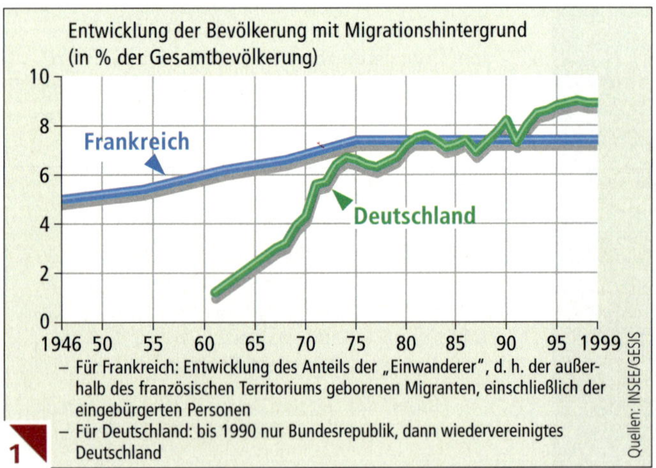

1 **Migranten in Frankreich und Deutschland im 20. Jahrhundert**

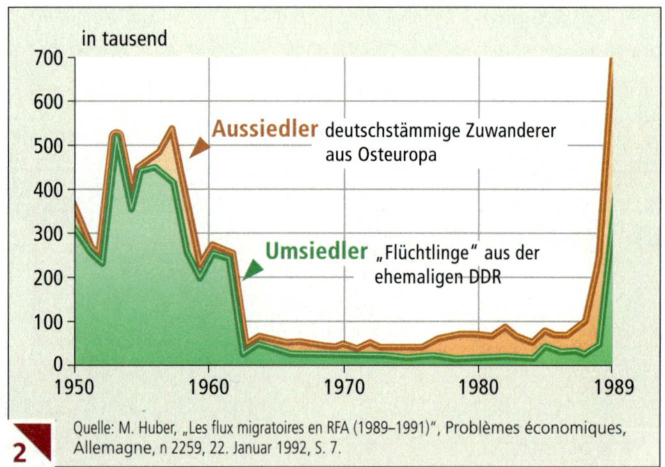

2 **Aussiedler und Umsiedler in Deutschland zwischen 1950 und 1989**

3 **Herkunft der ausländischen Bevölkerung in Deutschland (2004)**

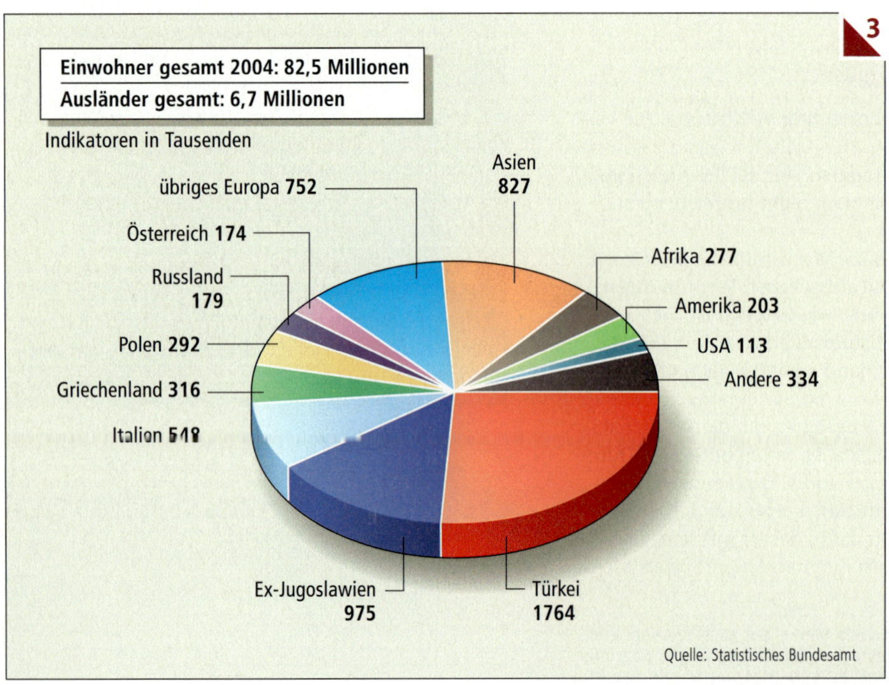

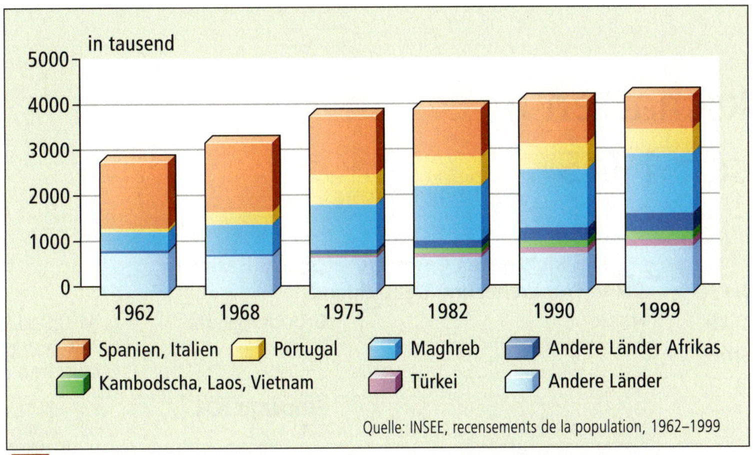

4 Herkunft der ausländischen Bevölkerung in Frankreich

6 Der Islam auf dem Weg der Integration

Moschee von Lyon in Frankreich.

Fragen und Anregungen

1. Analysieren Sie, wie sich der Anteil der ausländischen Bevölkerung in Frankreich und Deutschland entwickelte: In welchen Zeiträumen war eine Wachstums- bzw. Stagnationsphase zu beobachten? (M1)

2. Weshalb sollte Ihrer Meinung nach vor allem in Deutschland zwischen Ausländern und Einwanderern unterschieden werden? (M2 und 3)

3. Welche ausländischen Bevölkerungsgruppen sind vornehmlich in Deutschland bzw. in Frankreich vertreten? (M3 und 4)

4. Warum betrachtete die Bundesrepublik Deutschland eine Änderung ihres Staatsangehörigkeitsrechts als unumgänglich? Inwieweit erfolgte damit eine Annäherung an die französische Rechtsauffassung? (M5)

5. Weshalb ist eine bessere Integration der Muslime in die deutsche und französische Gesellschaft erforderlich? Auf welche Weise kann dies erreicht werden?

6. Wie verlief die Einwanderung in Deutschland und Frankreich seit dem Ende des Zweiten Weltkrieges?

5 Die Reform des Staatsangehörigkeitsrechts in Deutschland (1. Januar 2000)

Einführung des Territorialprinzips

Neu ist die Möglichkeit des Erwerbs der deutschen Staatsangehörigkeit durch Geburt in Deutschland (Geburtsrecht). Kinder ausländischer Eltern werden danach mit Geburt automatisch Deutsche, wenn ein Elternteil bei der Geburt seit mindestens acht Jahren seinen gewöhnlichen rechtmäßigen Aufenthalt in Deutschland hat und eine Aufenthaltsberechtigung oder seit mindestens drei Jahren eine unbefristete Aufenthaltsgenehmigung besitzt.

Diese Kinder erwerben zusätzlich meist die Staatsangehörigkeit ihrer Eltern und müssen sich nach dem Erreichen der Volljährigkeit bis zum 23. Lebensjahr für eine Staatsbürgerschaft entscheiden. Erklären sie, dass sie die ausländische Staatsangehörigkeit behalten wollen, verlieren sie die deutsche. […]

Einbürgerung von Ausländern

[…] Ausländern, die in Deutschland leben, werden durch das neue Gesetz erleichterte Möglichkeiten der Einbürgerung gegeben.

Voraussetzungen sind unter anderem 8 Jahre rechtmäßiger Aufenthalt in Deutschland, Bekenntnis zum Grundgesetz, Straffreiheit, eine Aufenthaltserlaubnis oder eine Aufenthaltsberechtigung, Sicherung des Lebensunterhaltes, ausreichende deutsche Sprachkenntnisse und die Aufgabe der bisherigen Staatsangehörigkeit. […]

Ein ehemaliger Deutscher sowie jemand, der von einem ehemaligen Deutschen abstammt oder als Kind angenommen worden ist, der nicht in Deutschland lebt, *kann* auf seinen Antrag eingebürgert werden, wenn er das sechzehnte Lebensjahr vollendet hat beziehungsweise gesetzlich vertreten ist, sein Aufenthalt weder die öffentliche Sicherheit und Ordnung noch sonstige erhebliche Interessen der Bundesrepublik Deutschland beeinträchtigt, unterhaltsfähig ist, ausreichende deutsche Sprachkenntnisse sowie Bindungen in mehrfacher Hinsicht an Deutschland hat.

[…]

Kinder deutsch-französischer Eltern erwerben durch die Geburt die deutsche Staatsangehörigkeit vom deutschen Elternteil automatisch. Der gleichzeitige automatische Erwerb der französischen Staatsangehörigkeit durch den französischen Elternteil hat auf die deutsche Staatsangehörigkeit hierbei keinen Einfluss. […]

Es besteht die […] erwähnte Möglichkeit, die französische Staatsangehörigkeit zu erwerben, ohne die deutsche zu verlieren, indem vor dem Erwerb der französischen Staatsangehörigkeit eine Beibehaltungsgenehmigung beim Bundesverwaltungsamt in Köln beantragt wird.

Information der Deutschen Botschaft in Frankreich.
www.amb-allemagne.fr/pdf/Ambassade/1Merkblatt.pdf
franz. Fassung: http://www.amb-allemagne.fr/pdf/Bienvenu/nouveaucode.pdf

Dossier: Tarifbeziehungen und Gewerkschaften in Deutschland und Frankreich seit 1945

Das Organisationsgefüge der Arbeitswelt ist in Frankreich seit langem deutlich weniger strukturiert als in Deutschland, weshalb die Beziehungen zwischen Arbeitgebern und Arbeitnehmern dort konfliktträchtiger sind: Dies geht hauptsächlich auf eine schwächere Industriekonzentration, eine heterogenere Arbeiterschaft und durch rivalisierende ideologische Strömungen untereinander gespaltene Gewerkschaften zurück. In Deutschland hingegen sind die Gewerkschaften sehr stark und die Tarifverhandlungen werden im Rahmen der Mitbestimmung geführt. Dennoch ist in beiden Ländern die Arbeiterbewegung längst nicht mehr das, was sie früher einmal war. In Frankreich wird seit zehn Jahren weniger gestreikt als je zuvor, während die deutschen Gewerkschaften, ähnlich wie ihre französischen Partner, große Schwierigkeiten haben, sich an die Veränderungen in der Wirtschaft anzupassen und der Krise des Sozialstaats zu begegnen.

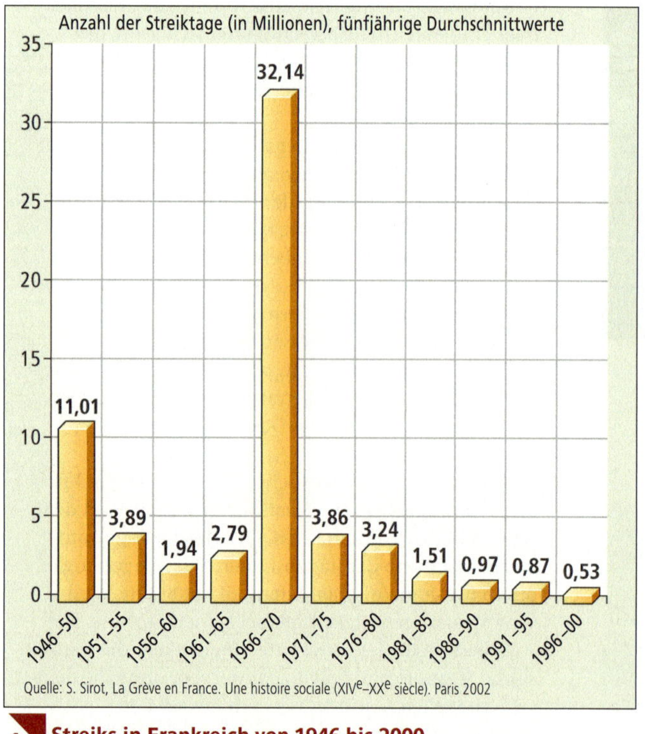

1 Streiks in Frankreich von 1946 bis 2000

2 Die wichtigsten Gewerkschaftsorganisationen in Frankreich und Deutschland

Name	Gründungsjahr	Mitgliederza nach eigene Angaben (20C
	FRANKREICH	
Confédération générale du travail (CGT)	1895 Linke Gewerkschaft, seit Gründung der Kommunistischen Partei (1920) eng mit dieser verbunden	700 000
CGT-Force ouvrière	1948 durch den Minderheitsflügel der CGT gegründet, der den Einfluss der Kommunistischen Partei ablehnte	600 000
Confédération française des travailleurs chrétiens (CFTC)	1919 Gewerkschaft mit christlicher Orientierung	130 000
Confédération française démocratique du travail (CFDT)	1964 durch Abspaltung von der CFTC gegründet („Entkonfessionalisierung")	700 000
Union nationale des syndicats autonomes (UNSA)	1993	300 000
Fédération syndicale unitaire	1993	125 000
Union syndicale Solidaires (dont SUD)	1998	80 000
Confédération générale des cadres (CGC)	1944	130 000
	DEUTSCHLAND	
Deutscher Gewerkschaftsbund (DGB) wichtigstes Mitglied: IG Metall	1949	7 700 000 2 700 000
Vereinte Dienstleistungsgewerkschaft (ver.di)	2001	2 600 000
Deutscher Beamtenbund (DBB)		1 200 000
Christlicher Gewerkschaftsbund Deutschlands		300 000

Quellen: S. Cordellier/E. Lau (Hg.), L´État de la France, édition 2005 – 2006. Paris 2005; www.tatsachen-ueber-deutschland.de/5.0.html

Fragen und Anregungen

1. Wie verliefen die Tarifkonflikte in Frankreich seit dem Ende des Zweiten Weltkriegs? Wie lässt sich der Rückgang der Streikbewegung in den letzten Jahren erklären? (M1)

2. Wie funktioniert die Mitbestimmung in den großen deutschen Unternehmen? Was schließen Sie daraus in Bezug auf die Beziehungen zwischen den Tarifparteien in der Bundesrepublik? (M4)

3. Vergleichen Sie die Zahl der gewerkschaftlich Organisierten in Frankreich und in Deutschland. Wann erlebte die Gewerkschaftsbewegung ihren Höhepunkt? (M3)

4. Weshalb ist die Gewerkschaftsbewegung in Frankreich schwächer als in Deutschland? (M3 und 5)

5. Wie lässt sich die derzeitige Krise der Gewerkschaftsbewegung in Frankreich und in Deutschland erklären? (M3, 5 und 6)

6. Wie hat sich die Rolle der Gewerkschaften in beiden Ländern seit dem Krieg gewandelt?

3 **Gewerkschaftlicher Organisationsgrad in Frankreich und in Deutschland von 1949 bis 1997**

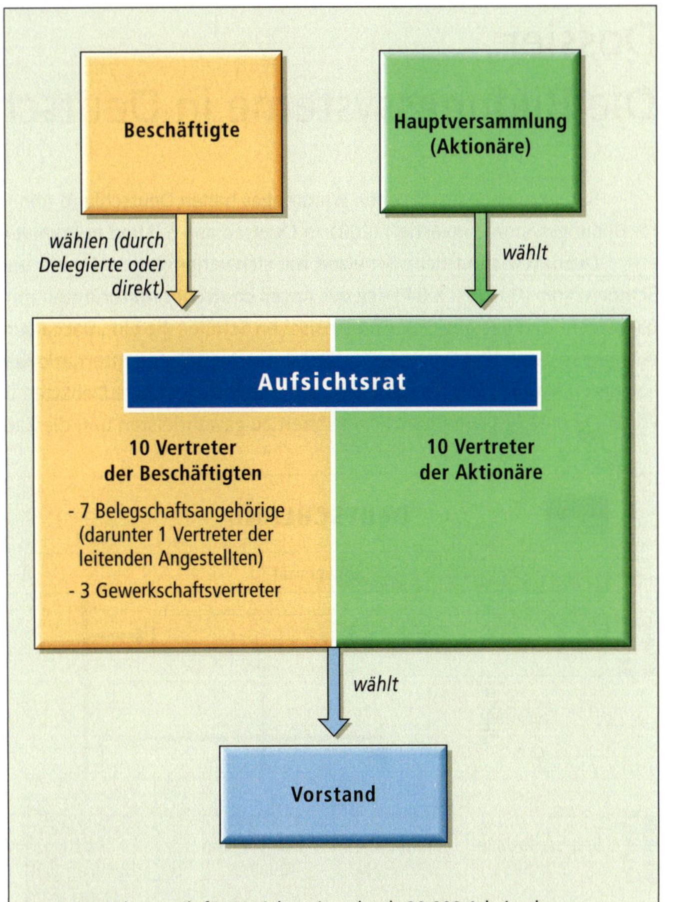

Das Schema gilt für Betriebe mit mehr als 20 000 Arbeitnehmern.

4 **Die Mitbestimmung nach deutschem Muster**

5 Die französische Gewerkschaftsbewegung: Schlusslicht in Europa

Als erste Frau an der Spitze einer großen Gewerkschaft war Nicole Notat von 1992 bis 2002 Generalsekretärin der CFDT.

[Die französische Gewerkschaftsbewegung] leidet zunächst an einem allen bekannten Mangel: der Schwäche ihrer Mitgliederzahl. [...] Es ist unbestritten, dass die französische Gewerkschaftsbewegung eine Anomalie darstellt, dass sie hinsichtlich der Mitgliederzahl Schlusslicht Europas ist [...].

Eine Gewerkschaft ist erst dann legitim, wenn sie in einer stets vielseitiger werdenden Arbeitnehmerschaft verwurzelt ist, wenn sie in den neuen sozialen Schichten vertreten ist, wenn sie sich nicht damit begnügt, sich auf die traditionellen Bastionen dessen verlässt, was man lange „Arbeiterbewegung" genannt hat [...]. Das ganze Problem der Gewerkschaftsbewegung besteht darin, morgen stärker als heute, zum kompetentesten sozialen Partner zu werden. [...]

Der zweite Makel unserer Gewerkschaftsbewegung ist ihre Spaltung. Sie ist das Ergebnis einer langen Geschichte, hauptsächlich aber der Weigerung vieler Strömungen, einschließlich unserer, die hegemoniale Kontrolle der Arbeiterbewegung durch die CGT und den kommunistischen Apparat zuzulassen [...].

Gewerkschafter zu sein heißt heute, die Arbeitnehmer tatsächlich davon zu überzeugen, dass es in ihrem ureigensten Interesse liegt, über den engen Rahmen ihrer Werkstatt, ihrer sozialen Gruppe, ihres spezifischen Problems hinaus zu denken. Es heißt aber auch, Solidarität, Staatsbürgersinn, Würde zu fördern und jedem klar zu machen, dass man allein nicht gewinnen kann, dass es heute nicht mehr darum geht, für sich allein zu kämpfen. Es bedeutet nicht zuletzt, die Arbeitgeber davon zu überzeugen, selbst etwas mehr „gewerkschaftliches" Denken zu übernehmen, indem sie den Arbeitnehmerorganisationen mehr Achtung zollen und sich selbst besser organisieren, um erfolgreicher zu verhandeln. Es ist höchste Zeit, erwachsen zu werden und dementsprechend zu handeln.

Übers. nach: N. Notat u. a., Je voudrais vous dire. Paris 1997.

6 Eine deutsche Gewerkschaftsbewegung in der Klemme

Zu Beginn des Jahres 2003 geriet die deutsche Gewerkschaftsbewegung in eine bisher nie gekannte Krise, die auch ihren politischen Einfluss schmälerte. [...]

Mehr denn je stehen die Gewerkschaften völlig isoliert in der öffentlichen Debatte da, um die Behauptungen der neoliberalen Predigt über die Gründe für die schlechten, angeblich auf die zu hohen Arbeitskosten und eine zu starre Arbeitsgesetzgebung zurückzuführenden Leistungen der deutschen Wirtschaft zu widerlegen. [...]

Diese Angriffe trafen eine bereits in einer tiefen Strukturkrise steckende Gewerkschaftsbewegung, deren Basis seit mehr als zehn Jahren schrumpft. Ausgehend von einer Rekordzahl von 12 Millionen Mitgliedern im Jahre 1991, die der politischen und gewerkschaftlichen Wiedervereinigung zuzuschreiben war, vertraten die dem Gewerkschaftsbund DGB angegliederten Gewerkschaften Ende 2002 nur noch 7,7 Millionen Mitglieder, und dies trotz der Aufnahme der Angestelltengewerkschaft DAG ein Jahr zuvor. [...]

Gewiss sind diese Verluste hauptsächlich auf wirtschaftliche Veränderungen zurückzuführen, wie den Rückgang der Arbeitsplätze in Ostdeutschland und das Wachstum des Dienstleistungssektors. Aber sie legen auch Zeugnis ab von einem gewissen Desinteresse der Arbeitnehmer, das in der rückläufigen Zahl der Neuaufnahmen, insbesondere unter den Jugendlichen, und in einem offenkundigen Ansehensverlust der Gewerkschaften seinen Ausdruck findet.

Übers. nach: U. Rehfeldt, Cogestion de la régression sociale: la défaite programmée des syndicats. Le Monde diplomatique, Februar 2004.

Dossier: Die Bildungssysteme in Deutschland und Frankreich

Seit dem Ende des Zweiten Weltkrieges haben Deutschland und Frankreich erhebliche Summen in den Ausbau ihrer Bildungssysteme investiert (2001 in Deutschland 5,3 und in Frankreich sechs Prozent des Bruttoinlandproduktes).

Die durchschnittliche Schulzeit hat sich verlängert, und mehr und mehr Jugendliche besuchen weiterführende Schulen. Von 1960 bis 2004 stieg der Anteil deutscher Abiturienten mit allgemeiner Hochschulreife von sechs auf 23 Prozent und der Anteil der französischen Schüler, die ein „Baccalauréat" an allgemeinbildenden Schulen erwarben, erhöhte sich auf 32,4 Prozent. Die jüngst durchgeführten internationalen Vergleiche brachten allerdings die Unzulänglichkeiten beider Systeme ans Tageslicht und lösten heftige Debatten über die Reformen aus, die notwendig wären, um vor allem eine bessere Chancengleichheit zu gewährleisten und die Zahl der Schulabbrecher zu reduzieren.

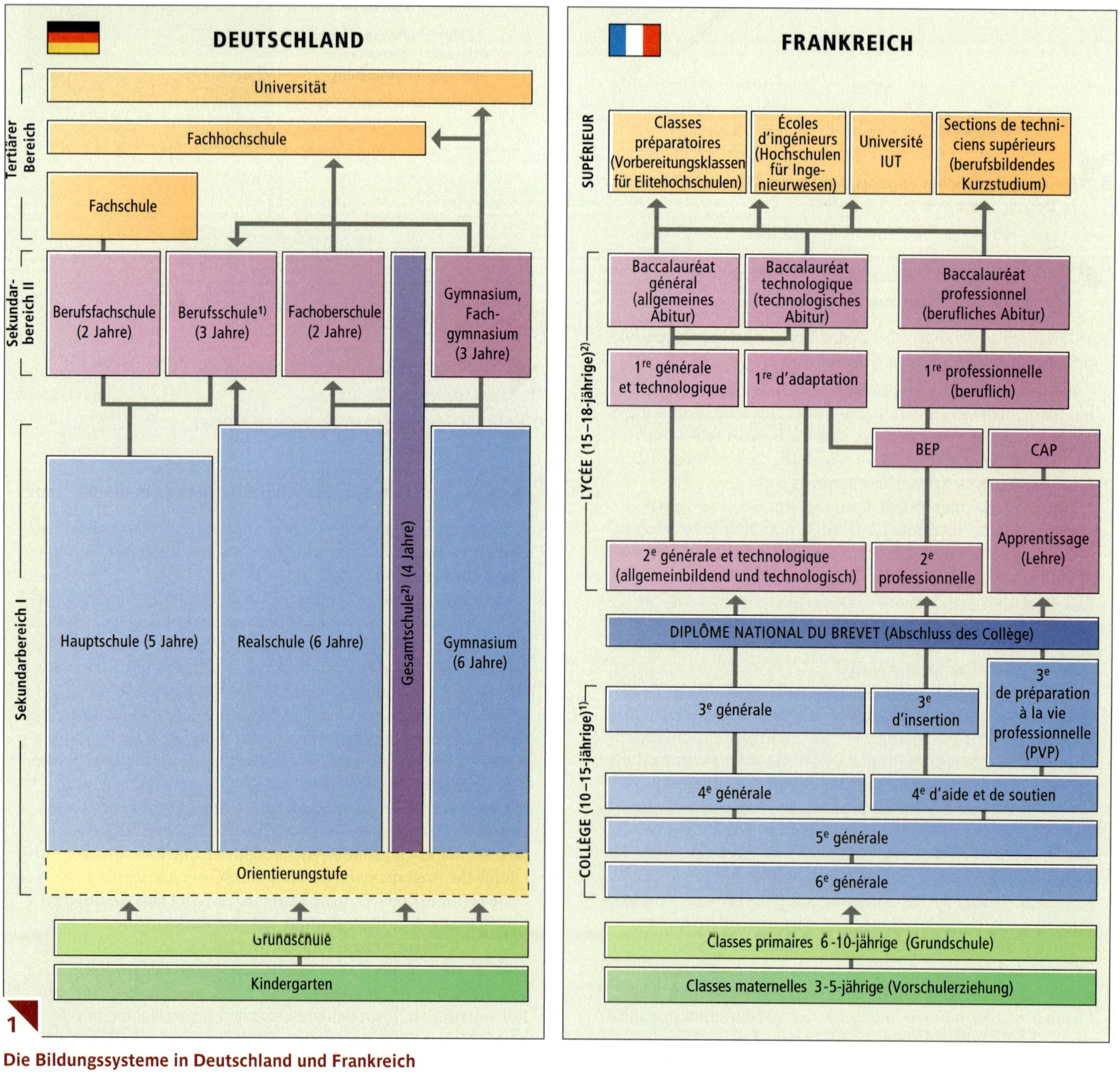

1

Die Bildungssysteme in Deutschland und Frankreich

1) Berufsschule und Lehre (duales System).

2) An der nur in manchen Bundesländern existierenden Gesamtschule kann u. a. auch das Abitur mit denselben Zugangsberechtigungen erworben werden wie am Gymnasium.

1) Collège: Entspricht dem Sekundarbereich I; anders als in Deutschland nicht in verschiedene Schulformen unterteilt.

2) Lycée: Entspricht dem Sekundarbereich II.

2 Das deutsche Bildungssystem auf dem Prüfstand

Die ehemalige Bundesbildungsministerin Edelgard Bulmahn nahm im Juni 2002 im OECD Observer zum Zustand des deutschen Bildungssystems Stellung.

Die Ergebnisse der PISA-Studie sind alarmierend. Ein Land mit der wirtschaftlichen und politischen Bedeutung Deutschlands gehört in die internationale Spitzengruppe der Bildungsnationen und darf sich weder mit dem OECD-Mittelmaß geschweige denn einer Position darunter zufrieden geben. [...]

Klar ist: Die Grundlagen für eine erfolgreiche Ausbildung werden bereits auf den ersten Metern des Bildungsweges gelegt. [...] Kindergärten müssen mehr sein als nur „Betreuungseinrichtungen" für die Kleinen. Kindergärten haben die Aufgabe, Lernbereitschaft und Neugier zu entwickeln und unsere Kinder auf das weitere Lernen in der Grundschule vorzubereiten.

Die von PISA aufgedeckten Mängel beim Lesen und Rechnen führen uns in aller Deutlichkeit vor Augen, dass wir die individuelle Förderung aller Kinder entscheidend verbessern müssen. Dabei stellen Breitenförderung und Spitzenförderung keinesfalls Gegensätze dar. Sowohl Chancengleichheit als auch Elitebildung müssen im Mittelpunkt unserer Schulbildung stehen. [...]

Wir müssen außerdem erkennen: Lernen braucht Zeit. [...]

Mit Ganztagsschulen können wir besser Bildungsbarrieren abbauen und soziale Ausgrenzung verhindern, Sprachkompetenz erhöhen und individuelle Begabungen besser fördern. Ganztagsschulen – in anderen Ländern seit Jahrzehnten längst eine Selbstverständlichkeit – sind außerdem ein wichtiger Beitrag zur Vereinbarkeit von Beruf und Familie. [...]

Zudem braucht die schwierige Arbeit unserer Pädagogen mehr gesellschaftliche Anerkennung. [...] Gute Leistungen sollten künftig nicht nur in der Wirtschaft, sondern auch bei unseren Lehrern belohnt werden. Wir sollten also die bereits vorhandenen Möglichkeiten von Leistungsanreizen stärker nutzen.

Gute Bildung hat ihren Preis. Klar ist also: Wir müssen mehr in die Bildung unserer Kinder investieren.

http://www.oecdobserver.org/news/fullstory.php/aid/702/PISA:_The_consequences_for_Germany.html

	Mathematik	Verstehendes Lesen	Naturwissenschaften
Deutschland	19. Platz	21. Platz	18. Platz
Frankreich	16. Platz	17. Platz	13. Platz

PISA (Programme for International Student Assessment): Von der OECD durchgeführte internationale Vergleichsstudie zur Bewertung der Leistungen 15-jähriger Jugendlicher aus 40 Staaten.

4 Ergebnisse der PISA-Studie 2003 für Deutschland und Frankreich

3 Versuch einer Beurteilung des französischen Schulsystems

Nach wie vor gibt es Schulabgänger ohne Abschluss, noch immer stellen sie zwischen sieben und acht Prozent einer Generation dar. Besonders betroffen sind Jugendliche aus sozial benachteiligten Schichten [...]. Dennoch sollten die Leistungen der letzten dreißig Jahre nicht unterschätzt werden, denn zu Beginn der 1970er-Jahre verließ fast jeder dritte Schüler ohne Abgangszeugnis die Schule. [...]

Nach einem recht starken Anstieg zwischen 1985 und 1995, der im Schuljahr 1994/95 71,2 Prozent der Altersklasse bis zum Abiturniveau führte, [...] (63,2 Prozent dieser Altersklasse legten das Abitur dann auch tatsächlich ab), gab es einen Stillstand und die Zahl hat sich heute auf ungefähr 69 Prozent für das Abiturniveau und auf 62 Prozent für das Bestehen der Reifeprüfung eingepegelt. [...]

Diese Mitte der 1990er-Jahre erfolgte Trendwende ist das Ergebnis einer seit Beginn der 1990er-Jahre beobachteten rückläufige Zahl der Schüler, die nach der 9. Klasse (Troisième) in die 10. Klasse (Seconde) des allgemeinbildenden bzw. technologischen Gymnasiums (lycée général et technologique) versetzt wurden. Die derzeitigen Schwierigkeiten bestehen also nicht allein am Gymnasium, sondern bereits in der Sekundarstufe I und in der Grundschule. Die Ursachen liegen darüber hinaus auch außerhalb der Schule. [...]

Mit der positiven Entwicklung der „glorreichen Jahre" 1985 bis 1995 („dix glorieuses") schwächte sich die bis dahin vorherrschende Tendenz ab, der zufolge die Wahrscheinlichkeit einer erfolgreichen Abiturprüfung davon abhing, ob die Schüler aus wohlhabenden Schichten oder im Gegenteil aus dem Arbeitermilieu stammten.

Heute erwerben 87 Prozent der Kinder von Führungskräften das Abitur gegenüber lediglich 45 Prozent der Kinder von ungelernten Arbeitern. Diese Kluft ist noch immer beträchtlich, liegt jedoch weit unter dem zu Beginn der 1980er-Jahre beobachteten Wert [...]. Aber abgesehen von der Chancenungleichheit auf dem Weg zum Abitur hängt der jeweilige Typ der erlangten Reifeprüfung von der sozialen Herkunft ab: Für die Kinder von Führungskräften verhält sich die Verteilung pro Generation zwischen den drei Abiturtypen, allgemeines, technologisches und Berufsabitur, wie folgt: 71 Prozent, 12 Prozent bzw. vier Prozent, während sie bei Arbeiterkindern bei 16 Prozent, 16 Prozent bzw. 13 Prozent liegt.

Stellungnahme des Hohen Rates zur Evaluierung des Schulsystems (Haut Conseil de l'évaluation de l'école), Oktober 2003; übers. nach: http://cisad.adc.education.fr/hcee/documents/rapport_annuel_2003.pdf

Fragen und Anregungen

1. Welche Gemeinsamkeiten und Unterschiede weisen das deutsche und das französische Bildungssystem auf? (M1)
2. Welche Bildungsbereiche unterlagen seit dem Ende des Zweiten Weltkrieges den größten Veränderungen? (M1 und 3)
3. Wie lässt sich das recht mittelmäßige Abschneiden beider Länder bei der PISA-Studie erklären? (M2 und 4)
4. Welche Unzulänglichkeiten wurden in Deutschland und Frankreich in Bezug auf das Bildungssystem festgestellt? (M2 und 3)
5. Hat sich die Chancengleichheit in Deutschland und Frankreich seit dem Krieg verbessert? Welche Faktoren stehen dem entgegen? (M2 und 3)
6. Welche Reformen sind zur Verbesserung des Bildungssystems in Deutschland vorgesehen? (M2)
7. Wie entwickelte sich die soziale Durchlässigkeit des Bildungswesens in Frankreich und in Deutschland seit dem Krieg und wo liegen ihre Grenzen?

Kapitel 17

Die deutsch-französische Partnerschaft – ein Erfolgsmodell?

Im Jahre 1945 war mit einer raschen Aussöhnung zwischen Franzosen und Deutschen nicht zu rechnen. Die Erfahrungen der beiden Weltkriege und insbesondere die Erinnerungen an die unter deutscher Besatzung an Franzosen begangenen Verbrechen lagen wie ein dunkler Schatten auf dem Verhältnis zwischen beiden Völkern. Dennoch begann bereits in den 1950er-Jahren ein Prozess der Annäherung, dessen Bedeutung weit über die Beziehungen zwischen beiden Ländern hinausreichte: Die deutsch-französische Partnerschaft war von Anfang an ein unverzichtbares Kraftzentrum der europäischen Integration.

- Wie ist die rasche Annäherung zwischen Deutschland und Frankreich nach dem Zweiten Weltkrieg zu erklären?
- In welchem Wechselverhältnis stehen die deutsch-französischen Beziehungen und das transatlantische Bündnis?

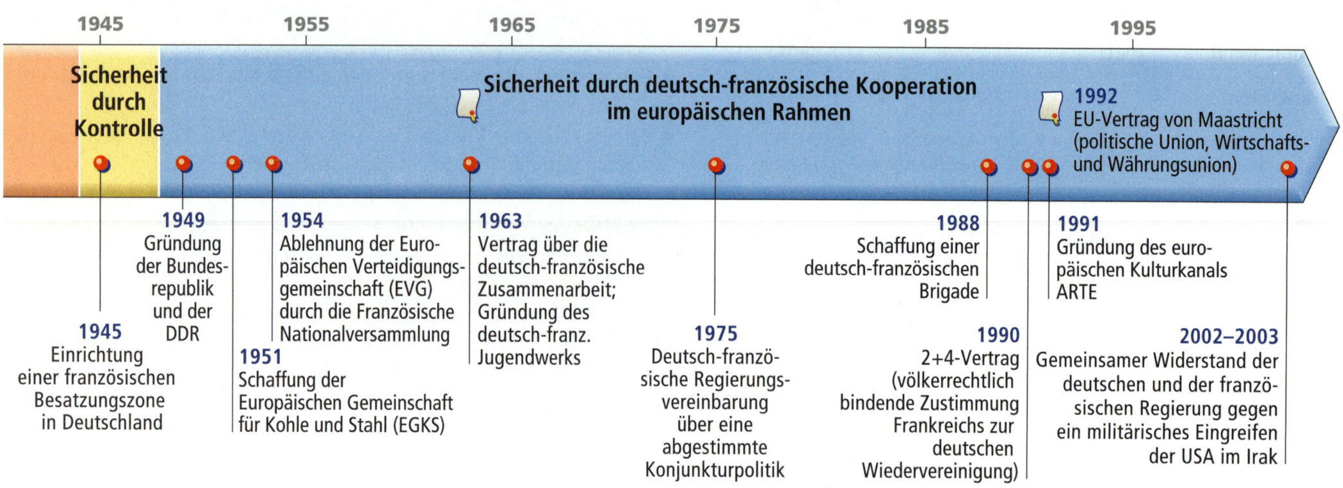

1

Paris unter deutscher Besatzung (1940)

Hitler besichtigt im Kreis der NS-Führungselite die französische Hauptstadt.

2

Geste der Versöhnung in Verdun (1984)

Staatspräsident Mitterrand und Bundeskanzler Kohl gedenken der Toten beider Weltkriege.

1. Deutschland und Frankreich – wie aus Feinden Partner wurden (1945–1963)

Welche Faktoren haben nach 1945 die rasche Aussöhnung zwischen Deutschland und Frankreich ermöglicht?

Die französische Besatzungspolitik in Deutschland

„Wir werden das Deutschland bekommen, das wir verdient haben." Mit diesen Worten mahnte der französische Widerstandskämpfer Joseph Rovan 1945 kurz nach seiner Befreiung aus dem KZ Dachau eine Verständigung zwischen Franzosen und Deutschen an. Auch das von Alfred Grosser gegründete „Comité d'Echanges avec l'Allemagne Nouvelle" suchte den Dialog mit einem erneuerten Deutschland auf der Grundlage der Wertegemeinschaft zwischen französischem und deutschem Widerstand (Achtung von Grundrechten und demokratischen Prinzipien).

Die französische Besatzungspolitik der ersten Nachkriegsjahre orientierte sich zunächst jedoch vorwiegend an anderen Zielen: 1. Deutschland sollte nachhaltig daran gehindert werden, erneut ein gegen Frankreich gerichtetes Bedrohungspotenzial aufzubauen. Das Land durfte deswegen allenfalls eine schwache Zentralgewalt besitzen. 2. Die deutsche Wirtschaftskraft sollte den Wiederaufbau in Frankreich unterstützen. In der Praxis bedeutete dies unter anderem, dass deutsche Industrieanlagen zum Abtransport nach Frankreich demontiert und Waldgebiete zur Holzgewinnung gerodet wurden.

Kurswechsel in einem veränderten weltpolitischen Klima

Seit 1948 zeichnete sich unter dem Eindruck des Kalten Krieges eine Wende im französischen Kurs gegenüber Deutschland ab. Frankreich überwand seine Vorbehalte gegenüber amerikanischen und britischen Plänen zur Gründung eines starken westdeutschen Staates. Der französische Außenminister Robert Schuman war bestrebt, Frankreichs Sicherheitsinteressen nicht mehr durch die Schwächung Deutschlands, sondern durch ein partnerschaftliches Verhältnis zu wahren.

Diese Neuorientierung fand 1951 einen spektakulären Ausdruck in der von Schuman und Jean Monnet vorangetriebenen Gründung der Europäischen Gemeinschaft für Kohle und Stahl (EGKS). Die Schwerindustrie Deutschlands und Frankreichs unterstand künftig der Kontrolle einer supranationalen Behörde (siehe S. 120 f.).

Angesichts der Schockwirkung des Koreakrieges (siehe S. 68 f.) akzeptierte die französische Regierung in den 1950er-Jahren die von Briten und Amerikanern unterstützte Wiederbewaffnung Deutschlands; zugleich setzte sich Paris jedoch für eine enge Einbindung der jungen Bundesrepublik in europäische Bündnisstrukturen ein. Das Projekt einer Europäischen Verteidigungsgemeinschaft (EVG) mit deutscher Beteiligung scheiterte allerdings 1954 in der französischen Nationalversammlung. Die Angst vor einer wiedererstandenen Wehrmacht war zu stark.

Der Weg zum deutsch-französischen Vertrag von 1963

In den 50er-Jahren kam es zu einer Reihe von Entwicklungen, die sich positiv auf das deutsch-französische Verhältnis auswirkten: Das politisch autonome und wirtschaftlich vorübergehend an Frankreich angeschlossene Saarland wurde Anfang 1957 nach einer Volksabstimmung in die Bundesrepublik eingegliedert; mit der Europäischen Wirtschaftsgemeinschaft (EWG) und der Europäischen Atomgemeinschaft (EURATOM) wurden im selben Jahr beide Länder dauerhaft in europäische Strukturen eingebunden.

Seit 1958 pflegten der französische Staatspräsident Charles de Gaulle und der deutsche Bundeskanzler Konrad Adenauer enge politische Beziehungen, die schließlich im deutsch-französischen Kooperationsvertrag vom 22. Januar 1963 ihren völkerrechtlichen Ausdruck fanden.

1

Deutsch-französische Aussöhnung (22. Januar 1963)

Nach der Unterzeichnung des Elysée-Vertrages umarmen sich Staatspräsident de Gaulle und Bundeskanzler Adenauer.

Begriffe

- **EGKS** (Europäische Gemeinschaft für Kohle und Stahl): Von den sechs Mitgliedstaaten (Bundesrepublik Deutschland, Beneluxstaaten, Frankreich, Italien) 1951 gegründete Organisation zur gemeinsamen Nutzung ihrer Produktionskapazitäten im Kohle- und Stahlbereich.
- **Supranational:** Höher als die nationale Souveränität. Auf die europäischen Institutionen bezogen bedeutet dieser Begriff gemeinschaftlich oder bundesstaatlich.
- **EVG** (Europäische Verteidigungsgemeinschaft): 1952 wurde durch den Pariser Vertrag die Gründung der EVG vereinbart; die Realisierung scheiterte jedoch, weil das französische Parlament die Vereinbarungen nicht ratifiziert hatte.
- **EWG** (Europäische Wirtschaftsgemeinschaft): Sie wurde 1957 gemeinsam mit EURATOM durch die Römischen Verträge gegründet und sollte einen europäischen Binnenmarkt ohne Zollgrenzen sowie eine gemeinsame Politik und Gesetzgebung verwirklichen.
- **EURATOM** (Europäische Atomgemeinschaft): 1957 gemeinsam mit der EWG durch die Römischen Verträge gegründet; vor dem Hintergrund eines starken Wirtschaftswachstums diente sie der zivilen Entwicklung der Kernenergie als Alternative zu fossilen Brennstoffen.

2 Die Kommunistische Partei Frankreichs gegen die EVG
Plakat der Kommunistischen Partei Frankreichs, Anfang der 1950er-Jahre.

4 Umdenken im Außenministerium

Im Pariser Außenministerium analysieren Beamte der Mitteleuropa-Abteilung die internationale Lage im Juli 1948.

(...) der deutsch-französische Zweikampf scheint historisch überholt (...) er wird sich nur als sekundäre Phase eines größeren Konflikts wiederholen können (...). Unter diesen Umständen ist es möglich, in Europa das Erscheinen einer neuen Gegebenheit zu erahnen – einer Schicksalsgemeinschaft – insofern als es immer klarer wird, dass von nun an das, was den Deutschen widerfährt, auch den Franzosen widerfahren wird (...) Die voranstehenden Bemerkungen treffen sowohl im Fall einer Konsolidierung des Ideals der westlichen Demokratie als auch im Fall eines Sieges der kommunistischen Ideologie zu. Wir sollten daher bereits jetzt versuchen (...), die Grundlagen eines wirtschaftlichen und politischen Verbunds zwischen Deutschland und Frankreich zu legen, der sich in langsamem Voranschreiten in die westliche Organisation integrieren würde.

Übers. nach: L. Herbst (Hg.), Vom Marshallplan zur EWG. München 1990, S. 590.

Fragen und Anregungen

1. Charakterisieren Sie die Rolle, die de Gaulle 1945 Frankreich gegenüber Deutschland zuweist. (M3)
2. Setzen Sie de Gaulles Vorstellungen in Beziehung zu deutschlandpolitischen Konzepten Frankreichs nach dem Ersten Weltkrieg.
3. Stellen Sie unter Nutzung von M4 den Zusammenhang zwischen Ost-West-Konflikt und deutsch-französischer Annäherung dar.
4. Erläutern Sie anhand Ihres Wissens über die Rolle de Gaulles im Zweiten Weltkrieg die politische Bedeutung von M1.
5. Zwei Beamte des französischen Außenministeriums diskutieren 1948 über die künftige Gestaltung des deutsch-französischen Verhältnisses. Verfassen Sie unter Nutzung der Quellen auf dieser Seite ein Streitgespräch, in dem wichtige Argumente für und gegen eine Zusammenarbeit mit Deutschland vorgebracht werden.

3 Was sollen wir mit Deutschland machen?

Charles de Gaulle, damals Präsident der Provisorischen Regierung der Französischen Republik, erklärt vor französischen Offizieren in Baden-Baden seine Vorstellungen (5. Oktober 1945):

Was tun wir hier nach unserem Sieg? Wir arbeiten darauf hin, hier Frankreich zu etablieren. Wir folgen damit einer gewissen historischen Berufung unseres Landes, die in der Vergangenheit mehrmals unterbrochen worden ist, und die wir nun ein letztes Mal und unter den bestmöglichen Umständen realisieren.

Frankreich hier etablieren, das bedeutet zuerst, Frankreich die Verfügung über das Territorium zu verschaffen, das der Natur nach mit ihm verbunden ist. Dies betrifft die linksrheinischen Gebiete der Pfalz, Hessen, das rheinische Preußen und das Saarland. [...]

Heißt dies Annexion? Nein, aber streiten wir nicht um Worte. Das Ziel ist eine wirtschaftliche und psychologische Vereinigung, eine französische Präsenz, eine unbegrenzte Kontrolle.

Was die anderen deutschen Gebiete betrifft, so gehen sie ihrer Bestimmung entgegen, einer traurigen Bestimmung. Das geteilte und zerstörte Deutschland, regiert von verschiedenen, untereinander zerstrittenen Behörden – es wird sich ganz natürlicherweise auf das Land hin orientieren, das ihm die meisten Zukunftschancen bietet, die Möglichkeit, wieder einen Platz in Europa einzunehmen.

In welchem Zustand befinden sich doch Städte wie Saarbrücken, Koblenz, Mainz, Trier und Freiburg und Karlsruhe, die wir früher oder später wieder unter unsere Fittiche nehmen werden! Man muss sich nur ansehen in welchem Zustand sich unterschiedslos die rheinischen Provinzen befinden, um sich klar vor Augen zu führen, dass sie die Unterstützung und Hilfe Frankreichs brauchen werden.

F. Knipping/E. Weisenfeld (Hg.), Eine ungewöhnliche Geschichte, Deutschland – Frankreich seit 1870. Bonn 1988, S. 144; teilweise durch den Verfasser nach dem franz. Original ergänzt.

2. Die deutsch-französischen Beziehungen 1963–1989 – ein Sonderbündnis innerhalb des Westens?

Gefährdete die Stärkung der deutsch-französischen Partnerschaft den Zusammenhalt im transatlantischen Bündnis?

Der Elysée-Vertrag von 1963 – Fundament einer dauerhaften Zusammenarbeit?

Am 22. Januar 1963 unterzeichneten Staatspräsident de Gaulle und Bundeskanzler Adenauer im Pariser Elysée-Palast einen Vertrag über die Zusammenarbeit beider Länder. Dies war eine politische Sensation: Knapp 18 Jahre nach Kriegsende schienen Misstrauen und Revanchedenken endgültig dem Geist der Partnerschaft, ja Freundschaft gewichen zu sein. Der Schulterschluss ist jedoch auch vor dem Hintergrund der außenpolitischen Schwächephase zu sehen, in der sich die beiden Regierungen damals aufgrund des Mauerbaus in Berlin bzw. des verlorenen Algerienkrieges befanden.

Das Kernstück des Vertrages bildeten die deutsch-französischen Regierungskonsultationen, die künftig regelmäßig stattfinden sollten, um eine enge Abstimmung insbesondere in wichtigen Fragen der Außen- und Sicherheitspolitik, der Bildungspolitik und der Jugendarbeit zu ermöglichen.

Konkurrenz zur deutsch-amerikanischen Freundschaft?

Der Elysée-Vertrag stieß in Deutschland keineswegs auf ungeteilte Zustimmung und führte in Washington zu Unmut: Die deutsch-französische Sonderbeziehung, so die Befürchtung, gefährde oder beeinträchtige doch zumindest die Bindung Deutschlands an die NATO und an die USA, den wichtigsten sicherheitspolitischen Partnern der Bundesrepublik.

Diese Befürchtung hatte ihren Grund vor allem im außenpolitischen Kurs de Gaulles, der die Eigenständigkeit seines Landes gegenüber den USA immer wieder mit Nachdruck betont hatte. Kurz vor der Vertragsunterzeichnung hatte de Gaulle das Projekt einer gemeinsamen Nuklearstreitmacht der NATO unter Führung der USA abgelehnt und sich zudem gegen einen Beitritt Großbritanniens zur EWG ausgesprochen, da er in den Briten allzu enge Verbündete der Amerikaner sah. Würde sich Deutschland diesem Kurs nun anschließen?

Neue Felder der Zusammenarbeit

Mit Ludwig Erhard wurde im Herbst 1963 ein „Atlantiker“ Bundeskanzler, der vor allem auf gute Beziehungen zu den USA Wert legte und keine freundschaftliche Beziehung zu de Gaulle aufbaute. Auch während der Kanzlerschaft Kurt-Georg Kiesingers (CDU, 1966–1969) und Willy Brandts (SPD, 1969–1974) stand die deutsch-französische Kooperation im Hintergrund; im Rahmen der „Neuen Ostpolitik“ galt seit 1969 die Aufmerksamkeit der Bundesregierung vorwiegend den östlichen Nachbarstaaten **(siehe S. 254f.)**. Zu einer Weiterentwicklung der deutsch-französischen Beziehungen kam es erst wieder seit 1974 unter Staatspräsident Valéry Giscard d'Estaing und Kanzler Helmut Schmidt. Beide pflegten ein freundschaftliches Verhältnis zueinander und verstärkten die Zusammenarbeit vor allem in der Wirtschafts- und Währungspolitik.

Von persönlicher Sympathie waren schließlich in den 1980er-Jahren auch die Beziehungen zwischen François Mitterrand und Helmut Kohl geprägt. Die „Tandems“ zwischen dem Liberalen Giscard und dem Sozialdemokraten Schmidt zum einen sowie dem Christdemokraten Kohl und dem Sozialisten Mitterrand zum anderen belegen, dass die Parteizugehörigkeit der Staats- und Regierungschef für die Qualität der Beziehungen unerheblich war.

Kohl und Mitterrand bezogen verstärkt den Bereich der Sicherheitspolitik in die deutsch-französische Zusammenarbeit ein. Beide sprachen sich angesichts der sowjetischen Aufrüstung einvernehmlich für die Stationierung amerikanischer Mittelstreckenraketen in Europa aus. 1988 beschlossen sie die Schaffung einer deutsch-französischen Brigade; 1992 folgte die Gründung des Eurokorps, in dem neben Deutschen und Franzosen auch Soldaten anderer europäischer Länder Dienst tun.

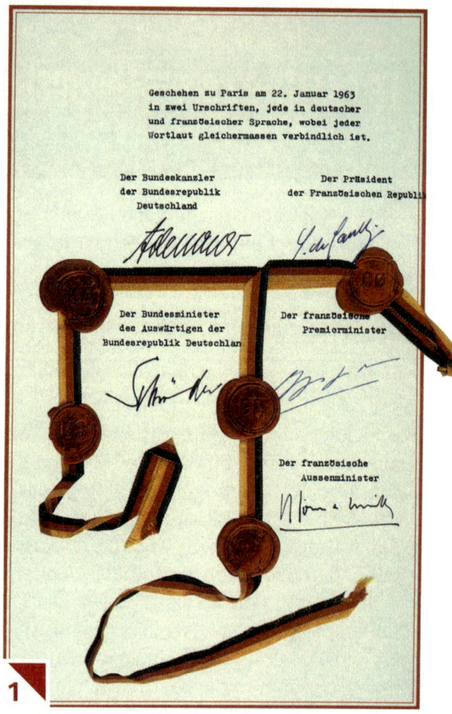
Geschehen zu Paris am 22. Januar 1963
in zwei Urschriften, jede in deutscher
und französischer Sprache, wobei jeder
Wortlaut gleichermassen verbindlich ist.

Der Bundeskanzler
der Bundesrepublik
Deutschland

Der Präsident
der Französischen Republi

Der Bundesminister
des Auswärtigen der
Bundesrepublik Deutschlan

Der französische
Premierminister

Der französische
Aussenminister

1 **Unterschriftenseite Elysée-Vertrag vom 22. Januar 1963**

Begriffe

- **Deutsch-französische Regierungskonsultationen:** Für die Staats- und Regierungschefs sieht der Elysée-Vertrag von 1963 zweimal im Jahr ein Treffen vor; die Außenminister treffen sich sogar viermal jährlich. Zudem sind regelmäßige Begegnungen zwischen Fachministerien und Behörden vorgesehen.
- **Atlantiker:** Befürworter einer möglichst engen Anlehnung der Bundesrepublik an USA und NATO.

2 Auszug aus dem Elysée-Vertrag

Der Vertrag zwischen der Bundesrepublik Deutschland und der Französischen Republik über die deutsch-französische Zusammenarbeit wurde am 22. Januar 1963 in Paris unterzeichnet.

A – Auswärtige Angelegenheiten

1. Die beiden Regierungen konsultieren sich vor jeder Entscheidung in allen wichtigen Fragen der Außenpolitik und in erster Linie in den Fragen von gemeinsamem Interesse, um so weit wie möglich zu einer gleichgerichteten Haltung zu gelangen.

C – Erziehungs- und Jugendfragen

[...]

1. Auf dem Gebiet des Erziehungswesens richten sich die Bemühungen hauptsächlich auf folgende Punkte:

a) Sprachunterricht

Die beiden Regierungen erkennen die wesentliche Bedeutung an, die der Kenntnis der Sprache des anderen in jedem der beiden Länder für die deutsch-französische Zusammenarbeit zukommt. Zu diesem Zweck werden sie sich bemühen, konkrete Maßnahmen zu ergreifen, um die Zahl der deutschen Schüler, die Französisch lernen, und die der französischen Schüler, die Deutsch lernen, zu erhöhen. [...]

2. Der deutschen und französischen Jugend sollen alle Möglichkeiten geboten werden, um die Bande, die zwischen ihnen bestehen, enger zu gestalten und ihr Verständnis füreinander zu vertiefen. Insbesondere wird der Gruppenaustausch weiter ausgebaut.

Die deutsch-französischen Beziehungen. Chronologie und Dokumente 1948–1999. Bonn 2000, S. 179 und 181.

4

Bundeskanzler Adenauer nach der Unterzeichnung des deutsch-französischen Vertrages

Karikatur von Jupp Wolter im „Sonntagsblatt" (24. Februar 1963).

3 Präambel zum Ratifikationsgesetz des Deutschen Bundestages (15. Juni 1963)

Der Deutsche Bundestag stellte seinem Ratifikationsgesetz (Gesetz über die Annahme eines internationalen Vertrages) ohne Abstimmung mit der französischen Regierung eine Präambel (Vorrede) voran.

In der Überzeugung, dass der Vertrag zwischen der Bundesrepublik Deutschland und der Französischen Republik vom 22. Januar 1963 die Aussöhnung und Freundschaft zwischen dem deutschen und dem französischen Volk vertiefen und ausgestalten wird; mit der Feststellung, dass durch diesen Vertrag die Rechte und Pflichten aus den von der Bundesrepublik Deutschland abgeschlossenen multilateralen Verträgen unberührt bleiben; mit dem Willen, durch die Anwendung dieses Vertrages die großen Ziele zu fördern, die die Bundesrepublik Deutschland [...] seit Jahren anstrebt, [...] nämlich die Erhaltung und Festigung des Zusammenschlusses der freien Völker, insbesondere einer engen Partnerschaft zwischen Europa und den Vereinigten Staaten von Amerika, [...] die gemeinsame Verteidigung im Rahmen des nordatlantischen Bündnisses und die Integrierung der Streitkräfte der in diesem Bündnis zusammengeschlossenen Staaten, die Einigung Europas auf dem durch die Schaffung der Europäischen Gemeinschaften begonnenen Wege unter Einbeziehung Großbritanniens [...] hat der Bundestag das folgende Gesetz beschlossen:

[Es folgt das Ratifikationsgesetz.]

Die deutsch-französischen Beziehungen. Chronologie und Dokumente 1948–1999. Bonn 2000, S.183.

5

Kommunikationsstörung auf dem zweiten deutsch-französischen Gipfel im Juni 1965

Staatspräsident de Gaulle und Altbundeskanzler Adenauer unterhalten sich. Zwischen ihnen steht der amtierende Kanzler Erhard. Dem „Atlantiker" Erhard gelang es nicht, ein freundschaftliches Verhältnis zu de Gaulle aufzubauen.

Fragen und Anregungen

1. Vergleichen Sie M3 auf Seite 297 (de Gaulle 1945) und M2 auf dieser Seite. Welche Veränderungen stellen Sie fest und wie sind diese zu erklären?

2. Interpretieren Sie die Karikatur von Jupp Wolter im historischen Kontext des Jahres 1963. (M4)

3. Erläutern Sie die Präambel des deutsch-französischen Vertrages vor dem Hintergrund der außenpolitischen Situation Deutschlands und Frankreichs. (M3)

4. Halten Sie die Ängste vor einem deutsch-französischen Sonderbündnis im Jahre 1963 für berechtigt?

5. Wie beurteilen Sie das heutige Verhältnis zwischen deutsch-französischer Partnerschaft und transatlantischen Beziehungen?

3. Ein neues Kräfteverhältnis? – die deutsch-französischen Beziehungen seit 1989

Wie wirkte sich das Ende der Spaltung Europas auf die deutsch-französischen Beziehungen aus?

Frankreich und die deutsche Einheit

Die dramatischen Ereignisse, die im Herbst 1989 zum Fall der Mauer und kaum ein Jahr später zur Wiedervereinigung Deutschlands führten, riefen in der französischen Bevölkerung überwiegend Zustimmung und Begeisterung hervor.

Staatspräsident Mitterrand befürchtete jedoch anfänglich, dass die Entstehung eines größeren Deutschlands das Kräftegleichgewicht in der deutsch-französischen Partnerschaft und in der Europäischen Gemeinschaft verändern könnte. Schließlich hatte Deutschland plötzlich 20 Millionen Bürger mehr als Frankreich. Außerdem sah Mitterrand die Gefahr, dass ein stärkeres Deutschland alte Gebietsansprüche gegenüber Polen erneuern könnte.

Nachdem Helmut Kohl die deutsche Bereitschaft zu einer Garantie der Oder-Neiße-Linie als Grenze zwischen Deutschland und Polen ausgesprochen hatte, war die französische Regierung allerdings bereit, die Wiedervereinigung politisch zu unterstützen und schließlich im September 1990 auch völkerrechtlich durch Unterzeichnung des 2+4-Vertrags (siehe S. 137) zu besiegeln.

1 **Mitterrand vor Stundenten in Leipzig, 21. Dezember 1989**

Mitterrands Staatsbesuch in der DDR löste in Westdeutschland Unmut aus, da er als Anerkennung des damals bereits erheblich geschwächten SED-Regimes gewertet werden konnte.

Die deutsch-französische Partnerschaft – ein Motor der europäischen Integration

Seit der Gründung der Europäischen Gemeinschaft für Kohle und Stahl (EGKS) waren im Jahre 1951 immer wieder wichtige Impulse zur Einigung Europas von Deutschland und Frankreich ausgegangen.

Als neues Motiv trat nun in den 90er-Jahren auf deutscher und mehr noch auf französischer Seite die Absicht hinzu, das durch die Wiedervereinigung gestörte Gleichgewicht zwischen beiden Ländern durch eine stärkere Einbindung Deutschlands in europäische Strukturen zu ersetzen. Ihren deutlichsten Ausdruck fanden diese Bestrebungen 1992 im Vertrag von Maastricht, der die Europäische Union mit ihren zentralen Komponenten Wirtschafts- und Währungsunion begründete und im Vertrag von Nizza im Jahre 2000, der das Prinzip der qualifizierten Mehrheitsentscheidung auf wichtige Politikfelder ausdehnte.

Allerdings wurden in Nizza auch Grenzen der deutsch-französischen Verständigung deutlich: Frankreich forderte ein Festhalten an der Parität zwischen beiden Ländern, während Deutschland aufgrund seiner höheren Bevölkerungszahl ein größeres Stimmengewicht für sich in Anspruch nahm.

Frankreich und Deutschland gegen die USA? – Die Irak-Krise 2002/2003

Im Winter 2002/2003 wurde immer deutlicher erkennbar, dass die amerikanische Regierung den irakischen Diktator Saddam Hussein auch ohne Zustimmung des UN-Sicherheitsrates militärisch stürzen wollte. Daraufhin entschlossen sich Staatspräsident Chirac und Bundeskanzler Schröder unter Einbeziehung des russischen Präsidenten Putin, den amerikanischen Plänen gemeinsamen Widerstand entgegenzusetzen.

Diese offene Wendung gegen Washington führte innen- wie außenpolitisch zu erheblichen Turbulenzen. In Deutschland warf die Opposition der Regierung vor, die für die Sicherheit Deutschlands seit 1949 fundamentalen deutsch-amerikanischen Beziehungen leichtfertig aufs Spiel zu setzen.

Die europäische Union und ihre Beitrittskandidaten spalteten sich auf in das Lager der Befürworter (u. a. die Regierungen Großbritanniens, Polens, Italiens und Spaniens) und Gegner (u. a. die Regierungen Frankreichs und Deutschlands) des bevorstehenden Irakkrieges. Hatte das deutsch-französische Tandem seine europäische Integrationskraft im Konflikt mit den USA überschätzt?

Begriffe

- **Oder-Neiße-Linie:** Die deutsch-polnische Grenze verläuft seit 1945 infolge der Westverschiebung Polens entlang der Flüsse Oder und Neiße. Die polnische Westgrenze verläuft seit 1945 infolge der Westverschiebung Polens entlang der Flüsse Oder und Neiße (durch das Potsdamer Abkommen vorbehaltlich einer friedensvertraglichen Regelung bestätigt, **siehe Karte S. 28**). Die DDR erkannte diesen Grenzverlauf 1950 an; 1970 erfolgte die Anerkennung durch die Bundesrepublik Deutschland. Im 2+4-Vertrag von 1990 bestätigten die beiden deutschen Staaten die Oder-Neiße-Linie für das vereinigte Deutschland als endgültige Grenze **(siehe S. 137, M6)**.
- **Qualifizierte Mehrheitsentscheidung:** Abstimmungsmodus, der sich sowohl von der Einstimmigkeit als auch von der einfachen Mehrheit unterscheidet. Jeder Mitgliedstaat verfügt über eine Stimmenzahl, die seiner Bevölkerung proportional entspricht. Zur Annahme eines Beschlusses ist eine bestimmte Stimmenzahl erforderlich.
- **Parität:** Stimmengleichheit.

2 „Achtung! Frankreich gegenüber dem großen Deutschland“

Titelseite des „Figaro-Magazine“ vom 29. September 1990.

3 Gemeinsame Erklärung des russischen Präsidenten Putin, des französischen Präsidenten Chirac und des deutschen Bundeskanzlers Schröder vom 10. Februar 2003

Die Rede ist vor dem Hintergrund amerikanischer Pläne zu einem militärischen Sturz des irakischen Diktators Saddam Hussein zu sehen.

Russland, Deutschland und Frankreich, die sich eng abstimmen, bekräftigen, dass die Entwaffnung des Irak gemäß den […] verabschiedeten einschlägigen UN-Resolutionen das gemeinsame Ziel der internationalen Gemeinschaft darstellt und sie möglichst rasch zum Abschluss gebracht werden muss. […] Jeder Lösung müssen die Grundsätze der Charta der Vereinten Nationen zugrunde liegen, an die [Generalsekretär] Kofi Annan kürzlich erinnert hat. […] Die […] Waffeninspektionen haben bereits zu Ergebnissen geführt. Russland, Deutschland und Frankreich befürworten die Fortsetzung der Inspektionen und eine substanzielle Aufstockung ihrer menschlichen und technischen Kapazitäten mit allen Mitteln und in Abstimmung mit den Inspektoren […]. Es gibt noch eine Alternative zum Krieg. Der Einsatz von Gewalt kann nur ein letztes Mittel darstellen. Russland, Deutschland und Frankreich sind entschlossen, der friedlichen Entwaffnung des Irak alle Chancen zu geben.

http://archiv.bundesregierung.de/bpaexport/artikel/70/466570/multi.htm

4 Erweitertes Tandem?

Gemeinsam mit dem russischen Präsidenten Putin versuchten Schröder und Chirac im Winter 2002/2003 erfolglos, das von den USA angestrebte militärische Eingreifen im Irak zu verhindern. Das Bild zeigt die drei Politiker im April 2003 während eines Gesprächs über den Wiederaufbau des Irak.

5 Umfrage des französischen Meinungsforschungsinstituts Ipsos in Deutschland und Frankreich (2003)

Frage: Welche Begriffe aus der nachfolgenden Liste beschreiben am besten das aktuelle Verhältnis zwischen Deutschland und Frankreich? Befragt wurden in beiden Ländern jeweils knapp 1000 Personen.

	Franzosen (%)	Deutsche (%)
Partnerschaft	57	52
Vertrauen	35	22
Freundschaft	34	48
Solidarität	27	31
Misstrauen	17	18
Rivalität	7	7
Groll	6	2
Unverständnis	5	4
Gleichgültigkeit	5	5
Keine Angaben	3	1

Ipsos-Umfrage für ARTE und die französische Tageszeitung „Le Figaro“, 2003.

Fragen und Anregungen

1. Erläutern Sie die französischen Ängste angesichts der deutschen Wiedervereinigung. (M1 und 2)

2. Interpretieren Sie die Titelseite des „Figaro-Magazine“ im historischen Kontext. (M2)

3. Vergleichen Sie das Verhältnis Frankreich-Deutschland-USA während der Irak-Krise mit der Situation des Jahres 1963. (M3 und 4 und **siehe S. 298 f.**)

4. Charakterisieren Sie die wechselseitige Wahrnehmung von Franzosen und Deutschen auf der Basis von M5.

Dossier: Symbolische Gesten und Erinnerungsorte im deutsch-französischen Verhältnis

Die Beziehungen zwischen Deutschland und Frankreich fanden nach 1945 immer wieder ihren Ausdruck in symbolischen Gesten, die das freundschaftliche Verhältnis beider Länder für die Öffentlichkeit sichtbar machen sollten. Als Schauplätze wurden für diese Gesten häufig bewusst Orte gewählt, die auf die gemeinsame Geschichte beider Nationen vor 1945 verweisen. Ein solcher Ort ist Verdun, eines der blutigsten Schlachtfelder des Ersten Weltkrieges.

Dort gedachten François Mitterrand und Helmut Kohl 1984 Hand in Hand der Toten der beiden Weltkriege (siehe S. 295). Das Bild dieser Geste ist mittlerweile zu einer Ikone der deutsch-französischen Aussöhnung geworden.

Auch die auf dieser Doppelseite vorgestellten Erinnerungsorte Reims und Versailles haben im Verhältnis beider Länder eine wichtige symbolische Rolle gespielt, deren Ursprünge teilweise weit in die Zeit vor der Entstehung der Nationalstaaten zurückreichen. Wie ist es zu erklären, dass für die feierliche Würdigung der deutsch-französischen Partnerschaft so oft Orte des Leidens, der Feindschaft und der Demütigung ausgewählt werden?

A. Reims

1

Kriegszerstörungen um 1917

Im Ersten Weltkrieg zerstörten die Deutschen durch Artilleriebeschuss weite Teile der Stadt Reims und beschädigten auch die Kathedrale. Als traditioneller Ort der Königskrönung symbolisierte das Bauwerk die nationale Selbstbehauptung Frankreichs gegenüber fremder Herrschaft. 1429 bewog Jeanne d'Arc den Thronfolger Karl VII., die damals vom englischen König beanspruchte Krone Frankreichs in diesem Gotteshaus anzunehmen und so den Fortbestand der französischen Monarchie zu behaupten. Dieses dynastische Ereignis wurde später im nationalen Sinne umgedeutet.

2

Die deutsche Kapitulation am 7. Mai 1945

In einer zum Hauptquartier des US-Generals Eisenhower umfunktionierten Schule der Stadt Reims unterzeichnete Generaloberst Jodl die Gesamtkapitulation der deutschen Wehrmacht. Ein Vertreter Frankreichs war dabei als Zeuge zugelassen. Erinnerungspostkarte.

3

Deutsch-französische Versöhnungsmesse am 8. Juli 1962

Staatspräsident de Gaulle und Bundeskanzler Adenauer nahmen gemeinsam an einer Messe in der Kathedrale von Reims teil. Adenauers Staatsbesuch in Frankreich gehörte ebenso wie de Gaulles Gegenbesuch im September 1962 zur unmittelbaren Vorgeschichte des deutsch-französischen Vertrags vom 22. Januar 1963.

B. Versailles

Kaiserproklamation im Spiegelsaal des Schlosses von Versailles (18. Januar 1871)

Der preußische König Wilhelm I. wird im Beisein Bismarcks und der deutschen Fürsten zum Deutschen Kaiser ausgerufen (stark stilisierte Darstellung). Die Reichsgründung vollzog sich auf der Grundlage eines von Bismarck bewusst herbeigeführten Einigungskrieges der deutschen Staaten gegen Frankreich. Die Wahl des Ortes war eine gezielte Demütigung Frankreichs. Wie kein anderes Bauwerk verkörperte das Schloss Größe und Machtanspruch der französischen Monarchie und war darüber hinaus seit dem Zusammentreten der Generalstände im Jahre 1789 auch ein wesentlicher Schauplatz der Entstehung des modernen französischen Verfassungsstaates gewesen.

„Kaiserproklamation von Versailles 1871", Gemälde von Anton von Werner, 1885, Bismarck-Museum, Friedrichsruh.

4

5

Die Unterzeichnung des Versailler Vertrages im Spiegelsaal des Schlosses (28. Juni 1919)

Der Friedensvertrag von 1919 wies Deutschland die Gesamtverantwortung für die menschlichen und materiellen Verluste des Ersten Weltkriegs zu. Der in Deutschland bald als „Kriegsschuldartikel" bezeichnete Artikel 231 des Versailler Vertrages und die daraus abgeleiteten Belastungen (insbesondere Reparationen, Gebietsabtretungen und Zwangsabrüstung) wurden von weiten Teilen der deutschen Öffentlichkeit als großes Unrecht empfunden. Die Revision des „Diktats von Versailles" diente Hitler in den 30er-Jahren als propagandistischer Vorwand für seine aggressive Außenpolitik, die schließlich 1939 in den Zweiten Weltkrieg mündete.

„The Signing of Peace in the Hall of Mirrors", Versailles, 28th June 1919, Gemälde von William Orpen, 1925, Imperial War Museum, London.

6

Französische Nationalversammlung und Deutscher Bundestag in Versailles (22. Januar 2003)

Anlässlich der Feierlichkeiten zum 40. Jahrestag der Unterzeichnung des Elysée-Vertrages traten die Französische Nationalversammlung und der Deutsche Bundestag zu einer gemeinsamen Sitzung im Theater von Versailles zusammen.

Anregung

- Stellen Sie sich vor, Sie hätten den Festakt des Deutschen Bundestages und der Französischen Nationalversammlung zum 50. Jahrestag des Elysée-Vertrages (2013) zu planen. Für welchen Ort entscheiden Sie sich? Begründen Sie Ihre Entscheidung.

Dossier: Bildung, Jugendarbeit und Kultur als Kernbereiche deutsch-französischer Kooperation

Mit dem Elysée-Vertrag vom 22. Januar 1963 wurde die Förderung des Austauschs in den Bereichen Bildung, Jugendarbeit und Kultur zu einem verbindlichen Ziel der deutsch-französischen Zusammenarbeit erhoben. Auf dieser Basis hat sich seitdem eine Vielzahl von Kooperationen entwickelt, die von Schul- und Städtepartnerschaften bis hin zum europäischen Kulturkanal ARTE reichen.

Bereits 1963 wurde das deutsch-französische Jugendwerk gegründet, das vor allem den Jugendaustausch und den Erwerb der jeweiligen Partnersprache fördert. In Saarbrücken, Freiburg und Buc können junge Deutsche und Franzosen binationale Gymnasien besuchen. Seit 1994 haben französische und deutsche Schüler darüber hinaus an weiteren Schulen die Möglichkeit, das Abitur und das Baccalauréat gleichzeitig zu erwerben (ABI – BAC). Zudem steht an den Universitäten beider Länder ein breites Angebot binationaler und europäischer Studiengänge zur Verfügung. 1997 wurde die Deutsch-Französische Hochschule als Verbundorganisation eingerichtet, um die Zusammenarbeit im Hochschulbereich weiter auszubauen.

1

Das deutsch-französische Jugendparlament (Berlin, 18.–23. Januar 2003)

Anlässlich des 40. Jahrestages des Elysée-Vertrages debattierten in Berlin 500 deutsche und französische Schüler über die Weiterentwicklung der deutsch-französischen Beziehungen. In der Abschlusserklärung forderte das Jugendparlament unter anderem „ein Geschichtsbuch mit gleichem Inhalt für beide Länder einzuführen, um durch Unwissenheit verursachte Vorurteile abzubauen."

2 Der Elysée-Vertrag – ein Misserfolg im Bereich der Sprachen?

Was besagte der Vertrag von 1963? – „Die beiden Regierungen erkennen die wesentliche Bedeutung an, die der Sprache des anderen in jedem der beiden Länder [...] zukommt." Vierzig Jahre später lassen die Zahlen an ein Scheitern denken. In Deutschland ist das Französische im Primarbereich nahezu verschwunden [...]; an den Gymnasien geht es zurück (fünf Prozent der Abiturienten legen eine Abiturprüfung im Fach Französisch ab). In Frankreich hat die Zahl der Gymnasiasten mit Deutsch als Fremdsprache die Millionenmarke im September 2002 unterschritten. Die Entscheidung für das Deutsche als erste Fremdsprache – ein lange Zeit als elitär geltender Zug – war nur noch für 7,9 Prozent der Schüler der „Sixième" (Klasse 5 in Deutschland) attraktiv, während sich 1990 noch 12,7 Prozent dafür entschieden hatten. Als zweite Fremdsprache verliert das Deutsche gegenüber dem Spanischen an Bedeutung. [...]

„Auf sprachlicher Ebene ist der Elysée-Vertrag ein Misserfolg", bedauert Jean-Michel Hannequart, Präsident der Vereinigung zur Entwicklung des Deutschunterrichts in Frankreich (Adeaf) [...]

[...] Luc Ferry, der [französische] Erziehungsminister, schlug vor, das Englische in der Grundschule und die beiden anderen Sprachen in der Sekundarstufe zu lernen, „denn es wäre schrecklich, wenn wir Deutsche und Franzosen untereinander nur Englisch – und obendrein noch schlechtes Englisch – sprechen würden."

Übers. nach: Nicolas Bourcier, „Sprechen Sie français?" „Non, danke!", Le Monde, 23. Januar 2003.

3 Deutsch und Französisch in der Sekundarstufe II (Angaben in Prozent)

Französisch lernende Schüler							Deutsch lernende Schüler						
In %	1998	1999	2000	2001	2002	2003	In %	1998	1999	2000	2001	2001	2003
Dänemark	34,4	33,0	31,2	22,9	23,6	22,3	**Dänemark**	83,3	82,7	79,6	69,6	71,8	71,6
Deutschland	33,1	32,7	30,9	29,4	27,1	29,4	**Frankreich**	36,2	34,3	32,6	31,2	30,5	28,7
Polen	—	16,7	15,8	15,2	14,1	12,7	**Polen**	—	61,0	62,2	62,4	61,5	63,9

Quelle: Eurostat/OECD/UNESCO, 1. Juni 2005

4 Geschichtsstudium an der Université Paris VII: Aus dem Erfahrungsbericht einer deutschen Studentin (2001/2002)

Bekanntlich ist das Studium in Frankreich sehr verschult, was meiner Meinung nach Vor- und Nachteile hat, auf jeden Fall ist es am Anfang sehr ungewohnt. Die Kurse [...] bestehen im Wesentlichen aus einer Vorlesung und in der zweiten Hälfte aus den Referaten der Studenten. Die Referate werden stets abgelesen und selten diskutiert. Auch wenn man am Anfang Schwierigkeiten hat mitzukommen, merkt man schnell, dass diese Form der Lehre durchaus effizient ist. Man erwirbt eine Menge Überblicks- und Faktenwissen, was in Bielefeld oft zu kurz kommt. Im Allgemeinen werden im Kurs ein Referat, eine kurze Hausarbeit [...] und eine Klausur verlangt. Das bedeutet durchaus viel Arbeit, doch der wissenschaftliche Anspruch ist nicht so hoch. Für die Hausarbeiten wird weder das Belegen mit Fußnoten noch eine ausführliche Literaturrecherche verlangt. [...] Die Klausuren sollten ebenfalls kein Grund zur Panik sein, auch wenn sie sehr streng bewertet werden. [...] Meist stehen zwei Themen, eine dissertation und ein commentaire de texte zur Auswahl. Bei erstem wird viel Wert auf eine schlüssige (3-teilige) Gliederung gelegt, bei der zweiten Variante kann man sich im Wesentlichen an die Grundregeln der Textanalyse halten.

Erfahrungsbericht einer deutschen Studentin über einen Aufenthalt an der Universität Paris VII – Denis Diderot im WS 2001/2002-SS 2002 Universität Bielefeld.http://www.uni-bielefeld.de/geschichte/mafnz/Div/Paris_Zimmermann.doc

5 Politikstudium in Heidelberg: Aus dem Erfahrungsbericht einer französischen Studentin (2003/2004)

Das [deutsche] Seminar unterscheidet sich stark von den französischen *conférences de méthodes* [Kurs, in dem eine aktive Beteiligung der Studenten möglich ist, im Gegensatz zur reinen Vorlesung]. Als französischer Student ist man wirklich erstaunt darüber, mit welcher Leichtigkeit sich die deutschen Kommilitonen in der Öffentlichkeit ausdrücken, sei es nun während eines *Referats* (exposé, dt. Wort im franz. Text) oder während der Debatte, die diesem Referat folgt. Wo sich der französische Student in einer *conférence de méthode* oder einem Kurs schüchtern versteckt und schweigt, zögert der deutsche Student nicht, an der Diskussion teilzunehmen [...].

Dies erscheint zunächst im Hinblick auf die Dynamik der Kurse und die geistige Anregung der Studenten als ein positiver Punkt, es ist aber bedauerlicherweise auch festzustellen, dass die Qualität der Seminare manchmal fragwürdig ist. Es geht ja nicht nur darum, seine Vorstellungen auszudrücken; vielmehr ist es auch notwendig, seine Behauptungen auf eine gewisse Grundlage zu stellen. Nun haben aber viele Teilnehmer das Wort ergriffen [...], die die für die Sitzung vorgeschriebenen Texte nicht gelesen hatten oder die Vorstellungen von sich gaben, die sich im Bereich von Banalitäten bewegten.

Erfahrungsbericht einer französischen Studentin über einen Aufenthalt an der Universität Heidelberg (2003–2004), Institut des Sciences Politiques, Nancy.

6 Der Europäische Fernsehkulturkanal ARTE

ARTE wurde 1991 auf der Basis eines Vertrages zwischen der Französischen Republik und mehreren deutschen Bundesländern gegründet. Obwohl der Sender seine Existenz einer deutsch-französischen Initiative verdankte, war die thematische Ausrichtung des Programms von Anfang an gesamteuropäisch geprägt, beschränkte sich also keineswegs auf den binationalen Kulturaustausch. ARTE verfügt gegenüber den Behörden der Gründungsstaaten über ein hohes Maß an Unabhängigkeit.

Fragen und Anregungen

1. Beurteilen Sie die Aussagen des Artikels M2 zur Situation der Partnersprachen in Deutschland und Frankreich vor dem Hintergrund des statistischen Materials in M3. Berücksichtigen Sie dabei vergleichend die Angaben zu Polen und Dänemark.
2. Welche nationalen Besonderheiten des französischen bzw. des deutschen Studiensystems heben die beiden Studentinnen in jeweils hervor und wie bewerten sie diese? (M4 und 5)
3. Erörtern Sie ausgehend von, welche Schwierigkeiten und Chancen sich durch ein Studium im Partnerland ergeben. (M4 und 5)
4. Erarbeiten Sie eine Gesamtbilanz der deutsch-französischen Beziehungen seit 1945.

Bilanz
Deutsche und Franzosen seit 1945

Wichtige Daten

1945: Einrichtung der Sozialversicherung in Frankreich
1946: Verfassung der Vierten Republik
1949: Gründung der Bundesrepublik Deutschland und der Deutschen Demokratischen Republik; Erhard stellt die „Soziale Marktwirtschaft“ vor
1958: Verfassung der Fünften Republik in Frankreich
1962: Direktwahl des französischen Staatspräsidenten
1963: Elysée-Vertrag
1968: Osterunruhen in Westdeutschland und „crise de mai“ in Frankreich (Studentenrevolten)
1969: Sozialdemokraten in der Bundesrepublik an der Macht
1981: Wahl des ersten französischen Staatspräsidenten aus dem linken Lager
1986: erste Kohabitation in Frankreich
1989: Friedliche Revolution in der DDR
1990: Wiedervereinigung Deutschlands
1991: Gründung des europäischen Fernsehsenders ARTE
2003: Deutschland und Frankreich widersetzen sich der amerikanischen Intervention im Irak

Die deutsch-französischen Paare

Charles de Gaulle und Konrad Adenauer im Elysée-Palast in Paris, 1961

Helmut Schmidt und Valéry Giscard d'Estaing in Hamburg, 1978

François Mitterrand und Helmut Kohl in Verdun, 1984

Gerhard Schröder und Jacques Chirac, 2003

Schlüsselbegriffe

Französisch	Deutsch	Englisch
économie sociale de marché	Soziale Marktwirtschaft	social free market economy
fédéralisme	Föderalismus	federalism
régime parlementaire	parlamentarisches Regierungssystem	parliamentary system
régime présidentiel	Präsidialsystem	presidential system
RFA	BRD (Bundesrepublik Deutschland)	Western Germany
RDA	DDR (Deutsche Demokratische Republik)	Eastern Germany

Charles DE GAULLE (1890–1970), von 1944 bis Januar 1946 Chef der Provisorischen Regierung, von 1958 bis 1969 französischer Staatspräsident

Konrad ADENAUER (1878–1967), von 1949 bis 1963 Bundeskanzler

Bedeutende Persönlichkeiten

Robert SCHUMAN (1886–1963), von 1948 bis 1952 französischer Außenminister

Willy BRANDT (1913–1992), von 1969 bis 1974 Bundeskanzler

François MITTERRAND (1916–1996), von 1981 bis 1995 französischer Staatspräsident

Helmut KOHL (1930), von 1982 bis 1998 Bundeskanzler

Jacques CHIRAC (1932), 1974–1976 und 1986–1988 Premierminister, seit 1995 Staatspräsident

DEUTSCH-FRANZÖSISCHER PERSPEKTIVENWECHSEL

Verschiedene politische Systeme

• Seit 1945 etablierte sich sowohl in Westdeutschland als auch in Frankreich das politische System der liberalen Demokratie (individuelle Freiheiten, Mehrparteiensystem, eine durch staatliche Eingriffe in den sozialen Bereich ausgeglichene Marktwirtschaft). Dennoch lassen sich Unterschiede zwischen beiden Ländern erkennen.

• Deutschland ist ein Bundesstaat, dessen Länder über beträchtliche Hoheitsrechte verfügen, während in Frankreich der Zentralstaat nach wie vor eine ausschlaggebende Rolle spielt (trotz der Dezentralisierungsgesetze). In Frankreich ist das parlamentarische Regierungssystem mit einer starken Präsidialgewalt verknüpft, was eine Zweiteilung der Exekutive (Staatspräsident und Premierminister) zur Folge hat; in Deutschland wird hingegen die exekutive Gewalt eindeutig von der vom Kanzler geführten Bundesregierung ausgeübt. Der Kanzler wird im Unterschied zum französischen Staatspräsidenten nicht von der Bevölkerung, sondern vom Parlament (Bundestag) gewählt.

• Die besondere Situation Frankreichs führt mitunter zu Übersetzungsproblemen. So muss beispielsweise der Begriff „Cohabitation“, dessen deutsche Entsprechung „Kohabitation“ in Deutschland kaum bekannt ist, durch eine lange Umschreibung erklärt werden: politischer Zustand, in dem der Premierminister und der Staatspräsident nicht derselben Partei angehören.

Außenpolitik und Innenpolitik

• In beiden Ländern stand die Außenpolitik häufig in einem engem Zusammenhang mit der jeweiligen Innenpolitik. In Frankreich beherrschte die Entkolonialisierung das politische Leben der Vierten Republik und der Algerienkrieg führte zu einer Änderung des bisherigen Regierungssystems. In Westdeutschland stand selbstverständlich die Frage der deutschen Teilung und einer möglichen Wiedervereinigung im Mittelpunkt der politischen Debatten.

• Vergessen werden sollte nicht die Existenz des „anderen Deutschlands“, der DDR (1949 bis 1990). Ostdeutschland stellte sich gern als das „sozialistische Vaterland“ dar, war in erster Linie jedoch eine Diktatur, was den in Westdeutschland stark ausgeprägten Antikommunismus erklärt. In der Bundesrepublik spielte die zeitweise verbotene Kommunistische Partei eine unbedeutende Rolle und die SPD verabschiedete sich 1959 auf ihrem Godesberger Parteitag offiziell vom Marxismus und vom Klassenkampf. In Frankreich dagegen blieb die Kommunistische Partei (PC) bis in die 1980er-Jahre hinein eine ernst zu nehmende politische Kraft. Obwohl die Sozialistische Partei (PS) ab 1981 ihre Regierungsfähigkeit unter Beweis stellte, nahm sie doch nie wirklich Abstand zu ihrem antikapitalistischen Diskurs.

Die deutsch-französische Annäherung

• Die deutsch-französische Aussöhnung selbst löste unterschiedliche Erwartungen beiderseits des Rheins aus. Frankreich strebte unter General de Gaulle in erster Linie die Schaffung eines europäischen Gegengewichts zur amerikanischen Vorherrschaft an. Die Mehrheit der politischen Klasse in Deutschland lehnte diese Politik allerdings ab; der Bundestag stellte dem deutsch-französischen Freundschaftsvertrag von 1963 einseitig eine Präambel voran, die die Treue der Bundesrepublik zur NATO unterstrich. Gerhard Schröder war der erste deutsche Kanzler, der sich offen zu einer Zusammenarbeit bekannte, die den traditionellen Atlantizismus (konsequente Ausrichtung der deutschen Außenpolitik an NATO und USA) aller früheren Bundesregierungen infrage stellte.

WEITERFÜHRENDE HINWEISE

Bücher

- Manfred Görtemaker, Geschichte der Bundesrepublik Deutschland. Von der Gründung bis zur Gegenwart. Beck, München 1999.
- Ulrich Mählert, Kleine Geschichte der DDR. Beck, München 1998.
- J. J. Becker, Histoire politique de la France depuis 1945. Colin, Paris 2003.
- Dokumente – Documents. Die deutsch-französischen Beziehungen. Chronologie und Dokumente (Les Relations franco-allemandes. Chronologie et documents 1948 – 1999). Europa-Union-Verlag, Bonn 2000.
- Stiftung Haus der Geschichte der Bundesrepublik Deutschland, Vis-à-vis : Deutschland – Frankreich. DuMont, Köln 1998.

Film

- Wolfgang Becker, „Goodbye Lenin“, 2003.

Ausstellung

- Stiftung Haus der Geschichte der Bundesrepublik Deutschland. Museumsmeile, Willy-Brandt-Allee 14, 53113 Bonn.

Internetadressen

Links zur deutschen Geschichte:

- http://www.dhm.de/lemo/home.html
- http://www.verfassungen.de/de/index.htm
- http://www.documentarchiv.de/brd.html
- http://www.hdg.de
- http://www.willy-brandt.org

Links zu den deutsch-französischen Beziehungen:

- http://www.deuframat.de
- http://www.dfjw.org: Internetseite des Deutsch-Französischen Jugendwerks (Programme und Aktivitäten, Auswahl von offiziellen Dokumenten über die deutsch-französischen Beziehungen)

Offizielle französische Internetseiten:

- http://www.assemblee-nat.fr: Nationalversammlung
- http://www.conseil-constitutionnel.fr: Verfassungsrat
- http://www.elysee.fr: Präsidialamt
- http://www.ina.fr/voir_revoir/mai-68/video.fr.html: Die Internetseite des INA (Institut national de l'audiovisuel) bietet Reportagen über die Maiunruhen von 1968 an.
- http://www.cevipof.msh-paris.fr: Internetseite des politikwissenschaftlichen Centre d'études de la vie politique française (CEVIPOF)

Einen Text erklären

I. Allgemeine Empfehlungen

Texte sind neben anderen Dokumenten (Bilder, Denkmäler etc.) eine wesentliche Quelle der historischen Forschung.

Die Fähigkeit, Texte hinsichtlich ihrer wesentlichen Merkmale zu identifizieren und zu verstehen, ist daher eine Kompetenz von zentraler Bedeutung.

A. Identifizierung eines Textes

► Hier muss zunächst die **Textsorte** ermittelt werden:

Politische Texte
Reden (vor dem Parlament z. B.), ein Parteiprogramm, Manifest einer Bewegung

Offizielle, juristische Texte oder Gesetzestexte
Verfassung, Gesetz, europäischer Rechtsakt, Resolution des UN-Sicherheitsrates, Vertrag, Schlussakte einer internationalen Konferenz

Journalistische Texte
Presseartikel, Schlagzeile einer Zeitung, Leitartikel

Religiöse Texte
Auszug aus einer heiligen Schrift (Bibel, Koran), Kirchenbeschluss (Bulle, Enzyklika)

Zeitzeugenberichte
Tagebuch, Privatkorrespondenz, Memoiren oder Autobiographie

Literarische Texte
Auszug aus einem Roman, einem Gedicht, einem Theaterstück

► Von der **Textsorte** hängt ab, für welche Art des Kommentars sich der Historiker entscheidet; dabei ist eine kritische Grundhaltung notwendig.

• Ein **politischer Text** ist notwendigerweise ein engagierter, mitunter sogar ein polemischer Text: Er vertritt eine bestimmte Ansicht, kritisiert die Meinung des Gegners. Einige Fakten können verzerrt, andere verschwiegen werden. Der Historiker muss Überhöhungen und Auslassungen erkennen.

• Ein **offizieller Text** ist das Ergebnis eines sorgfältigen Erarbeitungsprozesses, bei dem jedes Wort abgewogen wird. Er erfordert also eine äußerst genaue Analyse.

• Ein **journalistischer Text** spiegelt die Probleme der jeweiligen Zeit wider. In den totalitären Regierungssystemen wird die Presse von den Machthabern manipuliert (Propaganda).

• Ein **Zeitzeugenbericht** gibt die subjektive Meinung einer Einzelperson wieder. Handelt es sich um eine wichtige Persönlichkeit des betrachteten Zeitraums, so ist diese Stellungnahme selbstverständlich wertvoll; dabei werden Fakten im Allgemeinen zugunsten des Autors dargelegt, der bestrebt ist, sein Handeln zu rechtfertigen (pro domo). Handelt es sich um einen kaum bekannten Zeitgenossen, informiert uns seine nicht unbedingt zur Veröffentlichung bestimmte Aussage über die Denkweisen und Geisteshaltung des untersuchten Zeitabschnitts.

• Ein **literarischer Text** hat in erster Linie eine rein ästhetische Bedeutung. Er kann aber auch von geschichtlichem Interesse sein, weil er die zentralen Fragen der behandelten Epoche hervorhebt.

► Bei der Bestimmung der Textart müssen einige wichtige Elemente identifiziert werden: **Verfasser, Datum** und **Kontext**. Die Quellenangaben des Dokuments befinden sich im Allgemeinen unter dem im Lehrbuch aufgeführten Zitat.

• Der **Verfasser** eines Textes kann eine Person oder ein kollektives Gremium sein. Um den Charakter eines Dokuments zu bestimmen, muss man seinen Verfasser kennen und in seine Zeit einordnen können.

• Der Text ist nicht zwangsläufig zum **Zeitpunkt** der Veröffentlichung geschrieben worden. Der Zeitpunkt der im Text behandelten Ereignisse ist auch nicht immer der, zu dem der Autor den Text verfasst hat: Bei Memoiren beispielsweise werden die berichteten Ereignisse im Nachhinein niedergeschrieben. Diese Zeitverschiebung ist zu berücksichtigen.

• Der **historische Kontext** umfasst die Gesamtheit der Ereignisse, die die Entstehung des Textes erklären. Der Text muss in seinen Kontext eingeordnet werden, und es ist herauszufinden, was den Autor dazu veranlasst hat, ihn zu schreiben.

B. Den Text verstehen und erklären

► Durch eine **genaue Lektüre** des Textes können folgende Punkte erfasst werden:

• **Anspielungen** auf bestimmte Ereignisse und Personen, die erklärt werden müssen.

• **Wichtige Begriffe**, die zu definieren sind. Allerdings ist Vorsicht geboten, da sich der Sinn eines Wortes je nach der Epoche, in der es verwendet wird, ändern kann.

• Die vom Verfasser verwendete **Argumentation**, die Gliederung, die er zur Darlegung seiner Gedanken gewählt hat.

► Am Ende dieser ersten Auswertung wird das **zentrale Thema des Textes** klar erkennbar.

Die Texterklärung sollte folgende Fehler vermeiden:

• Die **Paraphrase**, die darin besteht, den Text zu wiederholen, ohne ihn zu erklären.

• **Ausführungen, die das Thema verfehlen**, da sie den Text gewissermaßen als Vorwand nutzen, um lediglich den auswendig gelernten Unterrichtsstoff wiederzugeben.

Vielmehr sollte man immer vom Text ausgehen und lediglich die für seine Erklärung relevanten Kenntnisse heranziehen.

Die Antworten auf die gestellten Fragen können sich auf Zitate aus dem Text stützen.

Erforderlich ist eine kritische Herangehensweise an den Text. Die Behauptungen des Verfassers müssen hinsichtlich ihres Wahrheitsgehalts differenziert beurteilt und eventuell widerlegt werden; die Aussageabsichten sollten offen gelegt werden.

II. Praktische Beispiele

Amerika an der Spitze der freien Welt

Mit den Nachbarn und Verbündeten, die unser Freiheitsideal teilen, werden wir unsere historischen Bande verstärken und versichern ihnen unsere Unterstützung und unser unbeirrbares Engagement. [...] Die Feinde der Freiheit, diejenigen, die unsere potenziellen Gegner sind, erinnern wir daran, dass der Frieden die größte Sehnsucht des amerikanischen Volkes ist. Dafür verhandeln wir, dafür opfern wir uns, aber darauf werden wir nie und nimmer verzichten.

Unsere Geduld sollte niemals falsch verstanden werden. Unser Widerwille gegen Konflikte darf nicht als mangelnder Wille interpretiert werden. Zur Wahrung unserer nationalen Sicherheit werden wir handeln, sobald Handeln geboten ist. [...]

Wir müssen vor allem zu der Einsicht gelangen, dass keine Waffe aus dem weltweiten Arsenal so mächtig ist wie der Wille und moralische Mut freier Männer und Frauen. Unsere Gegner in der Welt von heute besitzen diese Waffe nicht. Wir aber, wir Amerikaner, haben diese Waffe. Mögen dies diejenigen begreifen, die den Terrorismus praktizieren.

Ronald Reagan, Amtseinführungsrede, 20. Januar 1981. Europa-Archiv, Folge 5/1981, D149–153.

- Die **Textsorte** ist eindeutig: Es ist ein politischer Text. Die Amtseinführungsrede (*Inaugural Address*) wird vom Präsidenten der Vereinigten Staaten bei der Übernahme seiner Amtsgeschäfte zweieinhalb Monate nach seiner Wahl gehalten. Es handelt sich um eine programmatische Rede, in der der neue Präsident die großen Linien der Politik umreißt, die er im Laufe seiner vierjährigen Amtszeit umzusetzen gedenkt.

- Der **Verfasser** ist also ein einflussreicher Staatsmann. Am 4. November 1980 wurde der Republikaner Ronald Reagan gewählt. Reagan, der vor seinem Wechsel in die Politik Schauspieler war, galt als „großer Kommunikator". Er versprach den Wählern, Amerika sowohl innenpolitisch (durch die Absage an den Wohlfahrtsstaat) als auch außenpolitisch (durch die entschlossene Bekämpfung seiner Gegner) sein Vertrauen wiederzugeben.
Zu Beginn des Jahres 1981 war der **historische Kontext** durch starke Ost-West-Spannungen gekennzeichnet.

- Einige **wichtige Begriffe** im Text sind zu **erklären**. Die „potenziellen Gegner" sind in erster Linie die Sowjetunion und ihre Verbündeten, die er als „Feinde der Freiheit" bezeichnet. Durch das Wiederanknüpfen an die Schwarz-Weiß-Rhetorik aus der Anfangszeit des Kalten Krieges trat Reagan als Verteidiger der „freien Welt" gegen „Das Reich des Bösen" auf. Er beabsichtigte, die „Freiheitskämpfer" (freedom fighters) überall auf der Welt zu unterstützen. Es kann daran erinnert werden, dass die sowjetischen Truppen im Dezember 1979 in Afghanistan einmarschiert waren („die, die über ihre Nachbarn herfallen") und dass es im Juli 1979 in Nicaragua zur Machtergreifung der Sandinistischen Nationalen Befreiungsfront gekommen war. Zu den Gegnern Amerikas zählte Reagan vielleicht auch die iranischen Islamisten („Mögen dies diejenigen begreifen, die den Terrorismus praktizieren"), die im Januar 1979 den Schah gestürzt und im November 1979 Mitarbeiter der amerikanischen Botschaft in Teheran als Geiseln genommen hatten. Am Tag der Rede, am 20. Januar 1981, wurden die amerikanischen Geiseln freigelassen.

- **Zentrales Thema** dieses Textes ist die Definition der Politik der Vereinigten Staaten, die dem Text zufolge vor allem auf dem Prinzip der Freiheit beruht. Hier sollte diese Definition **analysiert** – und möglicherweise **kritisiert** – werden. Getreu der Vorstellung von einem „offensichtlichen Schicksal" der Vereinigten Staaten (deren Mission darin bestehen soll, der Welt Freiheit zu bringen und das amerikanische Demokratiemodell zu verbreiten), erklärt Reagan, dass die Macht der Vereinigten Staaten weniger in ihren Waffenarsenalen als in dem „Willen und dem moralischen Mut freier Männer und Frauen" liege. Hervorzuheben ist, dass er Entschlossenheit stets mit der Verteidigung des Friedens in Verbindung bringt („die höchste Sehnsucht des amerikanischen Volkes"): Reagan will hier nicht als unverantwortlicher „Kriegstreiber" auftreten. Er wehrt sich gegen die Behauptung, Befürworter des Krieges zu sein, bedient sich jedoch im Gegensatz zu seinem Vorgänger Carter, der als inkonsequent galt, einer Rhetorik der Entschlossenheit.

- Man kann sich fragen, ob die Politik der Vereinigten Staaten während Reagans Amtszeit diesen Prinzipien treu blieb. Reagan stellte mehrfach seine Entschlossenheit gegenüber dem sowjetischen Lager unter Beweis: Er unterstützte die afghanischen Mudschaheddin und die Contras in Nicaragua, setzte 1983 die Stationierung von Mittelstreckenraketen in Europa durch, befahl im selben Jahr die Intervention auf der Insel Grenada, um ein marxistisches Regime zu stürzen. Gleichwohl kann man der Ansicht sein, dass einige seiner Initiativen nicht der Erhaltung des Friedens dienten: Die Ankündigung des weltraumgestützten Raketenabwehrsystems SDI im Jahre 1983 trug zum Wiederaufleben des Wettrüstens bei und stellte das Prinzip der nuklearen Abschreckung infrage; der Bombenangriff auf Libyen 1986 (als Vergeltung für einen in West-Berlin verübten Anschlag) stellte eine Verletzung der Souveränität eines (von Washington als „terroristisch" eingestuften) Staates dar. Erinnert werden kann auch an die Affäre um die illegalen Waffenlieferungen an den Iran (um die Hilfe für die Contras in Nicaragua zu finanzieren), die nicht der von Reagan offiziell vertretenen moralischen Auffassung entsprach.

Eine historische Karte lesen und kommentieren

I. Allgemeine Hinweise

1. Eine „Sekundärquelle“

• In den meisten Fällen ist die historische Karte keine Primärquelle (zeitgenössisches Dokument über den Gegenstand oder Zeitraum der Betrachtung), sondern eine **Sekundärquelle**: Es ist ein von einem Historiker lange nach den Ereignissen auf der Grundlage verschiedener Daten erstelltes Synthesedokument.

2. Interpretation einer Karte

• Mit der Karte will der Historiker etwas darlegen, analog zu einer Abhandlung oder einem Referat. Die **Kartenlegende** entspricht der Gliederung seiner Abhandlung, der **Kartentitel** verweist häufig auf die Problemstellung. Der einzige Unterschied liegt in der Wahl der verwendeten Mittel: Es handelt sich um Angaben, die kartographiert und somit in ihren **räumlichen Zusammenhängen** dargestellt werden können.

3. Darstellungsformen

• Damit eine Karte lesbar ist, konzentriert sich der Historiker auf einige Indikatoren (eine Legende beinhaltet selten mehr als acht Rubriken). Verwendet werden **drei Darstellungsformen**:

- **flächige Darstellungselemente:** Farb- oder Schraffurflächen, die beispielsweise die Zugehörigkeit eines Staates zu einer Organisation angeben.
- **linienförmige Darstellungselemente:** Pfeile, die Ströme, Migrationsbewegungen, Militärinterventionen darstellen; durchgehende oder gestrichelte Linien zur Darstellung von Grenzen.
- **punktförmige Darstellungselemente:** verschiedene Symbole, die zur Darstellung eines Phänomens (Militärstützpunkt, Krieg, Attentat usw.) dienen.

• Sind die Angaben quantifizierbar, können sie hierarchisch gegliedert werden (Größenvariation eines Darstellungselements). Farben ein und derselben Farbskala (warme oder kalte Töne) können Zusammenhänge zwischen mehreren Erscheinungen verdeutlichen.

4. Räumliche Abgrenzung

• Da die Karte einen **geographischen Raum abgrenzt**, ist der **verwendete Maßstab** zu ermitteln: lokal, national, kontinental, global. Dabei stellt sich möglicherweise die Frage nach dem Zusammenhang zwischen dem gewählten Maßstab und dem behandelten Thema.

5. Bestimmung des zeitlichen Rahmens

• Die Karte bezieht sich auf eine **bestimmte Zeit**. Zumeist ist eine historische Karte eine Momentaufnahme, die zusammenhängende Phänomene zu einem bestimmten Zeitpunkt darstellt. Manchmal soll die Karte eine Entwicklung zwischen zwei Daten verdeutlichen (für den Kartographen nicht immer leicht zu bewerkstelligen).

6. Empfehlungen für die Interpretation einer Karte

• Die Analyse des Kartentitels, die Anlage der Legende und die Auswahl der Darstellungselemente erlauben es, die **Problemstellung** herauszuarbeiten. Dabei kann man entweder die Karte kommentieren oder/und auf die gestellten Fragen antworten. Die Antworten dürfen sich nicht auf eine Paraphrase der Bildlegende beschränken. Zu vermeiden ist eine bloße Aufzählung aller von einem Phänomen betroffenen Länder, ohne sie entsprechend zu gruppieren und Erklärungen abzugeben.

II. Interpretationsschritte

Kernwaffen in der heutigen Welt

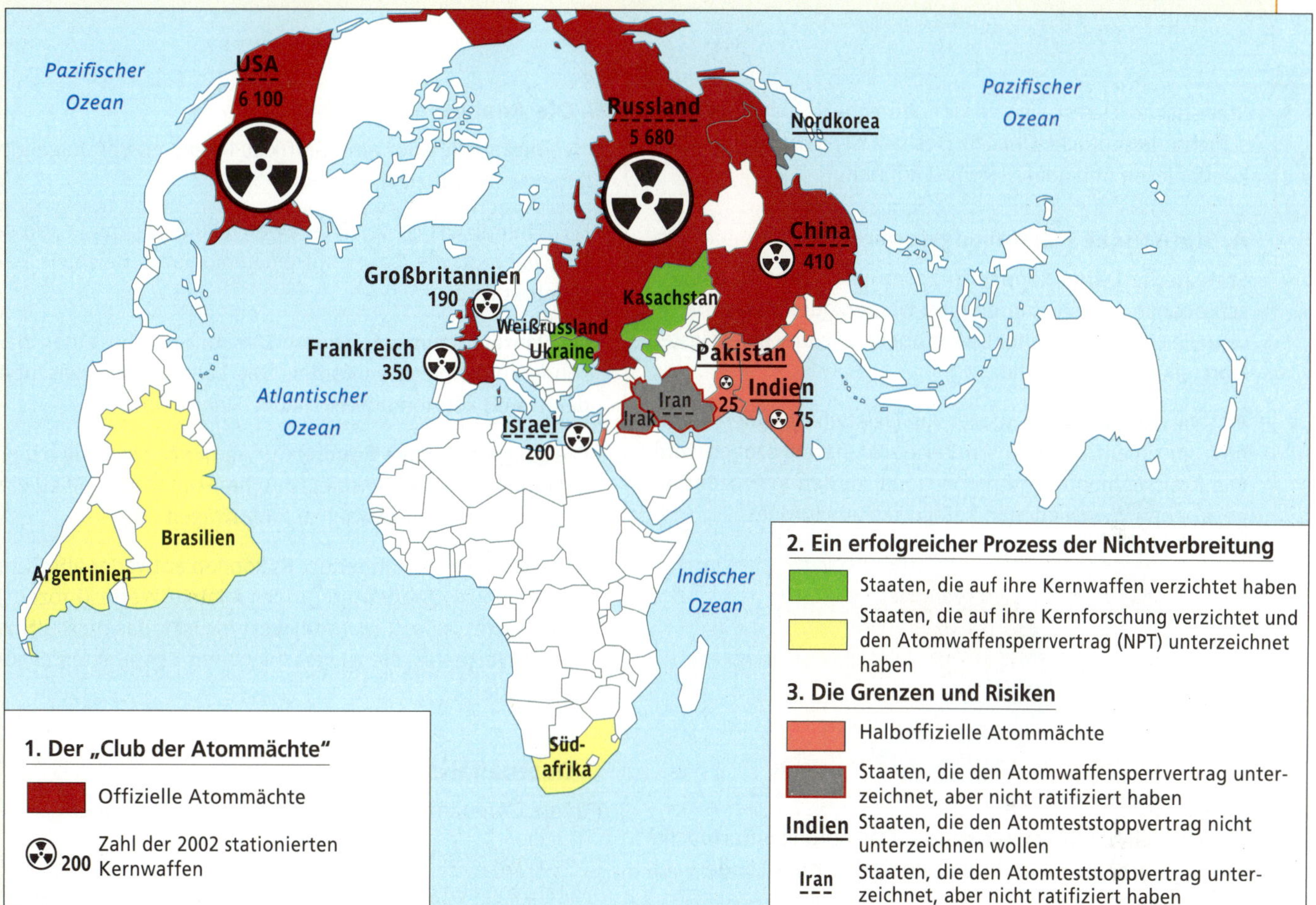

- Diese Karte stellt die Verbreitung der Kernwaffen in der heutigen Welt dar. Sie vermittelt einen Überblick über die Situation vom Ende des Kalten Krieges bis heute. Da es sich hierbei um ein weltweites Problem handelt, wurde eine Weltkarte bevorzugt. Dieser hier ausgewählte Darstellungstyp veranschaulicht die ungleiche Verteilung der Kernwaffen: Es wird deutlich, dass sich die fünf offiziellen Besitzer dieser Waffe (auf der Karte in rot) auf der nördlichen Halbkugel befinden.
- Die Kartenüberschrift ist neutral, doch die drei Teile der Legende benennen die Problematik eindeutig: Hier ist eine Bilanz des Prozesses der Nichtverbreitung von Kernwaffen zu ziehen. Der 1968 verabschiedete und 1995 verlängerte Atomwaffensperrvertrag (Treaty on the Non-Proliferation of Nuclear Weapons, NPT) zielt darauf ab, den „Kreis der Atommächte" auf die Staaten zu beschränken, die offiziell die Atombombe besitzen und die im Übrigen die fünf ständigen Mitglieder des UN-Sicherheitsrates sind. Die Unterzeichnerstaaten des NPT verzichten auf den Besitz von Nuklearwaffen. Im Gegenzug erhalten sie von den fünf Großmächten Unterstützung im Bereich der zivilen Nutzung der Kernenergie. Letztere verpflichten sich ihrerseits zur Nichtweitergabe von Kernwaffentechnologien. Die IAEO (Internationale Atomenergieorganisation), die in Wien ihren Sitz hat und der UNO untersteht, ist für die Kontrolle dieses Regelwerks zuständig.
- Viele Staaten sind dem NPT beigetreten. Einige gaben schließlich ihre militärischen Kernwaffenprogramme auf (Brasilien, Argentinien, Südafrika). Drei ehemalige Sowjetrepubliken erklärten sich bereit, Russland ihre Kernwaffen zu übertragen.
- Drei Staaten (Israel, Indien, Pakistan), die im Besitz der Atombombe sind, weigern sich allerdings, den NPT zu unterzeichnen. Sie sind heute die „inoffiziellen" Mitglieder des „Kreises der Atommächte". Sie haben schon immer die als diskriminierend angesehene Logik der Nichtverbreitung angefochten und Anspruch auf den Besitz von Kernwaffen erhoben. Dieses Beispiel könnte bei anderen Ländern Schule machen, die den NPT zwar unterzeichnet haben, allerdings im Verdacht stehen, geheime Forschungsprogramme zu betreiben. Das irakische Programm wurde durch den Golfkrieg (1991) unterbrochen. Aber Nordkorea und der Iran scheinen ihr jeweiliges Programm weiter vorangetrieben zu haben.
- Die fünf offiziellen Atommächte zeichnen sich nicht durch einen vorbildlichen Umgang mit der Kernwaffentechnologie aus. China und Frankreich traten erst 1992 dem NPT bei. Die Vereinigten Staaten, Russland und China haben den Atomteststoppvertrag nicht ratifiziert. Außerdem stehen Russland und China im Verdacht, entgegen den Bestimmungen des NPT „sensible" Technologien an Länder wie Pakistan oder den Iran weitergegeben zu haben.

Statistische Daten analysieren

I. Allgemeine Empfehlungen

Statistische Daten sind in der Wirtschafts- und Sozialgeschichte wesentliche Quellen. Deshalb ist es wichtig, sie sachkundig lesen und analysieren zu können.

A. Statistische Darstellungsformen

Statistische Daten können in Form einer **Tabelle** mit verschiedenen Angaben aufbereitet werden oder als **Grafik**, als visuelle Umsetzung einer Datentabelle. Die drei geläufigsten Darstellungsformen sind:

► Das **Kreisdiagramm**, das zur Darstellung einer Verteilung zu einem bestimmten Zeitpunkt herangezogen wird. Die Kreissegmente sind proportional zu den in Prozent angegebenen verschiedenen Kategorien angeordnet.

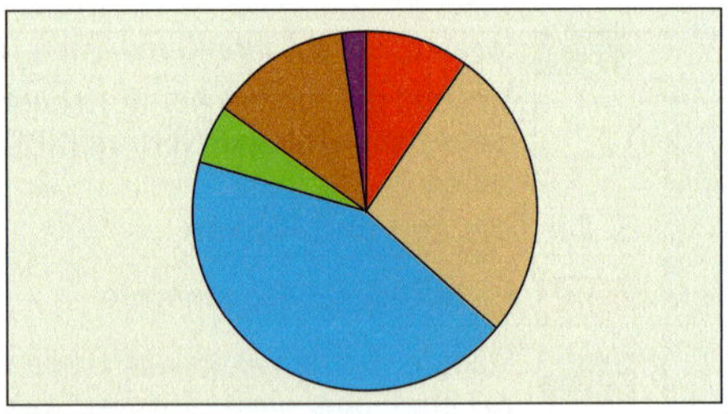

► Das **Säulendiagramm**, das zur Darstellung unterbrochener Serien (Statistiken für einzelne Jahre oder Länder) verwendet wird.

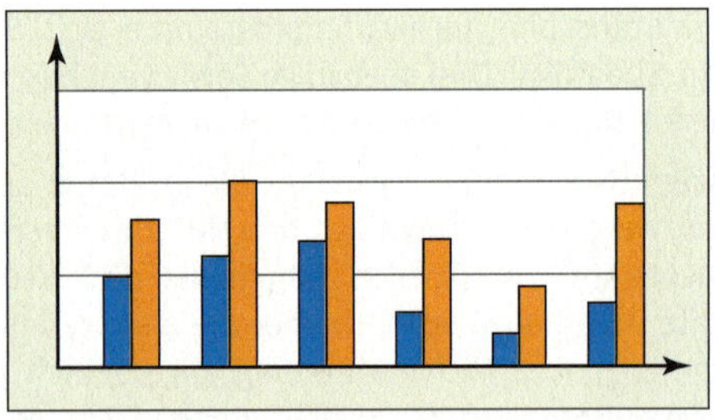

► Das **Kurvendiagramm**, das der Darstellung kontinuierlicher chronologischer Datenserien dient.

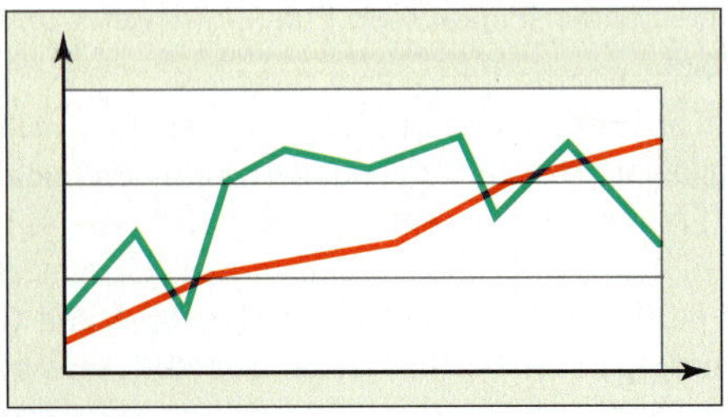

B. Die Analyse einer Tabelle

Um eine Tabelle oder eine Grafik zu lesen, müssen folgende Elemente identifiziert werden:

- Das **Thema:** Oft ist der **Titel** einer Tabelle allgemein gehalten, während die Daten auf einige konkrete Beispiele beschränkt sind.
- Der **Untersuchungszeitraum:** Der Autor wählt einen besonderen historischen Kontext. Die Zeitabstände zwischen den Daten können unterschiedlich lang sein.
- Die **geographischen Räume:** Der Autor kann sich auch hier auf einige konkrete Beispiele beschränken; daher gilt es, die Gründe für diese Auswahl zu hinterfragen.
- Die **verwendeten** Einheiten: Es können entweder absolute Werte (Dollar, Tonnen etc.) oder relative Werte (Prozent, Indexwerte) sein. Ein **Indexwert** drückt das Verhältnis zweier Werte aus, die zu verschiedenen Zeitpunkten erhoben wurden.

C. Datenanalyse

Für die Datenanalyse eignet sich folgende Methode:

- Die Analyse schreitet vom Allgemeinen zum Besonderen voran, von den generellen Entwicklungen hin zu den Details (Variationen in der Zeit, Unterschiede zwischen den Ländern).
- Dabei sollten einfache Rechnungen beherrscht werden: Umwandlung von absoluten Werten in relative Werte, Berechnung von prozentualen Abweichungen oder von Durchschnittswerten, um daraus eine allgemeine Tendenz abzuleiten. Daraufhin folgt die Untersuchung von Details und Diskontinuitäten, wobei ein besonderes Augenmerk auf ungleiche Datensätze zu richten ist, die eine Rechnung verfälschen könnten.
- Anschließend erfolgt die Klassifizierung der Daten nach homogenen Gruppen und ihre Verknüpfung. Zu vermeiden ist dabei der Vergleich von Daten, die sich nicht auf dieselbe Basis beziehen (z. B. unterschiedlich lange Zeitabstände).
- Schließlich können Entwicklungen charakterisiert, Phänomene identifiziert und die in den Kapiteln dieses Lehrwerks vorgestellten Begrifflichkeiten herangezogen werden.

II. Gelenkte Anwendung

Die wirtschaftliche Entwicklung der Großmächte

	1961–1973	1974–1980	1981–1990	1991–2001
USA				
Wachstumsrate des BIP* (%)	4,5	3,0	3,3	3,8
Inflationsrate (%)	2,9	8,2	4,5	2,0
Arbeitslosenquote (%)	4,9	6,8	7,1	4,0
Japan				
Wachstumsrate des BIP (%)	9,2	4,2	4,1	1,4
Inflationsrate (%)	6,2	9,3	2,1	0,4
Arbeitslosenquote (%)	1,2	1,9	2,5	3,5
Deutschland				
Wachstumsrate des BIP (%)	4,3	2,5	2,5	2,2
Inflationsrate (%)	3,4	4,7	2,6	1,6
Arbeitslosenquote (%)	0,8	3,4	7,1	7,3
Frankreich				
Wachstumsrate des BIP (%)	5,3	2,5	2,5	2,4
Inflationsrate (%)	4,9	11,3	6,5	1,4
Arbeitslosenquote (%)	2,3	4,8	9,3	9,2
Großbritannien				
Wachstumsrate des BIP (%)	3,3	1,4	3,1	2,7
Inflationsrate (%)	4,8	15,7	6,2	2,9
Arbeitslosenquote (%)	2,1	4,5	9,5	5,6

*Bruttoinlandsprodukt

Quelle: OECD

- Diese Datentabelle veranschaulicht die Entwicklung der fünf wichtigsten Wirtschaftsmächte in einem Zeitraum von vierzig Jahren, von 1961 bis 2001; sie deckt damit ein recht großes geographisches Gebiet und einen langen Zeitraum ab. Sie ist sehr komplex aufgebaut, da der Autor vier chronologische Abschnitte von ungleicher Dauer ausgewählt und für jeden Abschnitt und jedes Land drei Wirtschaftsindikatoren (Jahresdurchschnitte) geliefert hat.

- Ein Vergleich zwischen der ersten und der zweiten Spalte zeigt einen deutlichen Bruch in der Wirtschaftsentwicklung der fünf Länder. Es ist aufzuzeigen, dass das Jahr 1973 den Übergang von einer Phase hohen Wachstums („Trente Glorieuses" in Frankreich oder „Wirtschaftswunder" in Deutschland) zu einer Phase wirtschaftlicher Stagnation und Inflation (Stagflation) bildet. Dies kann man durch die Berechnung eines Durchschnittswerts (BIP und Inflation) für alle fünf Länder in den beiden zu vergleichenden Zeiträumen demonstrieren.

- Der Anstieg der Arbeitslosigkeit war die sichtbarste soziale Folge einer verlangsamten Wirtschaftsentwicklung. Diese Arbeitslosigkeit war in hohem Maße auf den Rückgang der Industrialisierung in den reichen Ländern mit marktwirtschaftlichem System zurückzuführen. Berechnet werden kann auch hier die durchschnittliche Arbeitslosenquote der fünf Länder, um die allgemeine Entwicklung zwischen den beiden Phasen herauszuarbeiten.

- Es ist auf Nuancen in der unterschiedlichen Entwicklung der Großmächte in den 1980er- und 1990er-Jahren zu achten. Während die Inflation überall erfolgreich eingedämmt werden konnte, zeichneten sich zwei Länder durch eine überdurchschnittliche Dynamik aus: die Vereinigten Staaten und Großbritannien. Diese Ergebnisse sind auf die in den 1980er-Jahren von Ronald Reagan und Margaret Thatcher vertretene wirtschaftsliberale Politik zurückzuführen. Deutschland und Frankreich wiesen hingegen niedrigere Wachstumsraten und vor allem eine nach wie vor sehr hohe Arbeitslosigkeit auf. Schließlich ist auf die besondere Lage Japans hinzuweisen, das in den 1990er-Jahren eine konjunkturelle Schwächephase erlebte.

Eine Karikatur analysieren

I. Merkmale der Karikatur

Die Karikatur ist eine bildliche Darstellungsform, die in erster Linie eine affektive, in der Regel humoristische Wirkung erzielen will. Sie bezieht sich auf einen konkreten Sachverhalt, bildet diesen aber nicht einfach ab, sondern überzeichnet (karikiert) seine wesentlichen Merkmale in der Absicht, eine unmissverständliche moralische oder politische Position zu beziehen. Die Analyse zielt also darauf ab, durch die Entschlüsselung bildlicher Darstellungsmittel die Absicht des Zeichners zu bestimmen.

1. Die Personen werden in einem **Situationsrahmen** dargestellt, der metaphorisch oder allegorisch für den gemeinten Sachverhalt steht. Häufig wird dies durch einen Titel unterstützt.

5. Charakteristische **Merkmale** oder **Attribute** verweisen auf konkrete Personen und Eigenschaften bzw. Handlungsabsichten.

2. Der Gesichtsausdruck zeigt Stimmungen und Eigenschaften.

3. Der **Text** gibt weitere Aufschlüsse über Personen und Zusammenhänge.

4. Nationale **Symbole** verweisen typisierend auf bestimmte Länder bzw. deren Regierungen.

Beispiel: „Gipfel-Aussicht 82"
(Karikatur von Walter Hanel, Bundesrepublik Deutschland, EG-magazin April 1982.)

II. Interpretationsschritte

Allgemeine Empfehlungen	Praktische Beispiele
1. Einordnung der Quelle	**Titel:** Gipfel-Aussicht 82 **Autor:** Walter Hanel **Erscheinungsdatum:** April 1982 **Erscheinungsort:** EG-magazin **Thema:** Die Abrüstungsverhandlungen zwischen Europäischem Rat und UdSSR im März 1982.
2. Klärung des Bildinhalts durch Entschlüsselung der Darstellungsmittel • Wen repräsentieren die dargestellten Personen? • Wie werden sie dargestellt? • Welche anderen Symbole oder Merkmale sind vorhanden? • Was bedeuten diese?	**Personen/Merkmale:** Breschnew (Augenbrauen), Thatcher (Kostüm, Frisur), Mitterrand, Schmidt, Genscher (Gesichtszüge) **Rahmen:** grimmiger Breschnew in dunkler Kammer, in die die europäischen Mächte nur durch ein Schlüsselloch sehen können, vor das Breschnew sein eigenes Bild als Friedensengel hält; Raketen hinter Breschnew symbolisieren tatsächliche Rüstungsmacht, Bild in seiner Hand zeigt seine Täuschungsabsicht. **Nationalsymbole:** UdSSR, GB
3. Übertragung des Dargestellten auf die historische Situation • Auf welches Ereignis spielt die Karikatur an?	**Hintergrund:** SS 20-Raketen der UdSSR seit 1979 und Nato-Doppelbeschluss **Aktueller Anlass:** Gipfelkonferenz in Genf zur Abrüstung im März 1982, auf der die UdSSR unter anderem den einseitigen Verzicht auf die Stationierung von Raketen des Typs SS 20 in Europa versprach; aufgrund der Reichweite von 1000 km war dies von fragwürdiger Bedeutung
4. Klärung der Aussageabsicht • Welche Position bezieht der Zeichner zum dargestellten Ereignis?	**Zweifel** an den Möglichkeiten der EG, diese Abrüstungsvorschläge zu bewerten, da der Betrachter mehr Einblick erhält als die Politiker in der Zeichnung **Problematisierung** der eingeschränkten Beurteilungsmöglichkeiten des Rates durch den Schlüsselloch-Blick **Warnung** vor den wahren Absichten der UdSSR, gestützt durch den ironischen Titel „Gipfelaussicht“
5. Abschließende Bewertung • Geht es um ein zentrales Thema oder einen Randaspekt?	Die Karikatur greift ein **Thema** des politischen Tagesgeschehens von hoher allgemeiner Brisanz auf.

Übung	
	• Fertigen Sie mithilfe der Stichworte eine schriftliche Interpretation der Karikatur an!

Einen Aufsatz schreiben

I. Allgemeine Empfehlungen

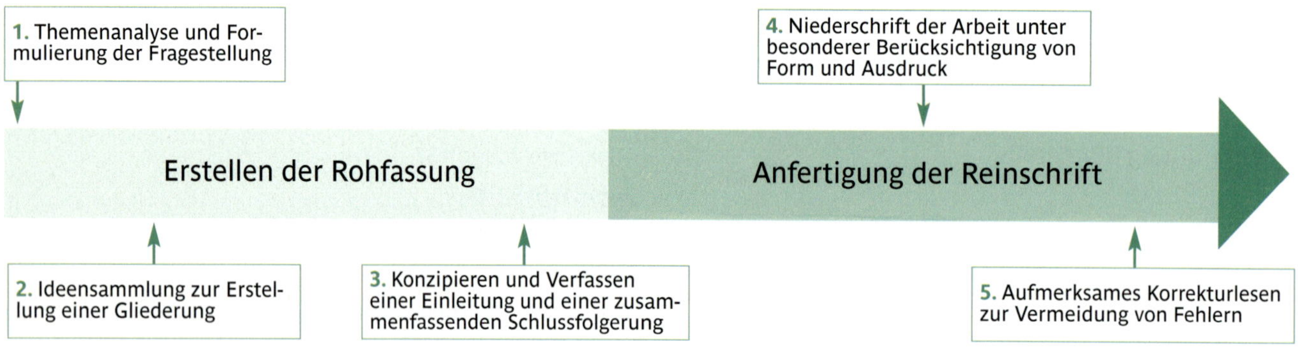

1. Was ist ein Aufsatz?

Im Fach Geschichte ist ein Aufsatz eine **Beweisführung** mit einer klar strukturierten Argumentation: Er wirft eine **Fragestellung** auf und antwortet darauf mit einer dafür geeigneten **Gliederung**. Zu vermeiden sind also eine einfache Beschreibung, ein reiner Ereignisbericht oder die Wiedergabe eines auswendig gelernten Textes, denn hier müssen Kenntnisse angewandt und je nach Thema strukturiert werden. Dabei kommt es in erster Linie nicht auf Vollständigkeit an: Die effektivste Methode besteht im Allgemeinen darin, für jeden Abschnitt der Argumentation ein konkretes Beispiel ausführlich zu behandeln.

2. Formulierung einer Fragestellung

Die **Fragestellung** zu formulieren heißt, die Kernfrage des Themas aufzugreifen und das historische Problem, das behandelt werden soll, einzugrenzen. Manchmal ist die Fragestellung eindeutig, da das Thema in Form einer Frage formuliert ist. Meistens muss die Fragestellung jedoch erst einmal eindeutig erschlossen werden. Der Wortlaut des Themas ist also sorgfältig zu lesen. Dies ist deshalb ein wesentlicher Bestandteil der Arbeit, da bei nicht eindeutig formulierter Fragestellung das Thema teilweise oder völlig verfehlt werden kann.

3. Analyse des Themas

Um die **Formulierung des Themas** „herauszuschälen", können drei einfache Fragen gestellt werden: **Was? Wann? Wo?**

- **Was?** Die ersten Begriffe des Themas sind im Allgemeinen die wichtigsten. Sie müssen demnach genau definiert werden: Sind beide Begriffe durch ein Bindewort (und, oder) verbunden, bezieht sich das Thema auf das Verhältnis zwischen beiden Begriffen.
- **Wann?** Oft sind die zeitlichen Grenzen des Themas eindeutig; wenn nicht, muss der vom Thema abgedeckte Zeitraum genau bestimmt werden. Bietet das Thema zwei Daten, müssen Beginn und Ende des Zeitabschnitts begründet werden.
- **Wo?** Das Thema beschränkt sich im Allgemeinen auf einen geographischen Raum, der genau zu definieren ist (um das Thema nicht zu verfehlen). Die Gründe für dessen Wahl müssen genau verstanden werden.

4. Erarbeitung einer Gliederung

Nach der Analyse des Themas und der Formulierung der Fragestellung ist die für die Beweisführung am besten geeignete Gliederung zu finden. Die **Gliederung** umfasst zwei oder drei ungefähr gleich lange Teile (in Ausnahmefällen auch vier). Jeder Teil ist in mehrere, in der Arbeit gut zu unterscheidende Unterabschnitte gegliedert. Die Übergänge zwischen den Abschnitten der Beweisführung müssen klar sein: Vergessen Sie nie, dass Ihre Aufgabe nicht darin besteht, auswendig Gelerntes wiederzugeben oder nachzuerzählen, sondern etwas zu beweisen.

- Für die meisten Themen, die einen längeren Zeitraum betreffen, ist eine **chronologische Gliederung** geboten. Ziel ist es dabei, eine Entwicklung zu verdeutlichen sowie wichtige Wendepunkte und Eckdaten innerhalb der zu erläuternden Zeitspanne zu ermitteln.
- Die **thematische Gliederung** bietet sich bei Themen an, die sich nicht auf eine Entwicklung beziehen (synchrone Analyse einer historischen Situation, Bilanz). Hier wird die Beweisführung auf einige Hauptgedanken konzentriert.

5. Verfassen des Aufsatzes

Sobald die Gliederung erstellt ist, kann mit der eigentlichen **Niederschrift** begonnen werden. Der Aufsatz besteht aus einer Einleitung, einem Hauptteil und einer zusammenfassenden Schlussfolgerung. Diese Struktur dient der Lesbarkeit und muss eindeutig aus der Arbeit hervorgehen. Die **Einleitung** muss das Thema genau definieren (insbesondere hinsichtlich seiner räumlichen und zeitlichen Eingrenzung), die Fragestellung entwickeln (in Form einer Frage) und die Gliederung erkennen lassen. Der Hauptteil ist in einem unpersönlichen Stil (zu vermeiden ist die Verwendung von „ich" oder „wir") und in Frankreich darüber hinaus im historischen Präsens zu formulieren (in einem historischen Argumentationsgang ist zudem das Futur unzulässig). Die Schlussfolgerung beinhaltet eine zusammenfassende Antwort auf die Problemstellung und einen Ausblick auf ein neues historisches Problem.

II. Betrachtungen zu einigen Themenarten

Thema
Deutschland 1945

Es handelt sich um synchrones Thema (keine Entwicklung), das die Erläuterung der historischen Situation Deutschlands am Ende des Zweiten Weltkriegs verlangt; es geht um das Jahr 1945, das für das Land eine „Stunde null" bedeutete. Hier ist eine **thematische Gliederung** zwingend.

Zum Beispiel:

1. Ein besiegtes und besetztes Land

2. Eine erdrückende Bilanz: die wirtschaftlichen, menschlichen und moralischen Folgen des Krieges

3. Der Wiederaufbau – auf welchen Grundlagen?

Thema
Bilanz des Zweiten Weltkrieges in Europa

Es handelt sich hier um ein **Bilanzthema**, das dem synchronen Thema nahe steht und ebenfalls eine **thematische Gliederung** umfasst. Die Fragestellung betrifft die Schwächung Europas am Ende eines Konfliktes, der den Kontinent verwüstet und seinem Ansehen zum Teil geschadet hat.

Thema
Das Jahr 1949 in der Welt

Bei dieser Art von Thema soll gezeigt werden, warum ein bestimmtes Jahr als Übergangsjahr, als ein wichtiger Wendepunkt in der Geschichte betrachtet werden kann. Hier bietet sich die **thematische Gliederung** an, da ein Jahr nur schwer in wichtige Unterperioden gegliedert werden kann. Das Jahr 1949 wurde ausgewählt, da es mit der Bildung der Blöcke in Europa (NATO, RGW), der Teilung Deutschlands in zwei Staaten (Bundesrepublik und DDR), dem Sieg des Kommunismus in China und dem Bau der Atombombe durch die UdSSR den definitiven Beginn des Kalten Krieges besiegelte.

Thema
Frankreich im Europa der Jahre 1945 bis 1991

Besonders wichtig ist hier das „im": Das Thema hinterfragt die Stellung Frankreichs in Europa, seine Beziehungen zu den anderen europäischen Ländern, seine Rolle im europäischen Einigungsprozess usw. Das Thema bezieht sich also weder auf die innenpolitische Entwicklung Frankreichs noch auf den europäischen Einigungsprozess an sich, sondern auf das Verhältnis zwischen Frankreich und dem gesamten Kontinent (einschließlich der Länder Ost- und Ostmitteleuropas). Obgleich die politischen Beziehungen hier eine wesentliche Rolle spielen, dürfen die wirtschaftlichen und kulturellen Aspekte dennoch nicht außer Acht gelassen werden. Für dieses Thema bietet sich eine **chronologische Gliederung** an, da ein recht langer Zeitraum zu behandeln ist, in dem sich die Stellung Frankreichs in Europa verändert hat.

Zum Beispiel:

1. Die Entscheidung für Europa (1945–1957).

2. Das gaullistische Frankreich: Führungsmacht Europas gegen die Vereinigten Staaten? (1958–1969)

3. Eine stärker pragmatisch ausgerichtete Politik der Öffnung gegenüber Europa (1969–1991).

Thema
Atlantizismus und europäische Einigung

Das Thema mit „und" weist auf die Beziehung zwischen zwei Begriffen hin. Hier geht es also um die Untersuchung des Zusammenhangs zwischen dem Atlantizismus (Politik, die die Verteidigung Europas unter Führung der Vereinigten Staaten im Rahmen der NATO stellt) und dem europäischen Einigungsprozess, der zur Schaffung der EWG und dann der EU geführt hat. Das Thema ist nicht genau datiert: Es beginnt um 1949 (Gründung der NATO) bzw. 1950 (Monnet-Schuman-Plan) und reicht bis in die Gegenwart hinein. Die Problemstellung betrifft die Komplementarität oder die Gegensätzlichkeit zwischen den beiden Entwicklungen. Die **Gliederung** kann hier nur **chronologisch** sein.

Zum Beispiel:

1. Die Einigung Europas mithilfe der Vereinigten Staaten (1949–1957).

2. Europa wird zu einem Konkurrenten der Vereinigten Staaten (1957–1991).

3. Kann die EU nach dem Ende des Kalten Krieges auf die NATO verzichten?

Ein Projekt durchführen und präsentieren

I. Warum eine Projektarbeit?

• Projekte beanspruchen Zeit und Engagement aller Beteiligten und können nur bei einigen exponierten Themen in den Unterrichtsverlauf integriert werden. Hier bieten sie aber mehr als jede andere Methode die Möglichkeit zum forschenden und entdeckenden Lernen mit einem sehr weitreichenden Erkenntnisgewinn. Je nach Akzentsetzung können in einem Projekt eine vertiefende Erschließung historischer Sachverhalte und Zusammenhänge oder ein Verständnis für individuelle Handlungsspielräume und Perspektiven erreicht werden.

• Die Schülerinnen und Schüler sind an der Planung und Gestaltung des Projekts beteiligt und stehen vor der Herausforderung, durch eigene Impulse das Ergebnis der Arbeit zu bestimmen. Die hohe Eigenverantwortung und Notwendigkeit zur Kooperation bereiten zudem auf eine Arbeitswelt vor, in der Projekt- und Teamarbeit eine immer größere Rolle spielen.

Die Phasen eines Projektes	Beispiel Eine Fotoausstellung zum Kriegsende 1945 gestalten
1. Initiativphase • Formulierung einer Projektidee (Thema, Adressaten, Präsentationsform) und Abstecken von Zielen (was soll bei den Adressaten erreicht werden?) • Festlegung erster Verantwortlichkeiten für die Informationsbeschaffung und Organisation. Hier empfiehlt sich keine thematische Aufteilung, sondern eine Gliederung nach Informationsquellen: Bücher, Internet, Zeitungen, Zeitzeugen etc.	• **Ausgangspunkt:** Das Kriegsende 1945 wird oft nur aus politikgeschichtlicher und gesamtgesellschaftlicher Perspektive dargestellt. Was ergibt die Untersuchung der „Mikroperspektive"? • **Plan:** Ausstellung mit Stellwänden in der eigenen Schule, um nicht nur über das Thema zu informieren, sondern für die menschliche Perspektive zu sensibilisieren • **Erster Schritt:** Bildung von Kleingruppen mit Rechercheaufträgen
2. Informationsphase • Sammlung und Sichtung grundlegender Informationen und Materialien	• Erste Informationsbeschaffung für die nächste Unterrichtsstunde aus Internet und Zeitschriften, Suche nach Dokumentarfilmen und gegebenenfalls geeigneten Ausstellungen in der Nähe
3. Planungsphase • Klärung von Machbarkeit und Grenzen der Projektidee • Konkretisierung und verbindliche Festlegung des Projekts: Klare Formulierung eines Themas mit einer Fragestellung • Formulierung von Einzelthemen, die zur Erschließung des Gesamtthemas dienen, und Einteilung der Aufgaben der Beteiligten • Erstellung eines inhaltlich-organisatorischen und zeitlichen Arbeitsplans	• Gemeinsame Sichtung der Informationen, um eine konkrete Themenstellung zu formulieren • Mögliches Thema: „Wie haben die Zeitgenossen das Kriegsende 1945 erlebt und welche Bedeutung hatte diese historische Zäsur für sie?" • Strukturierung nach Aspekten, in vielen Fällen kontrastiv gegenübergestellt. Beispiele: „Ende – Neubeginn", „Zerstörung – Aufbau", „Befreiung – Gefangenschaft", „Freude – Ungewissheit", „Heimkehr – Vertreibung", „Schuld – Anklage"
4. Produktionsphase • Aufgabenbezogene Recherche und Sammlung von Materialien zu den vereinbarten Einzelthemen • Erstellung der Einzelbeiträge der Beteiligten • Nachbesserungen (möglicherweise ergibt sich eine wiederholte Durchführung der Schritte 4 und 5)	• Recherche nach aussagekräftigem Bildmaterial, Erarbeitung des geschichtlichen Hintergrundes der Bilder • Auswahl von Bildern, die exemplarisch für die einzelnen Aspekte stehen, Verfassen von knappen Begleittexten
5. Überprüfung der Informationen • Vergleichen des Ergebnisses mit dem Projektthema und seiner Fragestellung • Überprüfen des Endergebnisses hinsichtlich seiner Wissenschaftlichkeit; dabei sollte die Arbeit so verständlich und anschaulich aufbereitet werden, dass das öffentliche Interesse geweckt wird • Einbringen von Korrekturen und möglichen Verbesserungen	Hier sollten noch eine Reihe Fragen gestellt werden: • Wird das Gesamtergebnis dem historischen Untersuchungsgegenstand gerecht? • Gibt es inhaltliche Lücken oder Überschneidungen? • Werden einzelne Aspekte zu stark betont, andere vernachlässigt? • Sind die Bilder und Texte aussagekräftig und motivierend?
6. Präsentationsphase • Vorstellung des Projekts • Dialog und Rückmeldung aus der Adressatengruppe • Möglicherweise Dokumentation des Projekts in Lokalzeitung, Schülerzeitung o. ä.	• Aufbau und „Eröffnung" der Ausstellung • Präsentation vor Parallelkursen (wenn die Möglichkeit besteht: Präsentation auf einem Schulfest oder Tag der offenen Tür)

II. Welche Informationsquellen?

A. Archivrecherche

► **Was ist zu erwarten?** Archive sammeln amtliche Schriftstücke von Behörden oder Gerichten, aber auch Dokumente von Vereinen und Organisationen (z. B. Wahlplakate) und alte Zeitungen. Nachlässe von Privatpersonen beinhalten oft Tagebuchaufzeichnungen, Fotos oder Briefe.

► **Was ist zu beachten?** Der Archivbesuch sollte durch eine sorgfältige inhaltliche Einarbeitung vorbereitet sein. Vorab muss geklärt sein, welche Bestände verfügbar sind und ob Sperrfristen eine Quelleneinsicht verhindern. Die Quellen beinhalten in der Regel eine sehr fokussierte Aussage und müssen in der Auswertung in historische Kontexte eingeordnet werden, die aus der Sekundärliteratur zu erschließen sind.

B. Zeitzeugeninterview

► **Was ist zu erwarten?** Zeitzeugen können insbesondere die Auswirkungen historischer Ereignisse und Prozesse auf das Leben der Betroffenen vermitteln und ermöglichen oft einen sehr emotionalen Zugang zur Geschichte.

► **Was ist zu beachten?** Die Auswertung erfordert einen Abgleich mit einer umfassenderen Perspektive, um die Repräsentativität der individuellen Erfahrungen zu klären. Zudem ist zu beachten, dass sich die Erinnerung an Geschehnisse verändert und manchmal bewusst oder unbewusst an politische und gesellschaftliche Erwartungen angepasst wird.

Oft wird ein Zeitzeuge in einem Interview mit der Erinnerung an einschneidende, teilweise traumatisierende Erlebnisse konfrontiert, was bis zum Abbruch des Interviews führen kann. Eine Vorbereitung auf den sensiblen Umgang mit Interviewpartnern ist deswegen wichtig.

C. Internetrecherche

► **Was ist zu erwarten?** Das Internet bietet schnelle und umfassende Informationen sowie Quellen zu beinahe allen denkbaren Themen, im Gegensatz zur Archivrecherche und Zeitzeugenbefragung aber keinen unmittelbaren Zugang zur Geschichte.

► **Was ist zu beachten?** Der Wahrheitsgehalt sowie die Authentizität von Dokumenten und Bildern muss einer besonders kritischen Prüfung unterzogen werden, insbesondere muss der Herkunft der Informationen Aufmerksamkeit gewidmet werden.

III. Welche Präsentationsform?

A. Videodokumentation

• Mit dieser Präsentationsform können Zeitzeugen oder historische Orte dem Publikum unverfälscht und authentisch vorgestellt werden, für Bild- und Textquellen bieten sich Einblendungen an. Ein oder mehrere Sprecher sollten durch den Film führen.

• Es sollte darauf geachtet werden, dass die Beteiligten bei der Beschäftigung mit technischen oder gestalterischen Fragen die inhaltliche Auseinandersetzung nicht aus dem Blick verlieren.

B. Internetpräsentation

• Dieser Präsentationstyp bietet die optimale technische Grundlage, eigene Texte und Quellen in ausführlicher Form zu veröffentlichen und mit Bildquellen oder Grafiken zu verbinden. Hier lassen sich Präsentationen mit mehreren Gliederungsebenen realisieren, bei denen durch geschickte Linksetzung Zusammenhänge anschaulich werden.

• Wie bei der Videodokumentation besteht jedoch die Gefahr, dass die Arbeit an der technischen Realisierung teilweise die inhaltliche Arbeit in den Hintergrund treten lässt.

C. Ausstellung

• Eine Ausstellung eignet sich zur Veröffentlichung eigener Texte in Verbindung mit schriftlichen Quellen und Bildern, der Gestaltung sind große Spielräume eröffnet. Bild- und Textdokumente können an Stellwänden präsentiert werden, gegenständliche Exponate können in Vitrinen oder frei aufgestellt in die Präsentation integriert werden.

• Im Gegensatz zur Internetpräsentation muss der Umfang von Texten stark begrenzt werden, um das Interesse des Publikums zu wahren. Einen praktischen Vorteil stellt die einfache technische Realisierung dar.

Ein Referat strukturiert ausarbeiten und vortragen

I. Allgemeine Empfehlungen

A. Bedeutung und Zweck des Referats

• Definition
Das Referat ist ein strukturierter mündlicher Vortrag, in dem fachliche Probleme erörtert und Sachinformationen vermittelt werden.

• Anwendungsbereiche
Die Technik des Referierens ist weit über den schulischen Bereich hinaus für viele Arbeitsfelder von zentraler Bedeutung, so etwa im Rahmen eines Hochschulstudiums, im Management eines Unternehmens oder in Politik und Verwaltung.

B. Entwicklung einer Fragestellung und Strukturierung des Themas

• Fragestellung
Der Referent grenzt bereits vor der eingehenden Informationsrecherche den Themenbereich zeitlich und räumlich ein und formuliert eine klare Leitfrage, die durch das Referat beantwortet werden soll. Auf diese Weise lässt sich erreichen, dass das Referat von Anfang an auf einen Erkenntnisgewinn hin ausgerichtet ist und nicht nur aus einer Aneinanderreihung von Fakten besteht.

• Gliederung
Ausgehend von der Fragestellung kann eine Gliederung entwickelt werden. Dies sollte möglichst schon vor der eingehenden Informationsrecherche geschehen, da sich diese dann gezielter und zügiger durchführen lässt. Nach Abschluss der Recherche wird die Gliederung überprüft und ggf. den Ergebnissen angepasst.
Die Auswahl des Gliederungstyps hängt vom Thema des Referats ab: Eine wissenschaftliche Kontroverse lässt sich gut im Rahmen einer dialektischen Struktur behandeln; für lineare Entwicklungen (z. B. wirtschaftliche Entwicklung in Europa 1945–1970) eignet sich hingegen eine chronologische oder thematische Gliederung (siehe Gliederungsbeispiele auf der Seite 321).

C. Ausarbeitung und Vortrag des Referats

• Adressatenorientierung
Es ist wichtig, beim Sprechen immer wieder Blickkontakt mit den Zuhörern aufzunehmen. So kann der Vortragende signalisieren, dass er die Reaktionen des Publikums beachtet und etwa sein Sprechtempo anpasst oder im Bedarfsfall spontan zusätzliche Erläuterungen einfügt. Es empfiehlt sich zudem, die Zuhörer durch das Referat zu „führen“: Die Gliederung wird zu Beginn kurz vorgestellt, möglichst auch in visueller Form (s. u.). Im Verlauf des Vortrags greift der Referent auf diesen Gesamtüberblick zurück, indem er die jeweils erreichten Gliederungspunkte nochmals deutlich benennt („Ich komme nun zum zweiten Punkt, den machtpolitischen Folgen des Zweiten Weltkrieges ... “).

• Klarheit und Auswahl
Bei der Ausarbeitung eines Referats sollte sich der Referent immer wieder folgende Frage stellen: „Könnte ich selbst als Zuhörer den Ausführungen gut und mit Interesse folgen?“ Um das Publikum nicht mit einer Vielzahl von Informationen zu überfordern, ist es unerlässlich, das Referat auf zentrale Aspekte zu beschränken. Dabei kann häufig exemplarisch verfahren werden: Der Referent wählt ein charakteristisches Beispiel aus, das stellvertretend für weitere, ähnliche Fälle vorgestellt wird.

• Freier Vortrag
Die Interaktion mit den Zuhörern ist nur möglich, wenn Referate frei gehalten werden. Der Referent sollte sich lediglich die Gliederung und Stichworte als Gedächtnisstützen notieren. Da die Zuhörer das Referat nicht mitlesen können, ist es wichtig, einfache Sätze zu verwenden und klar zu artikulieren. Um Sicherheit im freien Sprechen zu gewinnen und den Zeitbedarf realistisch einzuschätzen, sollte der Referent seinen Vortrag mindestens einmal vorab simulieren.

• Visualisierung
Es empfiehlt sich, das Referat durch eine sichtbare Gliederung und ggf. durch Bilddokumente, Schaubilder und Karten (z. B. zum geteilten Europa) zu unterstützen. Dies kann technisch sowohl durch den Einsatz eines Overheadprojektors als auch durch Nutzung eines Laptops mit Präsentationsprogramm und angeschlossenem Beamer erreicht werden. Die visuellen Materialien sind durch hinweisende Gesten und Erläuterungen in das Referat einzubinden.

• Ergebnisorientierung
Am Ende des Referats muss die eingangs gestellte Frage in einer Schlussbetrachtung beantwortet werden. Wenn die Beantwortung problematisch ist oder sich mehrere Antworten anbieten, sollte der Referent dies ausdrücklich feststellen. Er kann die Frage dann an das Publikum weitergeben und so eine Diskussion eröffnen.

Anregungen

1. Arbeiten Sie das auf der rechten Seite skizzierte Referat aus und halten Sie es in Ihrem Kurs. Entscheiden Sie sich für einen Gliederungstyp und beschränken Sie sich auf 15 Minuten. Eventuell können Sie arbeitsteilig verschiedene Gliederungstypen zugrunde legen und die dabei entstehenden Referate miteinander vergleichen.

2. Diskutieren und bewerten Sie die Referate auf der Basis der oben dargelegten Grundsätze. Ergänzen Sie ggf. weiter Prinzipien, die Sie für wichtig halten.

3. Formulieren Sie ausgehend von den Kapiteln dieses Buches weitere Fragestellungen, die im Rahmen eines Referats behandelt werden könnten und erstellen Sie dazu jeweils eine geeignete Gliederung.

II. Praktische Beispiele

Beispiel: Wie kam es zum Kalten Krieg (1945–1949)?

Einleitung

- Benennung und Erläuterung der Fragestellung: Wie kam es zum Kalten Krieg?
- Zeitliche und geographische Eingrenzung des Themas: Europa 1945–1949.
- Kurzer Überblick über die Gliederung.

Die unterschiedlichen Gliederungen

Chronologisch (Gliederung nach Phasen einer Entwicklung)	**Thematisch** (Gliederung nach Sachfeldern)	**Dialektisch** (Gliederung nach einer abwägenden Argumentationslogik)
1. 1945: Das Zerbrechen der Anti-Hitler-Koalition • Wegfall des gemeinsamen Gegners • Ergebnisse und Problematik der Potsdamer Konferenz	**1. Ideologische Faktoren** • Unterschiedliche Staats- und Gesellschaftsmodelle der Westmächte und der USA • Politisches Sendungsbewusstsein beider Seiten	**1. These: Die sowjetische Expansion war die entscheidende Ursache des Ost-West-Konflikts.** • Einrichtung von sowjetischen Satellitenstaaten in Ost- und Ostmitteleuropa • Sowjetische Missachtung des Selbstbestimmungsrechts der Völker • Gründung von Kominform und RGW • Sowjetische Blockadepolitik in Berlin
2. 1946–1948: Unterschiedliche Weichenstellungen in Ost und West • Entstehung der Volksdemokratien im Osten • Etablierung bzw. Festigung der liberalen Demokratien im Westen	**2. Machtpolitische Folgen des Zweiten Weltkrieges** • Militärische und politische Schwächung der europäischen Staaten infolge des Zweiten Weltkrieges • Entstehung eines Machtvakuums im Zentrum Europas, das insbesondere durch amerikanische und sowjetische Kräfte gefüllt wird	**2. Antithese: Die zunehmende Bindung der west- und mitteleuropäischen Staaten an die USA spaltete Europa.** • Truman-Doktrin und Marshall-Plan • Förderung einer marktwirtschaftlichen Ordnung in Europa • Etablierung eines demokratisch-liberalen Verfassungsstaates in Westdeutschland
3. 1949: Verfestigung der Spaltung Europas • Gründung der NATO • Gründung der Bundesrepublik Deutschland und der Deutschen Demokratischen Republik	**3. Das Verhalten der Supermächte seit 1945** • Marshall-Plan und Truman-Doktrin • Kominform und Zwei-Lager-Theorie • Berlin-Blockade • Gründung der beiden deutschen Staaten	**3. Synthese: Die USA und die UdSSR haben durch ihre Maßnahmen immer neue Abwehrreaktionen der Gegenseite provoziert.** • Reaktive Mechanik: Maßnahmen und Gegenmaßnahmen der Westmächte und der UdSSR bedingen sich wechselseitig

Schlussbetrachtung

- Beantwortung der zu Beginn gestellten Frage.
- Eventuell Weitergabe der Frage an die Zuhörer und Eröffnung einer Diskussion.

Konrad ADENAUER

(1876–1967)

Konrad Adenauer gehörte in der Weimarer Republik zu den führenden Politikern der (katholischen) Zentrumspartei und war von 1917 bis 1933 Oberbürgermeister von Köln. Zwischen 1945 und 1949 beteiligte er sich maßgeblich am Aufbau der CDU und setzte sich bei den Bundestagswahlen im September 1949 gegen seinen sozialdemokratischen Konkurrenten durch. Bis 1963 bekleidete er das Amt des Bundeskanzlers der Bundesrepublik Deutschland, die auf der Basis einer parlamentarischen Demokratie ein „Wirtschaftswunder" erlebte. Er war maßgeblich an der politischen Einigung Europas beteiligt und schuf damit die Voraussetzung für die deutsch-französische Aussöhnung sowie die Wiedereingliederung Deutschlands in die internationale Gemeinschaft. 1950 akzeptierte er den Monnet-Schuman-Plan, der den Grundstein für die Europäische Gemeinschaft für Kohle und Stahl (EGKS) legte. Nach dem Scheitern der Europäischen Verteidigungsgemeinschaft (EVG) im Jahre 1954 trat die Bundesrepublik auf sein Betreiben hin der NATO bei. 1957 unterzeichnete er die Römischen Verträge. Auf der Grundlage eines positiven Verhältnisses zu Charles de Gaulle verstärkte er ab 1958 die deutsch-französische Zusammenarbeit (Elysée-Vertrag von 1963).

Jassir ARAFAT

(1929–2004)

Er entstammte einer in Ägypten lebenden palästinensischen Familie und erkannte früh die Grenzen der Solidarität der arabischen Länder gegenüber den Palästinensern. Er beschloss daher 1959, eine autonome palästinensische Bewegung zu gründen: die Fatah (Nationale Befreiungsbewegung), die bewaffnete Aktionen gegen Israel durchführte. 1969 wurde er Präsident der PLO (englisch für Palestine Liberation Organization). Von seinem PLO-Stützpunkt in Beirut (1970), später in Tunis (1982) aus setzte er sich weltweit für die palästinensische Sache ein. 1974 sprach er vor der UNO, die die PLO als legitime Vertreterin des palästinensischen Volkes akzeptierte. 1988 leitete er mit der Anerkennung des Staates Israel und der Abkehr vom Terrorismus eine entscheidende Wende ein. 1993 unterzeichnete er die Osloer Verträge und erhielt dafür 1994 zusammen mit Yitzhak Rabin und Shimon Peres den Friedensnobelpreis. Als Präsident der Palästinensischen Autonomiebehörde musste er sich mit den Schwierigkeiten des Friedensprozesses auseinander setzen und wurde von den innerhalb der palästinensischen Bevölkerung erstarkenden islamistischen Organisationen zunehmend angefeindet.

Willy BRANDT

(1913–1992)

Herbert Ernst Karl Frahm war ein linker Sozialdemokrat; er emigrierte 1933 nach Norwegen, wo er als Willy Brandt die norwegische Staatsbürgerschaft annahm. 1945 arbeitete er als Korrespondent für die norwegische Presse und berichtete über die Nürnberger Prozesse. 1947 erfolgte seine Wiedereinbürgerung in Deutschland; 1957 wurde er Regierender Bürgermeister von Berlin (de facto Westberlin). Während der dritten Berlinkrise (Bau der Berliner Mauer 1961) erlangte er internationale Bekanntheit. Als Vorsitzender der SPD wurde er 1966 Vizekanzler und Außenminister der Großen Koalition. Mit seiner Wahl zum Bundeskanzler 1969 war er seit 1930 der erste Sozialdemokrat an der Spitze einer deutschen Regierung. Sein Kniefall vor dem Mahnmal im Warschauer Ghetto (1970) stand symbolhaft für eine neue Ostpolitik, für die er 1971 mit dem Friedensnobelpreis geehrt wurde. 1974 trat Willy Brandt als Kanzler zurück, weil einer seiner engsten Berater (Günter Guillaume) als DDR-Spion entlarvt wurde. Brandt genoss weiterhin weltweit hohes Ansehen, vor allem als Vorsitzender der Sozialistischen Internationale.

Leonid BRESCHNEW

(1906–1982)

Nach einer langen Karriere als Funktionär unter Stalin beteiligte er sich 1964 am Sturz von Chruschtschow und behauptete sich rasch als mächtigster Mann der UdSSR. Im Laufe seiner langen „Regentschaft" setzte er die Repression gegen Dissidenten fort und verkörperte in besonderer Weise die Unbeständigkeit der sowjetischen Diplomatie. 1968 ließ er den „Prager Frühling" niederschlagen und begründete die Doktrin von der „begrenzten Souveränität", auch „Breschnew-Doktrin" genannt. 1972 unterzeichnete er zusammen mit Nixon die SALT-I-Verträge in Moskau und 1975 die Schlussakte von Helsinki. Er nutzte die Zeit der Entspannung zur Stärkung des sozialistischen Lagers in Afrika und leitete mit der Entsendung sowjetischer Truppen nach Afghanistan 1979 eine Rückkehr zur Politik des Kalten Krieges ein. Nach seinem Tod galt die UdSSR zwar als militärische Supermacht, blieb jedoch ein durch die lähmende bürokratische Wirtschaftsführung und die Diktatur geschwächtes Land; daher sprach Gorbatschow wenig später von einer „Stagnation à la Breschnew".

George H. W. BUSH

(1924)

George H. W. Bush entstammt einer reichen Familie aus Neuengland. Während des Zweiten Weltkriegs zeichnete er sich als Pilot aus und begann 1948 als studierter Ökonom eine Karriere als Geschäftsmann. George Bush leitete von 1948 bis 1966 eine Erdölfirma in Texas, von 1967 bis 1971 vertrat er als republikanischer Abgeordneter Texas im Repräsentantenhaus und bekleidete anschließend höhere Posten im diplomatischen Dienst sowie in der CIA. Nachdem er bereits Vizepräsident unter Reagan (1981 bis 1988) gewesen war, wurde er im November 1988 zum Präsidenten der Vereinigten Staaten gewählt. Der Schwerpunkt seiner Arbeit bestand darin, die Rolle der Vereinigten Staaten in einer Welt nach dem Kalten Krieg neu zu definieren. Mit der Operation „Wüstensturm" (1990/1991) zwang er die irakische Armee von Saddam Hussein, die kurz zuvor Kuwait überfallen hatte, zum Rückzug. Daraufhin verkündete er den Beginn einer „neuen Weltordnung". Wirtschaftliche und soziale Probleme führten zu seiner Niederlage bei den Präsidentschaftswahlen im November 1992.

George W. BUSH

(1946)

George W. Bush ist der Sohn von George H. W. Bush. Er arbeitete wie sein Vater einige Zeit in der texanischen Erdölindustrie. Während seiner Amtszeit als republikanischer Gouverneur von Texas zwischen 1994 und 2000 verschärfte er die Verbrechensbekämpfung und setzte die Anwendung der Todesstrafe unnachgiebig durch. Im November 2000 gewann er die amerikanischen Präsidentschaftswahlen mit den Stimmen von 271 Wahlmännern und 49,82 Millionen Stimmberechtigten gegen den demokratischen Kandidaten Al Gore (267 Wahlmänner und 50,16 Millionen Stimmen). Dieses sehr knappe Ergebnis wurde unter Verweis auf Unregelmäßigkeiten in Florida infrage gestellt. Umgeben von Beratern aus den konservativsten Kreisen der Republikanischen Partei führt er eine weltweit sehr umstrittene Außenpolitik, die auf einer unilateralen Bekräftigung der amerikanischen Hypermacht basiert. Verstärkt wurde diese politische Tendenz nach den Terroranschlägen vom 11. September 2001 gegen die Vereinigten Staaten.

James (Jimmy) E. CARTER

(1924)

Er stammt aus Georgia, dem ländlichen „alten Süden" und begann seine Karriere in der Kriegsmarine (auf einem Atom-U-Boot). Carter übernahm nach dem Tod seines Vaters 1953 die Familienfarm. Seit 1962 war er demokratischer Senator und ab 1972 Gouverneur von Georgia. Carter erwies sich als geschickter Politiker, der gleichermaßen die moderne Technologie und die traditionellen Werte des Protestantismus vertrat. 1976 konnte er sich gegen den Republikaner Gerald Ford behaupten und wurde Präsident der USA. Innenpolitisch sah er sich mit einer seit 1973 andauernden Wirtschaftsflaute konfrontiert. Außenpolitisch verbuchte er einige Erfolge als Vermittler des Friedenvertrags von Camp David zwischen Israel und Ägypten im Jahr 1978. Carter verfolgte das Ziel, die amerikanische Diplomatie mit der Einhaltung der Menschenrechte in Einklang zu bringen; er sah sich jedoch seit 1979 mit großen Schwierigkeiten konfrontiert (Iranische Revolution, sowjetischer Einmarsch in Afghanistan). 1980 unterlag er Ronald Reagan bei der Präsidentschaftswahl, engagierte sich aber weiterhin international als Vermittler und Botschafter für Völkerverständigung und Frieden. 2002 erhielt er den Friedensnobelpreis.

Fidel CASTRO

(1927)

Als fortschrittlich und nationalistisch gesinnter kubanischer Rechtsanwalt bekämpfte er die 1952 von Batista auf Kuba errichtete und von den Vereinigten Staaten unterstützte Diktatur. Er saß nach einem missglückten Aufstand von 1953–1955 in Haft, nahm jedoch 1956 den bewaffneten Kampf wieder auf. Am 1. Januar 1959 übernahm er mit seinen „Baburdos" die Macht und zwang Batista zur Flucht. Fidel Castro geriet durch den Konflikt mit den Vereinigten Staaten (1961 missglückte Militäroperation in der Schweinebucht) in die Abhängigkeit der UdSSR, obwohl er anfangs kein Kommunist war. Nach Chruschtschows Einlenken in der Raketenkrise (1962) unterstützte er überall in Lateinamerika revolutionäre Bestrebungen und trat als Führer der Dritten Welt auf. Seit 1968 orientierte er sich an der Sowjetunion und machte Kuba zu einem treuen Verbündeten Moskaus. Heute beruft sich der „Líder Maximo" stets auf den Kommunismus. Castros Rolle ist umstritten: Während die einen in ihm einen Widerstandskämpfer gegen den amerikanischen Imperialismus sehen, betrachten ihn die anderen als einen unerbittlichen Diktator.

Jacques CHIRAC

(1932)

Jacques Chirac begann 1962 seine politische Karriere im Kabinett von Georges Pompidou. Er war Abgeordneter des Departements Corrèze und wurde 1967 Staatssekretär für soziale Angelegenheiten. Chirac unterstützte Pompidou während der Maiunruhen von 1968. Er blieb bis 1974 ununterbrochen Minister. Er führte die Gruppierung innerhalb der gaullistischen Partei, die bei den Präsidentschaftswahlen von 1974 Giscard d´Estaing unterstützte. Dieser ernannte Chirac nach seinem Wahlsieg zum Premierminister. 1976 trat er wegen Meinungsverschiedenheiten mit dem Staatspräsidenten zurück. Er erneuerte die gaullistische Partei unter dem Namen RPR (Rassemblement pour la République, Sammlungsbewegung für die Republik) und wurde 1977 zum Bürgermeister von Paris gewählt. Als Führer der stärksten Mehrheitsfraktion ernannte ihn Mitterand 1986 zu seinem Premierminister. Damit wurde die Ära der Kohabitation eingeleitet. 1988 unterlag er Mitterrand bei den Präsidentschaftswahlen, gewann diese aber 1995. Von 1997 bis 2002 musste er selbst in einer Kohabitation mit dem linken Premierminister Jospin regieren. 2002 wurde Jacques Chirac als Staatspräsident in seinem Amt bestätigt.

CHOU EN-LAI

(1898–1976)

Er verließ China nach seiner Verhaftung während der großen nationalistischen Demonstrationen im Jahre 1919. Im französischen Exil schloss er sich der kommunistischen Bewegung an. 1924 kehrte er nach China zurück und spielte ab 1927 eine entscheidende Rolle innerhalb der Führung der kommunistischen Partei und beim Aufbau der Roten Armee. 1949 zog er an der Seite Maos in Peking ein. Von 1949 bis zu seinem Tod 1976 war er Ministerpräsident und Außenminister der Volksrepublik China. Auf der Konferenz von Bandung (1955) strebte er für China den Status einer Führungsmacht der Dritten Welt an. Anfang der 1970er-Jahre trug er maßgeblich zur chinesisch-amerikanischen Annäherung bei. Er überstand die zahlreichen Kurswechsel in der Politik Chinas und unterstützte kurz vor seinem Tod die von Deng Xiaoping verkörperte „pragmatische Linie".

Nikita CHRUSCHTSCHOW

(1894–1971)

Zunächst war er Erster Sekretär der kommunistischen Partei in der Ukraine, dann in Moskau. Nach Stalins Tod übernahm er 1953 die Macht und wurde zum Initiator der Entstalinisierung. 1955 erreichte er eine spektakuläre Verständigung mit Tito und prangerte 1956 auf dem XX. Parteitag der KPdSU die Verbrechen Stalins an. Diese Politik, die den Bruch mit China beschleunigte, hinderte ihn nicht daran, 1956 den Budapester Aufstand niederzuschlagen und 1961 dem Bau der Berliner Mauer zuzustimmen. Während der Kubakrise 1962 zwang ihn Kennedy zum Rückzug. Schließlich wurde er 1964 von der „alten Garde" entmachtet, die seine Wirtschaftsreformen und seinen parteiinternen Reformkurs missbilligte. Seine überschwängliche Art machte „Mister K" im Westen beliebt. Nach seiner Zwangspensionierung schrieb er seine Memoiren.

Winston CHURCHILL

(1874–1965)

Der Aristokrat wurde am 10. Mai 1940 nach einer bewegten politischen Karriere Premierminister Großbritanniens. Während des Zweiten Weltkrieges verkörperte er den unbeugsamen Kampf der Briten gegen Hitlerdeutschland. Im Februar 1945 verhandelte er mit Roosevelt und Stalin in Jalta über die Zukunft Europas. In einem Telegramm an Truman brandmarkte er bereits am 12. Mai 1945 den „Eisernen Vorhang", der Europa zweigeteilt hatte. Nach seiner Wahlniederlage gegen die Labour-Partei im Juli 1945 verwendete er seine Kraft darauf, vor der sowjetischen Gefahr zu warnen (Rede in Fulton, 5. März 1946). Churchill setzte sich jedoch auch für die europäische Zusammenarbeit ein (Züricher Rede, 18. September 1946) und unterstützte die Gründung des Europarates im Jahre 1949. Von 1951 bis 1955 war er erneut Premierminister und bemühte sich vor allem um den Ausbau der Beziehungen zu den Vereinigten Staaten und dem Commonwealth, lehnte jedoch den Beitritt zur Europäischen Gemeinschaft für Kohle und Stahl (EGKS) ab.

William (Bill) J. CLINTON

(1946)

Bill Clinton wuchs in bescheidenen Verhältnissen in Arkansas auf und ging nach einem sehr erfolgreichen Jura-Studium in die Politik. Als demokratischer Gouverneur von Arkansas (1978 bis 1980; 1982 bis 1992) pflegte er nach dem Vorbild Kennedys einen dynamischen Führungsstil und versuchte dabei, seine Frau Hillary ins Licht der Öffentlichkeit zu rücken. Nach seinem Wahlsieg im November 1992 über George Bush war er der erste Präsident der Vereinigten Staaten aus der „Generation Babyboom". Mit dem israelisch-palästinensischen Abkommen von 1993 und dem Abkommen von Dayton über Bosnien (1995) verzeichnete er diplomatische Erfolge. Nach seiner Wiederwahl im Jahr 1996 entging Bill Clinton nur knapp einem Amtsenthebungsverfahren, nachdem eine Affäre mit Monica Lewinski, einer Praktikantin im Weißen Haus, aufgedeckt worden war. Die Führung der demokratischen Partei übergab er seinem Vizepräsidenten Al Gore.

Jacques DELORS

(1925)

Jacques Delors ist ein von der christlichen Gewerkschaftsbewegung geprägter Wirtschaftswissenschaftler. 1969 schloss er sich dem Kabinett des gaullistischen Premierministers Jacques Chaban-Delmas an, dessen Projekt einer „Neuen Gesellschaft" er unterstützte. Delors trat anschließend der Sozialistischen Partei bei und wurde 1979 ins Europäische Parlament gewählt. 1981 war er Wirtschafts- und Finanzminister der Regierung Mauroy und trug wesentlich zur Durchsetzung einer neuen Politik des Sparens bei. Als Präsident der Brüsseler Kommission von 1985 bis 1994 erwies er sich als entschlossener Anhänger des Föderalismus und beschleunigte mit der Einheitsakte (1986) und dem Vertrag von Maastricht (1992) den europäischen Integrationsprozess. 1995 lehnte er den Vorschlag einer Nominierung zum Präsidentschaftskandidaten der Sozialistischen Partei ab.

Dwight D. EISENHOWER

(1890–1969)

Er stammte aus einer armen Familie in Texas, begann eine militärische Karriere und wurde während des Zweiten Weltkriegs Oberbefehlshaber der alliierten Streitkräfte, deren Landung in der Normandie er im Juni 1944 leitete. Zwischen 1950 und 1951 baute er in Frankreich das Oberkommando der NATO-Streitkräfte auf. Im November 1952 und 1956 wurde der Kriegsheld als Kandidat der Republikanischen Partei mit großer Mehrheit zum Präsidenten der USA gewählt. Durch seine moderate und pragmatische Politik verlieh „Ike", wie er liebevoll genannt wurde, dem Amerika der Fünfzigerjahre ein Gefühl der Selbstsicherheit.

Mohandas GANDHI

(1869–1948)

Er stammte aus einer wohlhabenden Hindufamilie, studierte Jura in London und ging 1893 als Rechtsanwalt nach Südafrika. Hier begann sein politisches Engagement für die Gleichberechtigung der indischen Einwanderer. Unter dem Einfluss des Hinduismus und anderer religiöser Traditionen entwickelte er neuartige Methoden des passiven Widerstands, der Gewaltfreiheit und des zivilen Ungehorsams, die er seit seiner Rückkehr nach Indien im Januar 1915 anwandte. Er wurde „Mahatma" (Große Seele) genannt und verkörperte als politischer Führer und moralische Persönlichkeit den antikolonialen Widerstand. Die Teilung Indiens im Unabhängigkeitsjahr 1947 konnte er nicht verhindern. 1948 wurde er von einem extremistischen Hindu wegen seiner gemäßigten Haltung gegenüber den Muslimen ermordet.

Charles DE GAULLE

(1890–1970)

Die Alliierten erkannten ihn 1944 als Chef der Provisorischen Regierung der Französischen Republik an. Als Frankreich von der deutschen Besatzung befreit wurde, stand er an der Spite des Landes. Am 20. Januar 1946 trat er zurück, da er in der Frage der Verfassungsordnung eine andere Auffassung vertrat als die Parteien. Entgegen dem Geist der Vierten Republik forderte er eine starke Präsidialgewalt. 1947 gründete er die Sammlungsbewegung RPF (Rassemblement du Peuple Français), löste sie jedoch 1953 auf, als er feststellte, dass einige seiner Abgeordneten das bestehende Regierungssystem unterstützen wollten. Durch die Krise vom 13. Mai 1958 in Algier kam er erneut an die Macht. Zwischen 1958 und 1962 gelang es ihm, einerseits den Algerienkrieg zu beenden, andererseits in Frankreich ein halb parlamentarisches, halb präsidiales Regierungssystem zu etablieren. Seit 1962 widmete er sich hauptsächlich der Wiederherstellung der „Größe" Frankreichs in der Welt. Nach seiner Wiederwahl 1965 (erstmals Direktwahl des Staatspräsidenten) erschütterten die Maiunruhen von 1968 seine Macht. 1969 trat er nach dem Scheitern eines Referendums zurück.

Valéry GISCARD D'ESTAING

(1926)

Giscard d'Estaing absolvierte die renommierteste Ingenieurhochschule Frankreichs (Ecole polytechnique) sowie die Staatliche Verwaltungsschule ENA, war Abgeordneter des Departements Puy-de-Dôme und wurde mit 32 Jahren Staatssekretär im Finanzministerium (1959 bis 1962). Er vertrat die liberale Rechte, die die Politik von Staatspräsident Charles de Gaulle, dann von dessen Nachfolger Georges Pompidou unterstützte; er bekleidete von 1962 bis 1966 und von 1969 bis 1974 das Amt des Wirtschafts- und Finanzministers. 1974 wurde er als erster nichtgaullistischer Politiker zum Staatspräsidenten gewählt. Er pflegte einen betont modernen Regierungsstil, leitete Gesellschaftsreformen ein und stützte sich auf die politische Mitte. 1978 gründete er die UDF (Union pour la démocratie française, Union für die französische Demokratie, ein liberal-konservatives Parteienbündnis). Bei den Präsidentschaftswahlen von 1981 unterlag er Francois Mitterrand. Er gilt nach wie vor als eine der angesehensten politischen Persönlichkeiten Frankreichs. 2001 wurde „VGE" Vorsitzender des Europäischen Konvents, der mit der Erarbeitung einer Verfassung für Europa beauftragt wurde und 2003 einen entsprechenden Entwurf vorlegte.

Michail GORBATSCHOW

(1931)

Seine politische Karriere begann unter Chruschtschow, doch erst nach dem Tod von Breschnew (1982) stieg er in der Parteihierarchie weiter auf. Als Generalsekretär der KPdSU (ab 1985) leitete er tief greifende Reformen ein, um die UdSSR vor der „Stagnation" zu retten. Unter den Leitbegriffen „Perestroika" (Umgestaltung) und „Glasnost" (Offenheit) führte er schrittweise Marktwirtschaft und Demokratie in seinem Land ein; dabei bezeichnete er sich selbst jedoch nach wie vor als Sozialisten. Von 1987 bis 1989 war er maßgeblich an der Beendigung des Kalten Krieges beteiligt. 1990 erhielt er dafür den Friedensnobelpreis. Innenpolitisch sank jedoch seine Popularität, da seine Reformen vielfach auf Ablehnung stießen. Für die weitere Entwicklung war vorallem entscheidend, dass die Völker der Sowjetunion aufgrund der nun gewährten Meinungsfreiheit ihrem Unabhängigkeitsstreben Ausdruck verleihen konnten. Dies führte zur Auflösung der UdSSR im Dezember 1991. Gorbatschow wurde schließlich von Boris Jelzin entmachtet, der nun an der Spitze eines unabhängigen Russlands stand.

Ernesto „Che" GUEVARA

(1928–1967)

Der argentinische Arzt traf 1955 Fidel Castro in Mexiko, mit dem er seit 1956 in den Reihen der revolutionären Guerilla in Kuba kämpfte. Nach dem Sieg Castros 1959 bekleidete er hohe Regierungsämter, kritisierte aber die wachsende Ausrichtung des kubanischen Regimes auf das sowjetische Modell und war bestrebt, nach anderen, für die Länder der Dritten Welt geeigneten Entwicklungswegen zu suchen. 1965 gab er seine Ämter auf und verließ Kuba, um die Guerillabewegungen im Kongo, dann in Lateinamerika zu unterstützen. 1967 wurde er in Bolivien erschossen. „Che" bleibt bis heute eine der großen Symbolfiguren der Revolution und der Dritten Welt.

HO CHI MINH

(1890–1969)

Er verließ aufgrund wirtschaftlicher Not Indochina, schlug sich als Seemann durch und ließ sich 1917 in Frankreich nieder. 1920 gehörte er zu den Gründern der Kommunistischen Partei Frankreichs. 1923 ging er nach Moskau und wurde danach Agent der Komintern in Asien. 1930 gründete er in Hongkong die Kommunistische Partei Vietnams. Mit Maos Hilfe kehrte er nach Vietnam zurück und baute 1941 die Vietminh auf, einen Zusammenschluss vietnamesischer Kommunisten und Nationalisten. Bekannt war er bis dahin unter verschiedenen Namen, nannte sich ab 1942 aber Ho Chi Minh („der nach Erkenntnis Strebende"). Am 2. September verkündete er die Unabhängigkeit Vietnams. Da Frankreich diesen Schritt nicht akzeptierte, brach 1946 der erste Indochinakrieg aus, der bis 1954 andauerte. Als Führer der Demokratischen Republik Vietnam setzte er ab 1955 den Vietnamkrieg gegen die amerikanischen Truppen fort, um Südvietnam zu erobern. Nach seinem Tod galt „Onkel Ho" weltweit als Held des „antiimperialistischen Kampfes".

Erich HONECKER

(1912–1994)

Als engagierter Kommunist war er von 1935 bis 1945 inhaftiert. Im SED-Apparat spielte er eine zunehmend bedeutende Rolle. Er leitete den Bau der Berliner Mauer (13. August 1961) und löste 1971 Ulbricht als Ersten Sekretär des Zentralkomitees der SED ab. 1972 unterzeichnete er den Grundlagenvertrag mit der Bundesrepublik Deutschland. Als Vorsitzender des Staatsrates und Generalsekretär des Zentralkomitees der SED (ab 1976) stand er an der Spitze von Partei und Staat. Er war Breschnew treu ergeben und wies jegliche Kursänderung des Regimes zurück. Von Gorbatschow „im Stich gelassen", konnte er dem Druck der erstarkenden Oppositionsbewegung in der DDR nicht mehr standhalten. Am 18. Oktober 1989 wurde Erich Honecker entmachtet und von Egon Krenz an der Spitze des Zentralkomitees abgelöst. 1991 floh er nach Moskau, kam aber 1992 nach Deutschland zurück, wo das gegen ihn laufende Strafverfahren wegen Verhandlungsunfähigkeit eingestellt wurde. 1993 ging er ins chilenische Exil.

JOHANNES PAUL II. (Karol Wojtyla)

(1920–2005)

Er stammte aus der Region um Krakau. 1946 wurde er zum Priester geweiht. Wojtyla gehörte zu den einflussreichsten Persönlichkeiten der katholischen Kirche Polens, die seinerzeit die wichtigste oppositionelle Kraft gegen das kommunistische Regime war. 1978 wurde er der erste slawische Papst in der Geschichte der katholischen Kirche. Um sein Vorhaben „Reevangelisierung" der Welt zu verwirklichen, unternahm er wie kein anderer Papst vor ihm zahlreiche Pastoralreisen. Trotz des 1981 auf ihn verübten Anschlags vermochte er sich nicht zuletzt durch sein Kommunikationstalent und seine unerschöpfliche Energie durchzusetzen. Er bekämpfte zunächst den Kommunismus, indem er die Gewerkschaft Solidarność in Polen unterstützte und die Einflussnahme des Marxismus auf einen Teil des lateinamerikanischen Klerus abzuwehren suchte. Nach dem Ende des Kalten Krieges prangerte er die Maßlosigkeit des liberalen Kapitalismus an und verteidigte die traditionellen Werte der katholischen Kirche. Sein Bemühen um Annäherung an andere Religionen wurde unterschiedlich bewertet.

Boris JELZIN

(1931)

Nachdem er von M. Gorbatschow 1987 seines Amtes als Erster Sekretär des Moskauer Komitees der Kommunistischen Partei enthoben wurde, stellte er sich an die Spitze der demokratischen Opposition. 1990 gehörte er als Vorsitzender des russischen Obersten Sowjets zu den Verfassern der Unabhängigkeitserklärung Russlands und trat aus der KPdSU aus. Im Juni 1991 wurde er zum Präsidenten der Russischen Föderation gewählt; im August 1991 war er maßgeblich an der Vereitelung eines Putsches orthodoxer Kommunisten in Moskau beteiligt. Nach dem Rücktritt Gorbatschows und dem Ende der UdSSR im Dezember 1991 stand er an der Spitze eines unabhängigen Russland. Er leitete liberale Wirtschaftsreformen ein und ging militärisch gegen die tschetschenische Unabhängigkeitsbewegung vor. 1996 wurde er wiedergewählt, trat aber am 31. Dezember 1999 zurück und übergab die Amtsgeschäfte seinem Premierminister Wladimir Putin.

Lyndon B. JOHNSON

(1908–1973)

Der Sohn einer Farmerfamilie aus Texas begann in den Dreißigerjahren des letzten Jahrhunderts seine politische Karriere in der Demokratischen Partei. Seit 1953 hatte er den Fraktionsvorsitz der Demokraten im Senat inne. 1960 wurde er Vizepräsident unter Kennedy, nach dessen Ermordung im November 1963 Präsident der Vereinigten Staaten. Im November 1964 erfolgte seine Wiederwahl. Unter dem Schlagwort „Great Society" leitete er sowohl politische (Achtung der Bürgerrechte der schwarzen Bevölkerung) als auch soziale Reformen (Stärkung des Wohlfahrtsstaates) ein, die Kennedy nicht verwirklicht hatte. Seine Vietnampolitik, die einen immer größeren Truppeneinsatz erforderte, stieß zunehmend auf Ablehnung. Aufgrund seiner sinkenden Popularität zog er sich am Ende seiner Amtszeit 1968 aus dem politischen Leben zurück.

John F. KENNEDY

(1917–1963)

Berühmt wurde der Sohn einer wohlhabenden Familie irischer Herkunft 1943 durch seinen heldenhaften Einsatz in der US-Marine. Seine politische Karriere begann 1946 in der Demokratischen Partei in Massachusetts. 1953 heiratete er Jacqueline Bouvier, die eine medienwirksame Rolle an seiner Seite spielte. 1960 wurde er zum (jüngsten und ersten katholischen) Präsidenten der Vereinigten Staaten gewählt. Amerika und die übrige Welt waren von seinem Programm der politischen Neubesinnung („New Frontier") und von seinem Kommunikationstalent begeistert. Nach seiner bisher noch immer nicht vollständig aufgeklärten Ermordung am 22. November 1963 wurde „JFK" endgültig zu einem Mythos. In seiner knapp dreijährigen Amtszeit zwang er die UdSSR während der Kubakrise 1962 zum Einlenken und stellte nach den schweren Rassenunruhen von 1963 ein umfangreiches Reformprogramm zugunsten der Afroamerikaner vor.

Martin LUTHER KING

(1929–1968)

Der in Atlanta geborene Martin Luther King war wie sein Vater Baptistenpfarrer. Bekannt wurde er durch den vom ihm 1955 bis 1956 initiierten Busboykott in Montgomery (Atlanta), durch den er der Rassentrennung ein Ende setzen wollte. Fortan kämpfte er für die Bürgerrechte der schwarzen Bevölkerung in den Südstaaten und für bessere Lebensbedingungen in den Ghettos der großen Städte im Norden der

Vereinigten Staaten. Er ließ sich von den Prinzipien des Christentums sowie von Gandhis Ideen leiten und predigte Gewaltlosigkeit. Am 28. August 1963 hielt er die Schlussrede auf der großen Demonstration für die Bürgerrechte („I have a dream"). Für sein Wirken erhielt er 1964 den Friedensnobelpreis. Seine Ansichten wurden immer radikaler, wobei auch die schwarze Jugend zunehmend seine Gewaltlosigkeit kritisierte. 1968 fiel er in Memphis während der Vorbereitungen zu einem Demonstrationszug der Armen nach Washington einem Attentat zum Opfer.

Helmut KOHL

(1930)

Nachdem er zunächst Landesvorsitzender der CDU und Ministerpräsident von Rheinland-Pfalz gewesen war, wurde Helmut Kohl 1982 Kanzler der Bundesrepublik Deutschland. Während seiner 16-jährigen Amtszeit spielte er eine maßgebliche Rolle beim europäischen Einigungsprozess sowie bei der Beendigung des Kalten Krieges. Er setzte die Politik der deutsch-französischen Zusammenarbeit fort, die in der gemeinsam mit François Mitterrand begangenen Gedenkzeremonie 1984 in Verdun einen symbolischen Ausdruck fand. Nach dem Fall der Berliner Mauer 1989 erreichte er 1990 durch geschickte Verhandlungen mit Michail Gorbatschow die deutsche Wiedervereinigung. Nach dem Wahlsieg der SPD 1998 wurde er von Gerhard Schröder als Bundeskanzler abgelöst. 1999 stand er im Mittelpunkt einer Finanz- und Parteispendenaffäre der CDU.

MAO ZEDONG (Mao Tse-tung)

(1893–1976)

1921 Mitbegründer der KP Chinas. Er entwickelte eine völlig neue Strategie, die sich auf die bäuerlichen Massen stützte. 1937 verbündete er sich angesichts des japanischen Einmarsches mit seinem langjährigen Widersacher, dem nationalistischen Führer Jiang Jieshi (Chiang Kai-shek). 1946 nahm er den Bürgerkrieg gegen die Nationalisten von der Kuomintang wieder auf. Am 1. Oktober 1949 rief er die Volksrepublik China aus und kündigte ein Bündnis mit der UdSSR an. Ende der 1950er-Jahre brach er jedoch mit Moskau, weil er die Entstalinisierung missbilligte. Vor dem Hintergrund interner Spannungen entwickelte China von nun an seine eigene Auffassung vom Sozialismus. Trotz der ablehnenden Haltung der „Gemäßigten" leitete Mao 1966 die „Kulturrevolution" ein und wurde wieder zum unumstrittenen Führer Chinas, zum „Großen Vorsitzenden und Steuermann". Unter seiner Führung wurde die Volksrepublik China 1971 ständiges Mitglied im UNO-Sicherheitsrat, näherte sich den Vereinigten Staaten an und empfahl sich als Entwicklungsmodell für die Dritte Welt.

George C. MARSHALL

(1880–1959)

Nach seiner Tätigkeit auf den Philippinen, in Frankreich während des Ersten Weltkriegs und in China wurde er am 1. September 1939 zum Generalstabschef der Armee der Vereinigten Staaten ernannt. Er nahm an Roosevelts Seite an sämtlichen interalliierten Konferenzen teil. Im November 1945 berief ihn Truman zum Vermittler zwischen den Kommunisten und den Nationalisten der Kuomintang in China. Nach dem Scheitern dieser Mission verstärkte er den Kampf gegen den Kommunismus in Europa. Nachdem ihn Truman im Januar 1947 zum Außenminister ernannt hatte, kündigte er am 5. Juni 1947 in Harvard das European Recovery Program an, besser bekannt unter dem Namen Marshallplan. Zu Beginn des Koreakrieges (1950 bis 1951) war er Verteidigungsminister, zog sich dann jedoch aus der Politik zurück. 1953 erhielt er den Friedensnobelpreis für sein Hilfsprogramm zum Wiederaufbau Europas.

Angela MERKEL

(1954)

Die gebürtige Hamburgerin wuchs in der DDR auf, wo sich ihr Vater als Pastor niedergelassen hatte. Mit großem Erfolg absolvierte sie ein Physikstudium, engagierte sich jedoch weder für das sozialistische Regime noch in den Reihen der Opposition. Die ersten freien Wahlen in der DDR im März 1990 markierten den Beginn ihrer politischen Karriere. Sie wurde stellvertretende Sprecherin der ersten (und letzten) demokratischen Regierung der DDR unter Lothar de Maizière. 1990 trat sie der CDU bei, von 1991 bis 1994 fungierte sie als Bundesministerin für Frauen und Jugend, danach bis 1998 als Umweltministerin in der Regierung von Helmut Kohl. Sie war nicht in den Finanzskandal der CDU verwickelt und übernahm 2000 den Parteivorsitz. Im November 2005 wurde sie an der Spitze einer Großen Koalition erste Bundeskanzlerin.

François MITTERRAND

(1916–1996)

Mitterrand entstammte dem konservativen Milieu. Er beendete ein Studium der Rechts- und Politikwissenschaften, als der Zweite Weltkrieg ausbrach. Nach seiner Flucht aus einem Gefangenenlager im Jahre 1941 arbeitete er kurze Zeit in Vichy im Referat für Kriegsgefangene. Er schloss sich der Résistance an und begann nach der Befreiung Frankreichs (1944) eine politische Karriere. Als führender Politiker der UDSR (Union démocratique et socialiste de la Résistance, Demokratische und sozialistische Union des Widerstandes) wurde er 1947 mit 31 Jahren Minister und war Mitglied zahlreicher Regierungen der Vierten Republik. Als entschiedener Gegner von de Gaulle kritisierte er die Fünfte Republik und trat bei der Präsidentschaftswahl 1965 als einziger Kandidat der Linken gegen den General an. 1971 übernahm er die Führung der Sozialistischen Partei und legte die Prinzipien für ein strategisches Bündnis mit der Kommunistischen Partei fest. Dieses Kalkül ging 1974 nicht auf, wohl aber 1981, als Mitterrand bei den Präsidentschaftswahlen einen deutlichen Wahlsieg errang. Nach seiner Wiederwahl 1988 stand er insgesamt 14 Jahre an der Spitze Frankreichs und verkörperte zunächst den Machtwechsel und die großen Reformen, dann den Übergang vom Sozialismus zur Sparpolitik. Er entwickelte die Regeln der Kohabitation, als er zweimal mit einem konservativen Premierminister regieren musste.

Jean MONNET

(1888–1979)

Der Sohn eines Kognakgroßhändlers machte zunächst als internationaler Geschäftsmann Karriere und sammelte als Mitarbeiter im Generalsekretariat des Völkerbundes (1919–1923) auch politische Erfahrungen. Während des Zweiten Weltkriegs spielte er eine wichtige Rolle bei der Koordinierung der Kriegsführung zwischen den Vereinigten Staaten, Großbritannien und dem Freien Frankreich. Als Leiter des Planungsamtes leitete er seit 1946 die Modernisierung der französischen Wirtschaft. 1950 unterbreitete er Robert Schuman den Vorschlag zur Gründung der EGKS, der den ersten Schritt auf dem Weg zur europäischen Einigung darstellte. Von 1952 bis 1956 war er Präsident der Hohen Behörde der Europäischen Gemeinschaft für Kohle und Stahl (EGKS), der ersten supranationalen Organisation in Europa. Vom Scheitern der Europäischen Verteidigungsgemeinschaft (EVG) enttäuscht trat er zurück und gründete 1955 das „Aktionskomitee für die Vereinigten Staaten von Europa", das seine Anstrengungen und seinen Einfluss in den Dienst der europäischen Einigung stellte und dabei insbesondere den Auffassungen von General de Gaulle entgegentrat.

Gamal Abdel NASSER

(1918–1970)

Der aus ärmlichen Verhältnissen stammende Nasser trat nach der Unabhängigkeit Ägyptens 1936 in die Armee ein. Zusammen mit den „Freien Offizieren", für die die Niederlage von 1948 gegen Israel eine Demütigung darstellte, stürzte er 1952 den ägyptischen König und übernahm 1954 selbst die Macht. Als „Rais" (Führer) Ägyptens errichtete er ein diktatorisches Regime, das den Islamisten feindselig gegenüberstand und sich am Sozialismus orientierte. Auf der Konferenz von Bandung im Jahre 1955 profilierte er sich als Sprecher der blockfreien Staaten. 1956 verstaatlichte er den Sueskanal. Nach der politischen Niederlage der hierdurch hervorgerufenen französisch-britischen Expedition galt er als Führer des arabischen Nationalismus. Die Niederlage Ägyptens gegen Israel 1967 traf ihn besonders hart. Nach seinem Tod im Jahre 1970 wandte sich sein Nachfolger Sadat den USA zu, in einer Zeit, da der arabische Nationalismus in zunehmendem Maße vom Islamismus verdrängt wurde.

Jawaharlal NEHRU
(1889–1964)

Nehru kehrte 1912 nach einem Jurastudium in Großbritannien nach Indien zurück und beteiligte sich seit 1920 am Unabhängigkeitskampf. Als Anhänger Gandhis war er gleichzeitig Führer des sozialistisch geprägten linken Flügels der Kongresspartei. Trotz seiner zahlreichen Inhaftierungen beriefen ihn die Briten 1946 an die Spitze der provisorischen Regierung. Nach der Unabhängigkeit 1947 blieb er aufgrund der wiederholten Wahlsiege der Kongresspartei bis zu seinem Tod 1964 indischer Premierminister und beteiligte sich maßgeblich am Aufbau einer laizistischen Demokratie in Indien. Entscheidend prägte er zudem die Konferenz von Bandung (1955) und die Gründung der Bewegung der blockfreien Staaten (1961). Die militärische Niederlage, die ihm sein ehemaliger Verbündeter China 1962 zugefügt hatte, erschütterte seine Macht und zwang ihn, sich den Vereinigten Staaten zuzuwenden. Seine Tochter Indira Gandhi (keinerlei Verbindung mit Mahatma Gandhi) amtierte von 1966 bis 1977 und von 1980 bis 1984 als indische Premierministerin.

Richard M. NIXON
(1913–1994)

Nixon entstammte einer armen kalifornischen Familie, studierte Jura und begann seine politische Laufbahn 1946. Als republikanischer Abgeordneter, dann Senator von Kalifornien, unterstützte er den McCarthysm. Von 1953 bis 1960 sammelte er als Vizepräsident unter Dwight Eisenhower zahlreiche politische Erfahrungen. 1960 unterlag er Kennedy, ließ sich 1968 erneut als Präsidentschaftskandidat der Republikaner aufstellen und gewann schließlich die Wahl. Er selbst bezeichnete sich als Vertreter der „schweigenden Mehrheit" und verfocht das Prinzip „law and order". 1972 wurde er wiedergewählt. Zusammen mit seinem Berater Henry Kissinger führte er eine aktive Außenpolitik (SALT-Verträge, Beendigung des Vietnamkrieges, Annäherung an China). Aber der Watergate-Skandal zwang ihn im August 1974 zum Rücktritt. Nachfolger wurde sein Vizepräsident Gerald Ford.

Georges POMPIDOU
(1911–1974)

Er entstammte einer armen Familie aus dem Cantal und studierte mit großem Erfolg Jura. Nach der Befreiung Frankreichs von der deutschen Besatzung schloss er sich dem Kabinett de Gaulle an. Er widmete sich anschließend dem Bankgeschäft. Von der Öffentlichkeit weitgehend unbeachtet, avancierte er 1962 zum Premierminister und stellte während der Maiunruhen von 1968 bei den Verhandlungen mit den Gewerkschaften über die Verträge von Grenelle seine staatsmännischen Fähigkeiten unter Beweis. Nach dem Rücktritt von General de Gaulle galt er als dessen Erbe und wurde deshalb im Juni 1969 ohne Schwierigkeiten zum Staatspräsidenten gewählt. Er verkörperte bis zu seinem Tod im Jahre 1974 eine neue Form des Gaullismus, die eine größere Bereitschaft zu gesellschaftlichen Veränderungen (Regierung von Jacques Chaban-Delmas) und zur Öffnung hin zu Europa zeigte.

Yitzhak RABIN
(1922–1995)

Der als Sohn einer ukrainischen Familie in Jerusalem geborene Rabin nahm 1948 am ersten israelisch-arabischen Krieg teil. Als Generalstabschef der israelischen Armee erwies er sich während des Sechstagekrieges (1967) als fähiger Offizier. Seine politische Karriere begann der Nationalheld in der Arbeitspartei. Als Botschafter in den Vereinigten Staaten (1968 bis 1973) pflegte er engen Kontakt zu Henry Kissinger. Eine große Rolle spielte er auch als israelischer Ministerpräsident (1974 bis 1977) und später als Verteidigungsminister (1984 bis 1990). Nach dem Sieg der Arbeitspartei wurde er erneut Ministerpräsident (1992). Er hielt die Zeit für gekommen, Friedensverhandlungen mit den Palästinensern aufzunehmen. Für die Unterzeichnung der Osloer Verträge 1993 mit Jassir Arafat erhielt er 1994 den Friedensnobelpreis. Am 4. November 1995 wurde er von einem israelischen Extremisten ermordet.

Ronald W. REAGAN
(1911–2004)

Der aus einer armen Familie aus Illinois stammende Reagan begann 1936 eine Karriere als Schauspieler und 1954 als Fernsehmoderator. 1966 beschloss er, seine Popularität und seine Talente als „großer Kommunikator" in den Dienst der Republikanischen Partei zu stellen. Sein Programm als Gouverneur von Kalifornien (1966 bis 1975) wurde zunehmend konservativer (Verteidigung moralischer Werte, Reduzierung der Rolle des Staates). Sein Versprechen, Amerika aus der inzwischen zehn Jahre währenden Wirtschafts- und Identitätskrise herauszuführen, verhalf ihm bei den Präsidentschaftswahlen von 1980 zu einem großen Triumph (Wiederwahl 1984). Sein mitunter als „Reagan-Revolution" bezeichnetes Wirtschaftsprogramm stellte eine Absage an den Wohlfahrtsstaat dar. Seine Diplomatie der Stärke gegenüber dem „Reich des Bösen" war charakteristisch für die letzten Jahre des Kalten Krieges.

Anwar as-SADAT
(1918–1981)

Als Mitglied der Gruppe „Freie Offiziere", die 1952 in Ägypten die Macht übernahm, blieb er im Schatten Nassers. Dennoch wurde er nach dessen Tod 1970 ägyptischer Präsident und vollzog einen radikalen Politikwechsel. 1971 brach er mit dem Sozialismus und führte eine liberale Wirtschaftsordnung ein. 1972 beschloss er die Ausweisung der sowjetischen Berater und die Hinwendung Ägyptens zu den Vereinigten Staaten. 1973 löste er den Jom-Kippur-Krieg aus, um Washington zum Handeln im Nahen Osten zu zwingen. 1977 unternahm er eine historische Reise nach Israel und schloss 1978 zusammen mit Menachem Begin die Camp-David-Verträge. Die gesamte arabische Welt verurteilte ihn wegen der Unterzeichnung dieses Separatfriedens mit Israel, während er im Westen als Mann des Friedens gefeiert wurde. Obgleich er sich einst in seinem Kampf gegen die Linke auf die Islamisten gestützt hatte, fiel er 1981 einem ihrer Attentate zum Opfer.

Gerhard SCHRÖDER
(1944)

Er stammt aus einer einfachen Familie aus Westfalen und ist seit 1963 Mitglied der SPD. 1980 wurde er zum Landtagsabgeordneten in Hannover und 1990 zum Ministerpräsidenten von Niedersachsen gewählt. Mit seiner Wahl zum Bundeskanzler im Oktober 1998 an der Spitze einer rot-grünen Koalition endete die Ära Kohl. Während seiner siebenjährigen Amtszeit leitete er – insbesondere zur Modernisierung des Sozialstaates – weitreichende Reformen ein („Agenda 2010"). Dadurch verlor die SPD einen Teil ihrer linken Wählerschaft: Bei den vorgezogenen Bundestagswahlen im September 2005 erreichte die CDU/CSU einen knappen Vorsprung vor der SPD. Daraufhin zog sich Schröder aus der Politik zurück. Auf internationaler Ebene veränderte er den außenpolitischen Kurs Deutschlands durch eine aktive Beteiligung an Kampfeinsätzen, so etwa 1999 im Kosovo, 2001 in Afghanistan und durch den Widerstand (gemeinsam mit Frankreich) gegen die Militärintervention der Vereinigten Staaten im Irak (2003).

Robert SCHUMAN
(1886–1963)

Robert Schuman wurde in Luxemburg als Sohn eines lothringischen Vaters geboren; er blieb bis 1918 deutscher Staatsbürger. Der engagierte Christdemokrat war von 1919 bis 1962 Abgeordneter des Departements Moselle und trat für ein französisches Elsass-Lothringen unter Wahrung seiner Besonderheiten ein. 1945 begann er in der Vierten Republik eine glänzende politische Karriere; von 1948 bis 1952 war er Außenminister. Aufgrund seiner Verbundenheit mit den Kulturen beider Länder fühlte er sich berufen, sich für die deutsch-französische Aussöhnung einzusetzen, die in seinen Augen nur durch die europäische Einigung möglich war. Deshalb präsentierte er am 9. Mai 1950 den von Jean Monnet ausgearbeiteten Vorschlag zur Gründung der Europäischen Gemeinschaft für Kohle und Stahl (EGKS). 1958 war er der erste Präsident der Parlamentarischen Versammlung der neu geschaffenen Europäischen Wirtschaftsgemeinschaft (EWG).

Joseph Dschugaschwili, genannt STALIN
(1879–1953)

Seit 1929 allmächtiger Führer der UdSSR, in der er ein nach ihm benanntes totalitäres Regierungssystem errichtet hatte: den Stalinismus. Gefestigt wurde seine Herrschaft durch den Sieg der Sowjetunion über das nationalsozialistische Deutschland. Mit Churchill und Roosevelt handelte er die Beschlüsse von Jalta (Februar 1945) aus, die er jedoch nicht einhielt: Nach Kriegsende unterstellte er die „Volksdemokratien" der sowjetischen Kontrolle – ein Prozess, der mit dem Prager Staatsstreich (Februar 1948) seinen Abschluss fand. Für seine Gegner ebenso wie für seine Anhänger verkörperte er das sozialistische Lager unter Führung der Sowjetunion. Nach seinem Tod im Jahre 1953 wurde die Bilanz seiner Herrschaft kritisch hinterfragt: die Entstalinisierung begann.

Margaret THATCHER
(1925)

Ihre Eltern waren Lebensmittelhändler. 1959 wurde sie Abgeordnete der Konservativen Partei und 1970 Erziehungs- und Wissenschaftsministerin. 1975 übernahm sie die Führung der Konservativen Partei und gab ihr eine extrem wirtschaftsliberale Ausrichtung. Als britische Premierministerin setzte sie von 1979 bis 1990 dieses Programm mit aller Entschlossenheit um, daher die Bezeichnung „Eiserne Lady". Sie behauptete sich beim großen Bergarbeiterstreik (1984 bis 1985) gegen die Gewerkschaften und kürzte die Sozialleistungen. 1982 entsandte sie britische Truppen zur Rückeroberung der zuvor von Argentinien besetzten Falklandinseln (Malwinen). Innerhalb der Europäischen Wirtschaftsgemeinschaft (EWG) trat sie gegen die Föderalisten auf, die für mehr Supranationalität plädierten und sprach sich dafür aus, die europäische Integration auf ein Minimum zu beschränken. Für ihre Gegner ebenso wie für ihre Anhänger verkörperte sie (mit Ronald Reagan) eine radikale Form des Wirtschaftsliberalismus, der in den 1980er-Jahren den Wohlfahrtsstaat infrage stellte.

Josip Broz, genannt TITO
(1892–1980)

Er war aktiver Kommunist im jungen Jugoslawien und profilierte sich während des Zweiten Weltkrieges unter dem Titel „Marschall" als Führer der Partisanenbewegung gegen die italienische und deutsche Besatzung. Seit 1945 führte er eine Neuordnung Jugoslawiens im föderalen Sinne durch, um Spannungen zwischen den verschiedenen Nationalitäten (insbesondere Serben und Kroaten) zu verhindern. Zunächst war er ein Anhänger der UdSSR unter Stalin, brach dann aber 1948 mit der sowjetischen Politik, da er eine vollständige Anpassung an den Kurs Moskaus ablehnte. Unter seiner Führung entwickelte Jugoslawien einen eigenen Weg zum Sozialismus (Titoismus), verließ das sowjetische Lager und wurde zu einem der wichtigsten Vertreter der Bewegung der blockfreien Staaten. Das autoritäre Regime Titos hielt Jugoslawien zusammen; nach seinem Tod bekämpften sich die verschiedenen Volksgruppen erneut.

Harry S. TRUMAN
(1884–1972)

Der aus ärmlichen Verhältnissen stammende Truman wurde 1934 für die Partei der Demokraten zum Senator von Missouri gewählt. Seine unumstrittene Integrität trug 1944 zu seiner Wahl zum Vizepräsidenten an der Seite von Theodore Roosevelt bei. Nach dessen Tod im April 1945 übernahm er in einer für die Vereinigten Staaten entscheidenden Phase das Amt des Präsidenten. Ihm oblag die Entscheidung, den Krieg mit dem Abwurf von zwei Atombomben auf Japan zu beenden. Während des Kalten Krieges verpflichteten sich die USA unter seiner Führung und mit der Truman-Doktrin (12. März 1947) zur „Eindämmung" des Kommunismus. Nach seiner überraschenden Wiederwahl im November 1948 entwickelte er ein Sozialprogramm (Fair Deal); gleichzeitig setzte er den Kampf gegen das sowjetische Lager fort (Koreakrieg).

Walter ULBRICHT
(1893–1973)

Walter Ulbricht war Mitglied der KPD seit ihrer Gründung im Jahre 1919 und wurde 1928 Reichstagsabgeordneter. 1933 verließ er Deutschland. Nach einem Aufenthalt in Paris ging er nach Moskau, wo er während des Krieges auf Anweisung Stalins an der Organisation des „Nationalkomitees Freies Deutschland" beteiligt war. Nach seiner Rückkehr nach Berlin im April 1945 leitete er die „Gruppe Ulbricht", die mit der Machtübernahme der SED im sowjetischen Sektor beauftragt war. Als Generalsekretär (seit 1950), dann als Erster Sekretär des Zentralkomitees der SED (1953 bis 1971) und als Vorsitzender des Staatsrates (ab 1960) verfügte er über einen Großteil der politischen Entscheidungsgewalt in der DDR. Da Moskau seine wirtschaftlichen Ambitionen zur Stärkung der DDR missfielen, wurde er 1971 durch Erich Honecker ersetzt.

Lech WALESA
(1943)

Der Elektromonteur auf der Danziger Lenin-Werft beteiligte sich bereits seit 1971 an zahlreichen Streiks; die kommunistischen Machthaber Polens ließen ihn mehrfach verhaften. Während des großen Werftarbeiterstreiks im August 1980 handelte er die Verträge von Gdansk (Danzig) aus und wurde zum Vorsitzenden von Solidarność gewählt, der ersten unabhängigen Gewerkschaft in einem sozialistischen Land. Im Dezember 1981 verhängte General Jaruselski das Kriegsrecht und verbot Solidarność; Walesa wurde verhaftet. Nach seiner Freilassung erhielt er 1983 den Friedensnobelpreis. Als prominenter Vertreter der Dissidentenbewegung wurde er mehrfach vom polnischen Papst Johannes Paul II. empfangen und war seit 1989 maßgeblich an der Demokratisierung Polens beteiligt. Während seiner Amtszeit als polnischer Staatspräsident von 1990 bis 1995 verlor er wegen seiner konservativen Ansichten in Fragen der Moral und Sittlichkeit einen Teil seiner Anhänger.

A

Abschreckung: Zur Verhinderung eines Angriffs entwickelte Strategie, die dem Angreifer mit nuklearen Gegenschlägen droht (siehe S. 68).

„Achtundsechziger“ (in Frankreich soixante-huitards): Vorwiegend studentisch geprägte Strömung, die die traditionelle kulturelle, soziale und politische Strukturen und Normen infrage stellte; benannt nach den Protesten von 1968 (siehe S. 208).

Al Qaida: Bedeutet im Arabischen „Basis“ und bezeichnete zunächst ein 1987 von Osama bin Laden in Afghanistan errichtetes Ausbildungslager für islamistische Freiwillige im Kampf gegen die UdSSR. Seit 1998 steht dieser Begriff für ein islamistisches Terrornetzwerk, dessen Vorgehen sich hauptsächlich gegen die Vereinigten Staaten richtet. Es funktioniert wie ein multinationales Unternehmen, das weltweit Aufträge für Terroranschläge an lokale Gruppen vergibt (siehe S. 168).

Alleinvertretungsanspruch: Anspruch der Bundesrepublik Deutschland, die einzig legitime Vertreterin aller Deutschen (auch der Bürger der DDR) zu sein. Dieser Anspruch fand seinen außenpolitischen Ausdruck in der Hallstein-Doktrin (siehe S. 252 und 254).

Alliierter Kontrollrat: Bezeichnet die oberste Gewalt im besetzten Deutschland, bestehend aus den obersten Befehlshabern der vier Besatzungsmächte, die einstimmig Gesetze für ganz Deutschland verabschieden konnten (siehe S. 26).

Antizyklische Konjunkturpolitik: Wirtschaftspolitik, die der aktuellen Konjunkturentwicklung entgegenwirkt; in Zeiten der Hochkonjunktur zielt sie auf eine Verlangsamung des Wachstums ab, in einer Rezession dient sie der Herstellung von Wachstum (etwa durch staatliche Investitionen und niedrige Leitzinsen) (siehe S. 254).

APO (Außerparlamentarische Opposition): Vorwiegend studentisch geprägte Bewegung, die ihre Existenz mit dem Fehlen einer starken parlamentarischen Opposition im Bundestag zur Zeit der Großen Koalition (1966 bis 1969) rechtfertigte. Die APO trat für die Überwindung der „bürgerlich-kapitalistischen Gesellschaft“ ein. Ihre Kritik galt unter anderem der Einschränkung von Grundrechten durch die Notstandsgesetze, der Haltung der USA im Vietnamkrieg, der als konservativ geltenden Presse des Springer-Konzerns (siehe S. 252).

Assimilierung: Kolonialpolitik, die theoretisch die Einheimischen assimilieren wollte, indem ihnen der Status von Staatsbürgern gewährt wurde (siehe S. 86).

Assoziierung: Kolonialpolitik, bei der die einheimischen Behörden an der Verwaltung der Kolonie beteiligt wurden. Das Mutterland begnügte sich dabei mit einer indirekten Verwaltung (indirect rule) (siehe S. 86).

Atlantiker: Befürworter einer möglichst engen Anlehnung der Bundesrepublik an USA und NATO (siehe S. 298).

Atlantizismus: Auf der Grundlage des Nordatlantikpaktes beruhende Politik, die die Verteidigung Europas unter die Führung der USA stellt (siehe S. 72 und 298).

Außenhandelsdefizit: Volkswirtschaftlicher Zustand, in dem ein Land weniger exportiert als es importiert. Umgekehrt fließt mehr Geld ab als einfließt (siehe S. 186).

B

Begrenzte Souveränität: Doktrin, der zufolge die Belange des Sozialismus höher zu bewerten seien als nationale Interessen (siehe S. 72).

Beitrittskriterien (oder Kopenhagener Kriterien): Um der EU beitreten zu können, muss der jeweilige Staat den „gemeinschaftlichen Besitzstand“ (das heißt sämtliche bereits in der EU geltenden Rechte) anerkennen, ein demokratischer Staat sein und eine Marktwirtschaft etabliert haben, die in der Lage ist, der freien Konkurrenz innerhalb der EU standzuhalten (siehe S. 148).

Bilateral: Zweiseitig, zwei Seiten betreffend bzw. von zwei Seiten ausgehend (siehe S. 48 und 100).

BIP (Bruttoinlandsprodukt): Das BIP entspricht dem Wert aller Waren und Dienstleistungen, die in einem Jahr innerhalb der Ländergrenzen einer Volkswirtschaft produziert werden (siehe S. 280).

Blockfreie: Staaten, die sich keinem der beiden Blöcke anschließen wollen. Auf eine solche Politik einigten sich 1956 Tito, Nehru und Nasser. 1961 wurde auf der Belgrader Konferenz die Bewegung der Blockfreien gegründet (siehe S. 50).

Bodenreform: Enteignung von privatem Grundbesitz in der sowjetischen Zone (seit 1945) unter dem propagandistischen Vorzeichen des „Antifaschismus“ (siehe S. 54).

Breschnew-Doktrin: Vom sowjetischen Staats- und Parteichef Breschnew vertretene Doktrin, der zufolge die Sowjetunion berechtigt war, zur Verteidigung sozialistischer Systeme in verbündeten Staaten militärisch zu intervenieren (siehe S. 134).

Bretton-Woods-System: 1944 eingerichtetes System zur Schaffung eines stabilen Rahmens für den internationalen Handel mit festen Wechselkursen und den Institutionen Weltbank und IWF im Mittelpunkt (siehe S. 122 und 182).

C

CDU/CSU (Christlich-Demokratische Union/ Christlich-Soziale Union): 1945 bzw. 1946 gegründete christliche Volksparteien, die im Bundestag eine Fraktion bilden. Die CSU tritt nur in Bayern an (siehe S. 54 und 252).

Christliche Demokratie: Politische Mitte-Rechts-Strömung, deren politisches bzw. soziales Selbstverständnis und Handeln von den Evangelien geleitet wird. Sie spielte im Nachkriegseuropa eine aktive Rolle, nachdem die traditionellen rechten Parteien in Misskredit geraten waren (siehe S. 116).

Club of Rome: 1968 gegründeter Verbund von Wissenschaftlern und Unternehmern, die sich mit der wirtschaftlichen, sozialen und ökonomischen Lage der Menschheit sowie Fragen der Friedenssicherung auseinander setzen. 1972 veröffentlichte der Club den vielbeachteten Bericht „Die Grenzen des Wachstums“ (siehe S. 186).

CMU (Couverture maladie universelle, allgemeiner Krankenversicherungsschutz): Seit ihrer Einführung in Frankreich 1999 garantiert die CMU die medizinische Versorgung von Personen, die nicht in der Lage sind, Sozialversicherungsbeiträge zu entrichten (siehe S. 286).

CNR (Conseil national de la Résistance): Nationaler Widerstandsrat, gegründet am 27. Mai 1943. Er vereinte acht verschiedene Widerstandsgruppen, sechs politische Parteien sowie zwei Gewerkschaften (siehe S. 22).

Commonwealth: 1931 gegründete „Gemeinschaft“ zur Aufrechterhaltung der (eher „moralischen“ denn juristischen) Bindungen zwischen Großbritannien und seinen unabhängig gewordenen ehemaligen Kolonien. Gegenwärtig umfasst es 54 Staaten (siehe S. 86).

Computer (Rechner): Elektronische Maschine zur digitalen Datenverarbeitung, die die Befehle eines gespeicherten Programms sehr schnell ausführen kann (siehe S. 222).

Containment („Umfassung“, „Eindämmung“): Von US-Präsident Truman seit März 1947 verfolgte Politik zur Verhinderung kommunistischer Machtübernahmen in verschiedenen Ländern; wichtige Instrumente dieser Politik waren die Wirtschaftshilfe und die militärische Unterstützung antikommunistischer Kräfte (z. B. in Griechenland) (siehe S. 48 und 118).

Cotonou-Vertrag: Im Jahre 2000 von der EU und 78 AKP-Staaten (Länder Afrikas, der Karibik und des Pazifik) unterzeichneter Vertrag über eine Entwicklungspartnerschaft. Er löste das Lomé-Abkommen ab und fügte der Zusammenarbeit eine politische Dimension hinzu (Förderung der Demokratie, Kampf gegen die Korruption) (siehe S. 160).

Curzon-Linie: 1920 vom britischen Außenminister Curzon vorgeschlagene Grenze zwischen Polen und der UdSSR (siehe S. 16).

D

DDR (Deutsche Demokratische Republik): 1949 gegründeter Staat, durch das politische und wirtschaftliche System eng an die UdSSR gebunden, aufgelöst durch den Beitritt zur Bundesrepublik Deutschland am 3. Oktober 1990 (siehe S. 258).

Demographischer Übergang: Phase starken Bevölkerungswachstums (hohe Geburten- und niedrige Sterberate), die von einem schwachen Bevölkerungswachstum vor dem Übergang (hohe Geburten- und Sterberate) zu einem erneut schwachen Bevölkerungswachstum nach dem Übergang (niedrige Geburten- und Sterberaten) führt (siehe S. 202).

Demokratie: Politisches System, in dem das Volk die Souveränität innehat. Die Demokratie unterscheidet sich von der Oligarchie, in der die Macht von einer kleinen Minderheit monopolisiert wird, sowie von der Tyrannis und der absoluten Monarchie, wo die Macht in den Händen einer einzigen Person liegt (siehe S. 234).

Demokratiedefizit: Dieser Ausdruck prangert den Demokratiemangel an, den viele den „Eurokraten“ (den Brüsseler Behörden) vorwerfen, die die EU verwalten, da sie ohne wirkliche Kontrolle durch die Bürger agieren (siehe S. 164).

Demokratisierung: Prozess, der auf eine zunehmende Teilnahme der Bürger an den Beschlussfassungen und Entscheidungsprozessen in staatlichen und nichtstaatlichen (z. B. in der Wirtschaft) Bereichen hinausläuft (siehe S. 140).

Deutsch-französische Regierungskonsultationen: Für die Staats- und Regierungschefs sieht der Elysée-Vertrag von 1963 zwei Mal im Jahr ein Treffen vor; die Außenminister treffen sich sogar vier Mal jährlich. Zudem sind regelmäßige Begegnungen zwischen Fachministerien und Behörden vorgesehen (siehe S. 298).

Dezentralisierung (franz. décentralisation): Veränderung des Staatsaufbaus, die auf eine zunehmende Teilung der Entscheidungsbefugnisse zwischen der Zentralgewalt und den regionalen bzw. lokalen Entscheidungsinstanzen hinausläuft. Im Französischen bezeichnet der Begriff auch das Resultat dieses Prozesses (siehe S. 248).

Direktinvestitionen im Ausland: Beteiligung ausländischer Unternehmen am Kapital (mindestens zehn Prozent) eines Unternehmens in einem bestimmten Land (siehe S. 282).

Displaced Persons (DP): Menschen, die während des Zweiten Weltkrieges von den Deutschen oder ihren Verbündeten verschleppt wurden, insbesondere Kriegsgefangene, Zwangsarbeiter und KZ-Häftlinge (siehe S. 26).

Dissidenten: Personen, die sich im Namen der Achtung der Menschenrechte mehr oder weniger radikal dem herrschenden System widersetzten (siehe S. 72).

Dominion: Britische Kolonie, der das Recht eingeräumt wurde, sich selbst zu regieren. Kanada erhielt 1867 als erste Kolonie diesen Status (siehe S. 86).

Dritte Welt: Ein vom französischen Demographen Alfred Sauvy 1952 eingeführter Begriff zur Bezeichnung der armen Länder, die keinem der beiden Blöcke angehörten. Der Bezug auf den Dritten Stand und das Jahr 1789 unterstreicht, dass ihr Elend und ihre Abhängigkeit zu einer revolutionären Situation führen können (siehe S. 92).

Drittes Reich: Hitlerregime, das der nationalsozialistischen Propaganda zufolge den Weg hin zu einem „Tausendjährigen Reich" ebnen sollte (siehe S. 42).

Dschihad: Das Bemühen auf dem Wege Gottes. Die Bedeutung des Dschihad wird heute von den radikalsten islamistischen Bewegungen militärisch interpretiert und zur Legitimation von Terroranschlägen verwendet (siehe S. 81).

E

EDV (Elektronische Datenverarbeitung): Gesamtheit der Datenverarbeitungs- und Kommunikationstechniken mithilfe von Computern. Der Begriff Informatik ist ein zusammengesetztes Kurzwort aus Information und Automatik.

EFTA (European Free Trade Association): Die Europäische Freihandelsvereinigung wurde 1960 auf eine britische Initiative hin gegründet: Zu ihren Mitgliedern zählten neben Großbritannien auch Schweden, Norwegen, Dänemark, die Schweiz, Österreich und Portugal; diese Freihandelszone verstand sich als Konkurrenz zur EWG (siehe S. 122).

EG (eigentlich „Europäische Gemeinschaften", zumeist jedoch im Singular gebraucht): 1967 durch Verschmelzung der Organe von EGKS, EWG und EURATOM gebildete Gemeinschaft; 1993 in der EU aufgegangen. (siehe S. 122 und 148).

EGKS (Europäische Gemeinschaft für Kohle und Stahl): Von den sechs Mitgliedstaaten (Bundesrepublik Deutschland, Beneluxstaaten, Frankreich, Italien) 1951 gegründete Organisation zur gemeinsamen Nutzung ihrer Produktionskapazitäten im Kohle- und Stahlbereich (S. 118 und 296).

Einigungsvertrag: Am 3. Oktober 1990 in Kraft getretener Vertrag zwischen beiden deutschen Staaten, der den Beitritt der Deutschen Demokratischen Republik zur Bundesrepublik regelt. Die Verwirklichung der Einheit erfolgte auf der Basis von Art. 23 des Grundgesetzes der Bundesrepublik Deutschland von 1949, der die Ausdehnung des Geltungsbereiches des Grundgesetzes auf andere Teile Deutschlands nach deren Beitritt vorsah; eine ebenfalls mögliche Vereinigung nach Art. 146 hätte die Ausarbeitung einer neuen Verfassung erfordert (siehe S. 256).

Einstimmigkeit: Abstimmungsverfahren, das auf dem Einvernehmen aller Mitgliedstaaten beruht. Das Souveränitätsprinzip der Staaten wird gewahrt, selbst wenn dabei die Funktionsweise der Institutionen blockiert und die Umsetzung gemeinsamer politischer Maßnahmen verhindert wird (siehe S. 122).

Entnazifizierung: Maßnahmen der Alliierten in Deutschland zur möglichst raschen Entfernung von Nationalsozialisten aus Schlüsselstellungen in Politik, Wirtschaft und Gesellschaft (siehe S. 26 und 42).

Entstalinisierung: Infragestellung der Methoden Stalins und Auseinandersetzung mit seinen Verbrechen, ohne dabei jedoch die Allmacht der kommunistischen Partei anzutasten (siehe S. 68).

Erweiterung: Öffnung der EG und später der EU für neue Mitgliedstaaten (siehe S. 124 und 148).

ESVP (Europäische Sicherheits- und Verteidigungspolitik): 1999 im Rahmen der GASP eingeführt, bietet sie der EU seit 2003 als Ergänzung zur NATO einen eigenständigen militärischen Handlungsrahmen (siehe S. 160).

Ethnie: Von den westlichen Kolonisatoren in Afrika verwendeter Begriff zur Bezeichnung einer Bevölkerung, die dieselbe Sprache spricht (siehe S. 168).

EURATOM (Europäische Atomgemeinschaft): 1957 gemeinsam mit der EWG durch die Römischen Verträge gegründet; vor dem Hintergrund eines starken Wirtschaftswachstums diente sie der zivilen Entwicklung der Kernenergie als Alternative zu fossilen Brennstoffen (siehe S. 122 und 296).

Europarat: 1949 gegründete Organisation zur Förderung der Zusammenarbeit, der Verständigung und der Annäherung zwischen den europäischen Völkern. Ihm gehören heute nahezu alle Staaten des Kontinents einschließlich Russland an (siehe S. 116 und 140).

EVG (Europäische Verteidigungsgemeinschaft): 1952 wurde durch den Pariser Vertrag die Gründung der EVG vereinbart; die Realisierung scheiterte jedoch, weil das französische Parlament die Vereinbarungen nicht ratifiziert hatte (siehe S. 118 und 296).

EWG (Europäische Wirtschaftsgemeinschaft): Sie wurde 1957 gemeinsam mit EURATOM durch die Römischen Verträge gegründet und sollte einen europäischen Binnenmarkt ohne Zollgrenzen sowie eine gemeinsame Politik und Gesetzgebung verwirklichen (siehe S. 122 f. und 296).

EWS (Europäisches Währungssystem): Das EWS wurde 1979 zur Sicherung der Stabilität der europäischen Währungen eingerichtet. Der Wert jeder einzelnen europäischen Währung wurde im Verhältnis zu der der anderen Länder festgelegt und durfte nicht mehr als sechs Prozent nach oben oder unten schwanken. Das EWS schuf eine Rechnungs- und Währungseinheit, die European Currency Unit (ECU) (siehe S. 122).

Exponentielles Wachstum: Eine Form des Wachstums, bei der die jährlichen Zuwachsraten konstant bei einem bestimmten Prozentsatz liegen (z. B. zwei Prozent). Da die Basisgröße (das BIP) von Jahr zu Jahr wächst, nimmt auch der absolute Betrag des Wachstums von Jahr zu Jahr zu (siehe S. 184).

F

Falklandinseln (Malvinen): Kleine Inselgruppe im südlichen Atlantik. Seit ihrer Entdeckung im Jahre 1690 britisch; wegen ihrer relativen Nähe zu Argentinien (480 km) von diesem Land beansprucht (siehe S. 74).

Familienplanung: Maßnahmen der Geburtenregelung, bei denen die Kinderzahl der ökonomischen und sozialen Situation der Eltern angepasst werden soll. Mittel sind unter anderem die Aufklärung über Verhütungsmethoden sowie die kostenlose Verteilung von Verhütungsmitteln (siehe S. 202).

FDP (Freie Demokratische Partei): 1948 gegründete liberale Partei, die mit Theodor Heuss den ersten deutschen Bundespräsidenten (1949 bis 1959) stellte (siehe S. 54 und 252).

Feste Wechselkurse: Wechselkurse, die sich nicht frei durch Angebot und Nachfrage auf den Devisenmärkten ergeben, sondern durch Verhandlungen zwischen Regierungen festgelegt und verändert werden (siehe S. 182).

„Flexible Reaktion" („Flexible Response"): Anfang der 1960er-Jahre von Verteidigungsminister Robert McNamara entwickelte amerikanische Militärdoktrin, die je nach feindlicher Angriffsart eine angemessene Reaktion gebot; die strategischen Nuklearangriffe stellten dabei lediglich das letzte Mittel dar (siehe S. 72).

FLN (Front de Libération Nationale): Nationale Befreiungsfront. Im November 1954 gegründete Befreiungsbewegung, die für die Unabhängigkeit Algeriens kämpfte. Von 1962 bis 1989 einzig zugelassene Partei (siehe S. 90).

Forschung und Entwicklung: Produktionsorientierte Forschungsmethode. Man spricht auch von angewandter Forschung im Gegensatz zur Grundlagenforschung (siehe S. 220).

Friedenserzwingung (peace-enforcement): Mit Zustimmung der UNO (von einem Staat oder mehreren Staaten) durchgeführte Militärintervention gegen einen „schuldigen" Staat (siehe S. 174).

Friedenskonsolidierung (peace-building): Wiederaufbau eines demokratischen Staates unter Mitwirkung der UNO (Entwaffnung der Kämpfer, Durchführung von Wahlen usw.) (siehe S. 174).

Friedensschaffung (peace-making): Durch die Vermittlung der UNO eingeleitete Friedensverhandlungen (oft in Zusammenhang mit den NGOs und den Regionalorganisationen) (siehe S. 174).

Friedenssicherung (peace-keeping): Einsatz von Blauhelmsoldaten zwischen zwei Konfliktparteien, deren Zustimmung Grundvoraussetzung ist (siehe S. 174).

G

G7: Gruppe der reichsten Länder der Welt; 1975 von sieben Staaten ins Leben gerufen, die um eine Abstimmung ihrer Positionen bemüht sind (Vereinigte Staaten, Japan, Kanada, Großbritannien, Frankreich, Deutschland, Italien). Seit 1997 gehört

Russland der Gruppe an (G8), nimmt allerdings nicht an den Beratungen über Wirtschaftsfragen teil (siehe S. 172).

GAP (Gemeinsame Agrarpolitik): 1957 durch die Römischen Verträge begründete Zusammenarbeit innerhalb der EWG, der EG und später der EU, die durch Preis- und Abnahmegarantien, Außenzölle und Exportbeihilfen die Landwirtschaft in den Mitgliedstaaten schützt. Die Finanzierung dieser Politik erfolgt größtenteils durch Steuergelder (siehe S. 122).

GASP (Gemeinsame Außen- und Sicherheitspolitik): Mit der Ratifizierung des Maastrichter Vertrages wurden die bestehenden zwischenstaatlichen Beziehungen auf dem Gebiet der Außen- und Sicherheitspolitik institutionalisiert (siehe S. 160).

GATT (General Agreement on Tariffs and Trade): Allgemeines Zoll- und Handelsabkommen von 1947, in dem in erster Linie gegenseitige Handelserleichterungen (durch Abbau von Zöllen und Einfuhrlizenzen) vereinbart wurden. Das GATT wurde in mehreren Verhandlungsrunden erweitert und ging schließlich 1995 in der WTO auf (siehe S. 184).

Gemeinschaftsmethode: Entscheidungsprozedur, bei der sich die Mitgliedstaaten dem gemeinsamen Interesse unterordnen müssen (Entscheidungen des Rates nach dem Prinzip der qualifizierten Mehrheit, stärkere Rolle des Parlaments) (siehe S. 152).

Genozid: Bezeichnet der UNO zufolge den „Vorsatz, eine nationale, ethnische, rassische oder religiöse Gruppe vollständig oder teilweise zu vernichten" (siehe S. 34).

Glasnost (Offenheit, Transparenz): Das grundlegende Prinzip der von Gorbatschow eingeleiteten Reformpolitik in der UdSSR, durch das die öffentliche Information, kritische Berichterstattung und Meinungsbildung über alle wichtigen gesellschaftlichen und politischen Belange garantiert werden sollte (siehe S. 134).

Global Governance (Weltordnungspolitik): Kooperative Gestaltung der Globalisierung durch staatliche und nichtstaatliche Akteure (z. B. UNO, Nichtregierungsorganisationen), die im Interesse der Weltbevölkerung ein Gegengewicht zur rein ökonomischen Entwicklungslogik der globalisierten Märkte bilden soll (siehe S. 172 und 192).

Global Players (multinationaler Konzern): Konzern mit weltweiter Präsenz auf den Absatzmärkten und in der Regel auch mit internationalen Produktionsstandorten (siehe S. 92 und 192).

Globalisierung (engl. globalisation; franz. mondialisation/globalisation): Weltweite Vernetzung wirtschaftlicher Aktivitäten und Strukturen (Management, Produktion und Vertrieb), die von einer nicht mehr national geprägten Logik des Marktes bestimmt wird (siehe S. 192 und 224).

Globalisierungskritiker: Anhänger von Bewegungen, die eine vorwiegend an ökonomischen Interessen orientierte Liberalisierung der Weltwirtschaft ablehnen und alternative (stärker an sozialen, kulturellen und ökologischen Belangen orientierte) Formen der Globalisierung fordern. Im Französischen hat sich dafür der Begriff „altermondialisme" (Bewegung für eine alternative Globalisierung) etabliert (siehe S. 172 und 192).

GPRF (Gouvernement provisoire de la République française): Die Provisorische Regierung der Französischen Republik wurde am 3. Juni 1944 in Algier gegründet. Sie trat an die Stelle des Französischen Komitees zur Nationalen Befreiung (Comité français de libération nationale) und sollte die Zeit bis zur Wiederherstellung der republikanischen Verfassungsorgane und zur Wahl einer neuen Nationalversammlung überbrücken. Sie wurde erst am 23. Oktober 1944 von den Alliierten anerkannt (siehe S. 22).

Große Koalition: Regierungsbündnis zwischen den beiden größten Parteien; existierte in der Bundesrepublik Deutschland 1966 bis 1969 (Regierung Kiesinger) und erneut seit Ende 2005 (Regierung Merkel) (siehe S. 264).

Gulag: Hauptverwaltung der sowjetischen Straflager und im weiteren Sinne Straflagersystem der UdSSR (siehe S. 68).

Grünen (Die Grünen): 1980 auf Bundesebene gegründete und seit 1983 im Bundestag vertretene Partei, die sich vorrangig für den Umweltschutz und gegen die Nutzung der Kernenergie einsetzte (siehe S. 256).

H

H-Bombe: Thermonukleare Bombe oder Wasserstoffbombe (siehe S. 68).

Hallstein-Doktrin: Nach Walter Hallstein (Staatssekretär im Auswärtigen Amt) benannte Doktrin, die vom Alleinvertretungsanspruch der Bundesrepublik Deutschland abgeleitet wurde und von 1955 bis 1969 die deutsche Außenpolitik prägte. Die Doktrin besagt, dass die Bundesrepublik zu keinem Staat diplomatische Beziehungen aufnimmt oder unterhält, der solche zur DDR pflegt (siehe S. 252).

Harkis: Muslimische Algerier, die in der französischen Armee als Hilfstruppen dienten (siehe S. 90).

Hartz-IV-Gesetze: Zum 1. Januar 2005 eingeführte Reform des Arbeitslosengeldes und der Sozialhilfe; benannt nach dem VW-Vorstand Peter Hartz, der dieses Modell zur Einsparung von Sozialausgaben federführend entwickelte (siehe S. 264).

„Hinterhof" (backyard): Bezeichnung für das Gebiet Zentralamerikas und der Karibik, das für die Vereinigten Staaten aus strategischen und wirtschaftlichen Gründen von vitaler Bedeutung ist (Panamakanal, Seehandel) (siehe S. 74).

Historikerstreit: 1986 unter deutschen Historikern und Intellektuellen entbrannter Streit über die Bewertung und Einordnung des Nationalsozialismus innerhalb der deutschen Zeitgeschichte und über den Vergleich zwischen den Verbrechen des Nationalsozialismus und denen des Stalinismus (siehe S. 42).

Hitler-Stalin-Pakt: Am 23. August 1939 zwischen Hitler-Deutschland und der UdSSR unter Stalin unterzeichneter Nichtangriffspakt, der ein Geheimprotokoll über die Aufteilung Polens und der Baltischen Staaten enthielt (siehe S. 32 und 48).

Holocaust: siehe Shoah

I

Individualisierung: Gesellschaftlicher Veränderungsprozess, der zu einer zunehmenden Lebensgestaltung durch den Einzelnen und weniger durch die Gesellschaft führt (siehe S. 212).

Inflation: Prozess einer Geldentwertung, die steigende Preise zur Folge hat (siehe S. 186).

Informationsgesellschaft: Gesellschaft, in der die Information im wirtschaftlichen, sozialen, kulturellen und politischen Leben eine zentrale Rolle spielt (siehe S. 222).

Innovation: Wirtschaftliche Nutzung einer wissenschaftlichen Erfindung (siehe S. 220).

Intergouvernementale Methode: Entscheidungsprozedur, bei der die Mitgliedstaaten ihre völlige Souveränität behalten (einstimmige Entscheidungen des Rates) (siehe S. 152).

Internationale Arbeitsteilung: Weltweite geographische Verteilung wirtschaftlicher Aktivitäten, die sich an den Standortvorteilen bestimmter Länder orientiert (z. B. günstige Arbeitskräfte für die Textilindustrie in China) (siehe S. 192).

Internationaler Strafgerichtshof (IStGH): Zum Abschluss der Konferenz von Rom 1998 ins Leben gerufenes Gericht zur Verfolgung von Verbrechern, die aus einem der Mitgliedstaaten stammen, oder von Personen, die ein Verbrechen auf dem Territorium eines Mitgliedstaates begangen haben. Das Gründungsstatut trat 2002 inkraft (siehe S. 172).

IWF (Internationaler Währungsfond, engl. International Monetary Fund, IMF): 1944 im Rahmen der Konferenz von Bretton Woods gegründete Organisation, die stabile Währungsbeziehungen sicherstellen und den Welthandel erleichtern soll. Der IWF kann seinen Mitgliedern bei wirtschaftlichen Schwierigkeiten Kredite gewähren. Das Stimmengewicht der Mitgliedstaaten im Entscheidungsgremium des IWF hängt von ihrem Anteil an den Gesamteinlagen ab (siehe S. 16 und 182).

Internet: Aus dem Englischen für Interconnected Network. Hervorgegangen aus dem 1969 vom Pentagon eingerichteten Netz für den Austausch digitaler Daten zwischen mehreren Computern. Das Internet erlebte sein eigentliches Debüt im Jahre 1990 mit dem World Wide Web (www), das die Navigationsmodalitäten im Netz vereinfachte (siehe S. 222).

Intifada: Arabisches Wort für „Aufstand". Es bezeichnet den „Krieg der Steine", den palästinensische Jugendliche seit 1987 in den besetzten Gebieten führten (siehe S. 78 und 168).

Irakkrieg: Krieg der USA und ihrer Verbündeten gegen den Irak zum Sturz des Diktators Saddam Hussein (Beginn: 20. März 2003) (siehe S. 264).

Islamismus: Eine sich auf den Islam berufende politische Bewegung. Der Islamismus kann verschiedene Formen annehmen, widersetzt sich jedoch stets den auf westlichen Werten beruhenden Weltanschauungen und fordert die Anwendung der Scharia, des islamischen Rechts, in Gesellschaft und Politik der einzelnen Staaten (siehe S. 74 und 168).

K

Kalter Krieg (Cold War): Von dem amerikanischen Journalisten Walter Lippmann 1947 geprägte Bezeichnung für die Spannungen zwischen Ost und West, die aufgrund der nuklearen Abschreckung nicht in einen bewaffneten Konflikt übergingen (siehe S. 48).

Kartell: Zusammenschluss oder Absprache zwischen Unternehmen mit dem Ziel, den Wettbewerb zu ihren Gunsten außer Kraft zu setzen (siehe S. 194).

Keynesianismus: Auf den Theorien des Ökonomen John Maynard Keynes (1883 bis 1946) basierende Wirtschaftspolitik, die mittels staatlicher Eingriffe eine Konjunktursteuerung vorsieht, so etwa durch Staatsaufträge und Zinssenkungen zur Ankurbelung der Konjunktur in Krisen und durch entgegengesetzte Maßnahmen zur Dämpfung in Hochkonjunkturphasen (siehe S. 190).

Klassenlose Gesellschaft: Die klassenlose Gesellschaft wird aus marxistischer Sicht durch eine vorübergehende Diktatur des Proletariats verwirklicht, das die Macht im Zuge einer proletarischen Revolution übernimmt (siehe S. 50).

Kohabitation (franz. cohabitation): Eine politische Situation, in der die beiden höchsten Amtsträger der Exekutive – der (direkt gewählte) Staatspräsident und der Premierminister (an der Spitze der Parlamentsmehrheit stehend) – nicht aus demselben politischen Lager kommen (Linke/Rechte) (siehe S. 248).

Kollektivierung: Die Vergesellschaftung von Privateigentum an Produktionsmitteln in kommunistischen Staaten, z. B. die Enteignung von privatem landwirtschaftlichem Besitz und Eingliederung in einen kollektiven landwirtschaftlichen Betrieb mit gemeinsamer Bewirtschaftung sowie der Zusammenschluss von Handwerksbetrieben in Produktionsgenossenschaften (siehe S. 54 und 106).

Konjunkturprogramm: Eine Politik zur Förderung des Wirtschaftswachstums durch Erhöhung der Haushaltsausgaben und der Einkommen (Löhne und Sozialleistungen), um Konsum und Investitionstätigkeit anzukurbeln (siehe S. 248 und 282).

Konstruktives Misstrauensvotum: Abwahl des Bundeskanzlers durch die Wahl eines Nachfolgers im Deutschen Bundestag (nach Artikel 67 des Grundgesetzes). Das konstruktive Misstrauensvotum gegen Helmut Schmidt (SPD) am 1. Oktober 1982 hatte Erfolg, da er nicht mehr vom bisherigen Koalitionspartner FDP unterstützt wurde (siehe S. 256).

Konsumgesellschaft: Gesellschaft, in welcher der Konsum von Massenprodukten das Wirtschaftsgeschehen und die sozialen Verhaltensweisen entscheidend prägt (siehe S. 184).

KPD (Kommunistische Partei Deutschlands): Revolutionäre Partei, die mit diktatorischen Mitteln eine klassenlose Gesellschaft zu verwirklichen suchte (siehe S. 54).

KPdSU (Kommunistische Partei der Sowjetunion): Einzige Partei in der Sowjetunion und Modell anderer kommunistischer Parteien in den „Volksdemokratien" (siehe S. 48).

KSZE (Konferenz für Sicherheit und Zusammenarbeit in Europa): Seit 1973 nahmen an dieser Konferenz Mitgliedstaaten des Warschauer Paktes und der NATO teil, um durch Systemunterschiede bedingte Spannungen zwischen den beiden Blöcken abzubauen. Sie fand ihren Abschluss mit der KSZE-Schlussakte von Helsinki (1975). 1994 wurde die KSZE in die OSZE (Organisation für Sicherheit und Zusammenarbeit in Europa) umgewandelt (siehe S. 100).

Kultur: „(...) im weitesten Sinne die Gesamtheit der einzigartigen geistigen und materiellen, intellektuellen und emotionalen Aspekte, die eine Gesellschaft oder soziale Gruppe kennzeichnen. Dies schließt nicht nur Kunst ein, sondern auch Lebensformen, die Grundrechte des Menschen, die Wertesysteme, die Traditionen und Glaubensrichtungen" (von der UNESCO 1982 verabschiedete Definition) (siehe S. 220).

Kulturelle Ausnahme (franz. exception culturelle): Von Frankreich vorgeschlagenes Prinzip, dem zufolge die Kulturgüter nicht wie einfache Waren den vom GATT (seit 1995 WTO) festgelegten Regeln des Freihandels unterworfen werden (siehe S. 224).

Kulturelle Vielfalt: Dieser Begriff, der heute der „kulturellen Ausnahme" vorgezogen wird, bezeichnet die Gesamtheit der Kulturen der Welt, die als ein zu schützendes Erbe betrachtet wird (siehe S. 224).

L

Laizismus: Prinzip der Trennung von Zivilgesellschaft und religiöser Sphäre, von Kirche und Staat (siehe S. 284).

Leitwährung: Währung, an der sich der Wert anderer Währungen orientiert. In einem System fester Wechselkurse ist ihr Wert vertraglich an die Leitwährung gebunden (siehe S. 182).

Liberale Demokratie: Politisches System, in dem versucht wird, die Demokratie (politische Gleichheit der Staatsbürger) und den Liberalismus (Verteidigung der individuellen Freiheit) miteinander in Einklang zu bringen. Historisch gesehen unterscheidet sich die liberale Demokratie vom sozialistischen Demokratiemodell, der „Volksdemokratie", wie die Länder des damaligen Sowjetblocks bezeichnet wurden (siehe S. 234).

Liberalismus: Eine politische Orientierung, die die Freiheit des Individuums sowie wirtschaftliche und politische Freizügigkeit hervorhebt. Seine Anhänger propagieren die Förderung des marktwirtschaftlichen Systems (siehe S. 242).

Lineares Wachstum: Form des Wachstums, bei der das Bruttoinlandsprodukt jährlich um denselben Betrag wächst; im Gegensatz zum exponentiellen Wachstum (siehe S. 184), bei dem der Prozentsatz der jährlichen Wachstumsraten konstant ist (siehe S. 186).

Linke.PDS (Die Linke.PDS): Zusammenschluss von WASG (Wahlalternative Arbeit und soziale Gerechtigkeit) und PDS im Wahlkampf 2005 zur Durchsetzung sozialer Rechte (siehe S. 264).

Lomé-Abkommen: 1975 von der EG und den AKP-Staaten (Länder Afrikas, der Karibik und des Pazifiks) unterzeichneter Nord-Süd-Kooperationsvertrag, der 1979, 1984 und 1989 verlängert wurde (siehe S. 160).

M

Machtwechsel (franz. alternance): Wechsel der Mehrheit (bei den Präsidentschafts- oder Parlamentswahlen). Der Begriff bezeichnete in Frankreich anfangs die Machtübernahme durch die Linke im Jahre 1981 nach 23-jähriger ununterbrochener Regierungszeit der Rechten (siehe S. 248).

Malgré-nous: Bezeichnung für die 13000 Elsässer und Lothringer, die ab 1942 in die Wehrmacht und die Eliteeinheiten der Waffen-SS zwangsrekrutiert wurden. Deserteure wurden erschossen, andere, die der Einberufung nicht Folge leisteten, in Konzentrationslagern interniert; ihre Familien wurden enteignet (siehe S. 38).

Mandat: Vom Völkerbund einigen Siegermächten des Ersten Weltkrieges erteilter provisorischer Auftrag, frühere Gebiete des Osmanischen Reiches zu verwalten: Frankreich erhielt das Mandat für Syrien und den Libanon, Großbritannien für Transjordanien, Palästina und den Irak (siehe S. 86).

Marktwirtschaft: Wirtschaftsordnung, in der die Preise von Waren und Dienstleistungen auf einem freien Markt durch das Verhältnis von Angebot und Nachfrage bestimmt werden (siehe S. 140 und 194).

Marshallplan: Auf Vorschlag des US-Außenministers George Marshall 1947 ins Leben gerufenes Programm amerikanischer Wirtschaftshilfe für Europa. Der englische Name lautet European Recovery Program (ERP) (siehe S. 52 f. und 118).

Marxismus: Auf den Schriften von Karl Marx und Friedrich Engels basierende ökonomische Gesellschaftstheorie, die die Menschheitsentwicklung als einen mehrschrittigen zielgerichteten Prozess von der Ausbeutung über den Klassenkampf zur Befreiung in der klassenlosen Gesellschaft (Kommunismus) sieht. Der Sozialismus der „Volksdemokratien" galt als Vorstufe dieser klassenlosen Gesellschaft (siehe S. 194).

Massenkultur: Gesamtheit der einem breiten Publikum von der Kommunikations- und Unterhaltungsindustrie bereitgestellten Kulturangebote. Für die einen stellt sie das Ideal einer von möglichst vielen getragenen Kultur dar, für die anderen ist sie ein Industrieprodukt und daher eine Art Discountkultur (siehe S. 220).

Massenvernichtungswaffen: Dieser Begriff bezeichnet, im Gegensatz zu den konventionellen Waffen, atomare, chemische und bakteriologische Waffen (siehe S. 168).

Massive Vergeltungsmaßnahmen (Massive Retaliation): 1953 von US-Präsident Eisenhower und seinem Außenminister John F. Dulles entwickelte amerikanische strategische Doktrin. Jegliche Aggression seitens der UdSSR oder ihrer Verbündeten sollte eine sofortige Reaktion der USA mit allen Mitteln, einschließlich Atomwaffen, auslösen (siehe S. 68).

„McCarthysm": Auf Initiative von Senator McCarthy betriebene Kampagne zur Ausschaltung der Kommunisten und deren Gesinnungsgenossen in der Verwaltung, den Gewerkschaften, den Universitäten und in Hollywood (siehe S. 68).

Mehrheitswahlsystem mit zwei Wahlgängen: Wahlmodus, der darin besteht, einen Kandidaten pro Wahlkreis im ersten Wahlgang mit absoluter Mehrheit und im zweiten Wahlgang mit relativer Mehrheit zu wählen. Zwar entstehen dadurch stabile Mehrheiten, aber die kleineren Parteien werden erheblich benachteiligt (siehe S. 240).

Metropolisierung: Prozess der Konzentration der Bevölkerung sowie der kulturellen und wirtschaftlichen Aktivitäten in dominierenden Städten (siehe S. 212).

Mitbestimmung: Beteiligung von Arbeitnehmern an betrieblichen Entscheidungen, insbesondere im Bereich der Personalfragen; die Mitbestimmung wurde in der Bundesrepublik Deutschland durch die Neufassung des Betriebsverfassungsgesetzes (19. Januar 1972) teilweise gestärkt, blieb aber zwischen den Koalitionspartnern SPD und FDP umstritten (siehe S. 254).

Mitentscheidungsverfahren: Verfahren, bei dem das Europäische Parlament an der gesetzgebenden Arbeit (die bis zum Maastrichter Vertrag im Wesentlichen dem Rat vorbehalten war) beteiligt wird; auf diese Weise kann es einen Gesetzestext ablehnen (siehe S. 164).

Monopol: Marktbeherrschende Stellung eines Anbieters, der keine nennenswerten Konkurrenten hat (siehe S. 194).

MRP (Mouvement républicain populaire, Republikanische Volksbewegung): 1944 von Christdemokraten aus den Reihen der Résistance gegründete Mitte-Links-Partei, die ihre Stimmen auch von den konservativen Wählern erhielt (siehe S. 238).

Multipolar/bipolar: Eine bipolare Weltordnung wird von zwei, eine multipolare Weltordnung von mehr als zwei Machtzentren bestimmt (siehe S. 50).

Multilateralismus: Zwischenstaatliche Absprachen und Verhandlungen im Rahmen internationaler Organisationen, im Gegensatz zum Unilateralismus (Haltung eines Staates, der allein handelt) (siehe S. 160 und 172).

N

Nachhaltige Entwicklung: Entwicklungsmodell, das versucht, Wirtschaftswachstum und Umweltschutz zum Wohle künftiger Generationen in Einklang zu bringen (siehe S. 170).

Nationale Revolution (franz. Révolution nationale): Propagandathema des Vichy-Regimes, bezeichnete das französische Wiederaufbauprogramm, das Marschall Pétain unter der deutschen Besatzung umzusetzen gedachte (siehe S. 38).

NATO (North Atlantic Treaty Organization): Nordatlantisches Verteidigungsbündnis, dessen Mitglieder sich zu politischer und militärischer Zusammenarbeit und zum gegenseitigen Beistand im Falle eines Angriffs auf einen der Vertragspartner verpflichtet haben (Nordatlantikvertrag vom 4. April 1949, Art. 5) (siehe S. 50, 100, 115 und 140).

NATO-Osterweiterung: Aufnahme von Staaten des ehemaligen Warschauer Pakts (1999) und ehemaligen Teilrepubliken der Sowjetunion (2004) in die NATO. Die Osterweiterung wird von Russland als außenpolitische Provokation und Bedrohung wahrgenommen.

Neo-Destour: Die 1934 von Bourguiba gegründete Partei trat für die Unabhängigkeit Tunesiens und die Schaffung einer weltlichen und modernen Regierung ein (siehe S. 90).

Neue Ostpolitik: Begriff für den neuen, auf Verständigung hin ausgerichteten Umgang der Bundesrepublik Deutschland mit den sozialistischen Staaten seit 1969 (siehe S. 42 und 254).

Neutralismus: Von Tito, Nehru und Nasser 1956 in Brioni (Jugoslawien) begründete Politik, die jegliche Einbindung in einen der beiden Blöcke ablehnt. Daraus entstand 1961 die Bewegung der blockfreien Staaten (siehe S. 92).

NGO (non-governmental organization): Nichtregierungsorganisation (deutsche Abkürzung: NRO); in Abgrenzung zu staatlichen und zwischenstaatlichen Organisationen gebrauchte Bezeichnung. NGOs sind weltweit in den Bereichen Entwicklungspolitik, humanitäre Hilfe und Umwelt tätig (siehe S. 172).

Nomenklatura: Gesamtheit der privilegierten Personen, die in der Partei oder der Verwaltung der UdSSR Karriere machten (siehe S. 72).

Notstandsgesetze: Am 24. Juni 1968 vom Bundestag verabschiedete Gesetze zur Ergänzung des Grundgesetzes, die es dem Bund in einem Ausnahmezustand unter anderem erlauben, seine Befugnisse gegenüber den Ländern auszuweiten, die Bundeswehr im Inneren einzusetzen und Grundrechte einzuschränken (siehe S. 252).

O

OAS (Organization de l'Armée Secrète): Untergrundbewegung und Terrororganisation, die versuchte, die Verhandlungen über die Unabhängigkeit Algeriens mit Waffengewalt zu verhindern (siehe S. 90).

Oder-Neiße-Linie: Die deutsch-polnische Grenze verläuft seit 1945 infolge der Westverschiebung Polens entlang der Flüsse Oder und Neiße. Die polnische Westgrenze verläuft seit 1945 infolge der Westverschiebung Polens entlang der Flüsse Oder und Neiße (durch das Potsdamer Abkommen vorbehaltlich einer friedensvertraglichen Regelung bestätigt, siehe Karte S. 28). Die DDR erkannte diesen Grenzverlauf 1950 an; 1970 erfolgte die Anerkennung durch die Bundesrepublik Deutschland. Im 2+4-Vertrag von 1990 bestätigten die beiden deutschen Staaten die Oder-Neiße-Linie für das vereinigte Deutschland als endgültige Grenze (siehe S. 16, 300 und 137, M6).

OEEC (engl. Organization for European Economic Cooperation): 1948 gegründete Organisation für europäische wirtschaftliche Zusammenarbeit zur Koordinierung der Hilfe aus dem Marshallplan mit Sitz in Paris. 1960 Umbenennung in OECD (engl. Organization for Economic Cooperation and Development), Organisation für wirtschaftliche Zusammenarbeit und Entwicklung (siehe S. 115 und 118).

Ölmonarchien: Monarchien des Nahen Ostens, deren Haupteinnahmequelle die Erdölförderung ist. Diese reichen und dünn besiedelten Länder, wie Kuwait, wecken die Begehrlichkeiten ihrer Nachbarn. Die wichtigste Ölmonarchie ist Saudi-Arabien, das den Status einer Regionalmacht genießt (siehe S. 78).

OPEC (Organization of Petroleum Exporting Countries): Organisation der Erdöl exportierenden Länder, 1960 gegründet, um die Interessen der Erdöl produzierenden Länder gegen die großen westlichen Ölkonzerne zu verteidigen (siehe S. 74 und 92).

Ostverträge: Sammelbegriff für alle Verträge und Abkommen, die von der Regierung Brandt/Scheel mit den sozialistischen Staaten 1970 bis 1973 im Rahmen der „Neuen Ostpolitik" geschlossen wurden (siehe S. 254 f. und M2).

P

Palästinensische Autonomiebehörde: Im Rahmen der Osloer Verträge 1993 geschaffenes Verwaltungsorgan, das bis zur Entstehung eines unabhängigen palästinensischen Staates eine Regierung für das Westjordanland und Gaza darstellt (siehe S. 168).

Panarabismus: Nationalistische Ideologie zur Befreiung der Araber von der westlichen Vorherrschaft und zu ihrer Einigung über die Staatsgrenzen hinweg. Der Kampf gegen Israel dient der Verschleierung ihrer eigenen Spaltung (siehe S. 81).

Pandemie: Epidemie, die Menschen und/oder Tiere weltweit in Mitleidenschaft zieht (siehe S. 170).

Parität: Stimmengleichheit (siehe S. 300).

Parlamentarischer Rat: Versammlung von Vertretern der westdeutschen Landtage, 1948 von den Westalliierten mit der Ausarbeitung einer deutschen Verfassung beauftragt (Grundgesetz, 8. Mai 1949) (siehe S. 54).

Parlamentarisches Regierungssystem: Regierungssystem, das auf einem Gleichgewicht zwischen Exekutive (Regierung) und Legislative (Parlament) beruht. Das Parlament kann die Regierung stürzen, da diese ihm gegenüber politisch verantwortlich ist (siehe S. 238).

Patriarchalisch: Auf die Vorherrschaft eines männlichen Familienoberhaupts gegründet (siehe S. 208).

PC (Personalcomputer): Computer kleineren Formats mit einem Bildschirm und einer Tastatur; mittels der Software ist die EDV einem breiten Publikum zugänglich (siehe S. 222).

PCF (Parti communiste français): 1920 gegründete Kommunistische Partei Frankreichs, die die Positionen der III. Internationale vertrat und die UdSSR unterstützte (siehe S. 238).

Perestroika (Umgestaltung, Reform): Bezeichnung für die von Gorbatschow begonnene Reformpolitik, die die Demokratisierung der sowjetischen Gesellschaft und die schrittweise Einführung marktwirtschaftlicher Prinzipien zum Ziel hatte (siehe S. 134).

Pieds-noirs („Schwarzfüße"): Abschätziger, zunächst zur Bezeichnung der Araber verwendeter Begriff, später von den Europäern übernommen, um ihre eigene Verwurzelung in Nordafrika zu unterstreichen (siehe S. 90).

Planification (franz.): Ein wirtschaftliches Mischmodell, in dem einerseits der Staat in wichtigen Bereichen die wirtschaftlichen Ziele als Orientierung vorgibt, und andererseits private Unternehmen nach marktwirtschaftlichen Prinzipien arbeiten. Insofern unterscheidet sich die Planification von der rein lenkenden Planwirtschaft der UdSSR (siehe S. 24).

Planwirtschaft: Im Gegensatz zur Marktwirtschaft die Wirtschaftsordnung, in der das gesamte wirtschaftliche Geschehen von einer zentralen Stelle geplant und gelenkt wird (siehe S. 54, 106, 138, 194 und 258).

PLO (engl. Palestine Liberation Organization): Palästinensische Befreiungsorganisation, die 1964 gegründet und von 1968 bis 2004 von Jassir Arafat geführt wurde. Sie ist der Dachverband der meisten nationalistischen Bewegungen; ihre Autorität wird allerdings zunehmend durch die islamistischen Bewegungen (Hamas, Islamischer Dschihad) infrage gestellt (siehe S. 78).

Pluralisierung: Ausbildung gleichberechtigt nebeneinander stehender Alternativen (siehe S. 208).

Q

Qualifizierte Mehrheitsentscheidung: Abstimmungsmodus, der sich sowohl von der Einstimmigkeit als auch von der einfachen Mehrheit unterscheidet. Jeder Mitgliedstaat verfügt über eine Stimmenzahl, die seiner Bevölkerung proportional entspricht. Zur Annahme eines Beschlusses ist eine bestimmte Stimmenzahl erforderlich (siehe S. 122, 152 und 300).

R

RAF („Rote Armee Fraktion"): Linksterroristische Gruppierung, die aus gewaltbereiten Kreisen innerhalb der APO hervorgegangen war; die RAF wollte die deutsche Gesellschaft durch Anschläge im Sinne des Marxismus-Leninismus umgestalten (siehe S. 254).

Rassentrennung: Rassistisch motivierte Absonderung von Personen- und Gesellschaftsgruppen durch Ausgrenzung oder Unterwerfung unter Sondergesetze (siehe S. 72).

Razzia des Vel'd'Hiv (franz. Rafle du Vel'd'Hiv): Am 16. und 17. Juli 1942 wurden im Großraum Paris 13 152 Juden ausländischer Herkunft von der französischen Polizei verhaftet und im Velodrome d'Hiver (Radrennbahn) und in Drancy interniert, von wo aus sie nach Auschwitz deportiert wurden (siehe S. 38).

Reallohn: Durch Berücksichtigung der Inflationsrate errechneter Lohn, mit dem die Entwicklung der Kaufkraft gemessen werden kann (siehe S. 284).

Regierungskonferenz: Konferenz der Vertreter der EU-Mitgliedstaaten zur Überarbeitung der Verträge (siehe S. 152).

Revisionismus: In Frankreich bezeichnet dieser Begriff den Versuch, die Existenz der Gaskammern und den an den Juden begangenen Genozid zu leugnen (Synonym für Negationismus). In Deutschland zählen seit den 1960er-Jahren diejenigen Historiker zu den „Revisionisten", die eine „Revision", d. h. eine Überprüfung der traditionellen Geschichtsschreibung über das Dritte Reich vorschlagen; es besteht keinerlei Verbindung zum Negationismus (siehe S. 32).

RGW (Rat für gegenseitige Wirtschaftshilfe, engl. Abkürzung COMECON): 1949 gegründete Organisation zur Förderung der wirtschaftlichen Zusammenarbeit der Staaten des sowjetischen Einflussbereichs. Die beteiligten Staaten sollten sich auf Branchen spezialisieren, die die Sowjetwirtschaft ergänzten (siehe S. 106 und 258).

RMI (Revenu minimum d'insertion, Mindesteingliederungseinkommen): Diese 1988 geschaffene Hilfe bietet Personen über 25 Jahren Unterhaltsmittel, gepaart mit einem Wiedereingliederungsvertrag (siehe S. 286).

Rote Khmer: Bezeichnung für die kambodschanischen Kommunisten. Während ihrer Schreckensherrschaft von 1975 bis 1978 begingen sie einen entsetzlichen Völkermord am Khmer-Volk (mindestens 1 700 000 Tote) (siehe S. 74).

RPR (Rassemblement pour la République): 1976 von Jacques Chirac gegründete gaullistische Partei, die sich dem Liberalismus von Giscard d'Estaing widersetzte; Nachfolgepartei der UDR (siehe S. 242).

RSFSR (Russische Sozialistische Föderative Sowjetrepublik) und Russische Föderation: Die RSFSR vereinigte als größte Teilrepublik der Sowjetunion Russen und weitere Volksgruppen im Rahmen einer föderativen Ordnung. Aus ihr ging 1991 die Russische Föderation, das heutige Russland, hervor (siehe S. 138).

Russifizierung: Vorgang, durch den eine Bevölkerungsgruppe nicht nur von Russland politisch beherrscht, sondern auch zur Übernahme russischer Sprache und Kultur angehalten bzw. gezwungen wird (siehe S. 138).

S

Säkularisierung: Abnehmender Einfluss der religiösen Institutionen, Glaubenslehren, Bräuche und Symbole im gesellschaftlichen Leben (siehe S. 284).

Säuberungen (franz. Epuration): Entfernung derjenigen, die mit der deutschen Besatzungsmacht und dem Vichy-Regime kollaboriert hatten, aus öffentlichen Ämtern. Der legalen Phase ging eine Phase der Selbstjustiz der Bevölkerung voraus (siehe S. 22).

SALT (Strategic Arms Limitation Talks): Verhandlungen über die Begrenzung strategischer Waffen. Zwei SALT-Verträge wurden 1972 und 1979 unterzeichnet (siehe S. 72).

SARS (Severe Acute Respiratory Syndrome, Schweres Akutes Respiratorisches Syndrom): 2003 konnte diese Epidemie (800 Tote) dank weltweiter Berichterstattung und Aufklärung sowie internationaler Zusammenarbeit rasch besiegt werden (siehe S. 170).

Schattenwirtschaft: Wirtschaftliche Aktivitäten am Rande der Legalität; entzieht sich den Zwängen der offiziellen Wirtschaft (Steuergesetzgebung, Arbeitsrecht) (siehe S. 92).

Schengen-Raum: Territorium der Unterzeichnerstaaten des 1990 vereinbarten und 1995 in Kraft getretenen Schengener Abkommens, das den Abbau der EU-Binnengrenzen (zwischen den Teilnehmerländern) und die verstärkte Kontrolle der EU-Außengrenzen festschreibt (siehe S. 147 und 152).

Schiiten: Anhänger der Nachfolger Alis, Schwiegersohn des Propheten. Sie leben hauptsächlich im Irak und Iran (siehe S. 81).

SDI (Strategic Defense Initiative): Programm zum Schutz der Vereinigten Staaten vor Nuklearangriffen durch Entwicklung eines weltraumgestützten Raketenabwehrsystems (siehe S. 74).

Sechstagekrieg: 1967 von Israel begonnener Präventivkrieg gegen seine arabischen Nachbarn, die sich weigerten, den jüdischen Staat anzuerkennen (siehe S. 34).

SED (Sozialistische Einheitspartei Deutschlands): Die 1946 aus der Vereinigung von KPD und SPD entstandene SED war bis 1989 die Regierungspartei der DDR (siehe S. 54 und 258).

Selbstbestimmung: Das einem Volk zugestandene Recht, über seinen politischen Status selbst zu entscheiden (siehe S. 90).

Sexuelle Befreiung: Im Zuge der 68er-Bewegung entstandene neue Einstellung zum Zusammenleben der Geschlechter, die den Vorrang individueller Gefühle gegenüber sozialen Konventionen betonte (z. B. Ablehnung der bürgerlichen Ehe) (siehe S. 208).

SFIO (Section française de l'Internationale ouvrière, Französische Sektion der Arbeiterinternationale): Sozialistische Partei Frankreichs. Seit 1920 trat sie für einen Reformsozialismus ein und lehnte das sowjetische Modell ab (siehe S. 238).

Shoah: Während des Eichmann-Prozesses übersetzten die Israelis selbst den Begriff Shoah mit Holocaust. Von da an setzte sich das Wort Holocaust in den Vereinigten Staaten ebenso wie in Deutschland als Synonym für den Genozid an den Juden durch. Dieser Begriff war zunächst umstritten, da er in der Bibel zur Bezeichnung des Objekts einer religiösen Opferung verwendet wird. Das Wort Shoah, aus dem Hebräischen „Katastrophe", schien angemessener, um die Besonderheit des Genozids an den Juden zu verdeutlichen (siehe S. 34).

Solidarność: 1980 gegründete oppositionelle Gewerkschaft in Polen mit starker Verankerung in der katholischen Kirche (siehe S. 134).

Souveränisten: Verfechter der nationalen Souveränität, die für ein Europa der Staaten plädieren, aber nicht für ein supranationales Europa (siehe S. 152).

Sowjetisierung: Einbeziehung von Staaten in den sowjetischen Machtbereich und deren innere Umgestaltung im Sinne einer sozialistischen Staats-, Wirtschafts- und Gesellschaftsordnung (siehe S. 106).

Sozialdemokratie: Nichtkommunistische, reformistische Linke. Sie akzeptiert das liberale kapitalistische Modell, das der Staat durch seine Wirtschafts- und Sozialpolitik zum Wohle der gesamten Bevölkerung verbessern soll (siehe S. 116).

Soziale Marktwirtschaft: In der Bundesrepublik Deutschland maßgeblich von Ludwig Erhard (Wirtschaftsminister 1949 bis 1963) gestaltete Wirtschaftsordnung, die auf dem Grundprinzip des freien Wettbewerbs basiert, zugleich aber auch begrenzte staatliche Eingriffe zur Gewährleistung dieses Wettbewerbs und soziale Sicherungssysteme vorsieht (siehe S. 194).

Sozialhilfe: 1961 in Deutschland eingeführte finanzielle (oder materielle) Unterstützung für Personen, die unter der Armutsgrenze leben und keinerlei soziale Absicherung haben (siehe S. 286).

Sozialleistungen: Alle den privaten Haushalten oder Personen von den Einrichtungen der Sozialversicherung gewährten Geld- und Sachleistungen (Kindergeld, Renten, Arbeitslosengeld, kostenlose medizinische Betreuung usw.) (siehe S. 280).

Sozialstaat (franz. État-Providence, engl. Welfare State): Staat, der seine Bevölkerung durch soziale Sicherungssysteme wie Arbeitslosen-, Kranken- und Rentenversicherung vor sozialer Verelendung schützt (siehe S. 24, 184 und 264).

Sparpolitik: Eine Politik zur Bekämpfung der Inflation und zur Exportförderung. Sie drückt sich durch eine Stagnation der Löhne, eine Kürzung der öffentlichen Ausgaben und die Erhöhung der Zinssätze aus (siehe S. 248).

SPD (Sozialdemokratische Partei Deutschlands): Älteste bis heute bestehende Partei Deutschlands (unter diesem Namen seit 1890); die SPD hat sich in der Nachkriegszeit endgültig von der sozialistischen Arbeiterpartei zur Volkspartei gewandelt (siehe S. 54 und 252).

Stagflation: Zustand einer Volkswirtschaft, die durch ein Zusammenspiel von Stagnation (Nullwachstum) und Inflation gekennzeichnet ist (siehe S. 186 und 282).

Stagnation: Stillstand, Phase ohne wirtschaftliches Wachstum oder mit sehr geringem Wachstum (siehe S. 186).

Stasi: Von der Bevölkerung der DDR gebrauchter Begriff zur Bezeichnung des Ministeriums für Staatssicherheit (MfS), das 1950 als geheimpolizeiliches Überwachungs- und Repressionsinstrument geschaffen wurde. Das MfS verstand sich als „Schwert und Schild" der Partei (SED); durch ein Netz „Inoffizieller Mitarbeiter" (IM) übte das MfS eine teilweise bis weit in das Privatleben hineinreichende Kontrolle über die Bevölkerung aus (siehe S. 258).

Strukturelle Arbeitslosigkeit: Eine aus einem Strukturwandel resultierende Arbeitslosigkeit (siehe S. 190).

Strukturwandel: Die Veränderung der Beiträge einzelner Wirtschaftssektoren zum Bruttoinlandsprodukt (siehe S. 190).

Stunde null: Der Begriff kam in den 50er-Jahren auf und betonte den tiefen materiellen und moralischen Bruch, den das Kriegsende aus Sicht vieler Zeitgenossen darstellte. Kritiker des Begriffs verweisen demgegenüber auf Kontinuitäten zwischen Drittem Reich und Nachkriegsgesellschaft, so etwa die Fortsetzung von Karrieren in Wirtschaft oder Wissenschaft (siehe S. 26).

Sunniten: Mehrheit der Muslime, die sich im Sinne der Wahrung der Sunna, der Tradition des Propheten, als orthodox bezeichnen. Sie unterscheiden sich von den Schiiten (Anhänger des Propheten Ali), die hauptsächlich im Irak und Iran leben (siehe S. 81).

Supranational: Höher als die nationale Souveränität. Auf die europäischen Institutionen bezogen bedeutet dieser Begriff gemeinschaftlich oder bundesstaatlich (siehe S. 118, 152 und 296).

T

Taylorsystem und Fordismus: Das Taylorsystem ist das vom amerikanischen Ingenieur F. W. Taylor zu Beginn des 20. Jahrhunderts entwickelte System der wissenschaftlichen Betriebsführung zur Senkung der Produktionskosten. Der amerikanische Automobilhersteller Henry Ford führte die Fließbandarbeit und eine Politik der hohen Löhne ein. Der Fordismus verband somit Produktion und Massenkonsum (siehe S. 280).

Territoriale Integrität: Unverletzlichkeit (der Grenzen) eines Staatsgebietes (siehe S. 100).

Territorialprinzip (franz. „droit du sol", lat. „ius soli"): Danach erwerben in einem Aufnahmeland geborene Kinder ausländischer Eltern die Staatsbürgerschaft eben dieses Landes (in Frankreich mit 18 Jahren, in Deutschland durch die Geburt). Es steht dem Abstammungsprinzip (franz. „droit du sang", lat. „ius sanguinis") gegenüber (siehe S. 286).

Tertiärisierung: Aufschwung des tertiären Sektors, des Dienstleistungssektors, vor allem infolge des wachsenden Angebots an unternehmensbezogenen Dienstleistungen (siehe S. 282).

Titoismus: Jugoslawische Sonderform des Sozialismus, die neben einer Arbeiterselbstverwaltung auch marktwirtschaftliche Elemente zuließ und den unterschiedlichen Volksgruppen weitreichende Autonomierechte einräumte (siehe S. 48).

Totalitär: Adjektiv zu „Totalitarismus", Bezeichnung für eine Staats- und Gesellschaftsform, in welcher der Einzelne vollständig der Verfügungsgewalt des Staates ausgeliefert und auf dessen ideologische Leitvorstellungen uneingeschränkt verpflichtet ist (siehe S. 106).

„Trente Glorieuses" („Glorreiche Dreißig Jahre"): Dieser vom Ökonomen Jean Fourastié geprägte Begriff bezieht sich auf die drei französischen Revolutionstage im Juli 1830 („Trois Glorieuses") und bezeichnet die Zeit des wirtschaftlichen Aufschwungs zwischen 1945 und 1973 (siehe S. 280).

Treuhandanstalt: 1990 noch von der DDR-Regierung gegründete Institution zur Privatisierung, Stilllegung oder zum Verkauf von ehemaligen DDR-Betrieben (siehe S. 264).

Tschernobyl: Stadt in der Ukraine. Dort kam es am 26. April 1986 im Kernkraftwerk zu einem GAU („größter anzunehmender Unfall"), bei dem große Mengen an radioaktiver Strahlung und verseuchter Materialien freigesetzt wurden. Der Unfall löste in der deutschen Bevölkerung massive Ängste aus und führte zu erheblichen Widerständen gegen die Nutzung der Kernenergie (siehe S. 256).

U

UNESCO (United Nations Educational, Scientific and Cultural Organization): 1946 von den Vereinten Nationen gegründete Organisation mit Sitz in Paris. Ihr Ziel besteht darin, „durch Bildung und Erziehung, Wissenschaft, Kultur und Kommunikation die Zusammenarbeit zwischen den Nationen zu verstärken und damit einen Beitrag zur Aufrechterhaltung des Friedens in der Welt zu leisten." (siehe S. 220).

Unilateralismus: Verhalten eines Staates, der allein handelt, ohne sich den Regeln der verschiedenen internationalen Organisationen zu unterwerfen (Gegenteil: Multilateralismus) (siehe S. 172).

Unionsbürgerschaft: Sie ergänzt die nationale Staatsbürgerschaft, ohne sie zu ersetzen. Sie ermöglicht es den Bürgern eines EU-Staates, in einen anderen Mitgliedstaat der EU zu reisen, dort zu wohnen und an Gemeinde- oder Europawahlen teilzunehmen (siehe S. 164).

Unipolar: Bezeichnung für eine Welt mit einem einzigen Machtpol im Gegensatz zum bipolaren System (mit zwei Machtpolen) oder zum multipolaren System (mit mehreren Machtpolen) (siehe S. 172).

Unverjährbarkeit: 1968 auf der Grundlage einer internationalen Konvention eingeführtes Prinzip, das die zeitlich unbegrenzte Strafverfolgung von Personen ermöglicht, die Kriegsverbrechen und Verbrechen gegen die Menschlichkeit begangen haben (siehe S. 34).

Urbanisierung: Anwachsen der Zahl und Größe der Städte. Im Verlauf dieses Prozesses wird die städtische Bevölkerung zur Mehrheit in den sich entwickelnden Ländern (siehe S. 212).

V

Verbrechen gegen die Menschlichkeit: Im Zusammenhang mit den Nürnberger Prozessen entstandener völkerrechtlicher Begriff, der den Tatbestand der „unmenschlichen Handlungen an der Zivilbevölkerung aus politischen, rassischen oder religiösen Gründen schafft (siehe S. 14 und S. 20, M1).

Verstaatlichung (franz. nationalisation): Vorgang, durch den der Staat die Kontrolle über ein privates Unternehmen übernimmt (siehe S. 24).

Vertiefung: Stärkung der Institutionen der EWG, der EG und später der EU, durch die eine größere politische Kohärenz gewährleistet werden soll. Dieser Begriff wird im Allgemeinen in einem föderalistischen Sinn verstanden. (siehe S. 124 und 148).

Vichy-Regime: Bezeichnung für die von Marschall Pétain zwischen 1940 und 1944 in Frankreich ohne jegliche legale Grundlage ausgeübte Macht (siehe S. 32).

„Vichy-Syndrom" (franz. „Syndrome de Vichy"): Dem Historiker Henry Rousso zufolge ein Begriff, der die Gesamtheit der Symptome und Äußerungen bezeichnet, die im politischen, sozialen und kulturellen Leben die durch die Erinnerung an das Vichy-Regime ausgelösten inneren Konflikte ans Tageslicht bringen (siehe S. 38).

Vietminh: 1941 von den Kommunisten unter Führung von Ho Chi Minh gegründete Liga für die Unabhängigkeit Vietnams (siehe S. 86).

„Volksdemokratie": Politisches System der meisten Staaten Mittel- und Osteuropas. Die Verfassung dieser Staaten sah zwar formal Wahlen und einen Parteienpluralismus vor, durch das Blocksystem wurde jedoch das Führungsmonopol der kommunistischen Partei garantiert (siehe S. 54 und 134).

Volkskongresse: Dem Anspruch nach gesamtdeutsche Vorparlamente, die 1947 bis 1949 von der SED zur Ausarbeitung einer deutschen Verfassung initiiert wurden (siehe S. 258).

Vollbeschäftigung: Situation, in der alle zur Arbeit bereiten Arbeitnehmer einen Arbeitsplatz finden können. Da eine Arbeitslosigkeit von null Prozent wegen Übergangszeiten bei Arbeitsplatzwechseln nicht zu erreichen ist, spricht man bereits bei einer Arbeitslosigkeit von unter zwei Prozent von Vollbeschäftigung (siehe S. 184).

W

Wachstumsrate: Prozentsatz, um den das Bruttoinlandsprodukt eines Landes jährlich wächst (siehe S. 186).

Währungsreform: Ablösung der durch Inflation stark abgewerteten Reichsmark durch die stabile D-Mark (siehe S. 54).

Währungs-, Wirtschafts- und Sozialunion: Staatsvertrag zwischen der DDR und der Bundesrepublik Deutschland zur Angleichung der wirtschaftlichen Rahmenbedingungen in Ost und West (siehe S. 256).

Waldheim-Affäre: Kontroverse um die Vergangenheit von Kurt Waldheim, ehemaliger Wehrmachtsoffizier, von 1972 bis 1981 UNO-Generalsekretär und von 1987 bis 1992 Bundespräsident der Republik Österreich (siehe S. 32).

Warschauer Pakt: 1955 gegründetes militärisch-politisches Bündnis der Staaten des sowjetischen Machtbereichs; 1991 aufgelöst. Es umfasste die sowjetischen Vasallenstaaten in Ost- und Ostmitteleuropa (siehe S. 50 und 100).

Watergate: Name des Hauptquartiers der Demokratischen Partei in Washington. Nachdem die hier mit Zustimmung von Präsident Nixon installierten Abhörgeräte entdeckt wurden, musste dieser im August 1974 seinen Rücktritt erklären (siehe S. 72).

Weltbank/Internationale Bank für Wiederaufbau und Entwicklung (engl. International Bank for Reconstruction and Development, IBRD): 1944 im Rahmen der Konferenz von Bretton Woods gegründete Bank, deren Funktion die Finanzierung des wirtschaftlichen Wiederaufbaus kriegsgeschädigter Länder und die Förderung von Entwicklungsländern ist (siehe S. 16 und 182).

WEU (Westeuropäische Union): 1954 bis 1955 nach dem Scheitern der Europäischen Verteidigungsgemeinschaft (EVG) geschaffenes Militärbündnis, dem neben den fünf Unterzeichnerstaaten des Brüsseler Vertrags von 1948 (England, Frankreich, Belgien, Luxemburg, die Niederlande) auch die Bundesrepublik Deutschland und Italien angehören (siehe S. 118 und 147).

WHO (World Health Organization): Weltgesundheitsorganisation mit Sitz in Genf. Sie wurde 1948 von der UNO gegründet. Ihr obliegt es, für alle Völker die bestmögliche Gesundheitsversorgung zu gewährleisten (siehe S. 170).

Wissensgesellschaft: Gesellschaft, in der das Wissen dank eines allgemeinen Zugangs zu Informationen und der Wahrung der kulturellen Vielfalt breit gestreut ist (siehe S. 222).

WTO (World Trade Organization, Welthandelsorganisation): Die Welthandelsorganisation ersetzte 1995 das GATT. Sie sollte die Liberalisierung des Welthandels fortführen und Streitfragen im Handelsverkehr zwischen den Mitgliedstaaten beilegen (siehe S. 172 und 192).

Bildnachweis

11.1 (9.1): Getty Images (AFP), München; **11.2 (9.2):** Corbis, Düsseldorf; **14.1 (9.3):** Picture-Alliance, Frankfurt; **15.2:** Musée de la résistance et de la déportation de Besancon; **15.5:** Roger-Viollet; **15.5:** Artedia/Rémy; **16.1 (9.4, 58):** ullstein bild (Keystone), Berlin; **17.3:** Knopp, Guido (Hg.), Damals 1945, Stuttgart: DVA, 1994; **18.1:** Corbis (Bettmann), Düsseldorf; **19.5:** CIRIP/Alain Gesgon; **21.4 (9.5):** ullstein bild (Nowosti), Berlin; **22.1:** Bridgeman Art Library, London; **23.2:** Archives Larbor/Hubert Josse/ BDIC-Musée d'Histoire contemporaine,Paris; **23.5:** Getty (AFP), München; **25.4:** Charbonnages de France; **26.1:** Haus der Geschichte, Bonn; **27.2:** DHM, Berlin; **27.4:** National Archives (LF), Washington, D.C.; **31.1 (9.6):** Rea/James Leynse; **31.2 (9.7):** Getty/Anne Frank House/ Allard Bovenberg; **32.1 (9.8):** Sipa press/AP/Vincent Kessler; **33.2 (9.9):** Corbis Sygma/Ron Sachs; **33.4:** DHM (Gosudarstvennyj Istoriceskij Muzej), Berlin; **34.1:** Collection Christophe L; **35.2:** Reproduced with permission of The Wylie Agency (UK) Ltd., London on behalf of Copyright © 1986, 1989, 1990, 1991, Art Spiegelman; **36.1 (9.10):** Centre de Documentation Juive Contemporaine, Paris; **36.2 (9.11):** Sipa press/Heidi Levine; **37.3 (9.12):** Sipa press/TPH/Peter Widmann; **37.4 (9.13):** USHMM; **37.5 (9.14):** AFP Fabrizio Bench; **38.1:** collection Christophe L; **39.2:** Viollet, Roger, Paris; **39.4:** Corbis (S..Klein/ S.Ruet/Sygma), Düsseldorf; **39.4:** Corbis (Sygma), Düsseldorf; **39.4:** Corbis (Peter Turnley), Düsseldorf; **40.2:** Chantal Ouairy; **41.5:** collection Christophe L; **42.1 (9.15):** ullstein bild (Sven Simon), Berlin; **43.3:** DHM, Berlin; **43.5:** DPA (Markus Wächter), Hamburg; **45.3b:** Picture Press, Hamburg; **45.4:** SPIEGEL-Verlag, Hamburg; **47.1:** Stehle, Karl, München; **47.2:** CIRIP/Alain Gesgon; **48.1(9.16):** DITE/ USIS; **49.3 (9.17):** BPK, Berlin; **50.1:** Bundesarchiv Koblenz, 183-R72065; **50.2:** Süddeutscher Verlag, München; **51.5:** Haus der Geschichte (Mirko Szewczuk), Bonn; **52.2 (9.18):** ullstein bild, Berlin; **53.4:** ullstein bild, Berlin; **53.5:** Süddeutscher Verlag (Rue des Archives), München; **55.1:** DHM, Berlin; **55.2:** Haus der Geschichte, Bonn; **56.1:** BPK, Berlin; **57.4:** CIRIP/Alain Gesgon; **57.5:** Photos 12 (Oasis), Paris; **58 (306, 322.1):** Corbis/Bettmann; **58 (328):** Archives Nathan; **58 (323):** Corbis/Bettmann; **58 (67.C, 328):** Gamma/Camera Press; **58 (246.1A, 306, 324):** © La Documentation française. Photo Jean-Marie Marcel; **63.1:** Corbis/Bettmann; **63.2 (61.1):** BDIC-Musée d'histoire contemporaine; **66.3 (61.2):** Ebloui.com/Superstock; **66.A (126, 325):** FOCUS (Wayne Miller/Magnum Photos), Hamburg; 66.B (126, 327): Picture-Alliance (dpa), Frankfurt; **67.3 (61.3):** STUDIO X (Gamma), Limours; **67.D (126, 323):** Corbis (Kipa), Düsseldorf; **67.E (322):** Archives Larbor/BDIC-musée d'histoire contemporaine; **67.F (126, 324):** Sipa Press, Paris; **69.4:** Daily Mail, London 1962; **70.1:** Archive ;Time Life Pictures/Co Rent-meester; **70.2 (61.4):** AKG, Berlin; **71.4:** Photo X/DR; **72.1:** Sipa press/ Ginies; **73.2:** Getty/Time Life Picture; **73.3:** AKG (Nasa), Berlin; **73.5 (61.5):** Rue des Archives/Gérard Bloncourt; **74.1:** Getty Images (Time & Life Pictures/Gianfranco Gorgoni), München; **75.2 (61.6):** FOCUS (Sebastiao Salgado/Amazonas), Hamburg; **75.3 (61.7):** AP (Marco di Lauro), Frankfurt am Main; **75.4:** collection particulière; **76.2:** collection Christophe L; **77.4:** DITE/USIS; **77.6:** Corbis, Düsseldorf; **78.1:** Bill Swersey/Liaison; **79.2:** Sipa Press/Novosti; **79.5 (61.8):** Corbis Sygma/Patrick Robert; **83.1 (61.9):** laif (Keystone), Köln; **83.2 (61.10):** FOCUS (Ferdinando Scianna/Magnum Photos), Hamburg; **86.1 (324):** Archives Larbor/J.-L Charmet; **87.4:** AKG, Berlin; **89.3:** Rue des Archives; **90.1:** collection particulière/DR; **91.3:** laif (Rapho/Beretty), Köln; **91.4:** ECPAD, Ivry-sur-Seine; **91.5:** laif (Keystone), Köln; **92.1:** PLANTU, Paris; **93.2:** laif (Keystone), Köln; **94.1:** Archives Larbor/BDIC Musée d'histoire contemporaine; **95.5:** Gilles Aillaud, Die Reisschlacht, 1968, VG Bild Kunst, Bonn 2006; **97.1:** Bridgeman Art Library, London; **97.2:** AKG, Berlin; **103.5 (61.12):** ullstein bild, Berlin; **103.6:** Haus der Geschichte (Mirko Szewczuk), Bonn; **104.1:** Presse- und Informationsamt der Bundesrepublik Deutschland, Berlin; **104.2:** AKG, Berlin; **105.5 (61.13):** Picture-Alliance (dpa/UPI), Frankfurt; **105.7 (61.14):** AKG, Berlin; **107.3 (61.15):** FOCUS (Josef Koudelka/Magnum Photos), Hamburg; **107.5:** Haus der Geschichte der Bundesrepublik Deutschland, Bonn; **108.1 (61.16):** Sipa press/AP/Stringer Arpad Hafazi; **108.2:** BPK (Benno Wundshammer), Berlin; **109.4:** ullstein bild, Berlin; **110.1:** CCC/Horst Haitzinger/ www.c5.net; **110.2 (61.17):** Picture-Alliance (dpa/Heinz Wieseler), Frankfurt; **113.1:** AKG, Berlin; **113.2:** Fritz Behrendt, Frankfurter Allgemeine Zeitung, 9. Juni 1979; **116.1:** Cirip/Alain Gesgon; **117.2:** laif (Keystone), Köln; **117.4:** Süddeutscher Verlag, München; **118.1:** Commission européenne; **119.2:** Collection Kharbine-Tapabor © ADAGP, Paris 2006; **119.3:** Archives Larbor/J. J. Hautefeuille; **121.3:** Punch Library, London; **121.4:** Collection Kharbine-Tapabor, Paris; **123.2 (61.18):** Archives Nathan; **123.4:** CIRIP/Alain Gesgon; **124.1 (324):** Picture-Alliance, Frankfurt; **125.2:** Collection particulière/Frédéric Hanoteau; **125.4:** PLANTU (Plantu), Paris; **126 (326):** Roger-Viollet; **126 (326):** Gamma/Raphael Tarnowski; **131.1 (129.1):** ullstein bild, Berlin; **131.2 (129.2):** STUDIO X (George Merillon/Gamma), Limours; **134.1:** Getty Images (Time & Life Pictures/Roberto Brosan), München; **135.2:** Haitzinger/CCC, www.c5.net; **135.3 (129.3):** STUDIO X (George Merillon/Gamma), Limours; **136.2 (129.4):** Kohlbrenner/CCC,www.c5.net; **137.5:** AKG, Berlin; **137.6:** Erich Schmidt Verlag, Berlin; **138.1 (176, 325):** Corbis (Bernard Bisson), Düsseldorf; **139.2 (129.5):** STUDIO X (Eric Bouvet/Gamma), Limours; **139.4 (129.6):** STUDIO X (Zoja Pictures/Sumovsky/Gamma), Limours; **141.1:** Sobolik, Tom, New York; **141.2:** Haitzinger/ CCC,www.c5.net; **142.1 (129.7):** ullstein bild, Berlin; **143.6 (129.8):** Picture-Alliance (Reuters pool/Lampen), Frankfurt; **145.1:** Courrier international/Michael Koelsch; **145.2:** Der Spiegel; **149.3 (129.10):** AFP/La Poste; **151.2 (129.11):** Picture-Alliance (epa/Christian Hartmann), Frankfurt; **153.1 (129.12):** Rea/Benoit Decout; **156:** European Community 2005; **156.1:** CartoonStock (Pete Canary), Bath; **157.4:** Focus Magazin Verlag (Focus Magazin), München; **160.1:** AFP/Gérard Cerles; **163.3 (129.13):** Getty Images (AFP), München; **164.1 (129.14):** Commission européenne; **167.1:** AFP/Anna Zieminski; **167.2 (129.15):** FOCUS (Magnum/Susan Meiselas), Hamburg; **168.1:** STUDIO X (Gamma), Limours; **169.2:** Getty Images (AFP/Gobet), München; **169.3 (129.16):** Sipa Press (Heidi Levine), Paris; **169.5 (129.17):** Corbis (Reuters), Düsseldorf; **173.2 (129.18):** Corbis (reuters/Peter MacDiarmid), Düsseldorf; **176 (322):** Gamma/UPI; **176 (306, 326):** Gamma/Alexis Duclos; **176 (256.1, 306, 326):** Sipa Press/Chaperon; **181.1 (179.1):** REA/Didier Maillac; **181.2 (179.2):** REA/Sinopix; **183.2:** DHM (Gerhard), Berlin; **185.1 (179.3):** Robert Bosch GmbH (Historische Kommunikation), Stuttgart; **185.2:** Citroen Deutschland AG, Köln; **187.3 (179.4):** Corbis (Hulton-Deutsch Collection), Düsseldorf; **188.2 (179.5):** US Department of Energy; **190.1:** STUDIO X (Apesteguy-Hires/Gamma), Limours; **191.4 (179.6):** laif (Keystone France), Köln; **192.1 (179.7):** STUDIO X (Mingasson Gilles/Gamma), Limours; **195.2:** DHM, Berlin; **195.4 (179.8):** Mauritius (Superstock), Mittenwald; **197.5 (179.9):** Sipa Press (Mariella/Olympia), Paris; **199.1:** Gamma; **199.2:** Newsweek; **202.1 (179.11):** STUDIO X (Santosh Basak), Limours; **205.5:** CCC/ www.c5.net (Haitzinger/CCC, www.c5.net), Pfaffenhofen a.d. Ilm; **208.1:** MEV, Augsburg; **211.4:** Keystone, Hamburg; **213.1:** Astrofoto (Nasa), Sörth; **215.5:** Picture-Alliance (dpa/Matthias Ernert), Frankfurt; **217.1 (179.12):** Corbis/ Sandro Vannini; **217.2 (179.13):** AFP/Yoshikazu Tsuno; **221.2 (179.15):** STUDIO X (Gamma/Kaku Kurita), Limours; **221.5 (179.16):** Picture-Alliance (dpa/Kazuhiro Nogi), Frankfurt; **223.1 (179.17):** Viollet, Roger (Boyer), Paris; **223.4:** Getty Images (AFP/Mohamad Al Sehety), München; **225.1 (179.18):** Getty Images (AFP/Patrick Lin), München; **225.3:** Éditions Hurtubise HMH; **227.3:** Collection Christophe L; **229.6:** Collection Christophe L; **230:** Hulton Deutsch; **230:** Presse- und Informationsamt der Bundesrepublik Deutschland, Berlin; **230 (328):** Gamma/US-FSP/de Keerle; **235.3 (233.1):** Sipa Press/Caro Fotos/Ruffer; **237.1 (233.2):** Getty Images (AFP), München; **237.2 (233.3):** STUDIO X (Eric Bouvet/Duclos/Gamma), Limours; **239.3:** Photos 12 (Hachedé), Paris; **239.4:** CIRIP/Alain Gesgon; **241.2:** Rue des Archives Varma; **243.2:** CIRIP/ Alain Gesgon; **243.3 (233.4):** CIRIP/Alain Gesgon; **245.3 (233.5):** Keystone; 245.4: Kharbine-Tapabor; **245.5:** CIRIP/Alain Gesgon; **246.1B:** © La Documentation française. Photo François Pagès/Paris-Match; **246.1C:** © La Documentation française. Photo Jacques-Henri Lartigue; **246.1D:** © La Documentation française. Photo Gisèle Freund; **246.1E:** © La Documen-tation française. Photo Bettina Rheims; **247.3 (233.6):** WIAZ/Le Nouvel Observateur; **247.4 (233.7):** CIRIP/Alain Gesgon; **248.1:** Plantu, Paris; **249.4:** Corbis, Düsseldorf; **251.1:** ullstein bild, Berlin; **251.2 (233.8):** ullstein bild (Paul Langrock), Berlin; **253.2:** Picture-Alliance (dpa/Alfred Hennig), Frankfurt; **253.4:** ullstein bild, Berlin; **254.1:** Picture-Alliance, Frankfurt; **255.5:** Haus der Geschichte der Bundesrepublik Deutschland (Wolfgang Hicks), Bonn; **257.4:** Picture-Alliance (dpa/Egon Steiner), Frankfurt; **257.5 (233.9):** Picture-Alliance (dpa), Frankfurt; **258.1 (325):** Corbis (Bernard Bisson), Düsseldorf; **259.4:** aus: Rock in der DDR: 1964 bis 1989. Michael Rauhut. Bundeszentrale für Politische Bildung; **260.1 (233.10):** regiopress – Das Journalistenbüro, Magdeburg; **261.4:** Berliner Verlag (Ulrich Burchert), Berlin; **261.5 (233.11):** Bundesarchiv, Koblenz; **262.1:** Picture-Alliance, Frankfurt; **263.5:** Picture-Alliance (dpa), Frankfurt; **264.1 (326):** Picture-Alliance (dpa/Felix Heyder), Frankfurt; **265.2:** Picture-Alliance (ZB/Waltraud Grubitzsch), Frankfurt; **265.4:** Picture-Alliance (ZB/Bernd Wüstneck), Frankfurt; **266.2:** Pressedienst Paul Glaser, Berlin; **267.3:** CCC/www. c5.net (Kretzschmar/CCC, www.c5.net), Pfaffenhofen a.d. Ilm; **268.1A:** CDU, Berlin; CSU, München; **268.1B:** FDP, Berlin; **268.1C:** SPD, Pressestelle, Berlin; **268.1D:** www.gruene-service.de; **268.1E:** Die Linkspartei. PDS, Berlin; **272.1:** Haus der Geschichte (Mirko Szewczuk), Bonn; **272.3:** Corbis (Yves Forestier), Düsseldorf; **275.4:** Xavier Lahache/Canal+; **277.1:** Citroën; **277.2 (233.12):** Sipa Press/EPA/Boris Roessler; **281.3:** Groupe Volkswagen; **282.1:** Corbis (Kim Kulish), Düsseldorf; **283.4:** Atitude/ Yann Arthus-Bertrand; **285.2:** Bibliothèque Forney,Paris; **285.3 (233.13):** TOP/J.P.Charbonnier; **285.4:** Groupe Volkswagen; **285.4:** Citroën; **286.1:** Vario Press/Big Cheese; **289.6:** Sipa Press/Facelly; **295.1:** Getty Images (Hulton Archive/Harwo), München; **295.2 (233.14):** Presse- u. Informationsamt der Bundesregierung Deutschland, Berlin; **296.1:** ullstein bild (dpa), Berlin; **297.2 (233.15):** Haus der Geschichte der Bundesrepublik Deutschland, Bonn; **298.1:** AKG, Berlin; **299.4:** Haus der Geschichte (Jupp Wolter), Bonn; **299.5:** ullstein bild (dpa), Berlin; **300.1:** Getty Images (AFP/DANIEL JANIN), München; **301.2:** Le Figaro Magazine, 29.09.1990; **301.4:** Presse- und Informationsamt der Bundesrepublik Deutschland, Berlin; **302.1:** AKG, Berlin; **302.2:** Collection particulière de Jean-Pierre Husson; **302.3 (233.16):** AKG, Berlin; **303.4:** BPK, Berlin; **303.5:** AKG, Berlin; **303.6 (233.17):** Picture-Alliance (dpa/Andreas Altwein), Frankfurt; **304.1:** DFJW-OFAJ, Daniel Flaschar, Paris; **305.6 (233.18):** ARTE, Strasbourg; **306.1:** Rue des archives; **306.2:** STUDIO X (Gamma), Limours; **306.3:** STUDIO X (Gamma), Limours; **306.4:** ddp Deutscher Depeschendienst GmbH (Michael Urban), Berlin; **306.7:** Roger Viollet/Harlingue; **306.8 (322.3):** Picture-Alliance (dpa/Witschel), Frankfurt; **306.11 (323):** Gamma/Alexis Duclos; **314:** CCC/www.c5.net (Hanel/CCC,www.c5.net), Pfaffenhofen a.d. Ilm; **322.2:** Gamma/UPI; **322.6:** Gamma/ UPI/Roger Wollenberg; **323.1:** Gamma/Gilbert Uzan; **323.2:** Gamma/Camera Press/Karsh of Ottawa; **323.4:** Corbis/Bettmann; **324.1:** Gamma/Chip Hires; **324.3:** Archives Nathan; **324.6:** Sipa press/Boccon-Gibod; **325.1:** Gamma/Alberto Corda/Calmann-Lévy/Jazz; **325.2:** Corbis/Bettmann; **325.4:** Sipa Press/Zihnioglu; **325.6:** Corbis/ Bettmann; **325.8:** Corbis/Flip Schulke; **326.2:** Droits réservés; **326.3:** Corbis/Bettmann; **327.1:** Corbis; **327.2:** Corbis; **327.3:** Gamma/Andre Sas; **327.4:** Gamma/Essaias Baitel; **327.6:** Corbis Kipa/Alain Denize; **327.7:** Picture-Alliance (dpa/Rainer Jensen), Frankfurt; **328.1:** Roger Viollet/ Harlingue; **328.4:** Roger-Viollet; **328.6:** Picture-Alliance (akg-images), Frankfurt; **328.7:** Corbis Sygma/Alain Nogues;

Umschlag:
oben links: Presse- und Informationsamt der Bundesregierung, Berlin;
unten links: Picture-Alliance, Frankfurt;
Mitte: Sipa;
oben rechts: AFP/La Poste;
unten rechts: AFP/Fabrizio Bensch;
Rückseite:
oben: Picture-Alliance, Frankfurt;
unten: Rue des Archives;